KB244563

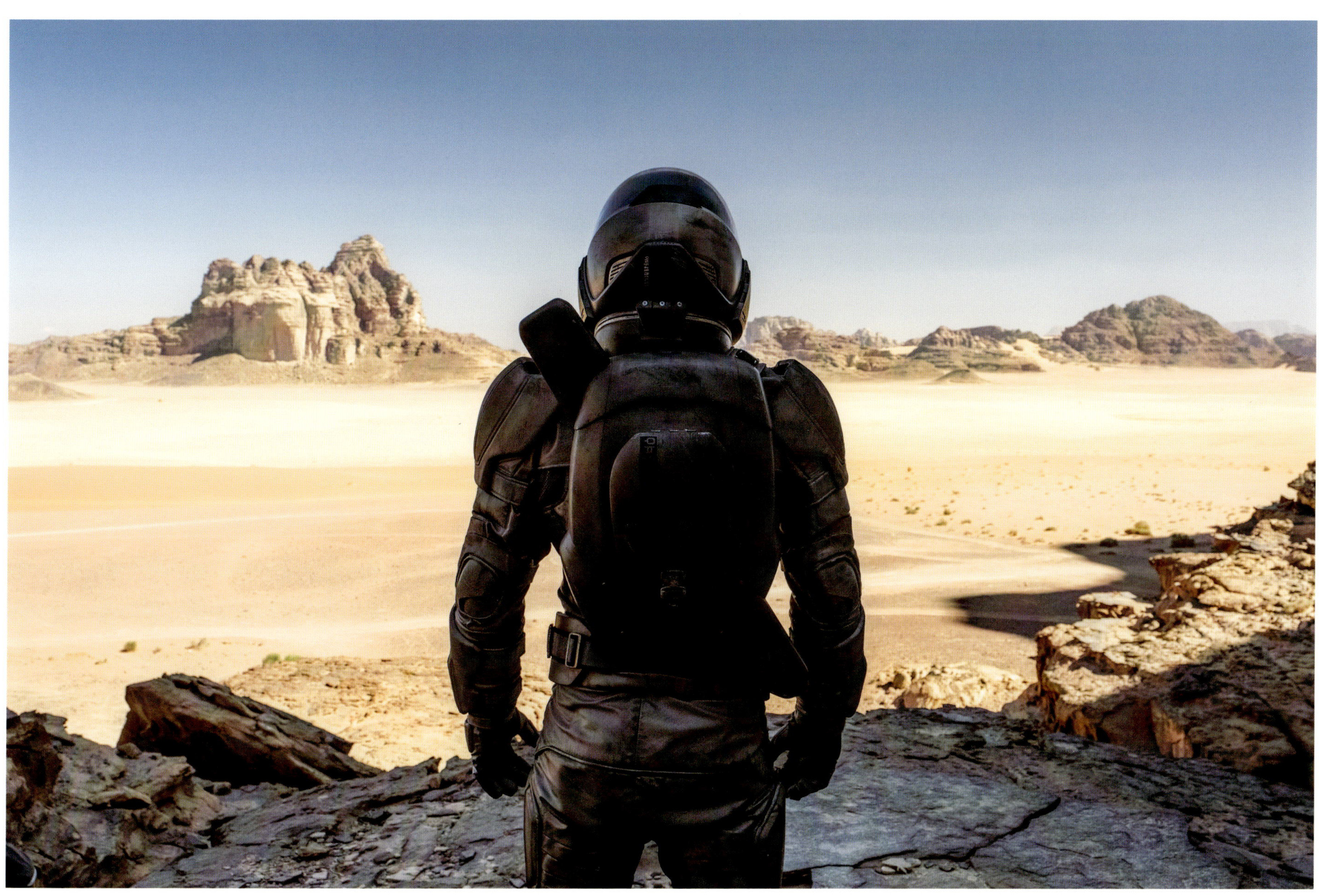

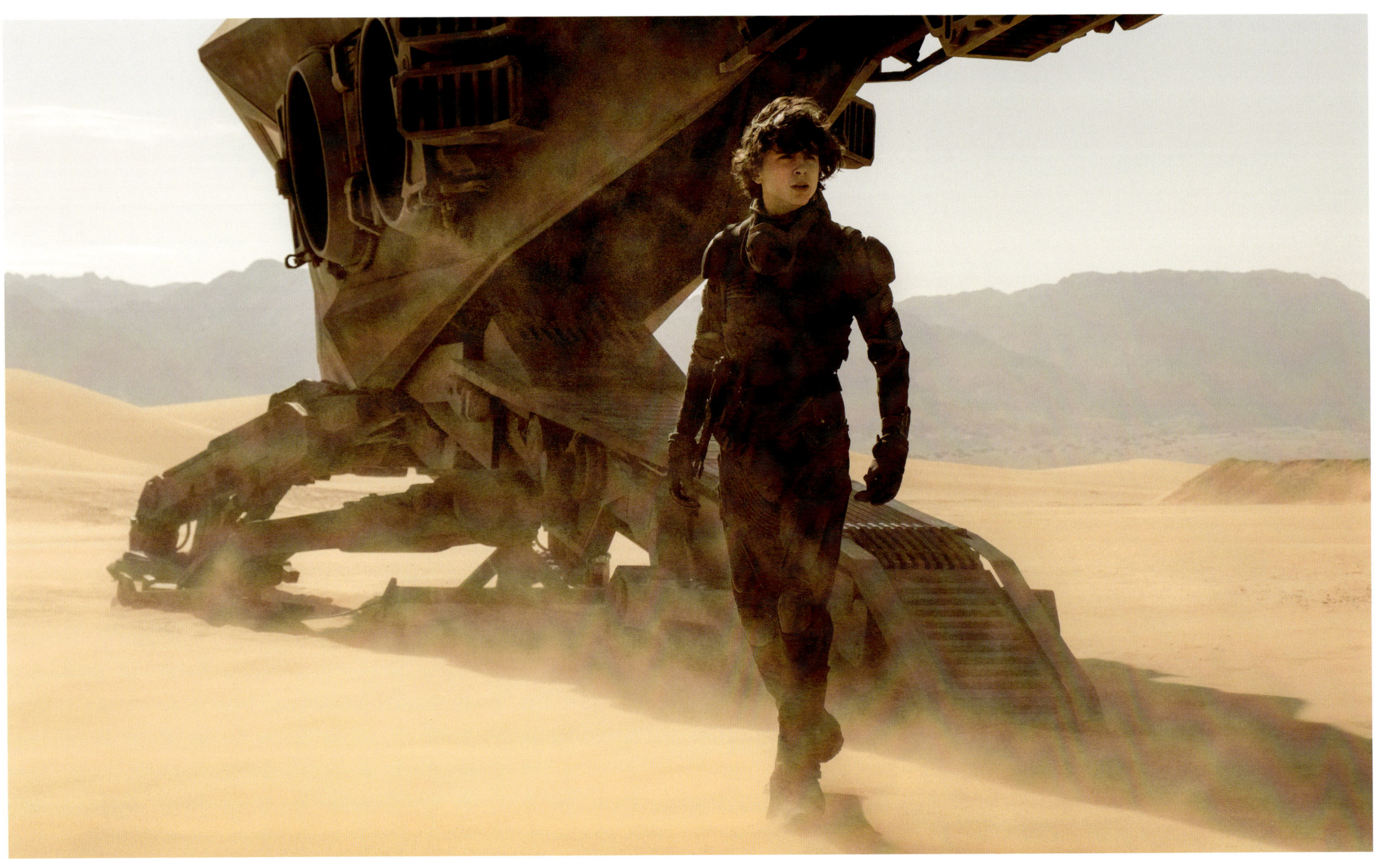

DUNE

듄: 더 포토그래피

사진 · 글

치아벨라 제임스 CHIABELLA JAMES

서문 타냐 라푸앵트 TANYA LAPOINTE

추천의 글 레베카 페르구손 REBECCA FERGUSON

후기 브라이언 허버트 BRIAN HERBERT

〈듄〉은 프랭크 허버트 FRANK HERBERT의 소설을 원작으로 한다.

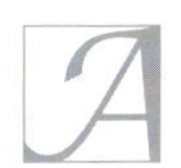

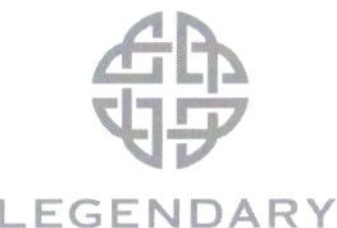

LEGENDARY

INSIGHT EDITIONS

SAN RAFAEL • LOS ANGELES • LONDON

Created by Insight Editions, LP

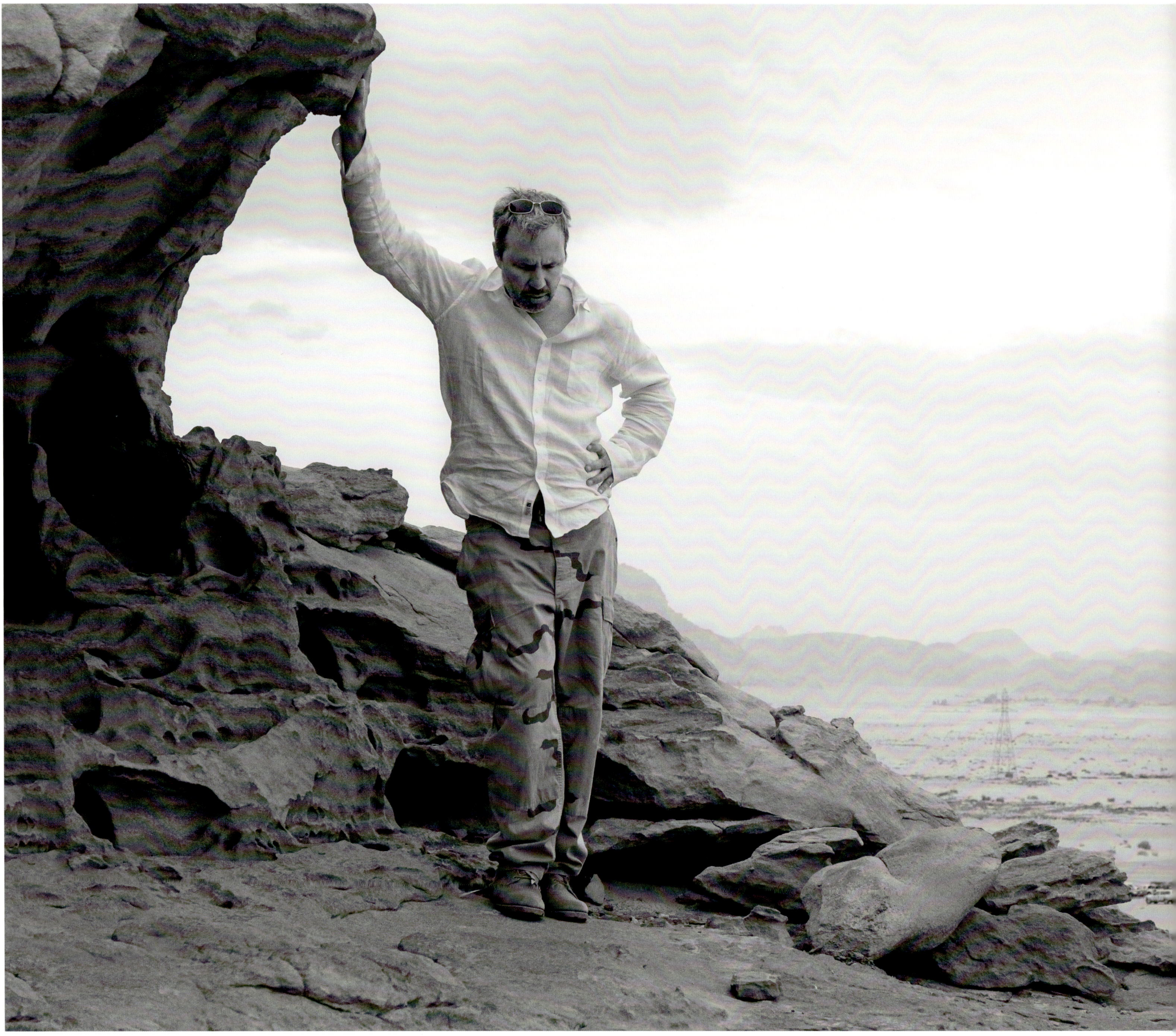

차 례

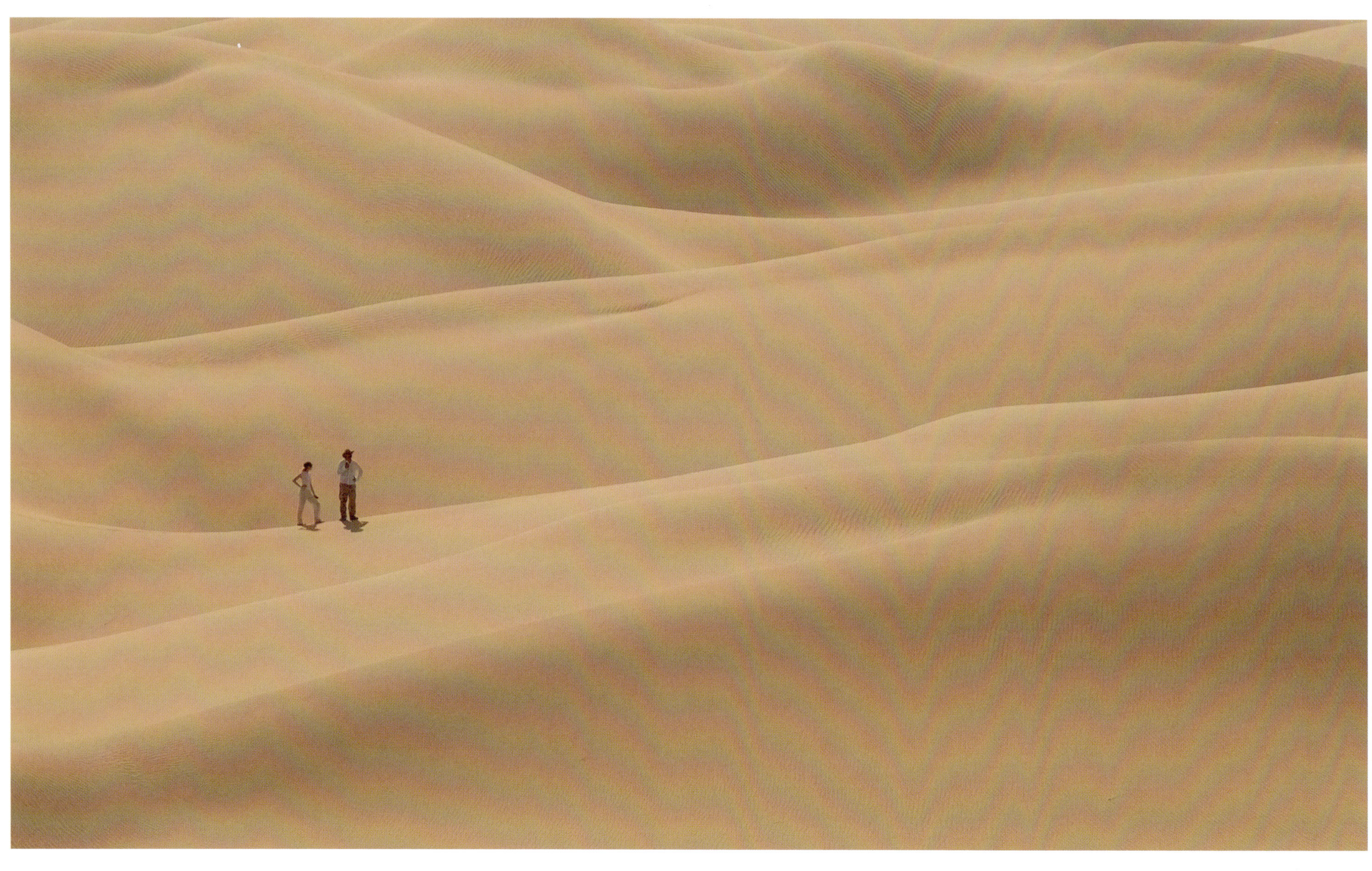

서 문

《듄: 더 포토그래피》는 2019년 초에 스틸 사진작가로 〈듄〉 제작진에 합류한 치아벨라 제임스의 사진 작품을 담은 사진집이다. 나는 전부터 스틸 사진작가의 작업이 굉장히 매력적이라고 생각해 왔다. 영화의 스틸 사진을 찍는 것은 확실히 매우 어렵고 섬세한 작업이다. 게다가 영화 제작 현장은 사진작가가 편안하게 일할 수 있게 만들어져 있지 않다. 물론 〈듄〉의 촬영 감독 그레이그 프레이저가 조력을 아끼지 않았지만, 치아벨라는 정신없이 돌아가는 영화 촬영의 소용돌이 속에서 아름다운 이미지를 포착하기 위해 고군분투해야 했다.

나는 촬영장에서의 첫날을 생생하게 기억한다. 그날은 사전 촬영일이었는데, 우리는 아트레이데스 성ATREIDES CASTLE에서 레이디 제시카LADY JESSICA가 명상하는 장면을 찍고 있었다. 영화 카메라 앞에서 레베카 페르구손이 레이디 제시카로 변신하는 동안, 치아벨라는 렌즈 뒤에서 모든 순간을 사진에 담았다. 치아벨라가 어깨에 연결된 가죽끈에 여러 대의 카메라를 매달고 작업하는 모습은 그 자체로 매우 인상적이었다. 어떤 상황이 벌어지든 그는 사진을 찍을 준비가 되어 있었다. 그는 그림자 속에서 신중하게 움직이며 제작 과정을 부지런히 사진으로 남겼다.

나중에 치아벨라의 사진을 보았을 때, 나는 정말이지 감탄하지 않을 수 없었다. 그 사진들은 정말 멋질 뿐만 아니라 영화의 신비와 감정까지 표현하고 있었다. 치아벨라는 배우들의 섬세한 연기와 숨 막히는 사막의 풍경을 포착했고 모든 것이 어우러진 영화의 독특한 세계를 사진에 담았다. 영화 속의 인생에 가까이 다가가는 사진들이 특히 마음에 와닿았다. 이 책에 실린 사진들은 단순히 '촬영장의 뒷모습'을 담은 이미지가 아니다. 치아벨라의 사진들은 한 편의 시가 들어 있는 예술 작품이라고 해야 할 것 같다.

미처 알아차리지 못했을 수도 있지만, 아마도 여러분은 치아벨라 제임스의 사진들을 이미 많이 접해 보았을 것이다. 그가 촬영한 〈듄〉의 이미지는 잡지, 신문, 소셜 미디어를 통해서 수없이 소개되고 공유된 바 있다. 스틸슈트(STILLSUITS: 아라키스에서 수분을 보존하기 위해 착용하는 전신 슈트—역자 주)를 입고 석양을 바라보는 티모시 샬라메와 레베카 페르구손의 사진은 2020년 4월에 〈베니티 페어〉를 통해 처음으로 공개되었다. 이 사진은 세상에 선보인 〈듄〉의 '첫 번째 이미지' 중 하나로, 우리가 프랭크 허버트의 소설을 바탕으로 만들어 낸 〈듄〉의 우주를 엿볼 수 있게 해 주는 특별한 사진이었다. 어떤 의미에서 치아벨라는 우리가 철저한 보안 속에서 만들고 있던 세계를 관객들이 볼 수 있도록 문을 열어 주는 존재였다고 할 수 있다.

수많은 치아벨라의 사진들이 영화 홍보에 사용되었지만, 그 사진들만으로는 〈듄〉 현장에서 진행된 광범위한 작업의 일부조차 보여 주었다고 할 수 없다. 세상에 공개된 적이 없는 사진들이 수천 장에 달했기 때문에 이 사진집은 꼭 만들어져야 했다. 이 책의 사진들을 들여다보면서 렌즈 뒤의 시선을 생각해 봤으면 좋겠다. 이런 이미지를 포착하기 위해서는 인내심과 고도의 관찰력과 뛰어난 직감이 필요하다. 배우들이 웃음을 터트리는 순간을 포착하는 데는 천 분의 일 초밖에 걸리지 않지만, 사진을 찍으려면 바로 그 순간에 준비가 되어 있어야 한다.

다섯 달 동안, 치아벨라 제임스는 영화 촬영 현장에 카메라를 가져와서 모든 순간, 모든 숨결을 관찰했다. 그는 지나가 버리는 소중한 순간들을 포착해서 시선을 끄는 이미지로 만들었다. 몇 시간이나 페이지를 넘기며 사진들을 보더라도, 다시 보면 그때마다 무언가 새로운 것을 발견하게 될 것이다. 그의 사진 속으로의 여행을 즐기기를 바란다.

타냐 라푸앵트

소개

예술과 문학의 아름다움은 특유의 방식으로 한 사람 한 사람에게 다가가 감동을 주는 능력에 있다고 할 수 있다. 1965년, 소설 《듄》에서 프랭크 허버트는 이렇게 썼다. "위대함을 경험하는 사람은 그가 빠져든 신화를 느낄 수 있어야 한다." 나에게 이 문장은 영화 사진작가로서의 내 경험을 요약한 것만 같다. 나는 밖에서 보기에 신비로워 보이는 영화 제작 팀이라는 서커스단의 일원이었다. 그런 우리에게도 때때로 영화의 세계는 신비로운 것이었다. 이야기를 만들어 내는 영화 팀은 창조적이고 기술적인 전문가들로 구성된다. 이들은 이미지, 캐릭터, 사운드, 감정을 뒤섞어 영화적 경험을 만들어 내는데, 이를 통해 관객들은 또 다른 세계로 갈 수 있다. 각자의 이야기와 경험을 지닌 다양한 분야의 전문가들이 영화적 표현과 영화의 마법에 매료되어 다 함께 작업했다.

드니 빌뇌브의 〈듄〉과 같은 영화의 사진을 찍는 것은 평생 한 번뿐인 기회라고 할 수 있다. 〈듄〉은 흔하디흔한 평범한 블록버스터 영화가 아니다. 《듄》은 많은 이에게 친숙하고 유명한 이야기이지만 새로운 세대에게는 낯선 대서사시이다. 우리 시대의 가장 위대한 시각적 스토리텔러가 전해 주는 대서사시라고 할 수 있는 〈듄〉은 그 안에서 여러 장르가 격돌하는 영화이다. 나는 프로듀서 조 카라치올로에게 2주 후에 촬영이 시작되는 드니 빌뇌브 영화의 사진작가로 참여해 달라는 전화를 받았다. 나는 일상을 정리할 시간을 거의 가지지 못한 채 비행기에 올라타야 했다. 그렇게 먼지 가득한 요르단의 계곡에서 부다페스트의 중심지, 아부다비의 끝없는 모래 언덕, 노르웨이의 서늘한 해안에 이르기까지 또 다른 세계로 떠나는 6개월간의 여정이 시작되었다.

촬영을 시작하기 전에 나는 드니 빌뇌브와 프로듀서 타냐 라푸앵트를 만나서 영화에 대한 생각을 공유해 달라고 했다. 감독의 관점을 알아야 나의 시선과 연결해서 사진 작업을 시작할 수 있기 때문이다. 나는 〈듄〉의 이야기와 제작 과정 그리고 영화를 만드는 사람들의 정신을 가능한 한 정확하게 제대로 사진에 담아내고 싶었다. 첫날부터 드니는 자신의 영화 세계로 나를 초대해 주었다. 그는 너무나 존경하는 원작 내용에 충실하면서도 현대의 관객에게 적합한 방식으로 《듄》의 이야기를 전하려는 자신의 계획을 열정적으로 설명했다. 그는 《듄》의 이야기가 새로운 세대로 이어지기를 희망했다. 회의를 마치고 나오면서, 나는 내 앞에 놓인 새로운 도전에 설렘을 느꼈다. 드니 빌뇌브 감독은 《듄》에 대한 진정한 열정과 블록버스터 영화를 바라보는 특별한 관점을 가지고 있었다. 이대로라면 〈듄〉은 그냥 영화가 아니라 예술 작품이 될 수 있을 것 같았다.

영화 사진작가로서 내가 가장 중요하게 생각하는 일은 영화 홍보에 사용할 이미지를 만들어 내는 것이다. 영화 사진작가는 영화의 세계를 엿볼 수 있게 해 주는 동시에 더 많이 보고 싶어지도록 유혹하는 사진을 찍어야 한다. 영화 촬영을 위해 모인 사람들과 제작 과정을 최전방에서 기록하고 공유하는 것 또한 내가 하는 일이다. 사진이 포착하는 순간들은 덧없이 지나가 버리지만 사진은 남는다. 시간은 프레임 안에 머무르고 사진 속의 이야기와 여정은 영원히 사라지지 않는다.

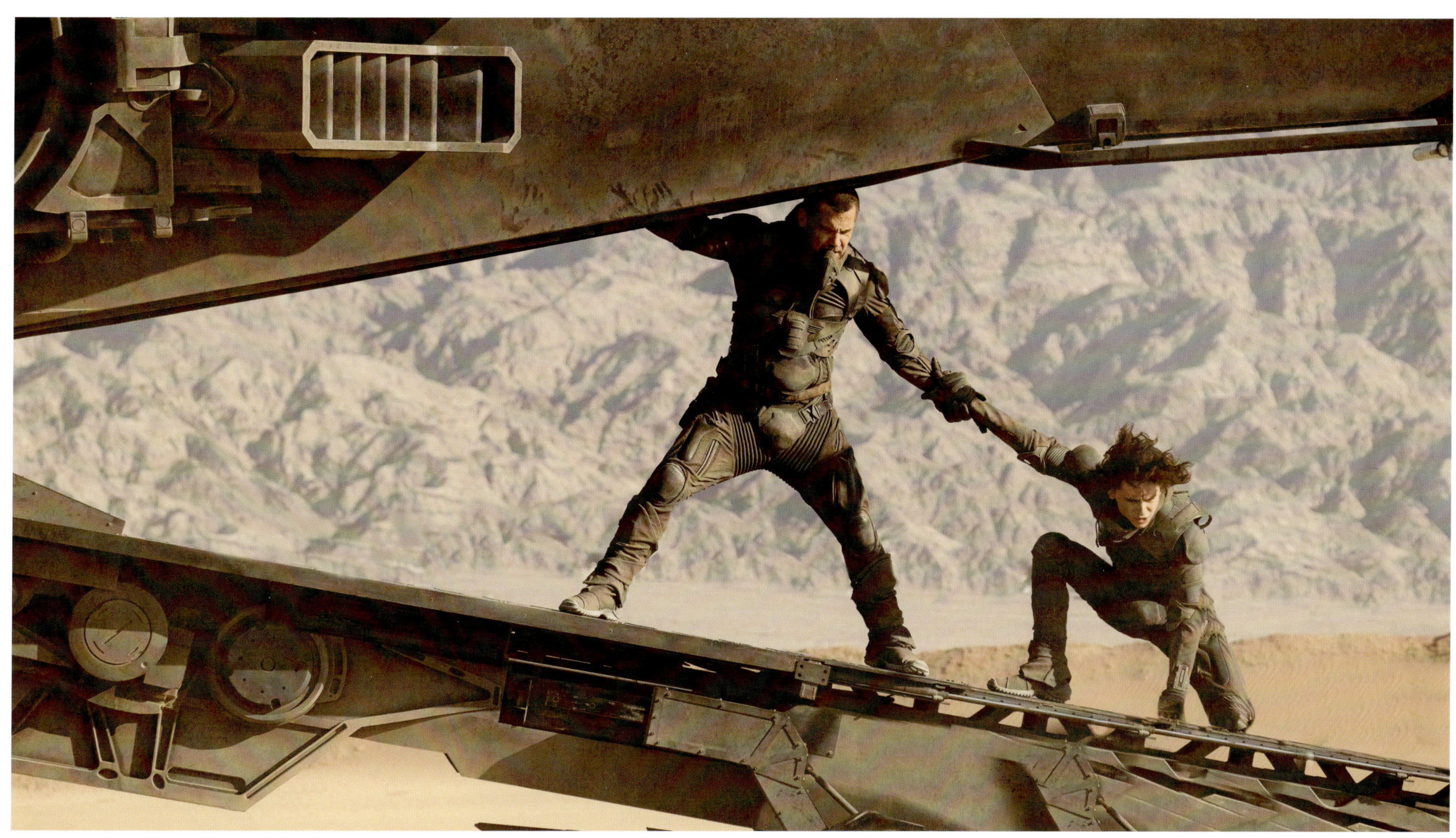

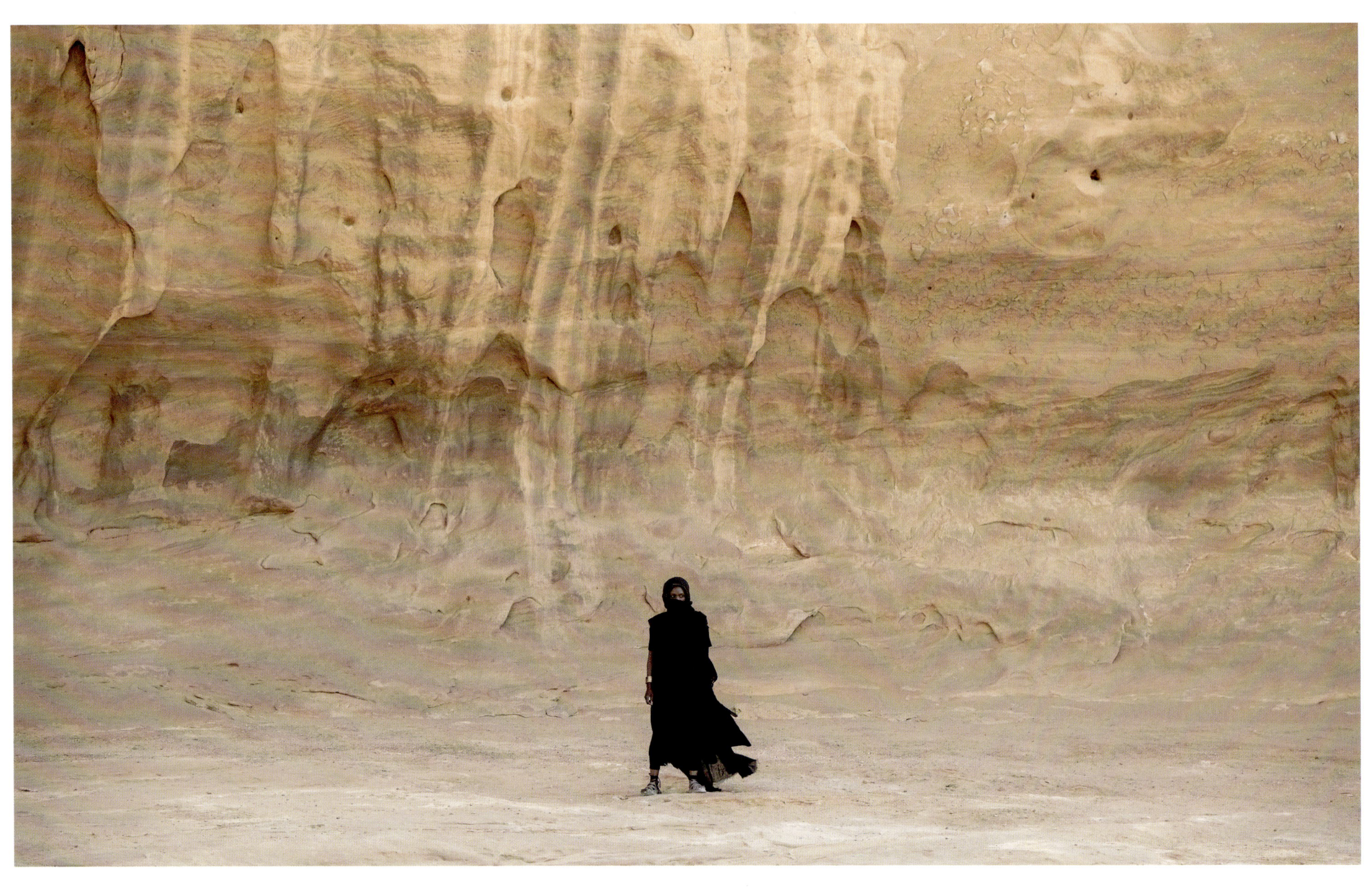

사진은 우리에게 아주 작은 부분까지 들여다볼 기회를 주며, 후세를 위한 기록이 될 뿐만 아니라 세상을 탐험하고 새로운 문화로 들어가 보는 창을 열어 주기도 한다. 사진을 찍을 때마다 나는 하나의 프레임 안에서 이야기를 들려주려고 노력한다. 나는 말이나 설명을 뛰어넘어 몸짓과 감정의 시각적 언어로 표현되는 순간을 추구한다. 영화의 줄거리에 중점을 두고 있기는 하지만, 무대 뒤에도 놓칠 수 없는 이야기들이 너무나 많다. 전 세계 관객들을 하나로 불러 모을 대규모 서사가 만들어지는 동안, 영화 촬영장에서는 예술가와 기술자, 일꾼들의 개인적인 이야기들도 교차한다.

사진작가로서 준비할 시간은 주어지지 않는다. 프레임 계획을 세우거나 장면의 방향을 설정해 볼 기회는 없다. 찰나의 순간에 사진을 찍을 것인지 결정하고 프레임과 조명을 맞추고 조정해서 촬영해야 한다. 그 순간이 지나가면 다시는 돌아오지 않는 기억이 되어 버리기 때문이다.

〈듄〉 촬영장은 360도 어느 각도에서나 포착할 수 있는 시각적 잠재력을 가진 곳이었다. 첫 번째 편집 단계에서 나는 뷰파인더 안에 들어올 수 있도록 범위를 좁혀야 했다. 모든 방향에서 사진을 찍고 싶은 열망을 내려놓고 영화에 대한 책임을 상기하며 사진에 담을 장면을 찾아야 했다. 사진을 통해 감독의 의도를 표현하고 장소의 아름다움을 잘 드러내며 프로덕션 디자인의 예술성과 깊이를 보여 주고 싶었다. 나는 시각 효과의 마법 없이도 이야기의 엄청난 규모를 관객에게 전해 줄 수 있는 장면을 포착해서 사진에 담을 방법을 찾고자 했다(2년 후에야 나는 관객이 되어서 시각 효과가 더해진 영화를 볼 수 있었다).

편집의 다음 단계는 수천 장의 사진 중에서 어떤 사진을 세상에 선보일지 선택하는 것이었다. 처음에는 일주일 동안 사진을 찍은 후에 이미지를 모두 모아 보았다. 내가 설정한 방향이 맞는지 의견을 듣기 위해서, 장면마다 한두 장씩 사진을 골라서 드니에게 보내 주었다. 며칠 후에 촬영 현장에서 드니가 다가왔는데 그의 얼굴을 보니 대답을 듣게 될 거라는 걸 알 수 있었다. 그는 팔을 뻗어서 내 어깨에 손을 얹더니 우아한 퀘벡 억양으로 말했다. "친구, 우리는 같은 영화를 만들고 있더군요. 고마워요. 정말 고맙습니다." 나는 안도의 한숨을 내쉬는 한편, 아드레날린이 분출하는 기쁨과 흥분을 느꼈다. 우리 앞에 흥미진진한 모험이 기다리고 있었다.

〈듄〉은 대형 스크린에 맞게 제작된 액션으로 가득한 공상 과학 모험 영화이다. 하지만 다른 대형 영화와는 달리 아이맥스 영화관만큼이나 예술 영화관에도 어울리는 예술 작품이라고 할 수 있다. 영화 사진은 주로 영화 홍보용으로 사용될 뿐 그 자체로 예술 작품이 되는 경우는 거의 없는데, 〈듄〉은 나에게 예술 사진의 세계로 진입하여 영화 이미지를 포착할 수 있는 흔치 않은 기회를 제공해 주었다.

이 영화는 전 세계적으로 잘 알려진 소설 《듄》의 이야기를 시각적으로 전하기 위해 뛰어난 연출을 통해 제작되었다. 영화를 보는 사람이라면 누구나 〈듄〉의 놀라운 영상과 훌륭한 연기를 놓칠 수 없을 것이다. 이 사진집을 통해서 놀라운 예술가들이 함께 협력해서 영화에 생명력을 불어넣는 여정도 보여 줄 수 있었으면 좋겠다. 모든 얼굴이 사진에 실린 것은 아니지만, 모든 사진에 그들의 예술과 노력을 담았다. 페이지마다 실려 있는 이미지의 상세한 내용들은 영화 예술가들의 헌신에 대한 찬사일 뿐만 아니라 대형 블록버스터 영화가 진정으로 예술이 될 수도 있음을 보여 주는 기록이기도 하다.

치아벨라 제임스

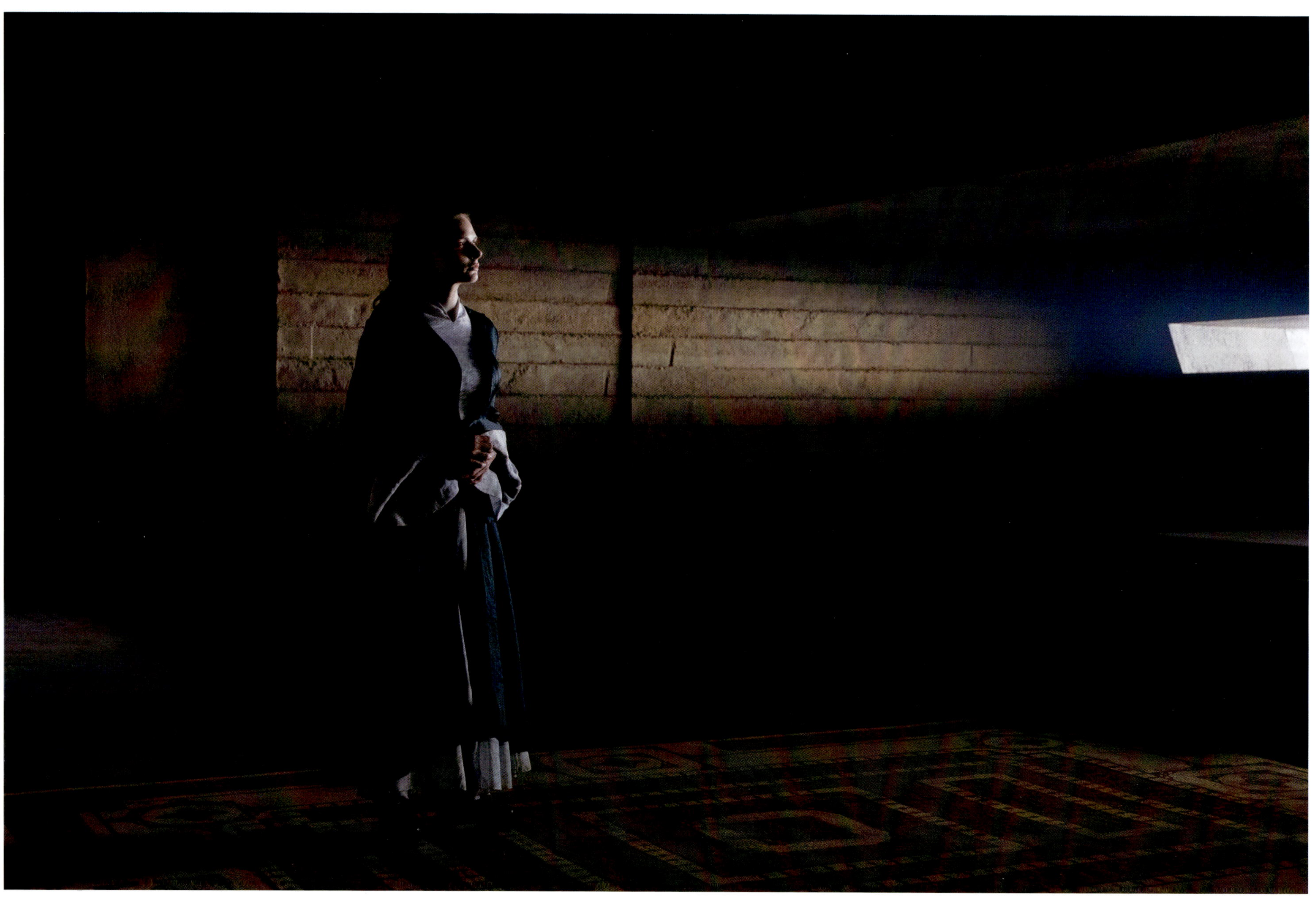

추천의 글

치아벨라를 보면 왠지 그에 대해 알아보고 싶고, 곁에 있고 싶고, 이야기를 듣고 내 이야기도 들려주고 싶어지는 그런 에너지가 느껴졌다. 치아벨라처럼 느끼게 해 주는 사람을 만나기는 쉽지 않다. 치아벨라는 행복하고 생기 넘치는 사람으로 어쩐지 모든 사람을 알고 있는 것만 같았다. 치아벨라는 밖에서 배우들이나 제작진과 즐거운 대화를 나누곤 했지만, 촬영장에서는 그림자 속에 숨어 있을 때가 많았다. 치아벨라는 그렇게 숨어서 아름다움을 포착할 뿐만 아니라 모든 순간의 뒤에 있는 '있는 그대로의 모습'과 이유와 감정까지 사진에 담아냈다.

그렇게 카리스마 넘치는 사람이 모든 일이 일어나는 중심에 있으면서도 완전히 모습을 감출 수 있다는 것이 내게는 정말 놀랍게 느껴졌다.

촬영장에서 치아벨라는 말도 안 되게 멋진 가죽끈에 여러 대의 카메라를 매달고, 반쯤 분열된 듯한 독특한 자세로 몸을 구부리고 있고는 했으며, 액션 장면뿐만 아니라 가장 내밀한 순간을 포착하기 위해서 어떤 카메라를 사용해야 할지 본능적으로 알고 있었다. 치아벨라는 촬영하는 동안이나 촬영 사이의 중요한 순간에 아무도 그의 존재를 느끼지 못하게 하면서 사진을 찍을 수 있었다. 치아벨라는 우리가 매진하고 있는 작업의 가장 멋진 순간을 포착해서 영원히 기억할 수 있게 해 주는 사진을 남기고 다음 목표를 향해 움직이는 예술가이다.

작업에 완전히 몰입해 있을 때나 촬영 중간에나 치아벨라가 일하는 모습을 보는 것은 개인적으로 정말 근사한 경험이었다. 나는 그가 다시 한번 순간을 포착해서 간직할 수 있게 해 주기를 기대하며, 아부다비의 모래 언덕에서 양산을 들고 탭댄스를 추기도 했다.

한 번은 그가 조용히 작은 햇빛 가리개를 만드는 것을 본 적이 있다. 나는 그에게 왜 그걸 만들고 있느냐고 물어봤다. 눈부신 태양을 가리기 위해서일 거라고 생각했지만 그게 아니었다. 치아벨라는 아무렇지도 않은 듯 무심히 이렇게 대답했다. "내 카메라들이 열기에 녹아내리고 있거든."

카메라 렌즈가 쉬고 있을 때도 치아벨라는 생각을 멈추는 법이 없었다. 셔터에 손가락을 얹어 다음 순간을 실행시킬 준비를 마친 상태로, 그의 머릿속에서 펼쳐지는 마법의 춤을 이제 여러분도 볼 수 있을 것이다.

모든 사람이 이 특별한 예술가와 즐길 수 있는 기회를 놓치지 않았으면 좋겠다.

레베카 페르구손

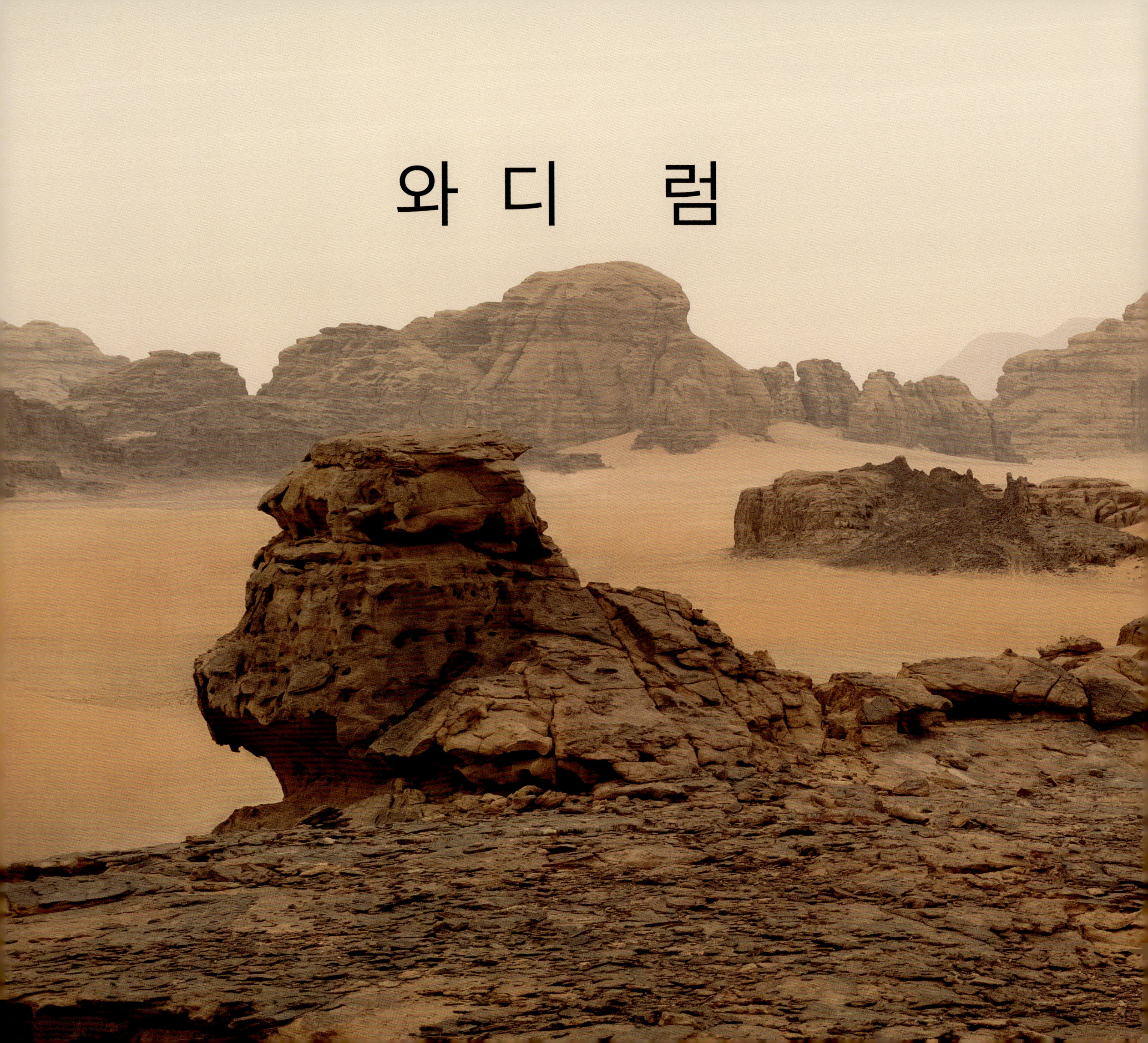

와 디 럼

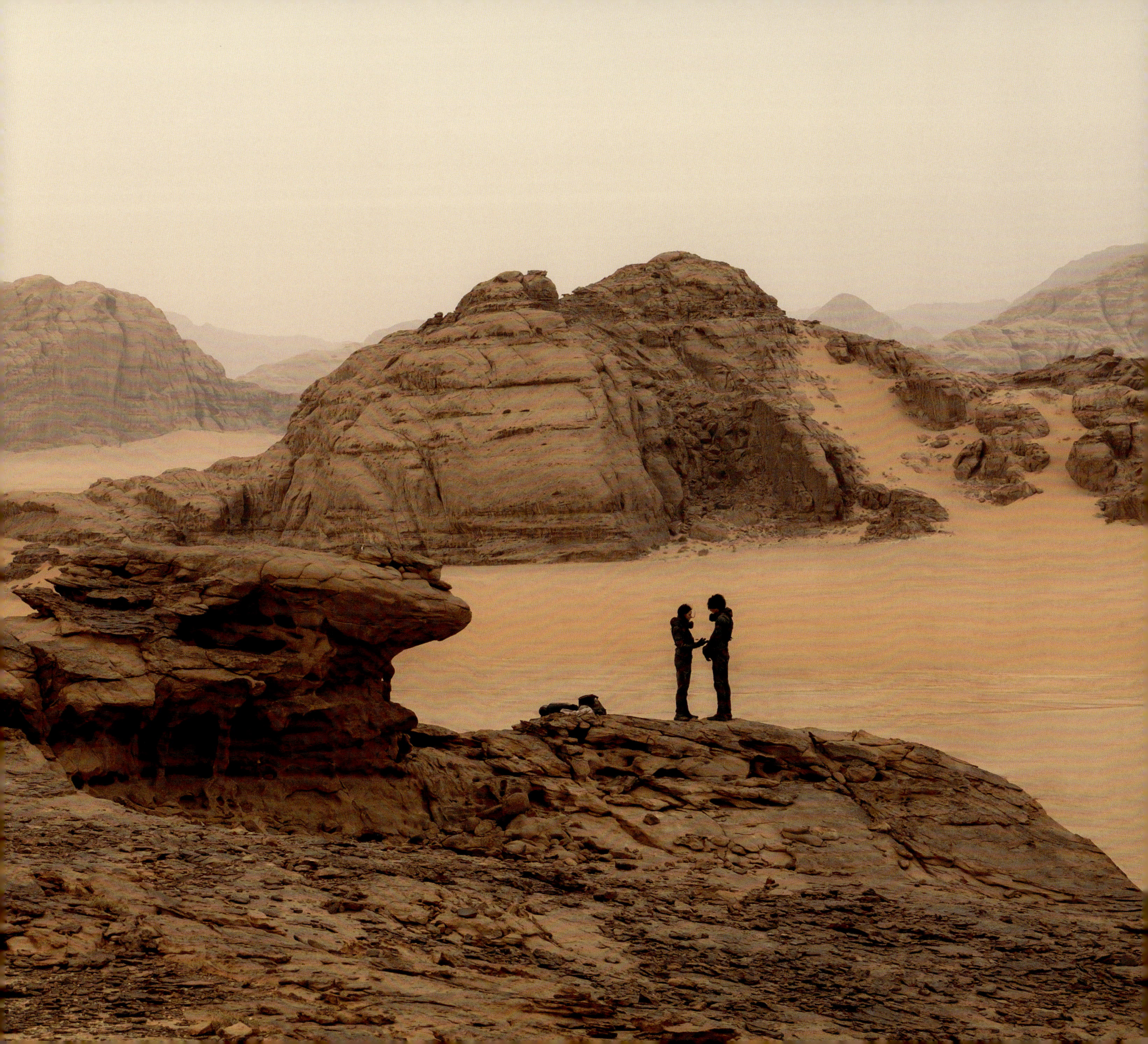

요르단 사람들의 따뜻함은 해 질 무렵 와디 럼WADI RUM에서 희뿌연 붉은색과
금빛으로 빛나는 바위들에서 볼 수 있는 웅장하고 다채로운 색상만큼이나
인상적이었다. 우리는 바위 사이의 협곡을 통해서 안으로 들어갈 수 있었는데,
협곡의 갈라진 틈새는 불안한 느낌을 주었고 겹겹이 층을 이룬 바위들은 우리가
이곳에 오기 훨씬 전에 살았던 사람들의 이야기를 전해 주는 듯했다. 다가가면
다가갈수록 고대의 마천루 아래에서 점점 더 작아지는 느낌이 들었다. 부서지기
쉬운 무시무시한 바위들이 몇 주 동안 우리의 집이 되었다. 밤에는 그늘에서 추위에
떨었고, 태양의 열기가 몰려오면 그림자의 움직임에 따라 양산 아래 몸을 숨기며
하나씩 옷을 벗어야 했다.

요르단의 풍경은 처음에 프랭크 허버트가 만들어 낸 사막 세계, 아라키스ARRAKIS가
되었다. 우리는 특수 효과 팀이 만든 오니숍터(ORNITHOPTERS: 날갯짓으로 비행하는
비행기—역자 주)가 이륙하고 착륙하는 것을 지켜보았다. 사막의 태양 아래 의상을
갖춰 입고 녹아내리고 있었던 엑스트라 출연자들은 수십 년간 그곳에 존재했던
것만 같은 진짜 스파이스 일꾼들의 얼굴을 하고 있었다. 수차례에 걸쳐서 서로 다른
각도에서 촬영하기 위해서는 사막의 표면이 발자국으로 훼손되지 않도록 조심해야
했다. 여러 부서의 사람들이 밧줄로 만들어진 길을 따라 일렬로 들어갔다 나왔다 해야
했기 때문에 새로운 형태의 협업이 필요했다. 배우들까지도 촬영 중간에 빗자루를 들고
발자국을 쓸어 없애는 데 동참했다.

완성된 영화에서 볼 수 있는 모래벌레는 시각 효과로 만들어진 것이었지만,
빈번하게 진짜 모래 폭풍이 찾아왔다. 피부가 노출된 모든 부분을 모래가 강타했고
한 걸음 앞도 보이지 않았지만, 우리는 주어진 경험에 빠져들어 촬영에 모든 것을
바쳤다. 요르단을 떠난 지 몇 달 후에도 옷과 장비 그리고 심지어 귓속에서도 모래가
나오곤 했다.

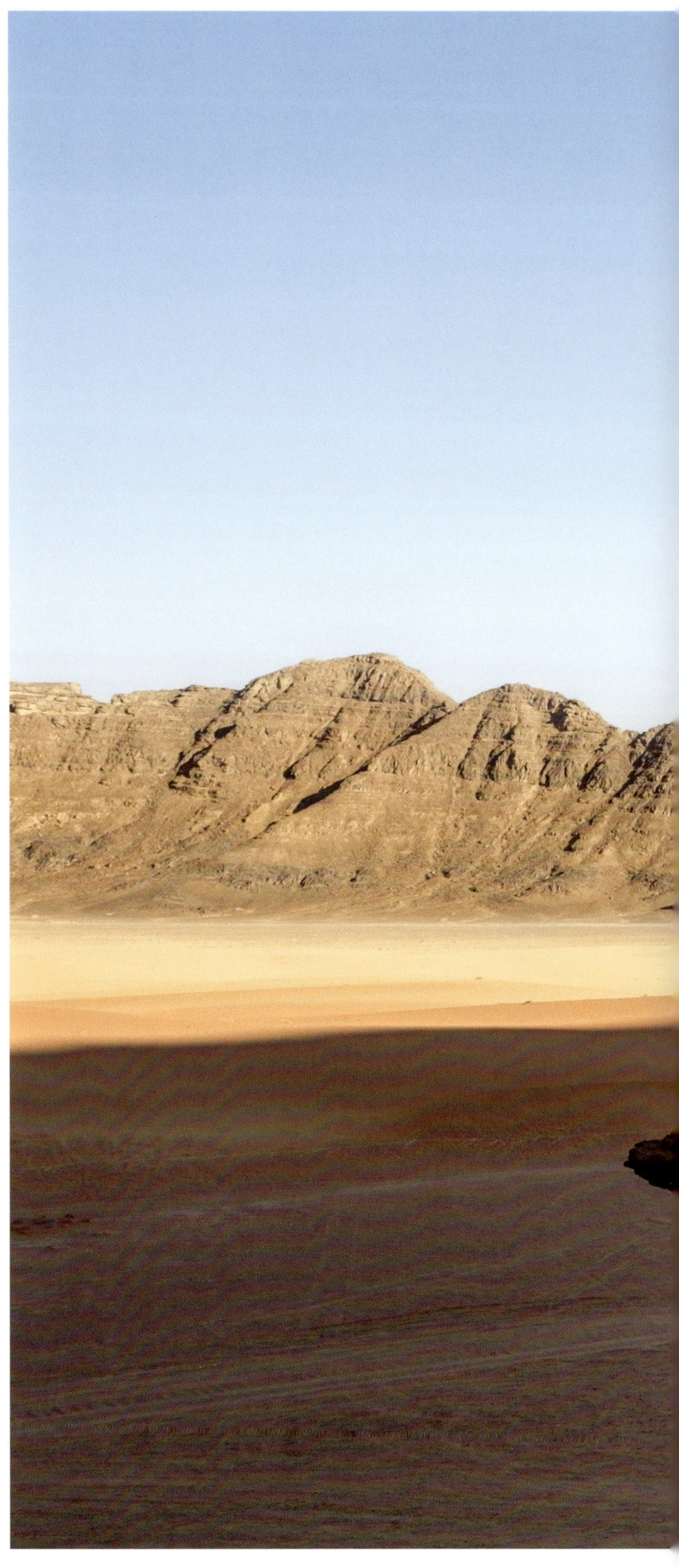

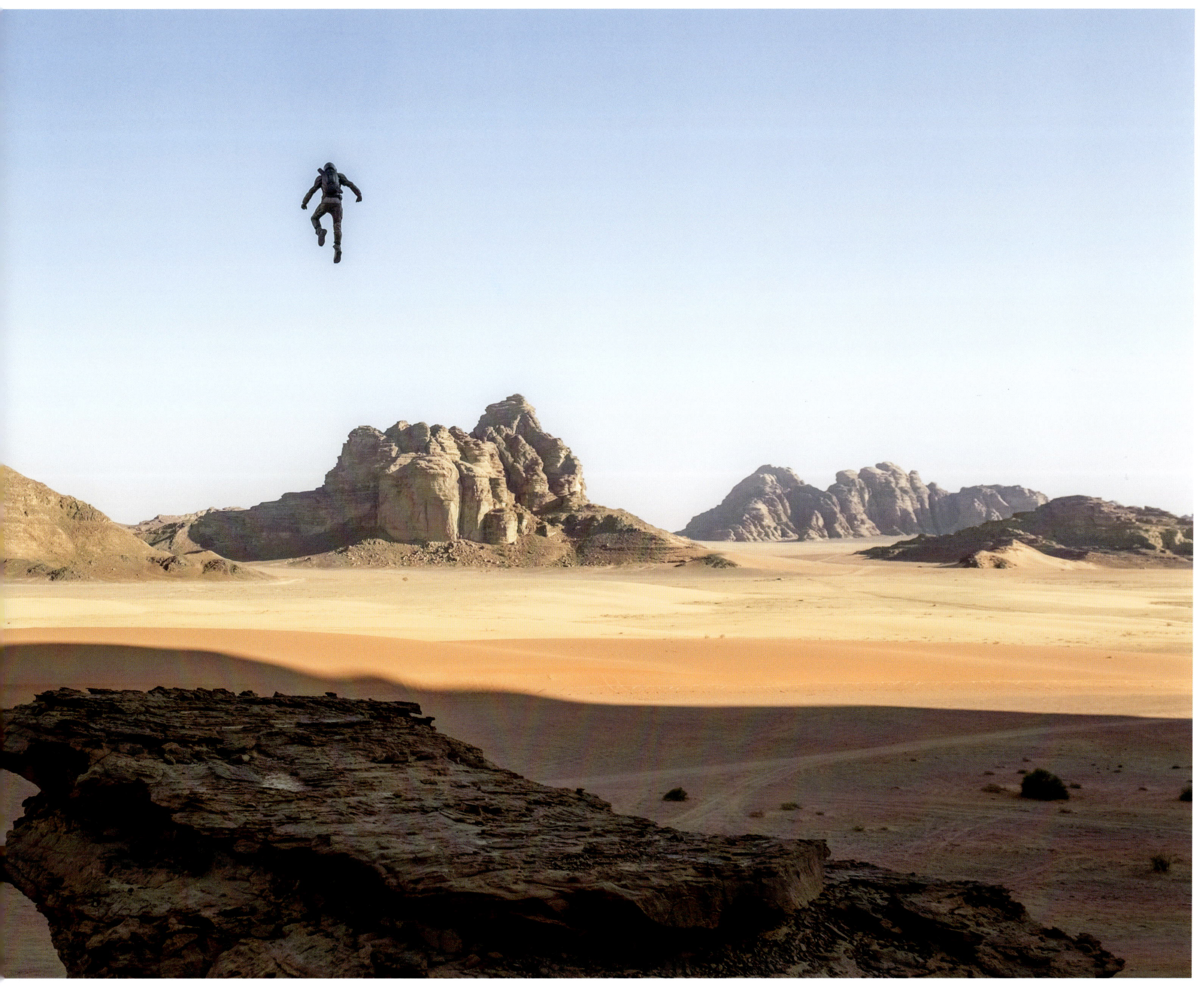

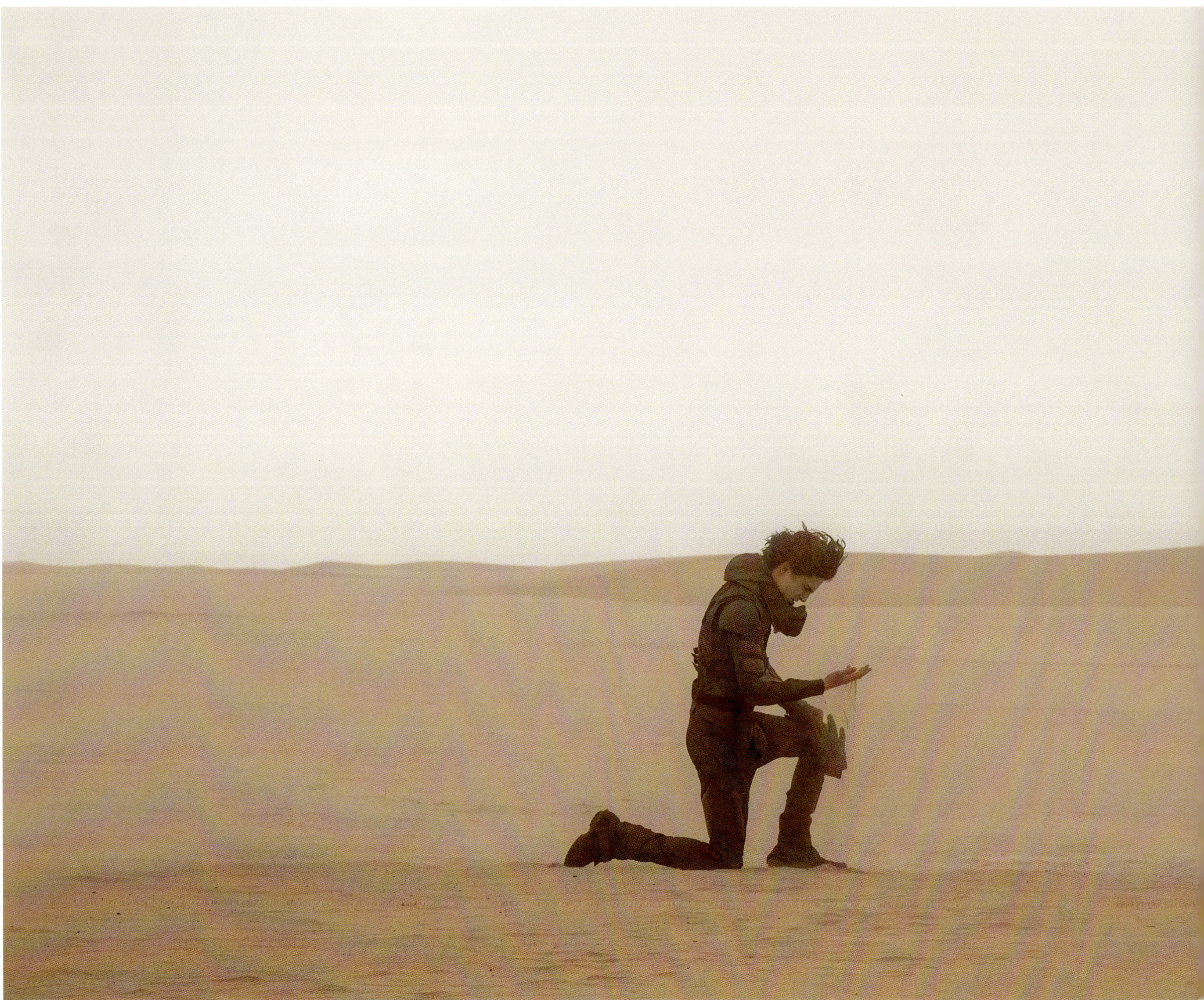

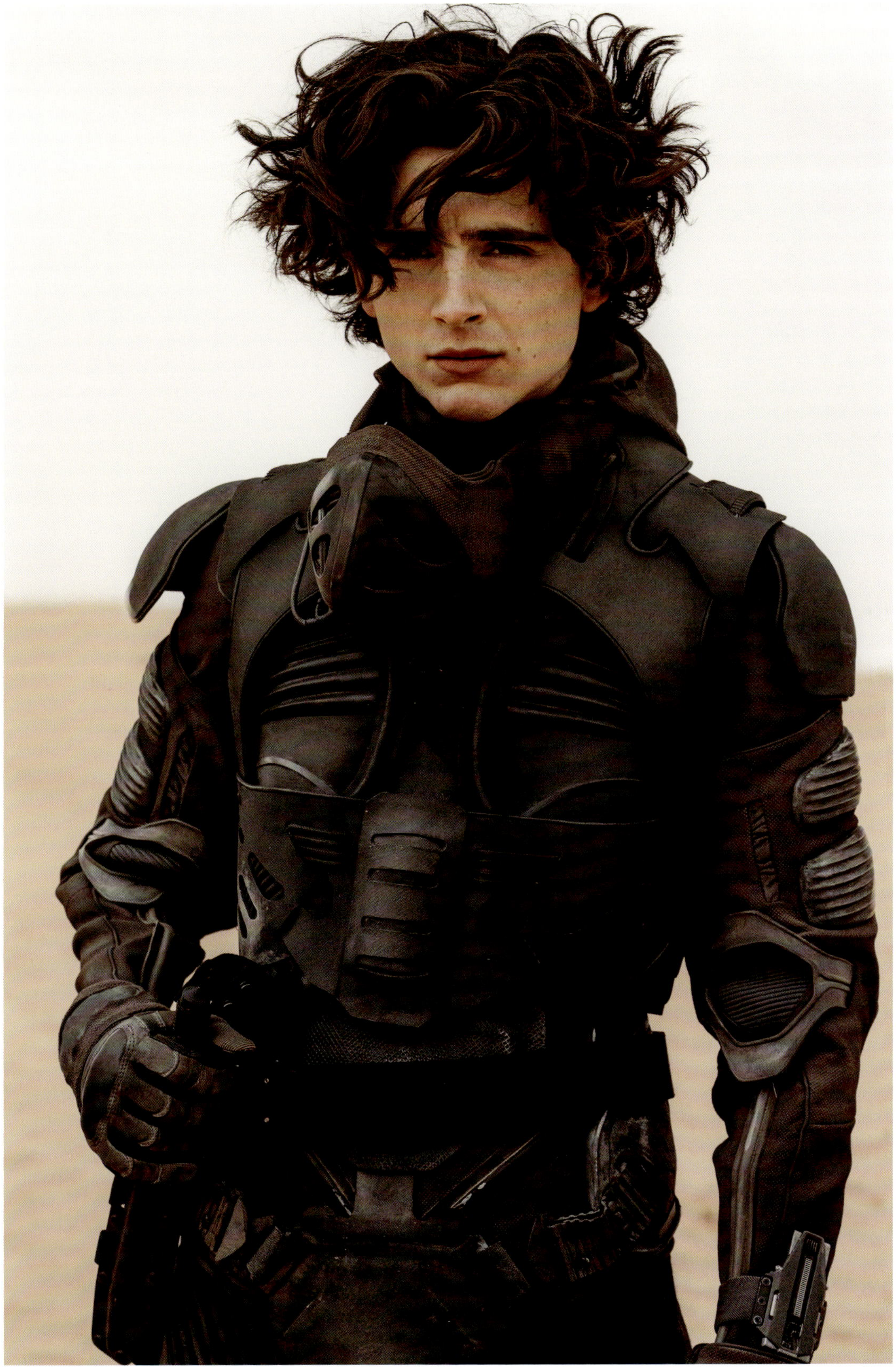

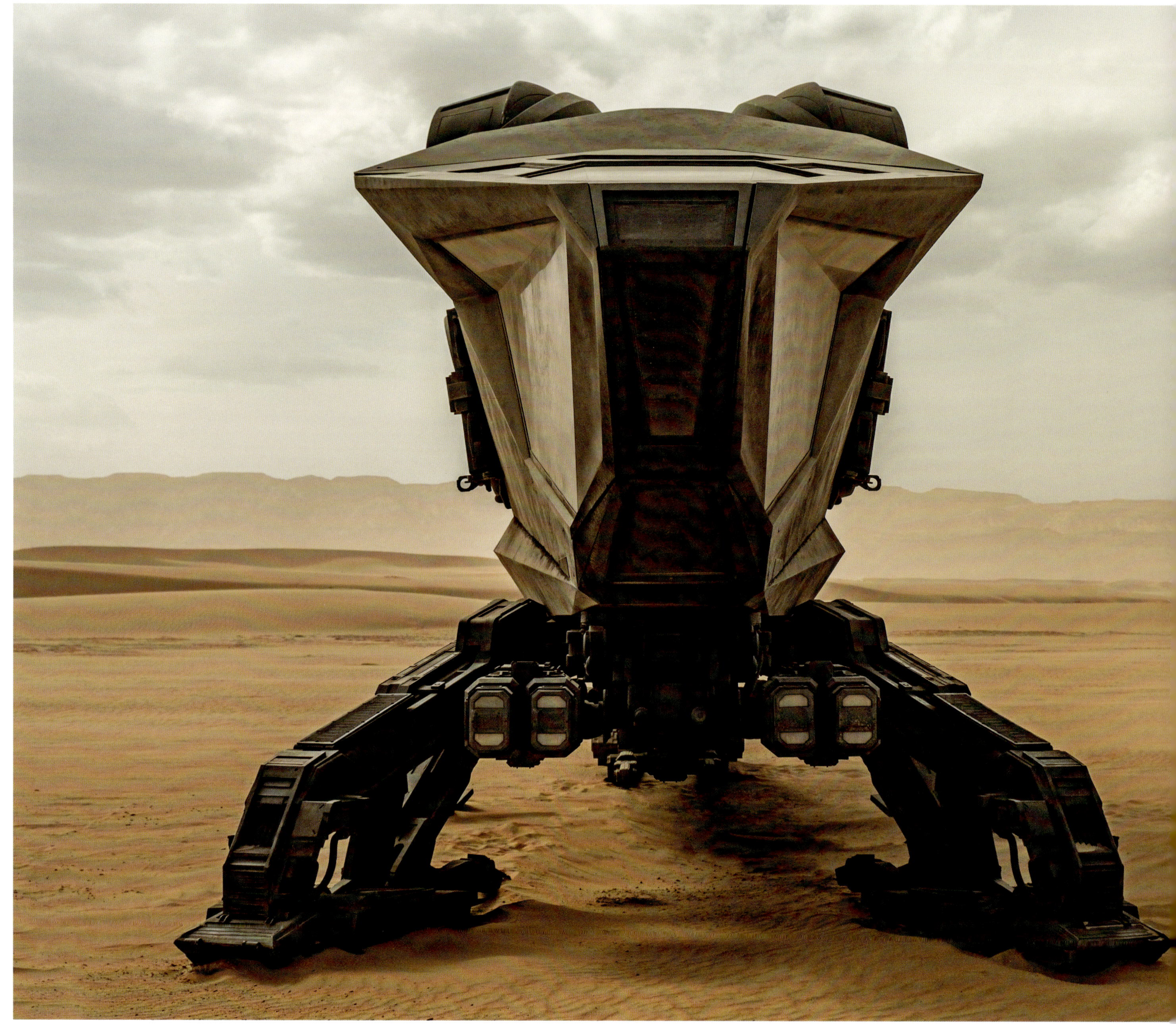

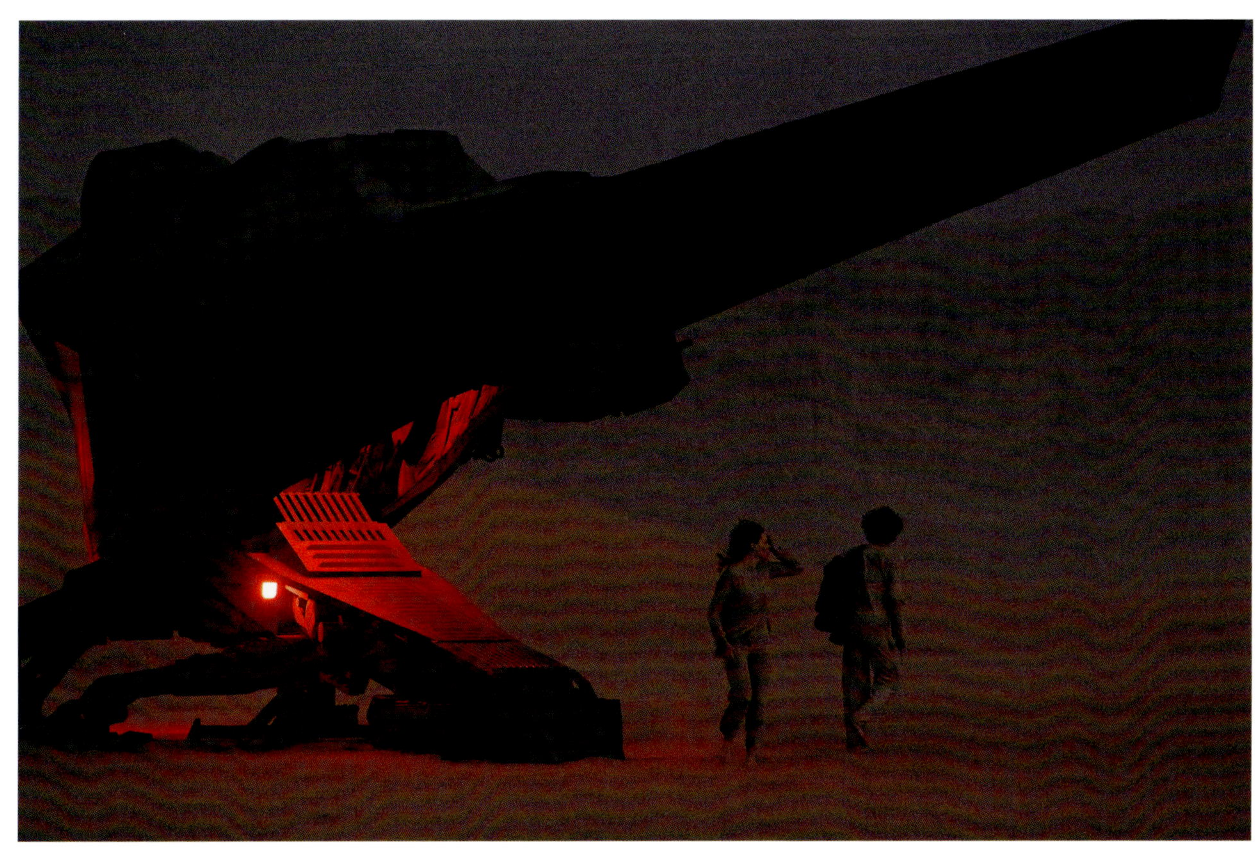
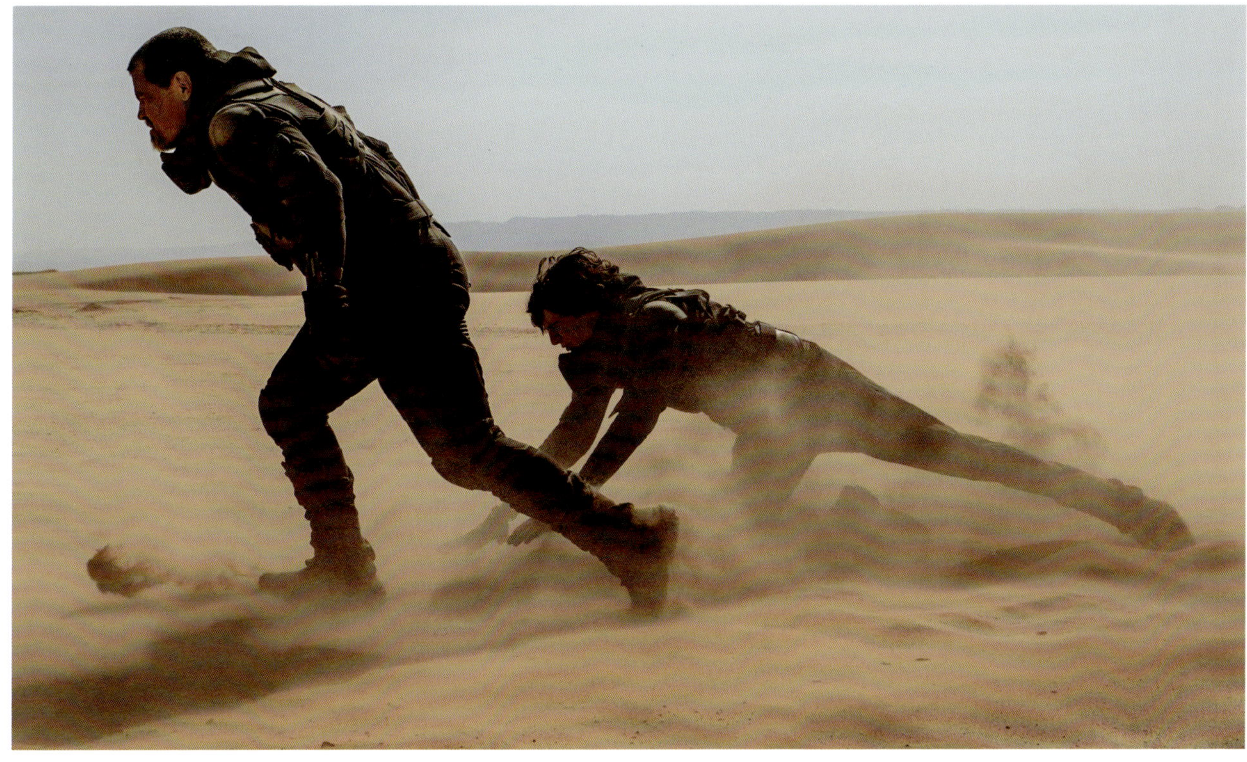

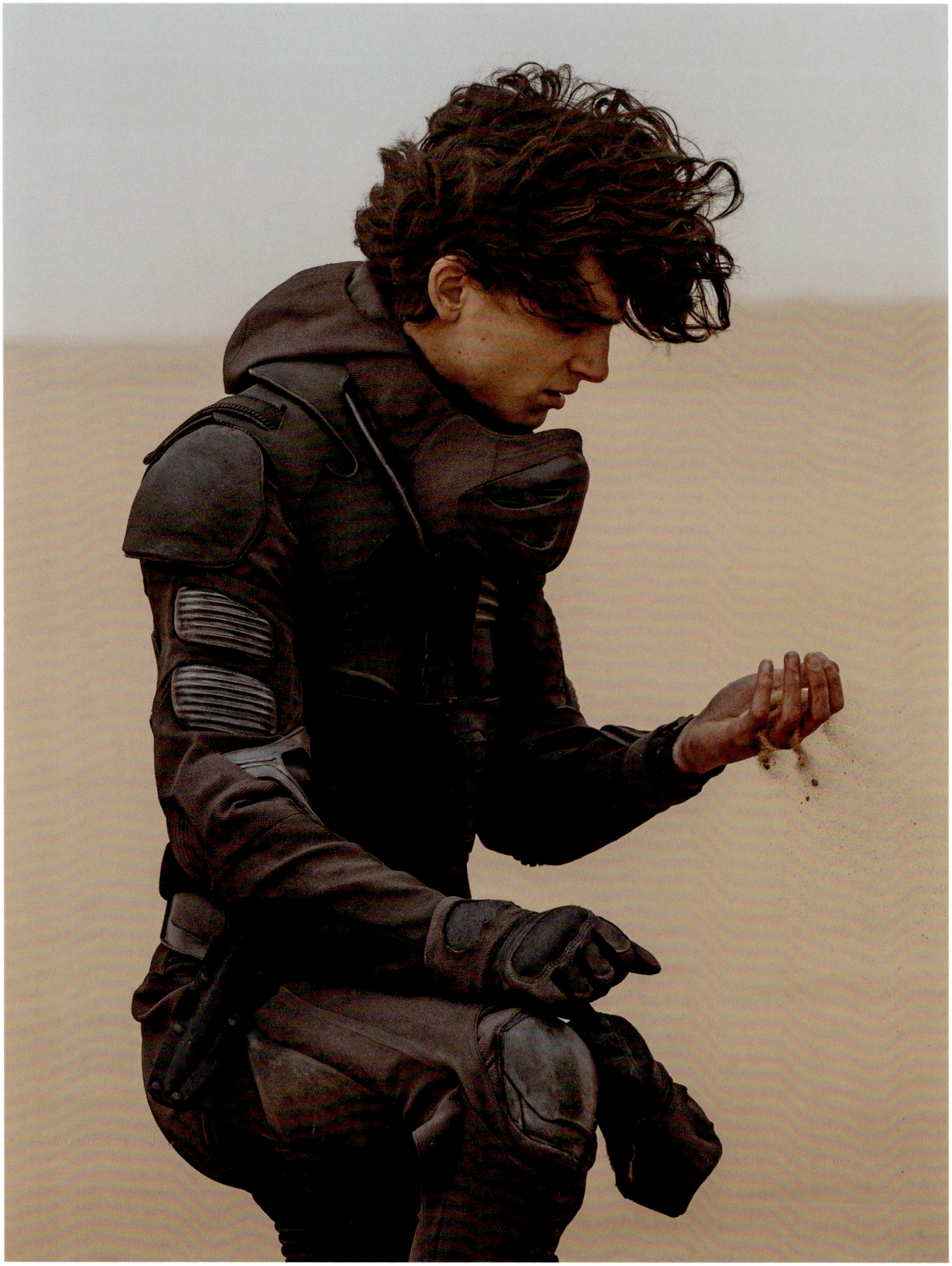

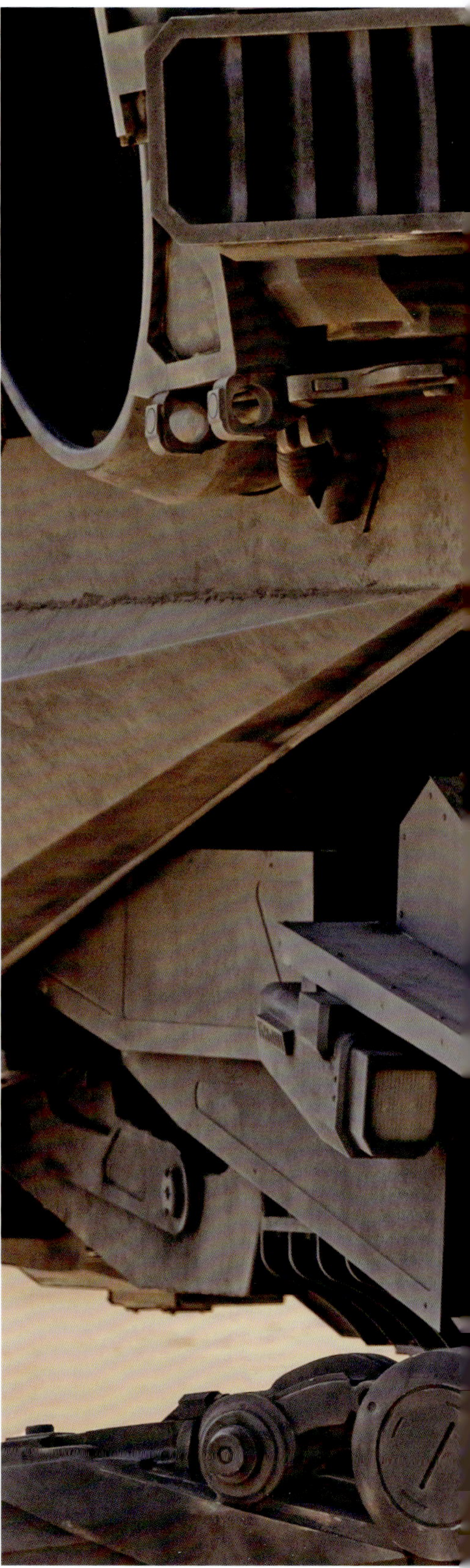

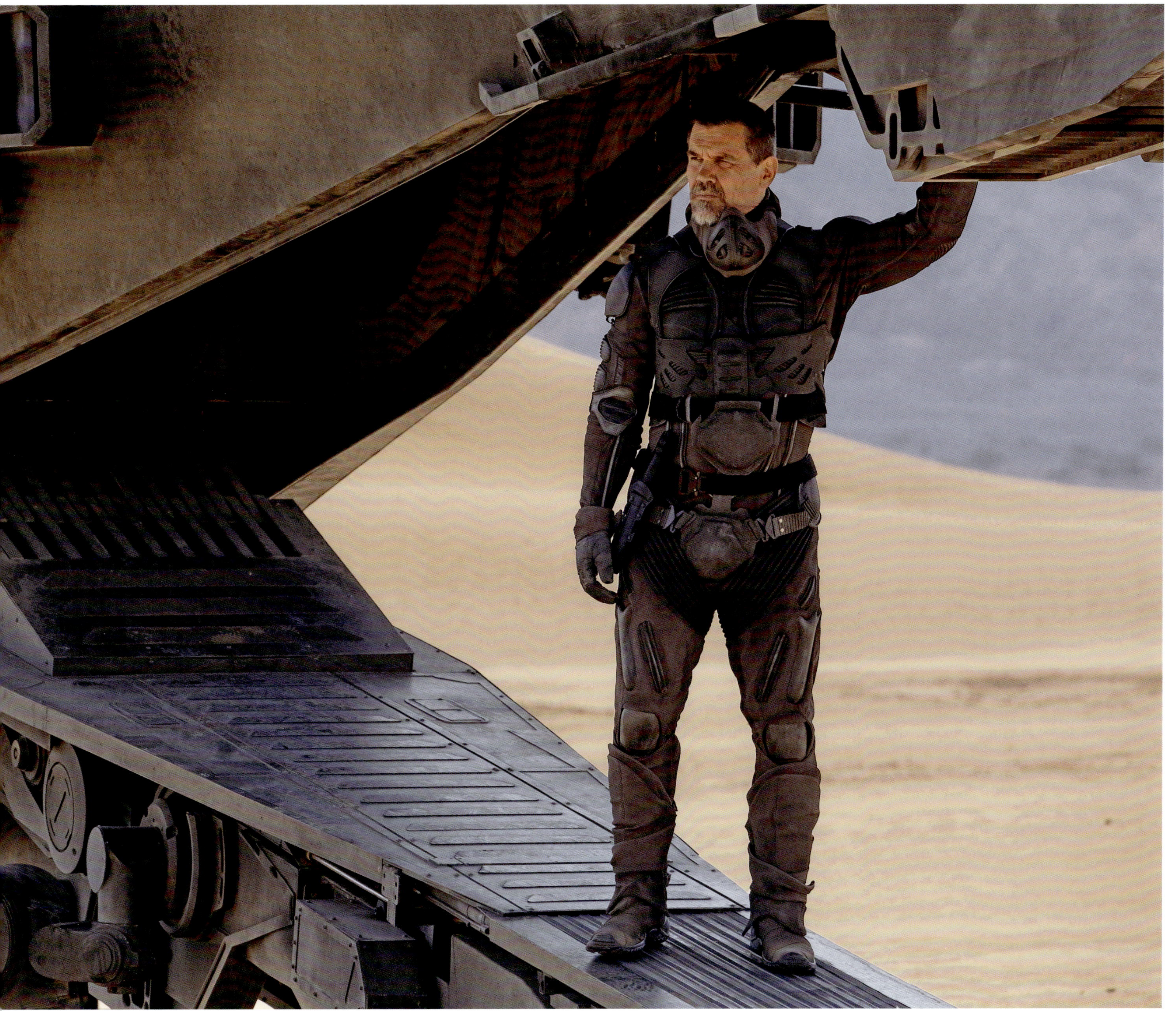

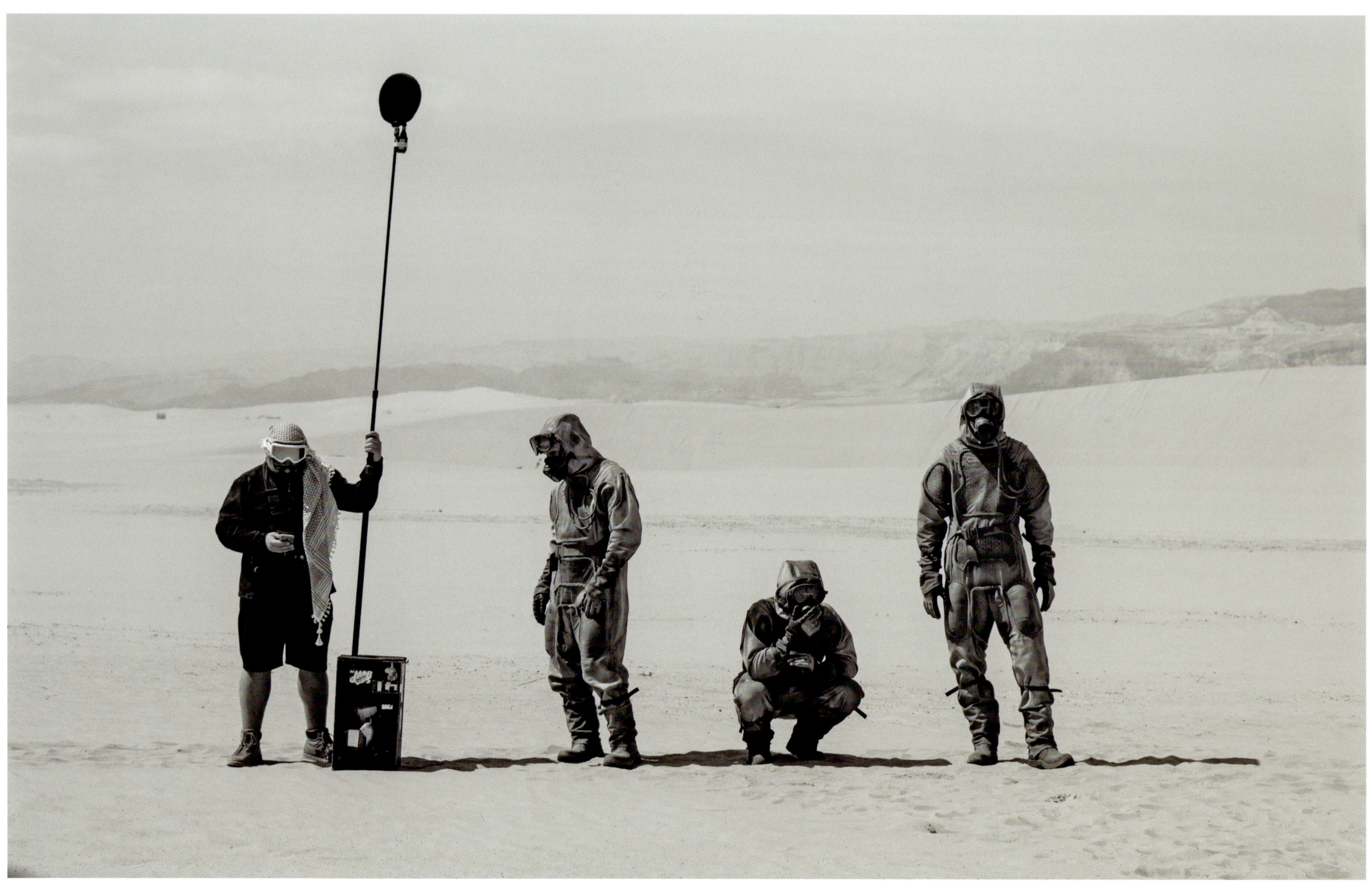

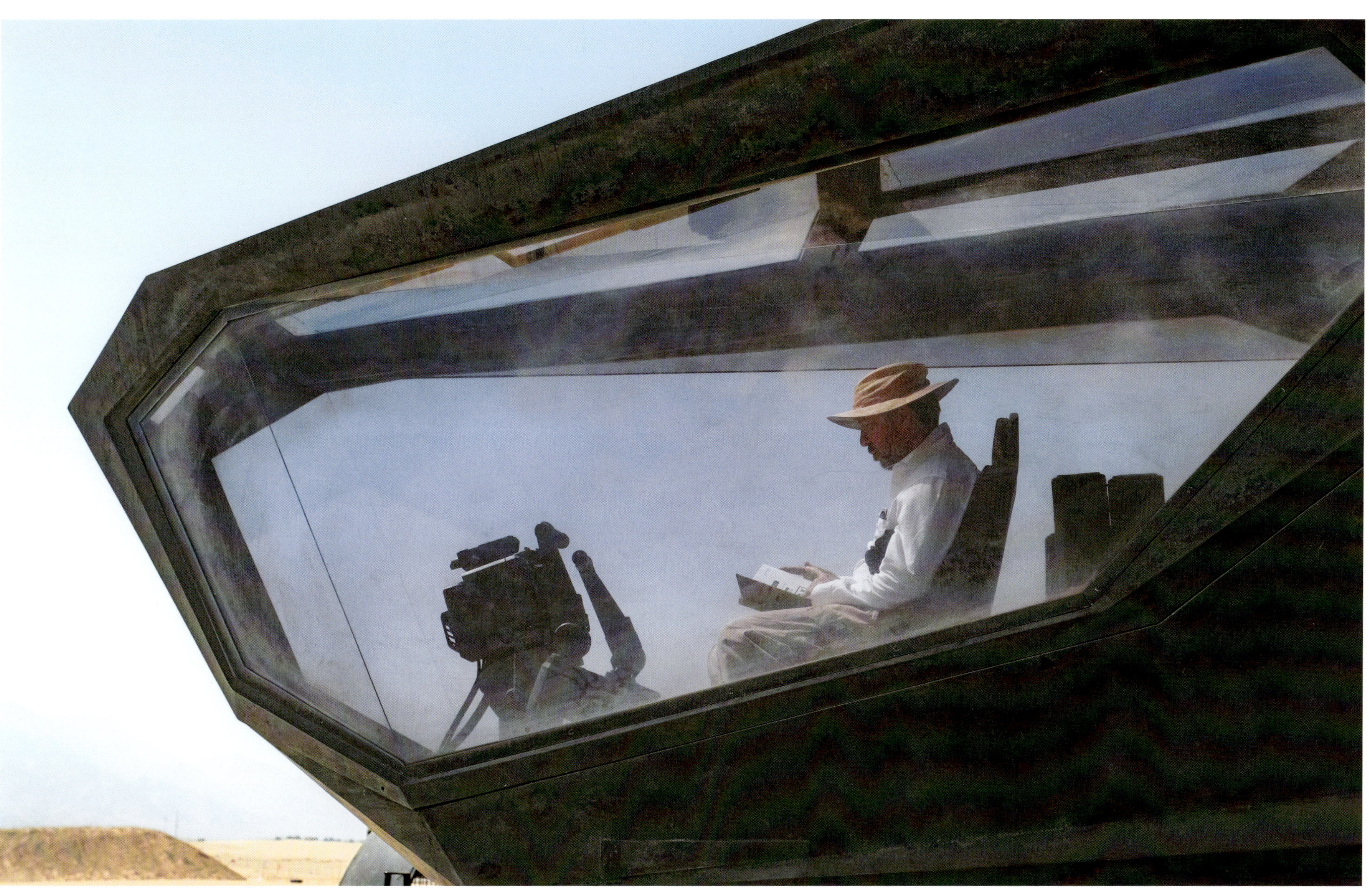

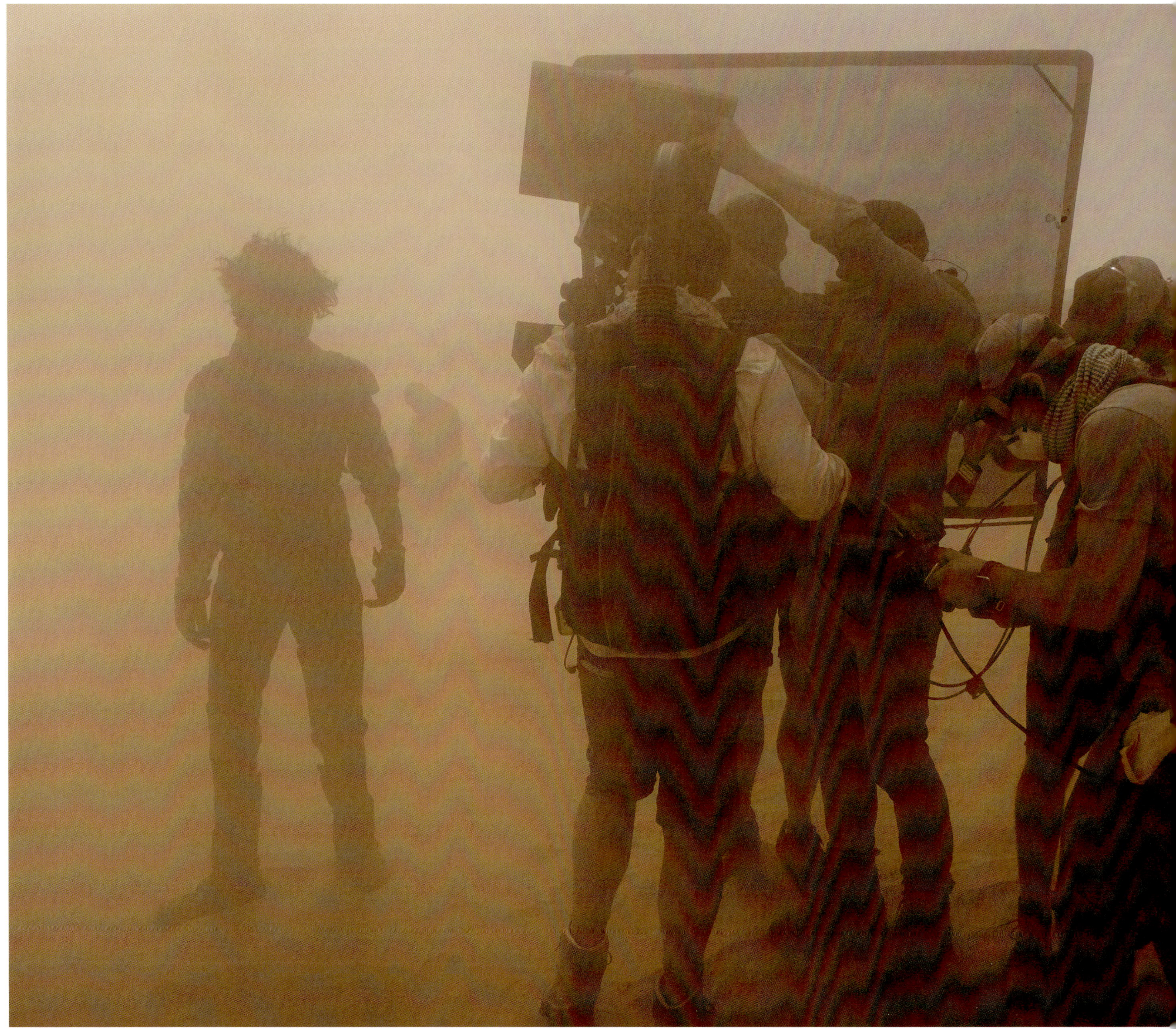

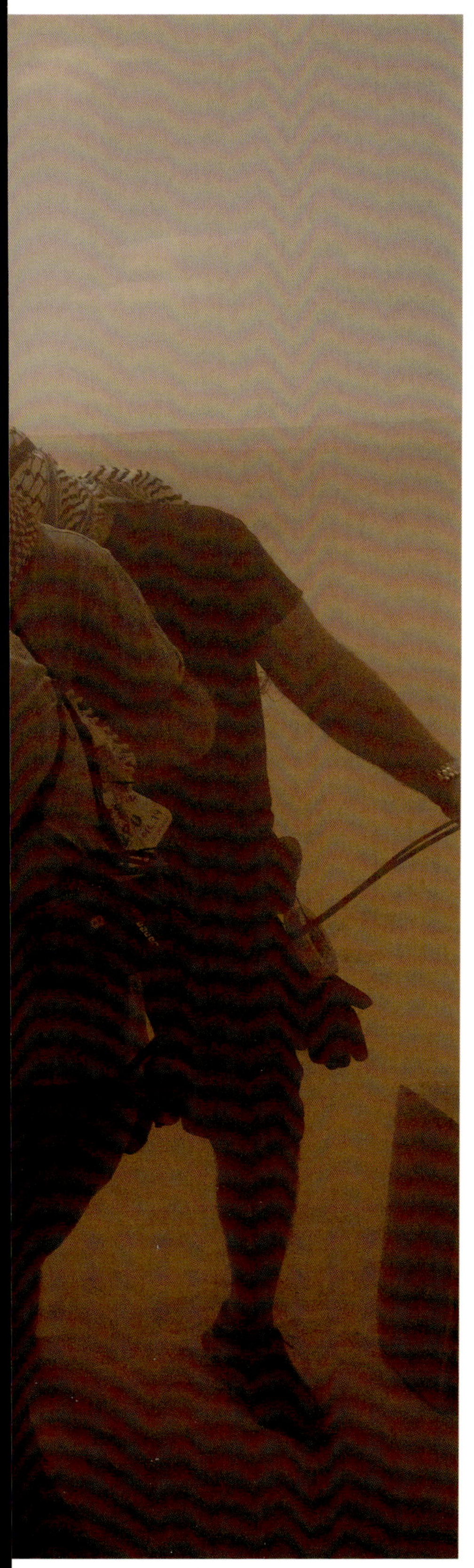

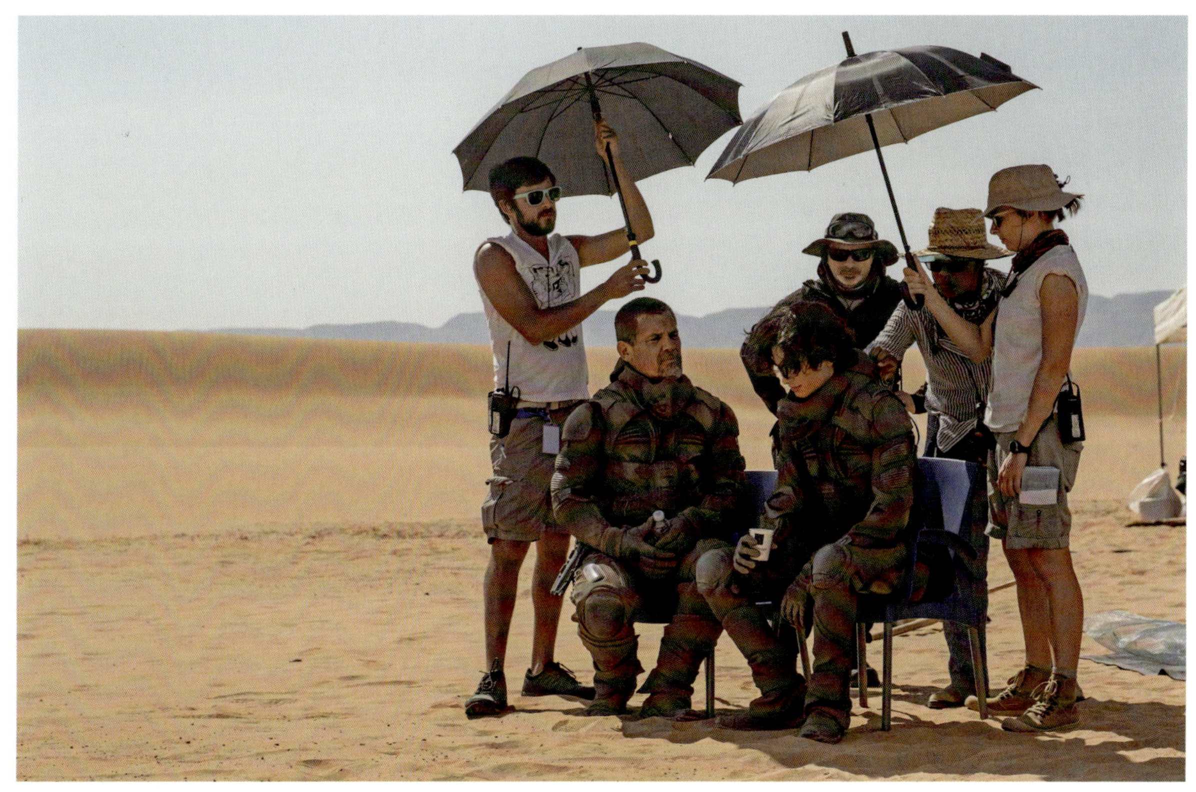

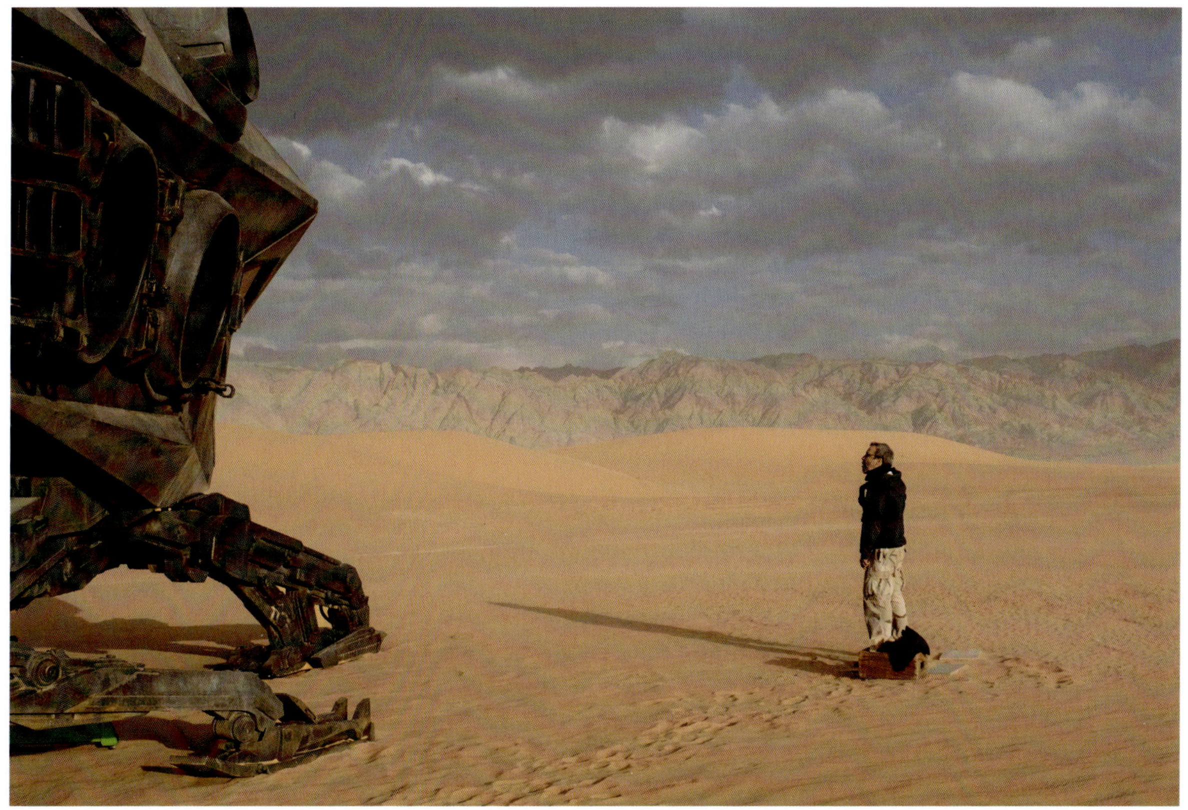

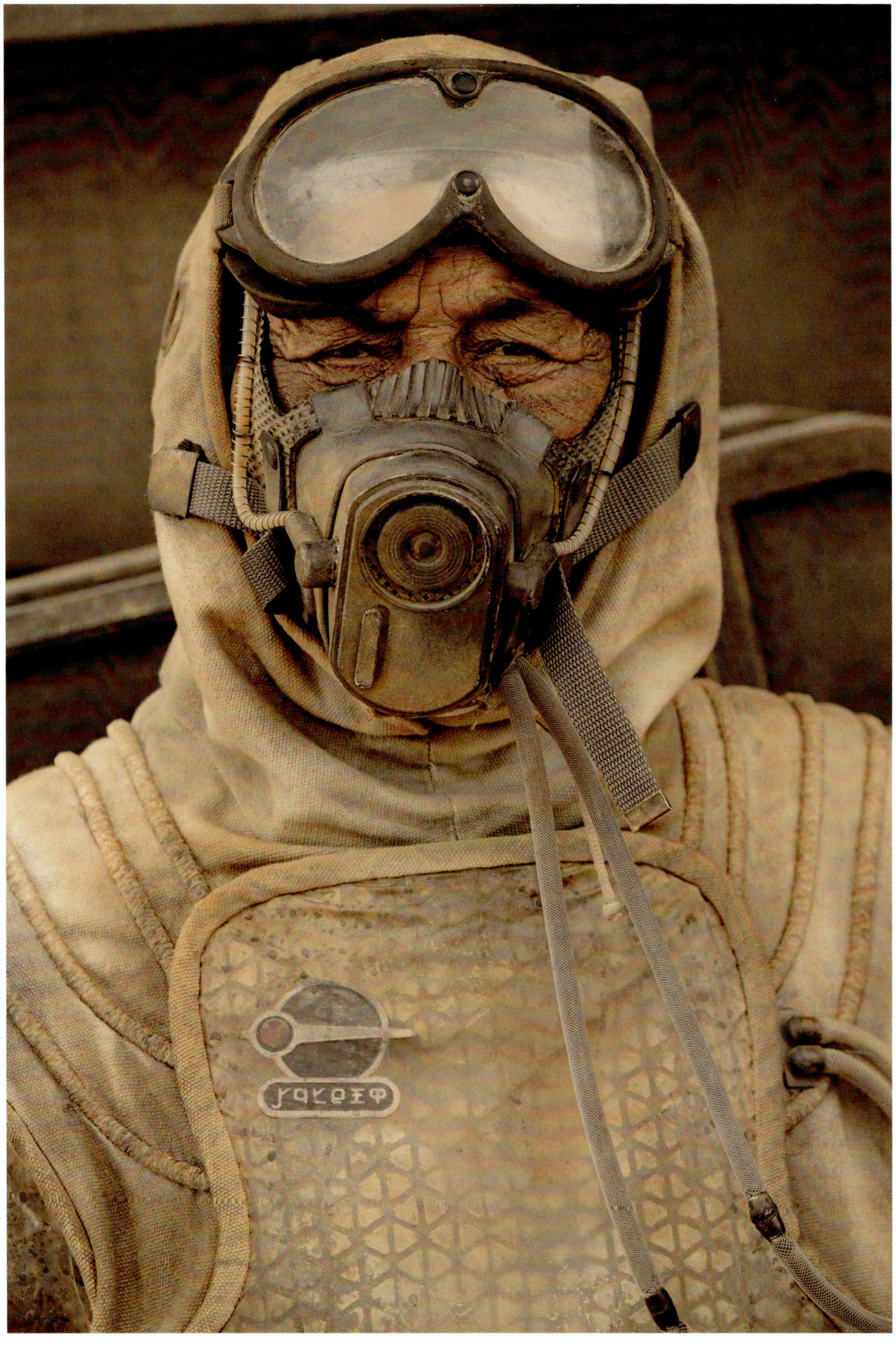

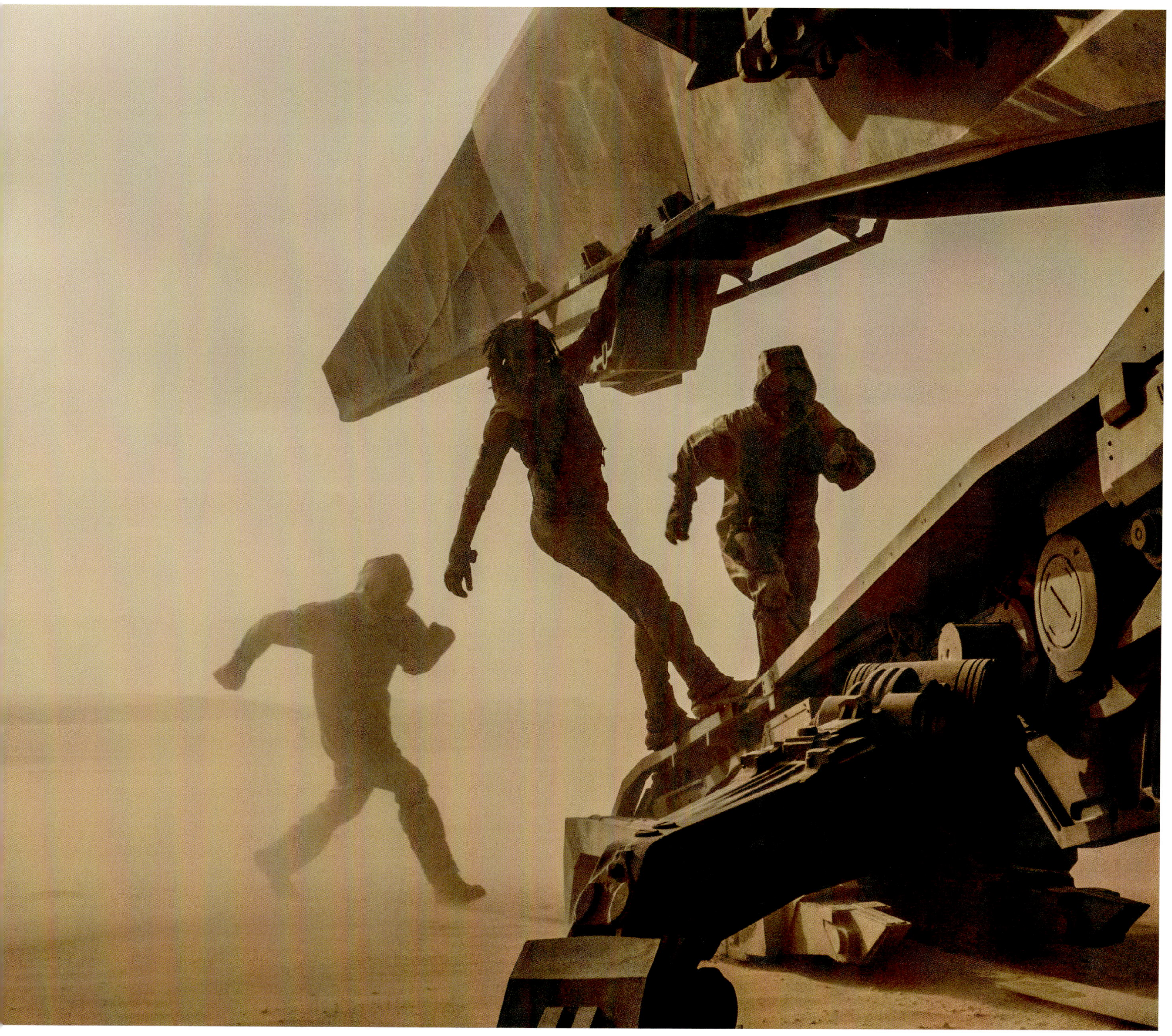

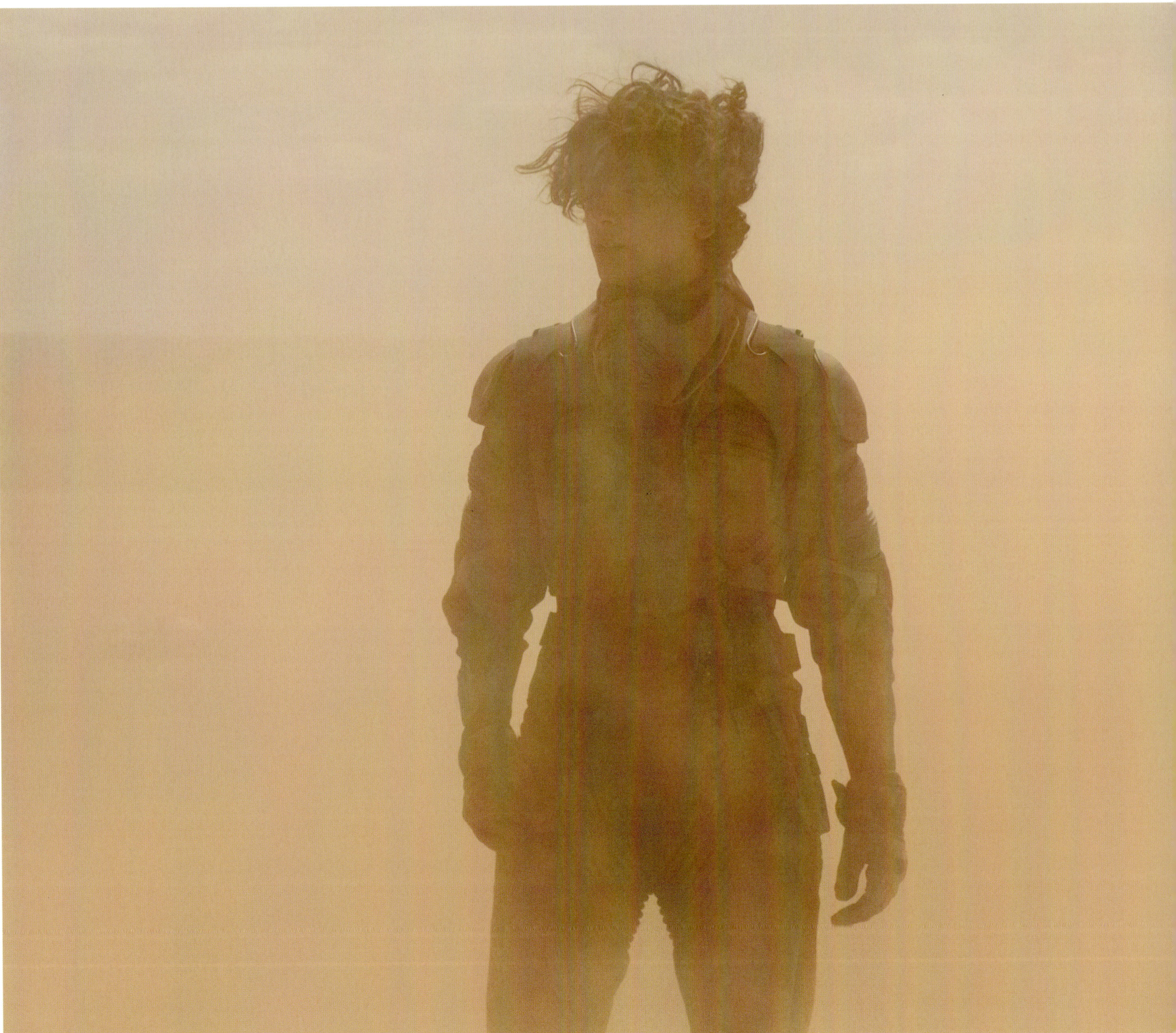

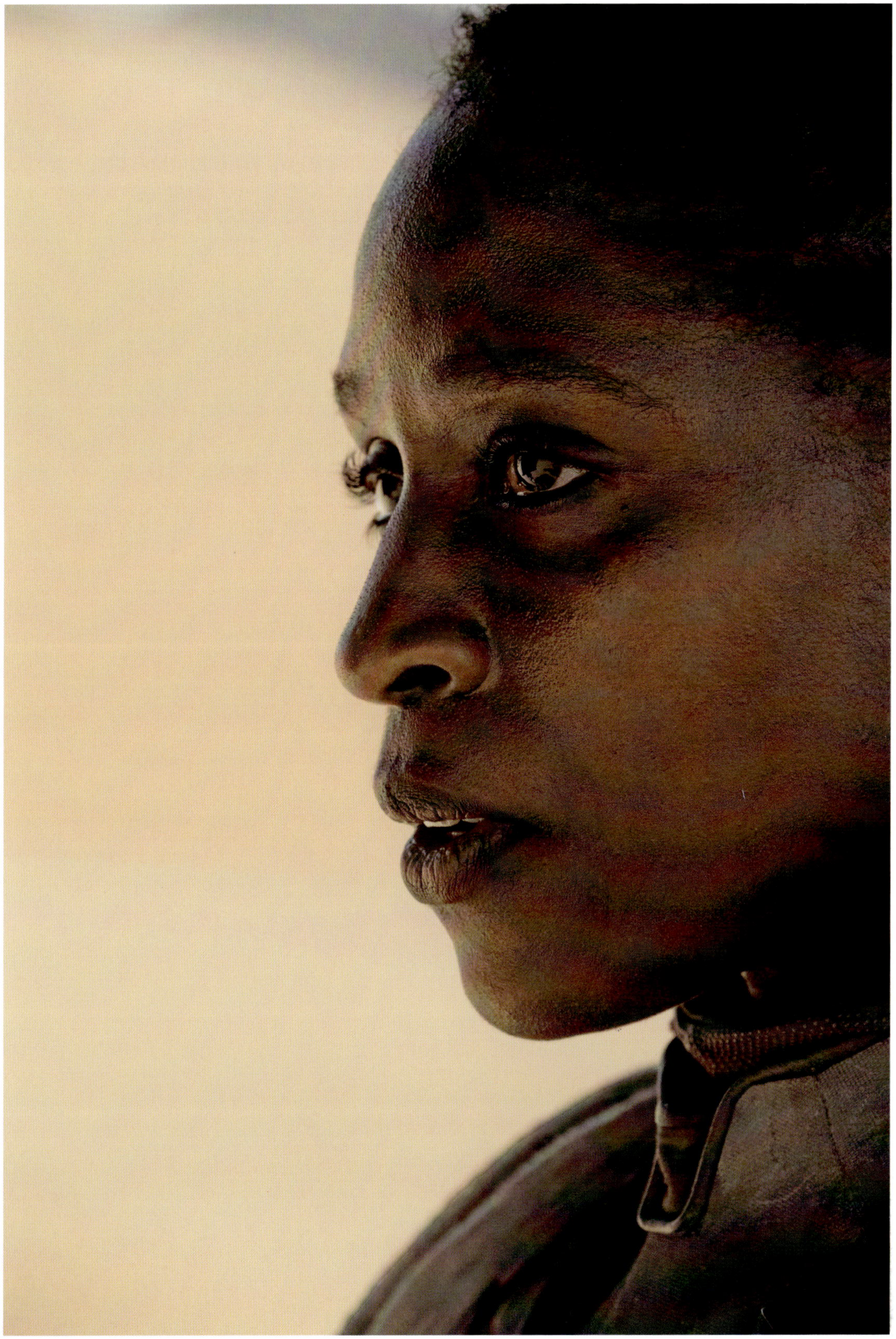

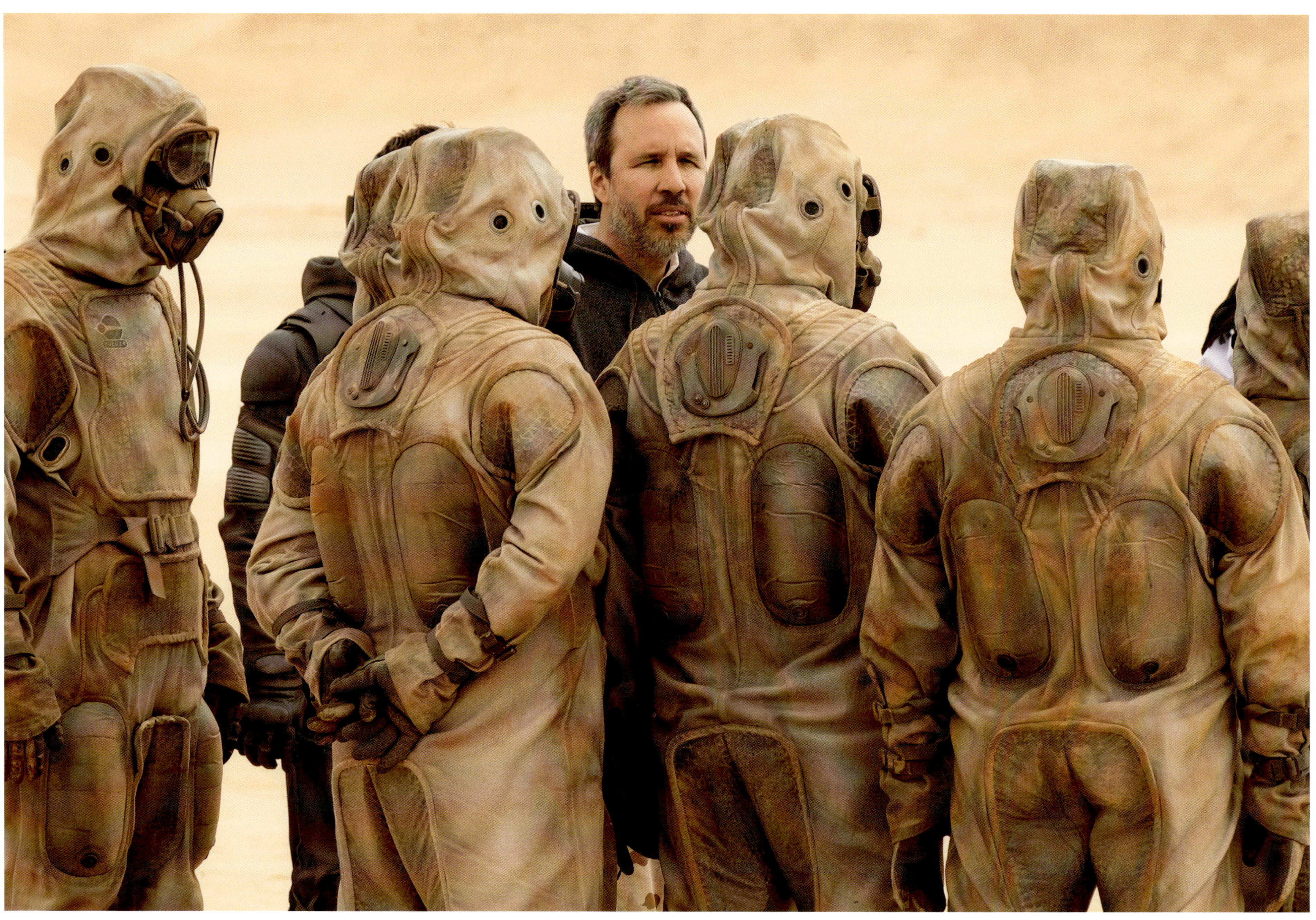

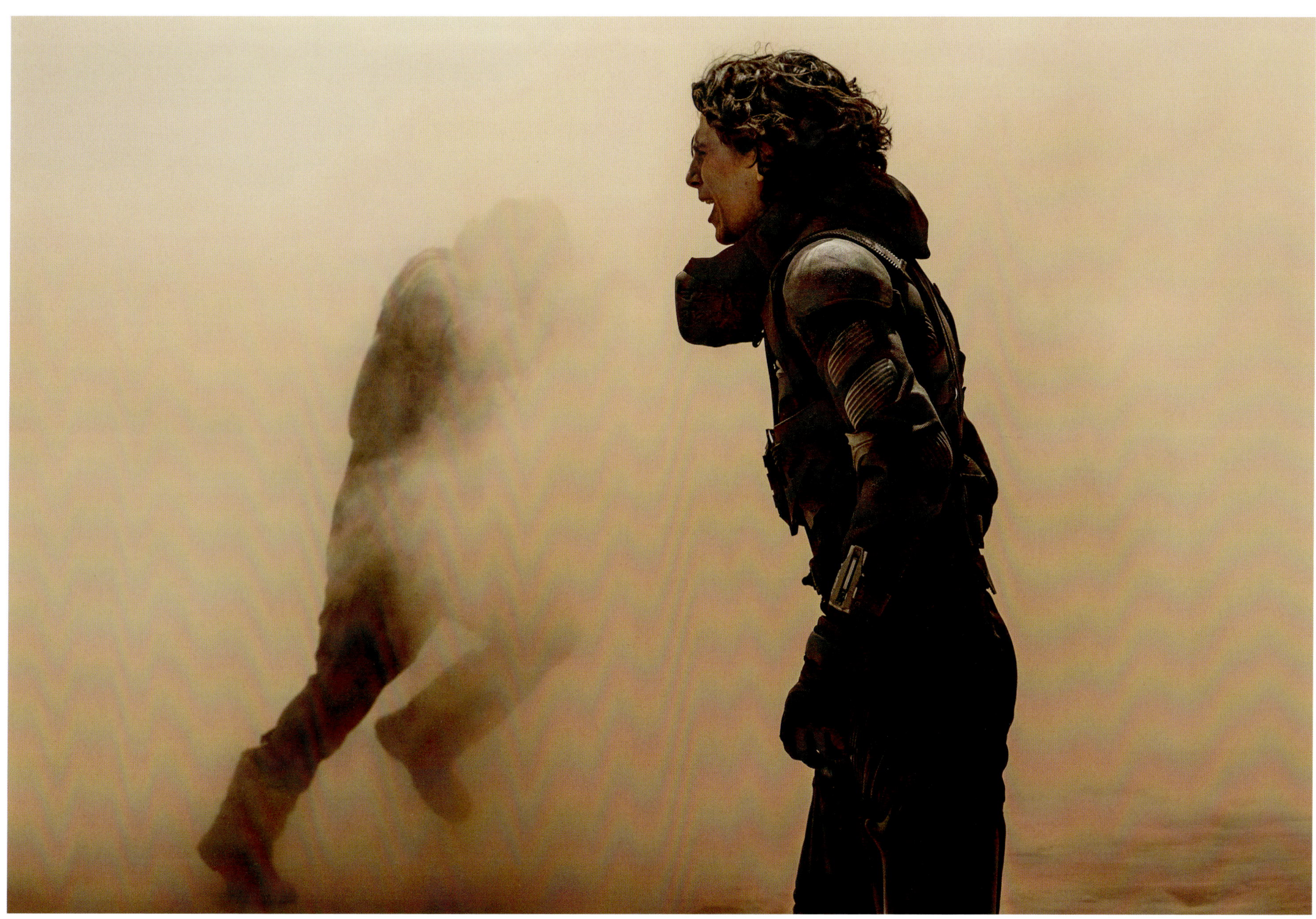

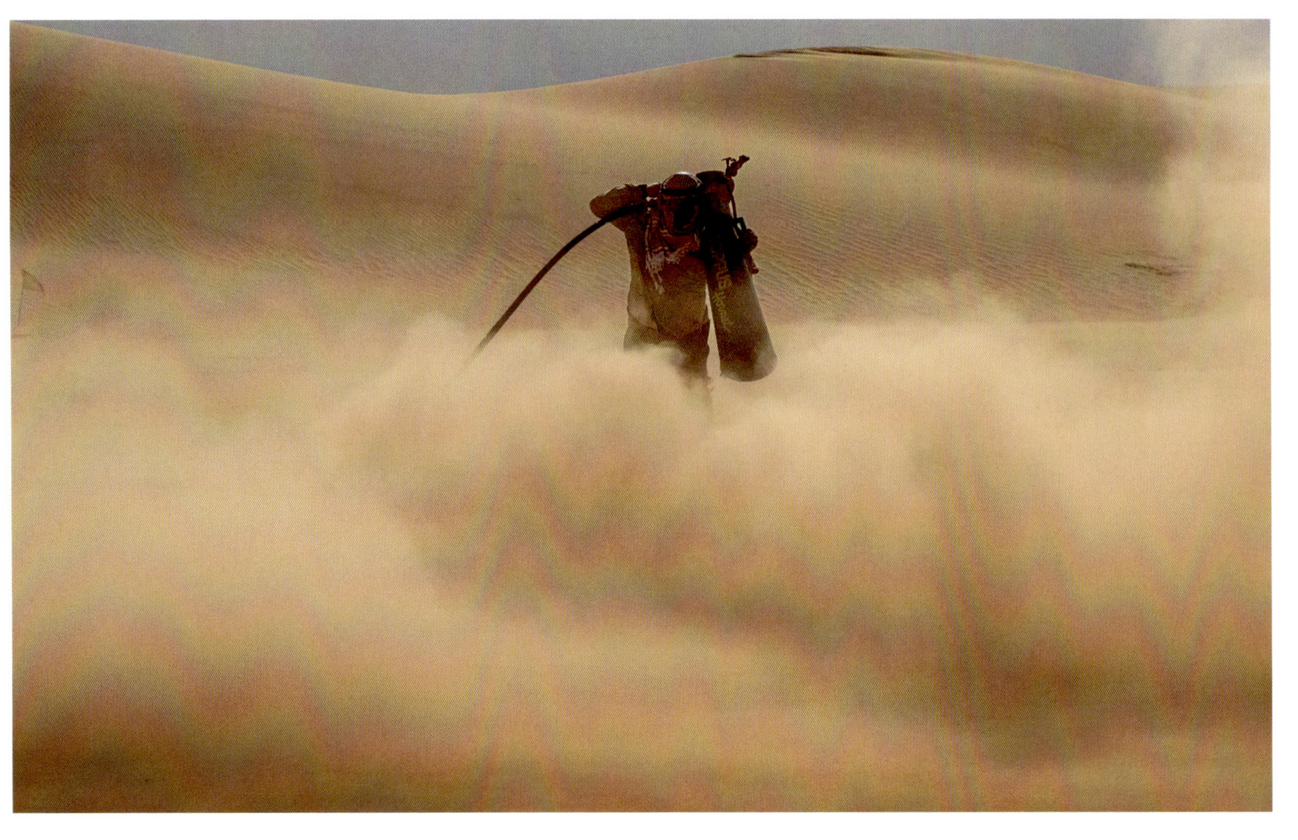

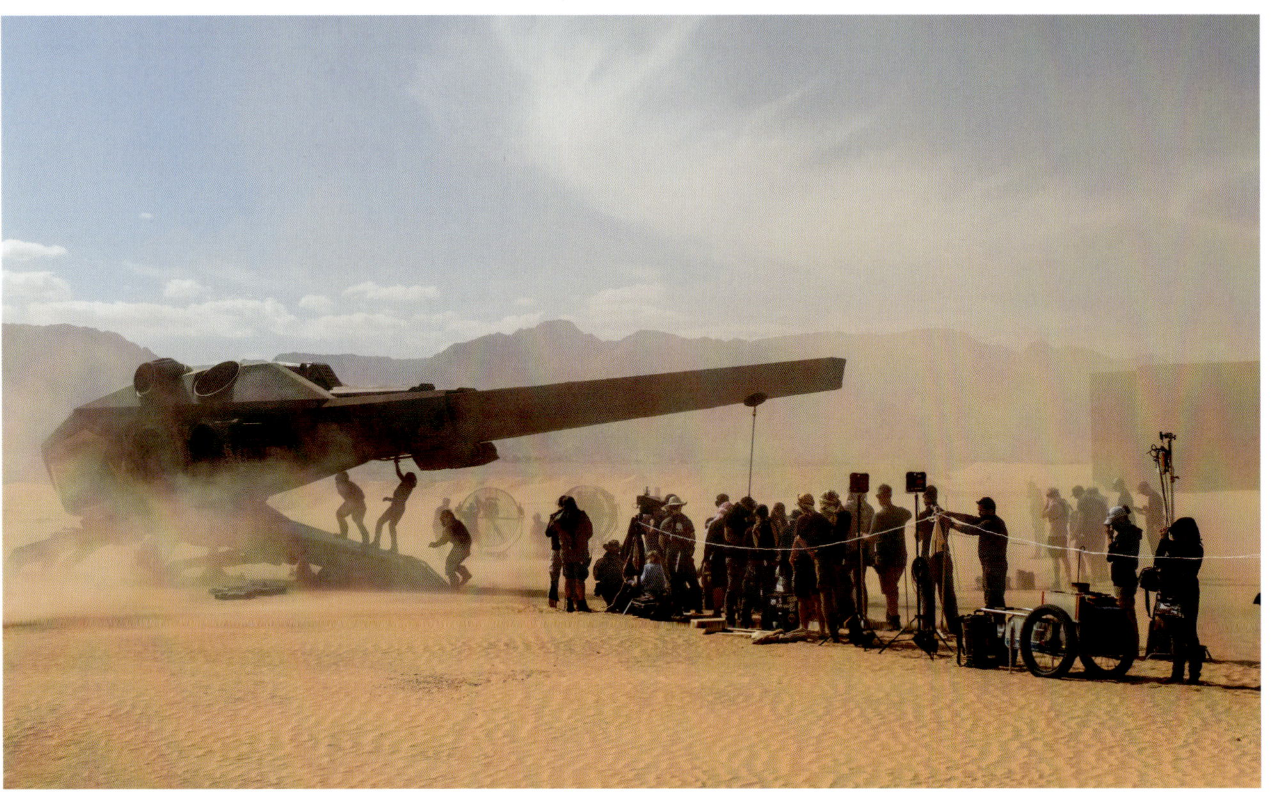

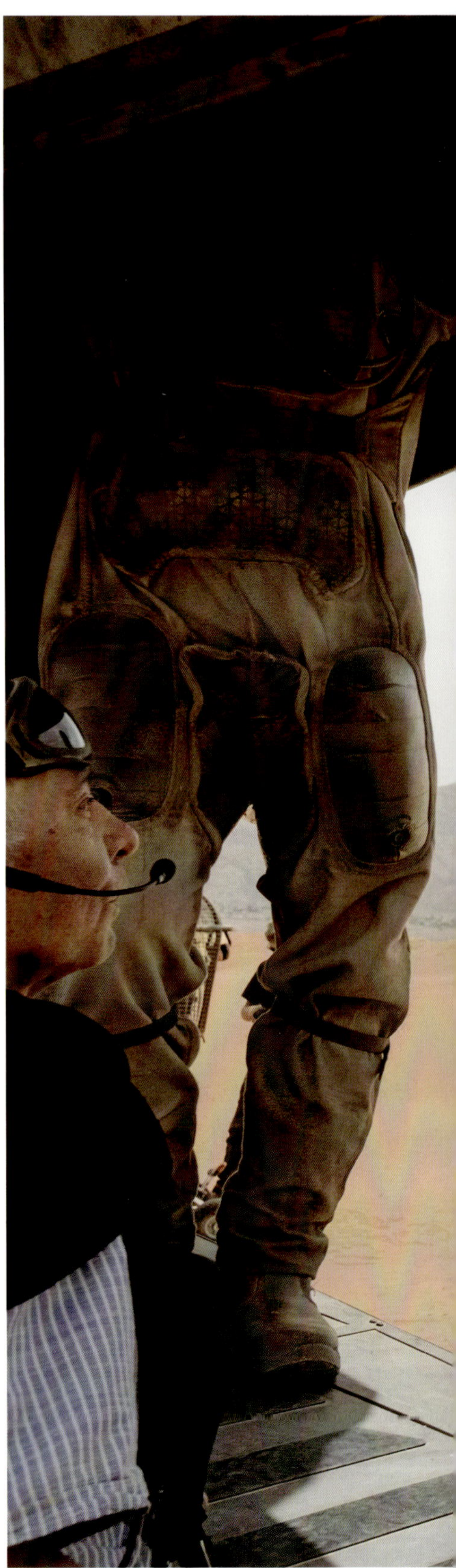

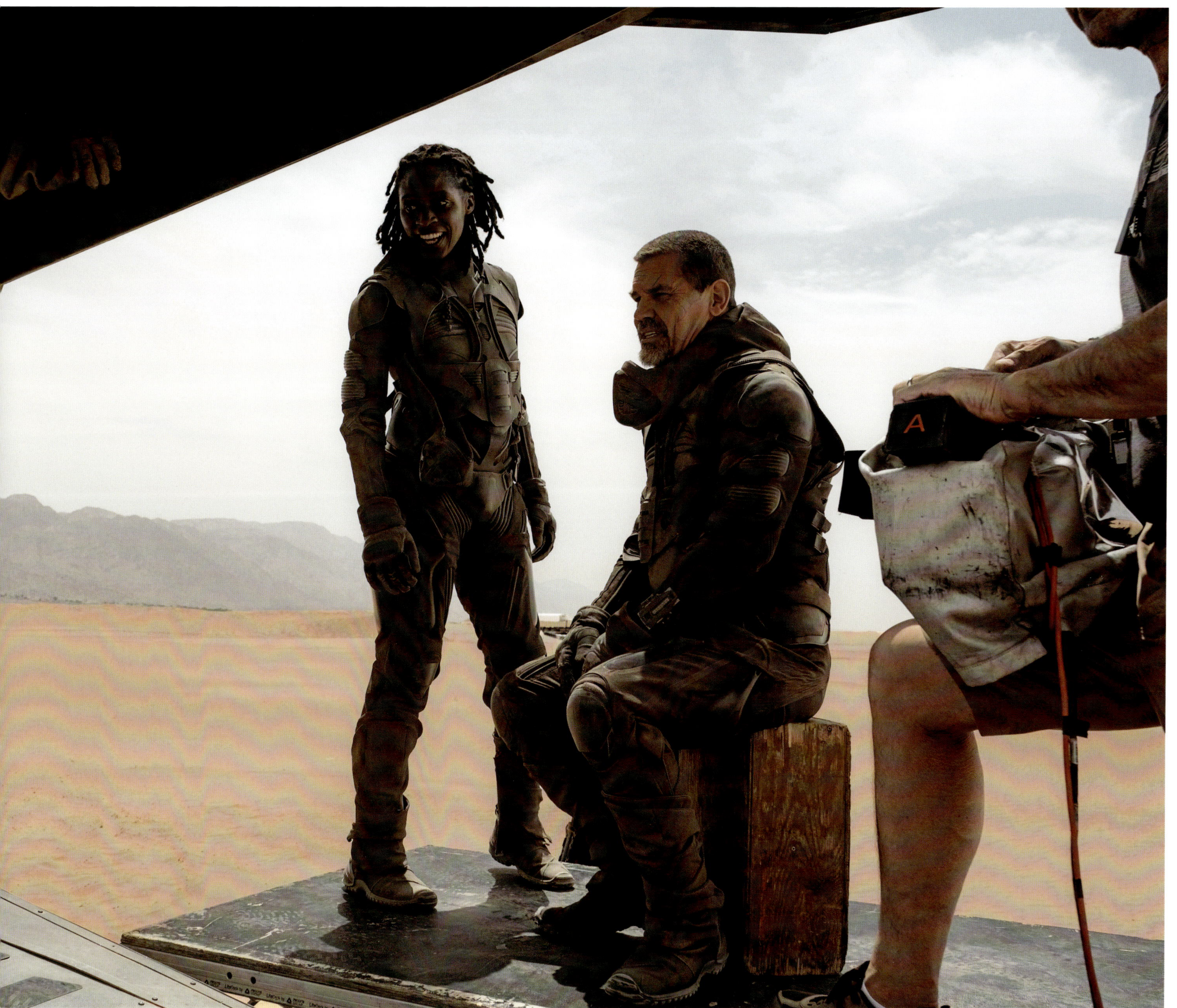

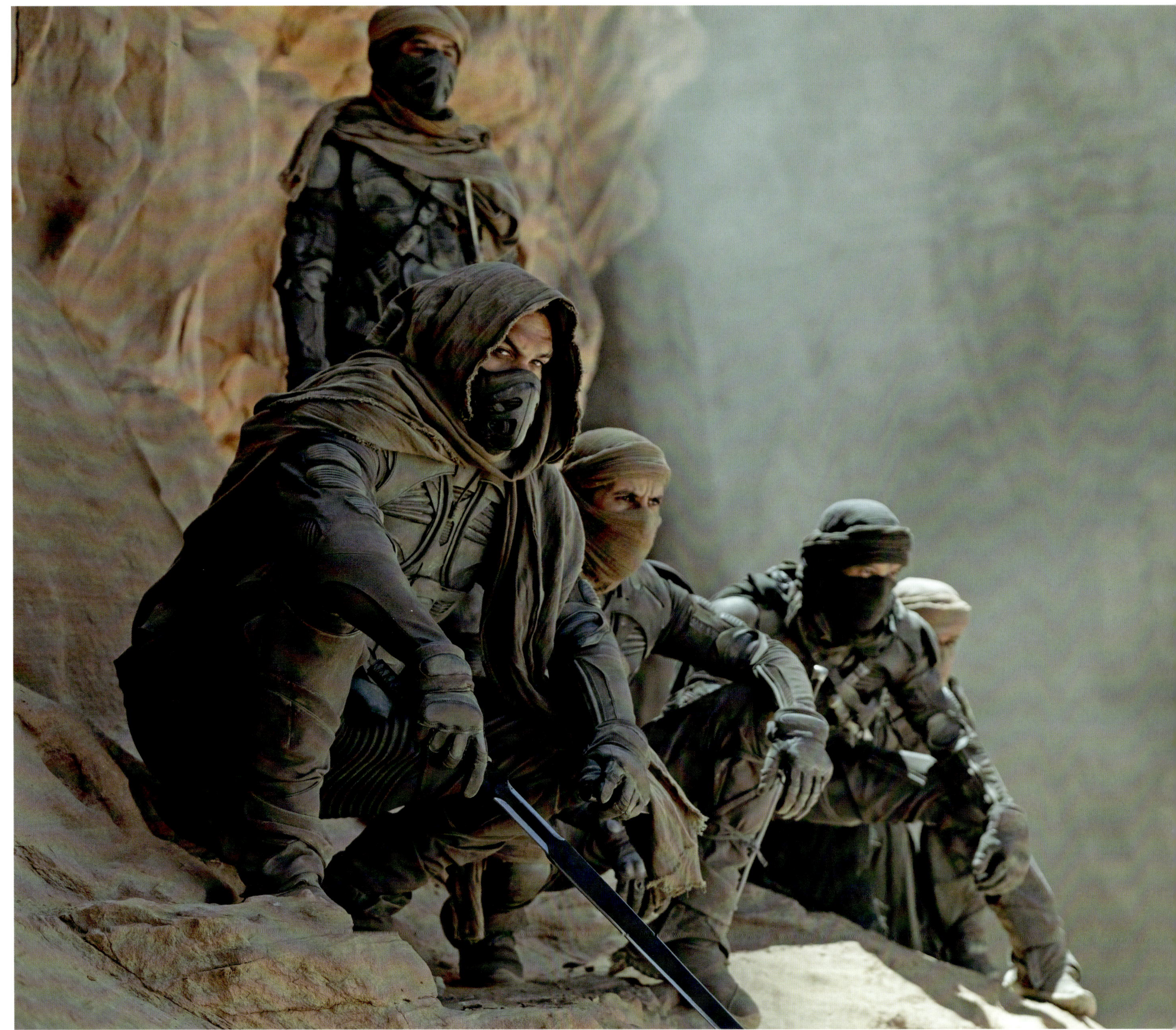

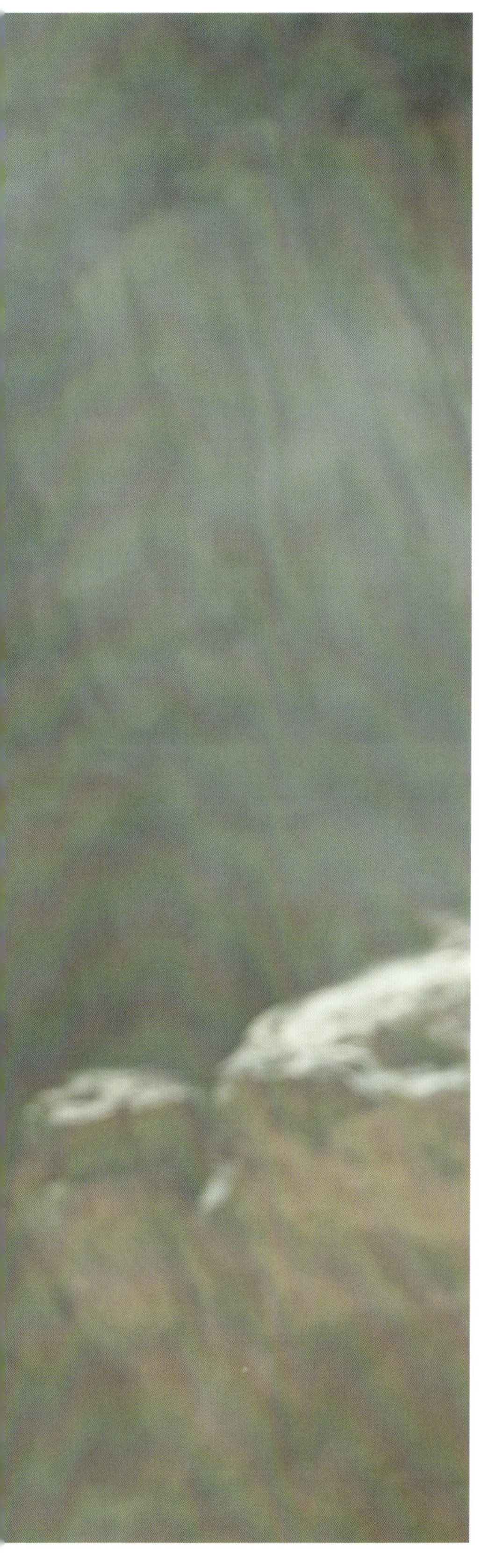
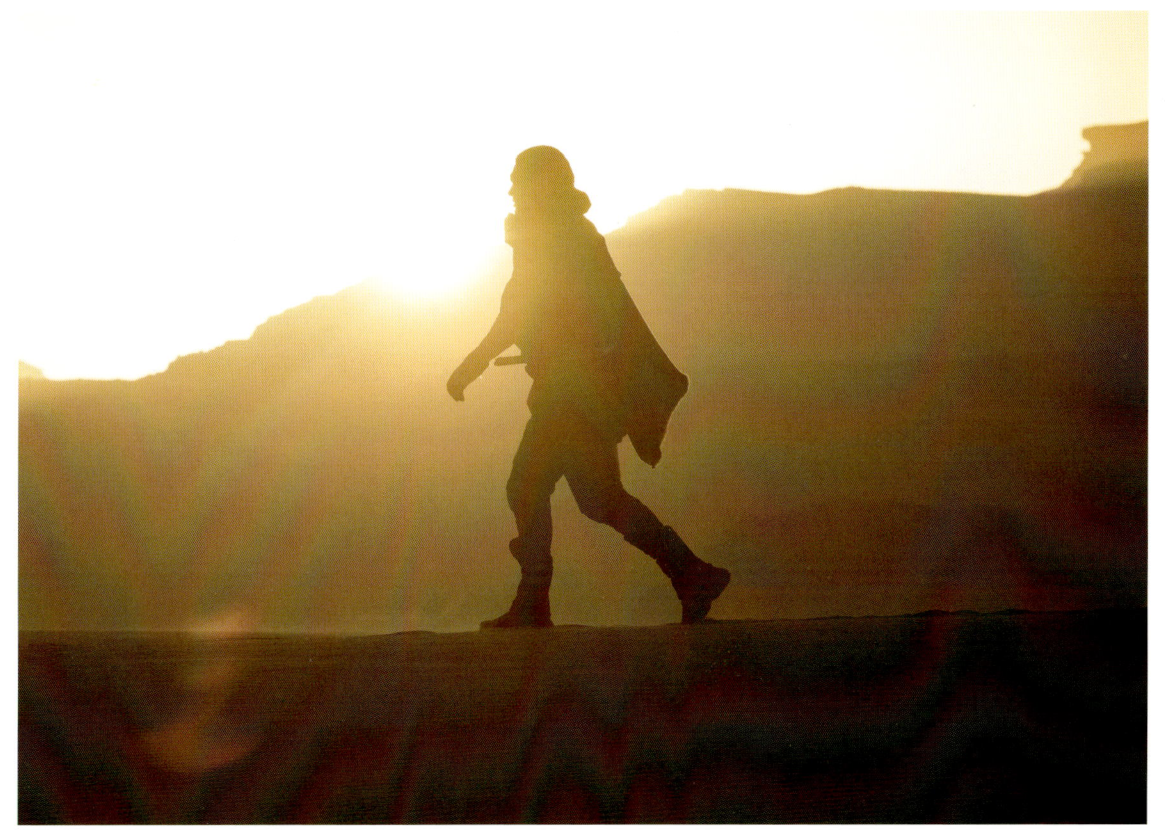
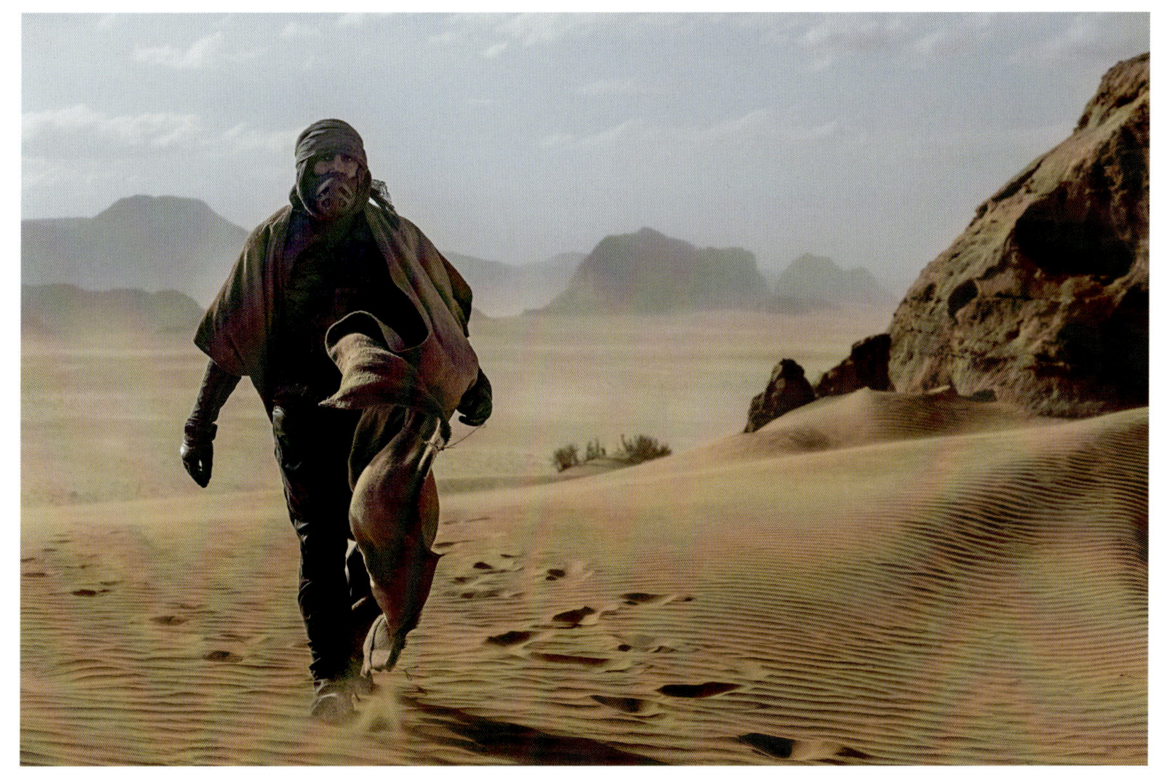

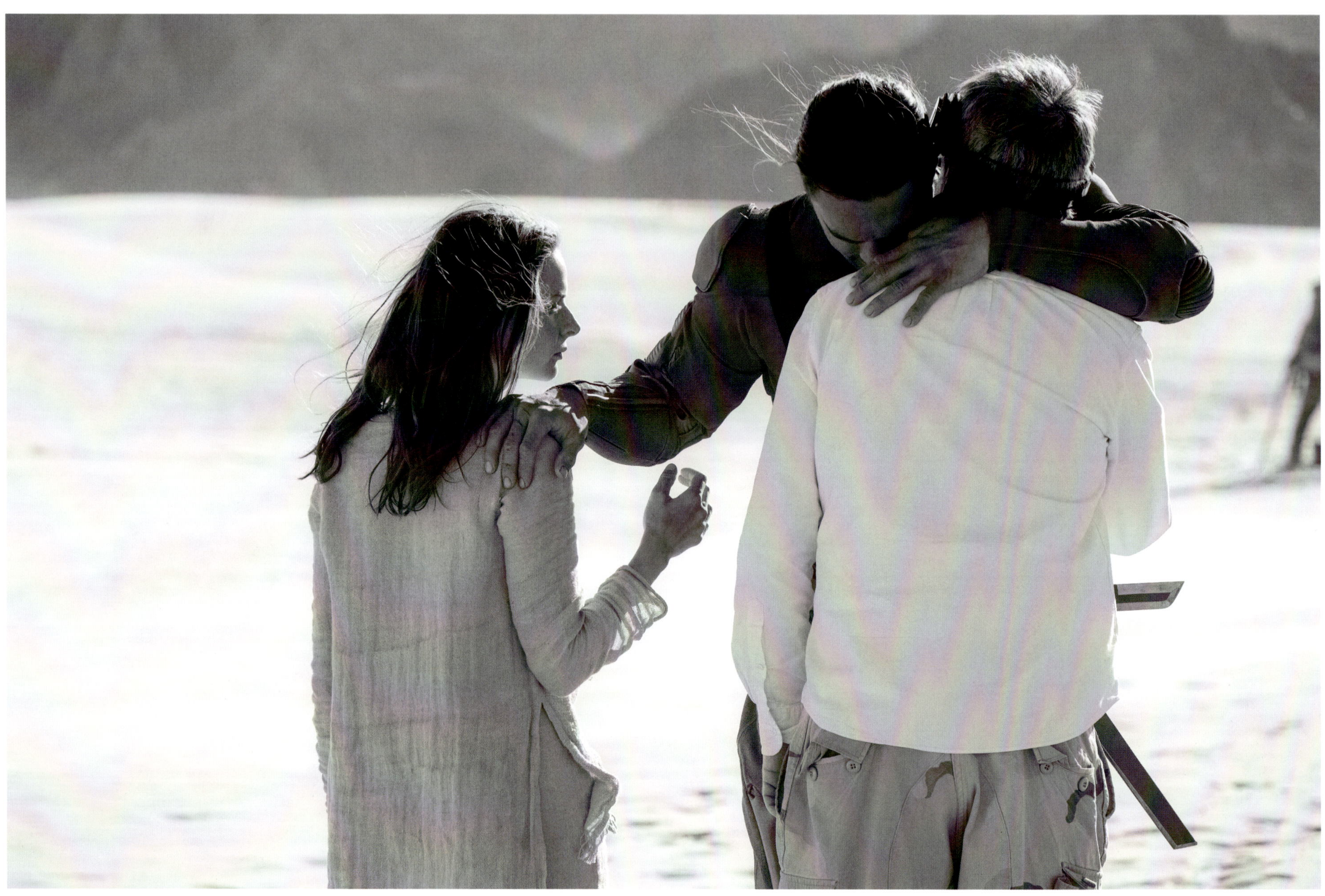

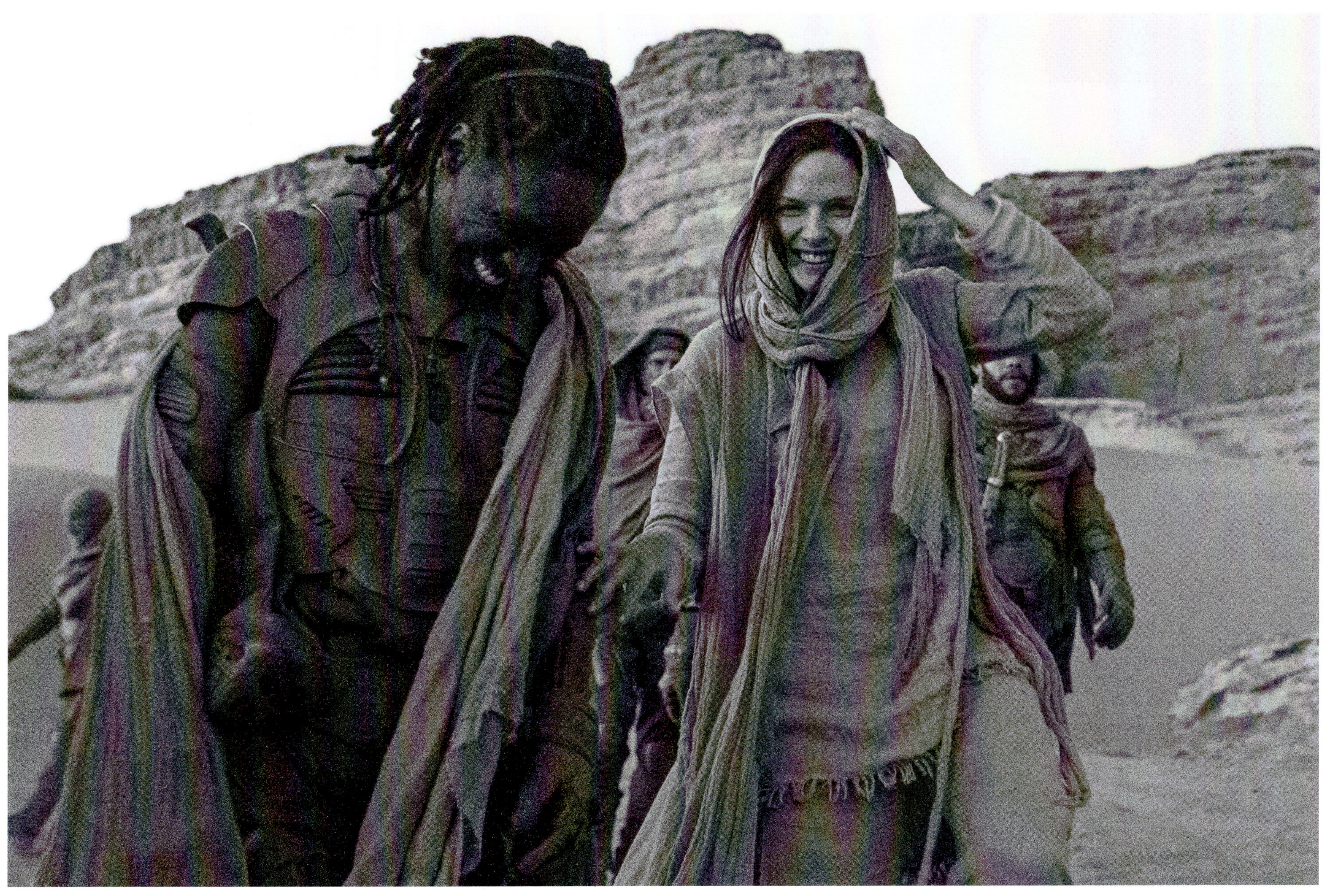

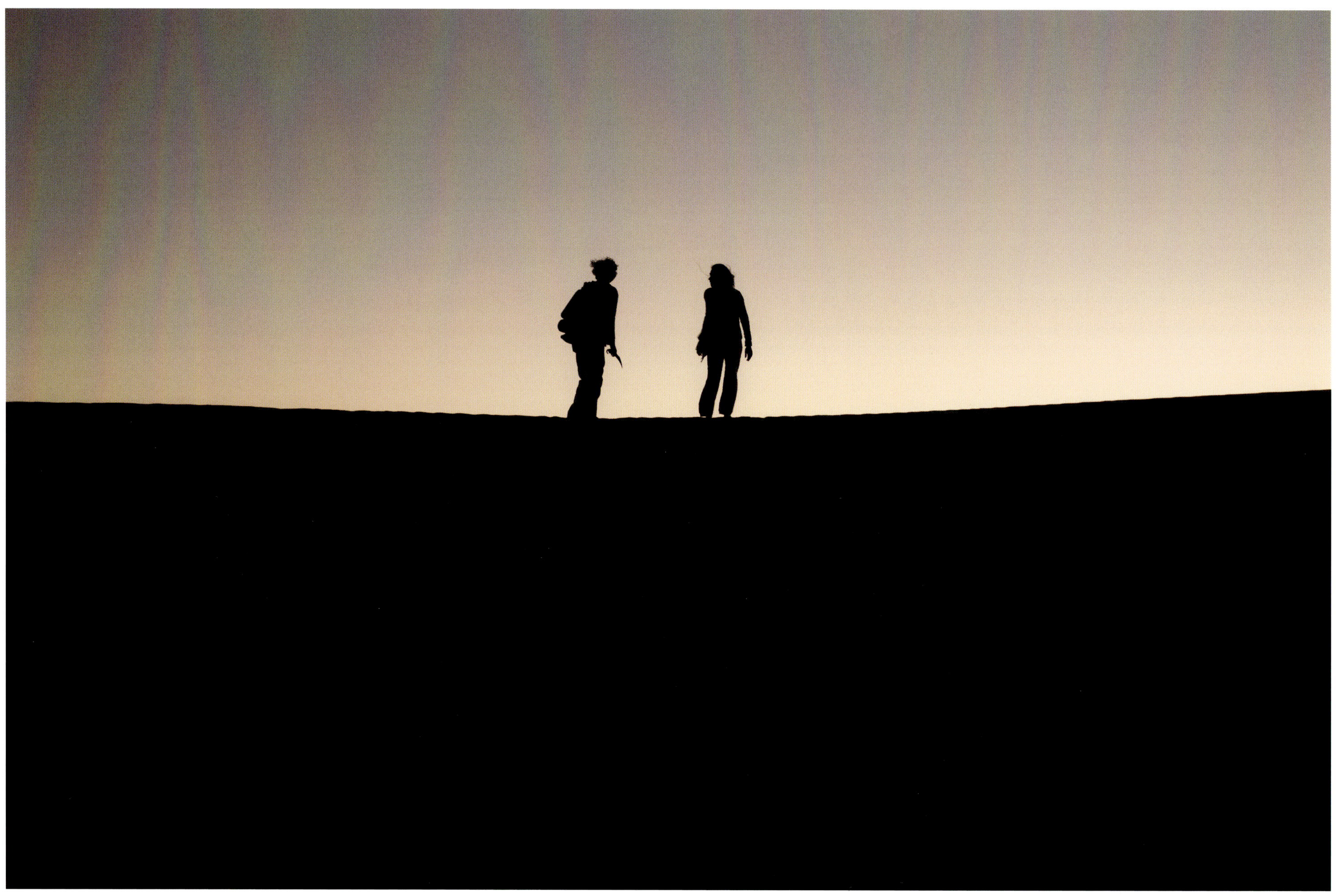

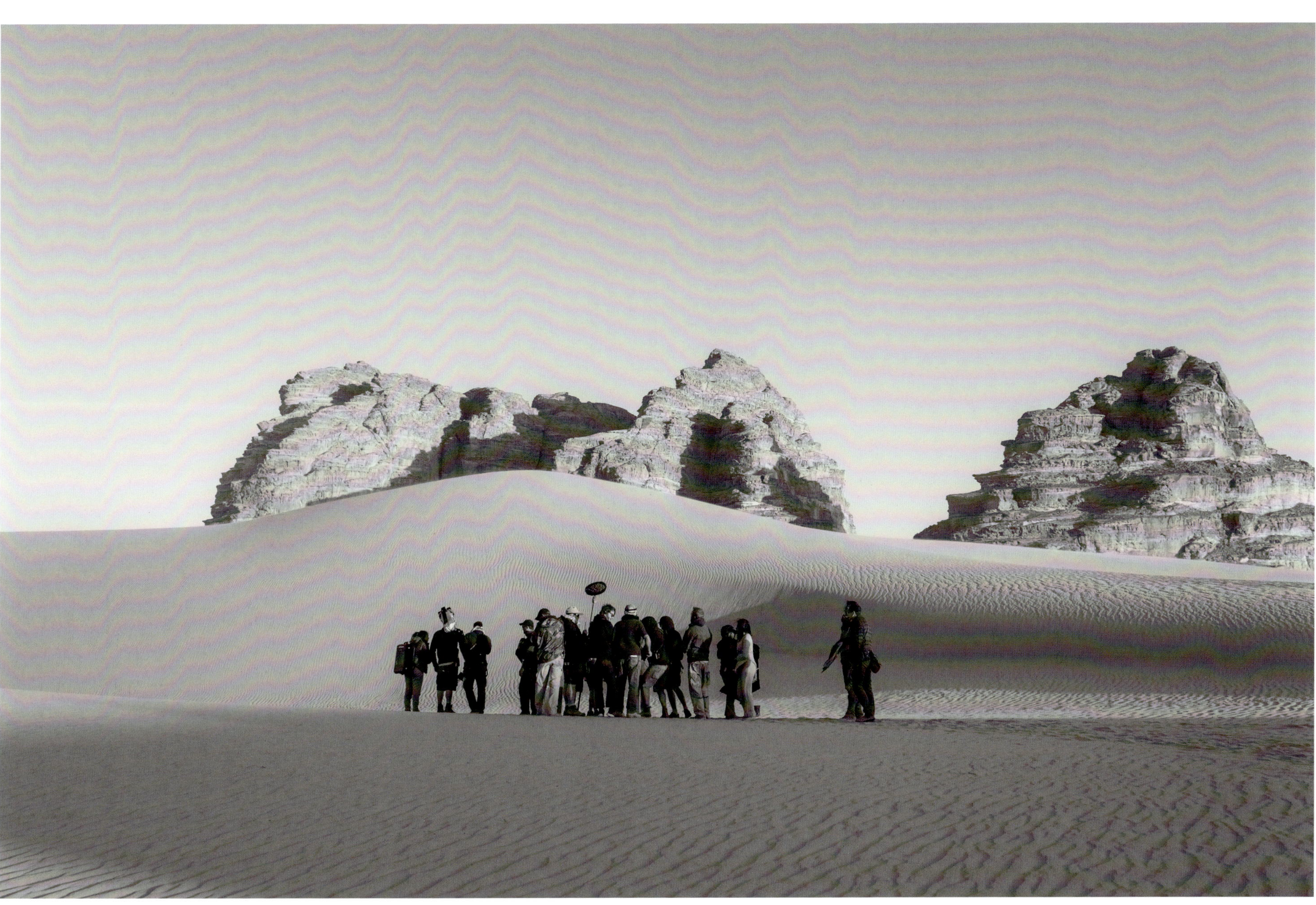

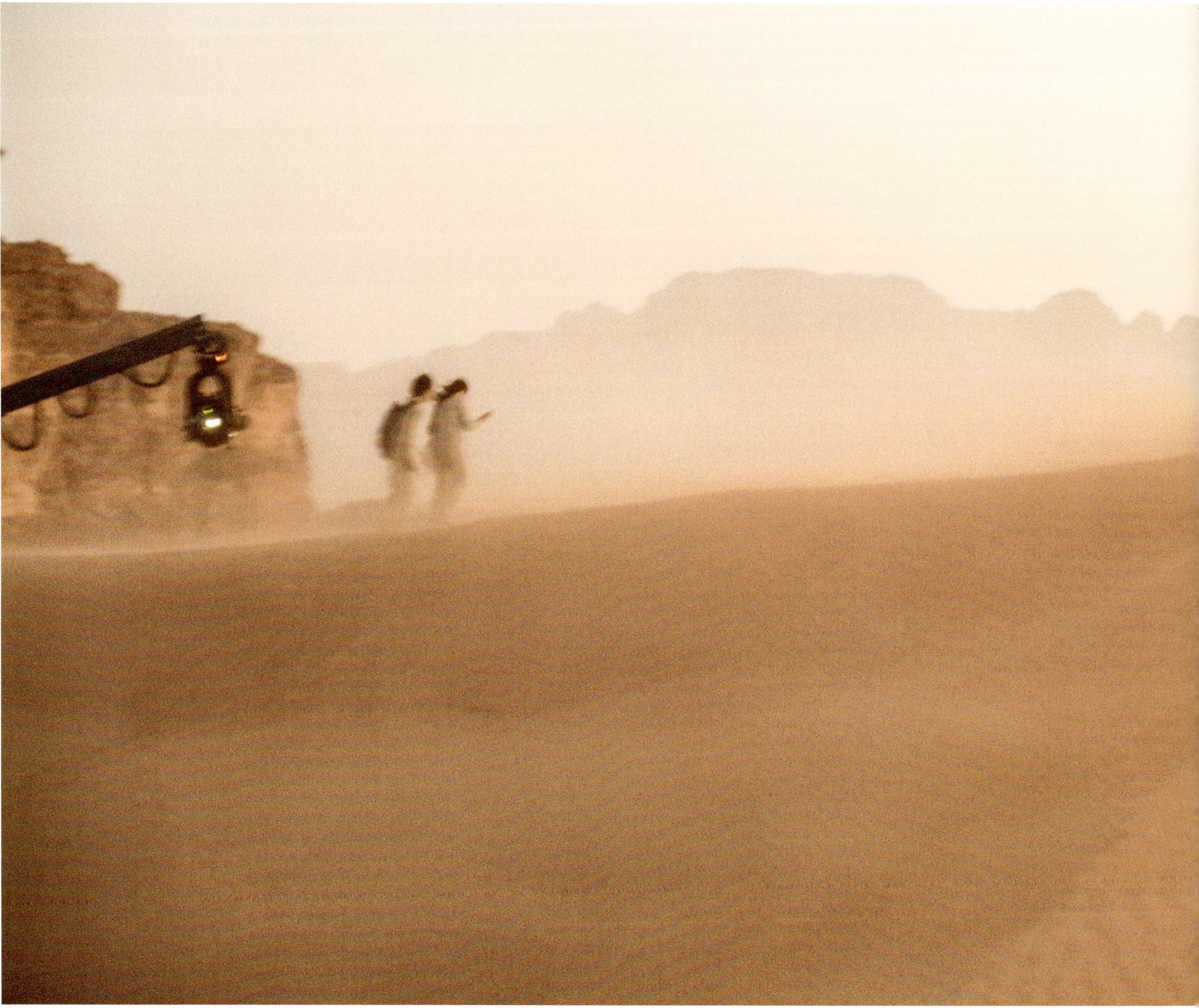

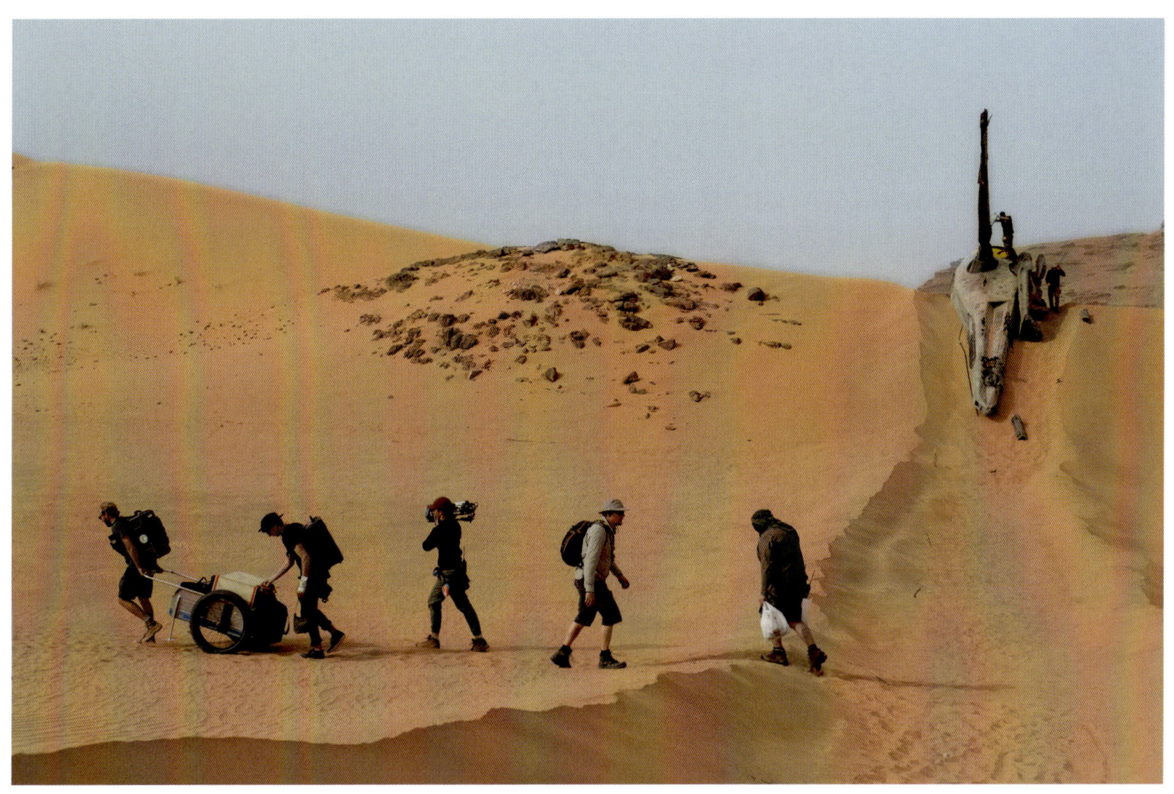
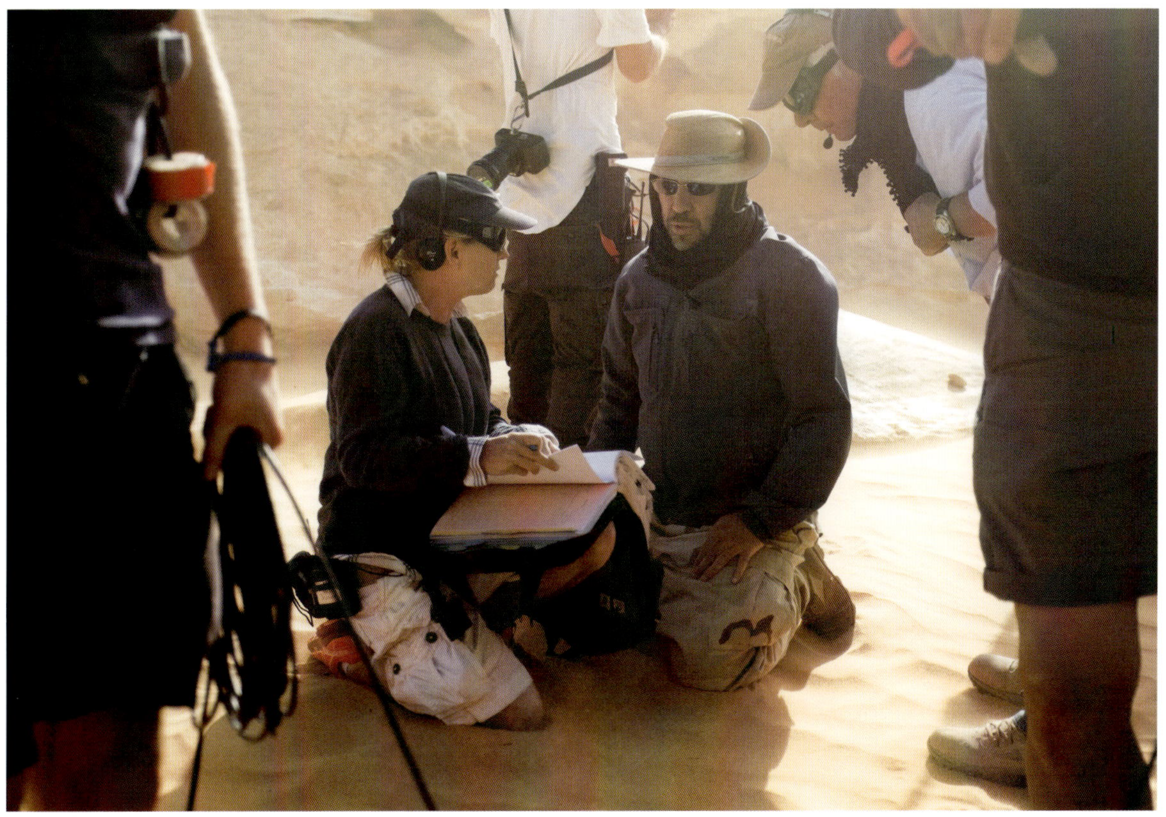

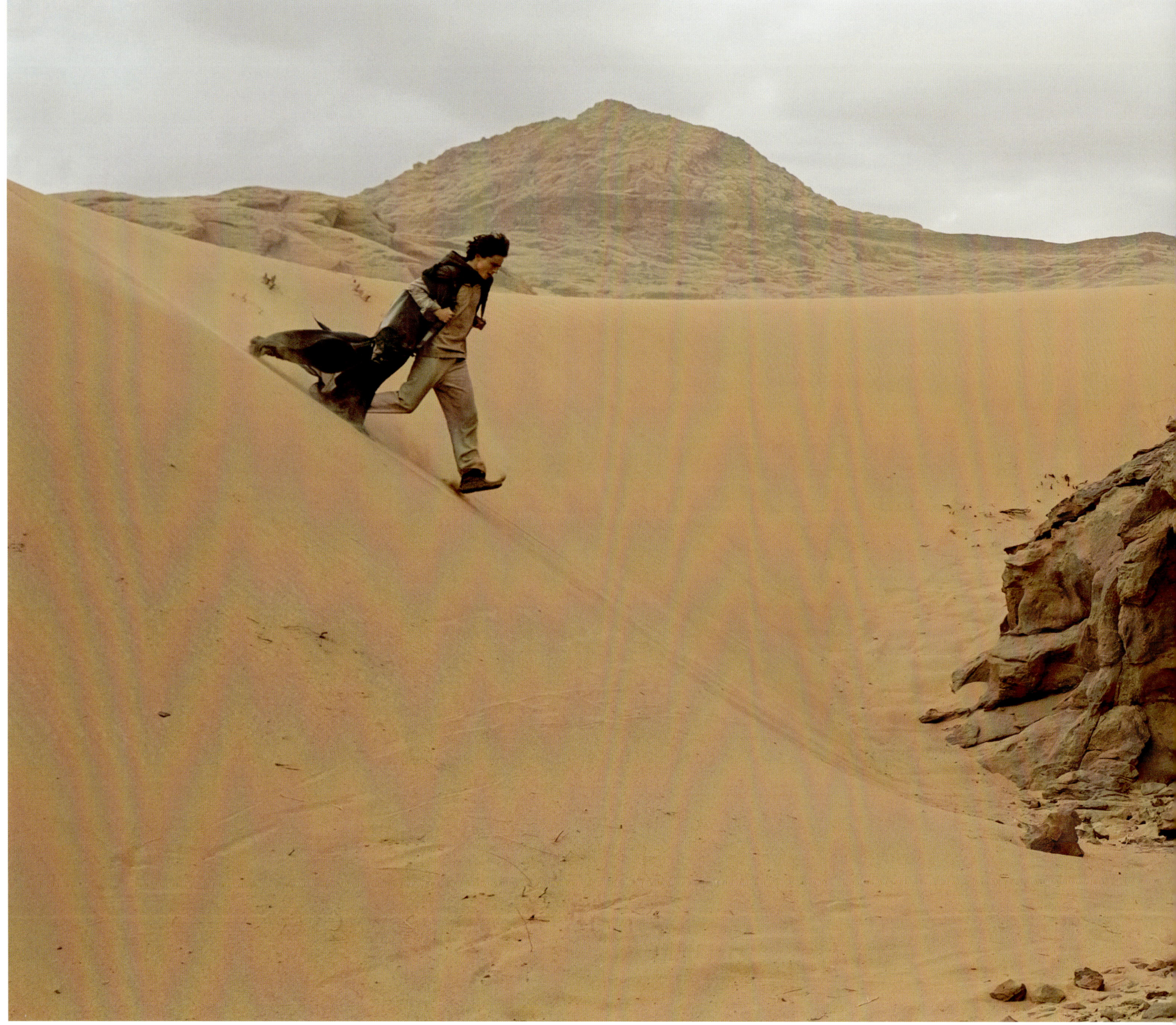

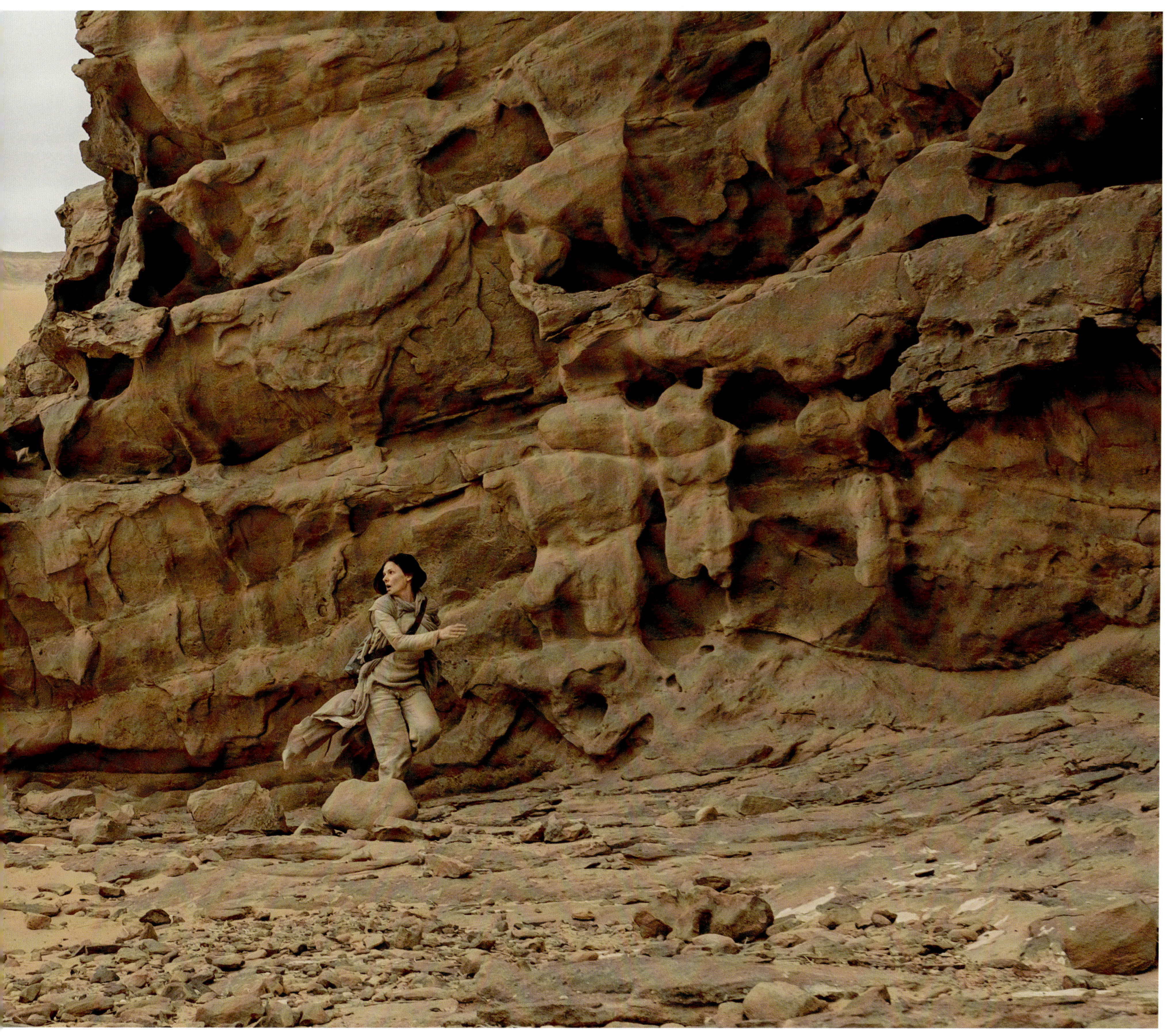

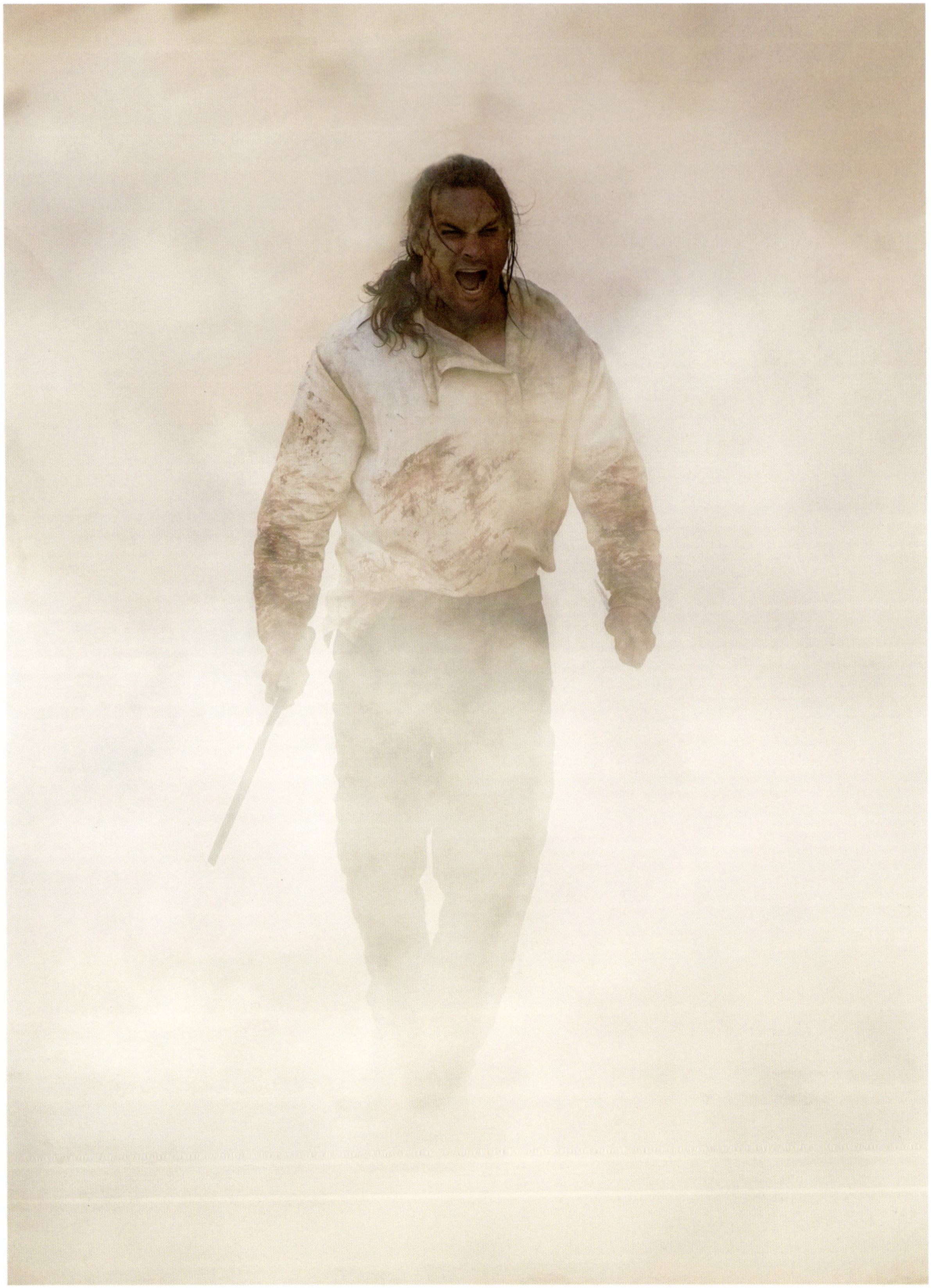

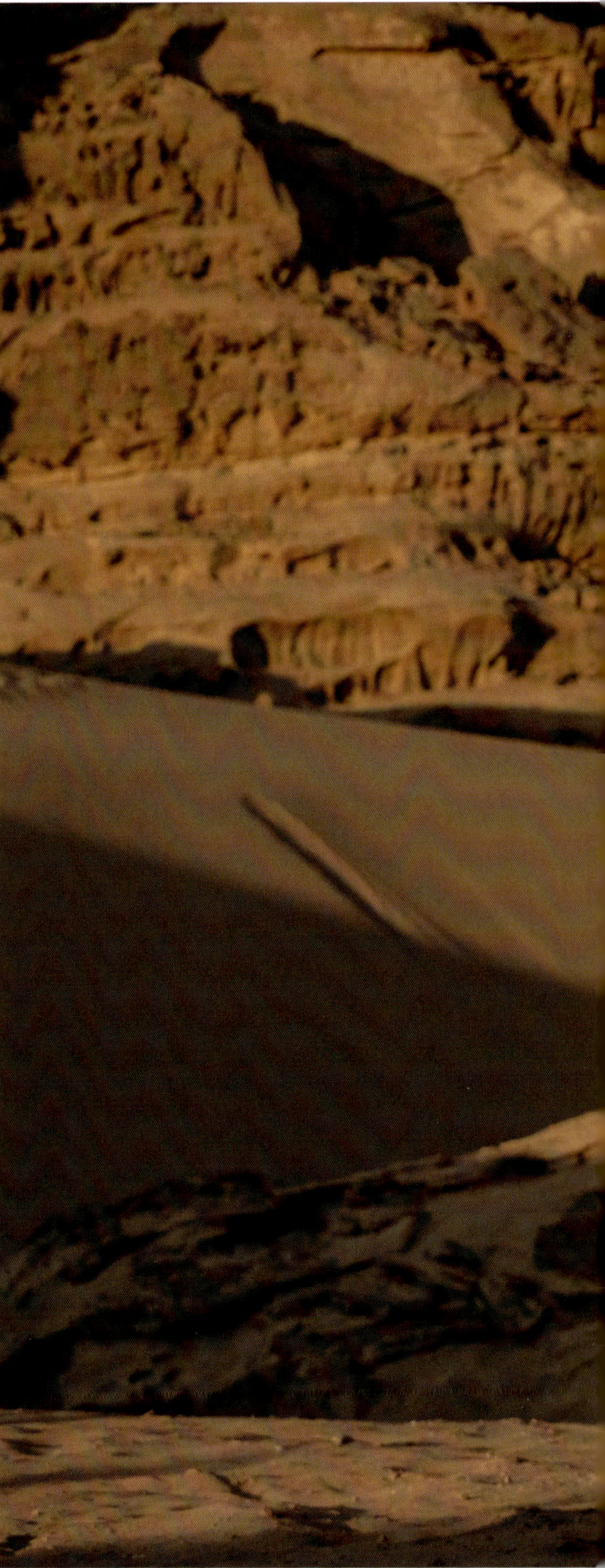

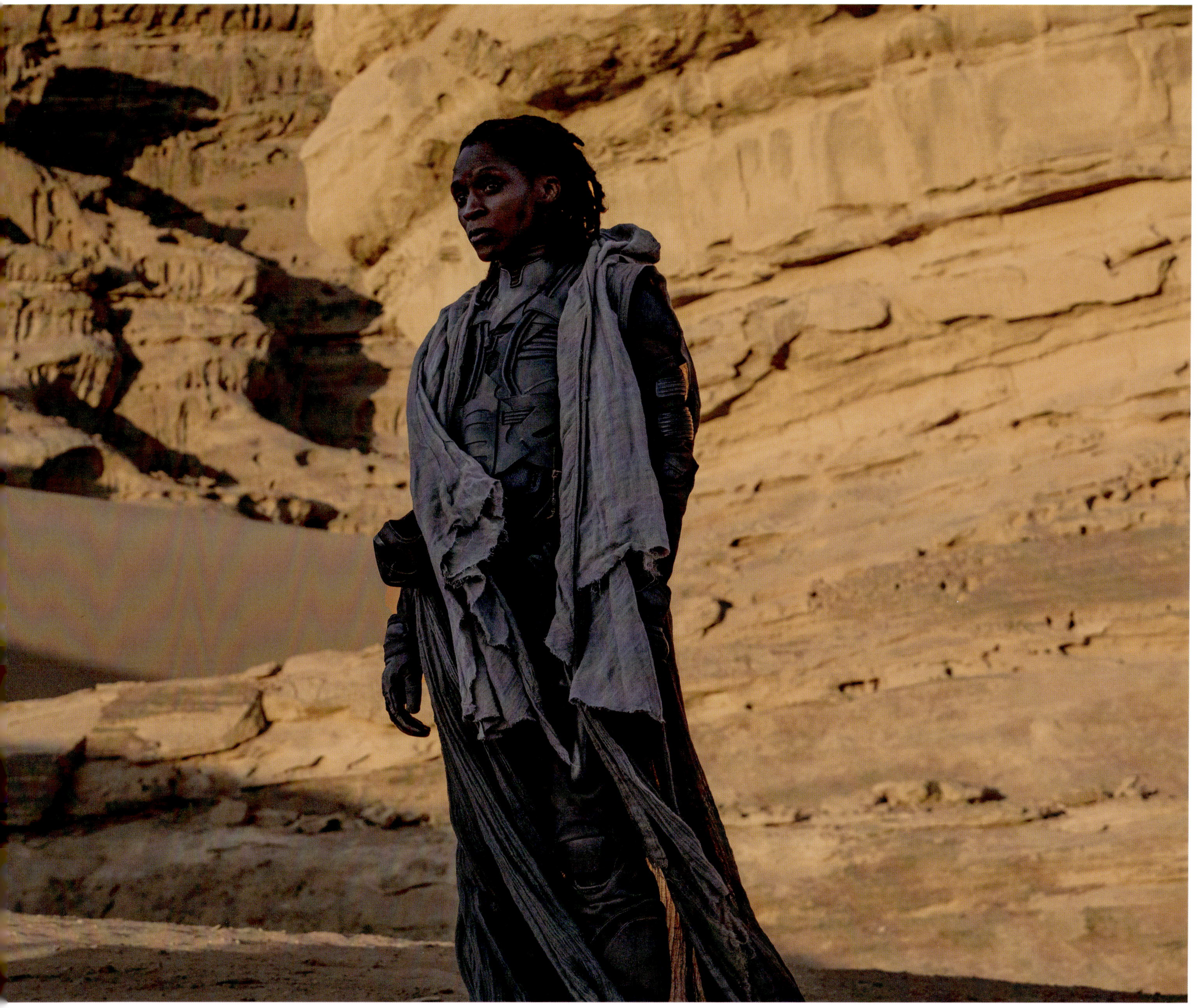

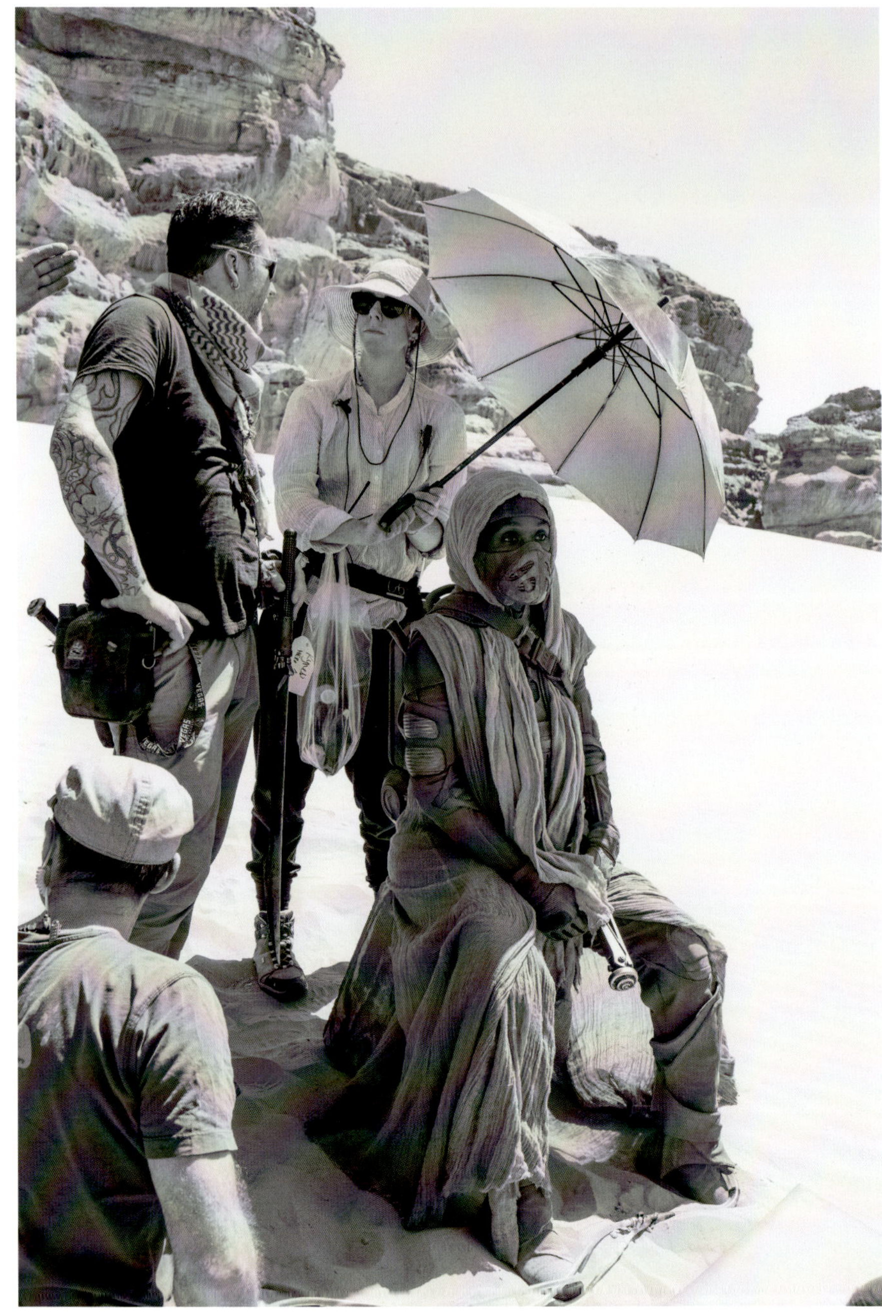

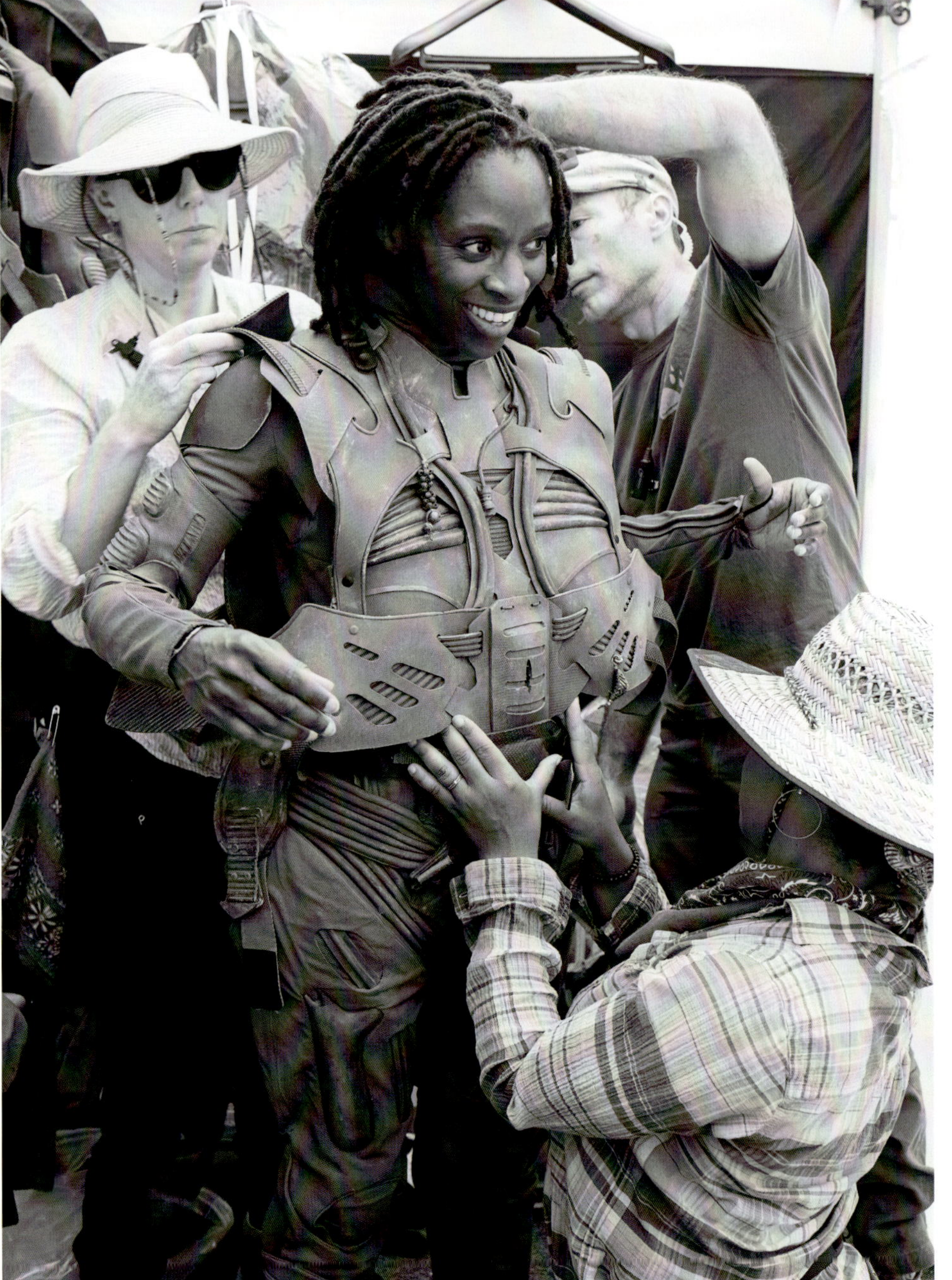

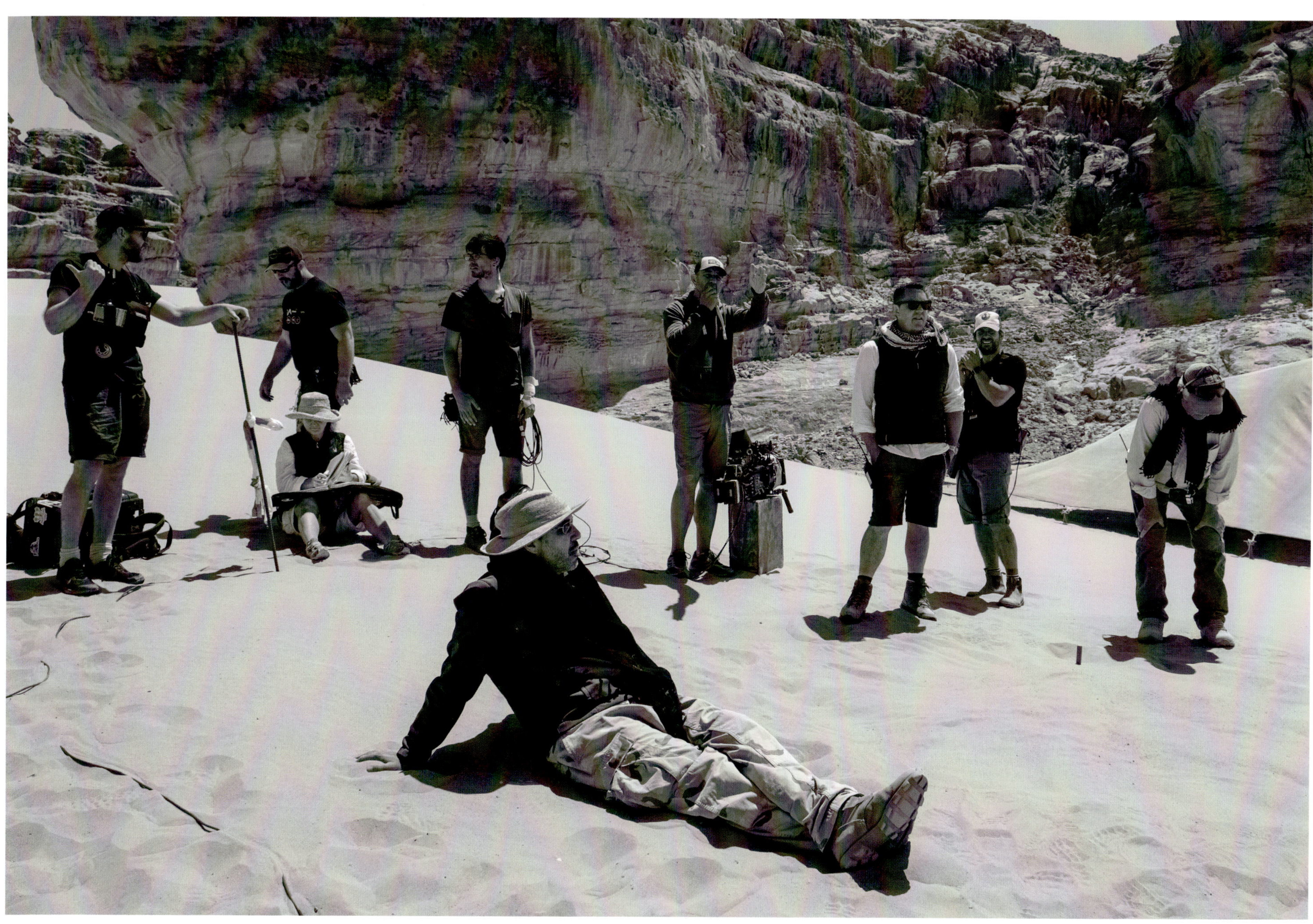

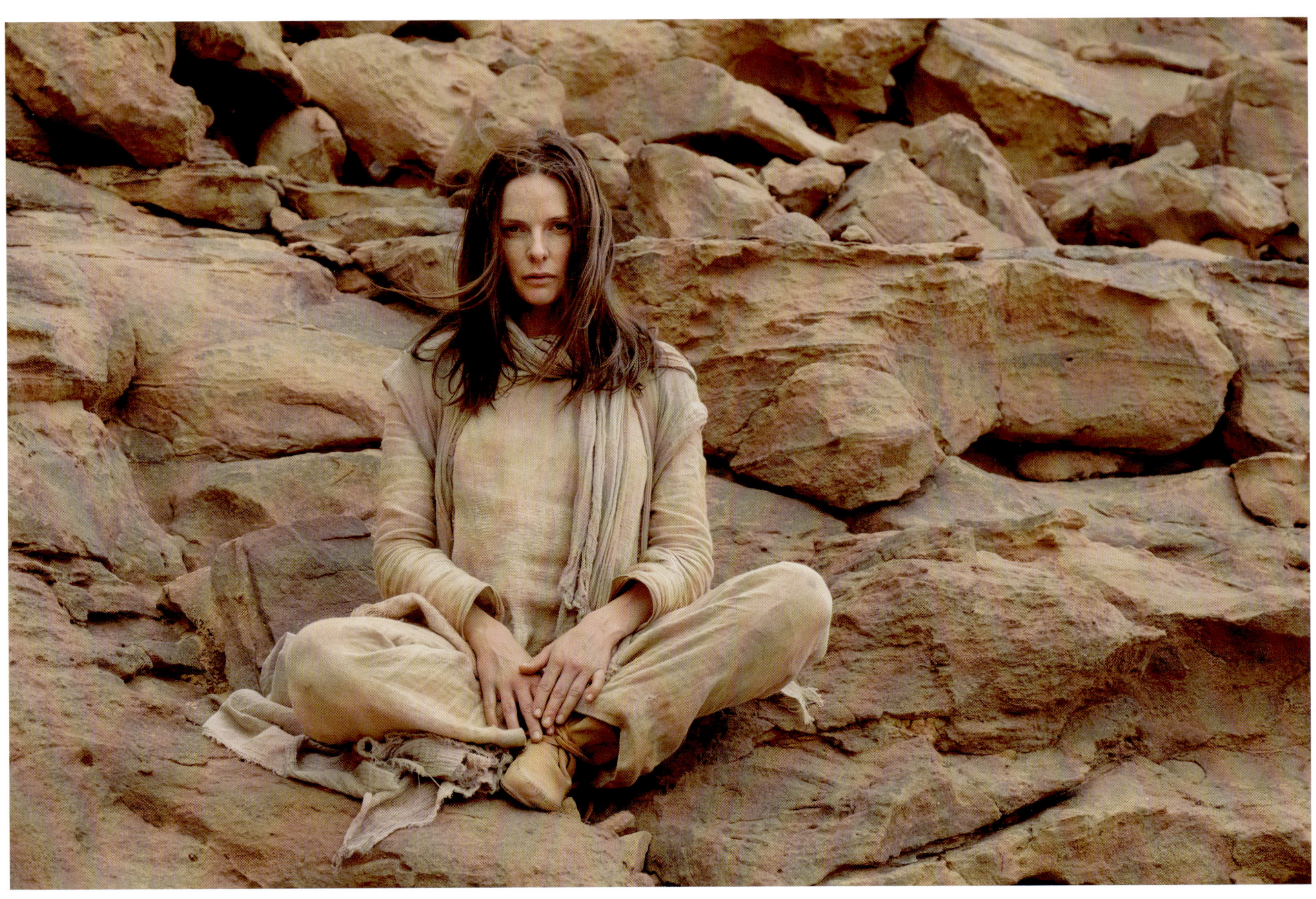

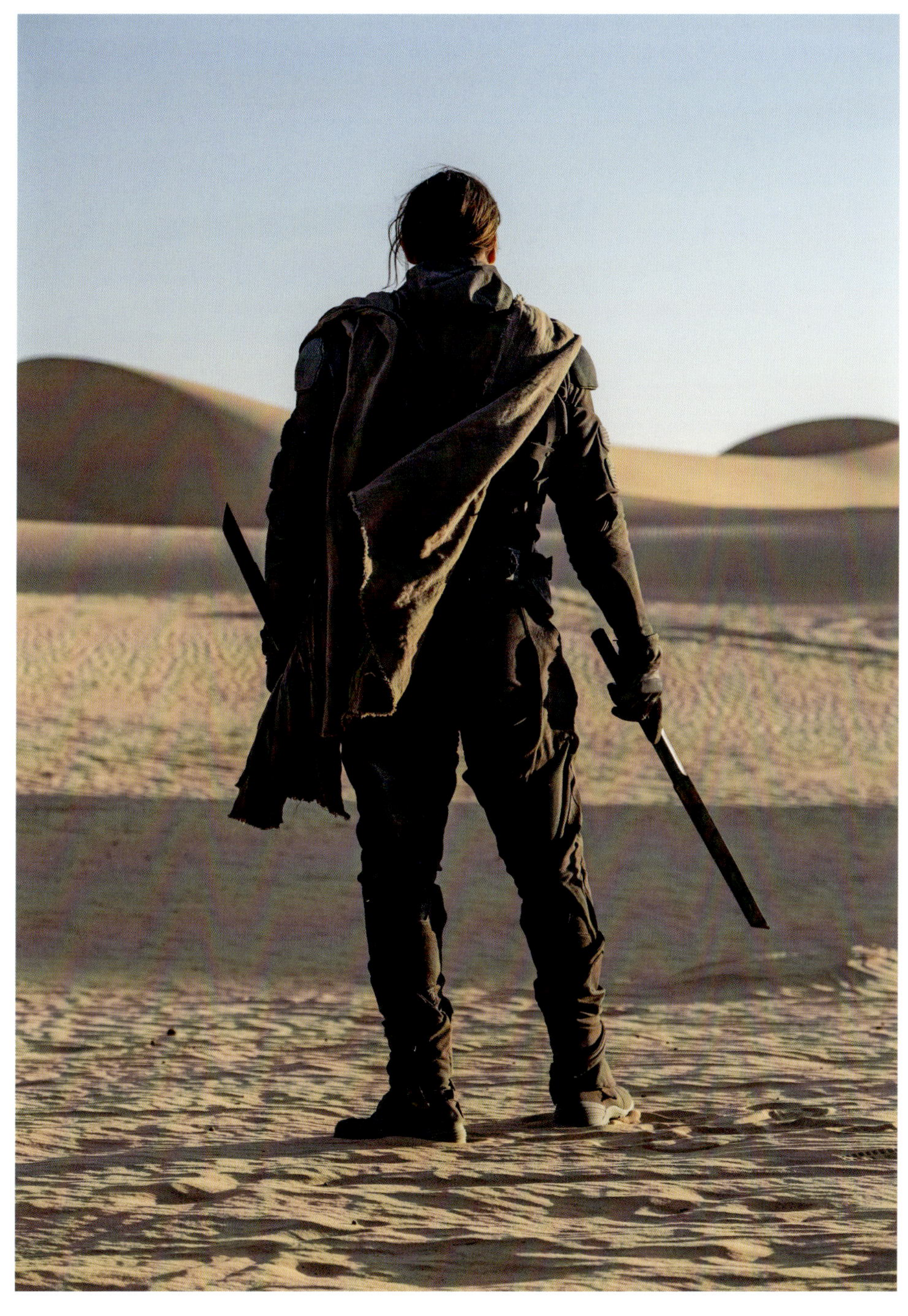
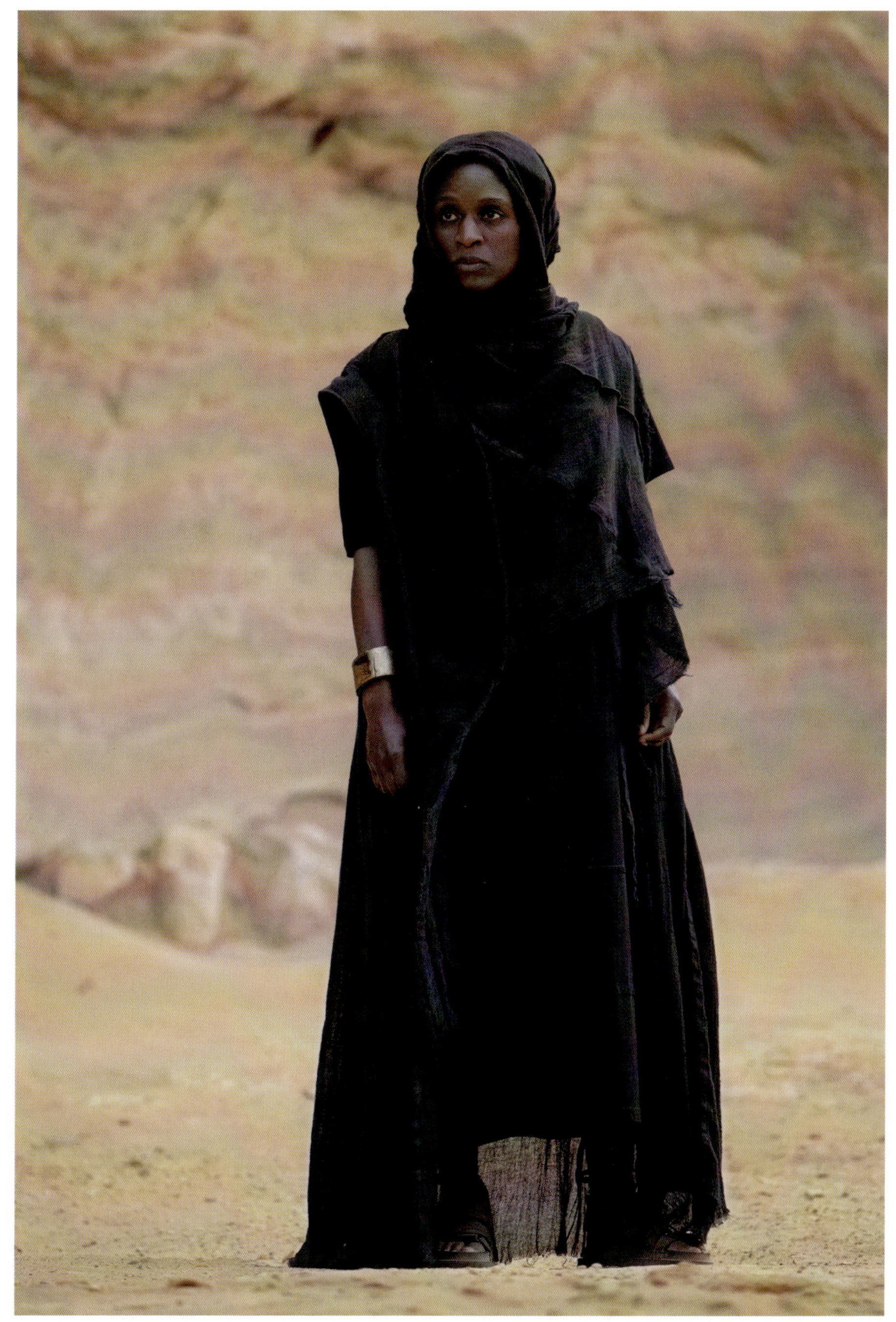

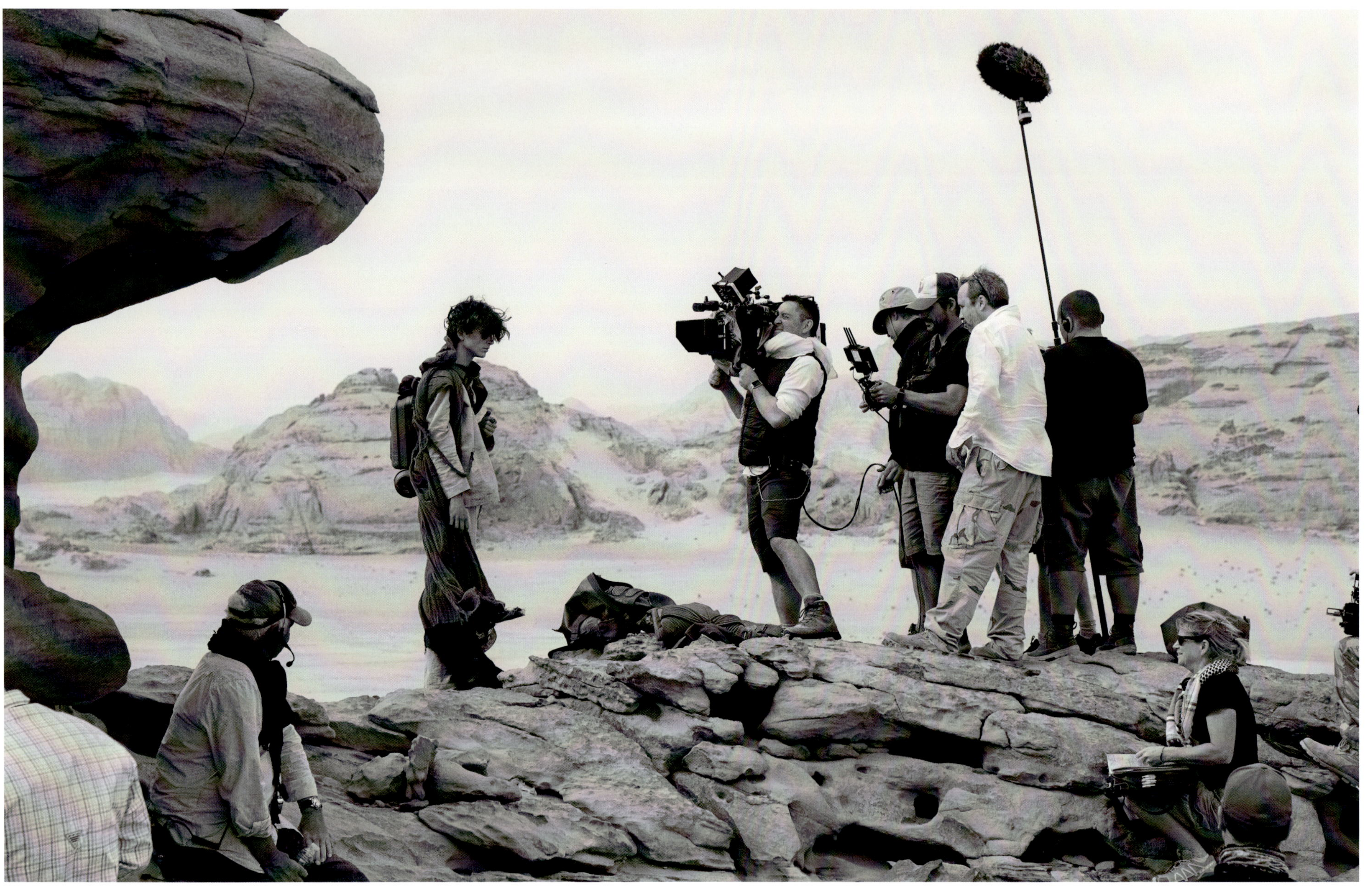

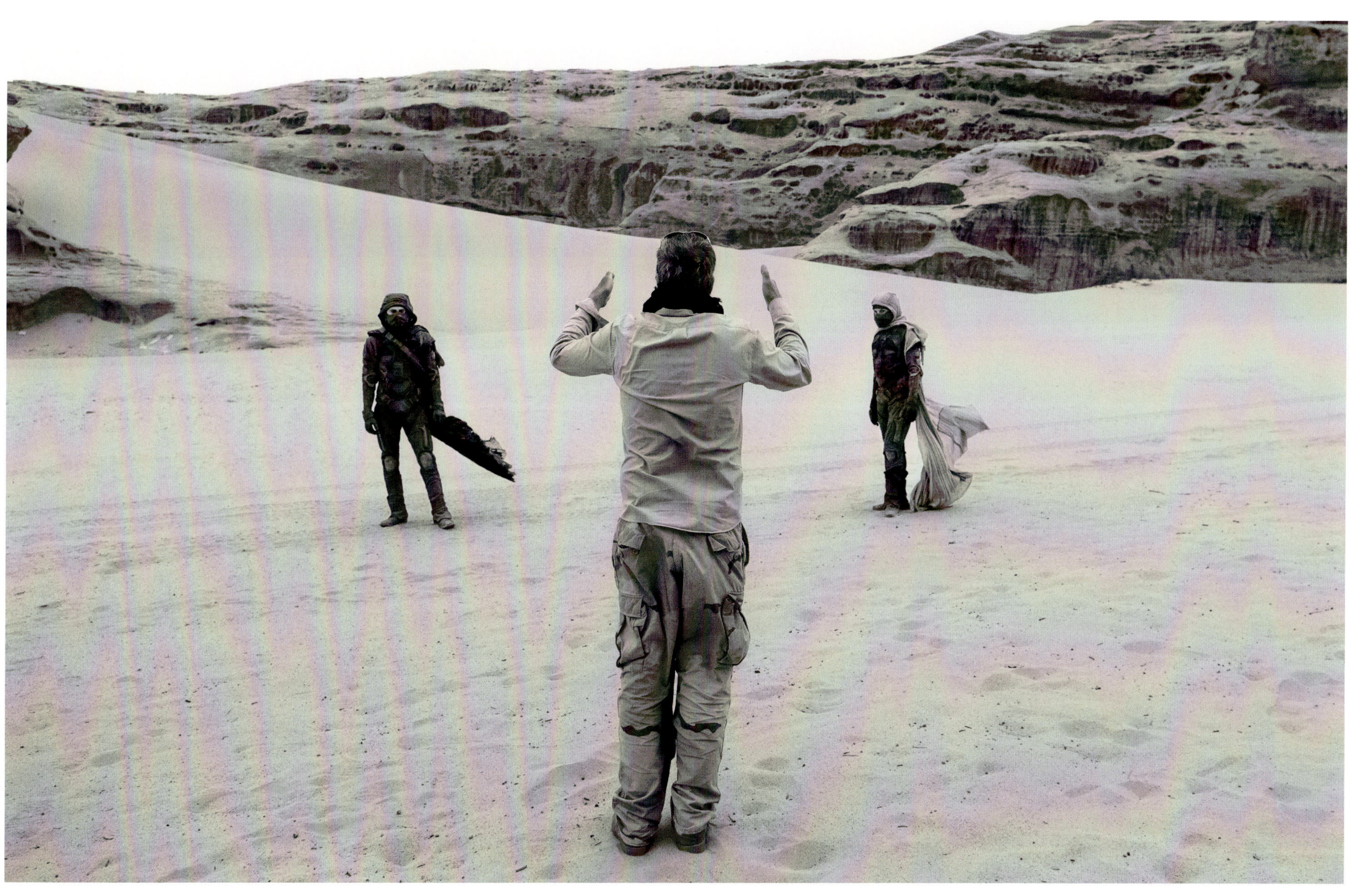

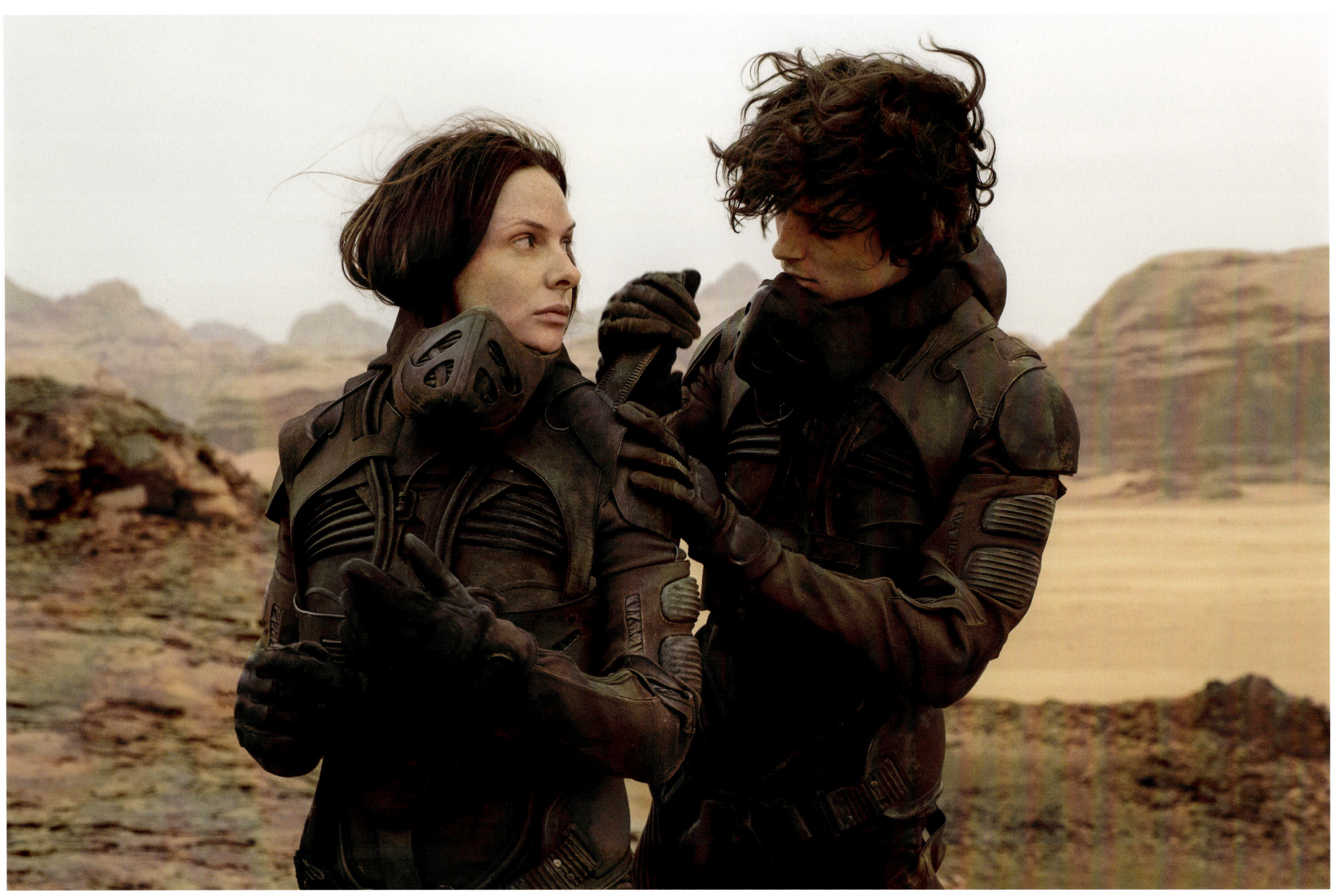

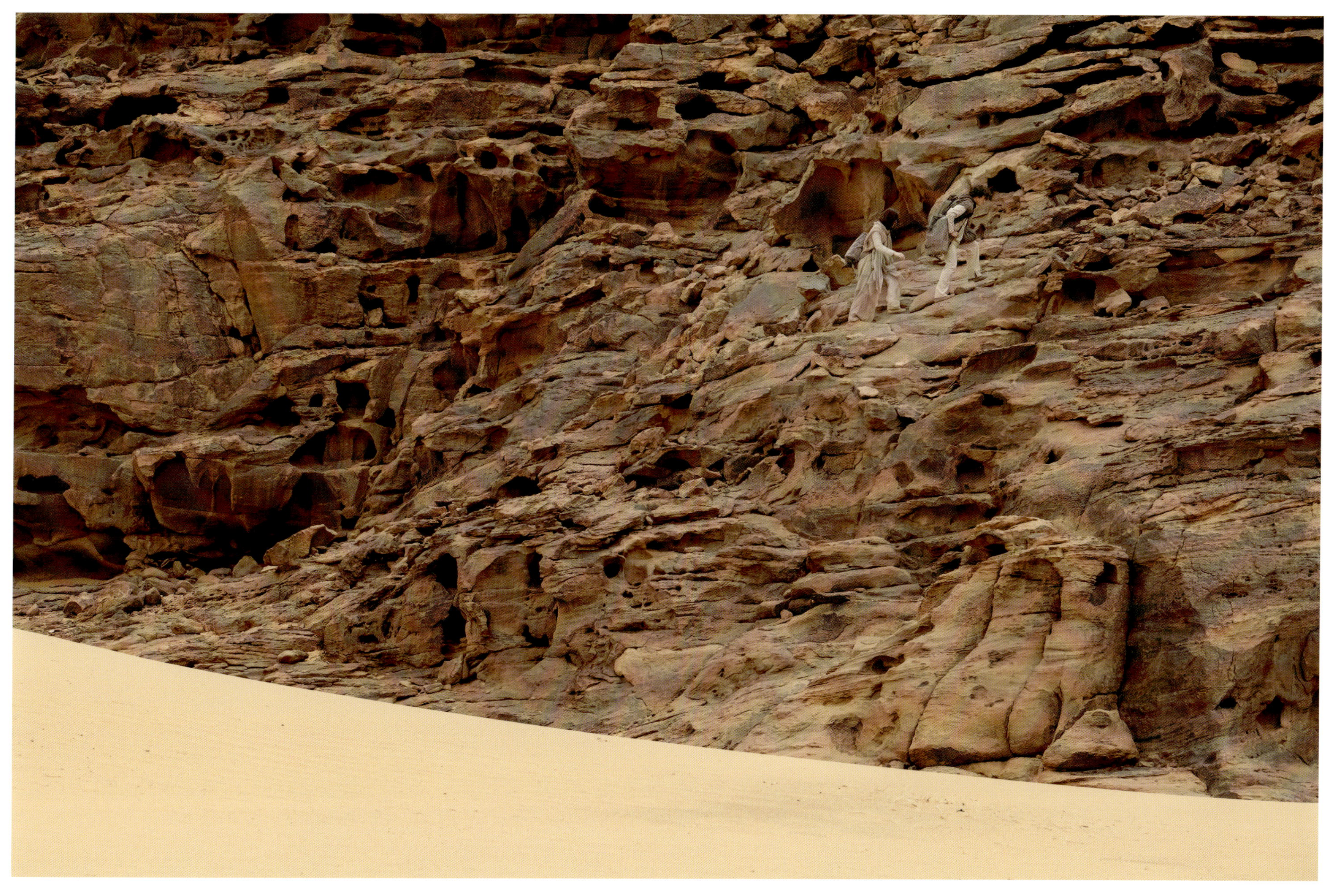

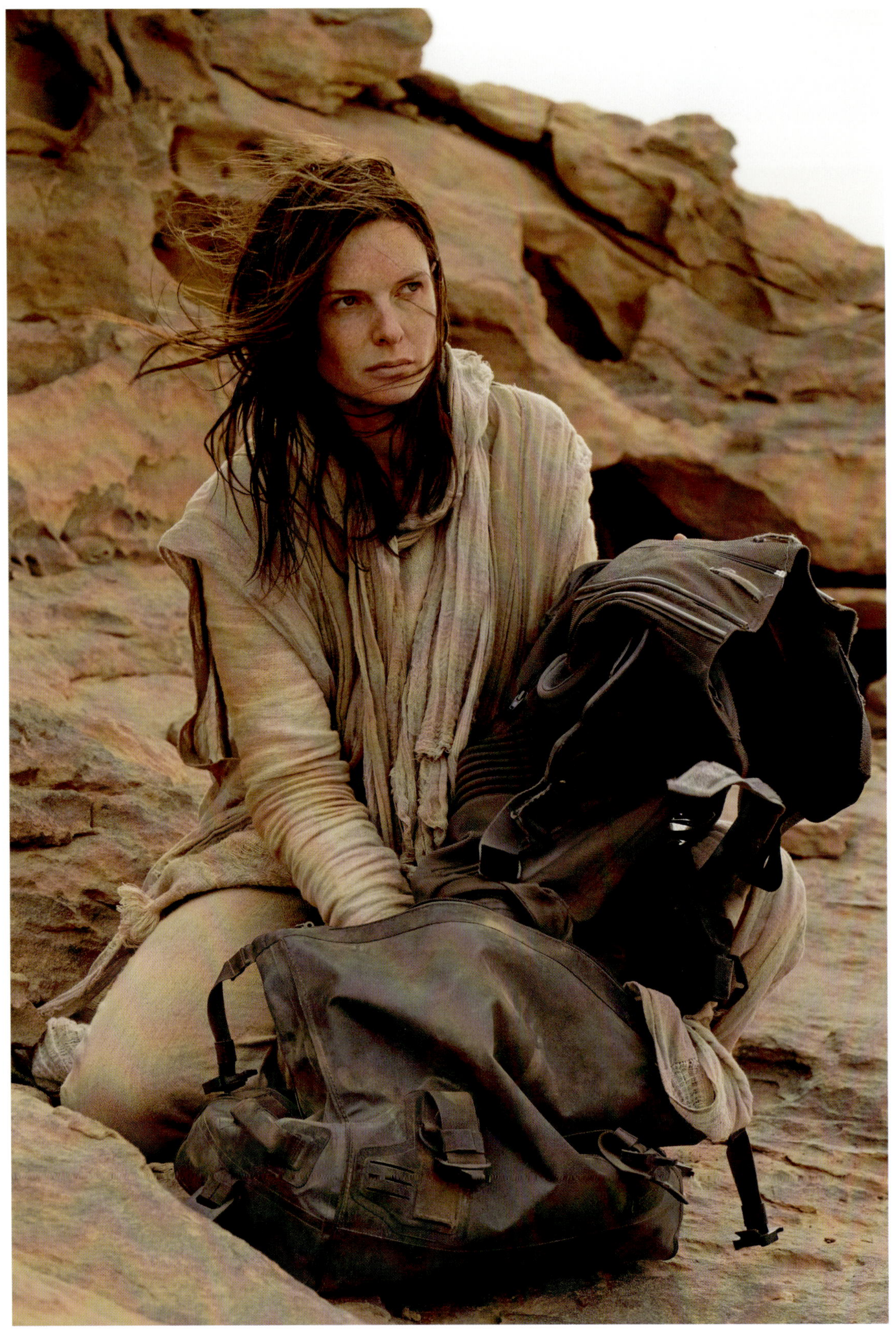

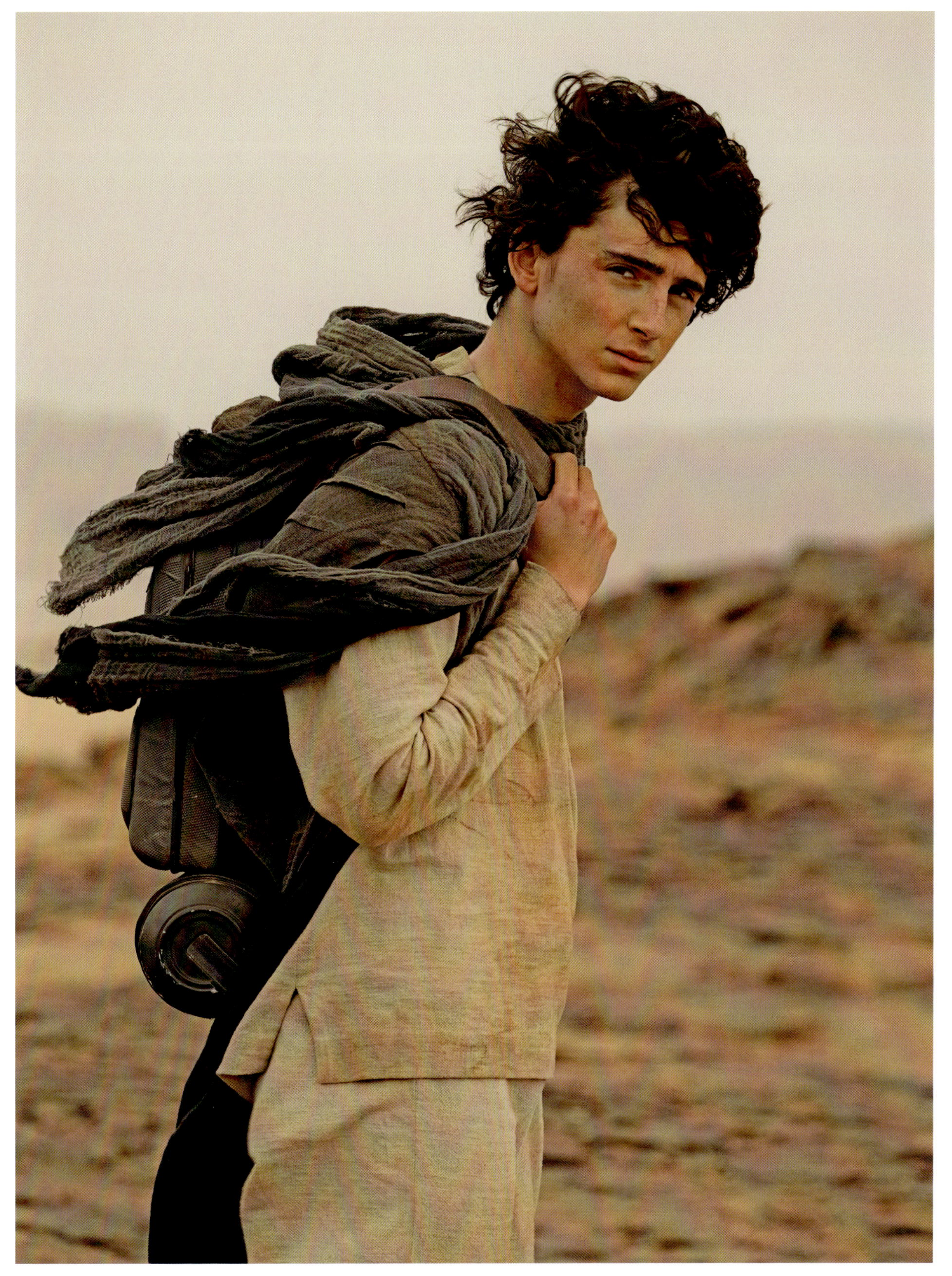

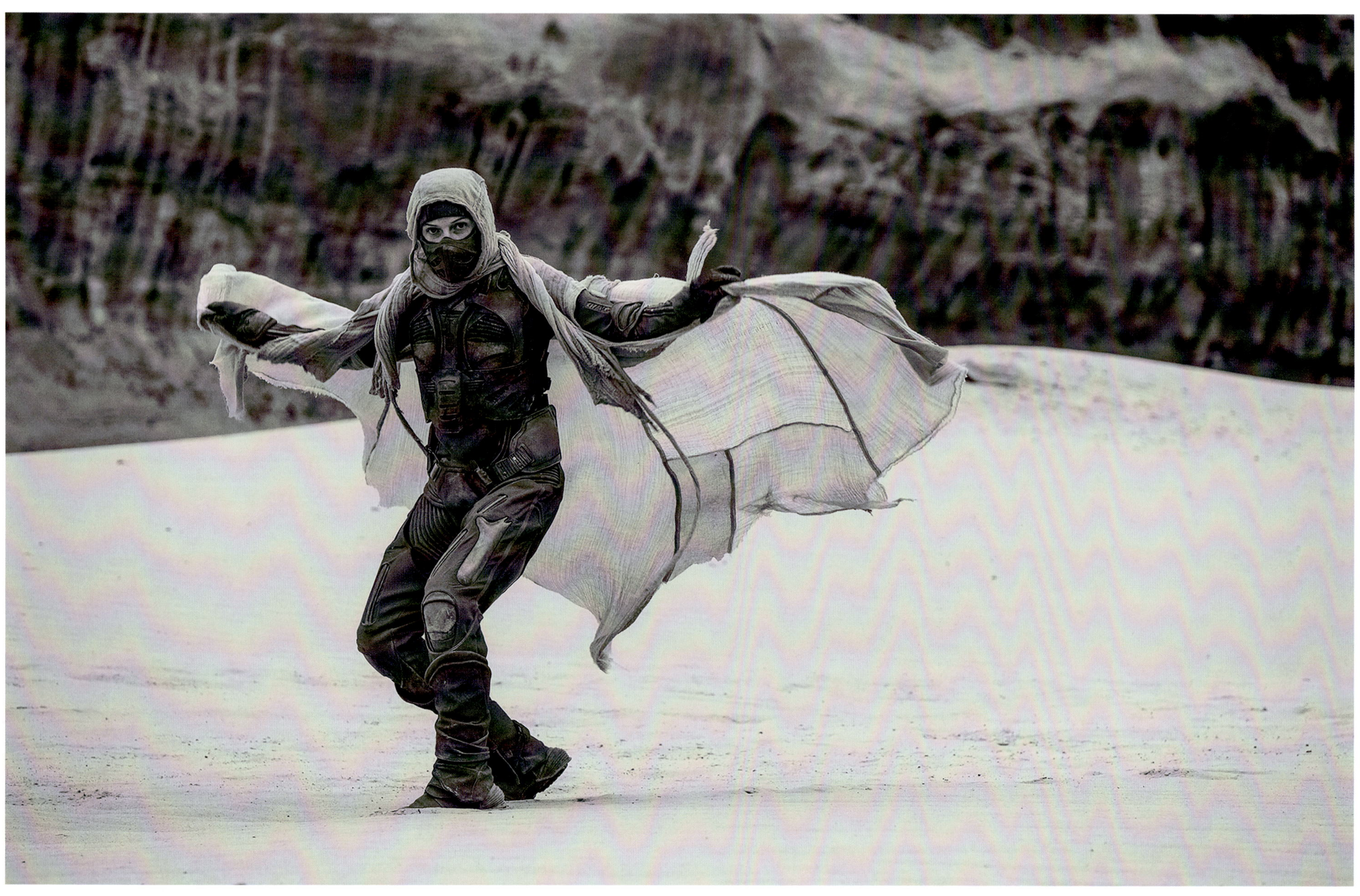

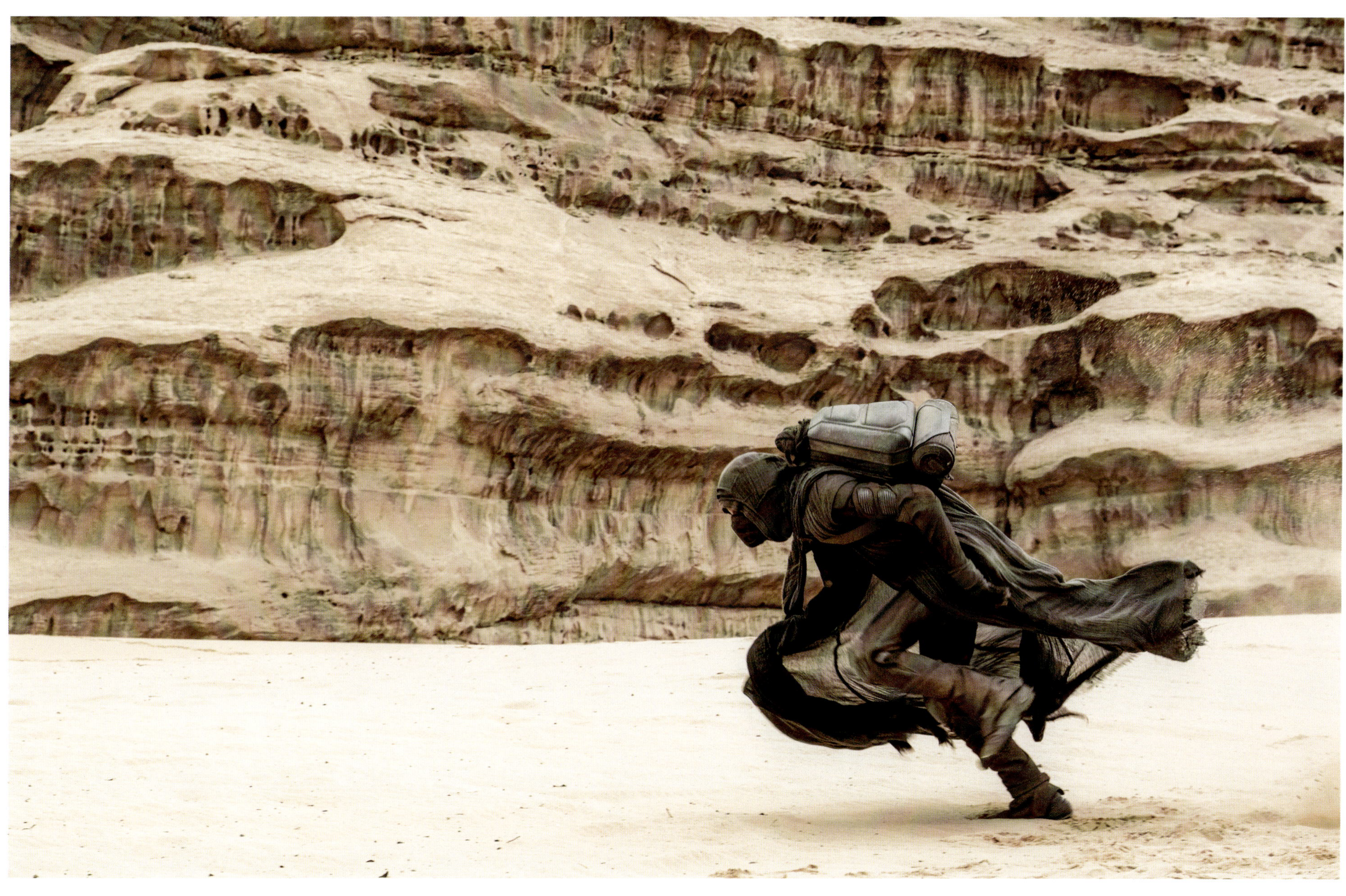

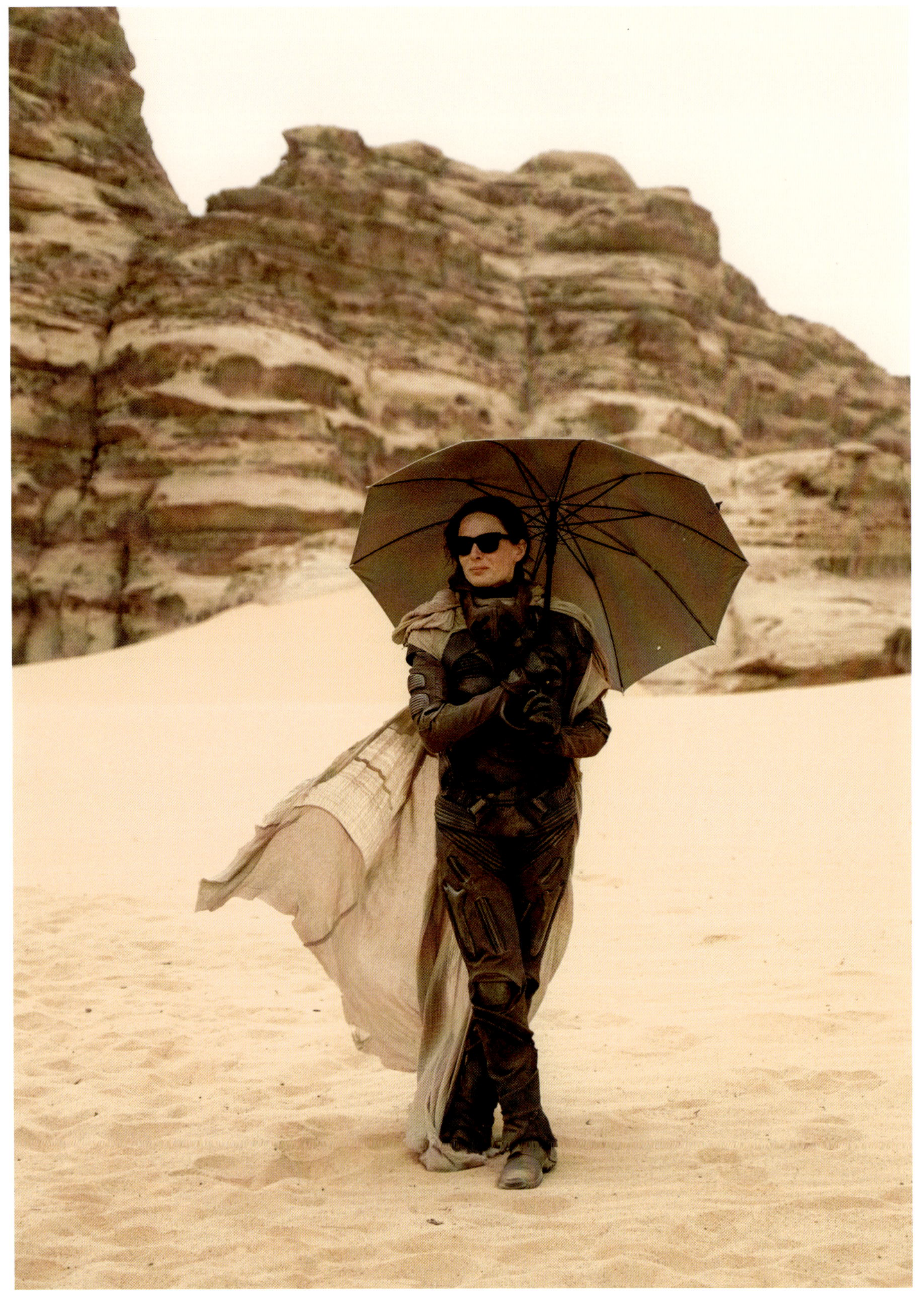

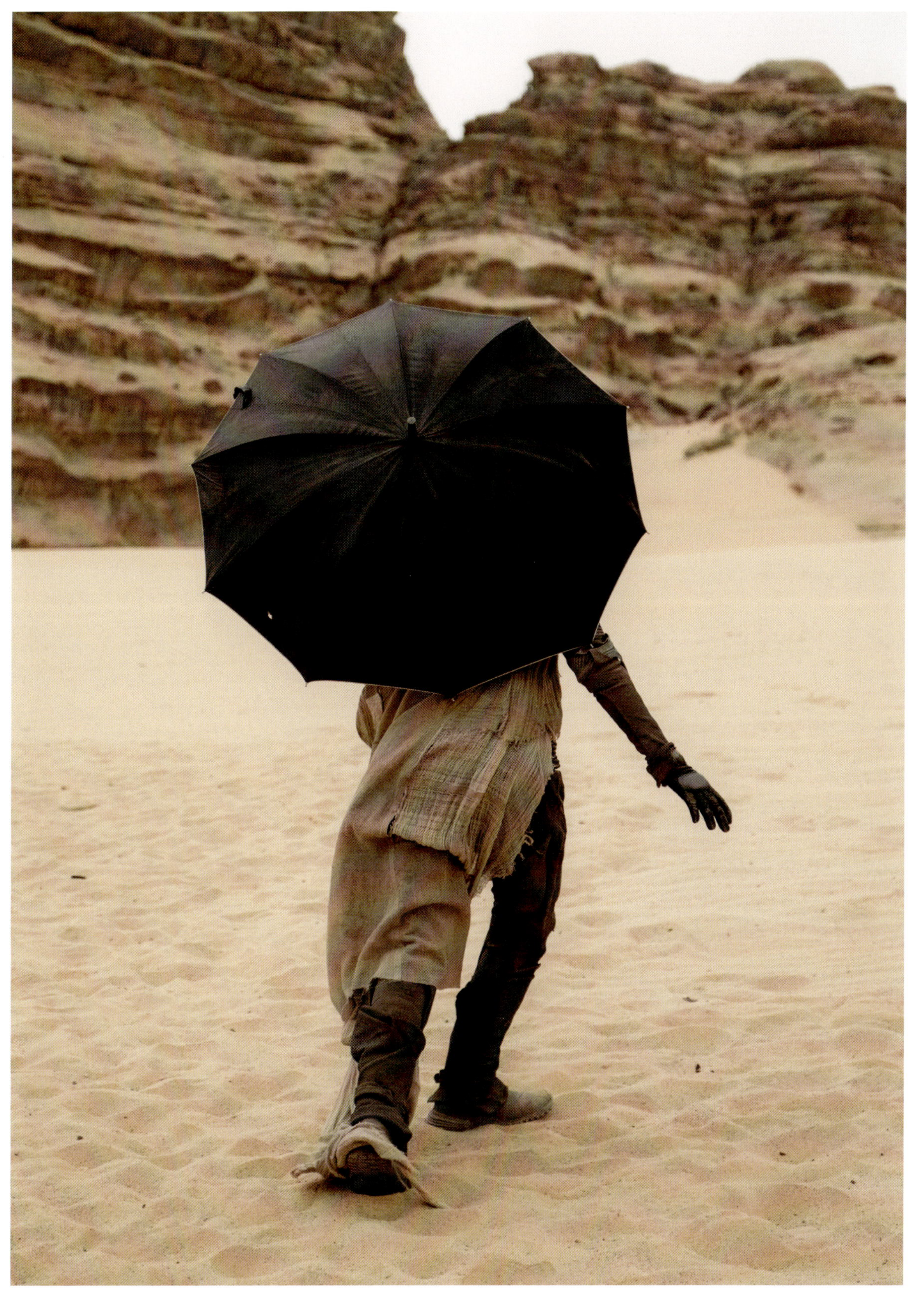

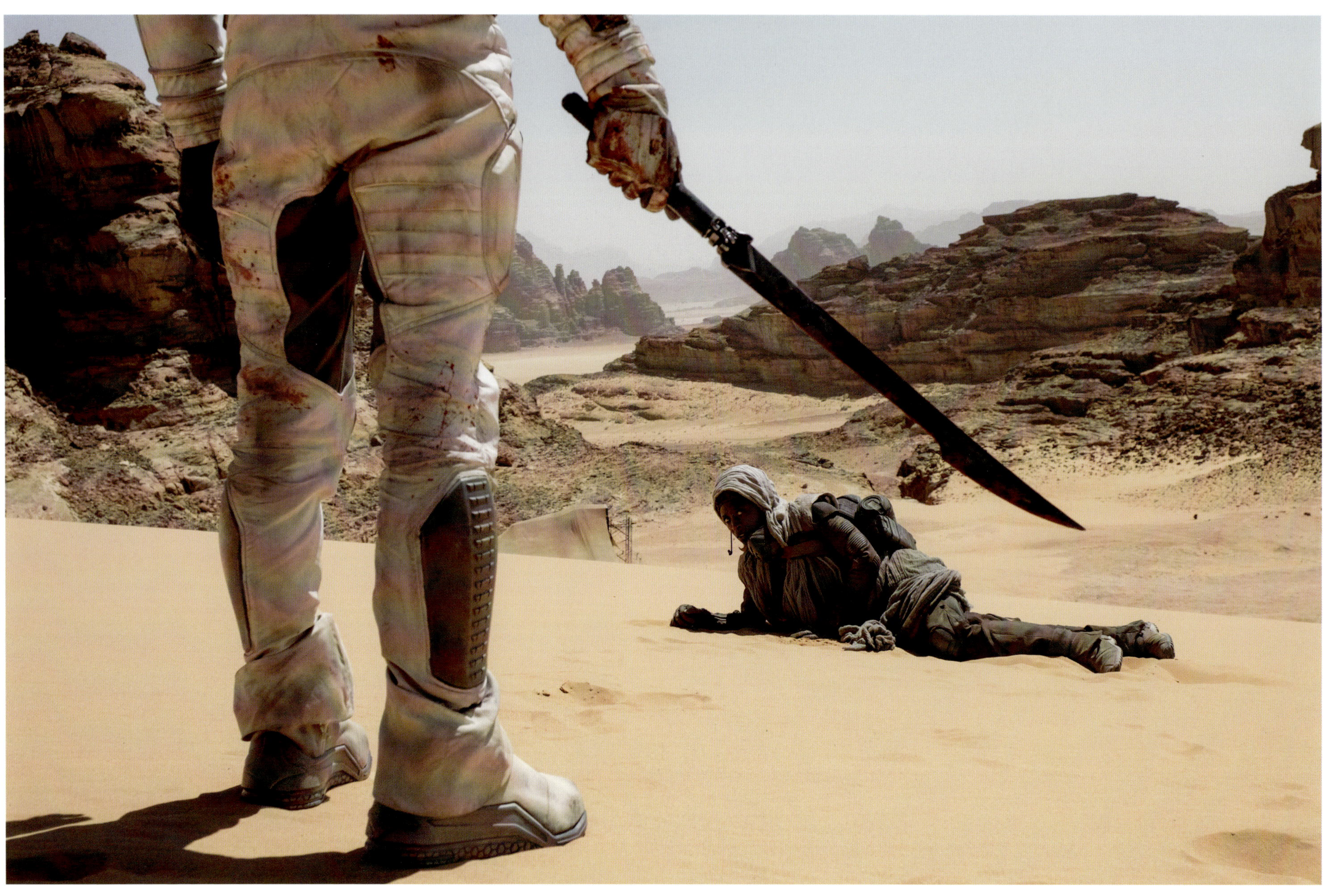

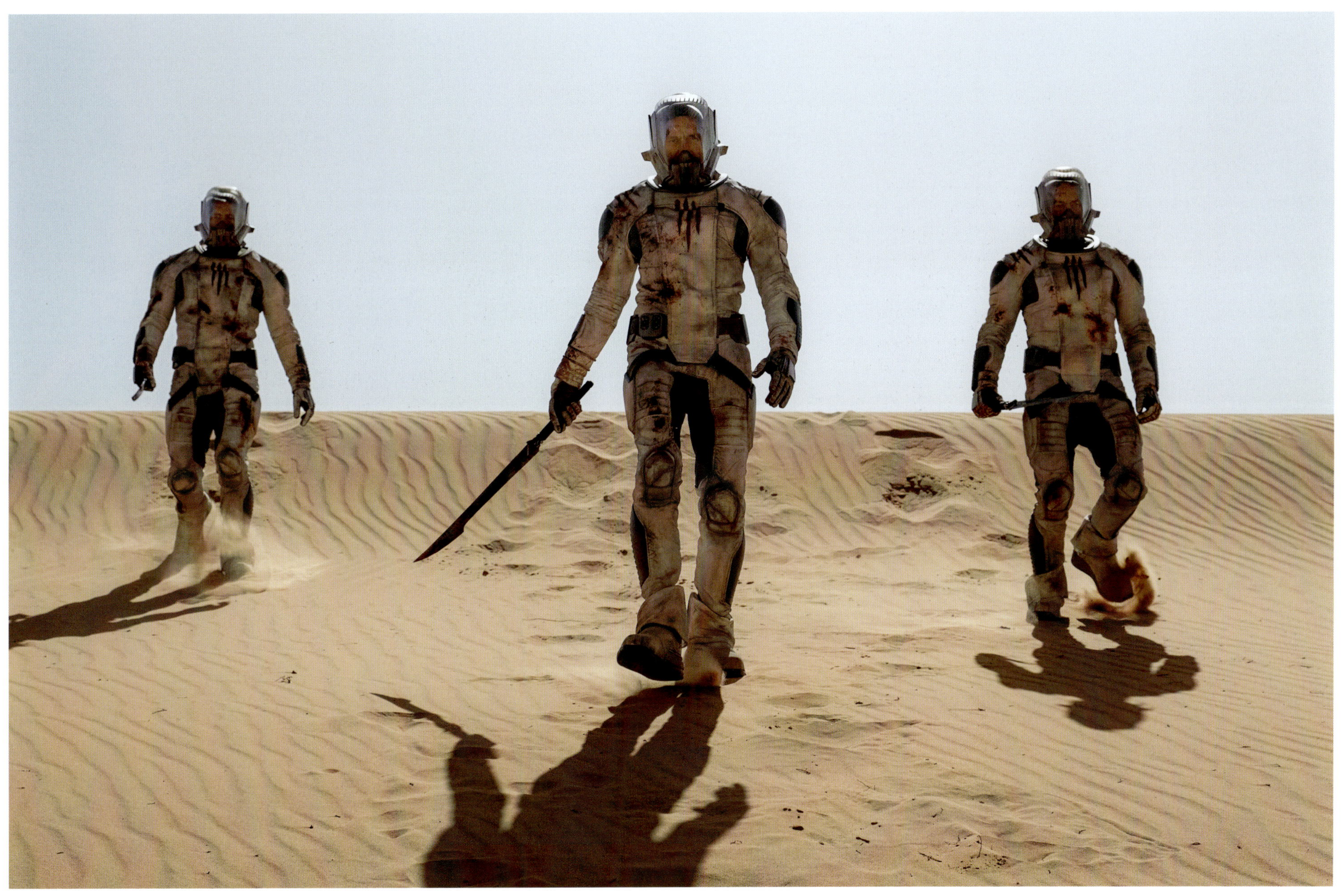

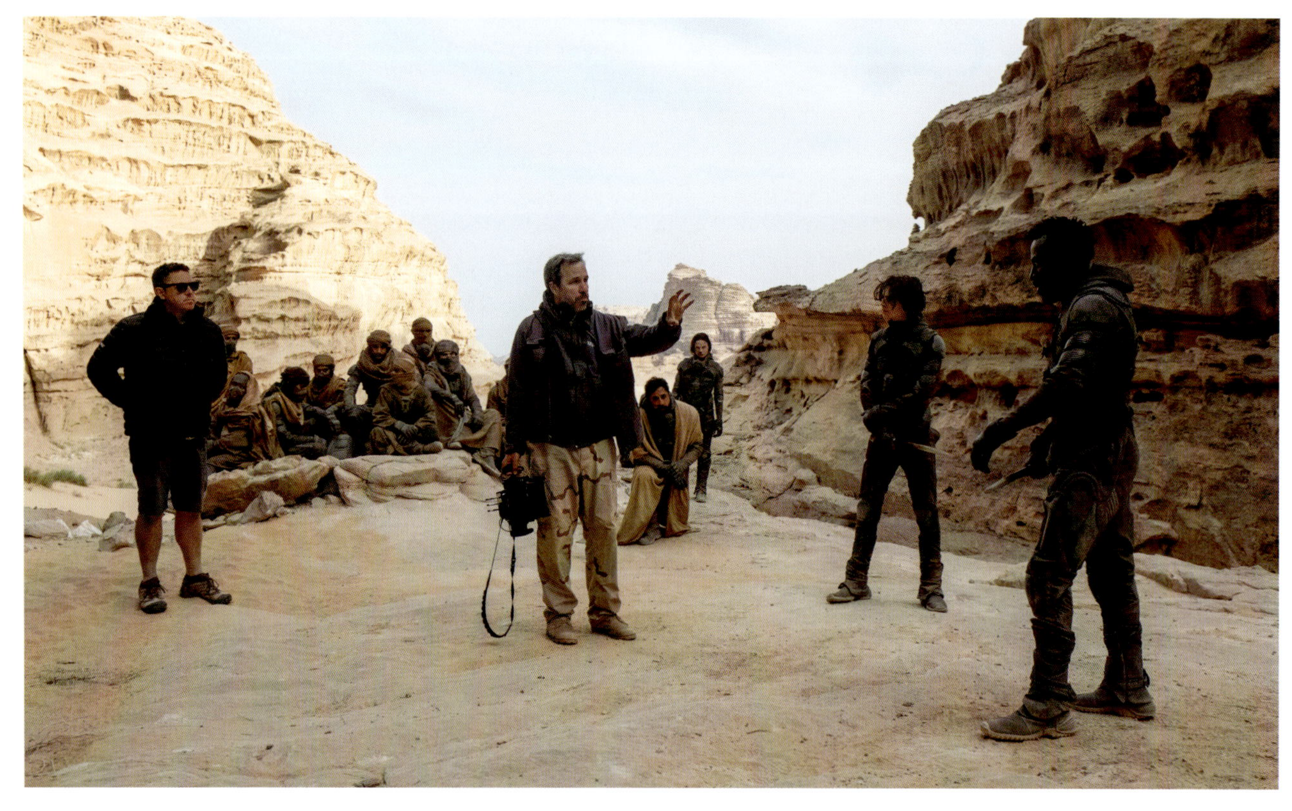

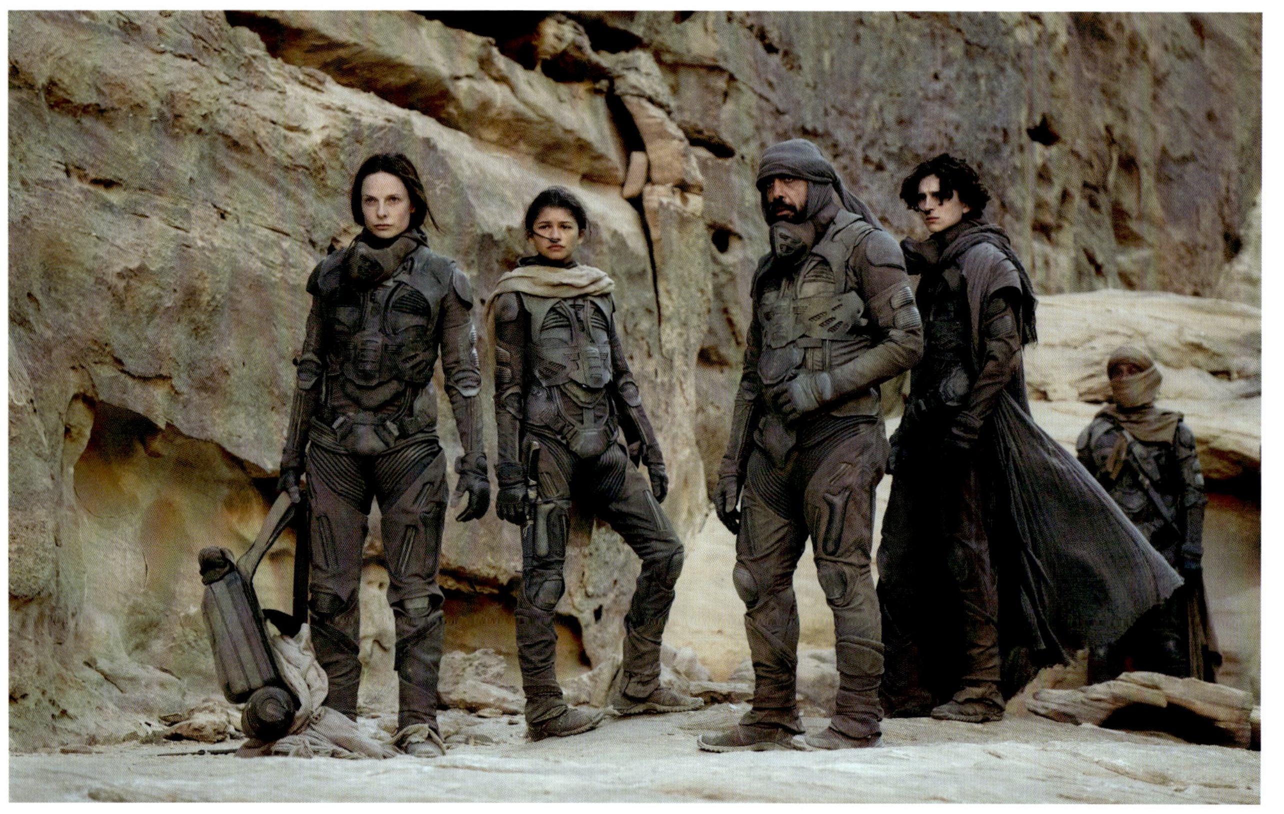

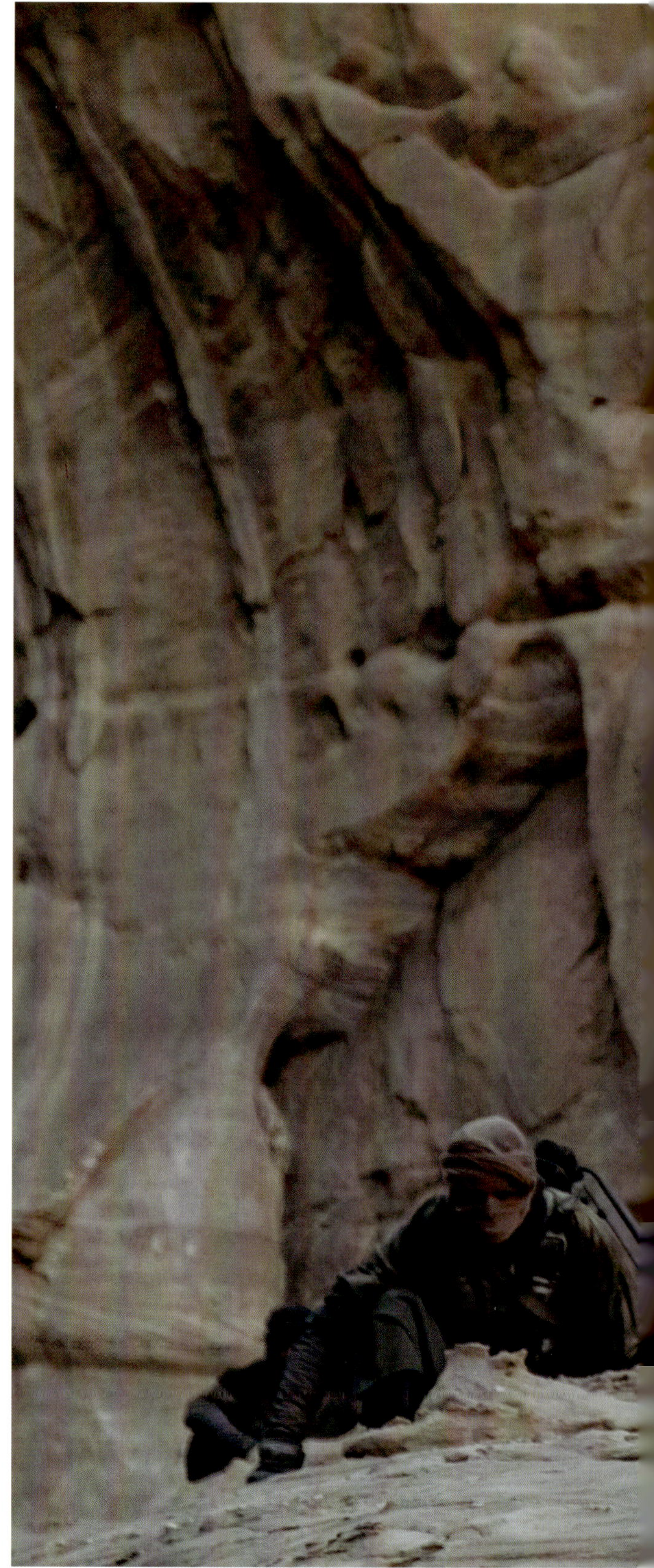

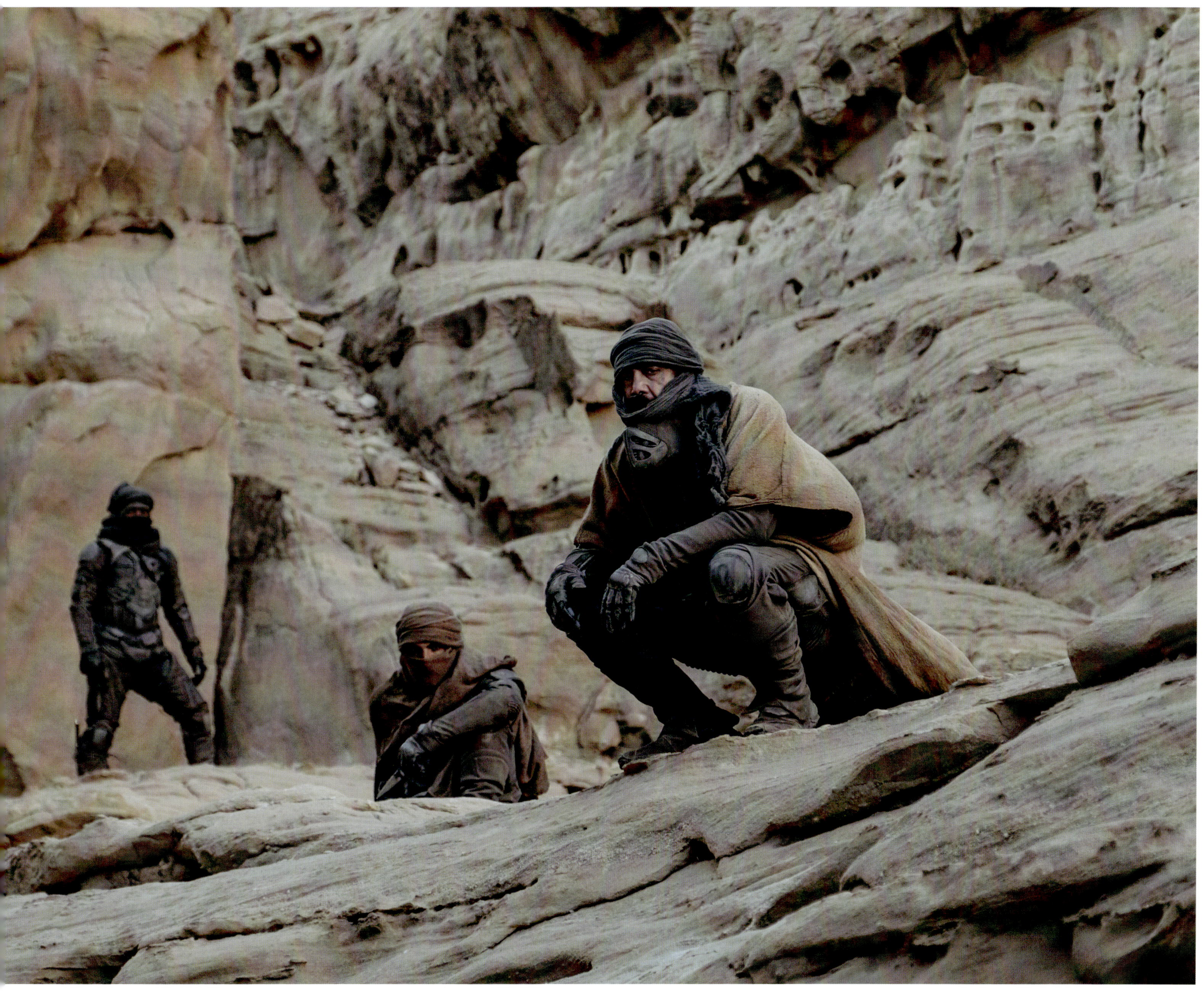

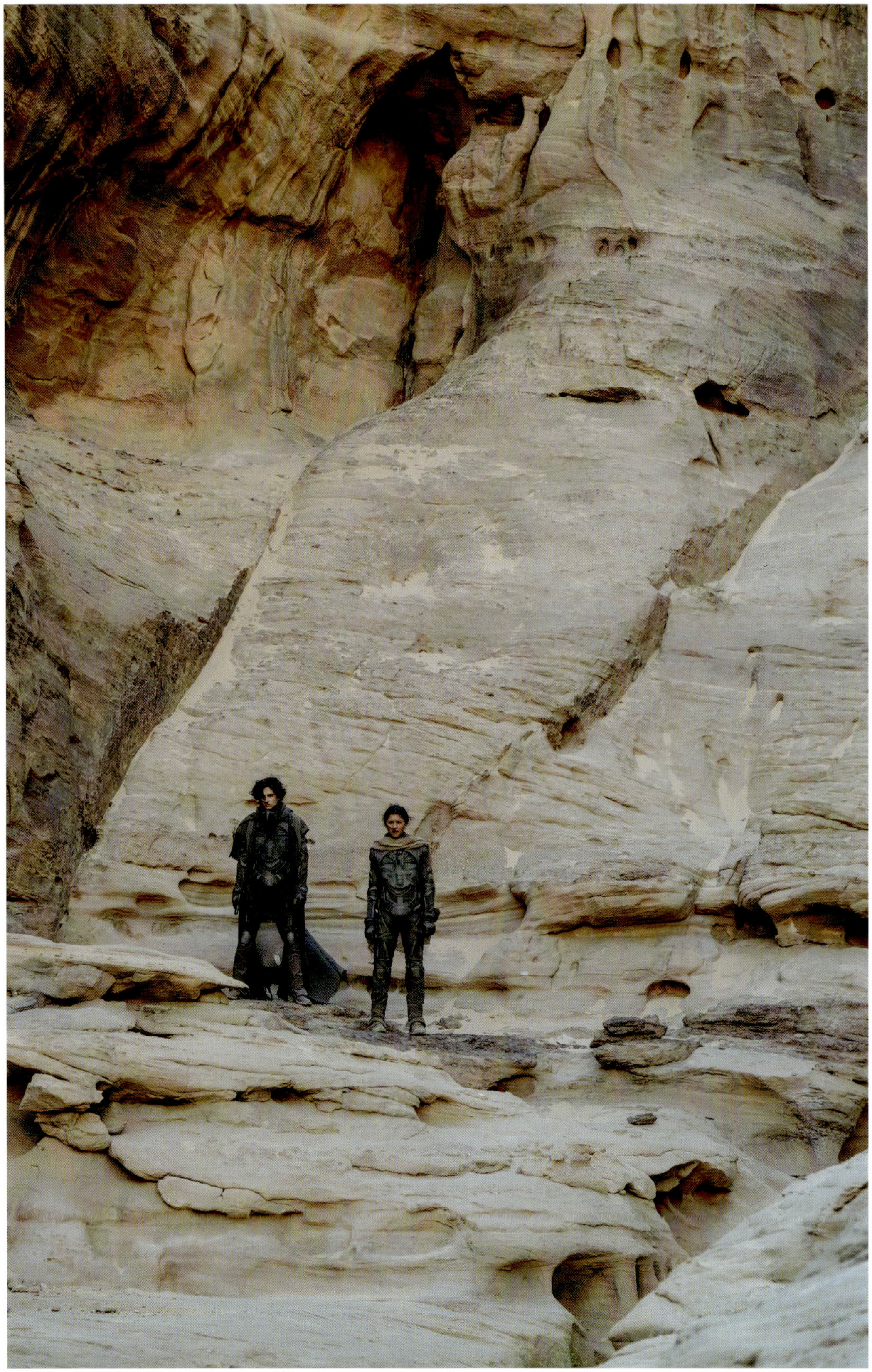

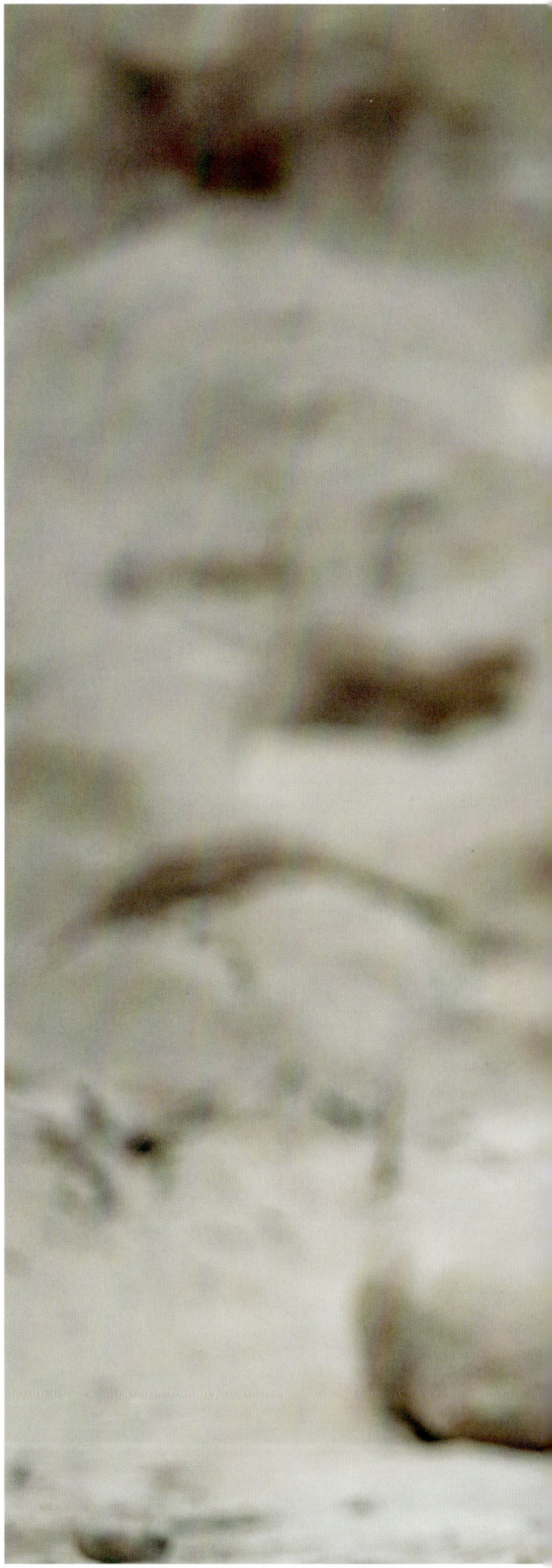

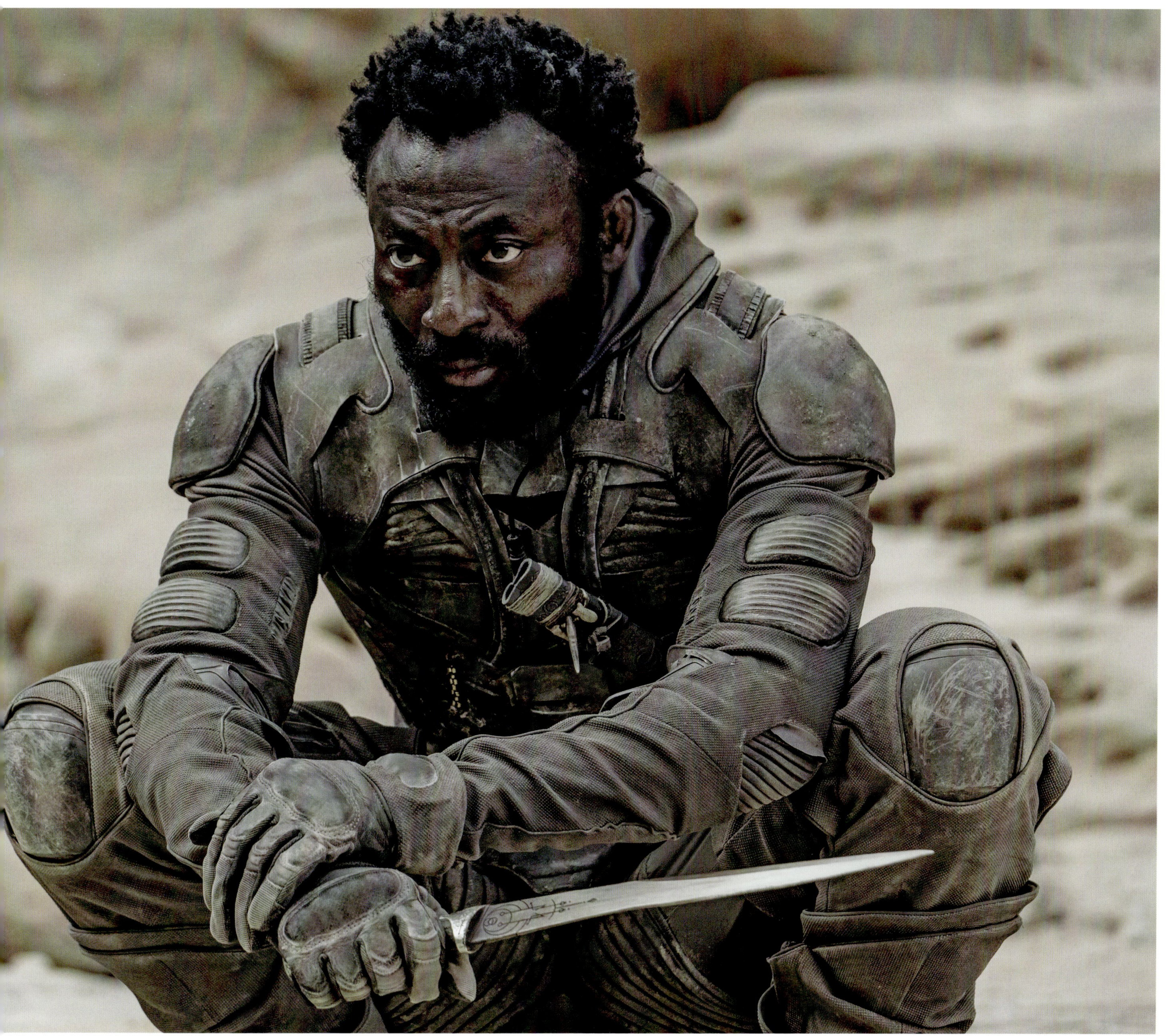

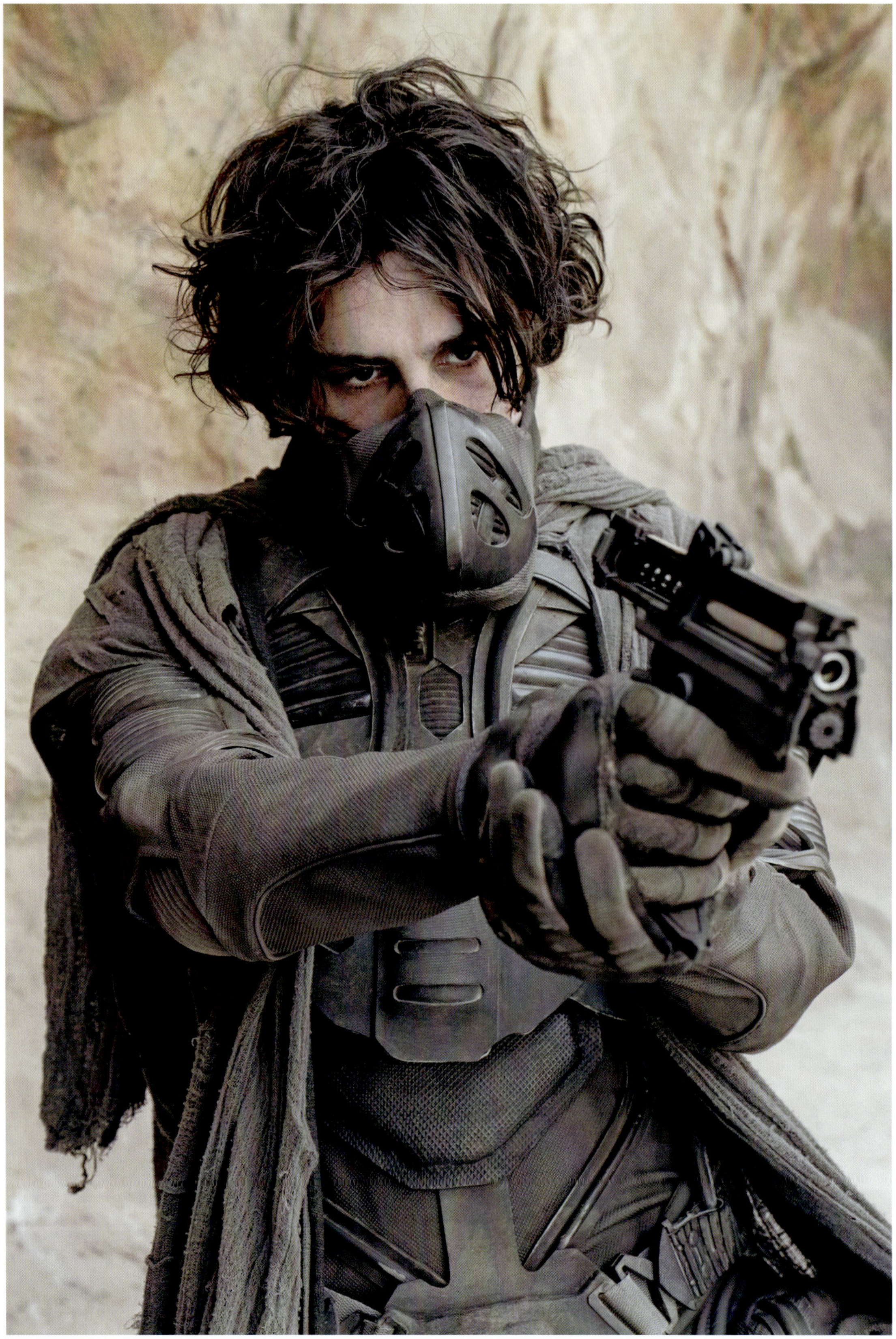

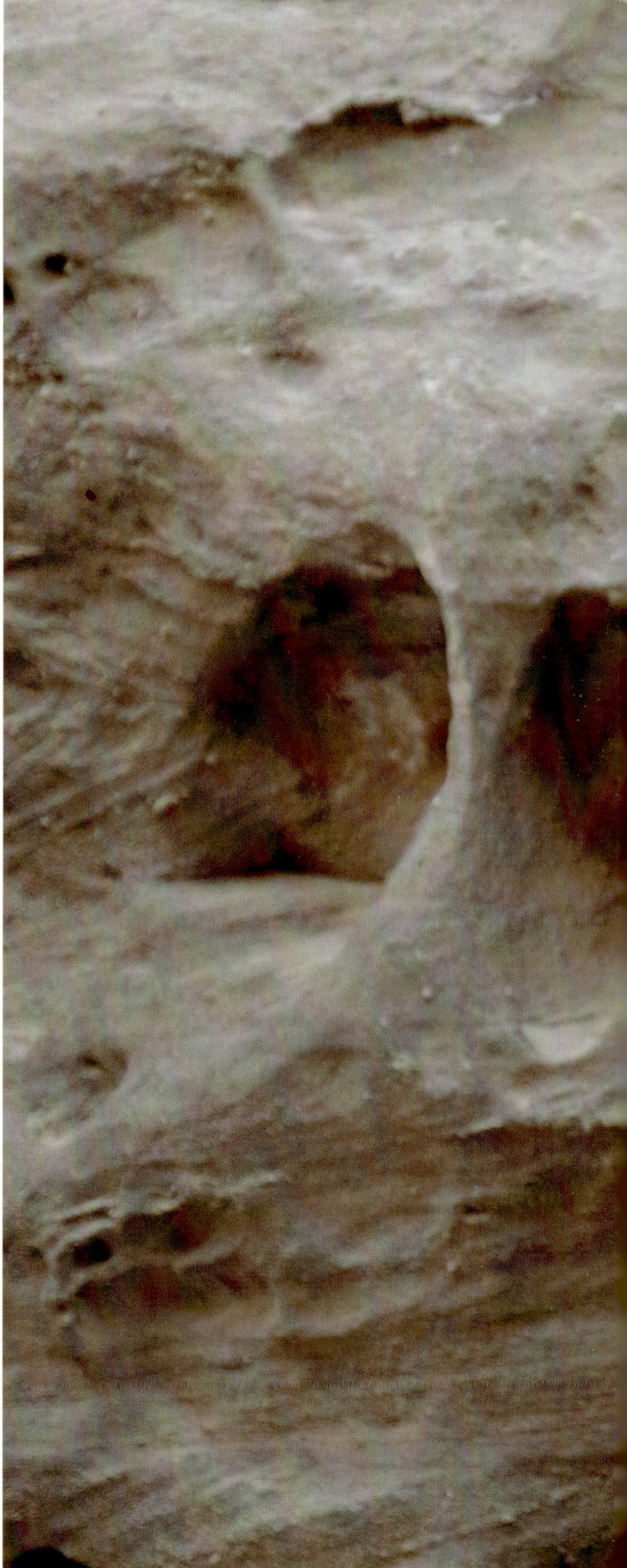

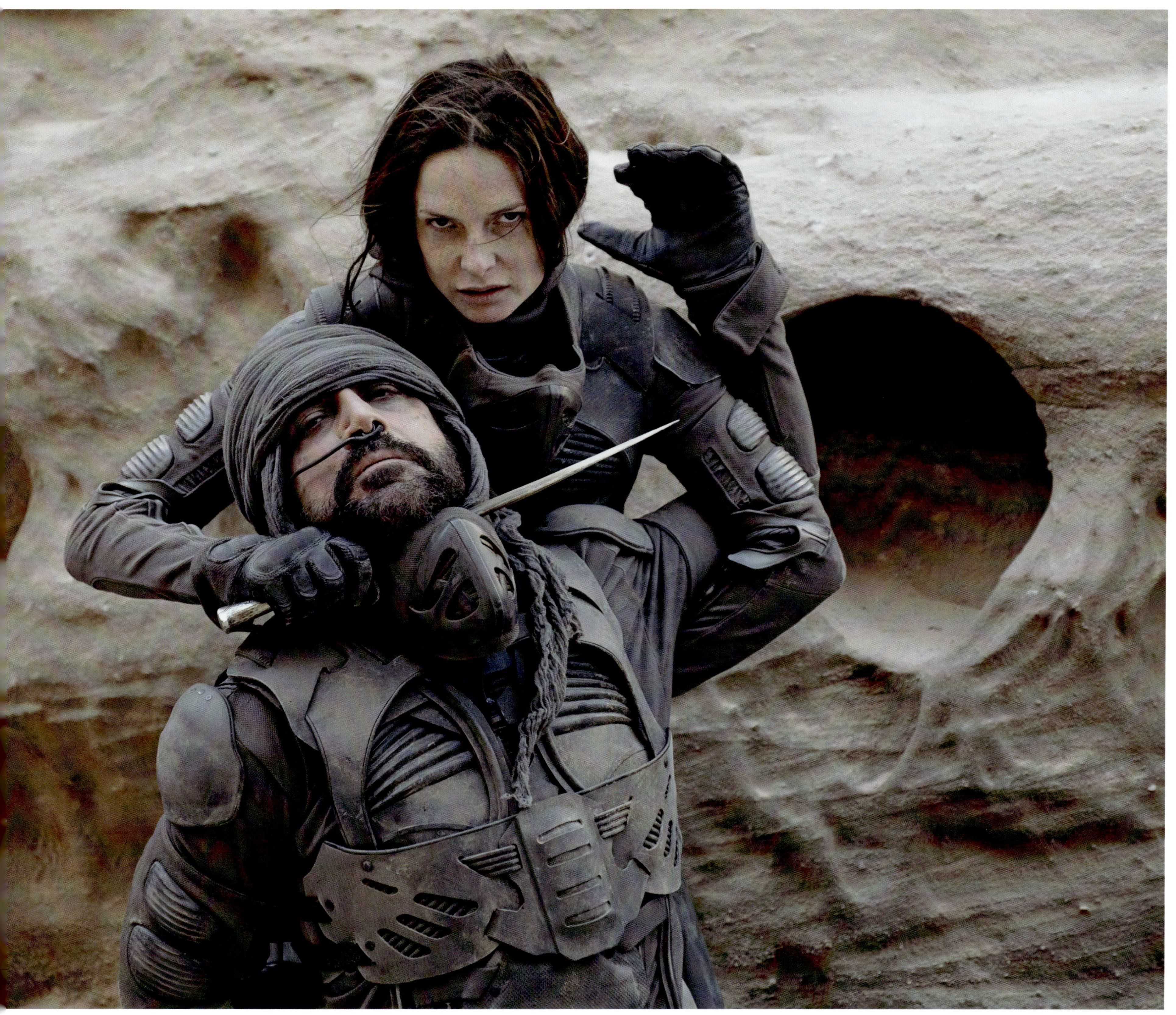

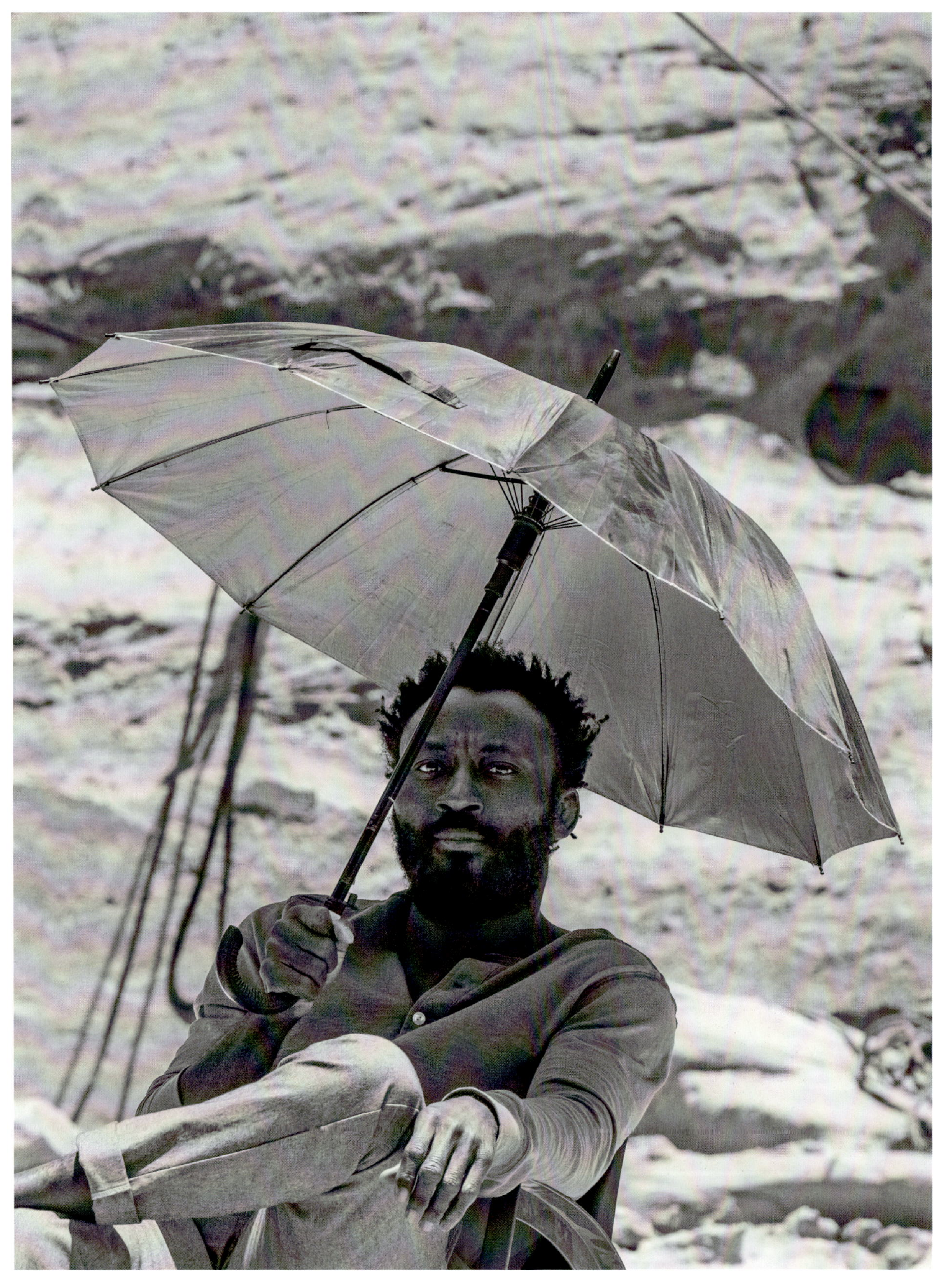

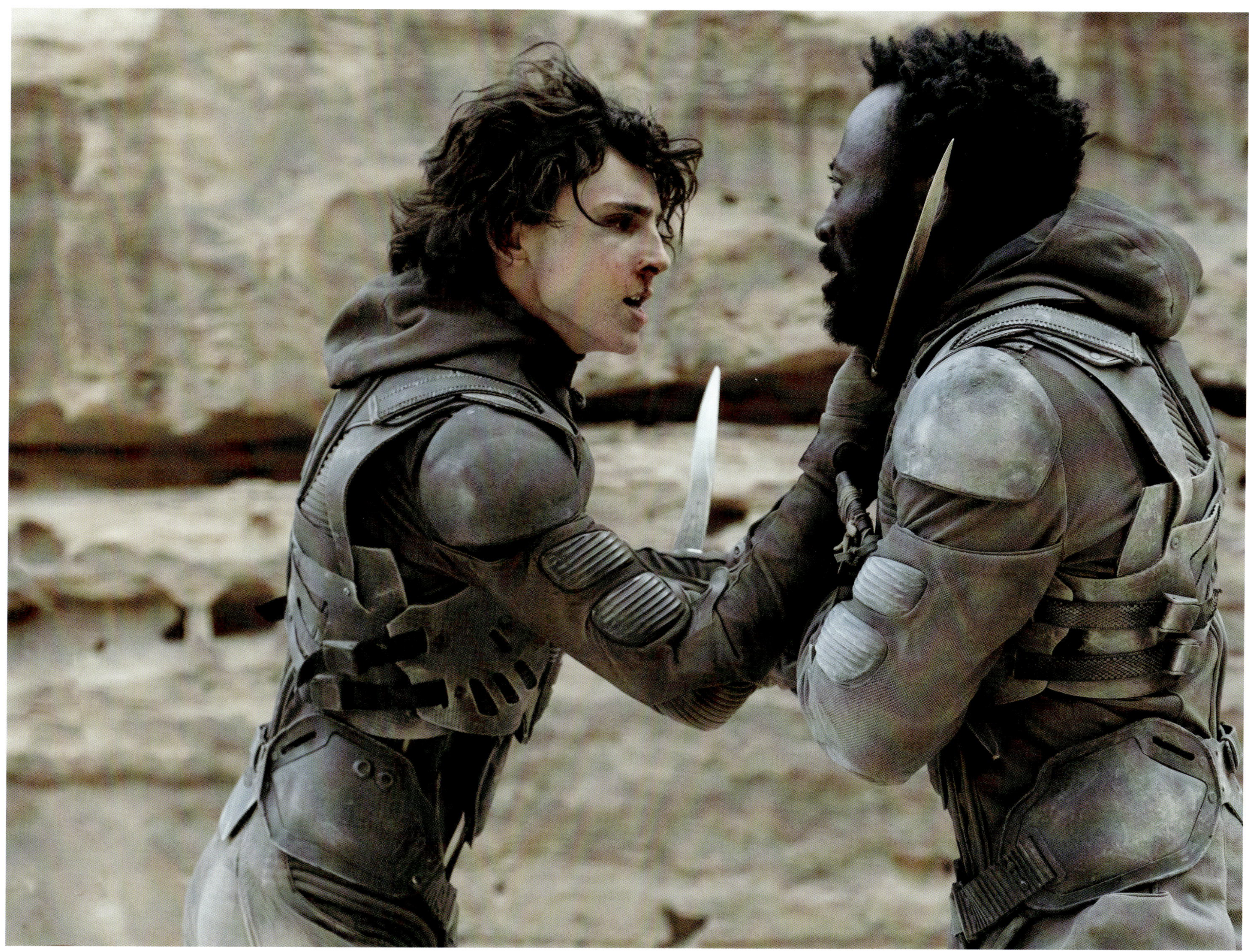

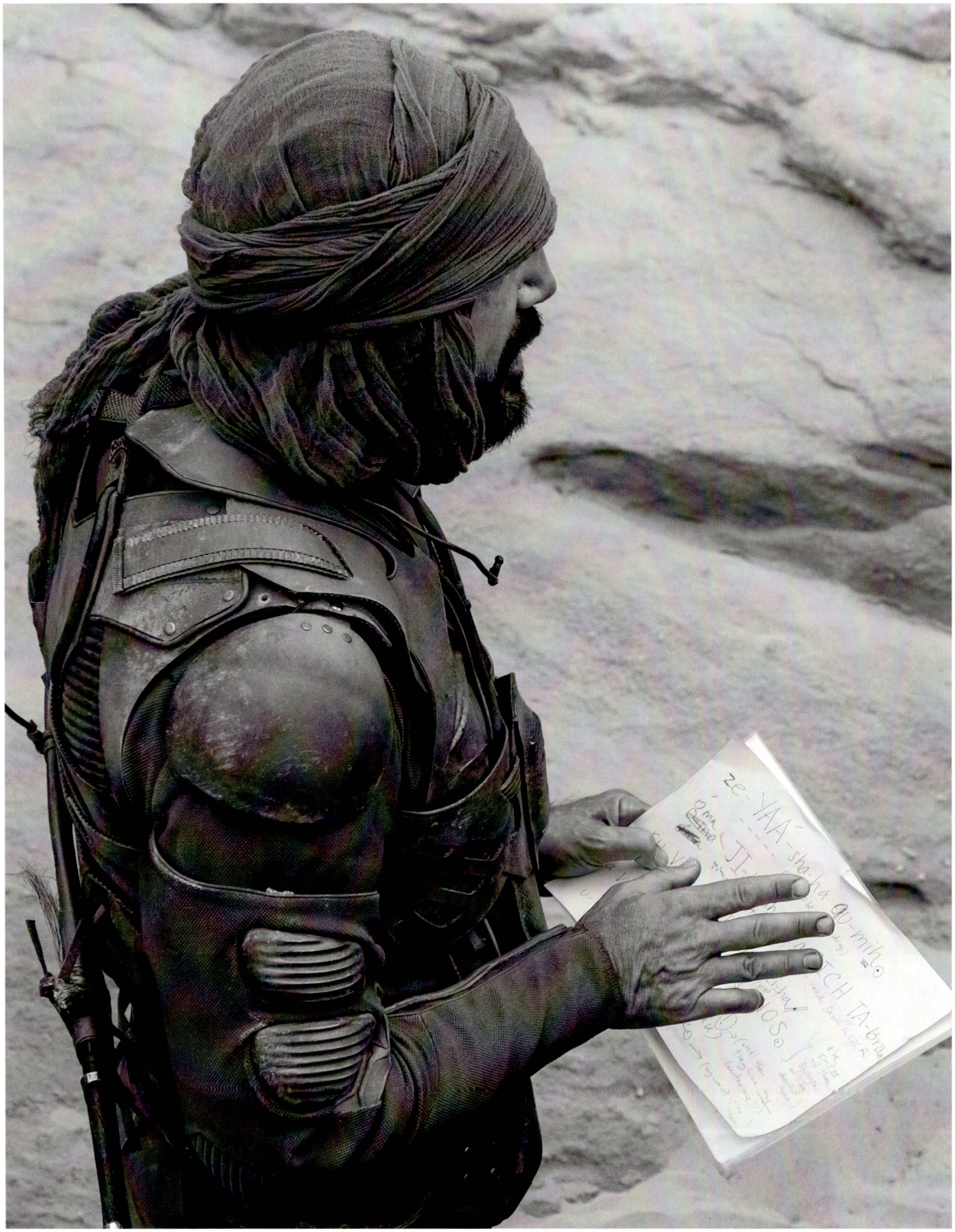

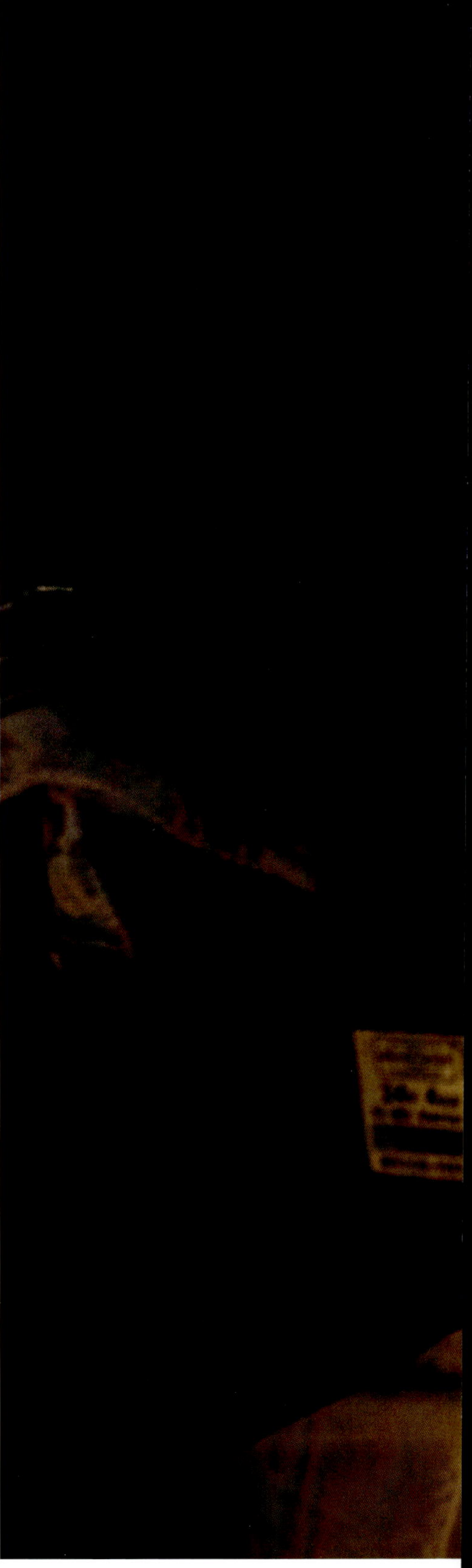

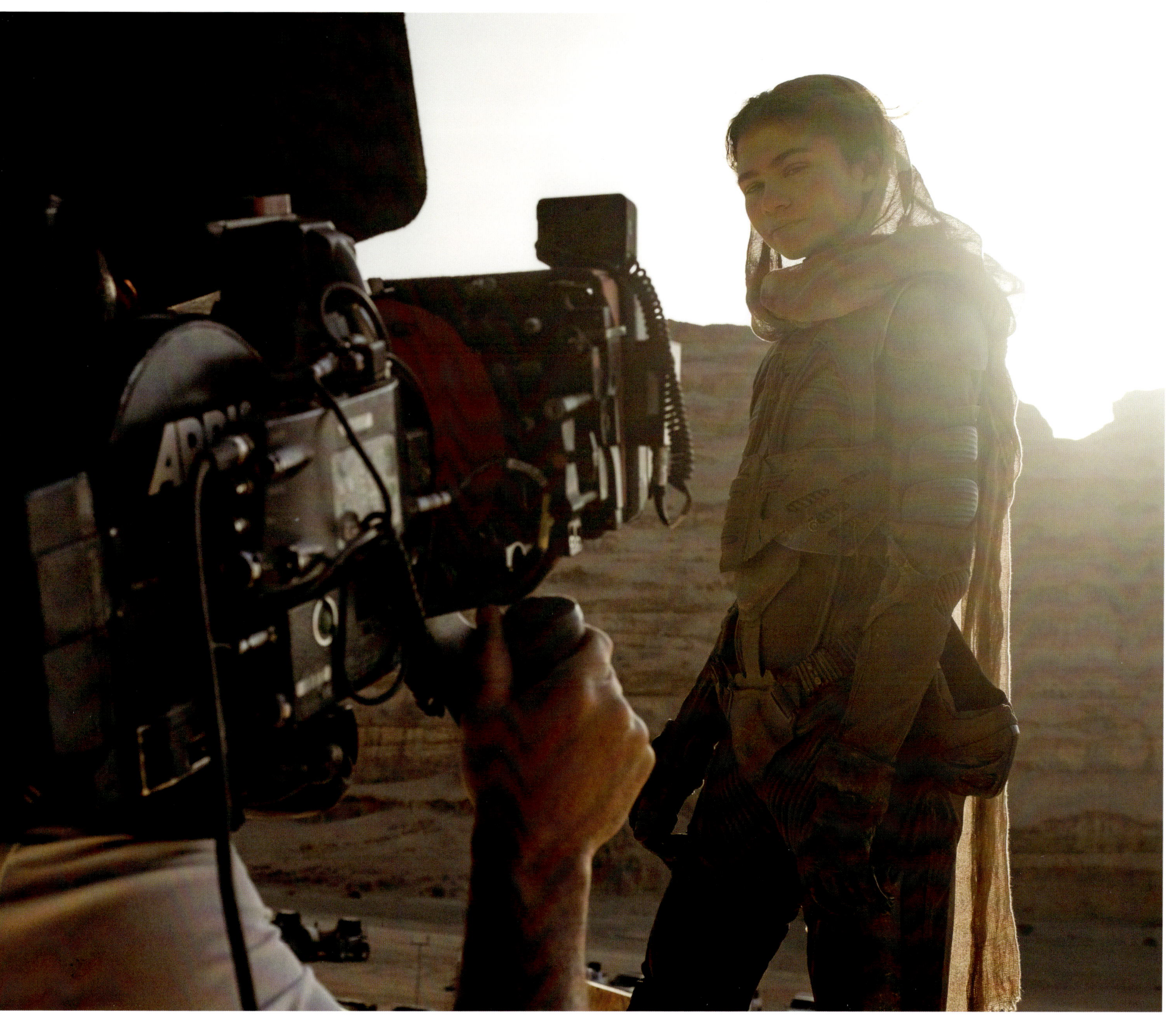

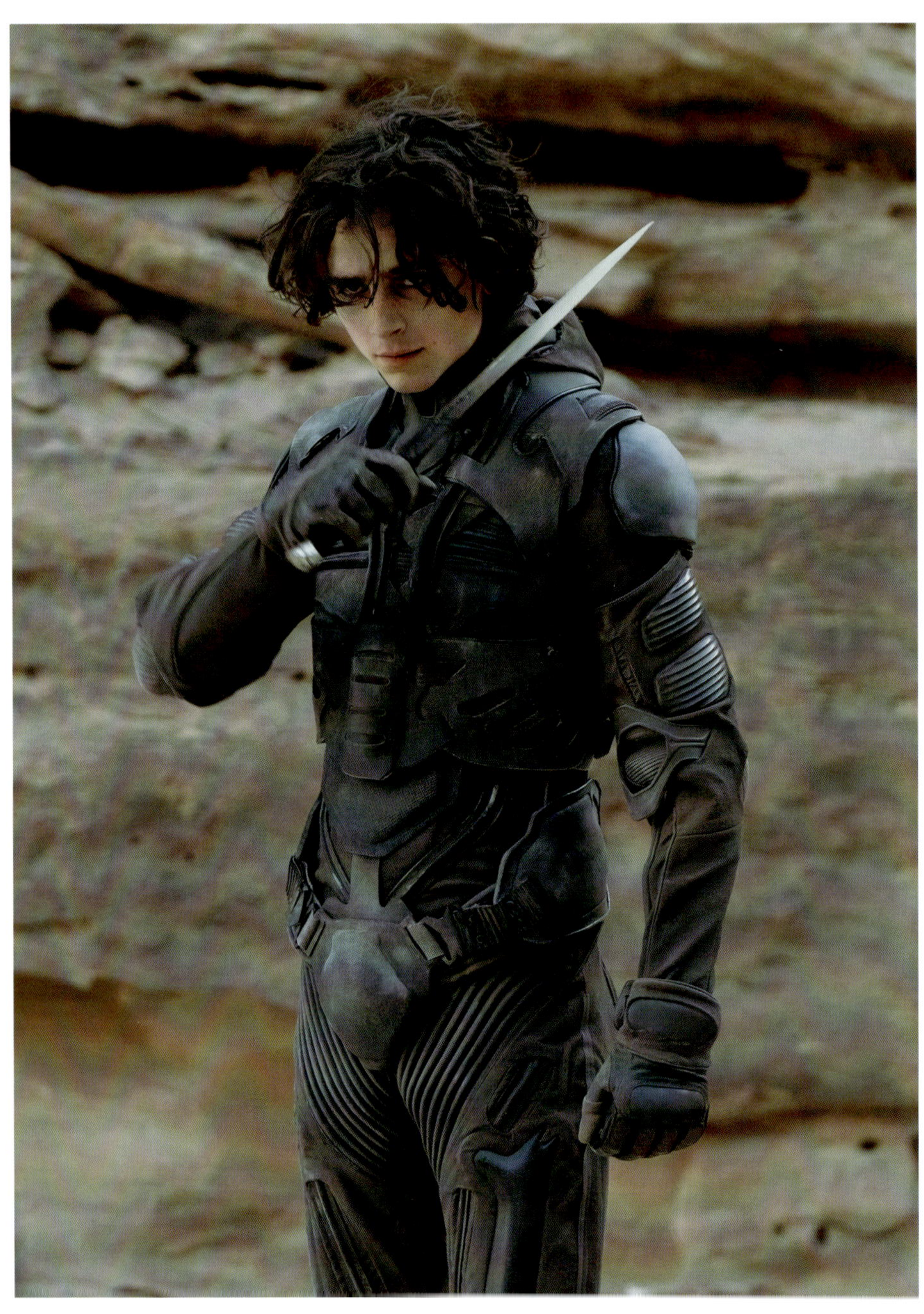

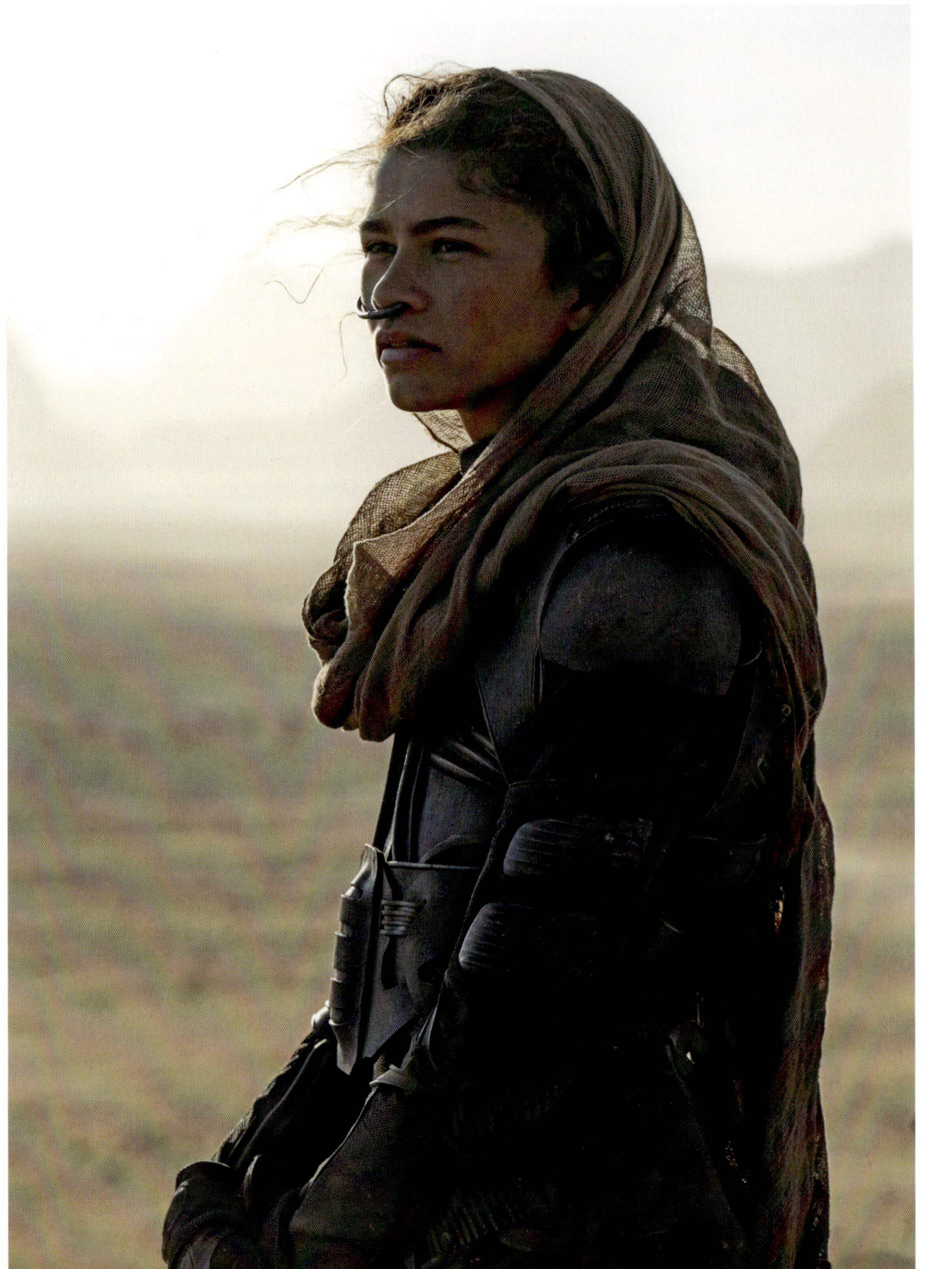

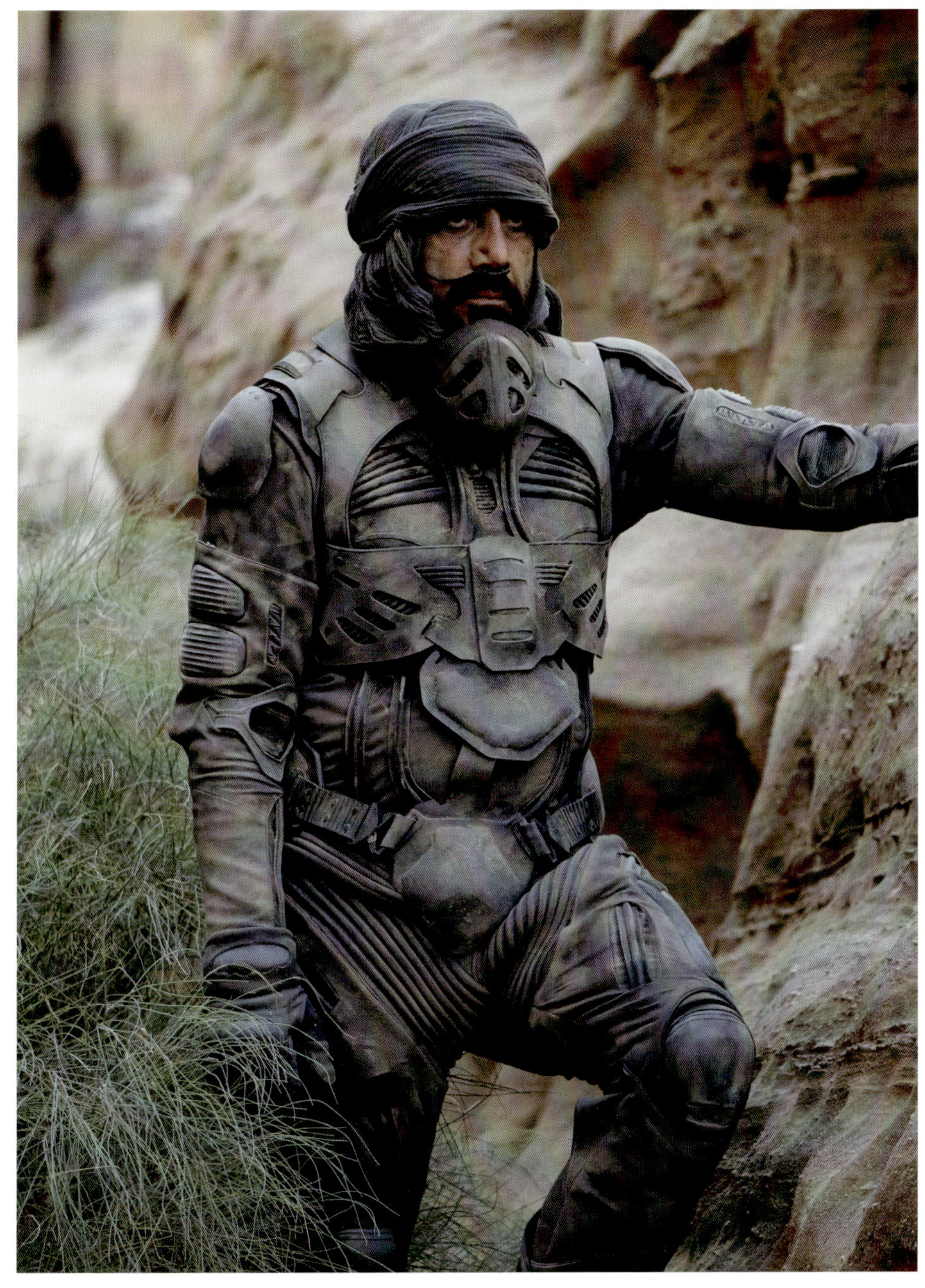

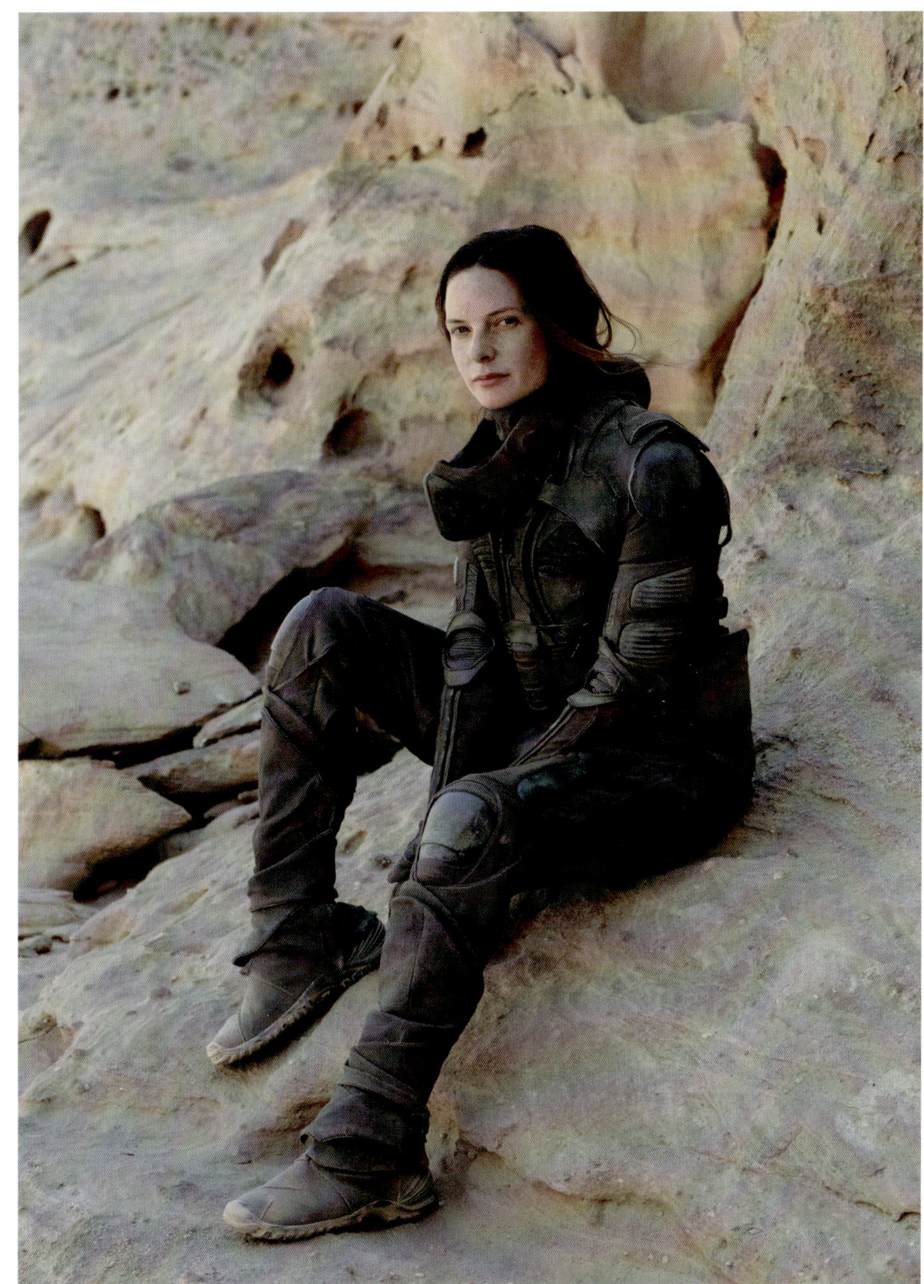

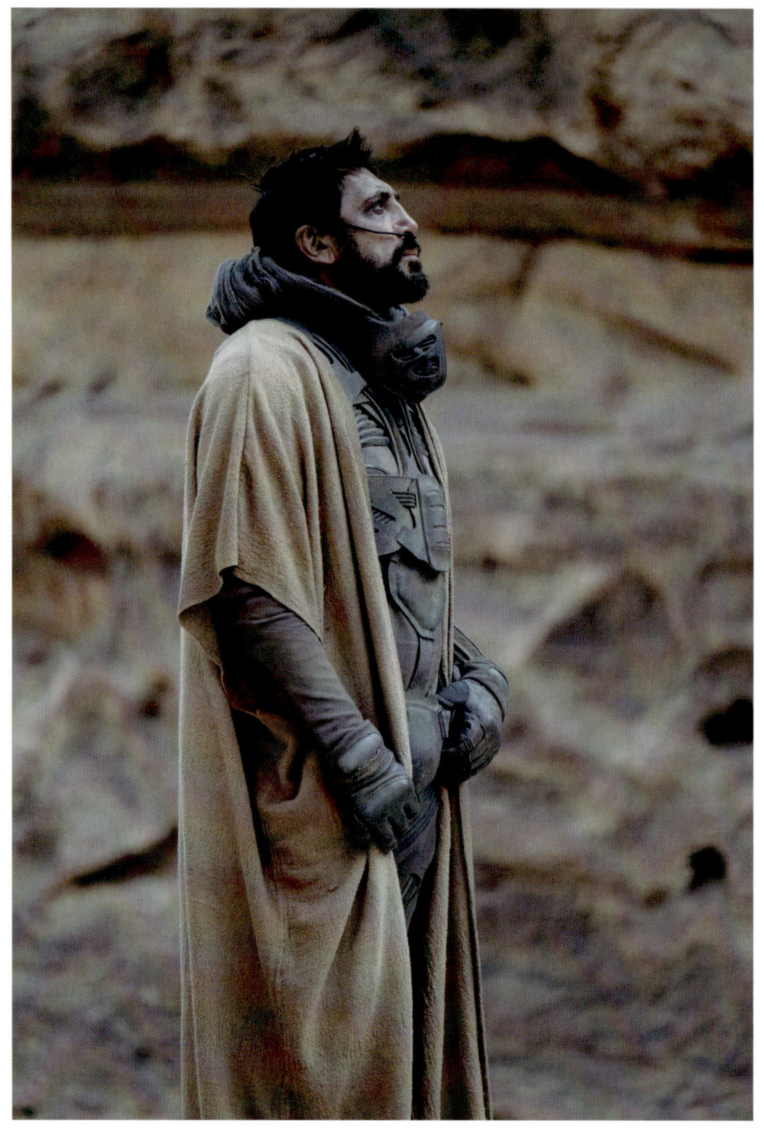
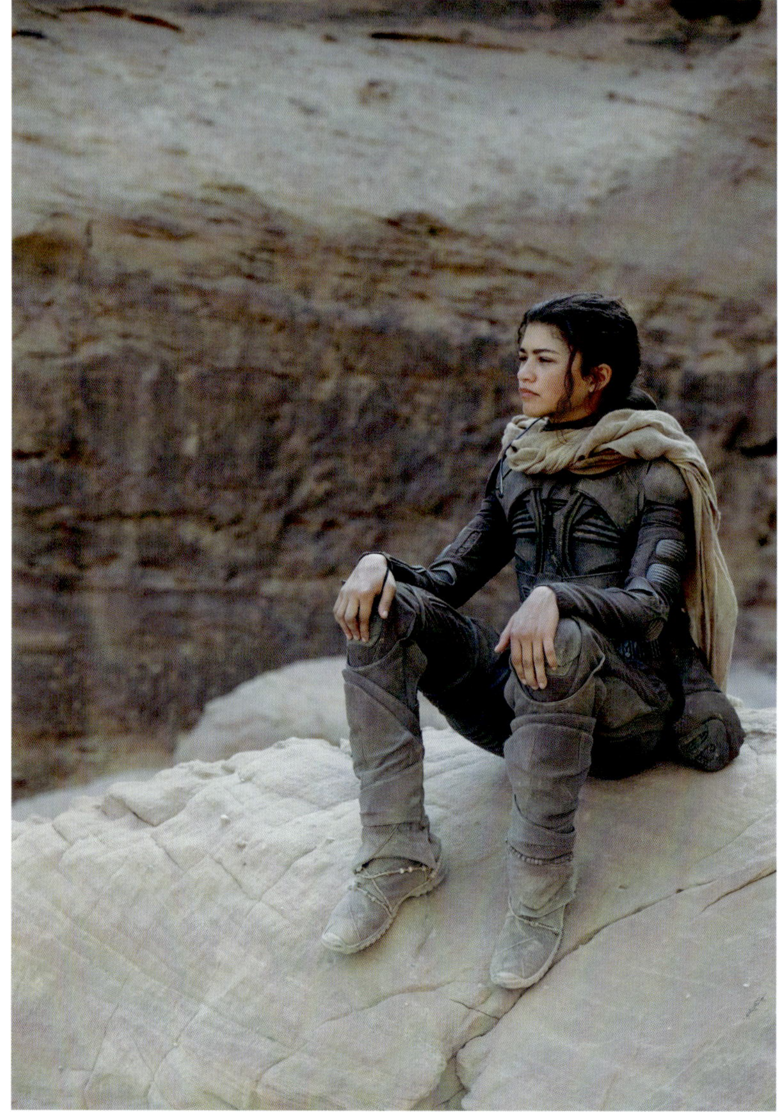

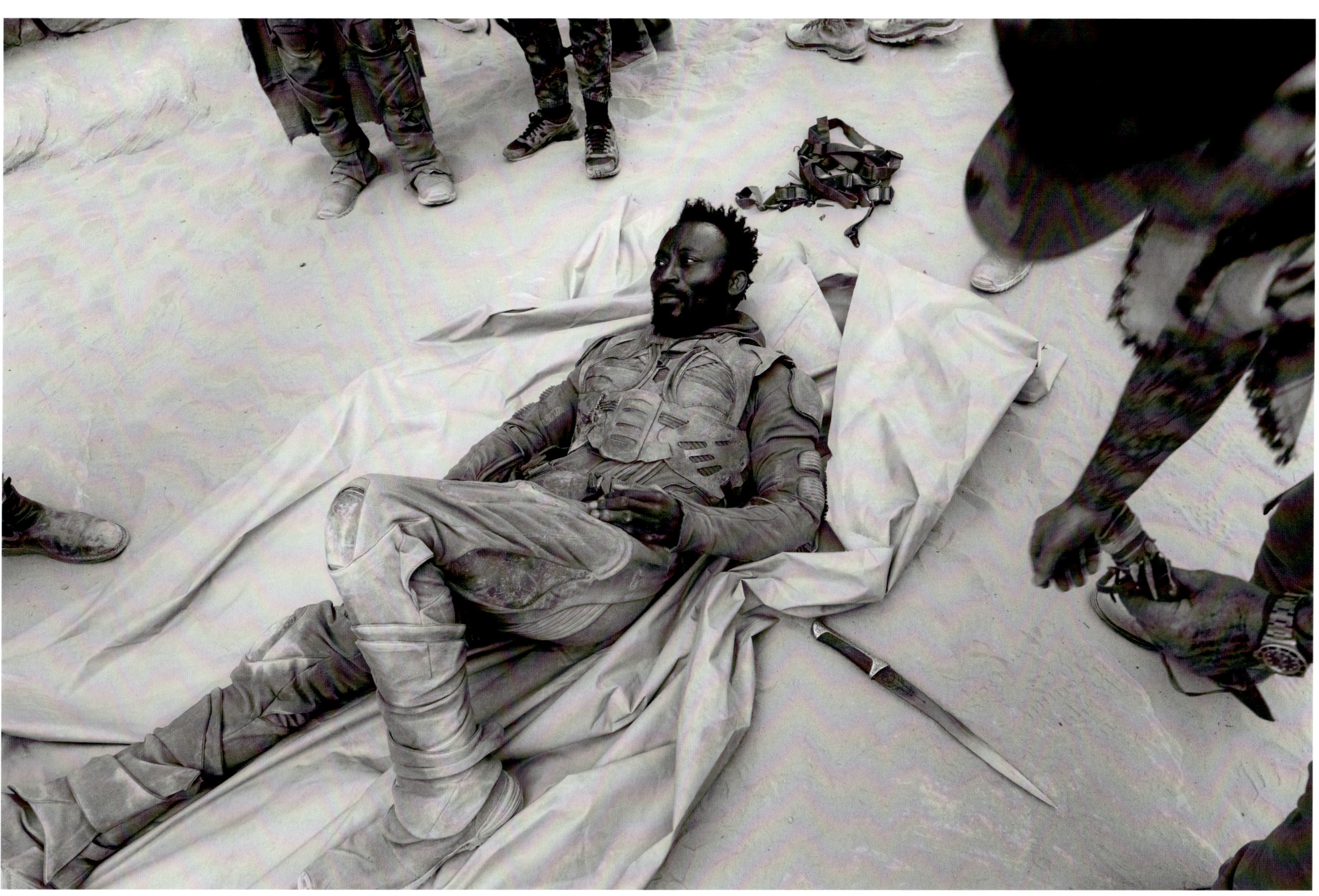

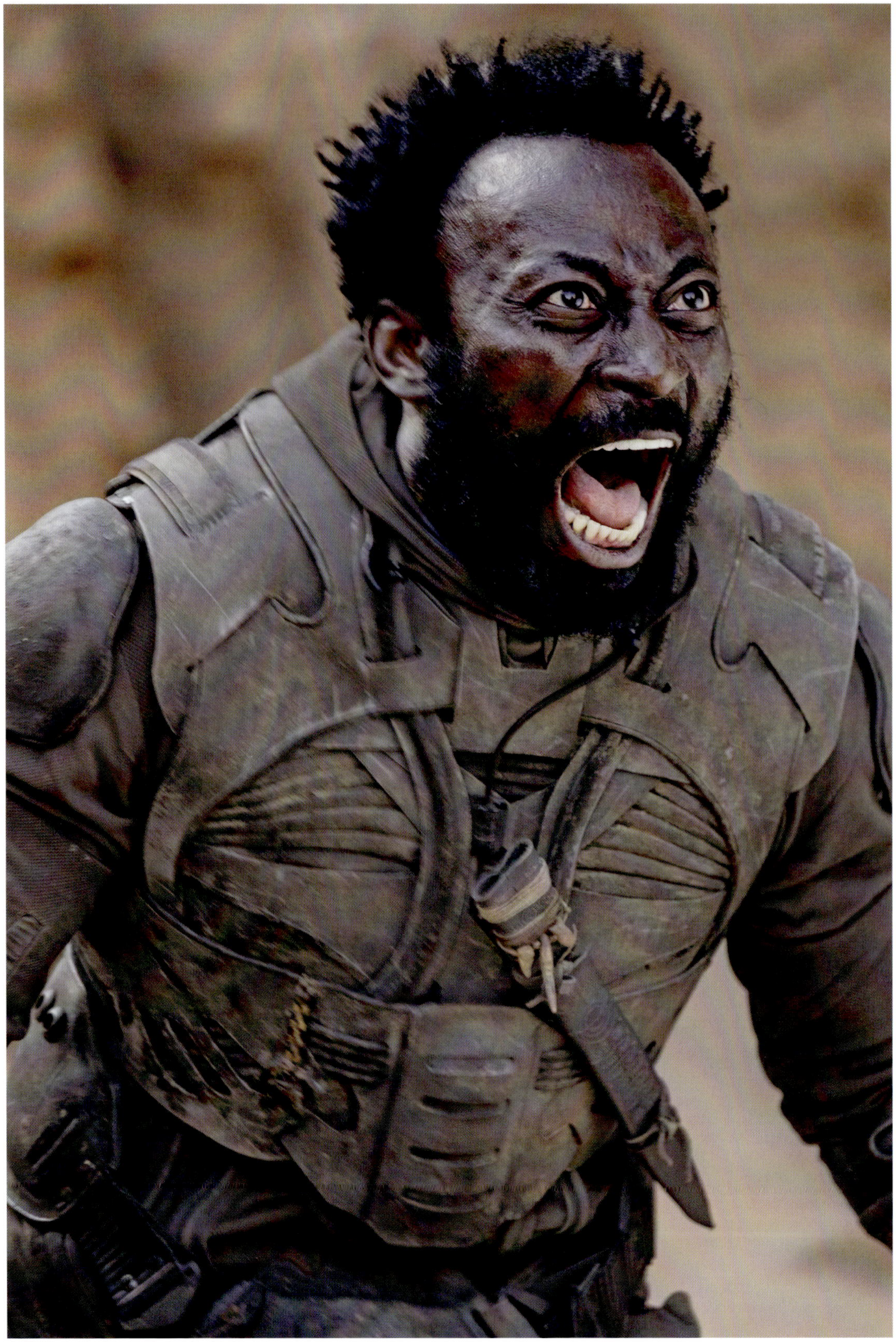

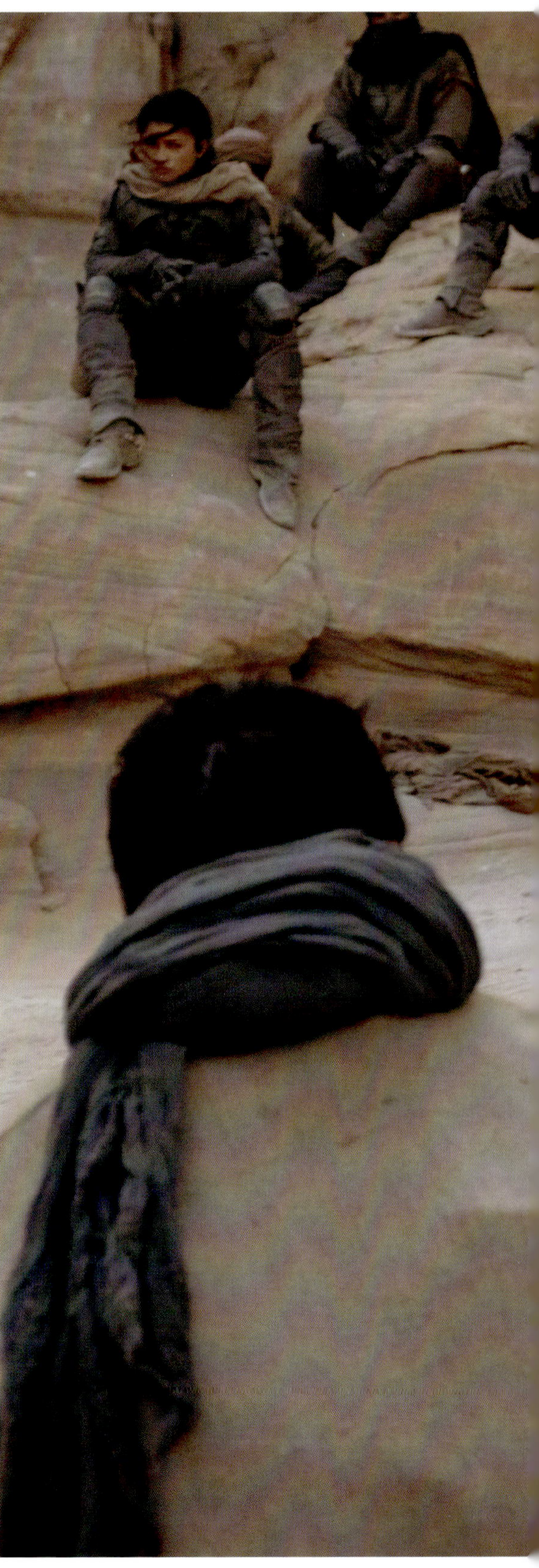

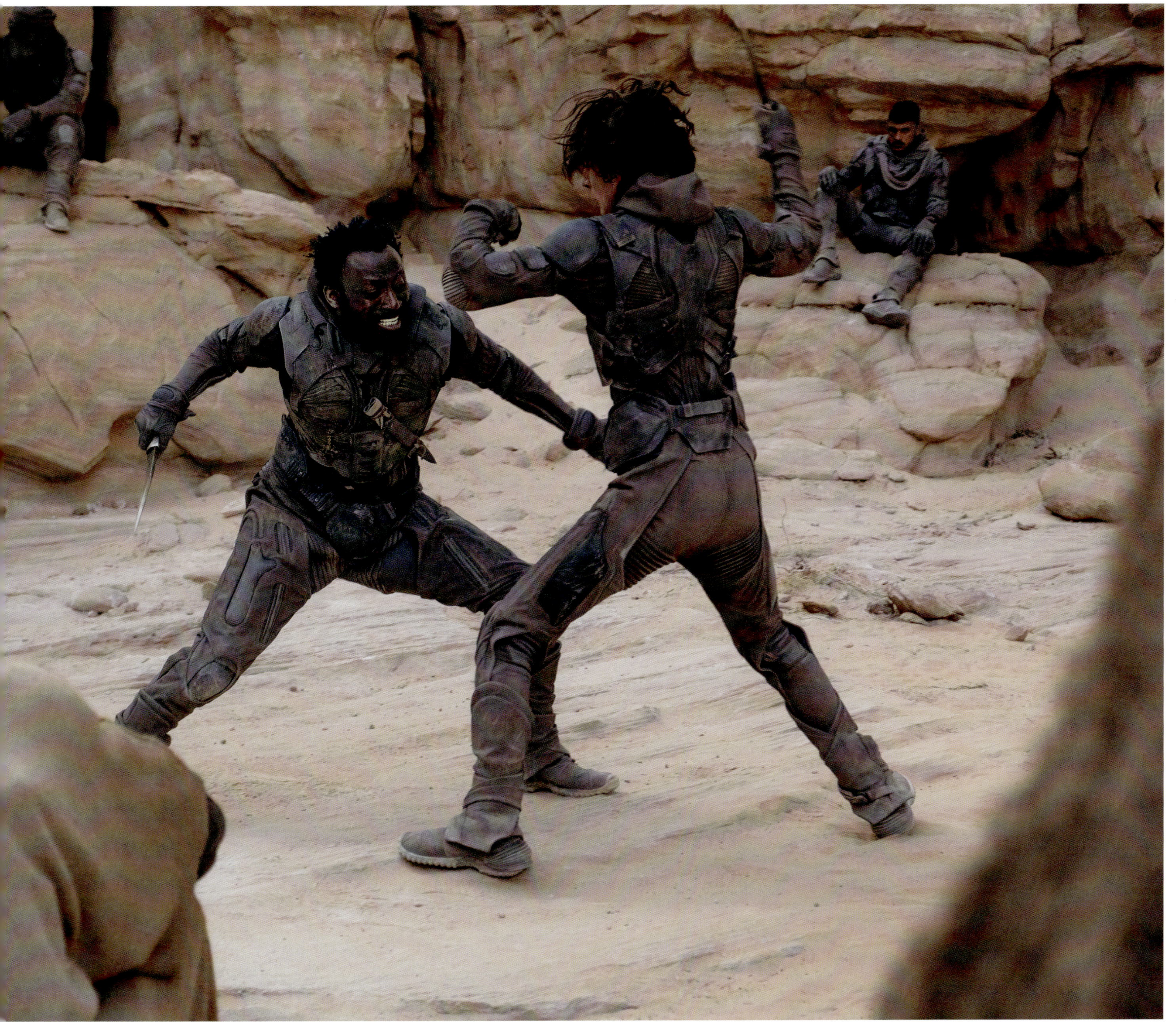

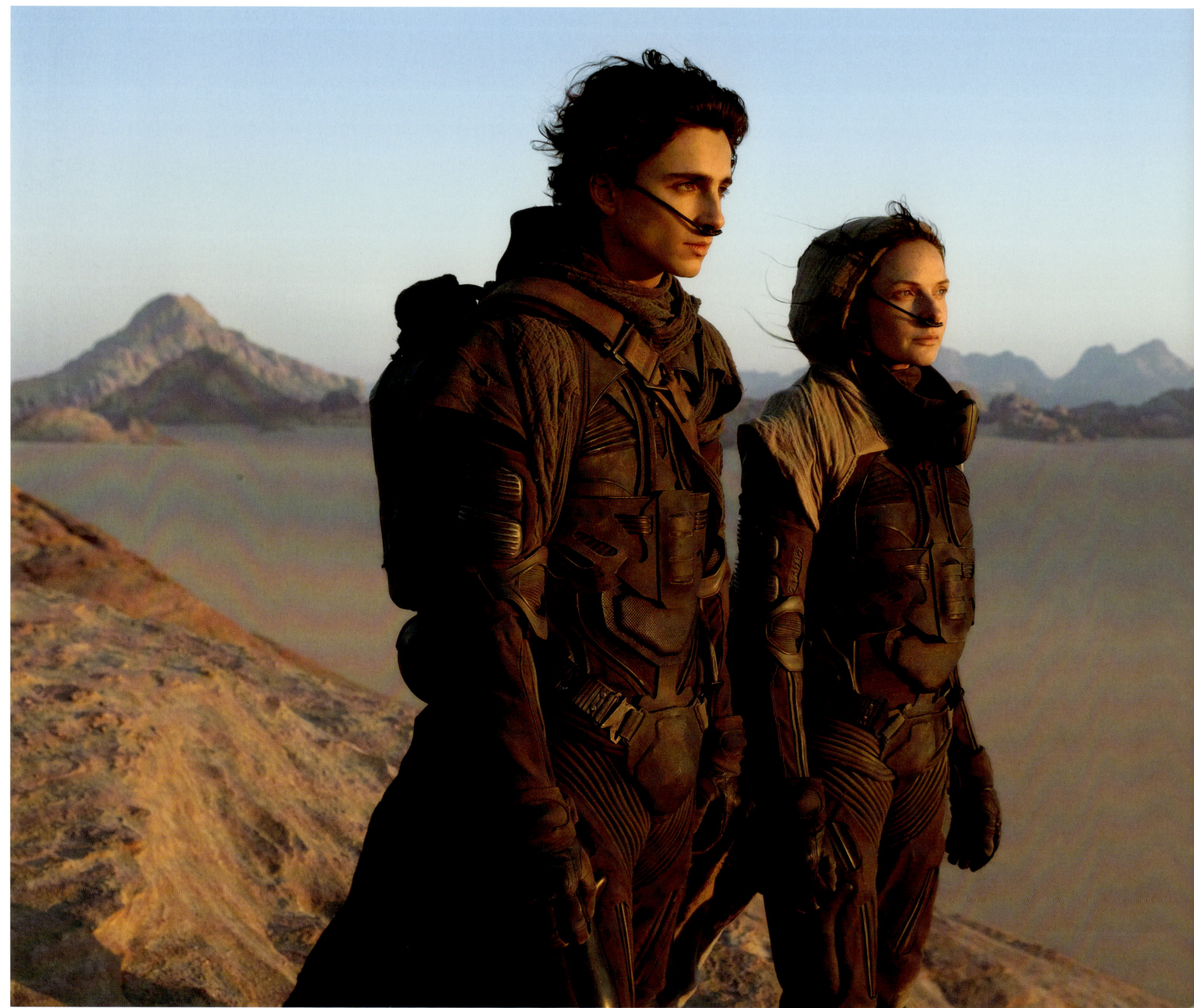

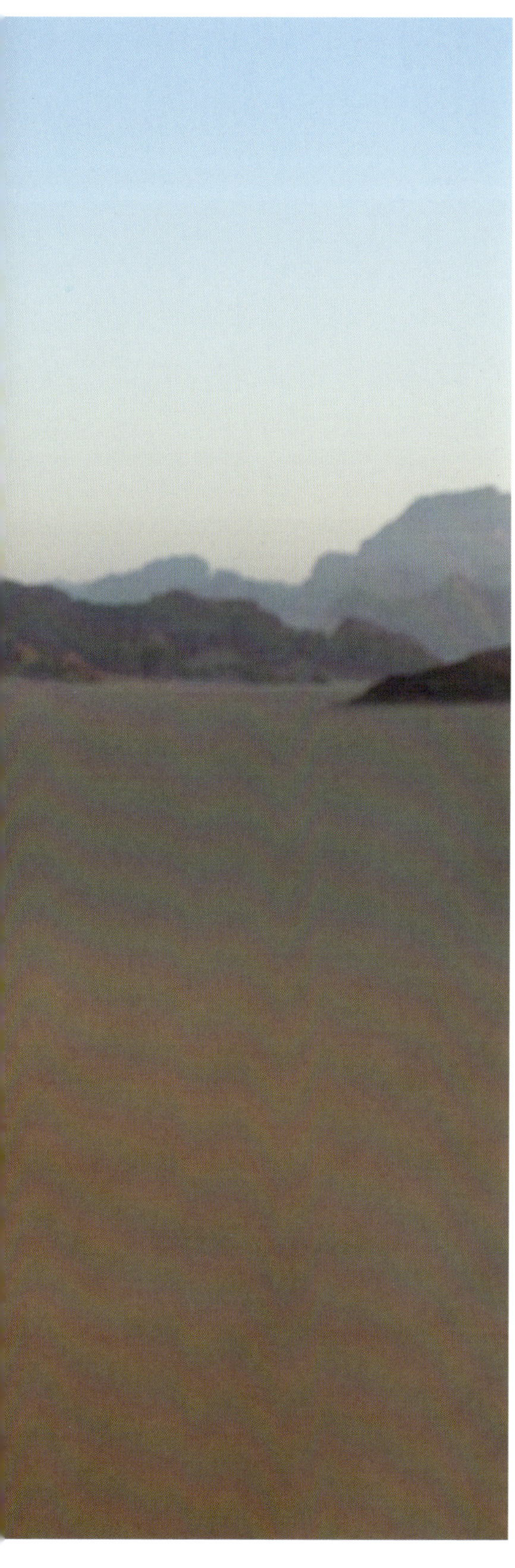
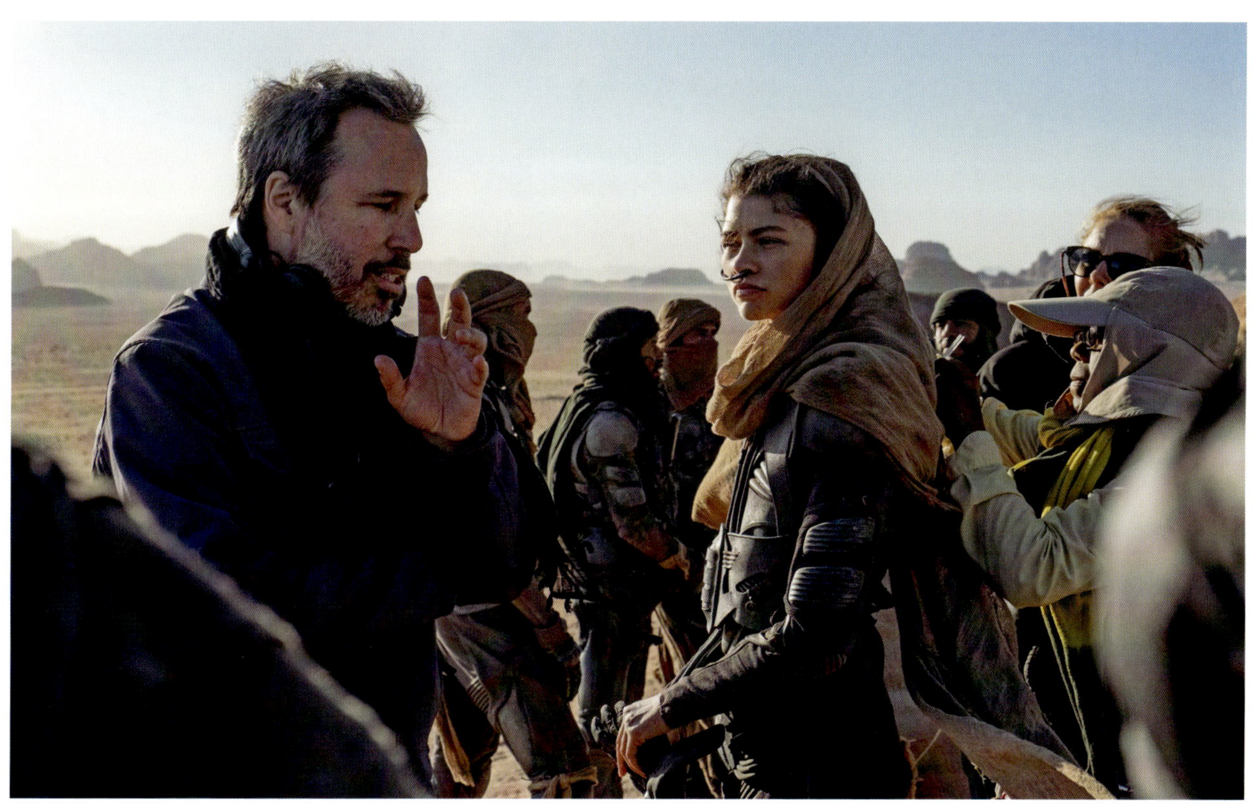
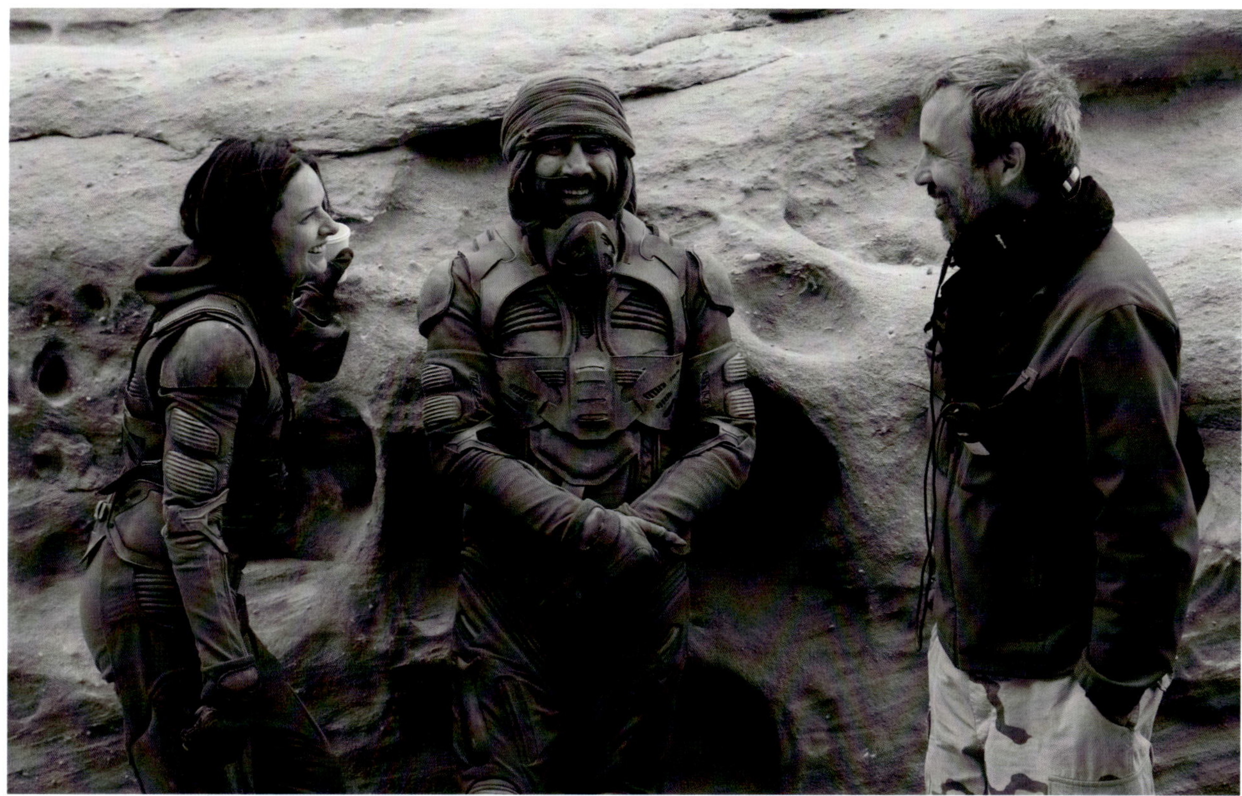

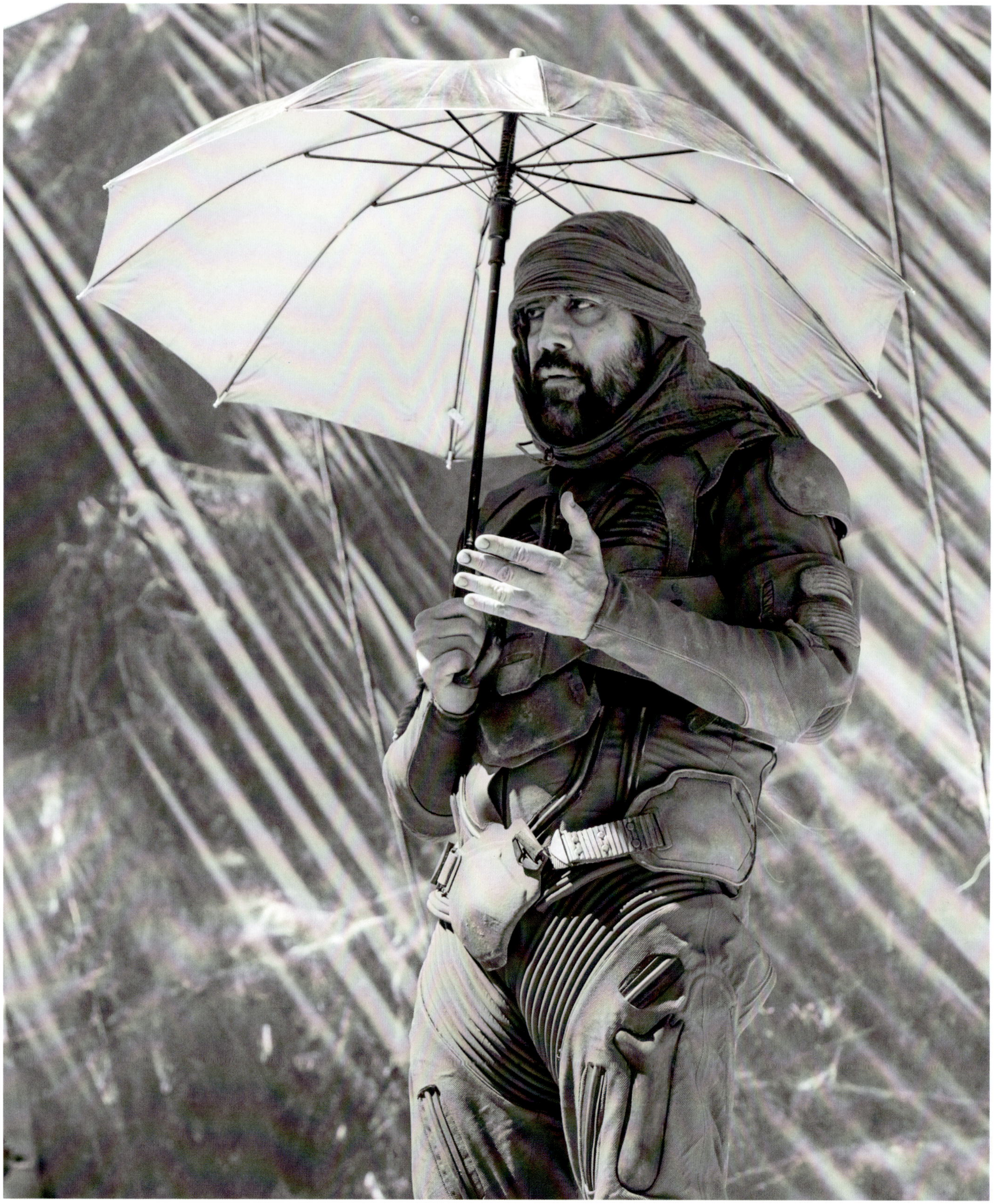

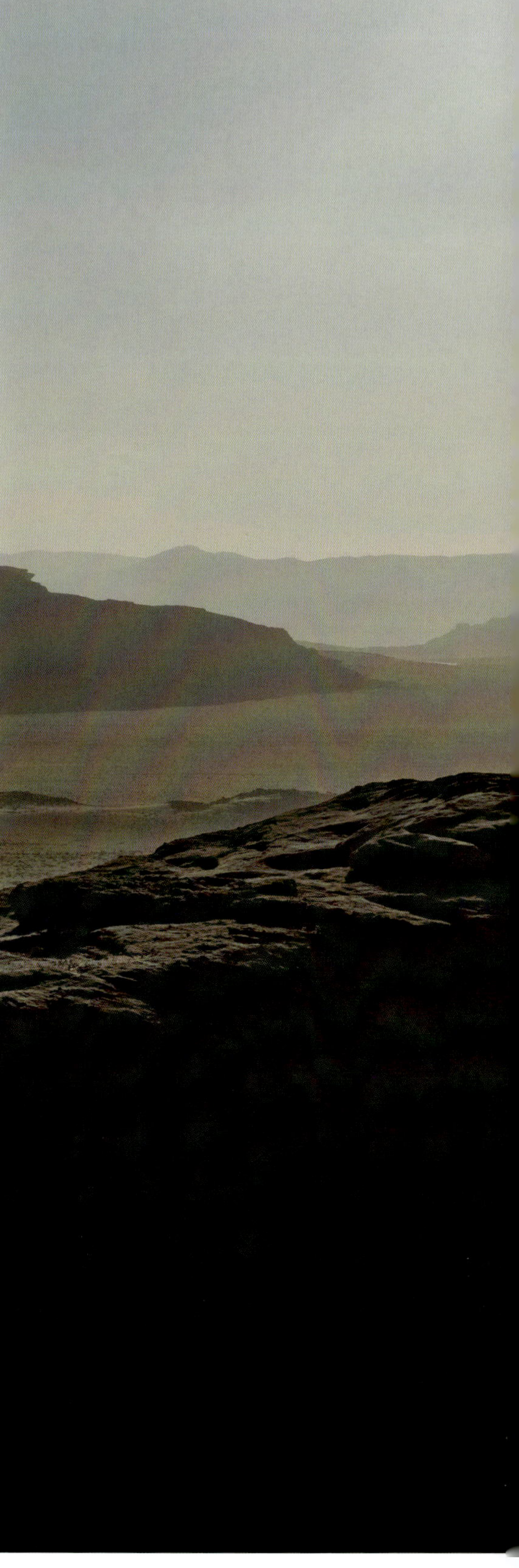

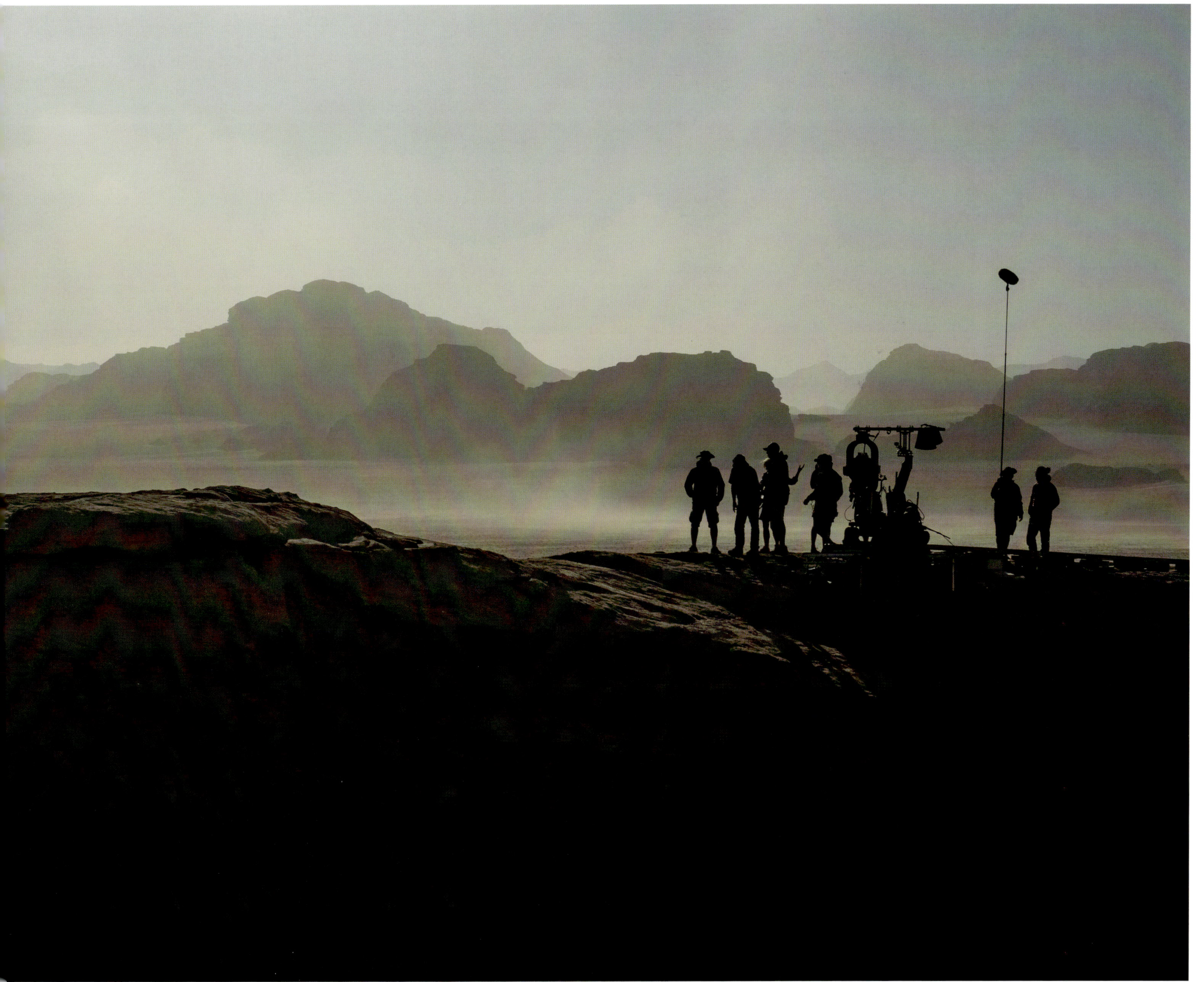

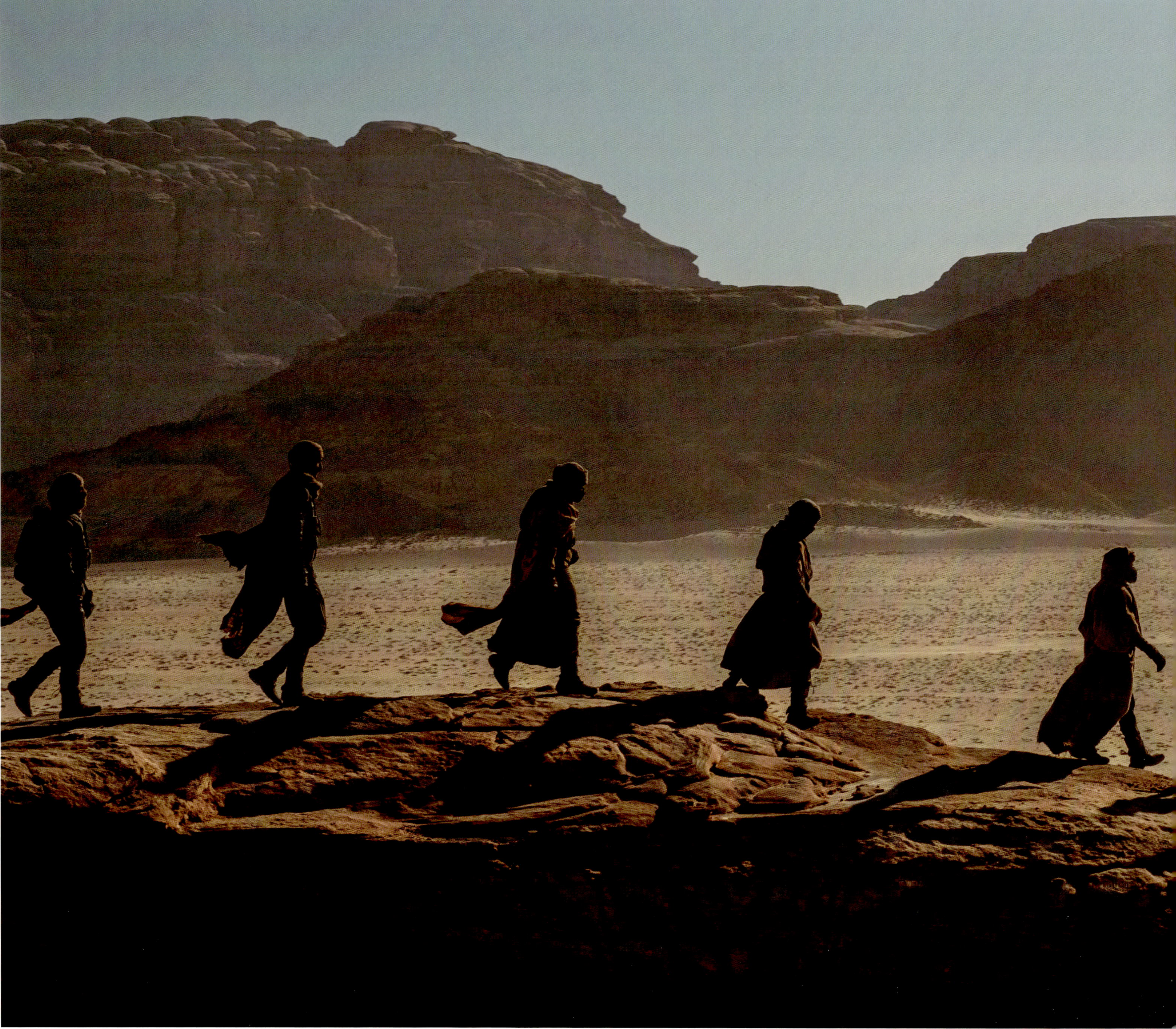

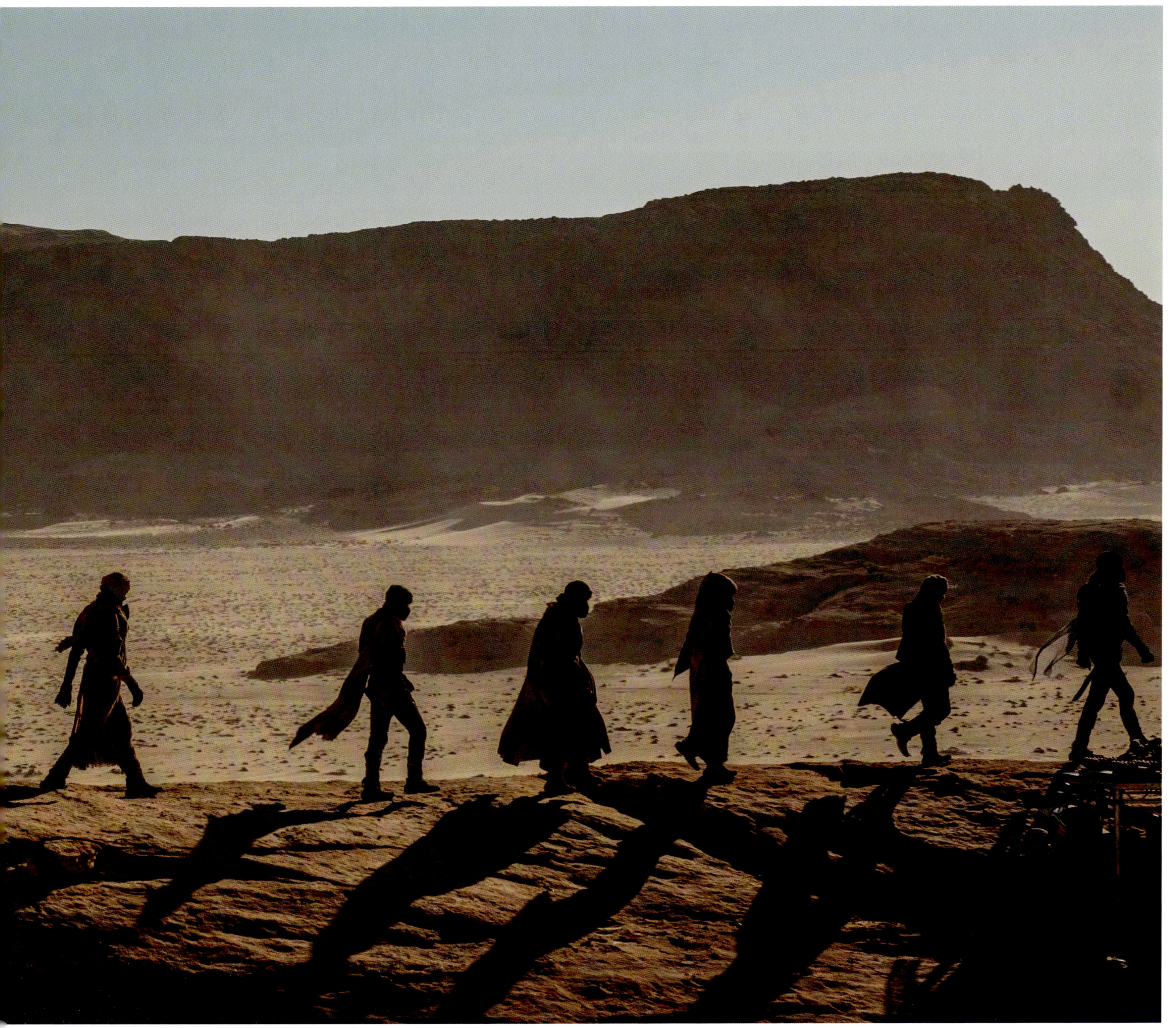

부다페스트

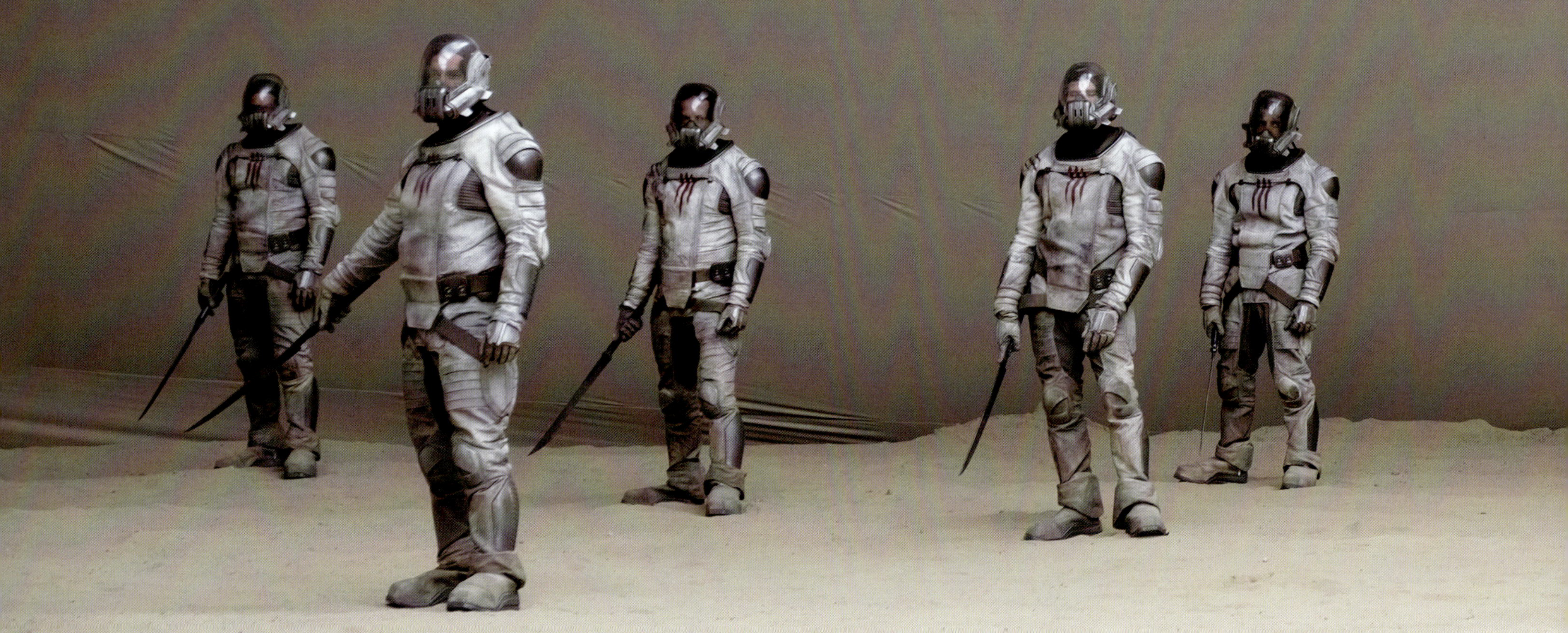

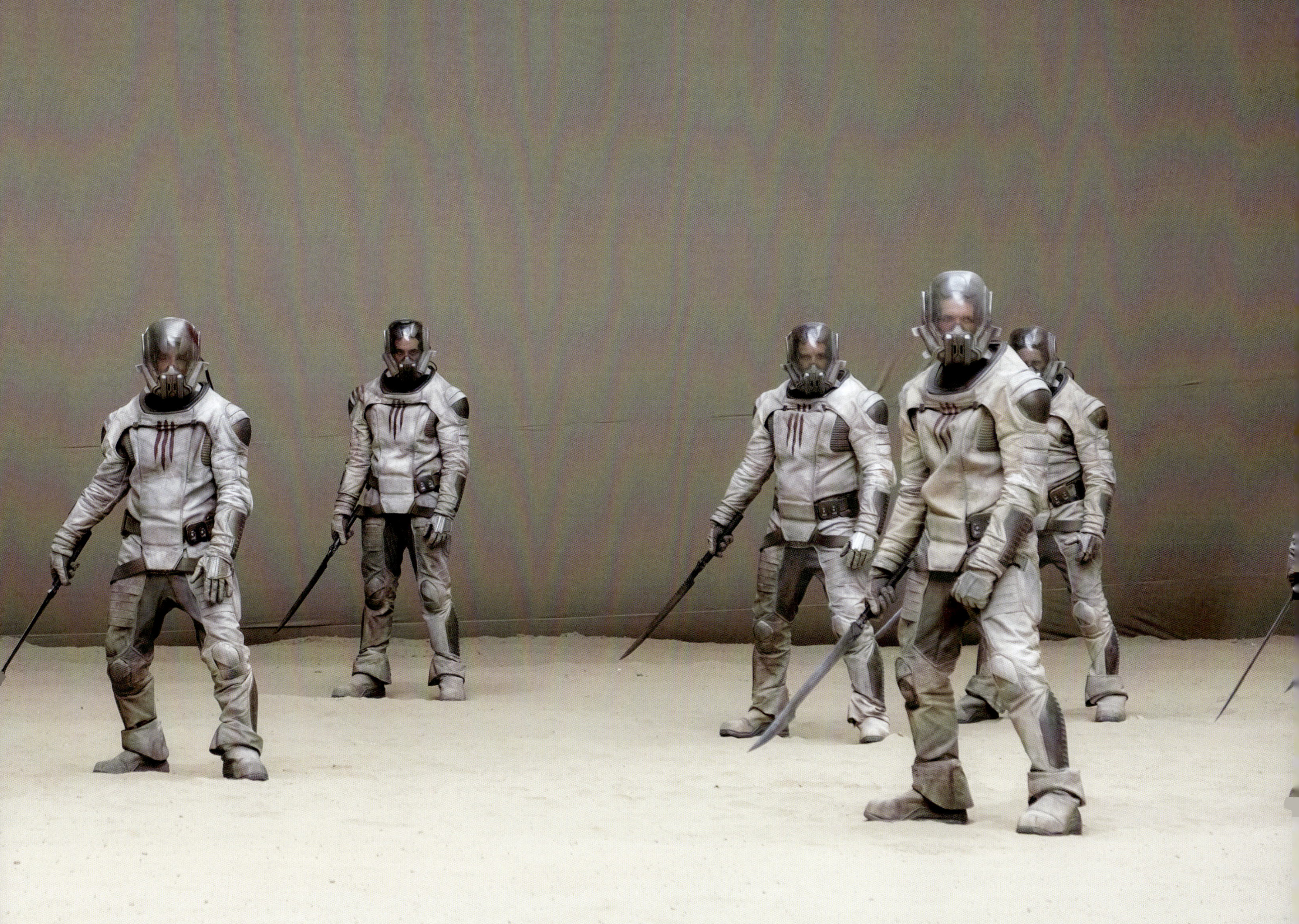

몇 달 동안 우리는 부다페스트에서 머물렀다. 헝가리 현지의 영화 스태프들이 다수 참여했는데, 이들은 국제적인 우리 영화 팀을 따뜻하게 맞이해 주었다. 우리는 오리고 스튜디오ORIGO STUDIOS의 무대에서 처음에 프랭크 허버트가 꿈꾸었고 드니 빌뇌브가 생생하게 구현한 장소들을 여행했다. 안개가 자욱한 중세 느낌의 칼라단 성CASTLE CALADAN에서부터 기에디 프라임GIEDI PRIME에 있는 싸늘하고 섬뜩한 하코넨 남작의 욕실에 이르기까지 여러 장소가 만들어졌다. 우리는 태양이 가득한 야외 촬영장과 아라킨ARRAKEEN의 어두운 복도 사이를 오갔다 아라킨은 하코넨HARKONNENS 가문과 아트레이데스 가문 간의 권력 이양이 이루어진 도시였다. 때로는 사운드 스테이지(방음 처리된 촬영용 공간—역자 주)를 벗어나서 부다페스트 주변 지역으로 이동하기도 했다. 오래된 제철소에 만들어진 생태학 실험실에 리에트 카인즈LIET KYNES를 따라 들어가기도 했고, 인적이 드문 언덕 꼭대기에 만들어진 오니숍터가 이착륙하는 비행 시설에 올라가기도 했다. 거기에 칼라단 묘지로 변모한 묘비가 늘어선 울창한 고원에서 비를 맞으며 촬영을 하기도 했다.

　　메인 유닛(핵심 장면과 주연 배우들의 장면 등 주요 장면의 촬영을 담당하는 팀—역자 주)과 세컨드 유닛(배경, 액션, 특수 효과 등 보조 장면의 촬영을 담당하는 팀—역자 주)을 같이 촬영할 때는 동시에 두 장소에 있어야 하는 경우가 많았다. 어떤 때는 진흙투성이 야외 촬영장에서 특수 효과로 만들어진 폭우에 흠뻑 젖어서 기에디 프라임에 있는 사다우카SARDAUKAR 병사들의 음산한 장면을 촬영했고, 다음 순간에는 기이할 만큼 조용하고 완전히 캄캄한 무대에 들어가서 아라킨 저택의 커다란 방에서 공중으로 떠오르는 남작을 촬영하곤 했다. 눈이 적응하려면 시간이 필요할 때가 많았지만, 영화가 우리에게 다양한 세계를 여행할 수 있는 여권을 건네주는 것은 언제나 경이로운 일이었다. 영화 제작에 참여하는 스태프로서나 영화를 보는 관객으로서나 영화를 통해 다른 세계로 들어가는 것은 놀라운 경험이 아닐 수 없다.

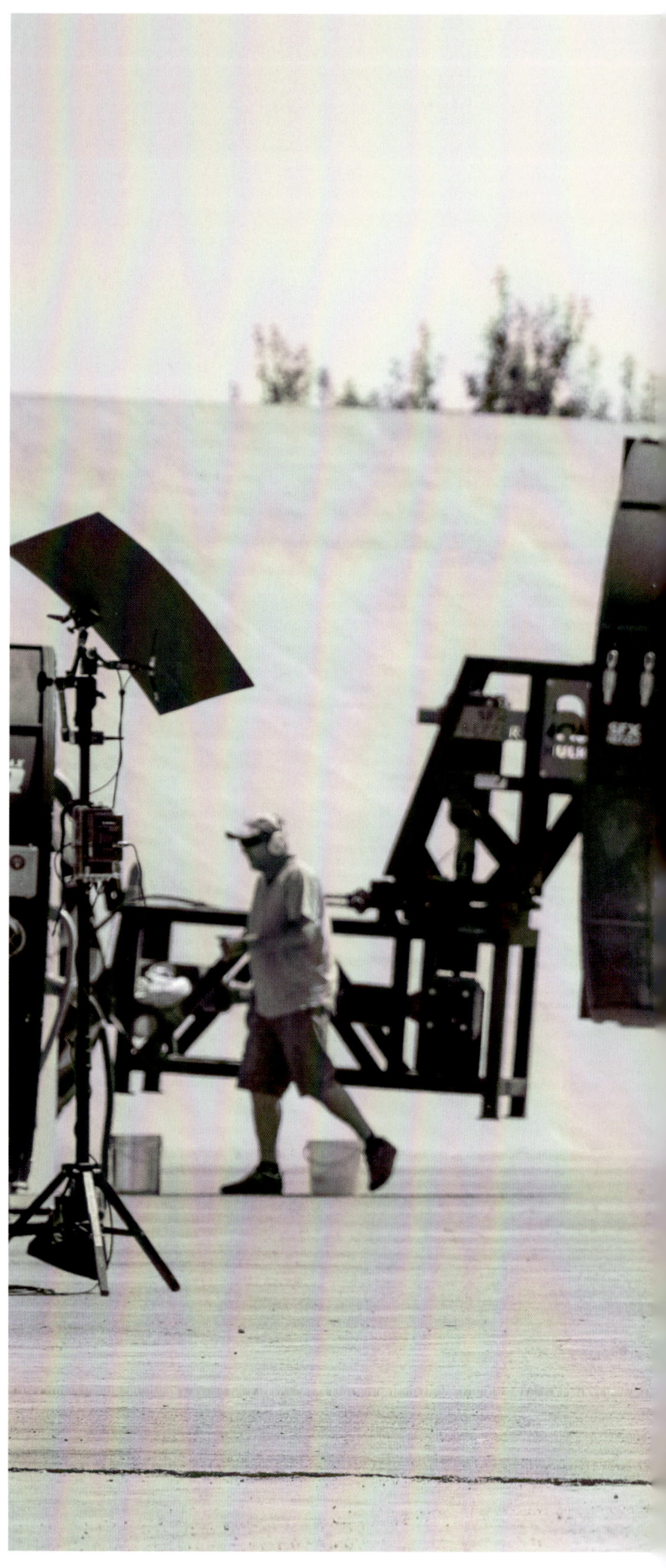

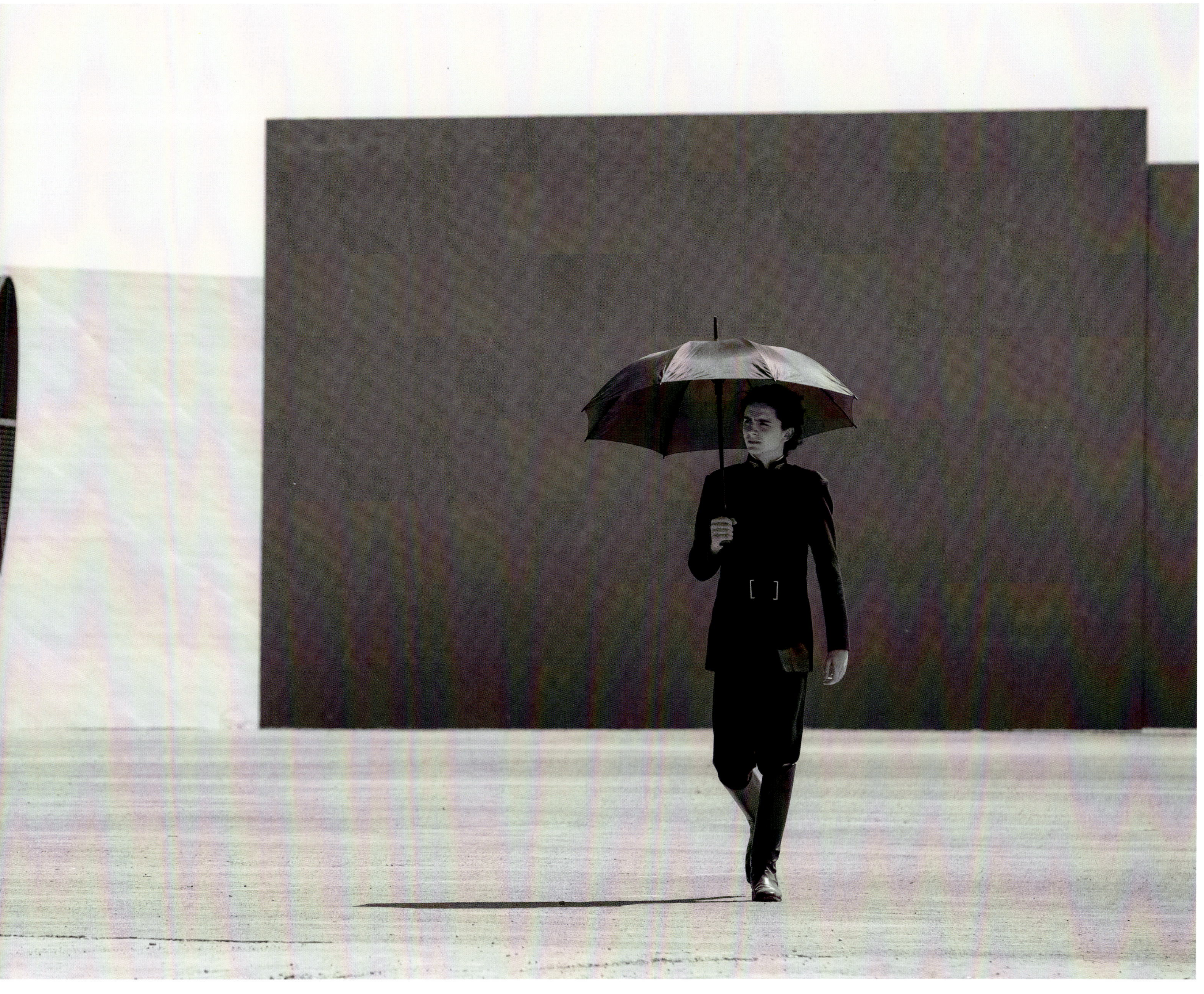

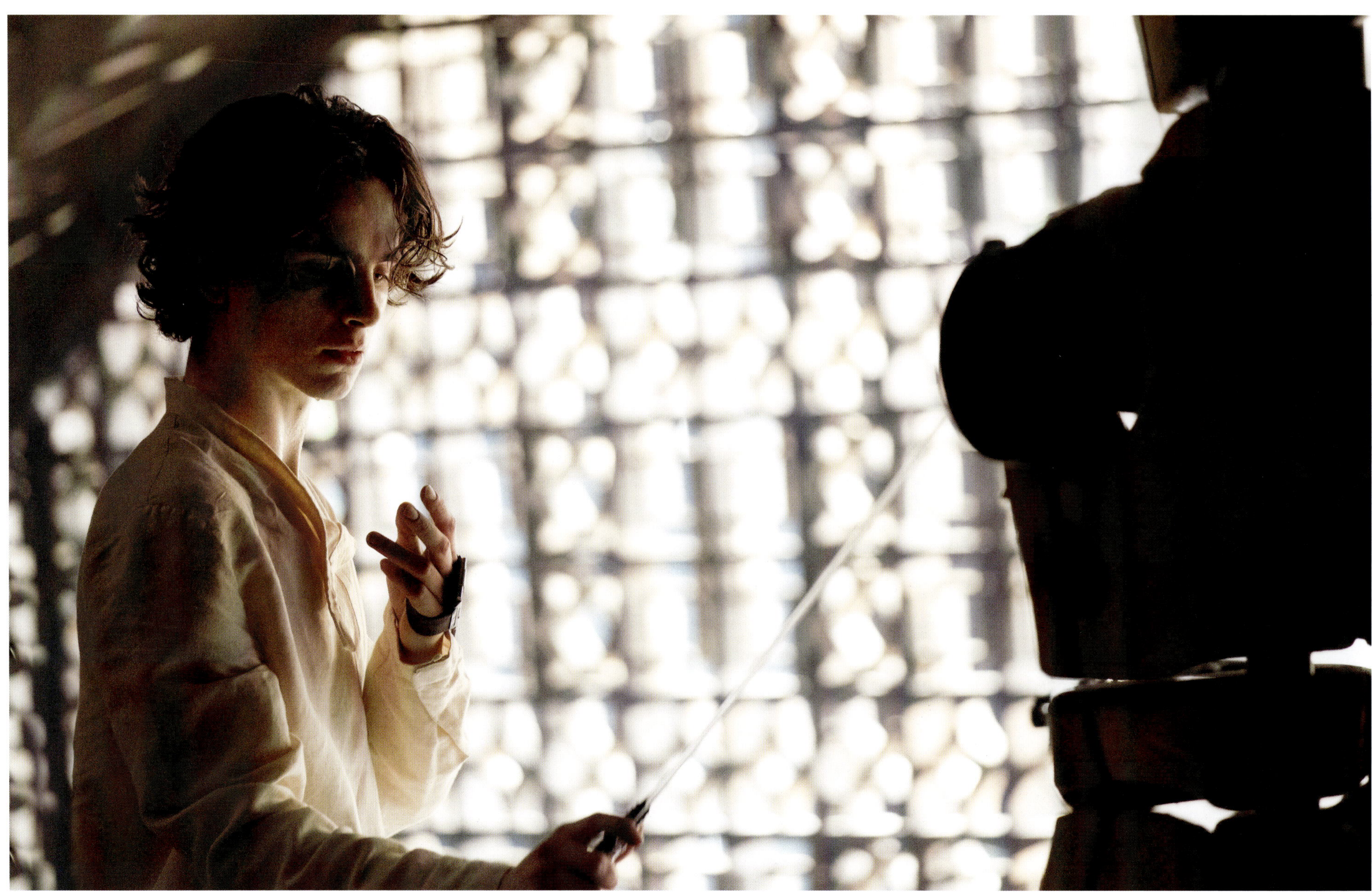

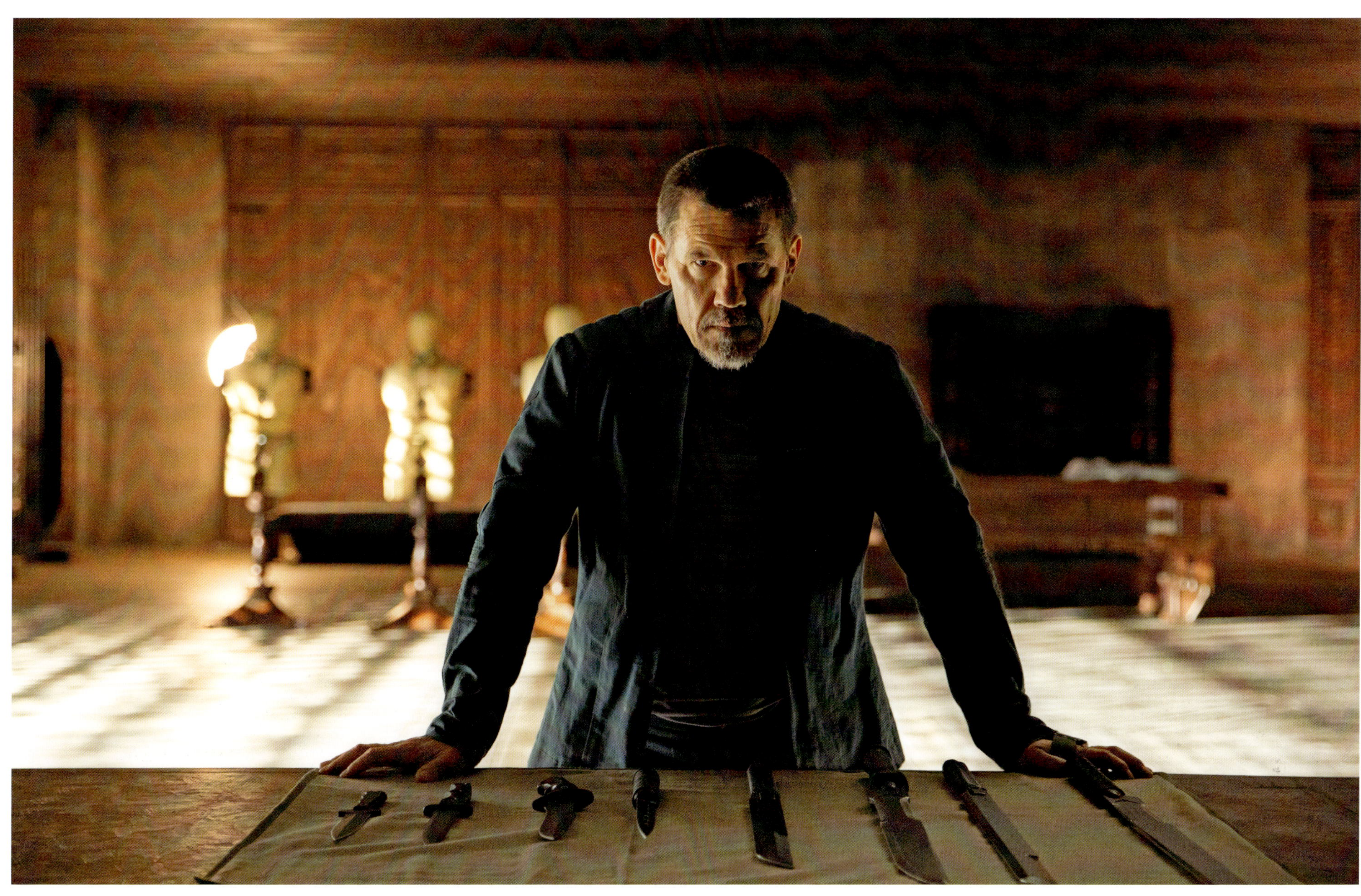

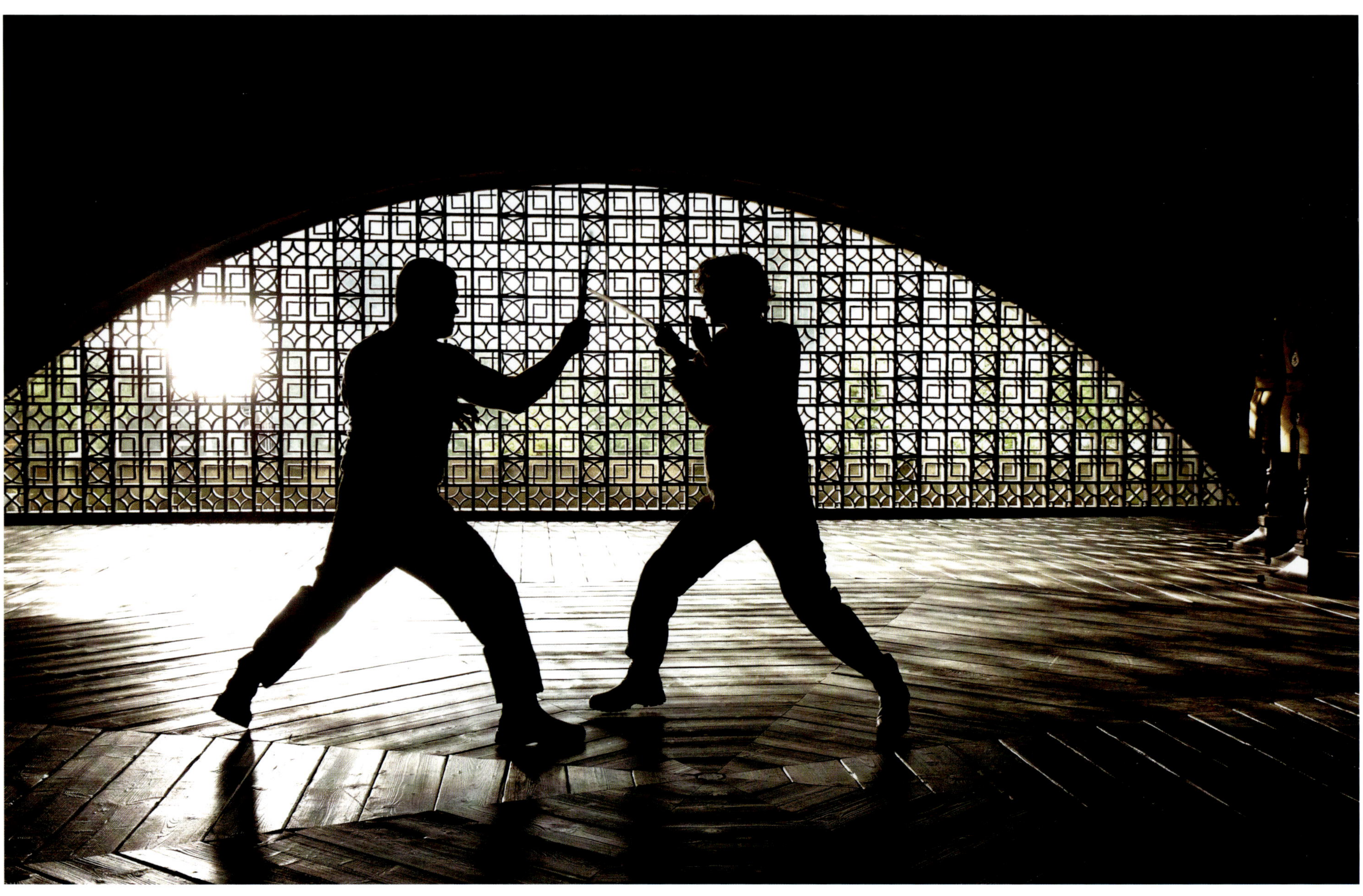

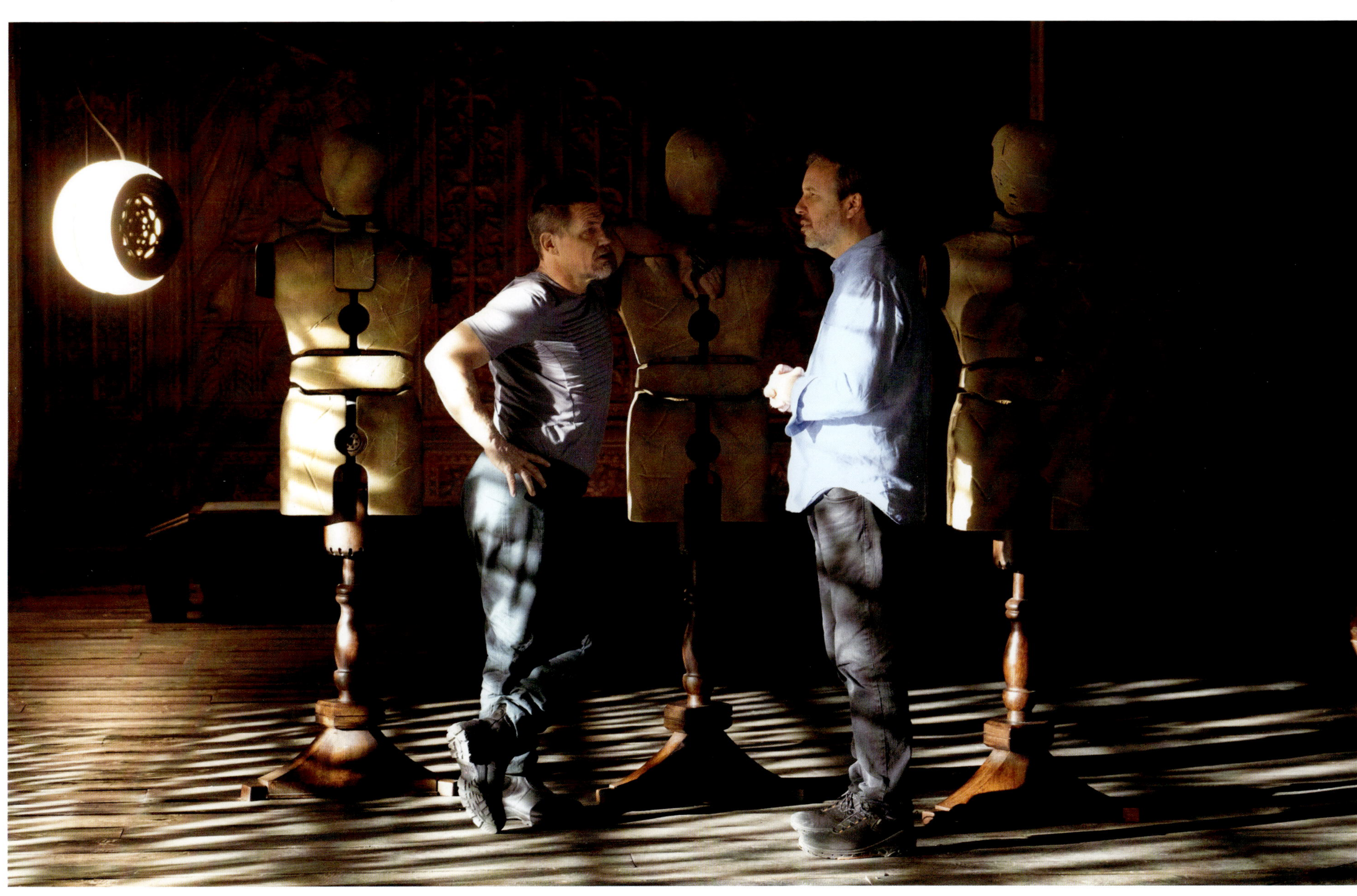

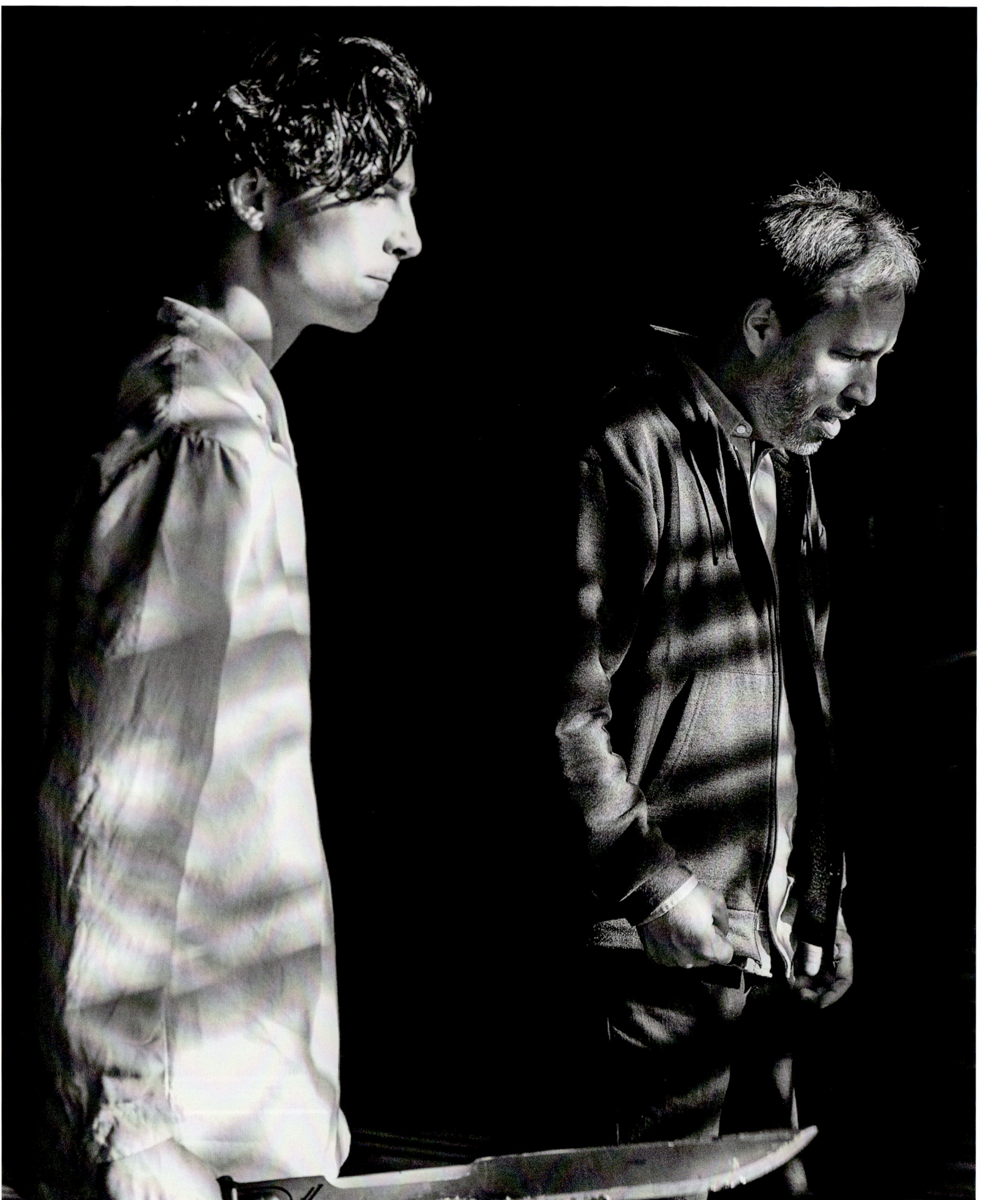

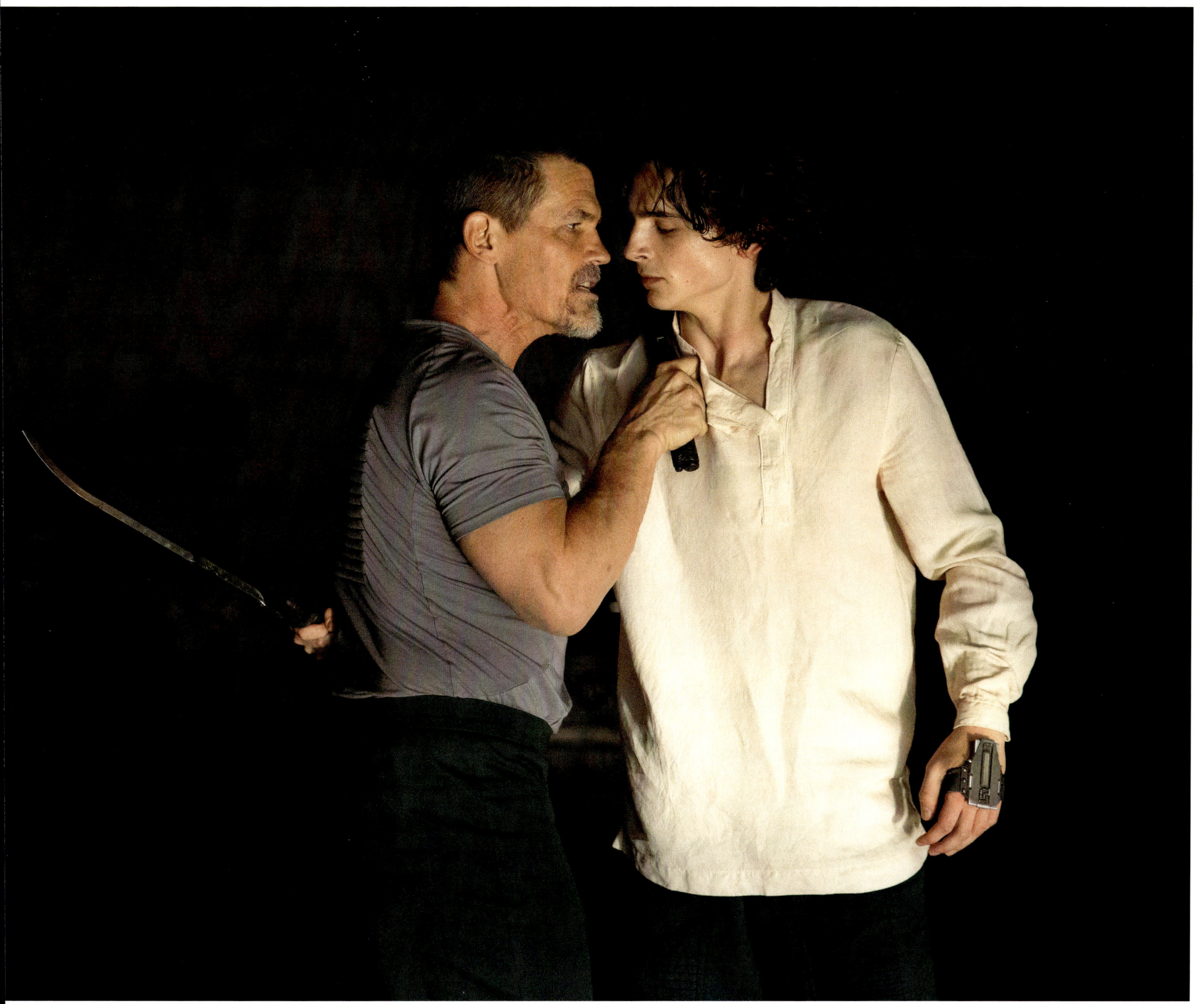

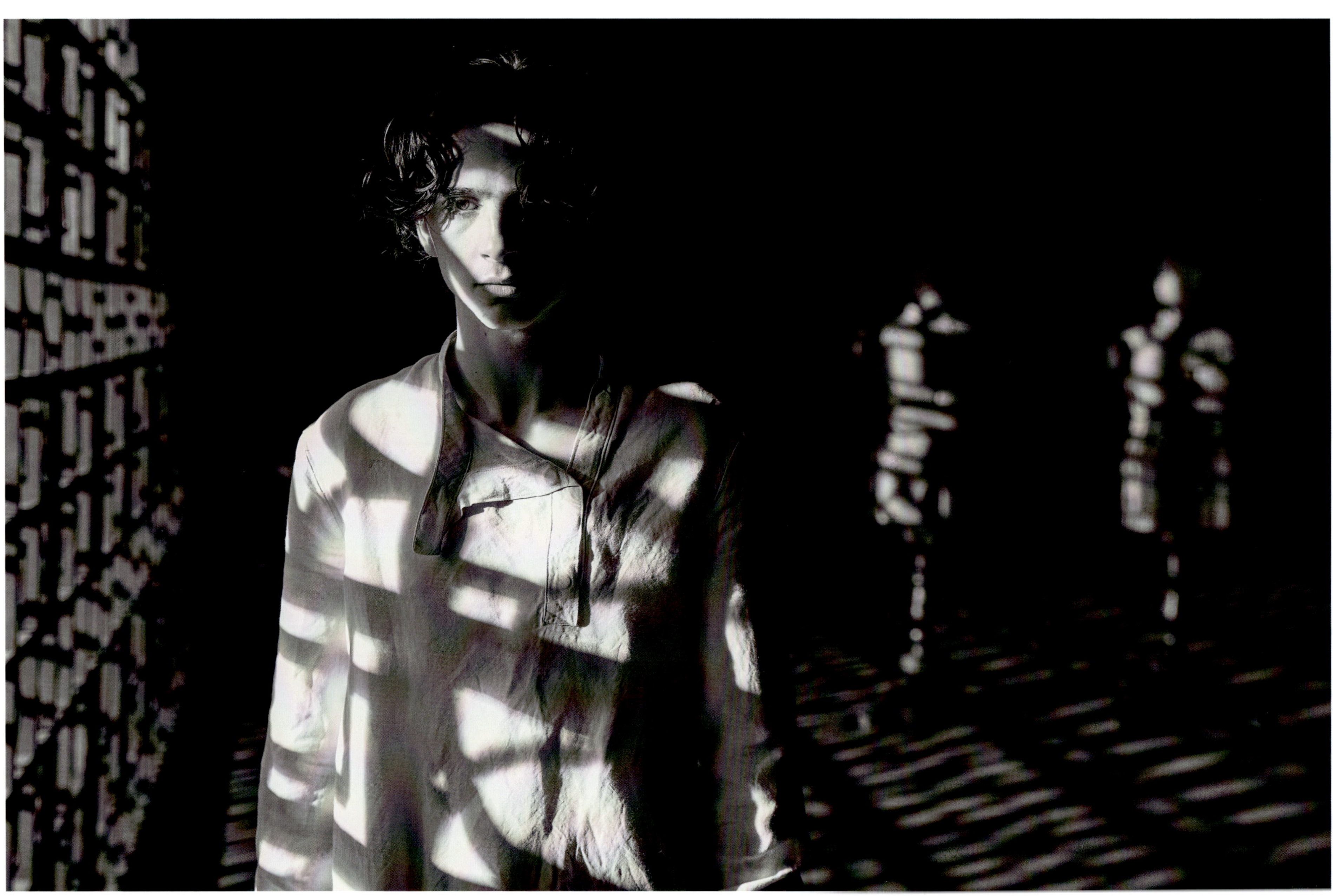

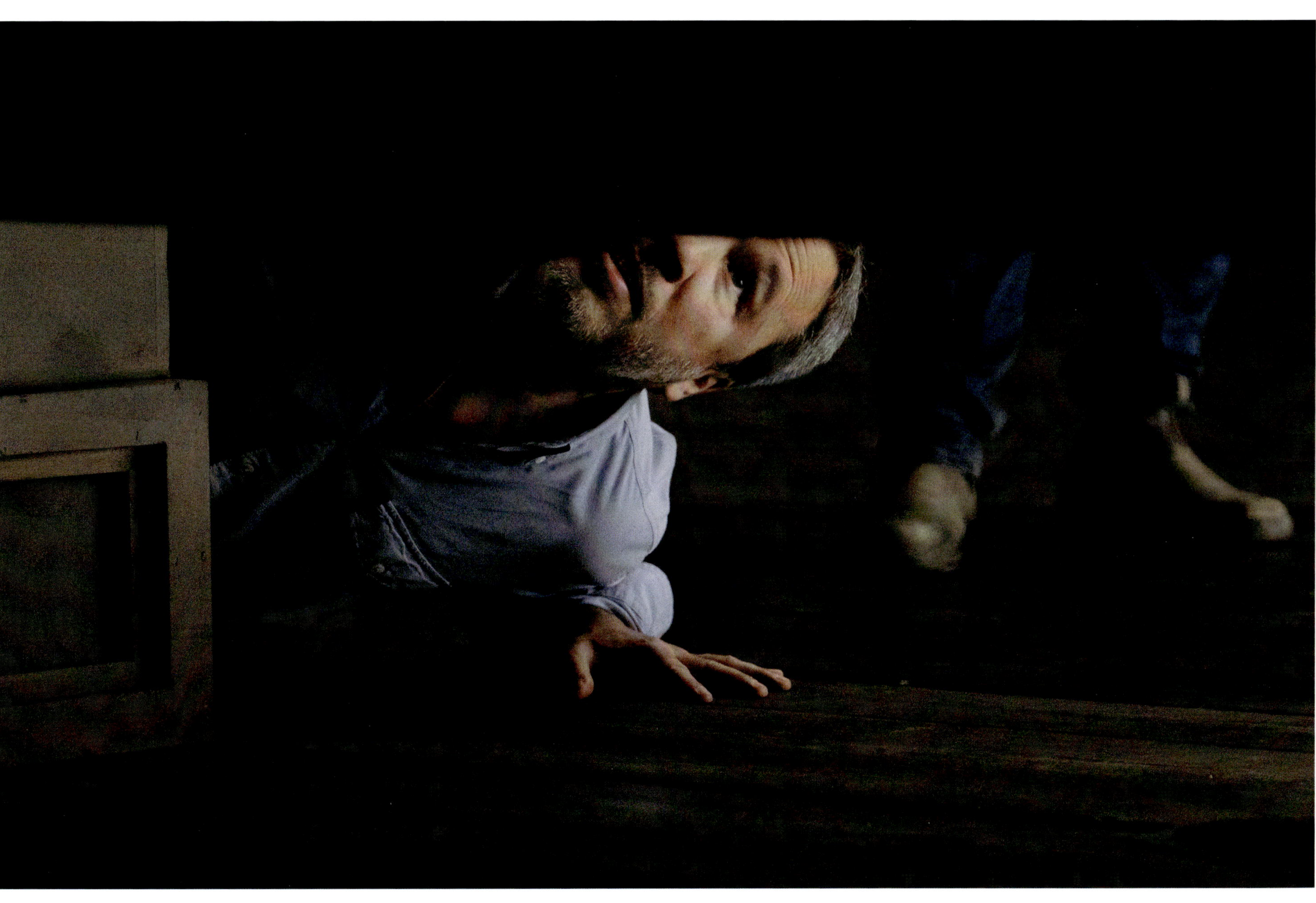

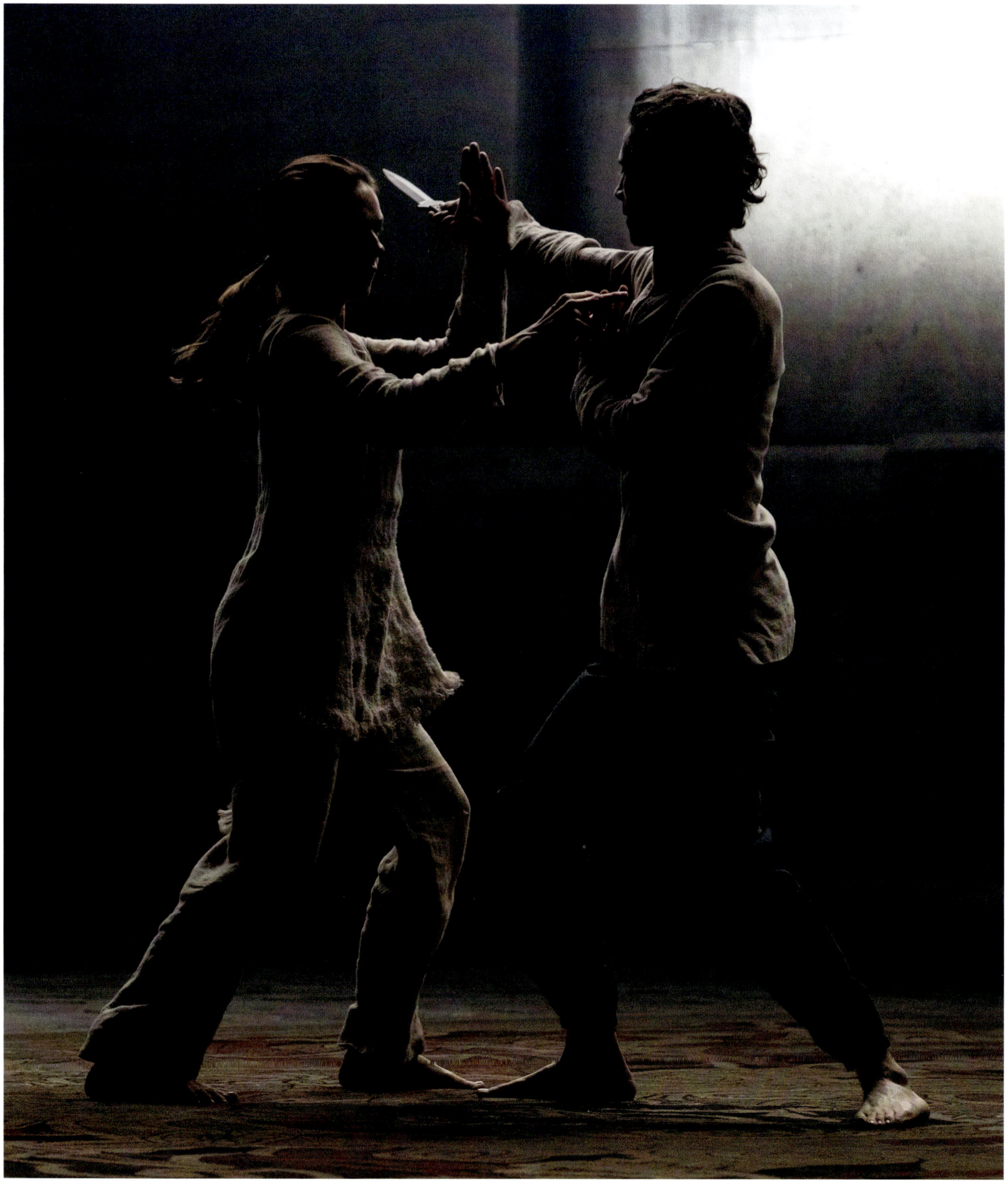

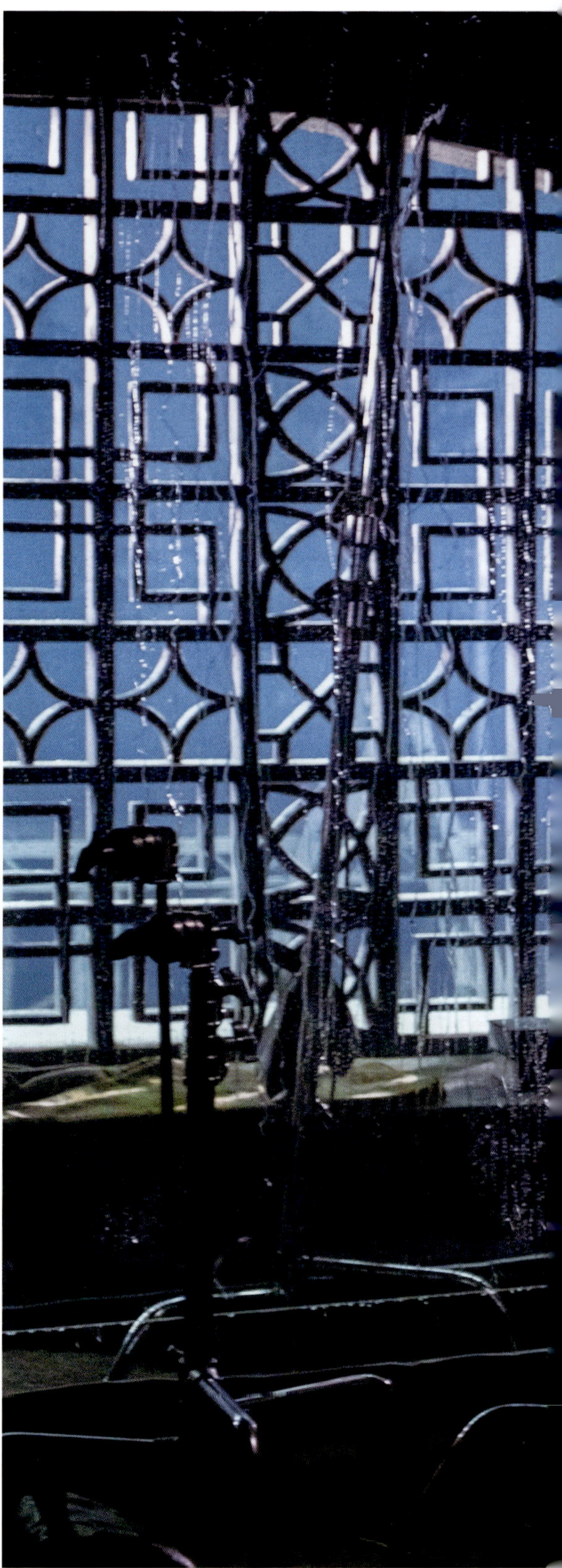

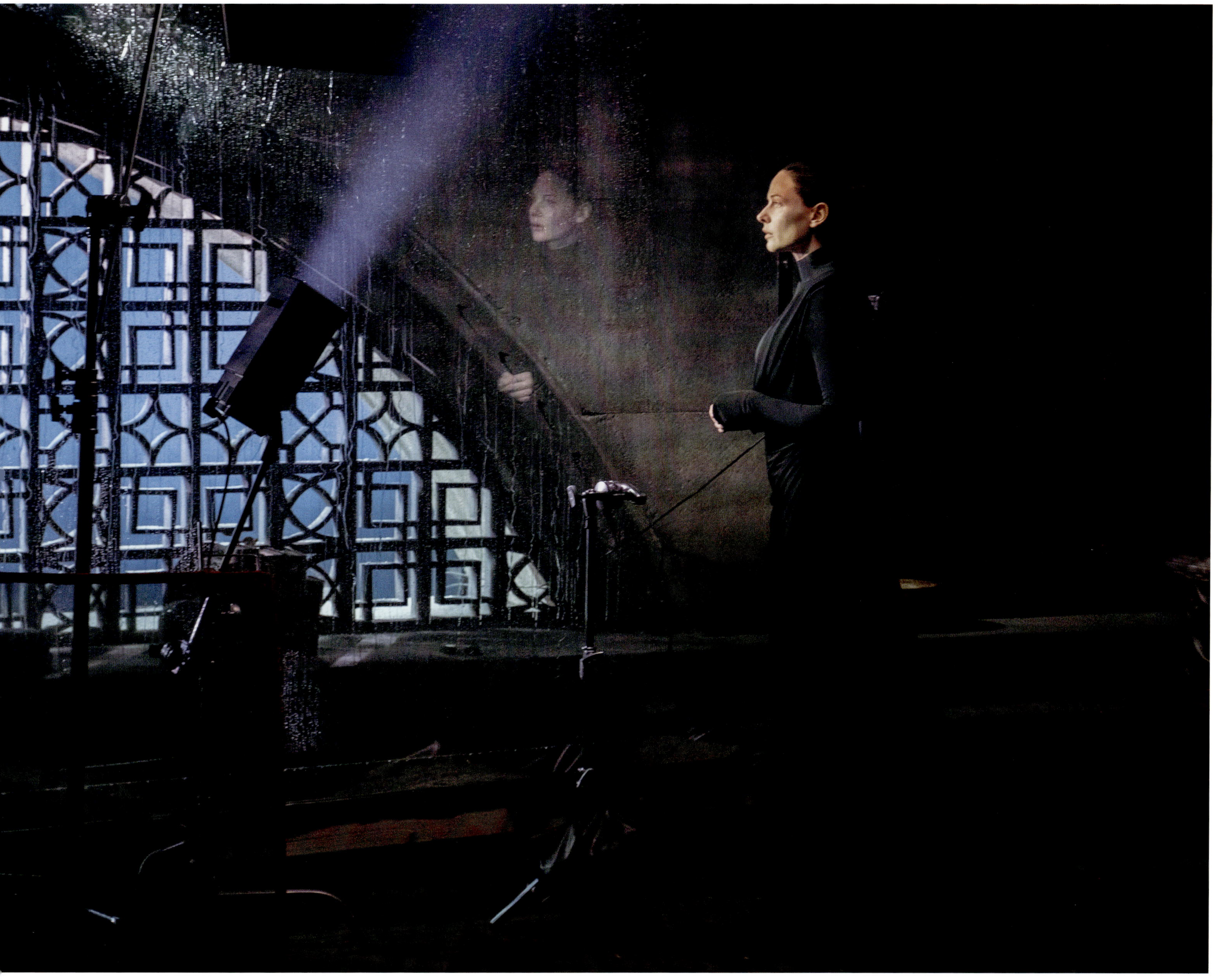

나는 인생의 대부분을 복잡한 영화계에서 보냈고 유명한 사람들, 수상 경력에
빛나는 재능 있는 사람들 가운데에서 일했다. 하지만 〈듄〉 영화 팀과 함께했던
유대감이나 가족 같은 느낌은 좀처럼 경험해 본 적이 없다. 우리는 수개월간
집을 떠나 있었고 오랜 시간 힘들게 일했지만, 서로를 지지해 주고 앞으로
나아갈 수 있게 도와주는 친구나 가족과 함께 있는 듯한 느낌이었다.

개인적으로 영화 〈듄〉과 함께한 여정은 여러 스태프의 협력과 지원을 통해
이루어졌다고 할 수 있을 것 같다. 카메라, 조명, 그립(다양한 장비로 카메라의
움직임을 지원하는 팀—역자 주) 부서에서 나를 위해 공간을 만들어 주고,
반사판이나 촬영 현장용 패드를 가져다주거나 의지가 되어 주었다. 미술, 소품,
특수 효과, 음향, 의상, 헤어와 메이크업 부서들도 기꺼이 촬영을 허락해 주어서,
그들의 재능을 제대로 세상에 알릴 수 있는 사진을 찍을 수 있었다. 배우들도
사진 작업의 중요성을 잘 알고 있었기 때문에 자신들의 시간과 연기 그리고
개인적 통찰을 제공해 주며 촬영에 협조해 주었다.

배우들과 스태프들 중에는 강렬한 존재감을 보여 주는 여성들도 있었는데,
여성들 사이에는 우리 식으로 베네 게세리트BENE GESSERIT와 평행을 이루는
유대가 형성되기도 했다. 주위에 있는 남성들은 여성들의 유대감을 더욱 강화해
주었고 돈독한 관계는 서로의 성공을 북돋워 주기도 했다.

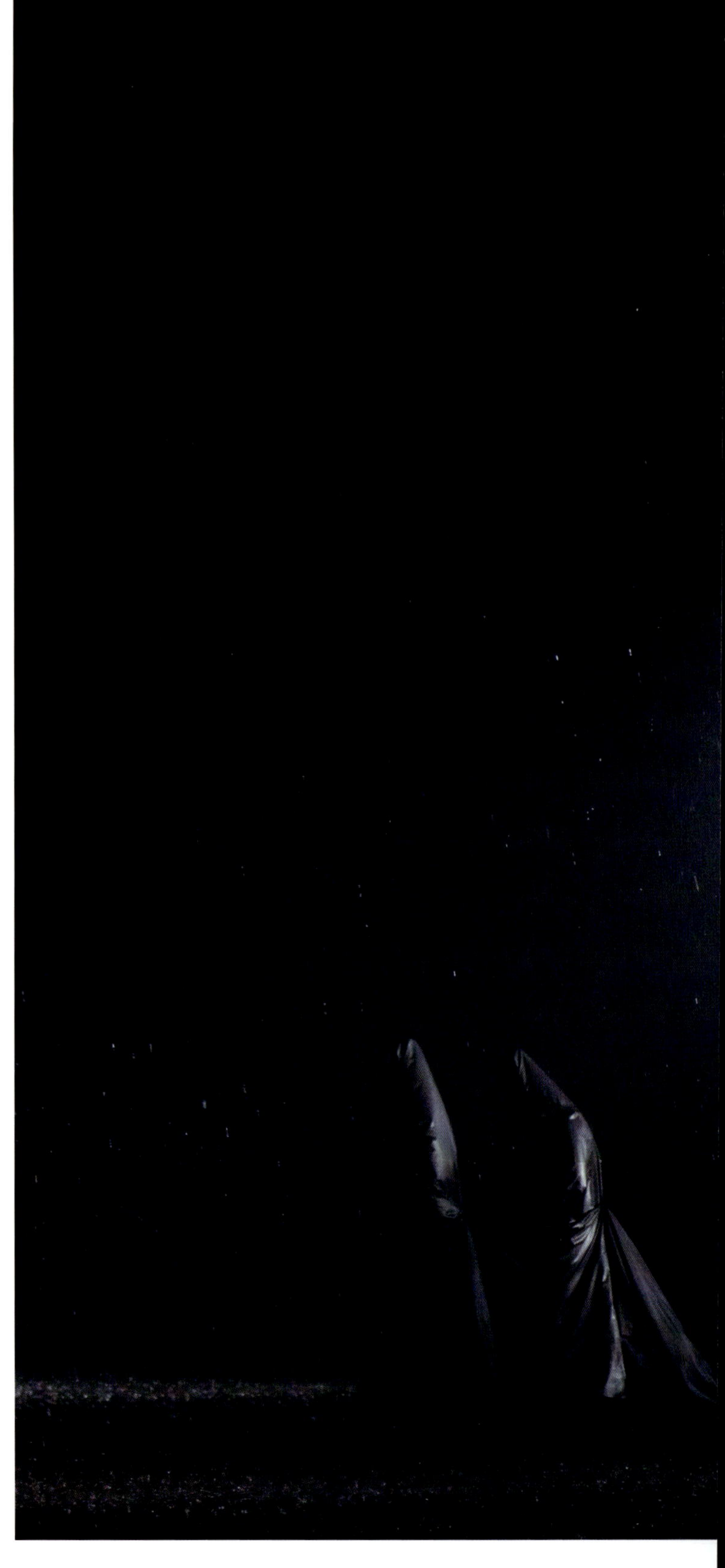

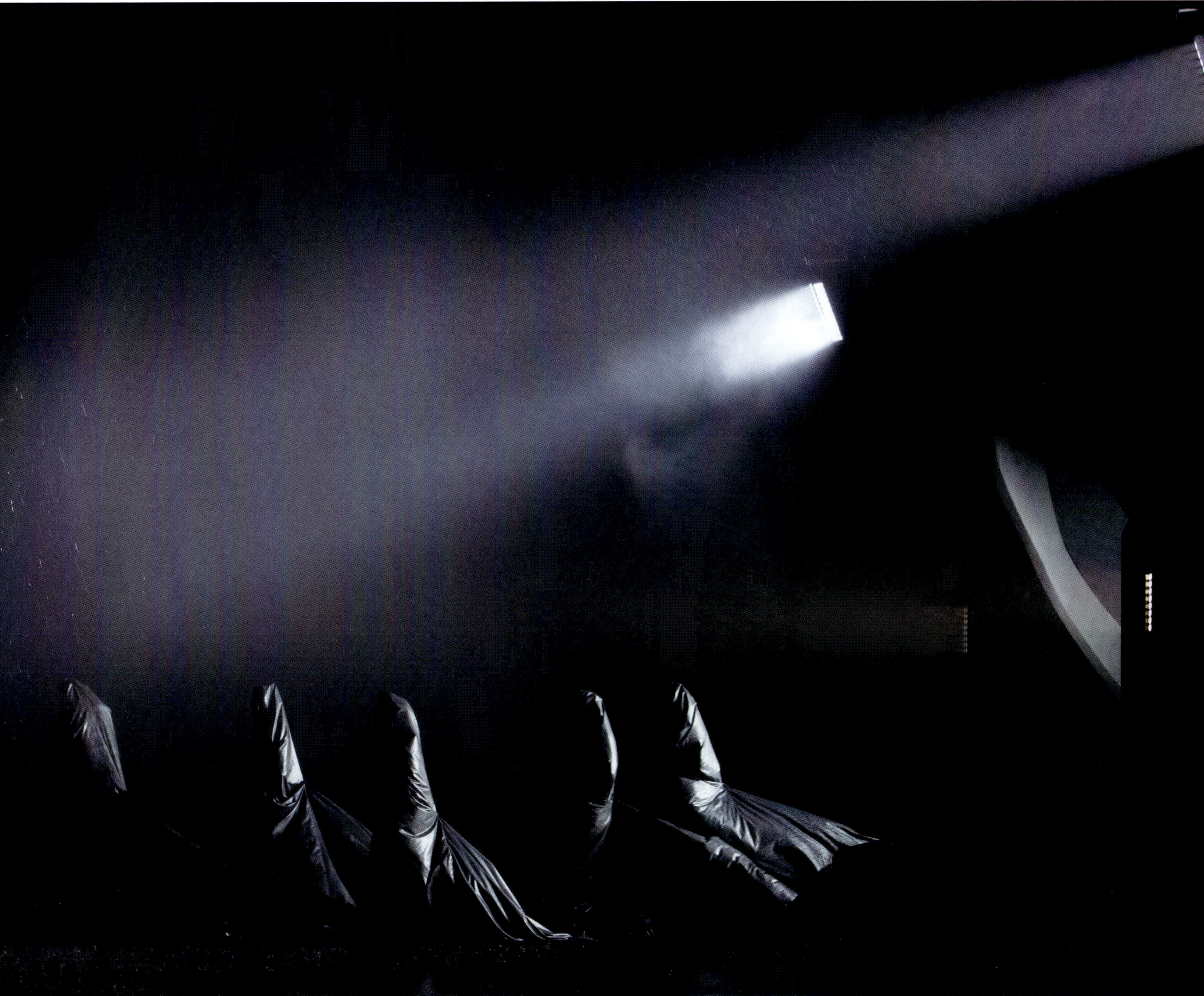

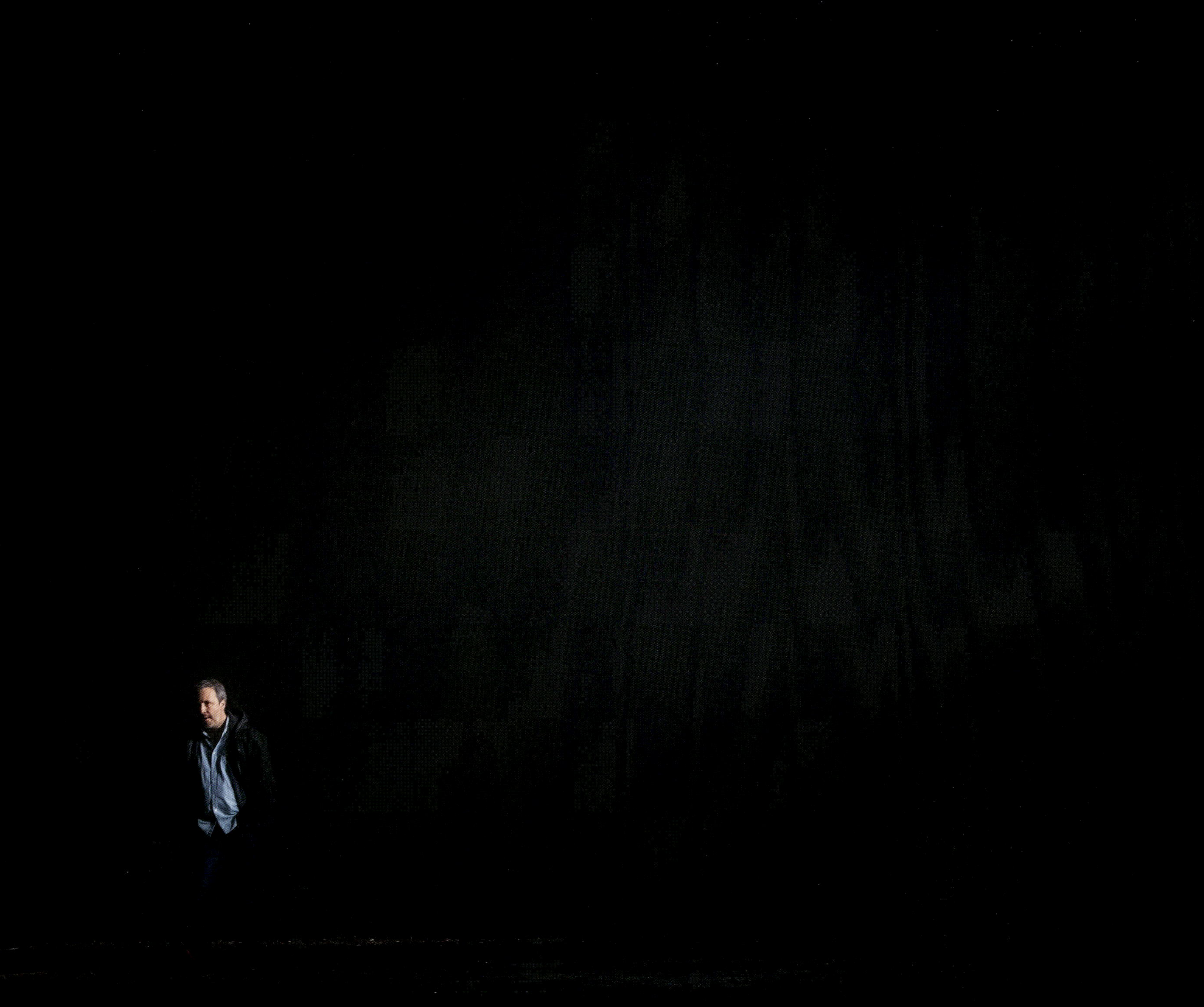

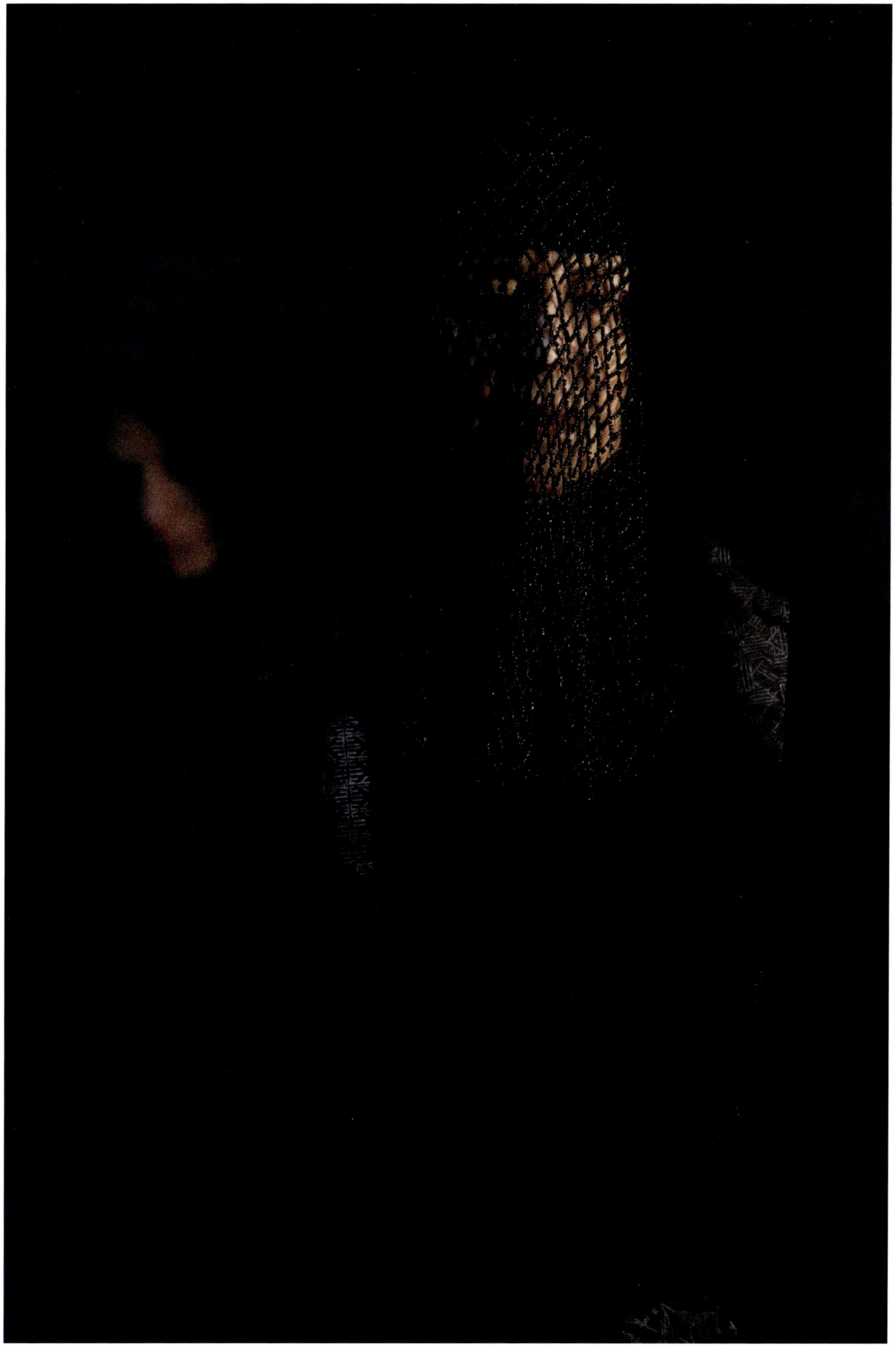

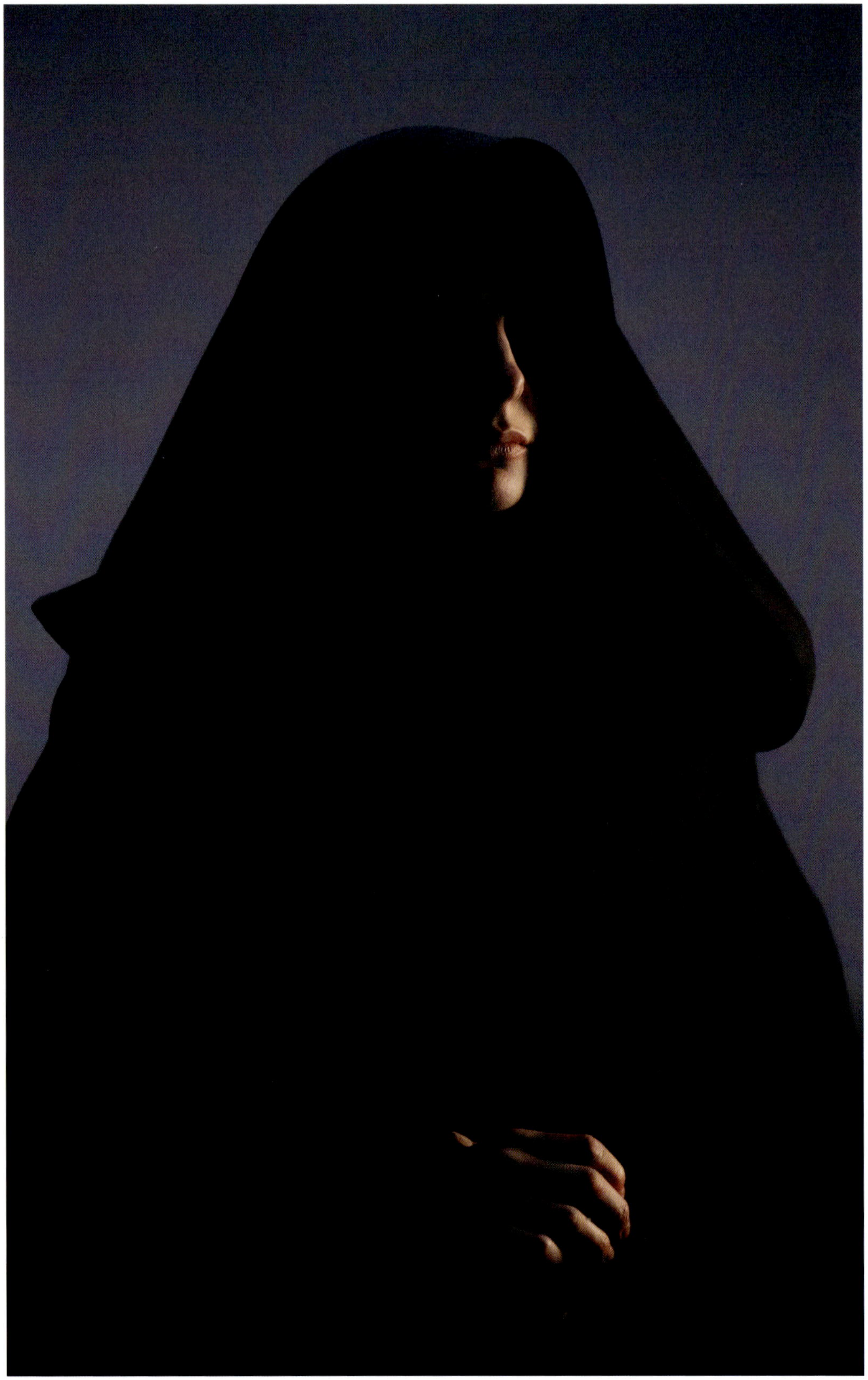

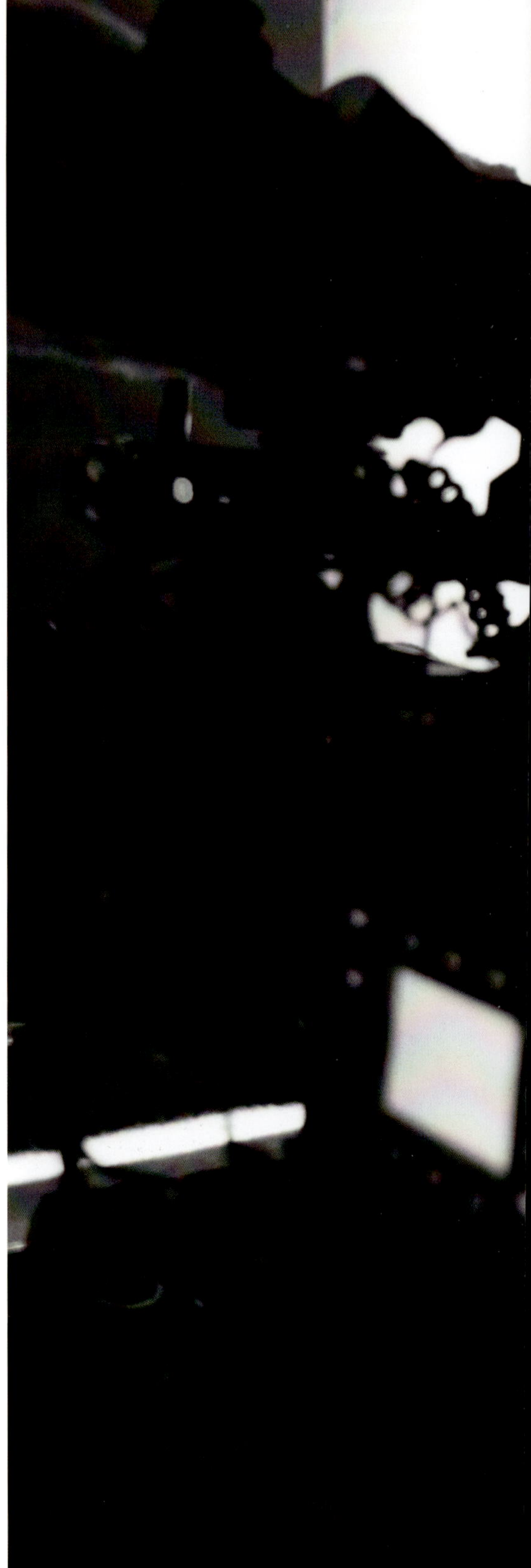

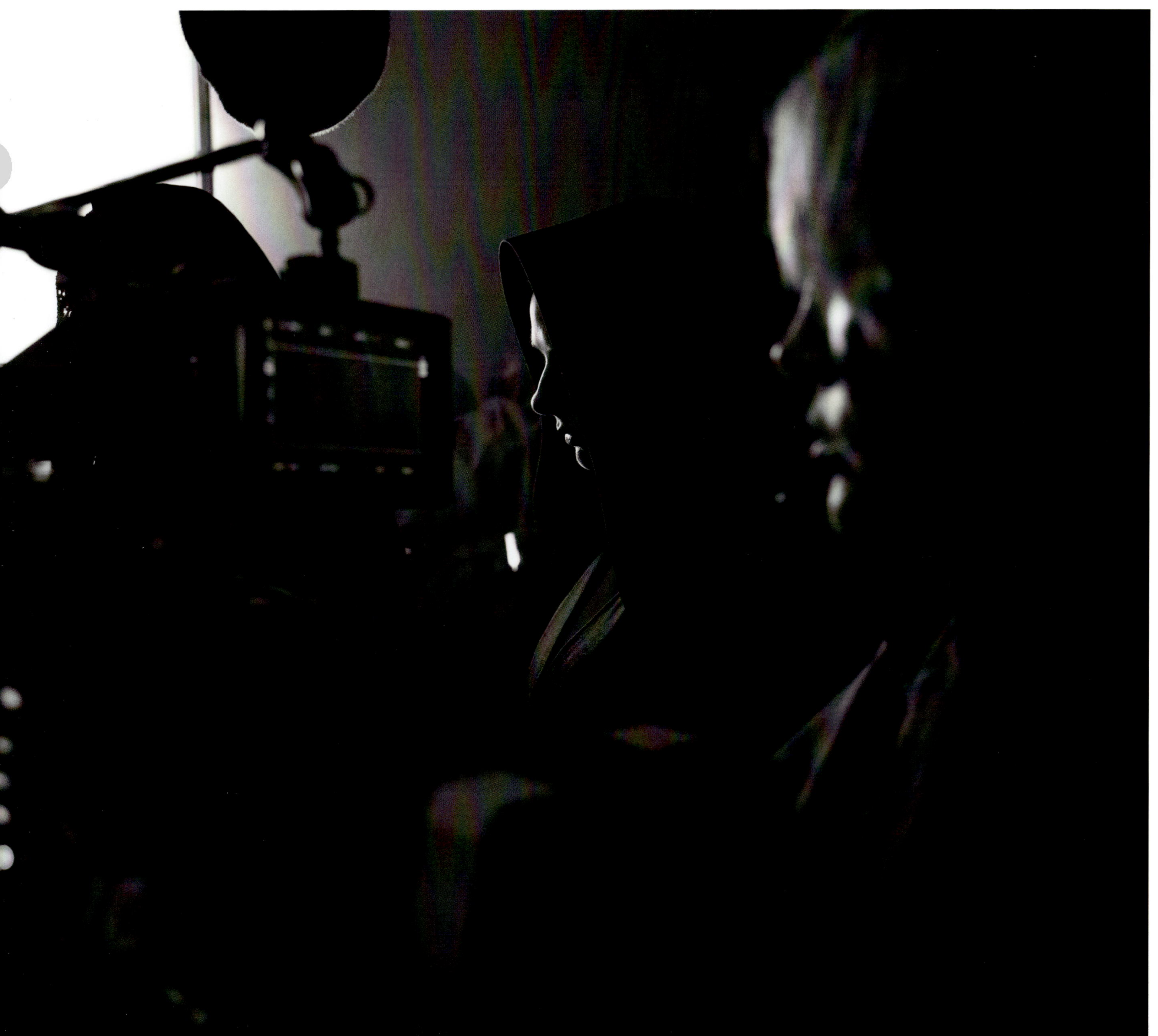

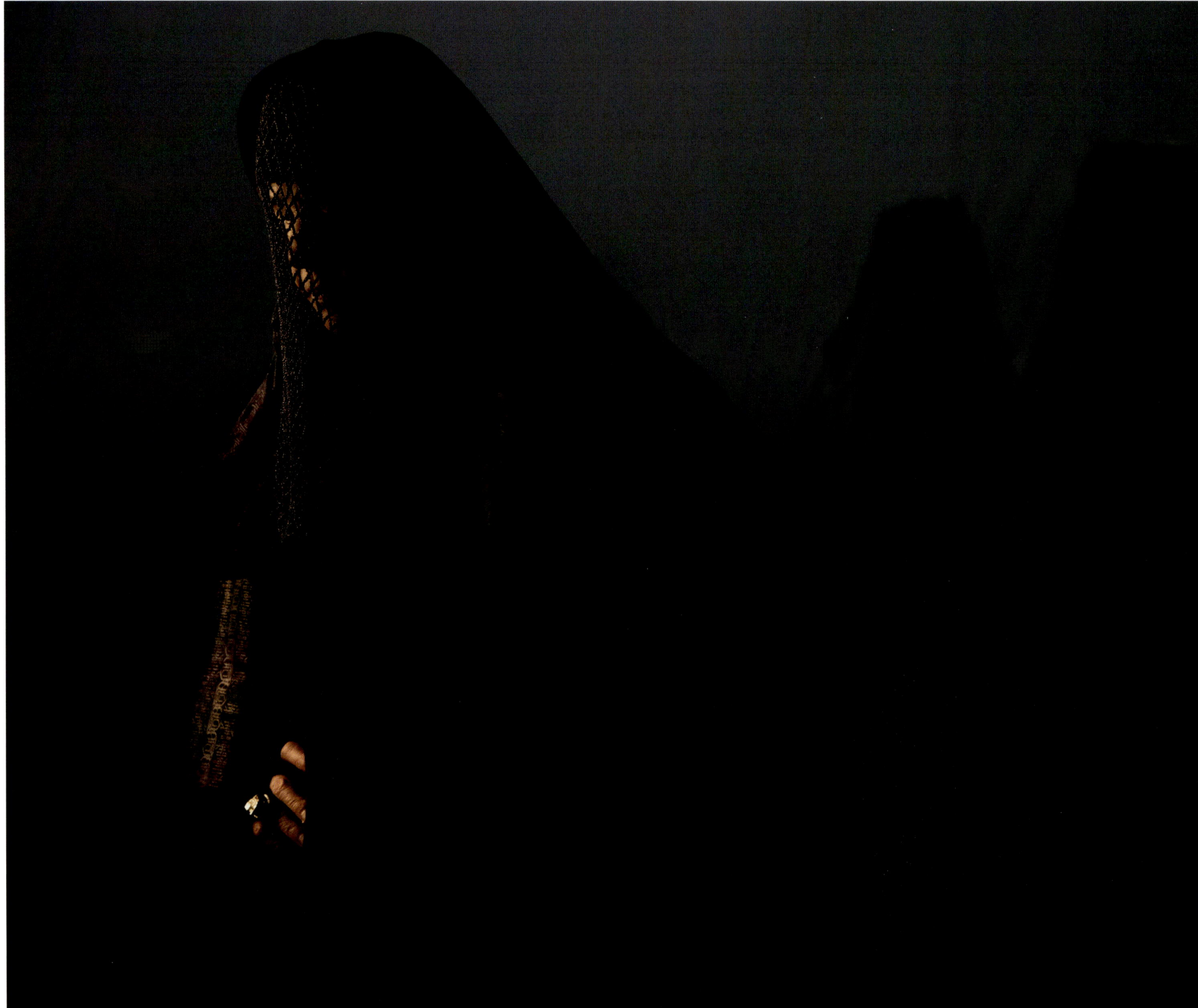

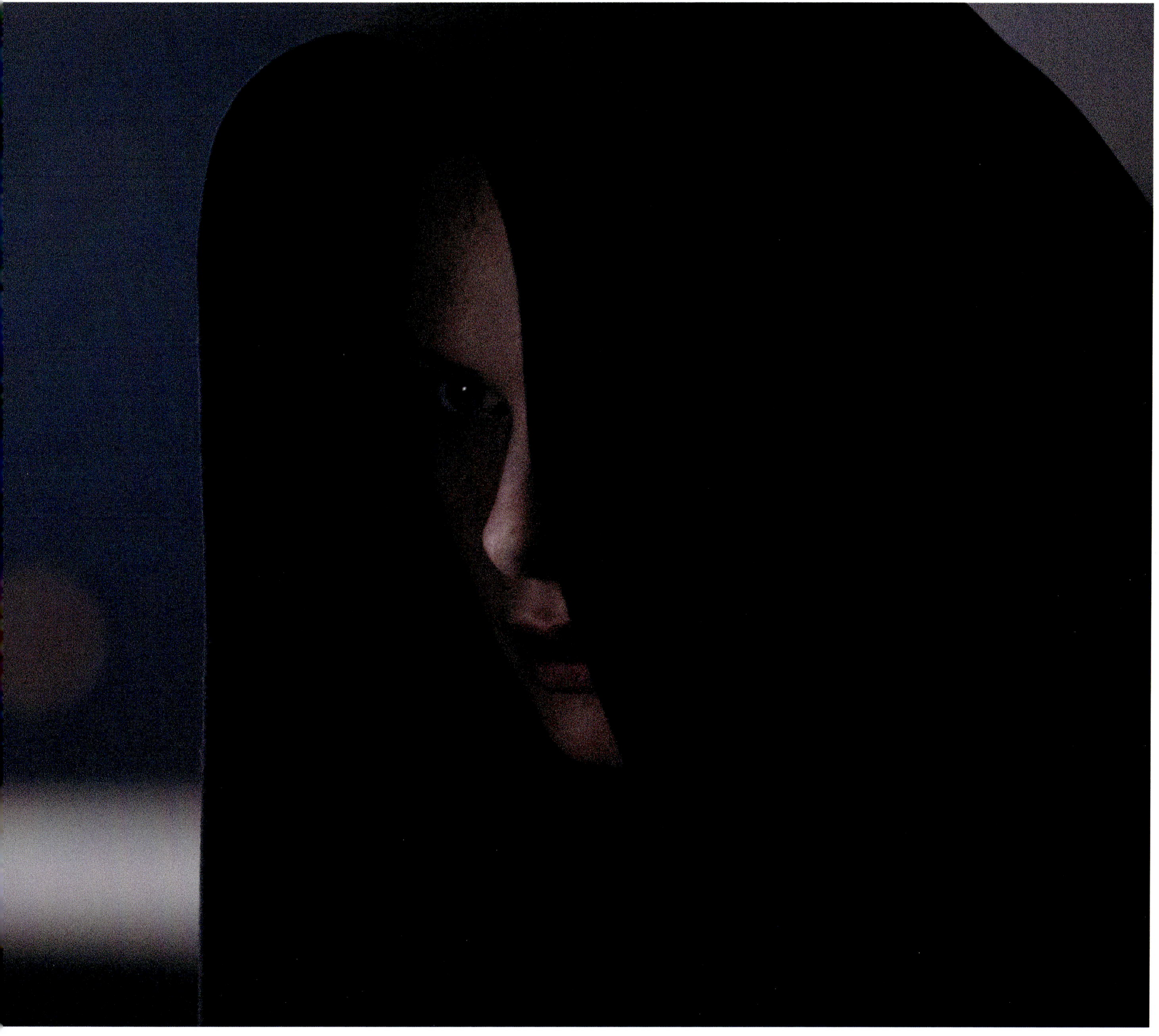

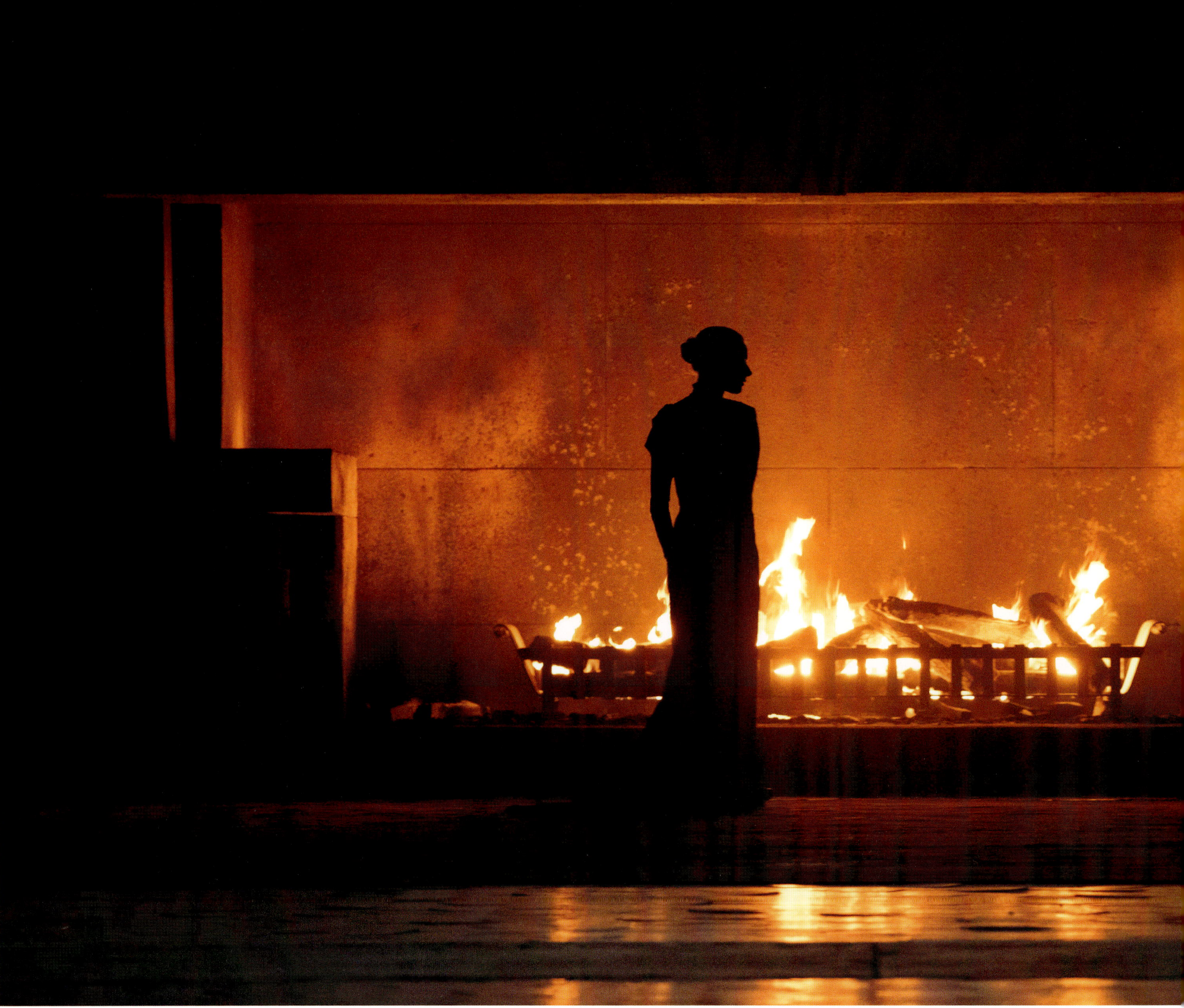

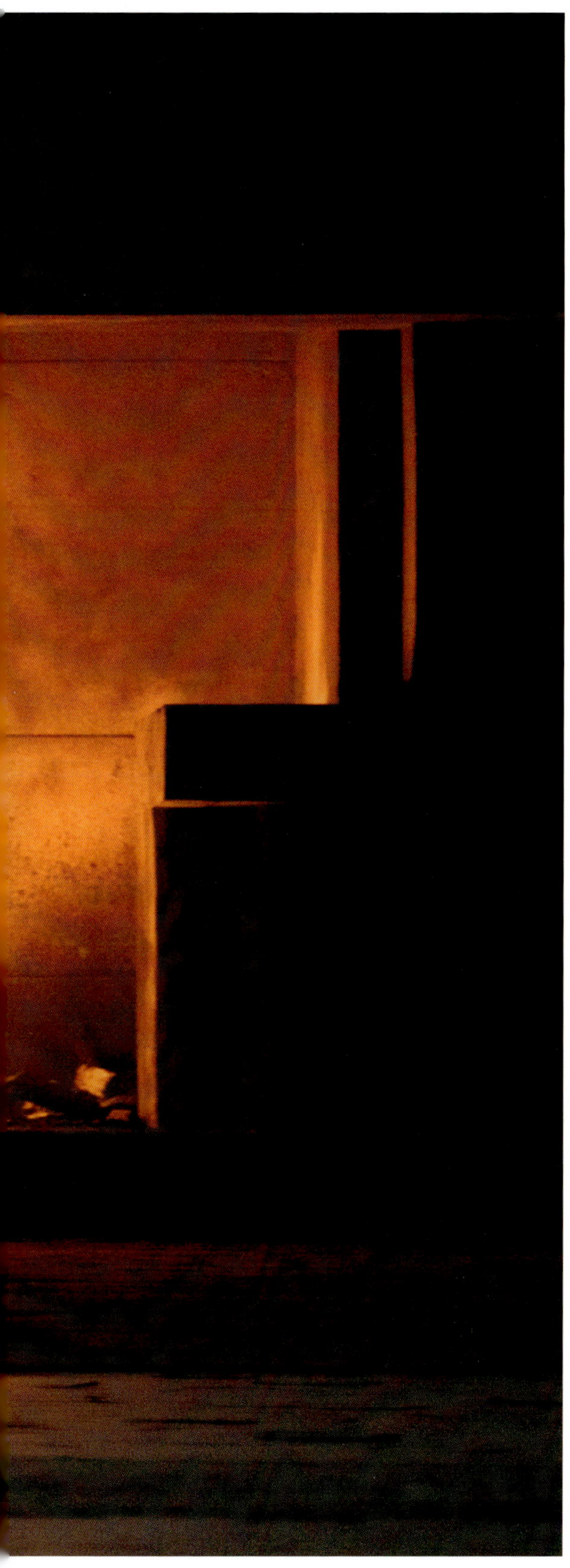

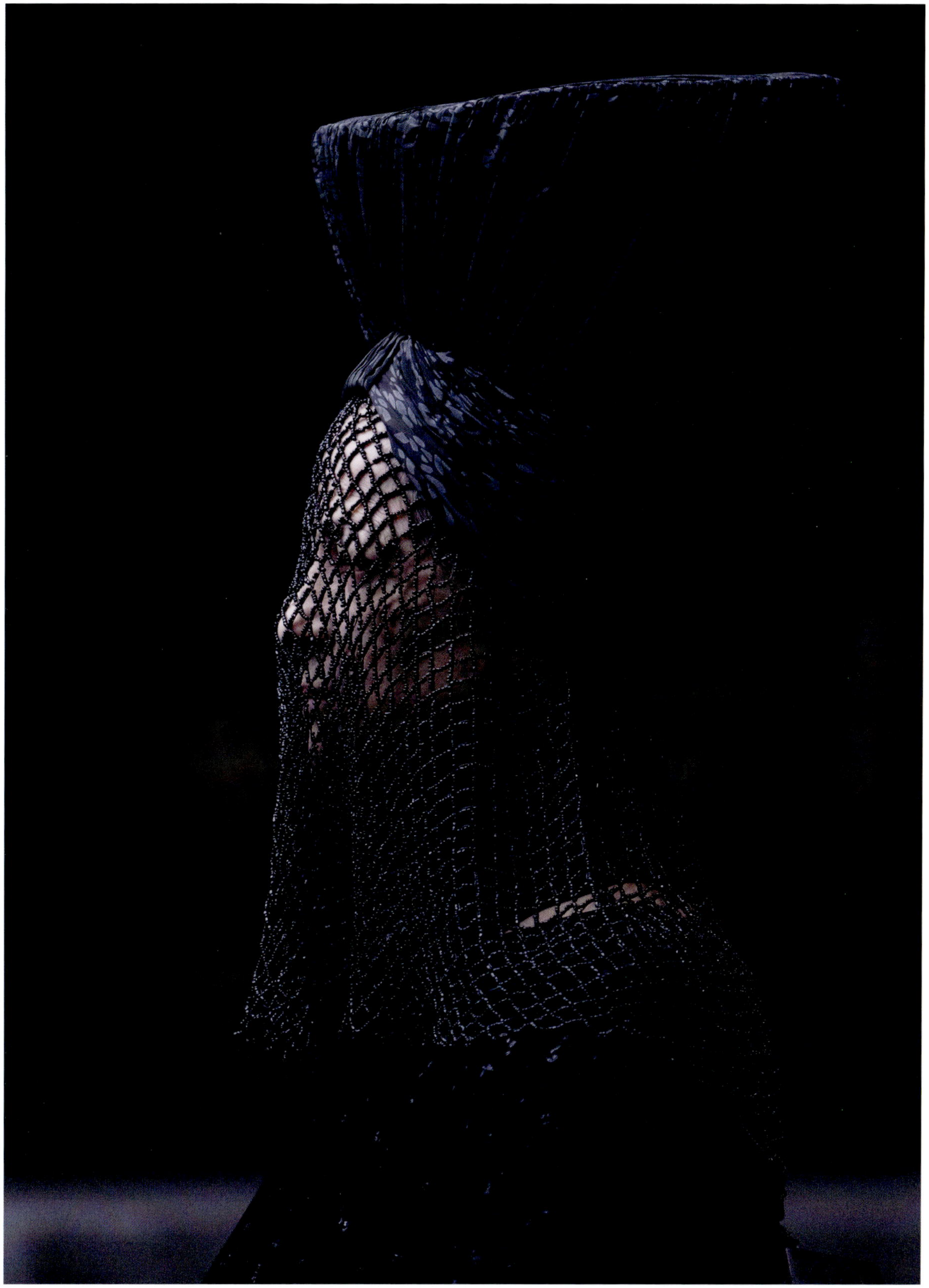

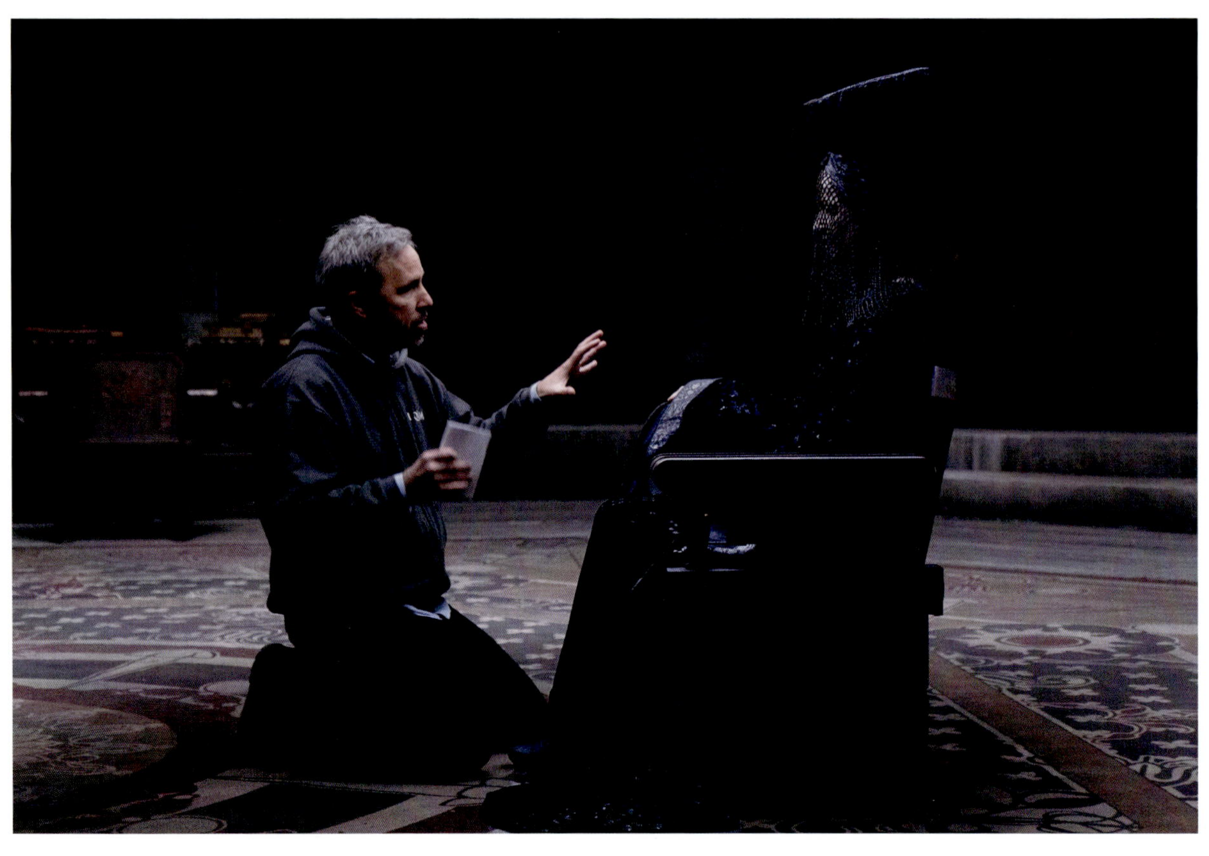

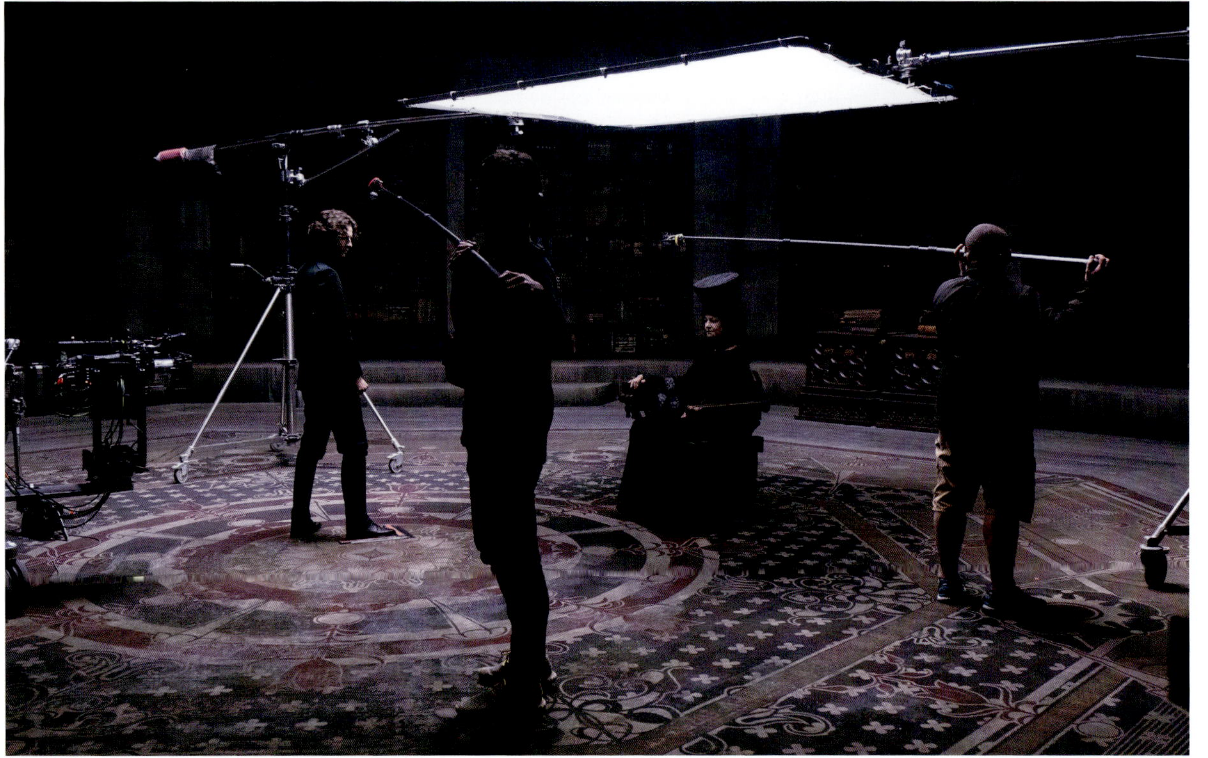

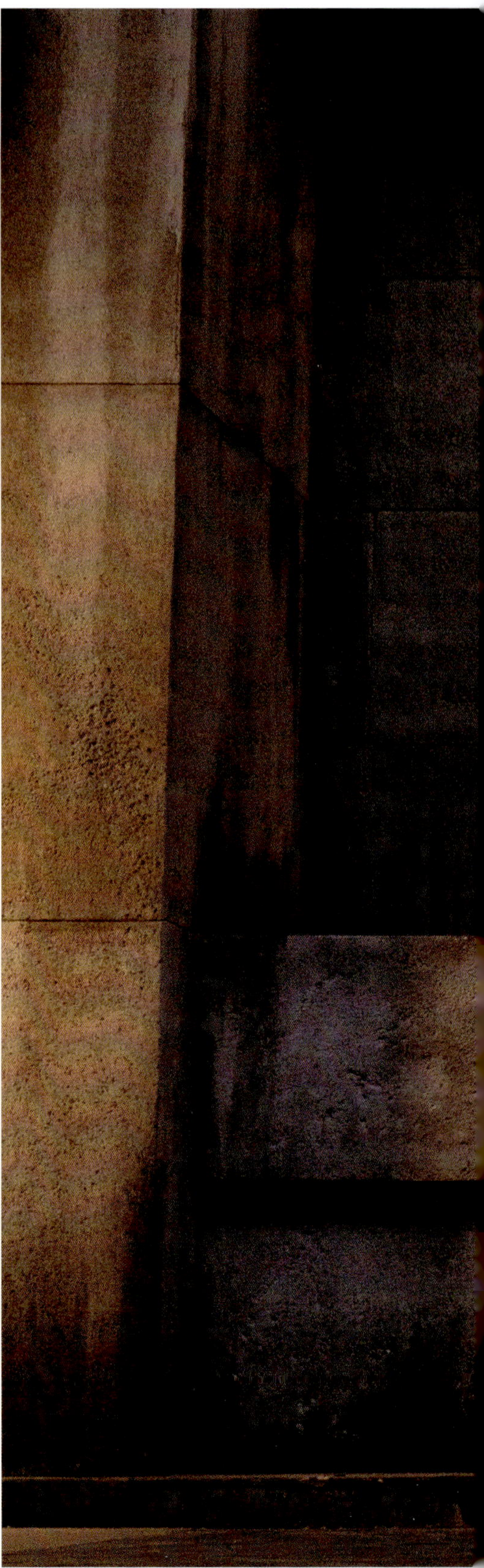

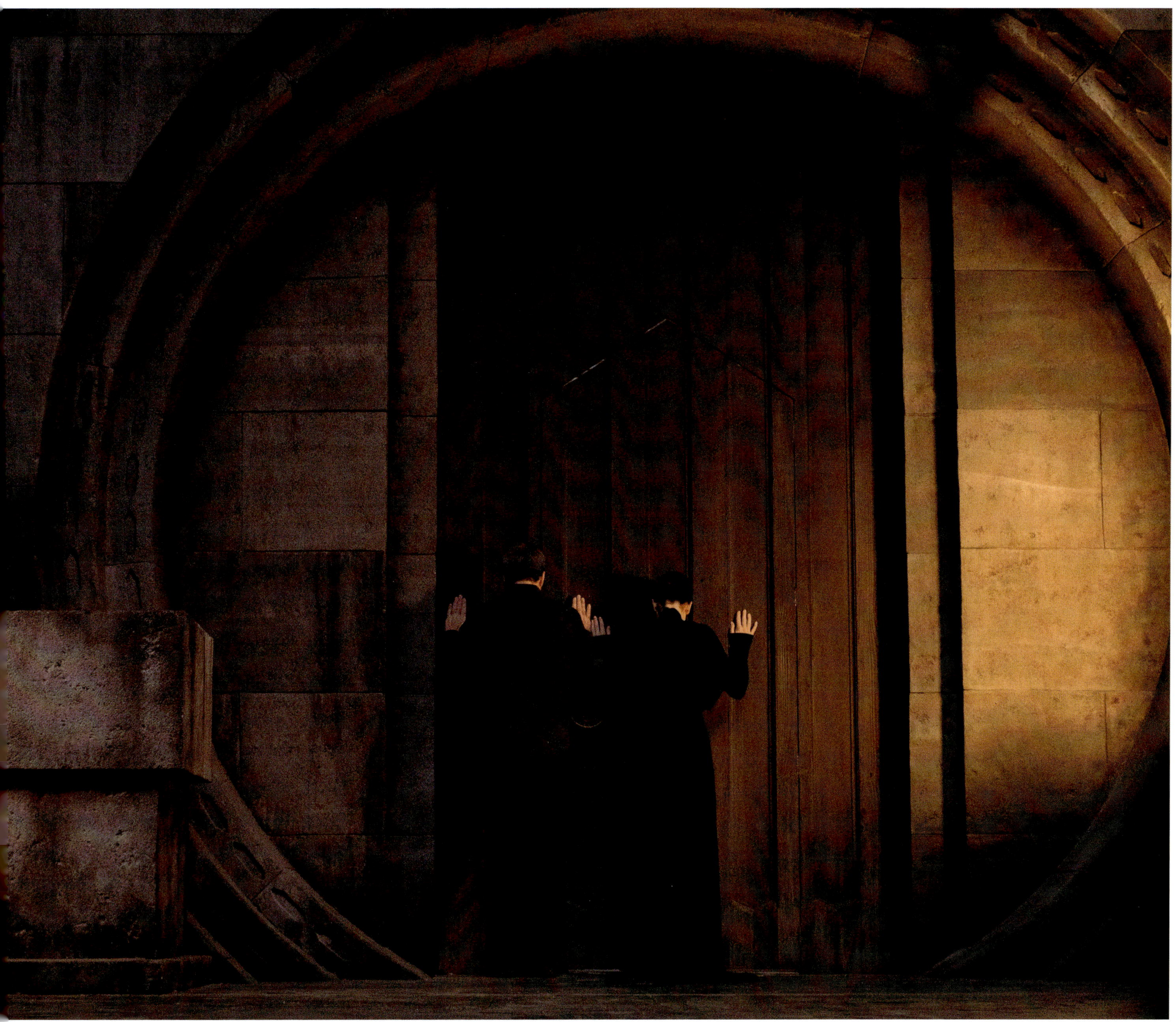

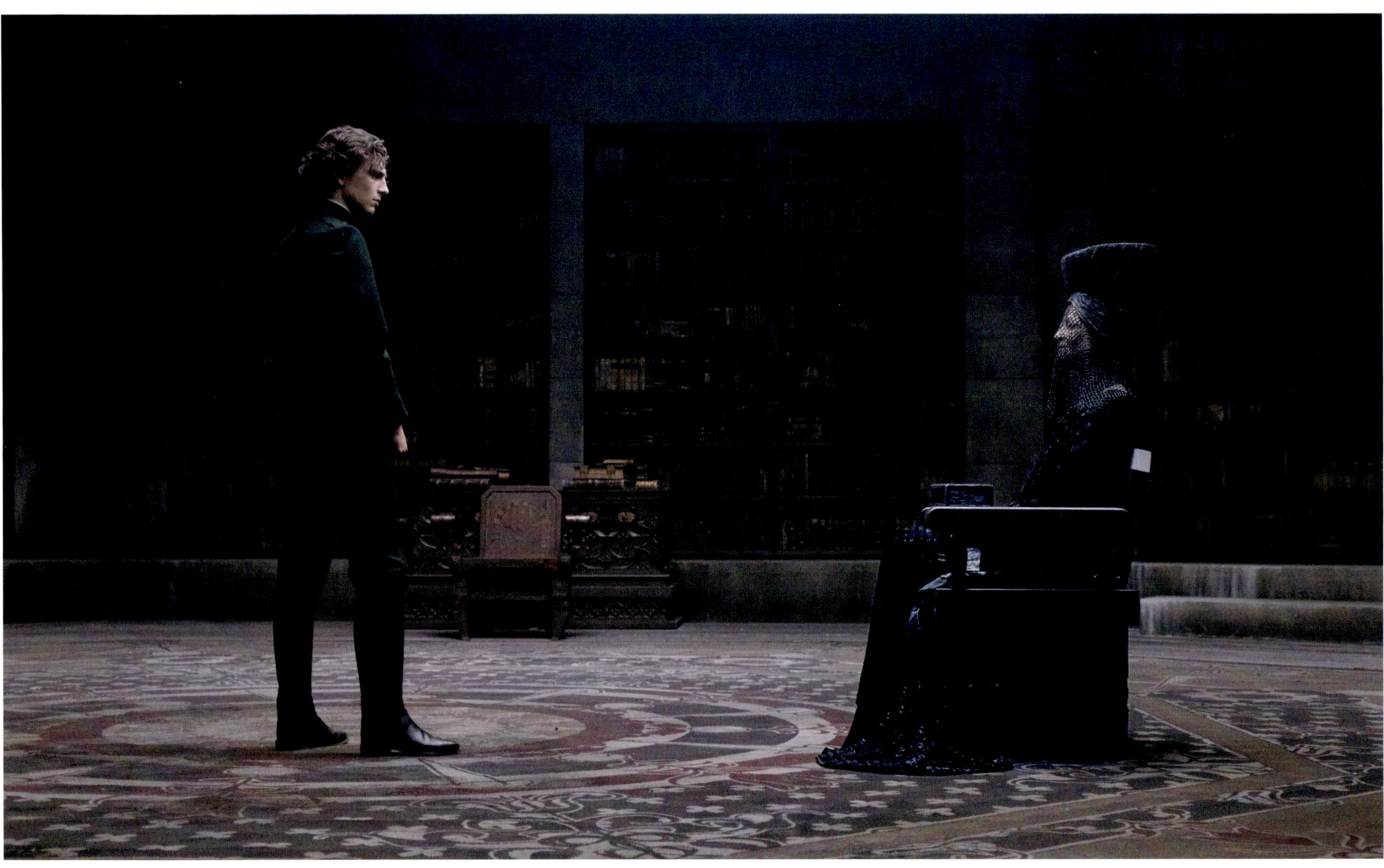

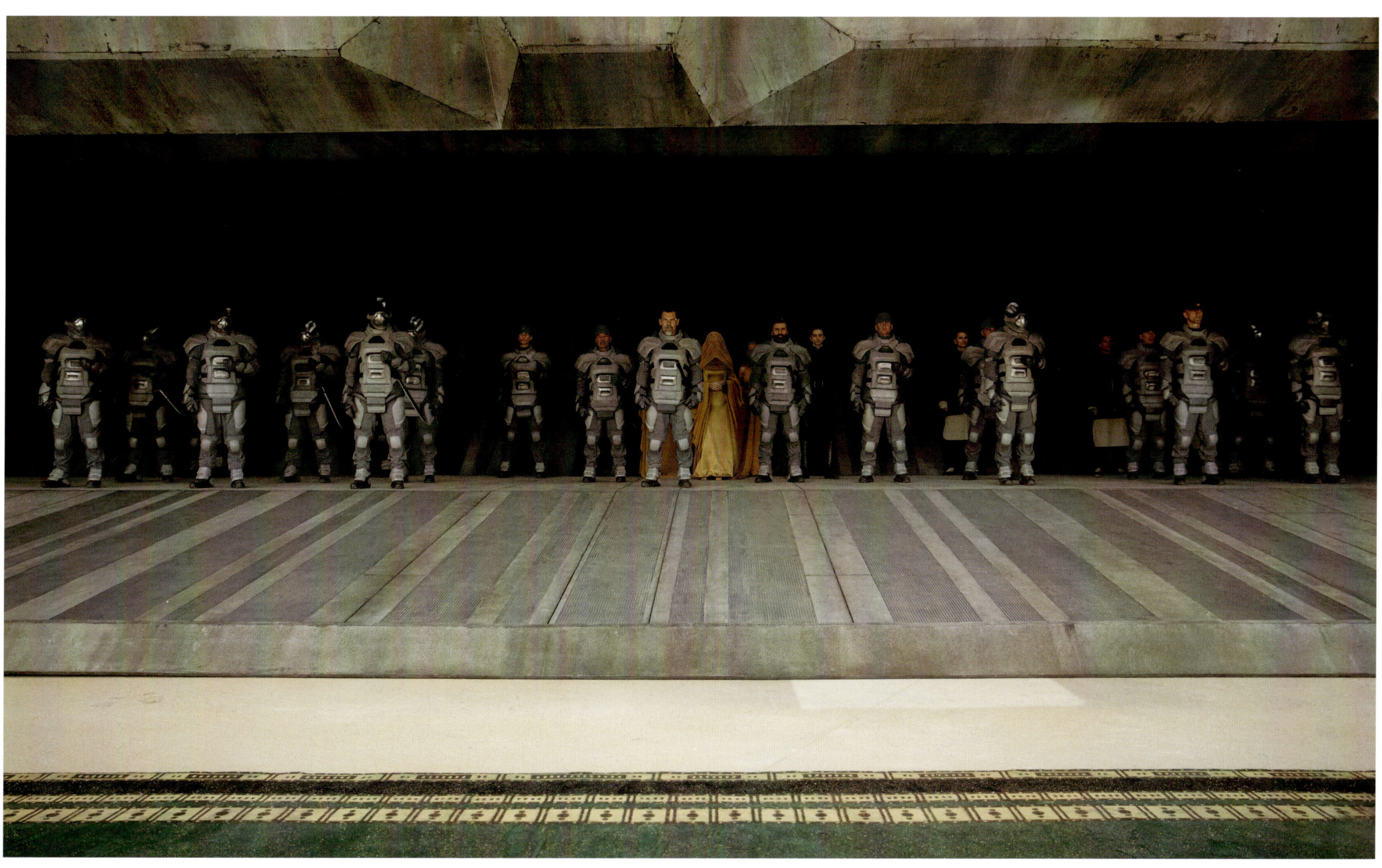

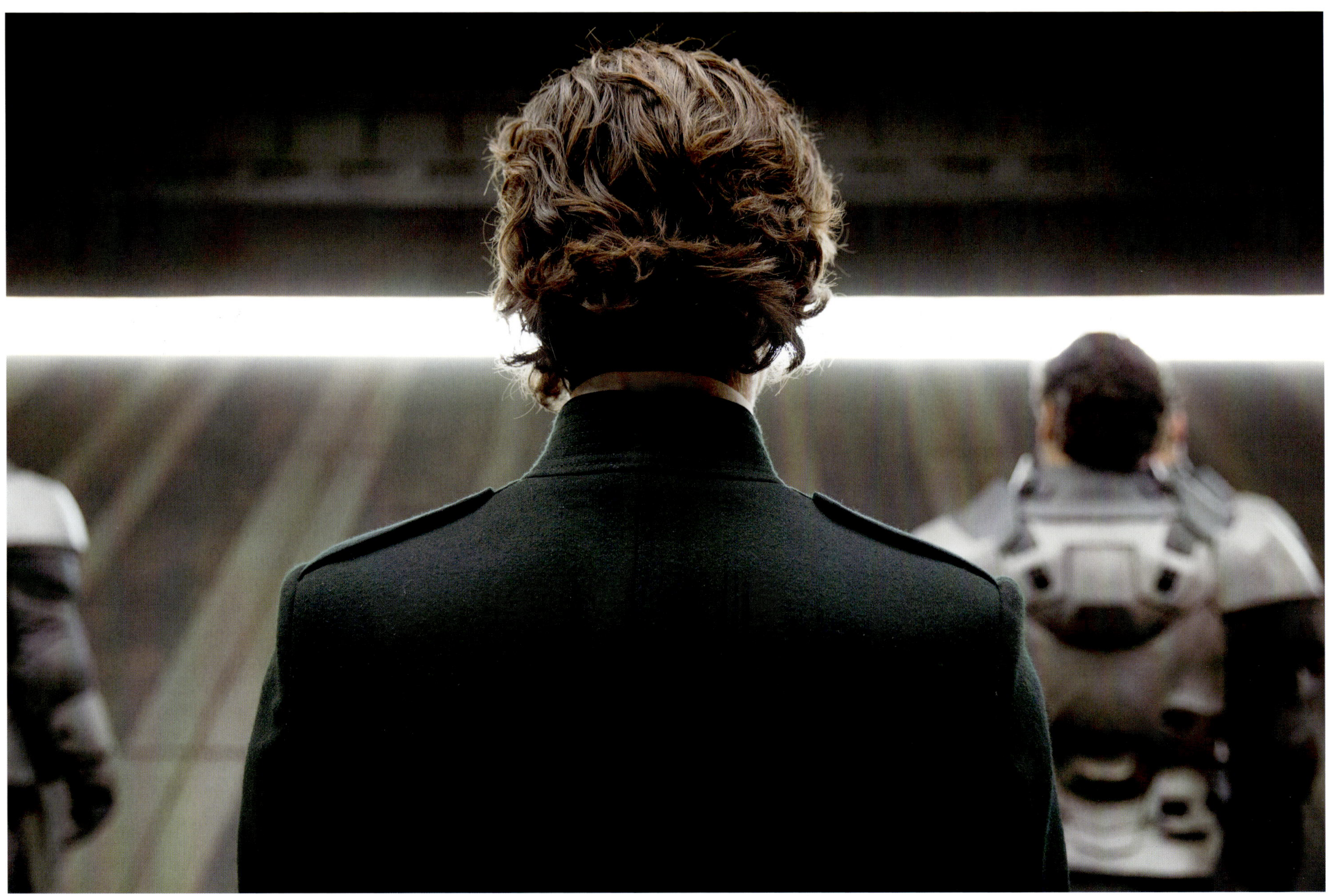

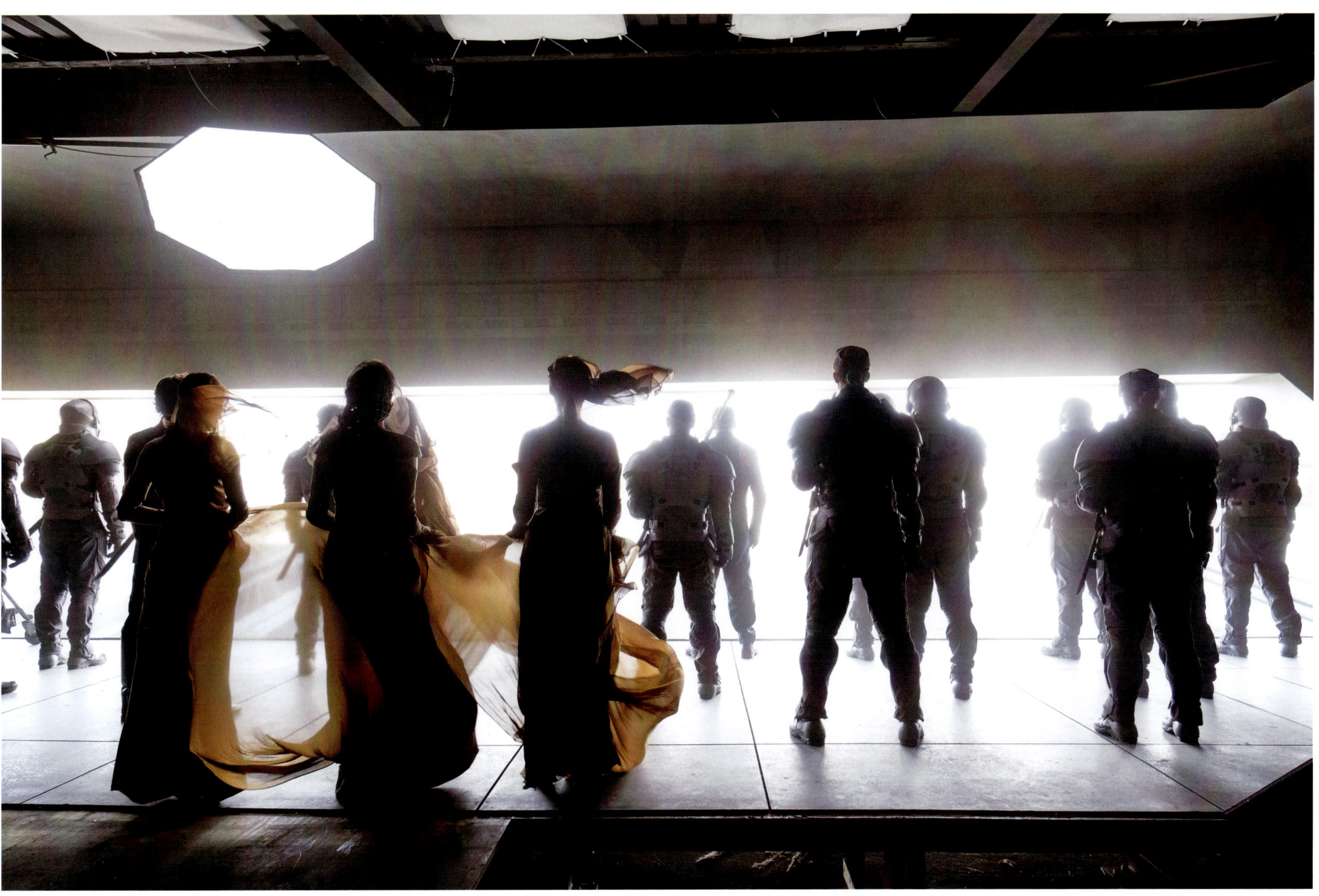

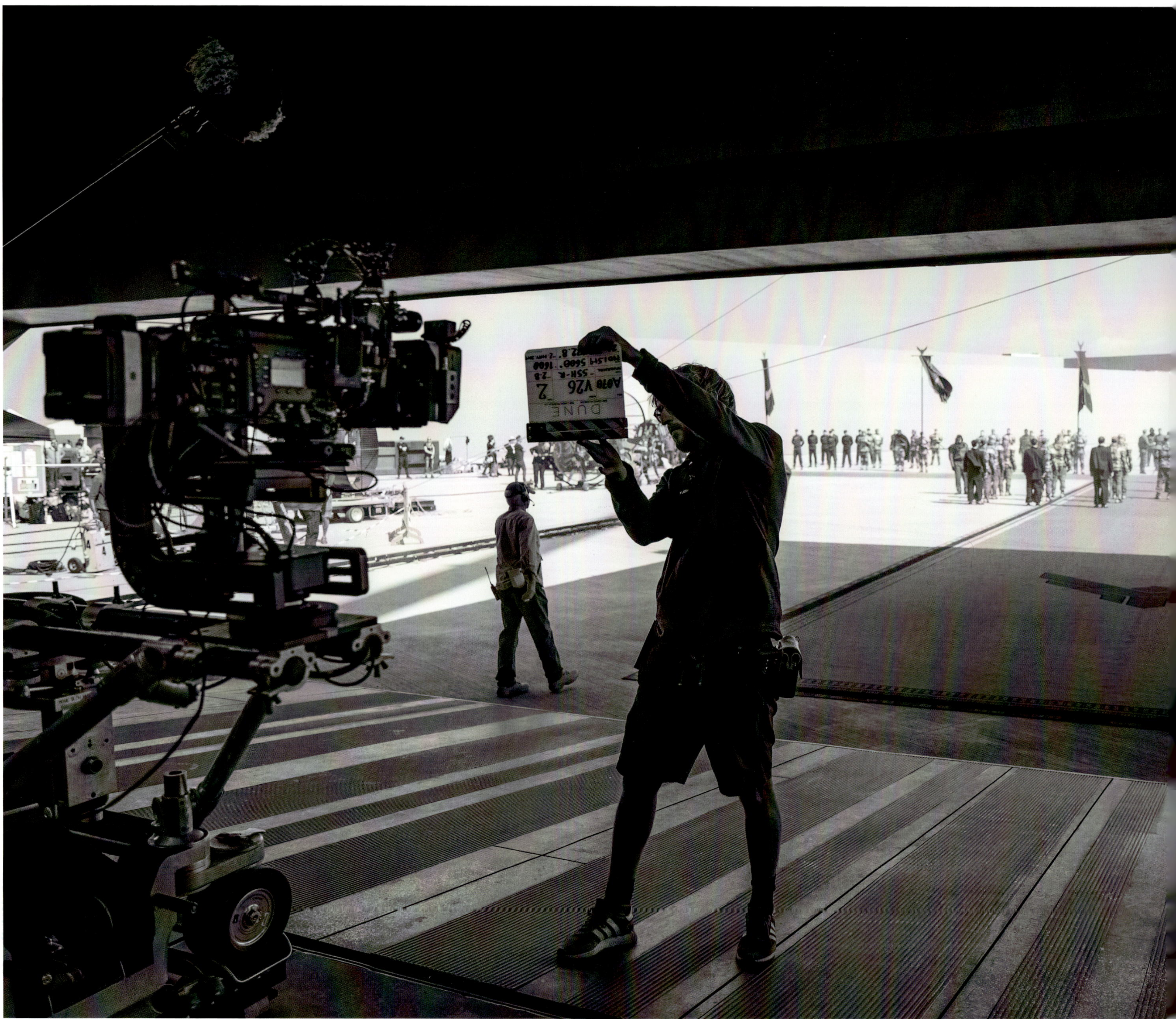
DUNE
A070 V26
2
SSH-R   2-8
5600   1600
72.8
2 MAY 2019

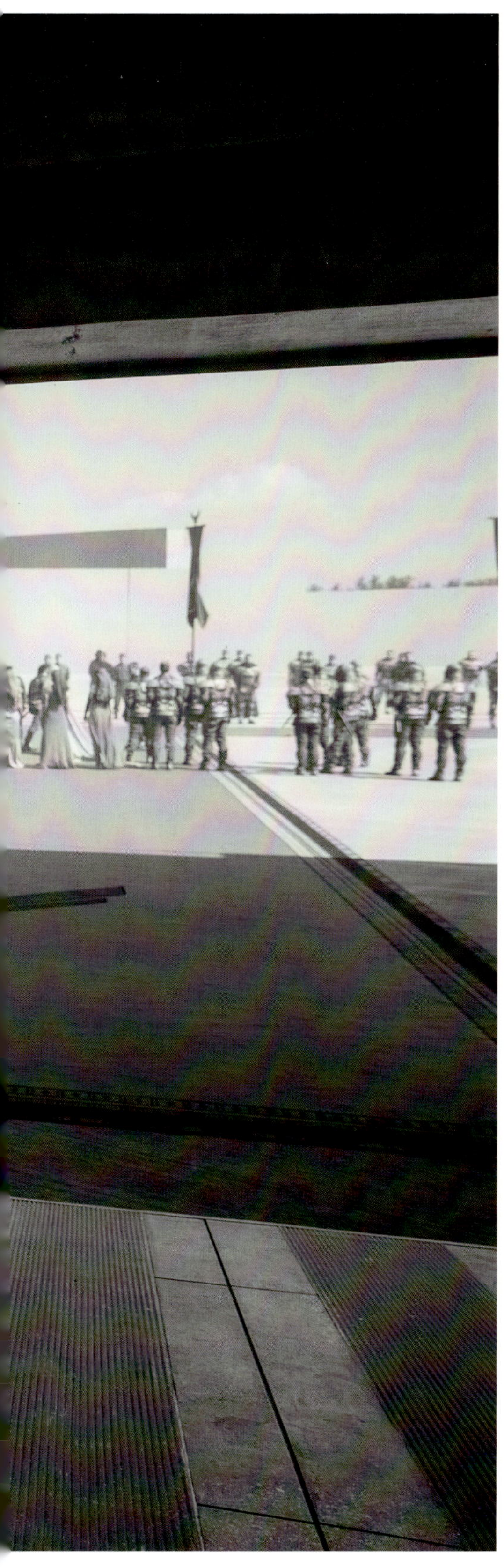

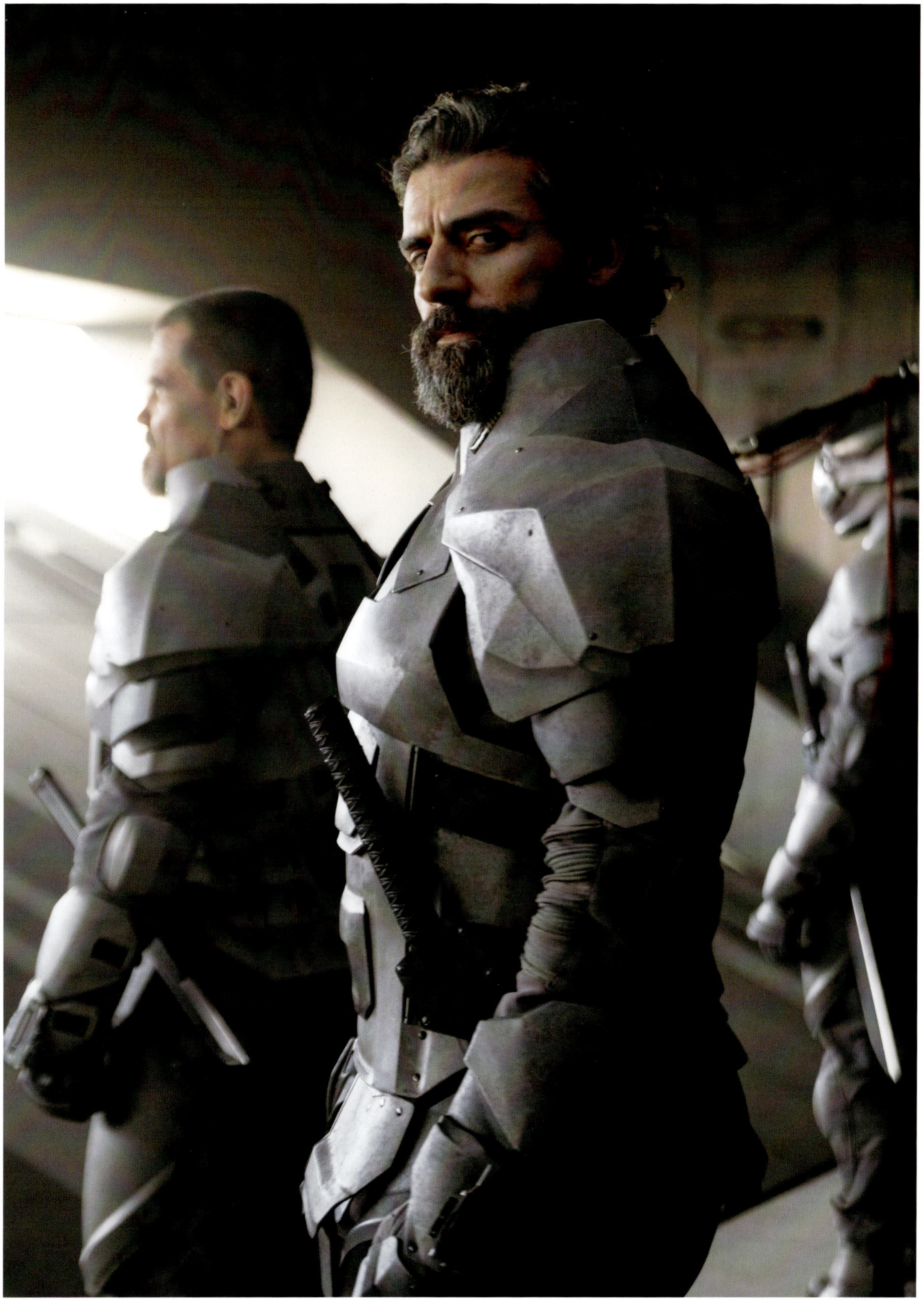

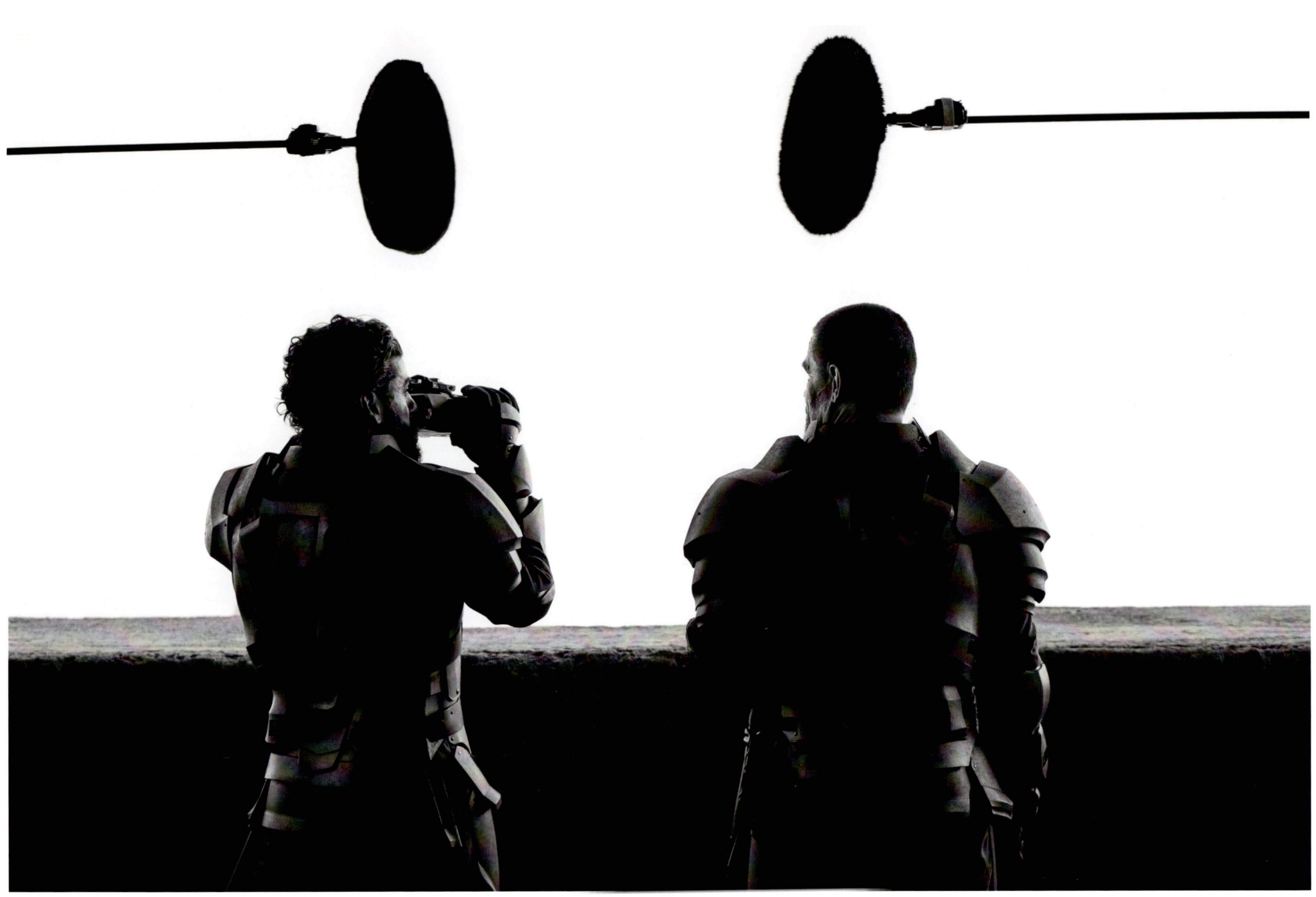

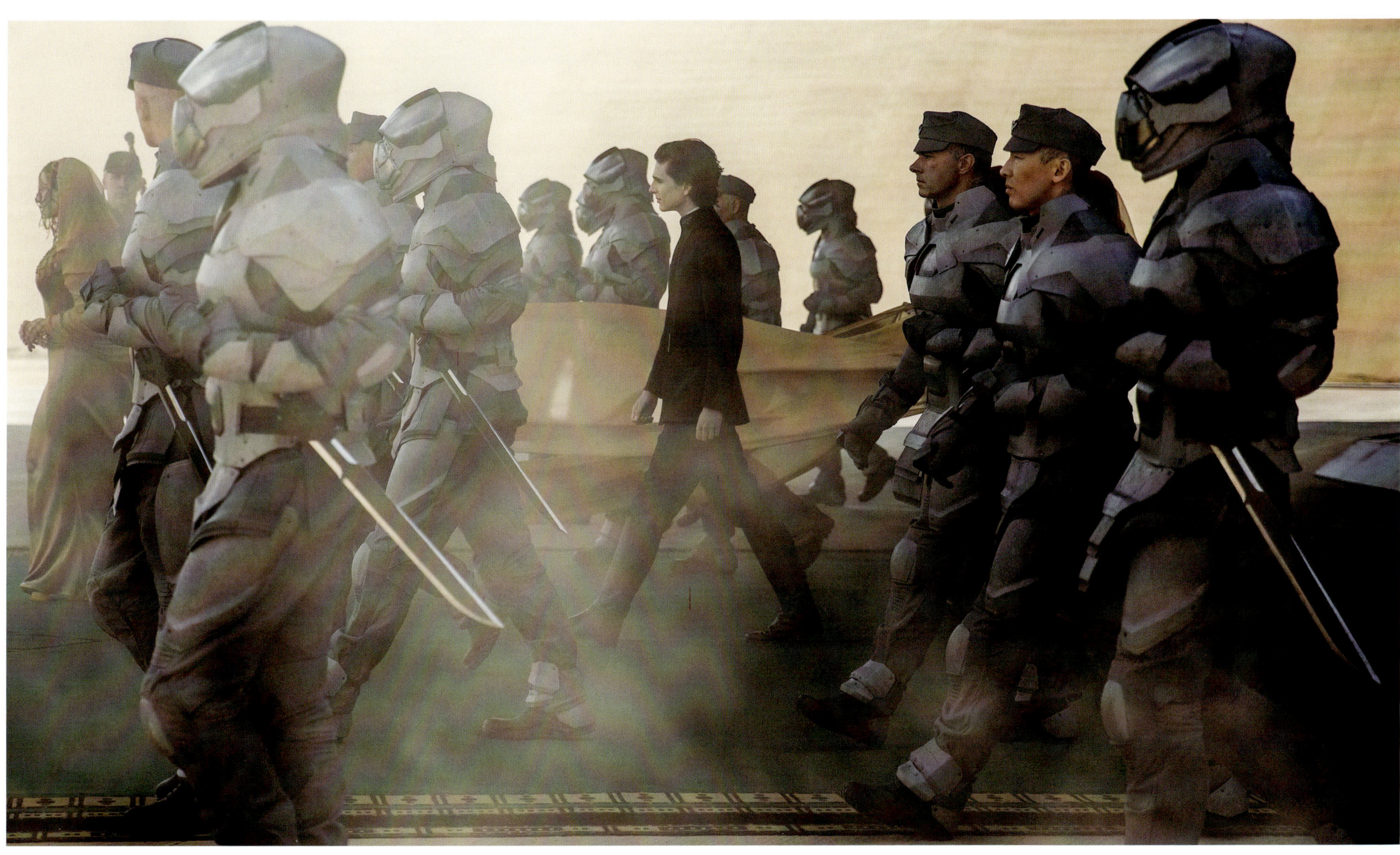

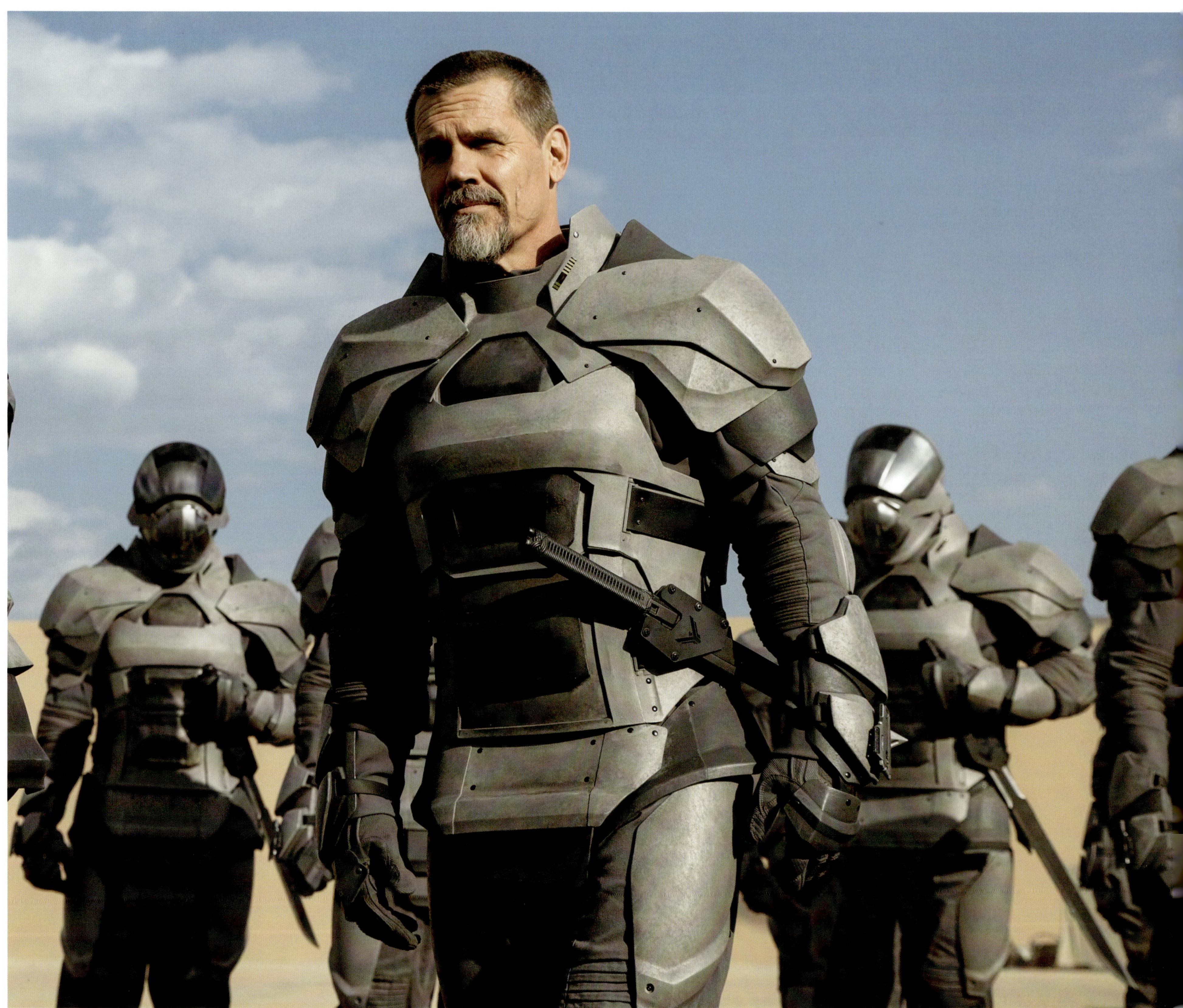

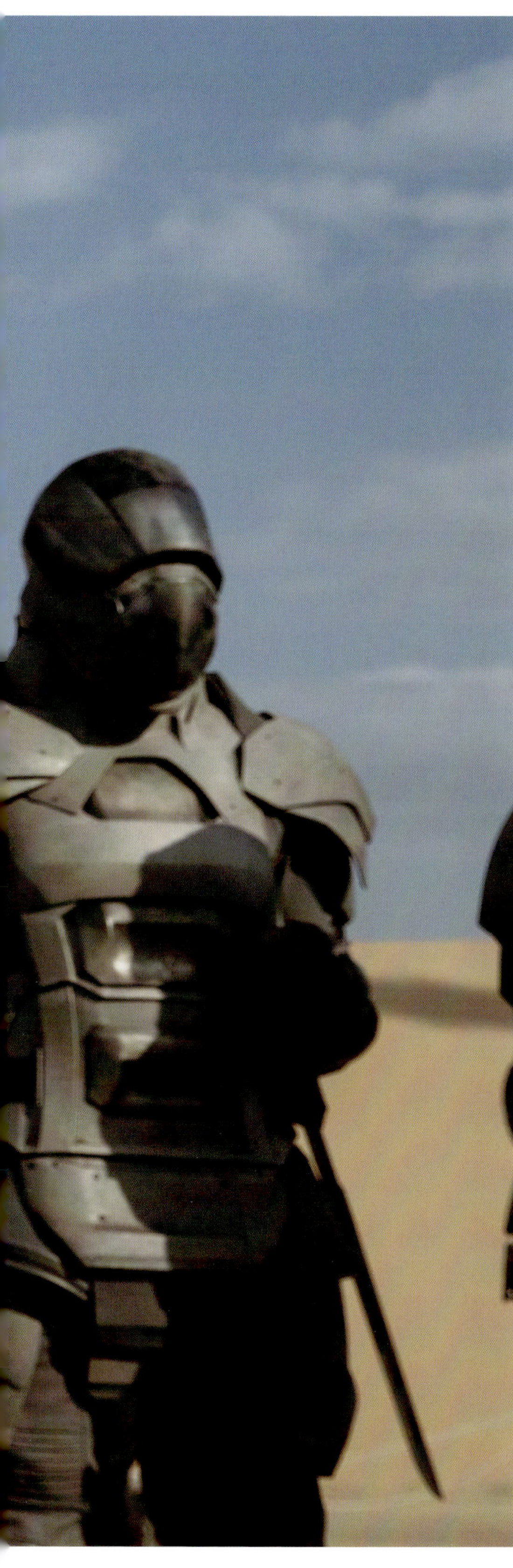

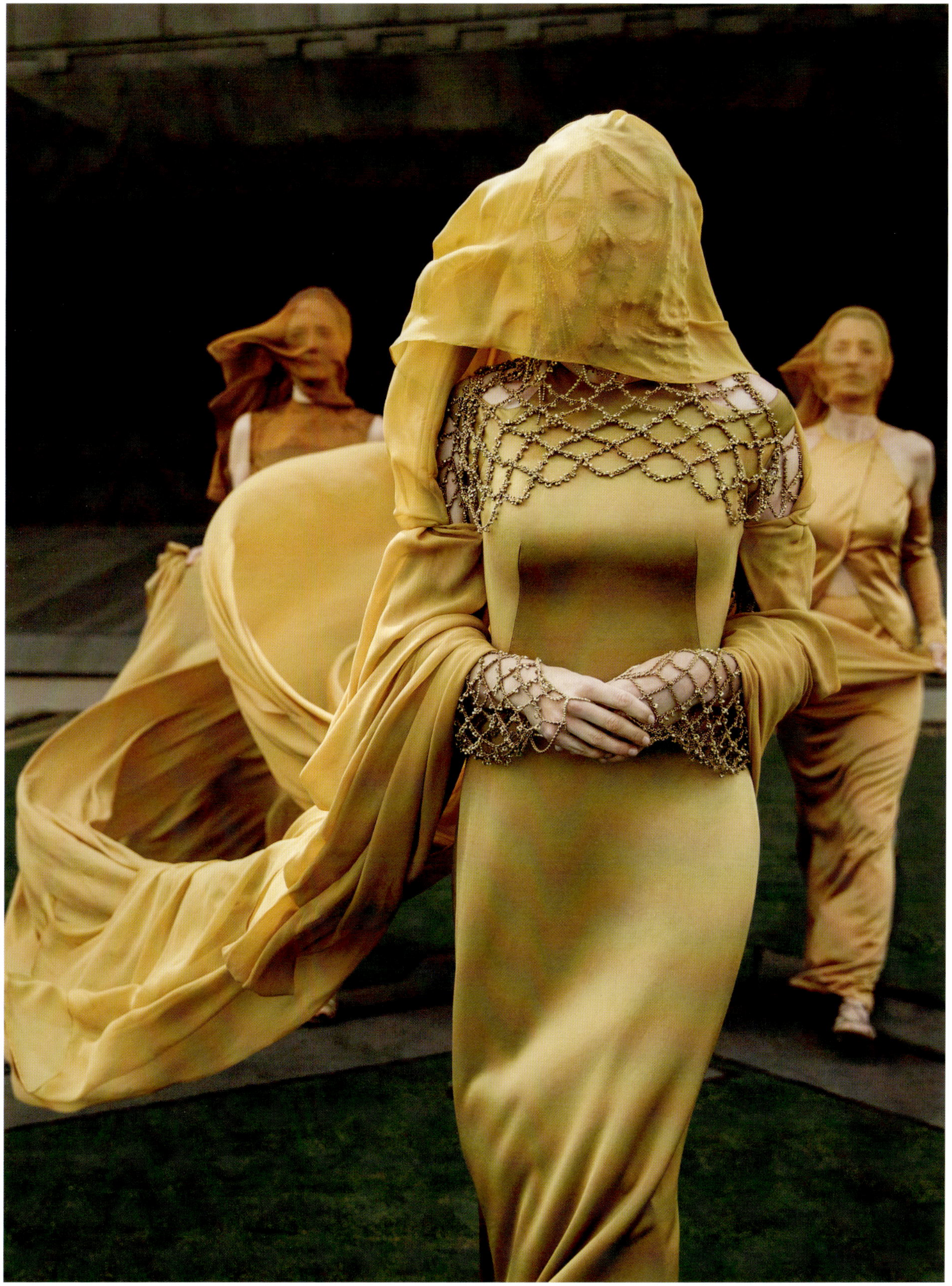

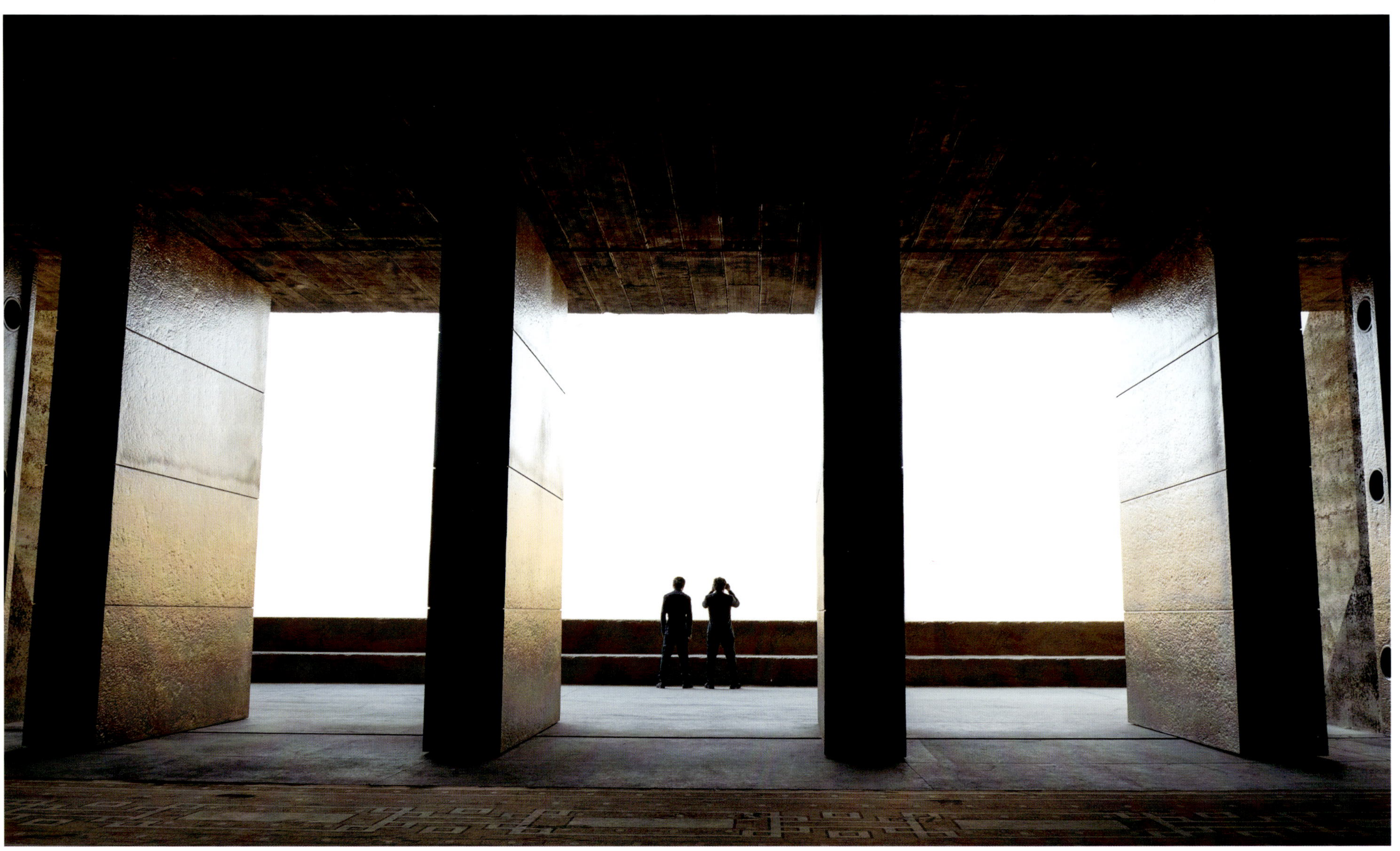

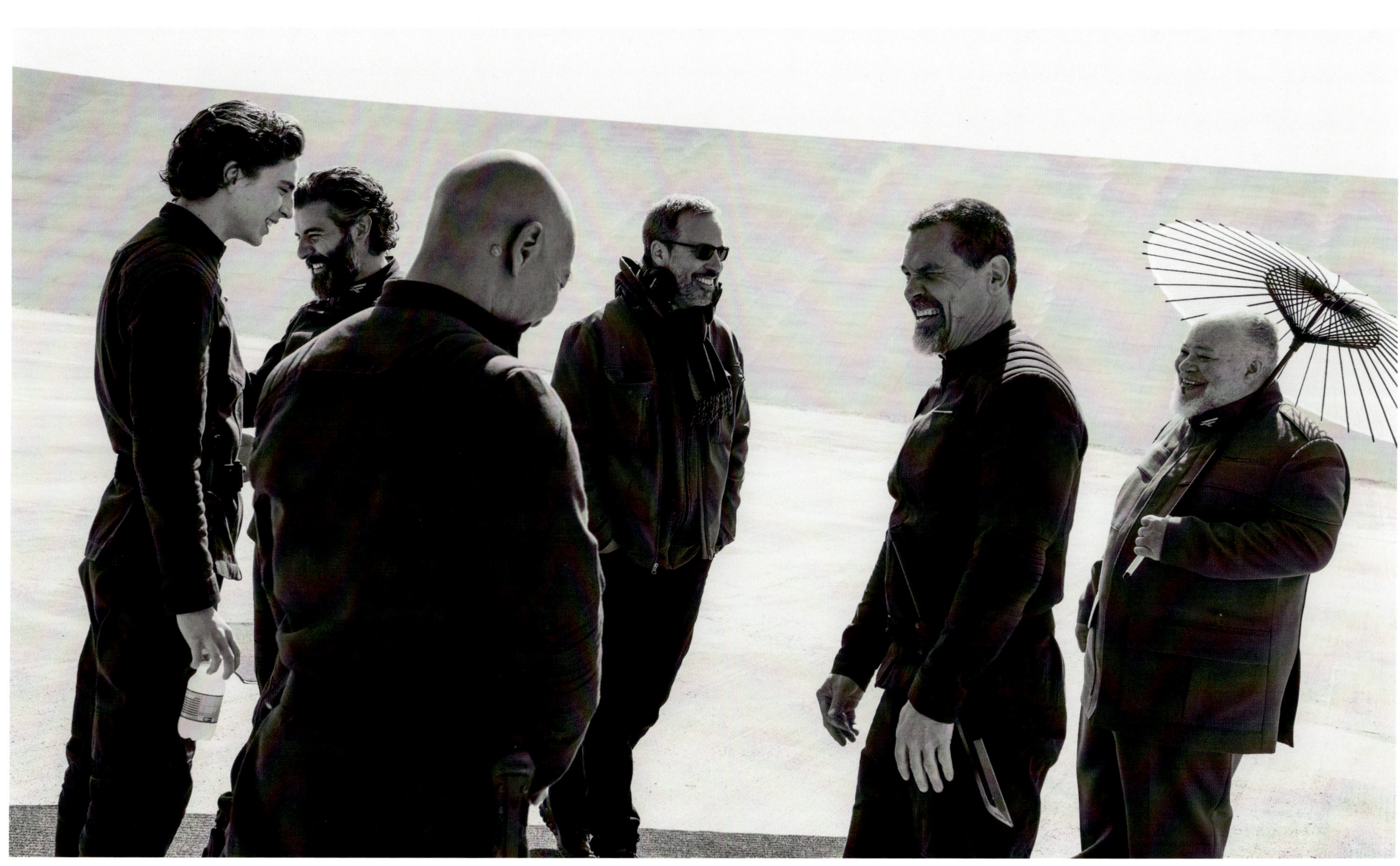

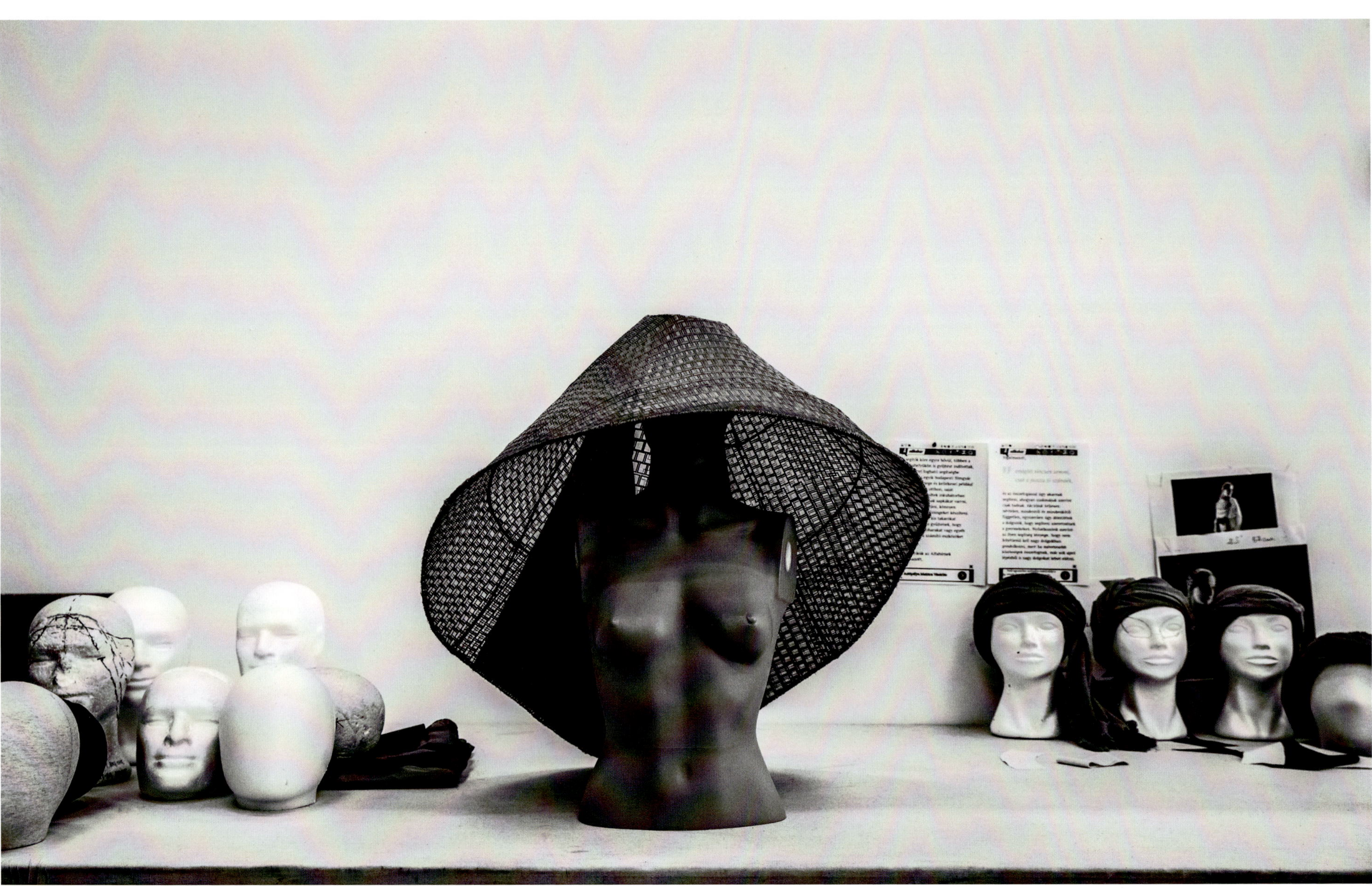

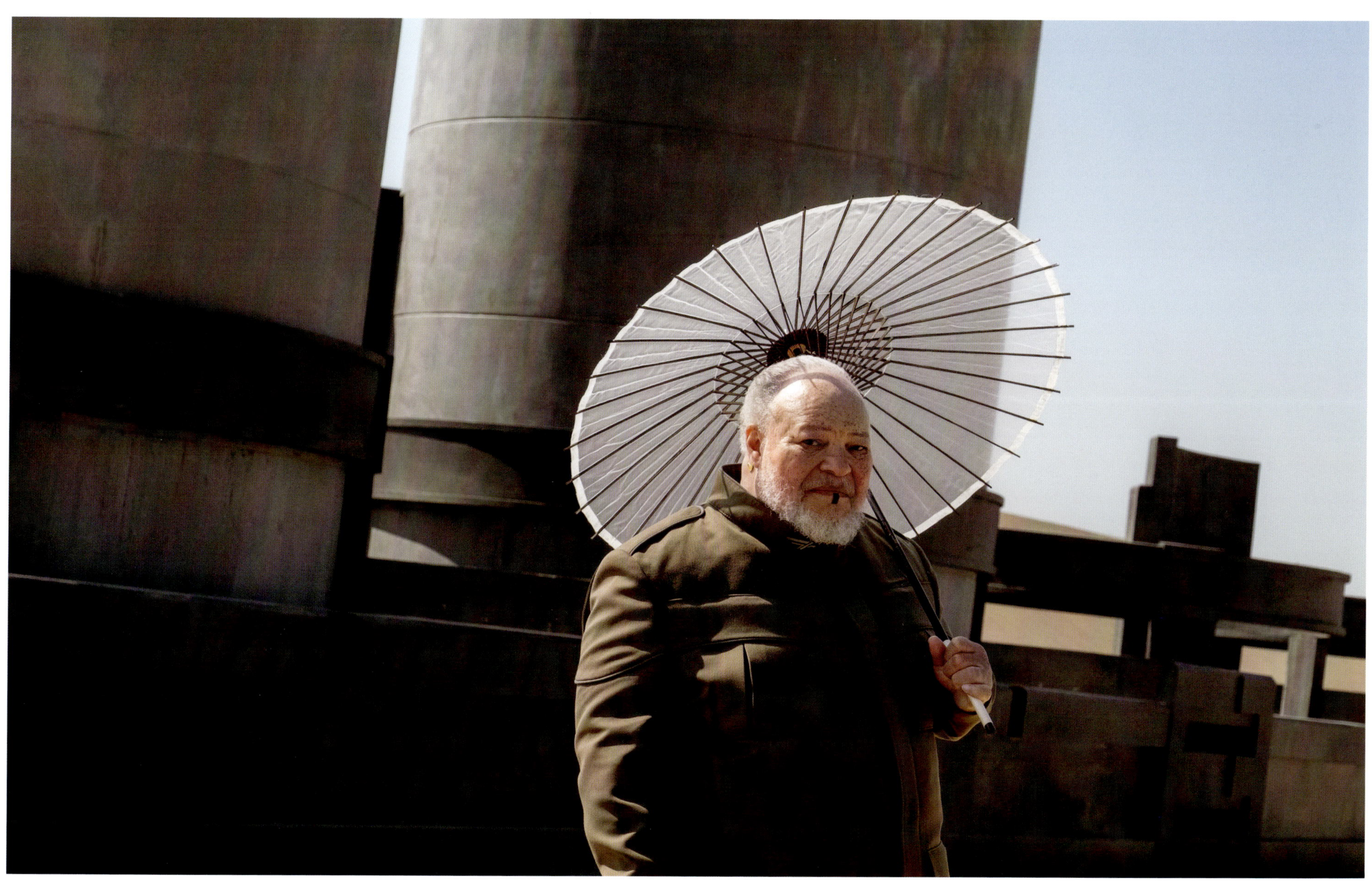

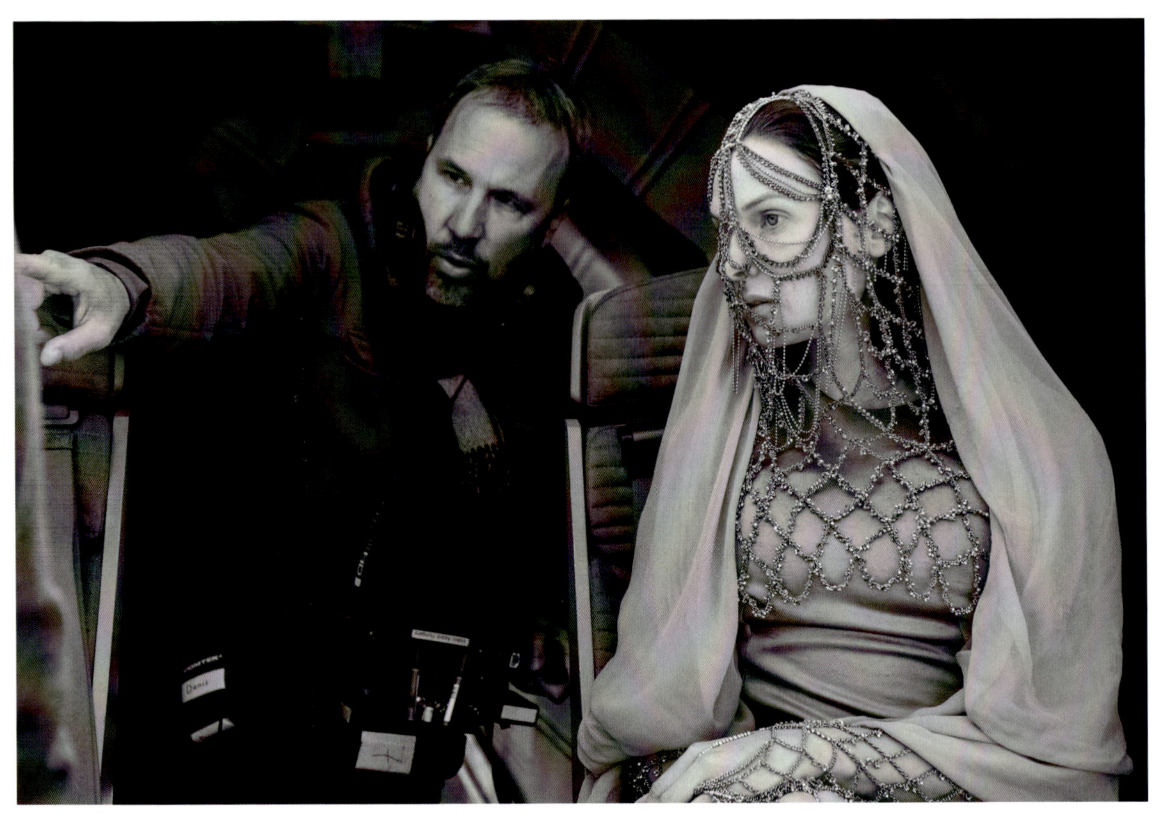

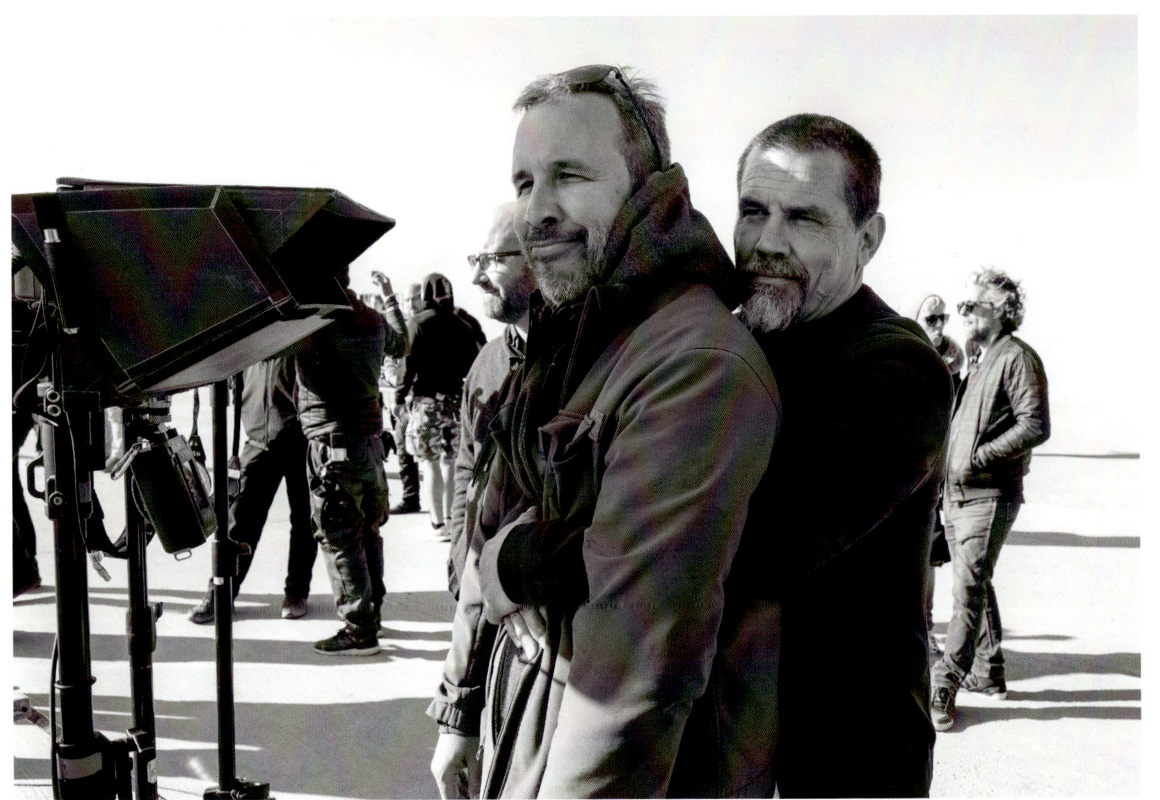

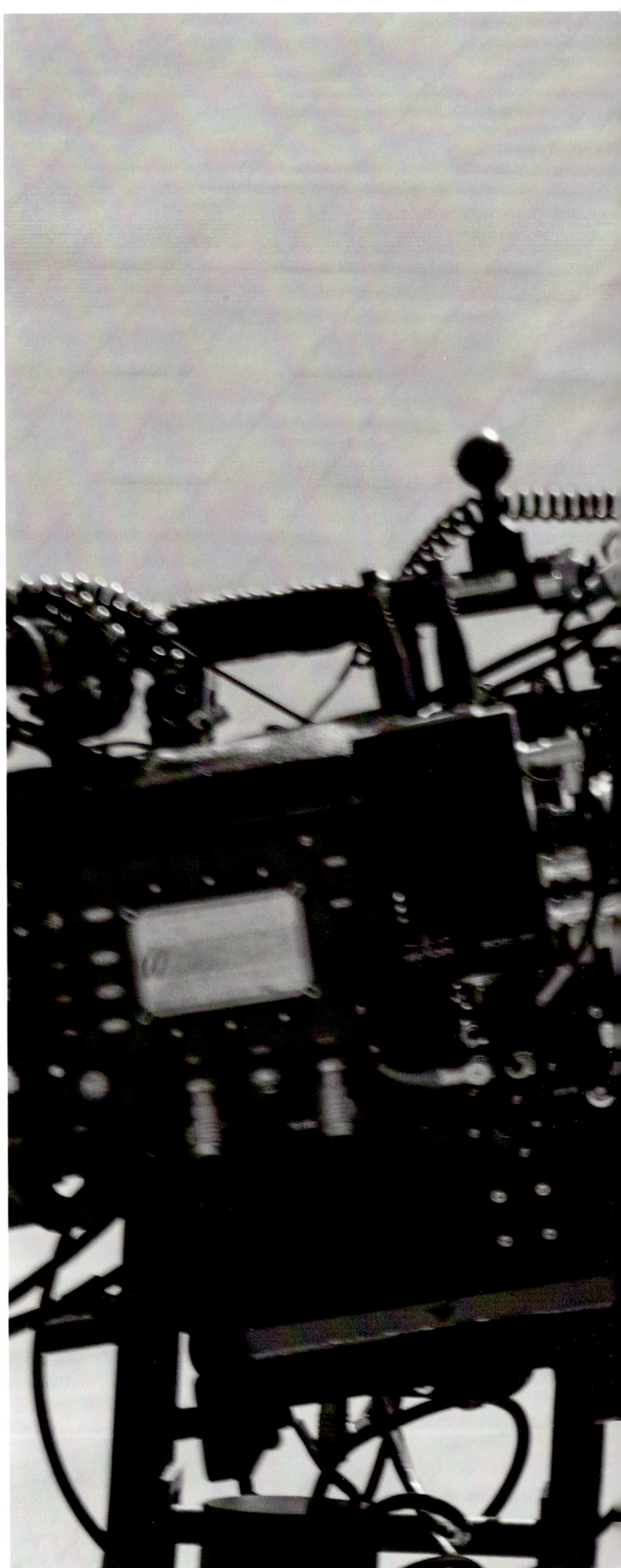

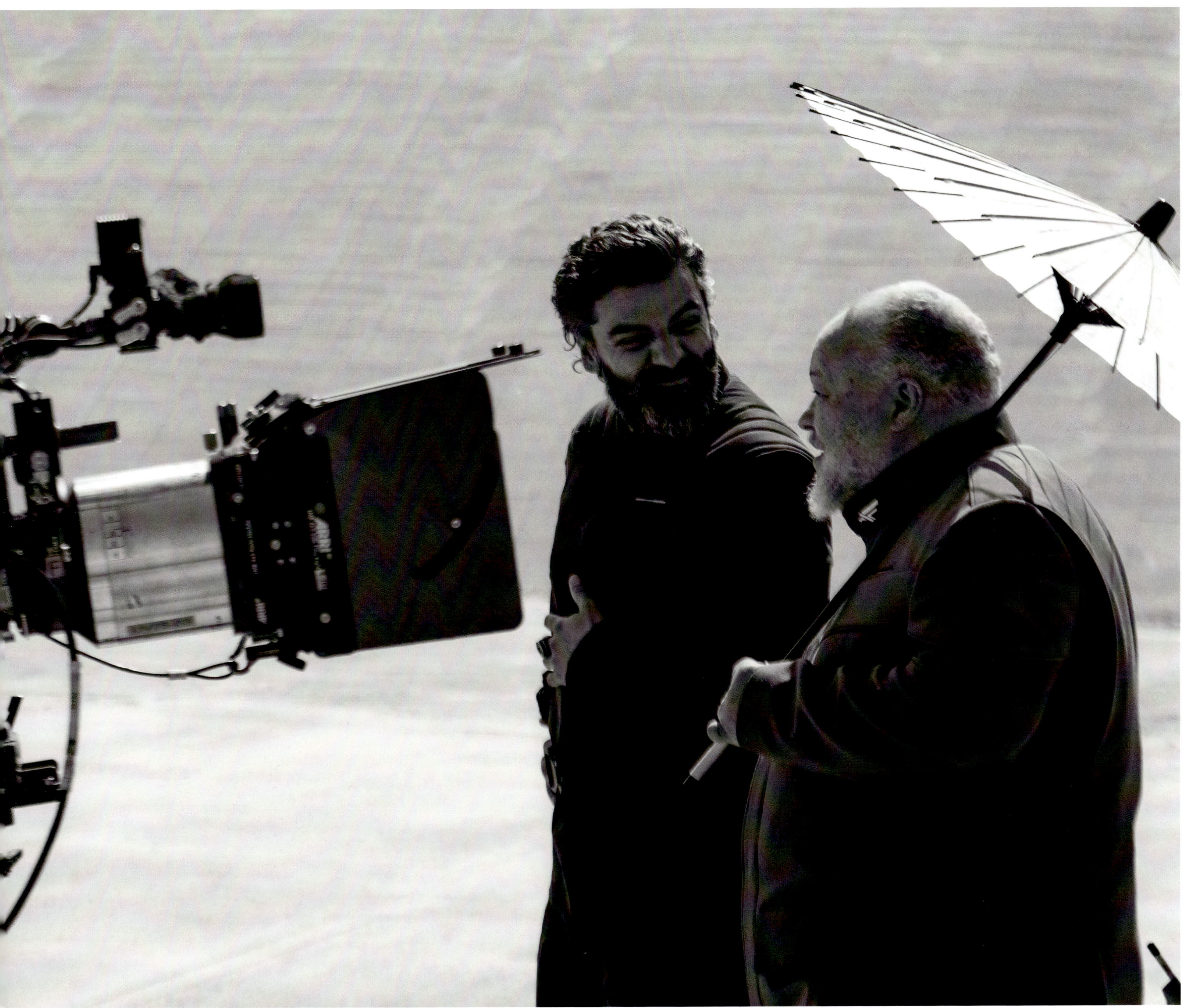

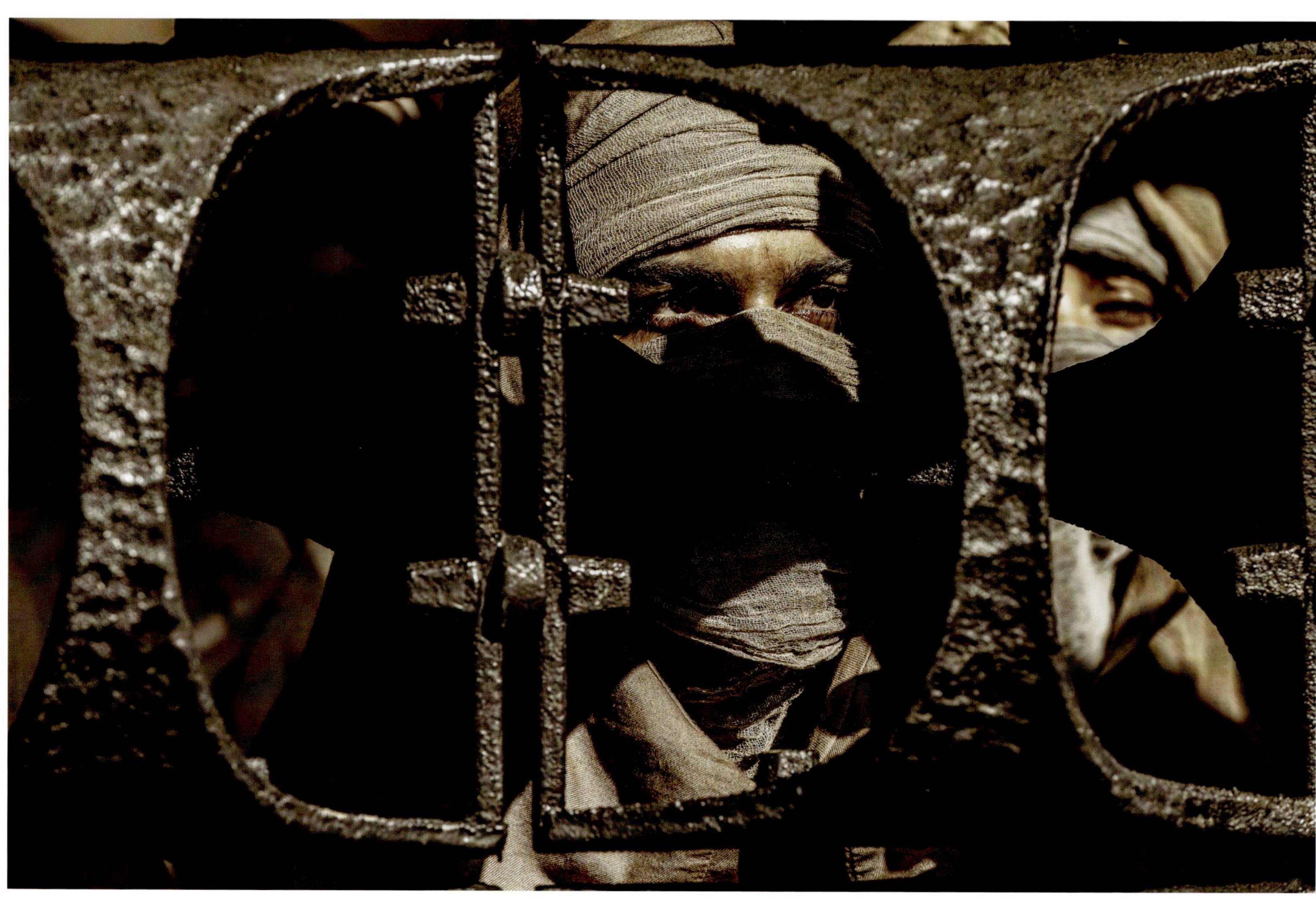

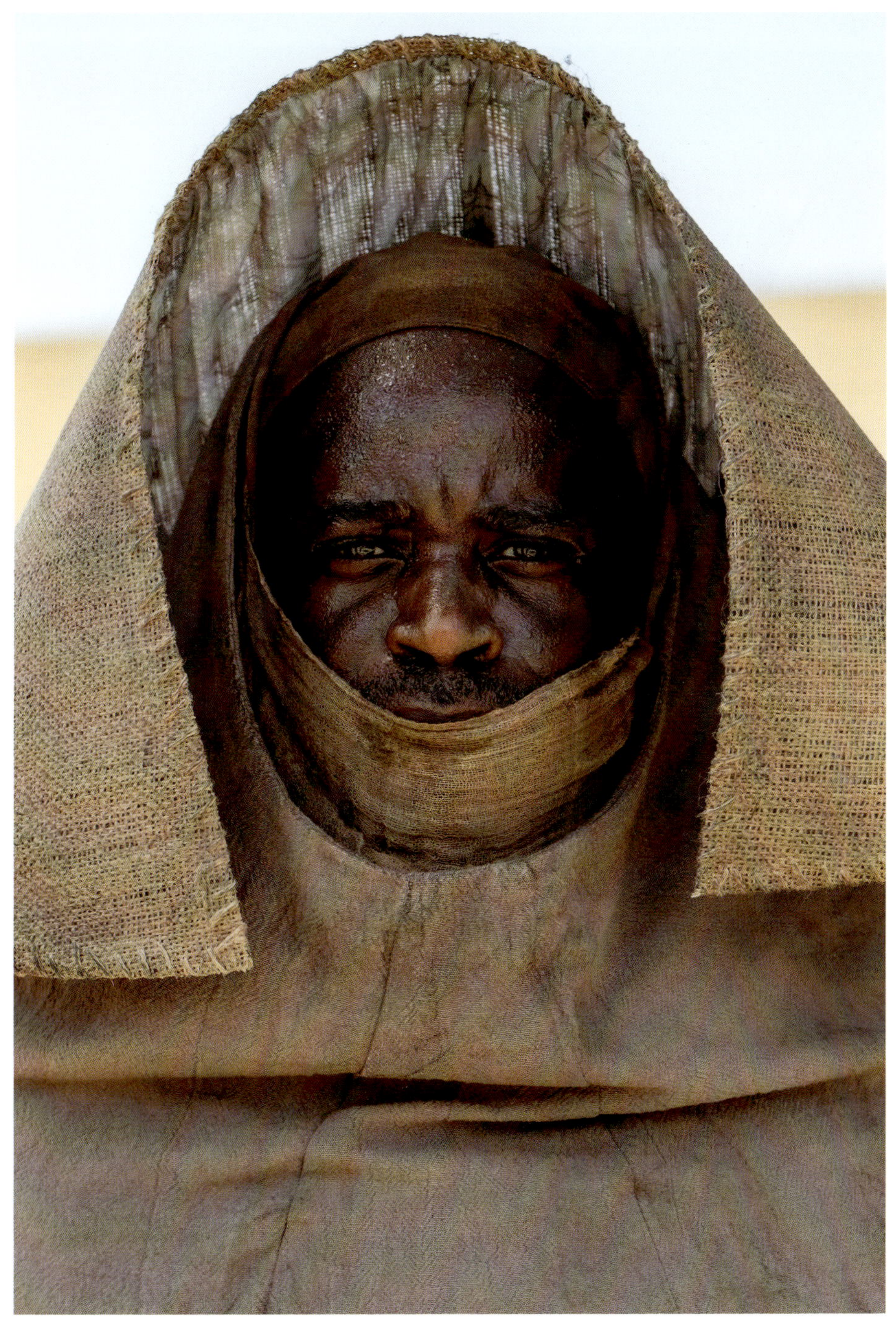
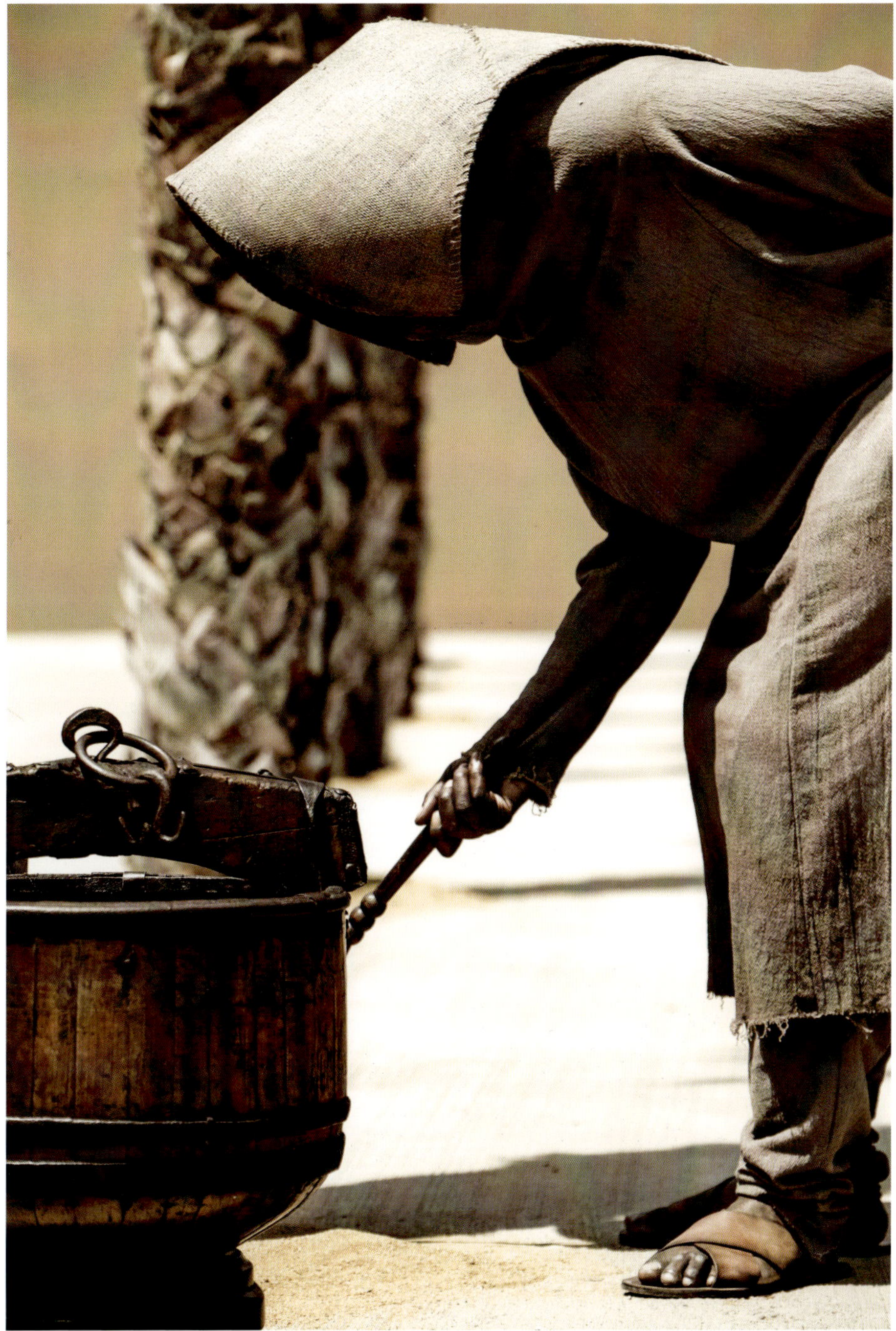

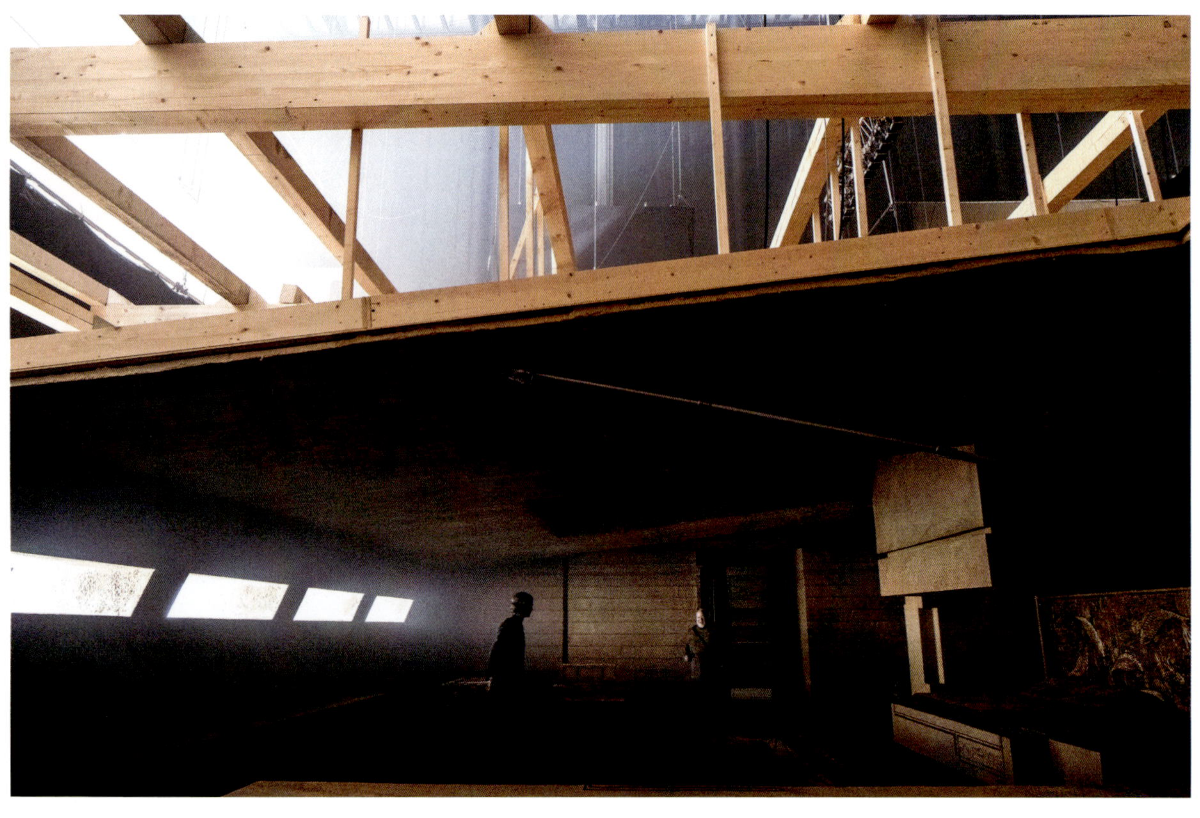

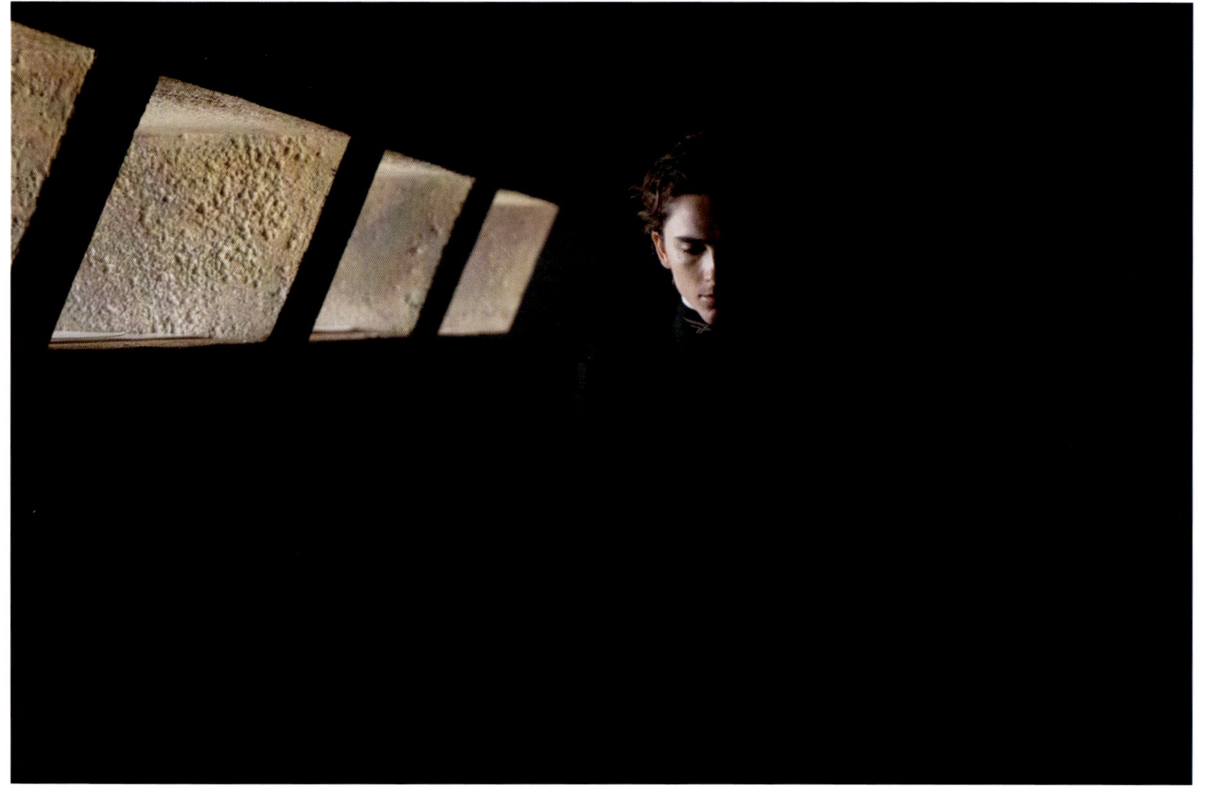

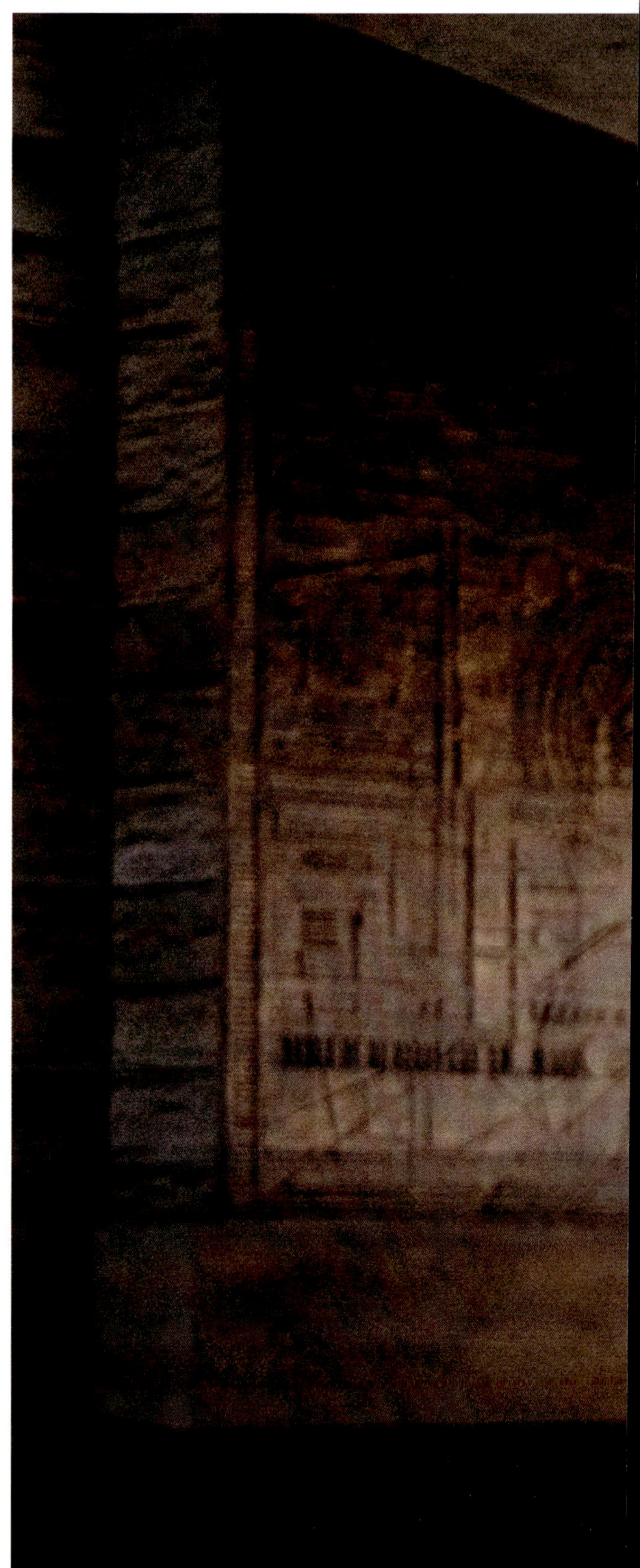

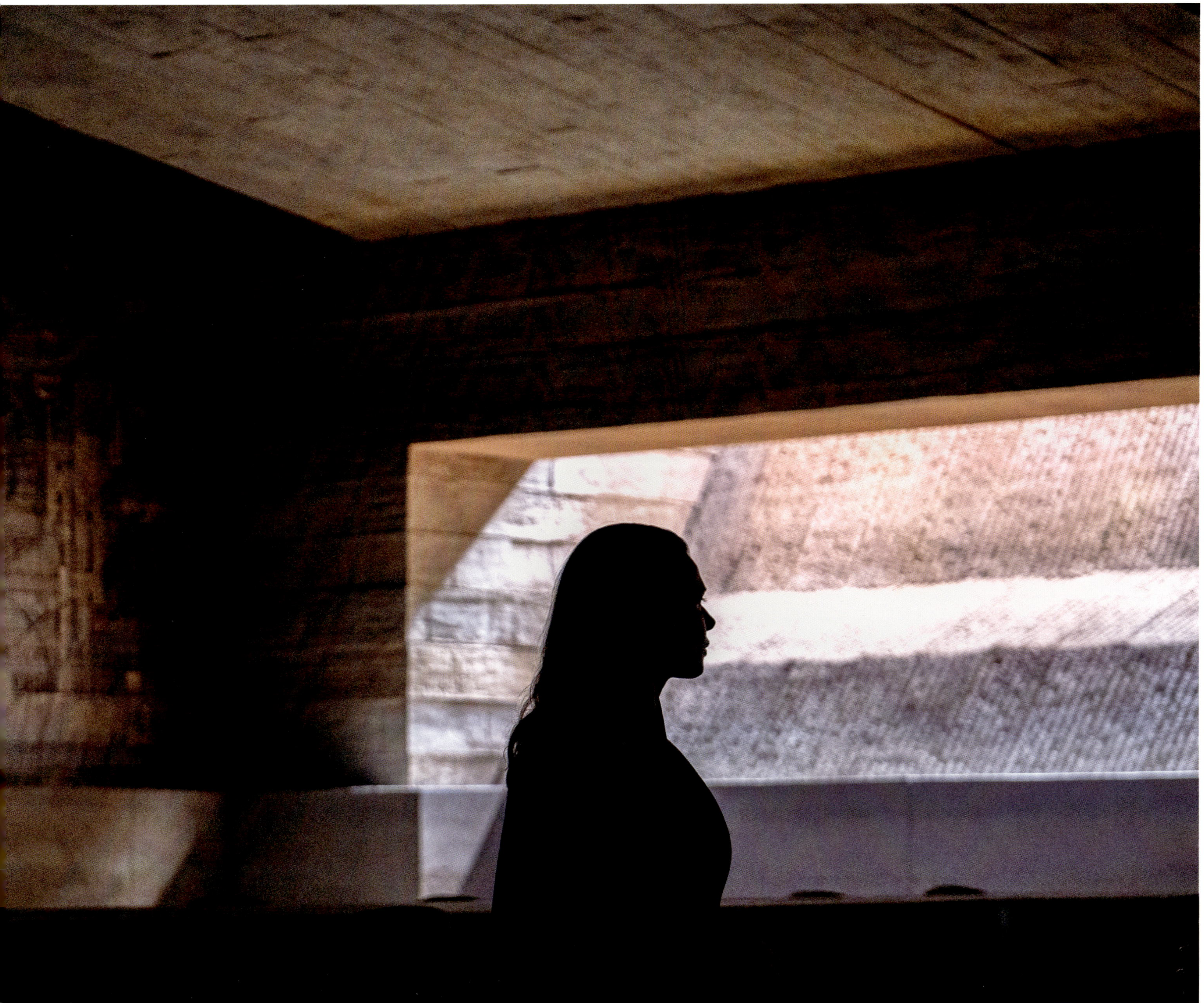

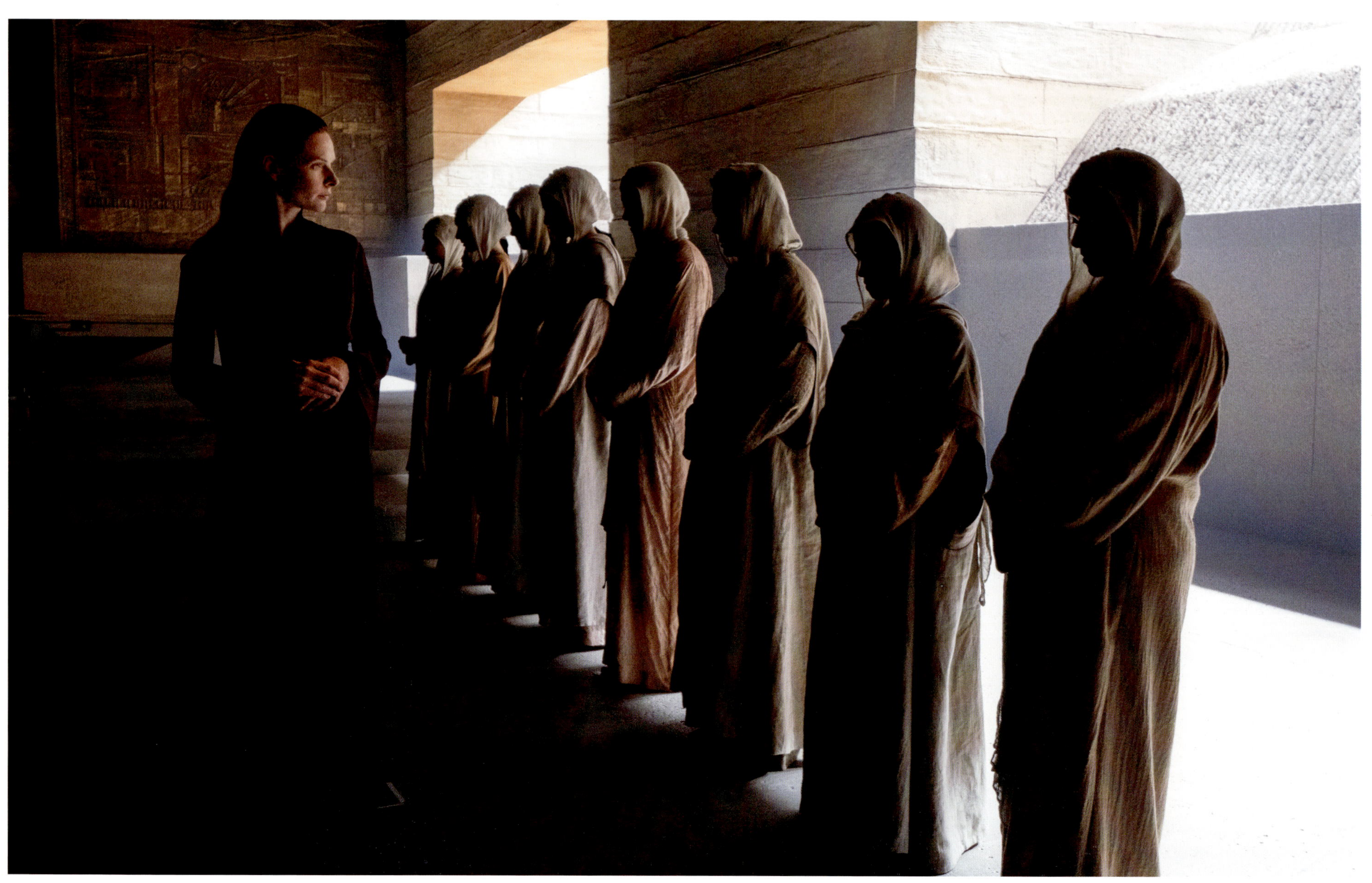

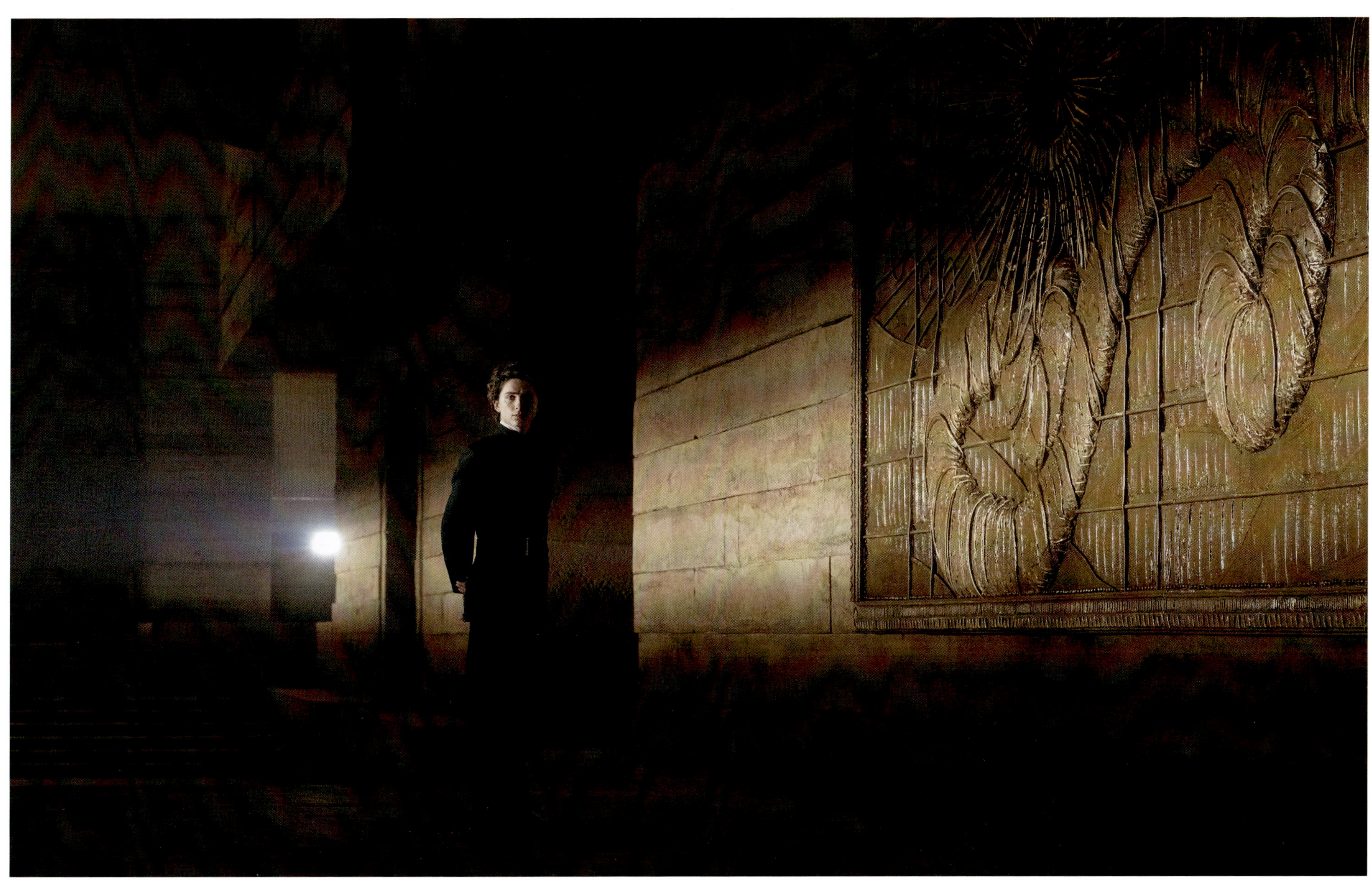

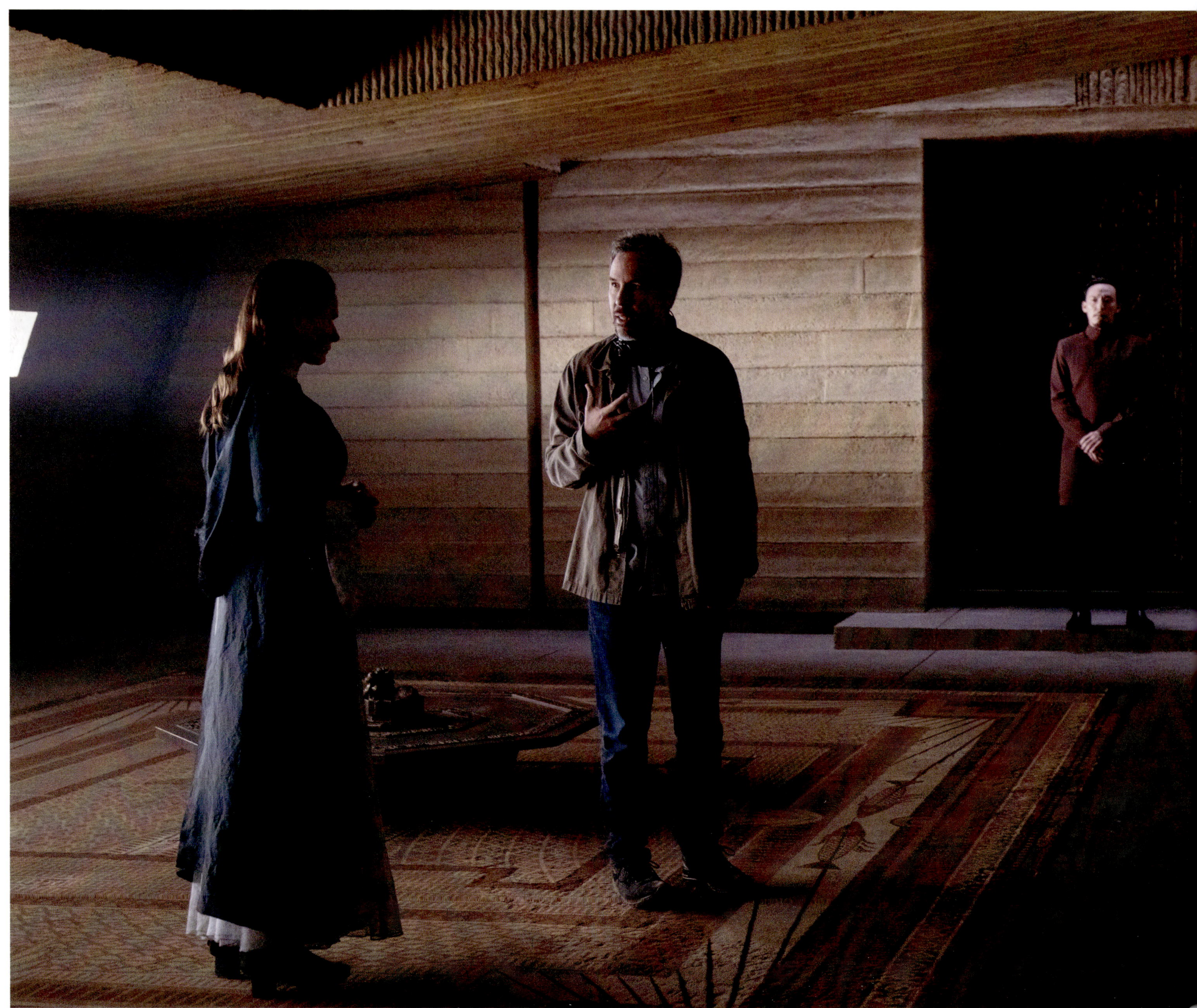

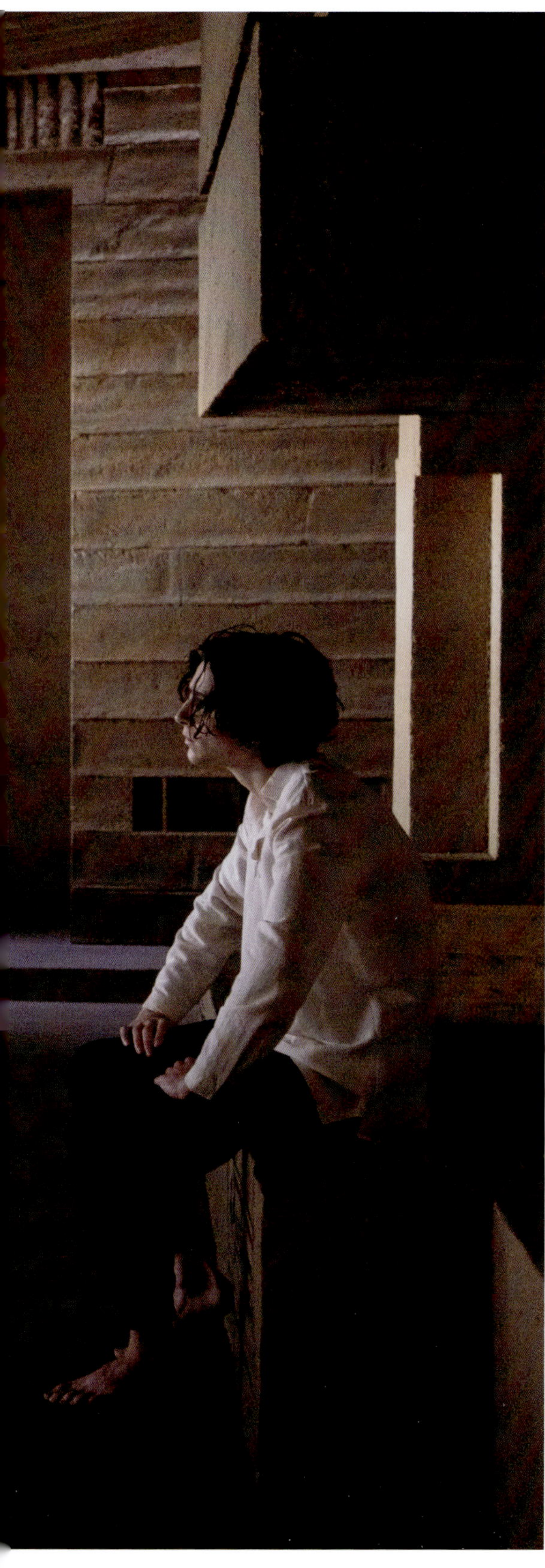

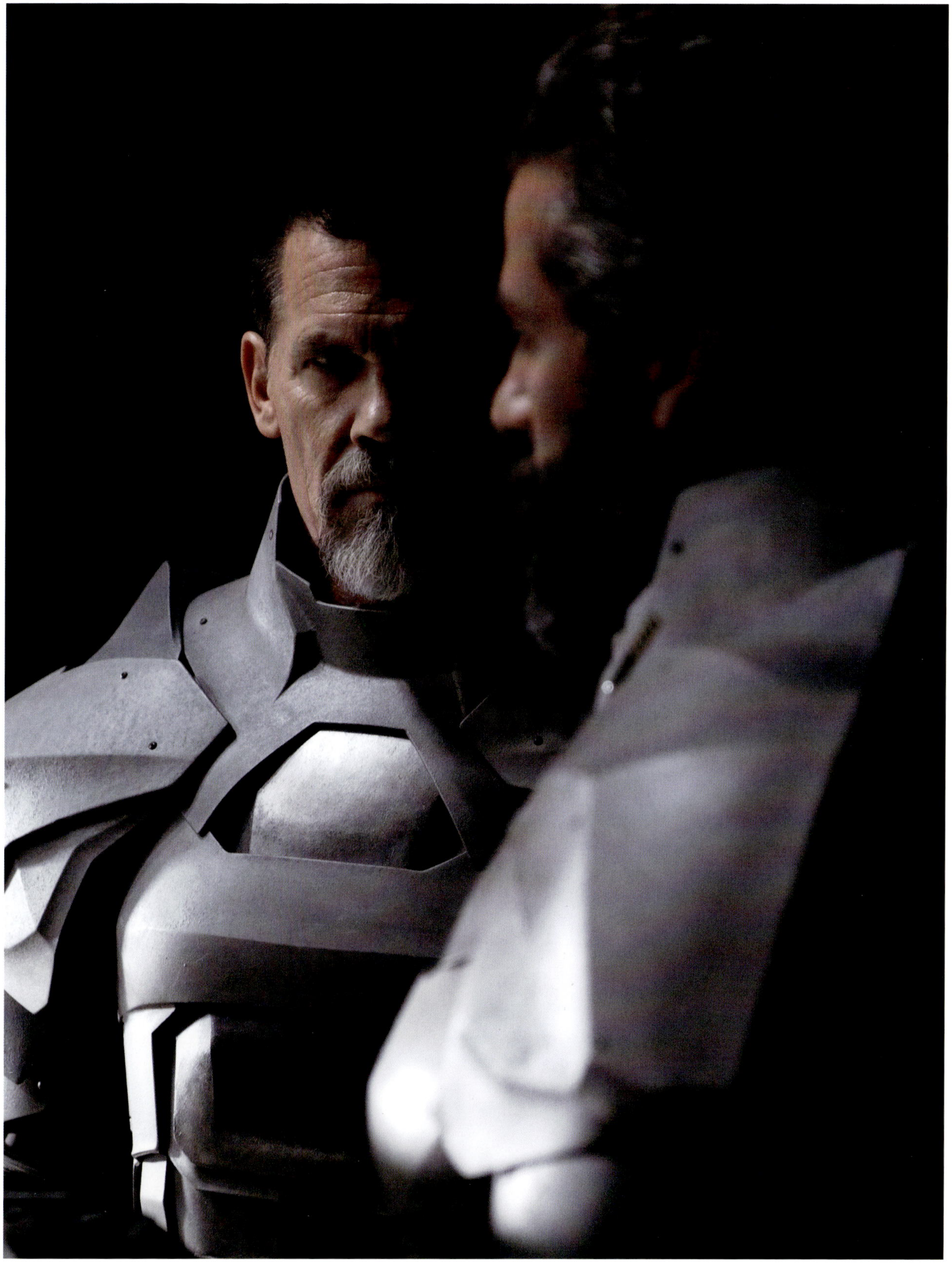

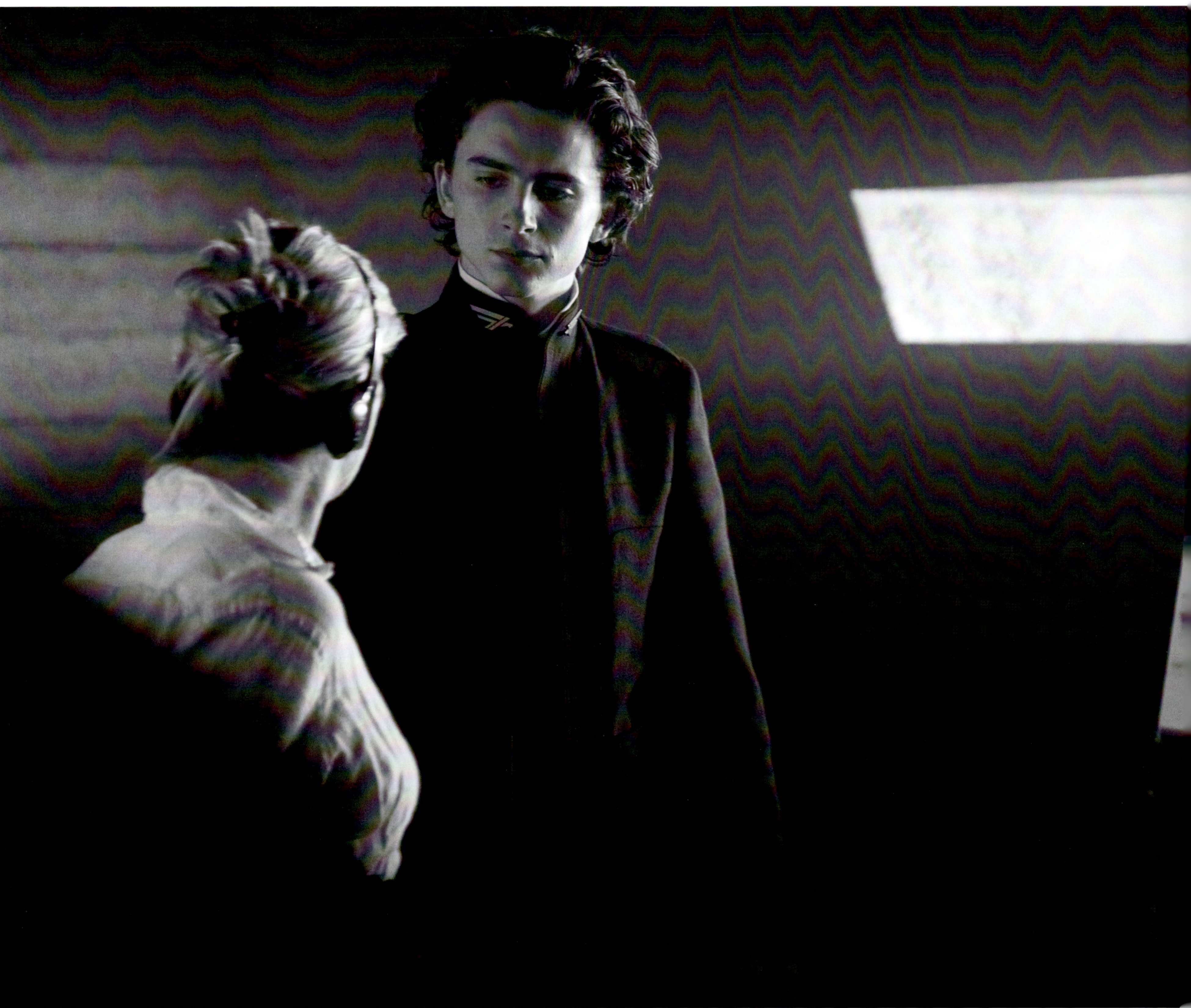

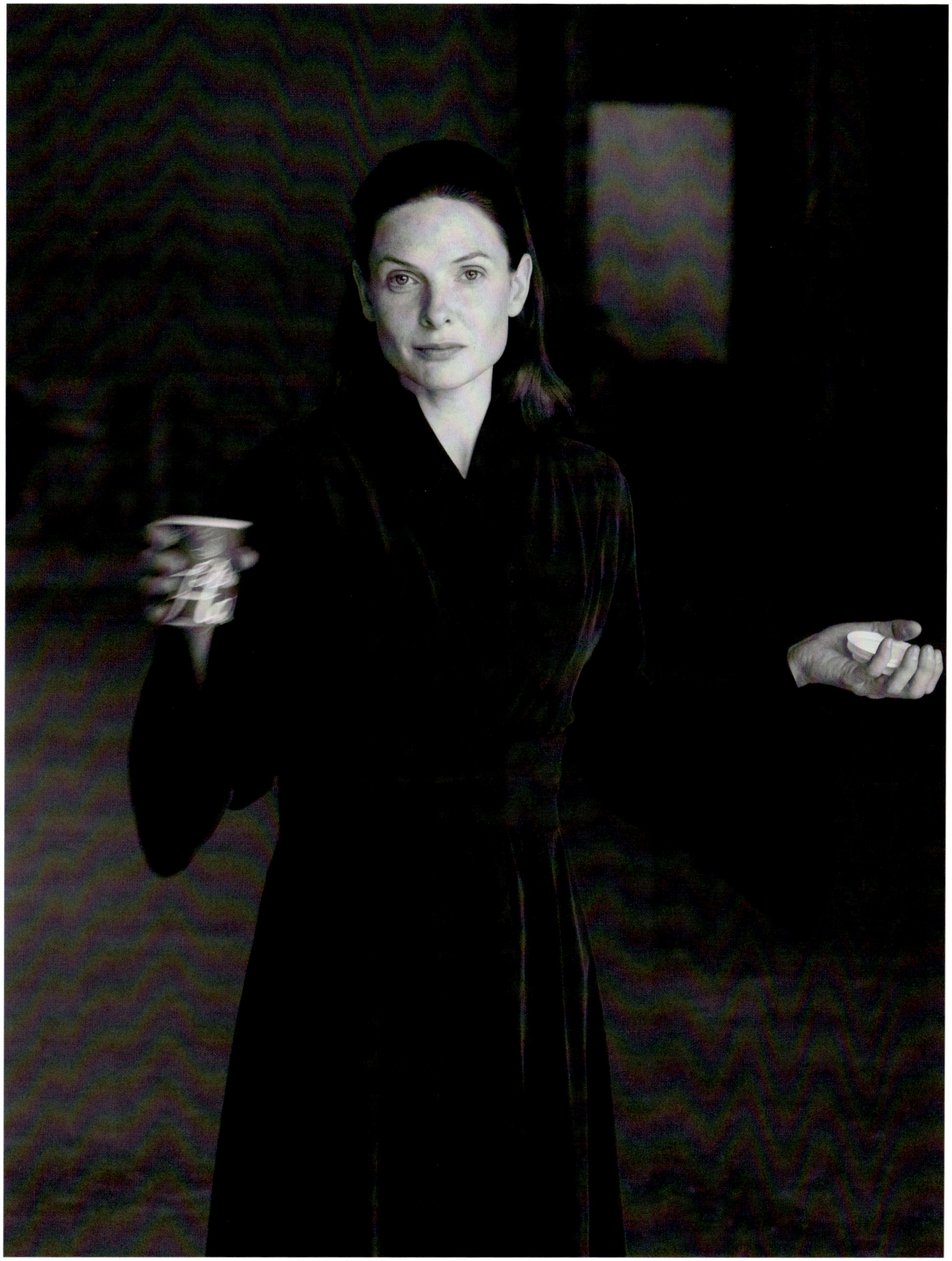

영화 〈듄〉에 깃든 마법 같은 힘은 영화 제작 과정의 다양한 요소뿐만 아니라
그 중심에 있는 사람들을 통해서 만들어진 것이다. 드니는 나를 칼라단,
아라키스, 기에디 프라임의 세계로 안내했다. 미술 감독 패트리스 베르메트는
프랭크 허버트가 창조해 낸 상상의 조각들을 기반으로 그의 팀이 구축해 낸
세계에 나를 초대해서 경이로운 무대를 경험할 수 있게 해 주었다. 촬영 감독인
그레이그 프레이저는 빛으로 그림을 그리며 마법을 보는 법을 우리에게 알려
주었고, 자신의 색상 팔레트와 색조를 공유하여 영화의 이미지가 사진에 반영될
수 있게 해 주었다. 시각 효과의 거장인 폴 램버트는 우리의 물리적 세계를 또
다른 우주로 바꾸어 놓았고, 눈이나 카메라로는 볼 수 없는 아주 작은 요소들에
대한 통찰력을 갖게 해 주었다. 여러 배우가 한데 모여서 유성우처럼 쏟아지는
빛나는 재능을 발휘하며 촬영장과 스크린을 밝혀 주었고, 나의 렌즈와 교감하며
그들의 캐릭터와 연기에 더 깊이 있게 접근할 수 있게 해 주기도 했다.

　연출 팀과 디자인 팀 간의 협업은 무대 뒤에서 수년간 힘들게 일한 결과로
만들어진 것이다. 촬영 스태프들이 세트장에 발을 디디는 순간, 그들은 수천
시간의 디자인, 제작, 시공을 통해 구축된 물리적인 세계에 들어서게 된다.
생동감 넘치는 새로운 세계를 카메라에 담기 위해서 아주 작은 부분들까지
세심하게 제작되었다.

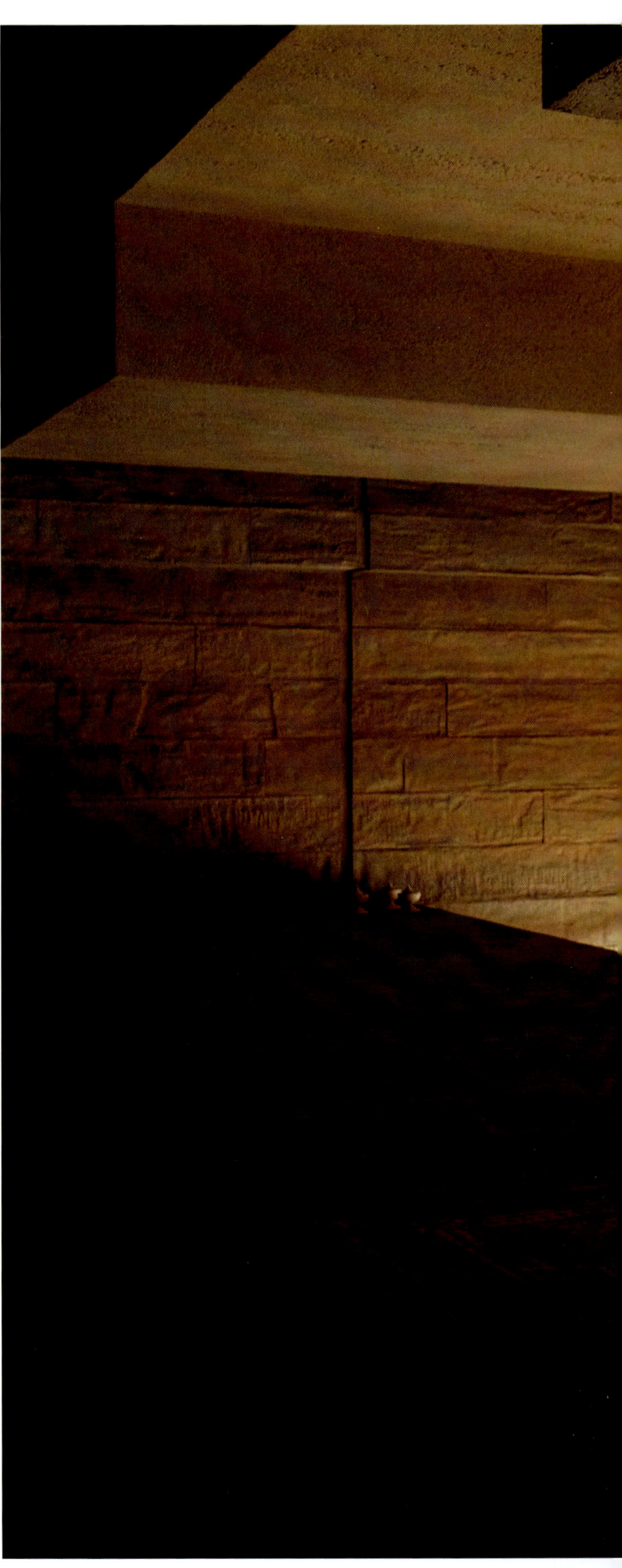

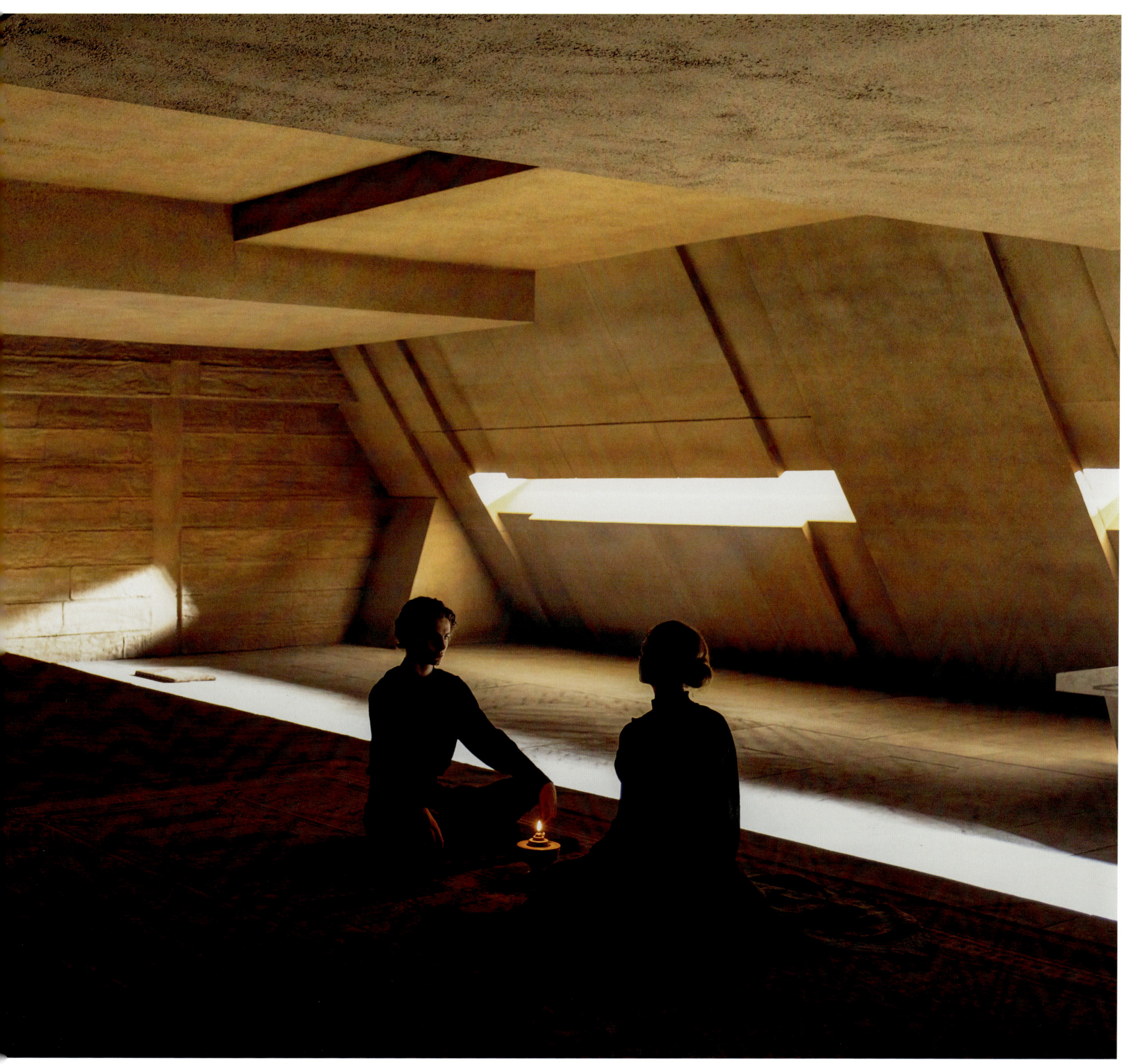

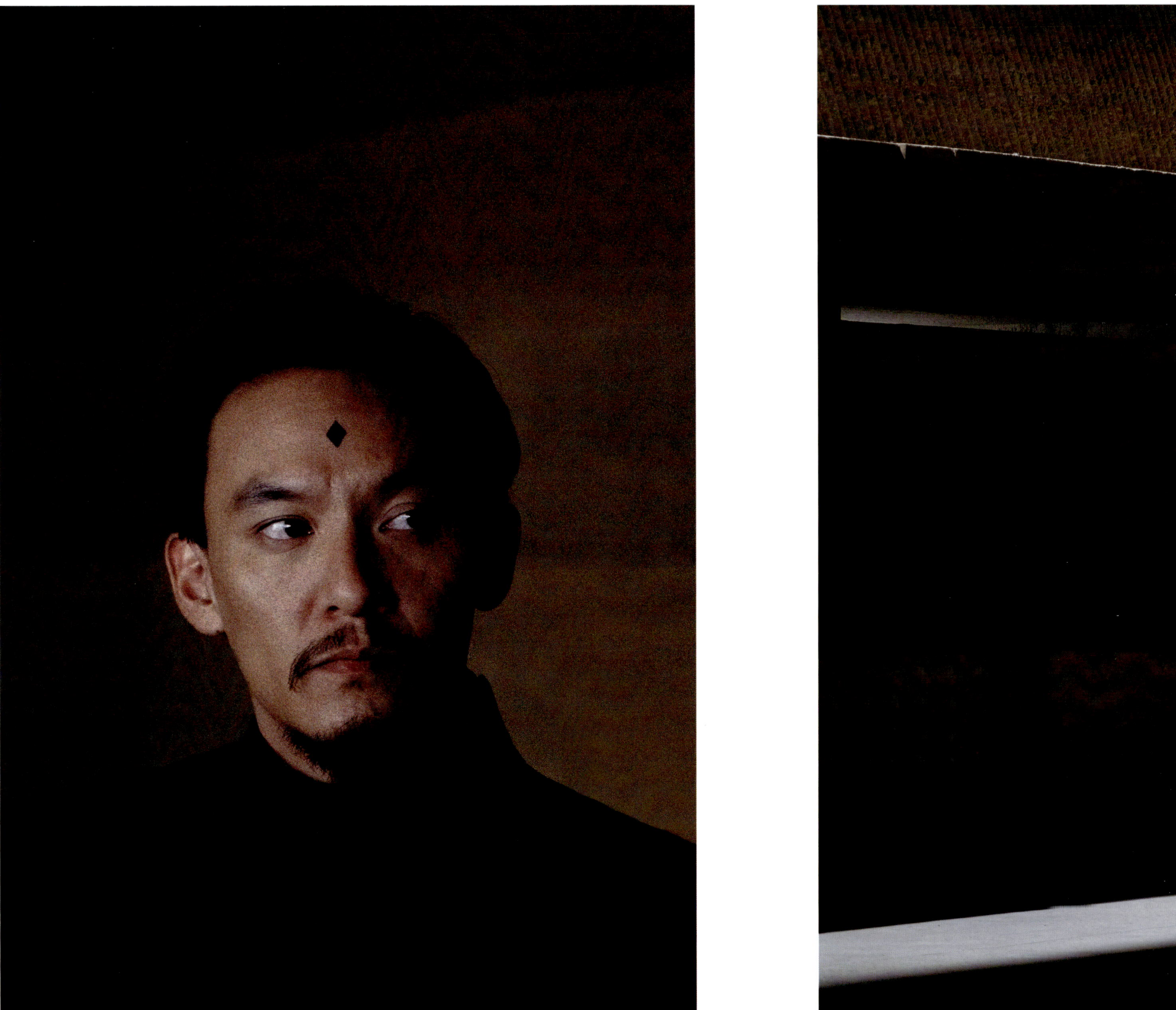

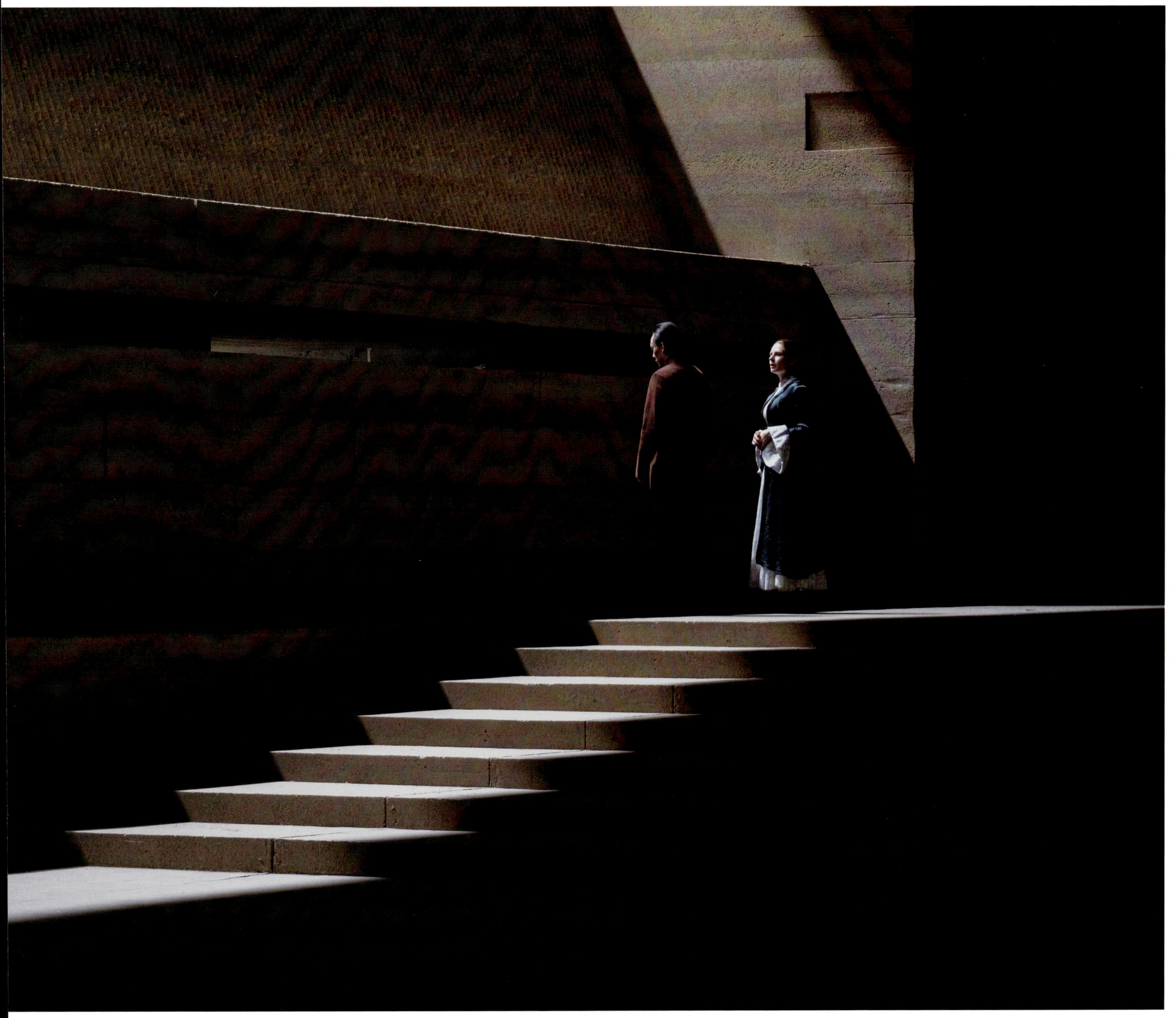

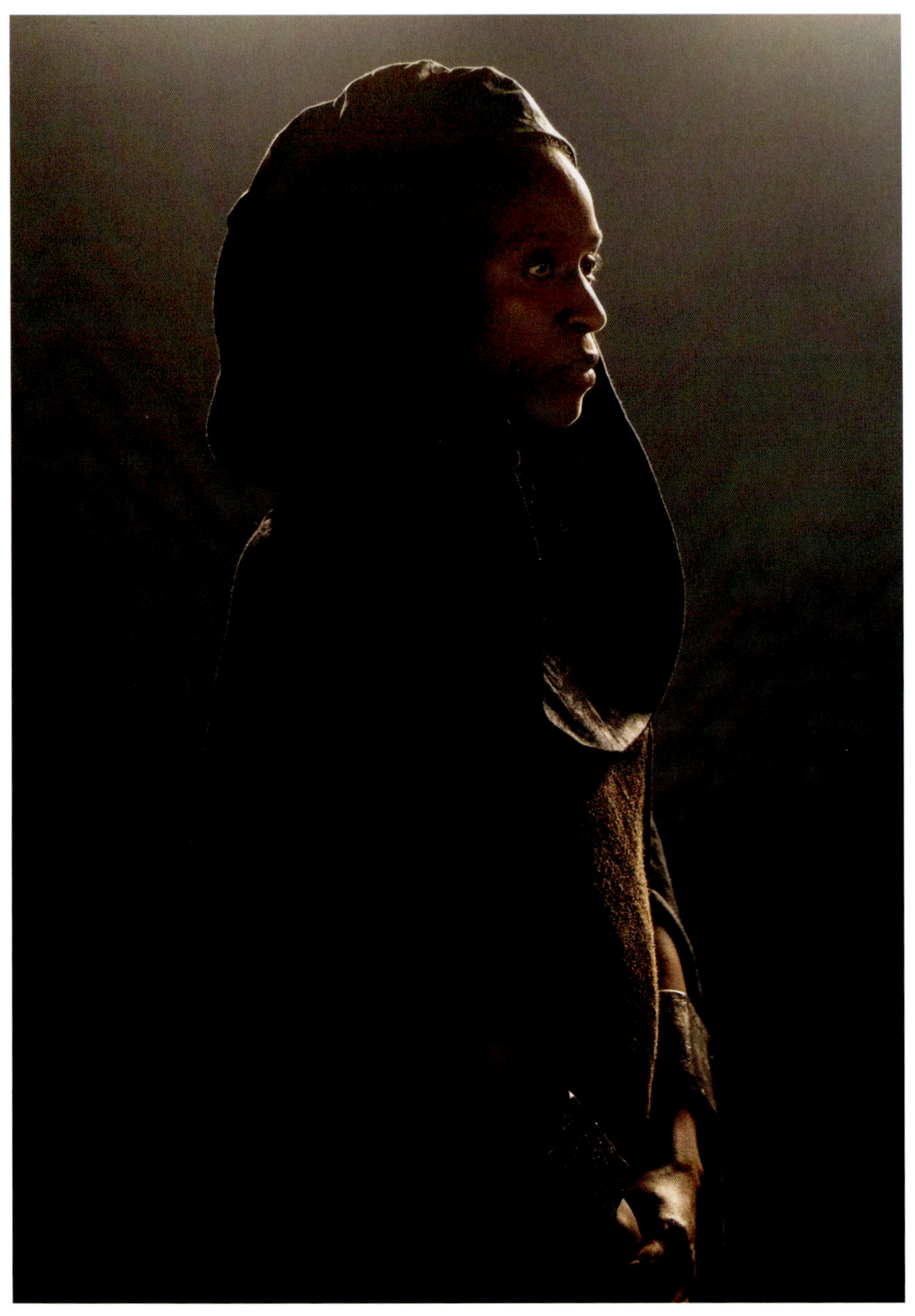
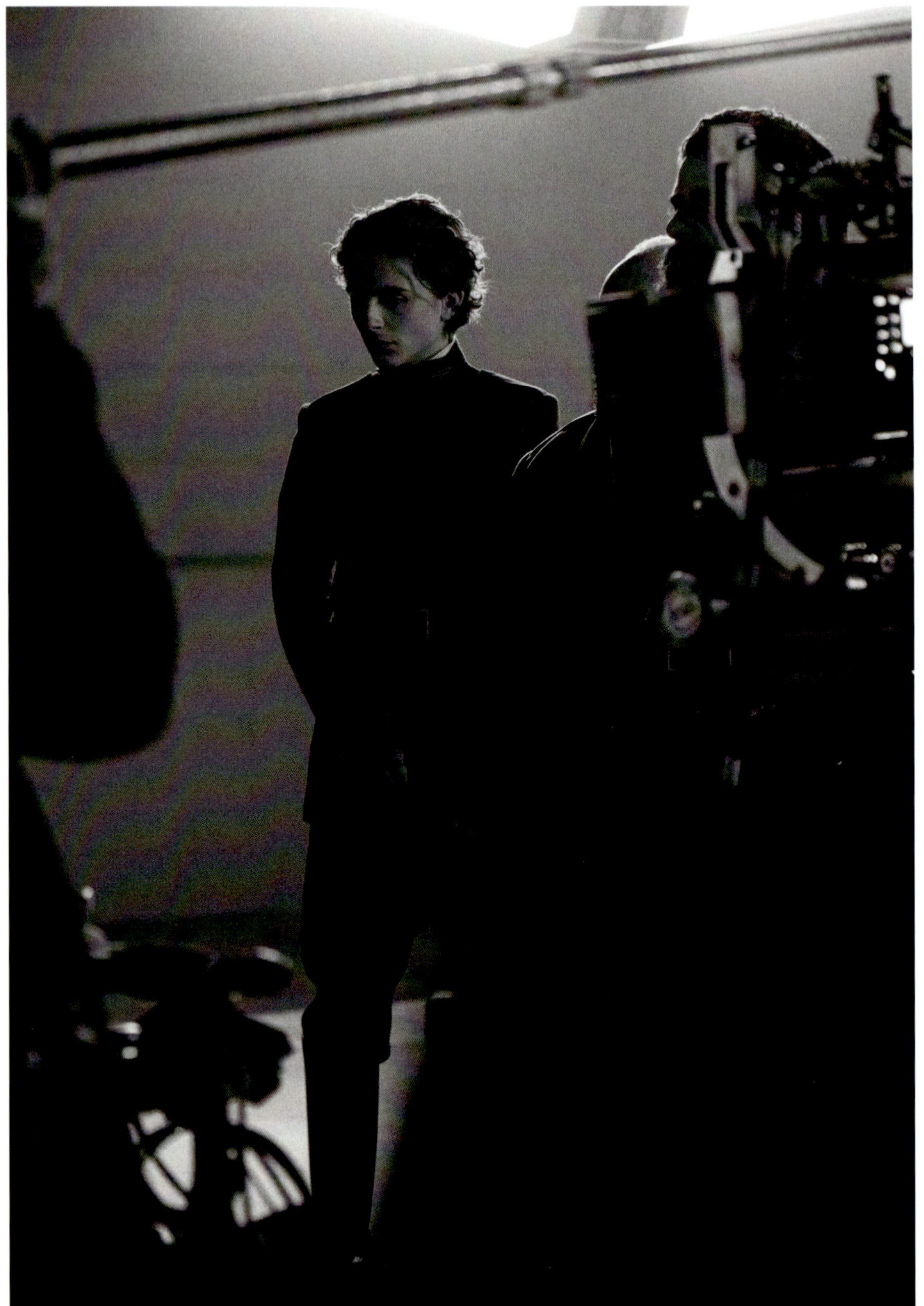

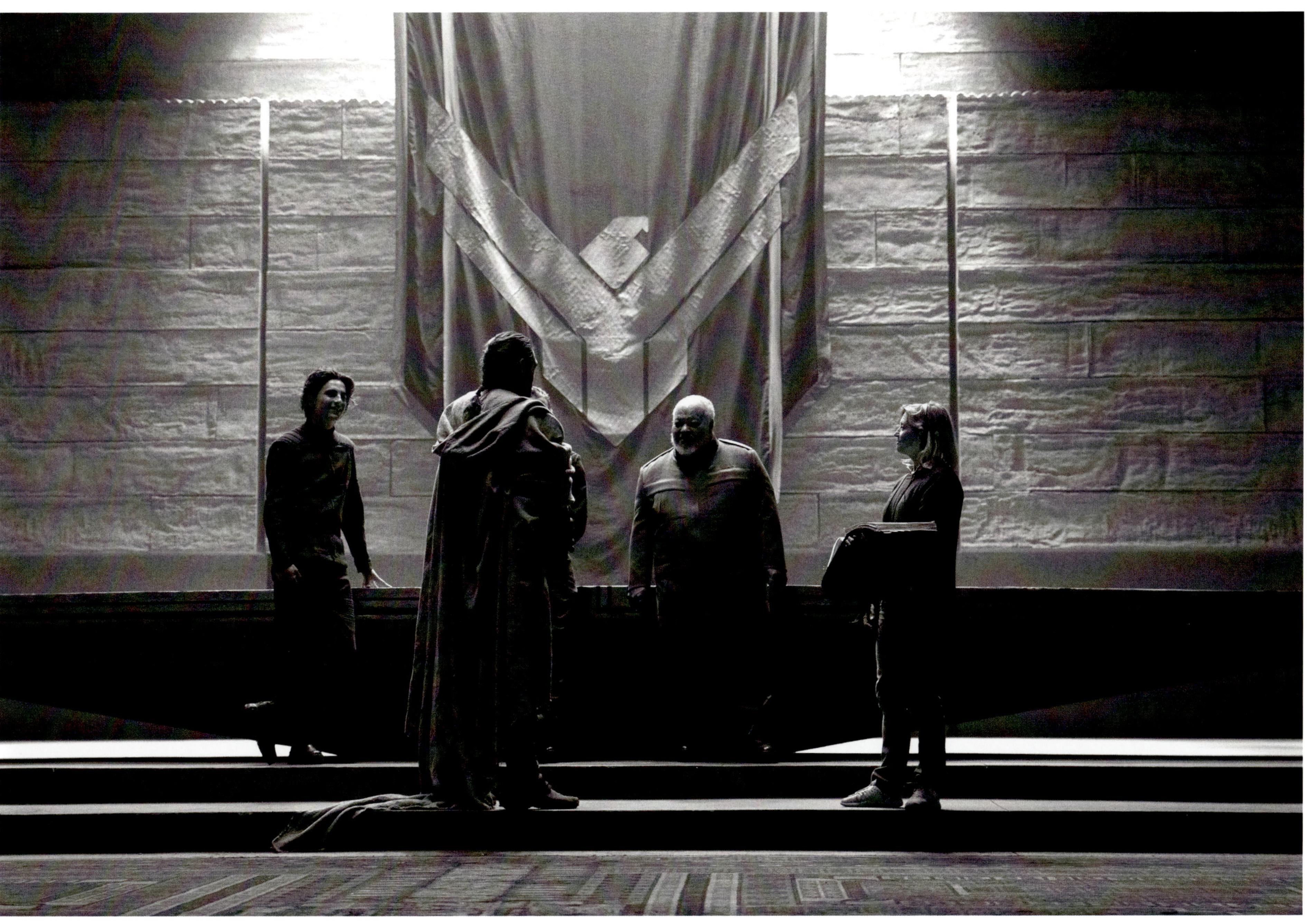

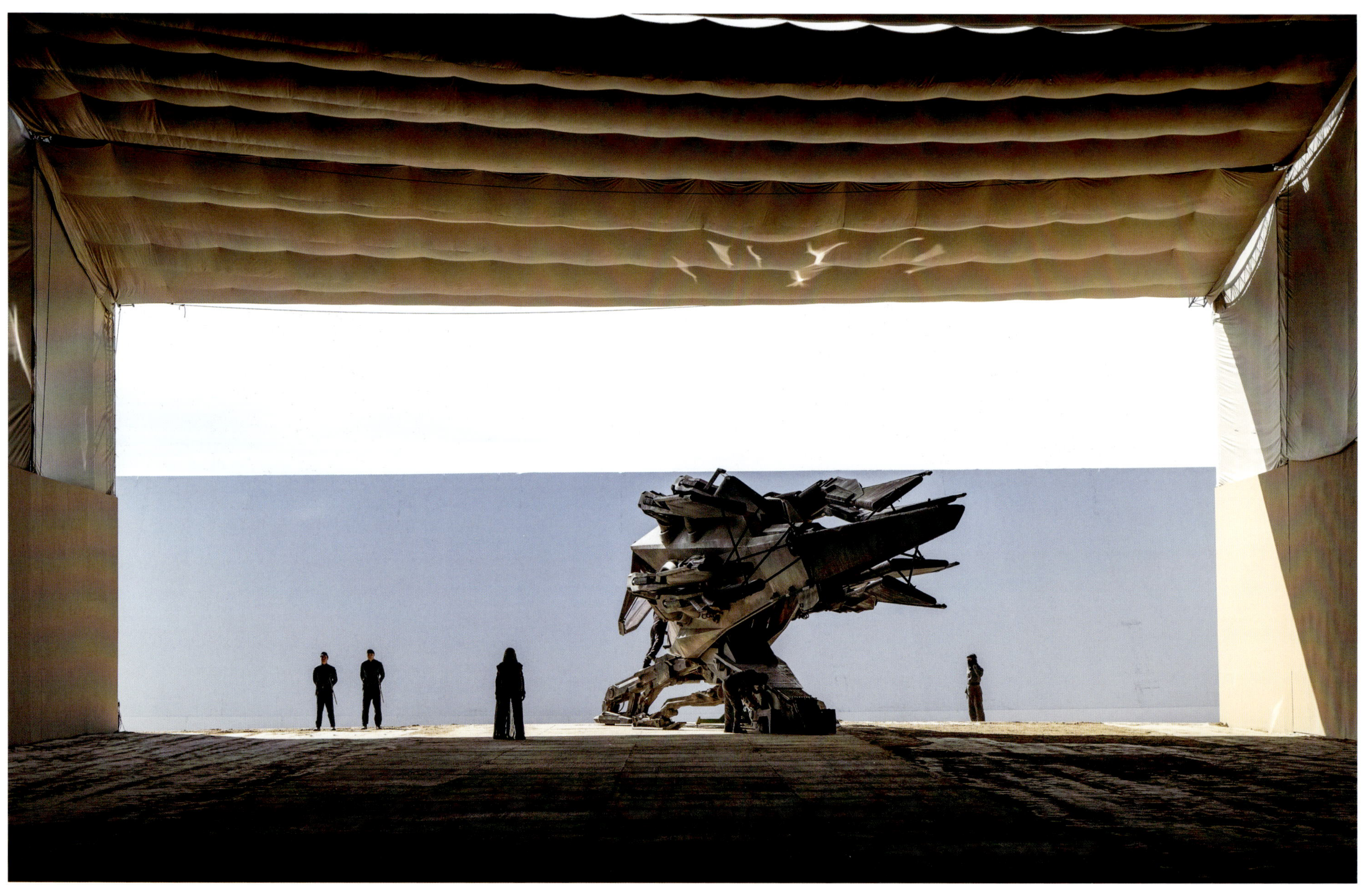

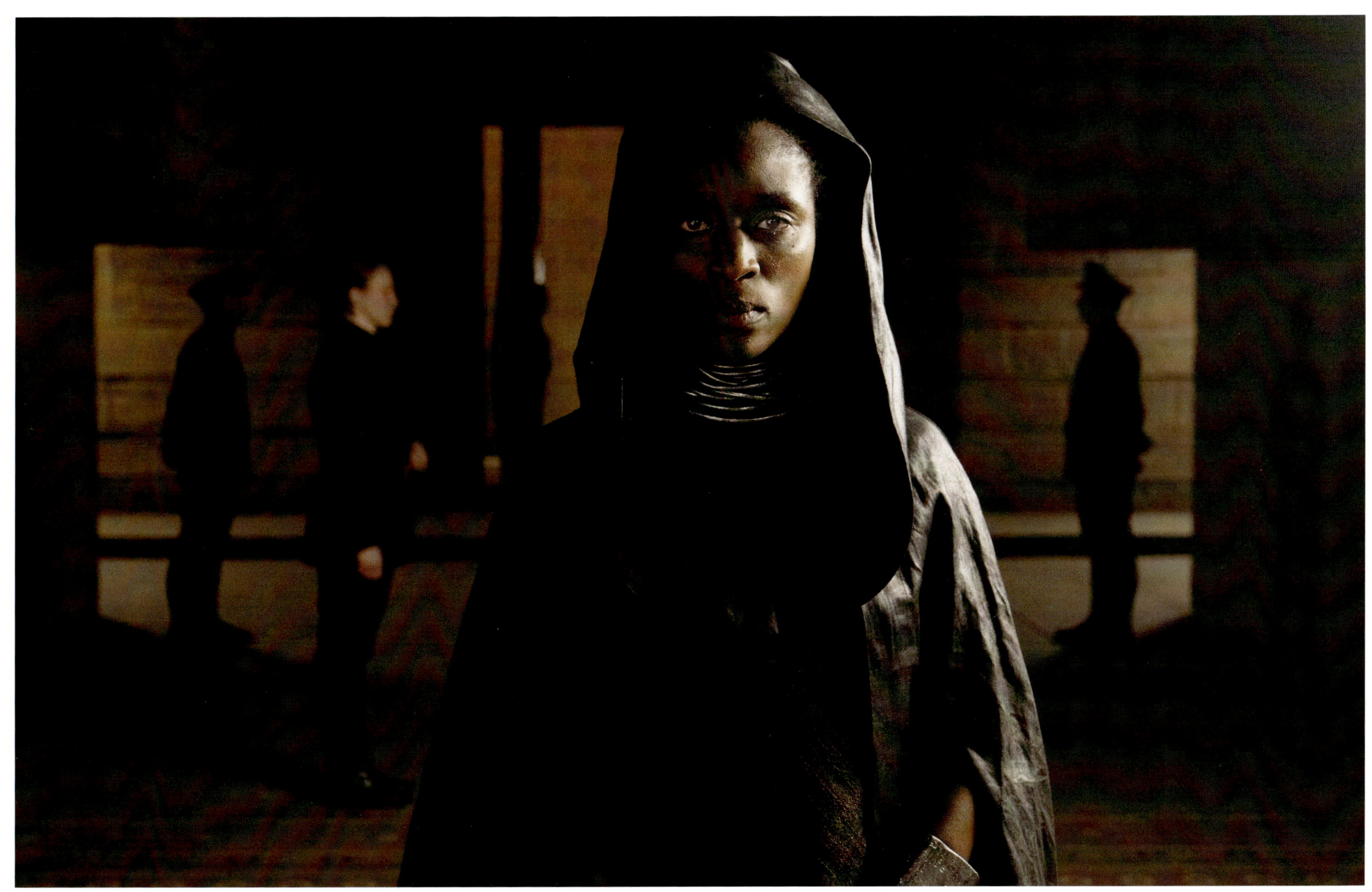

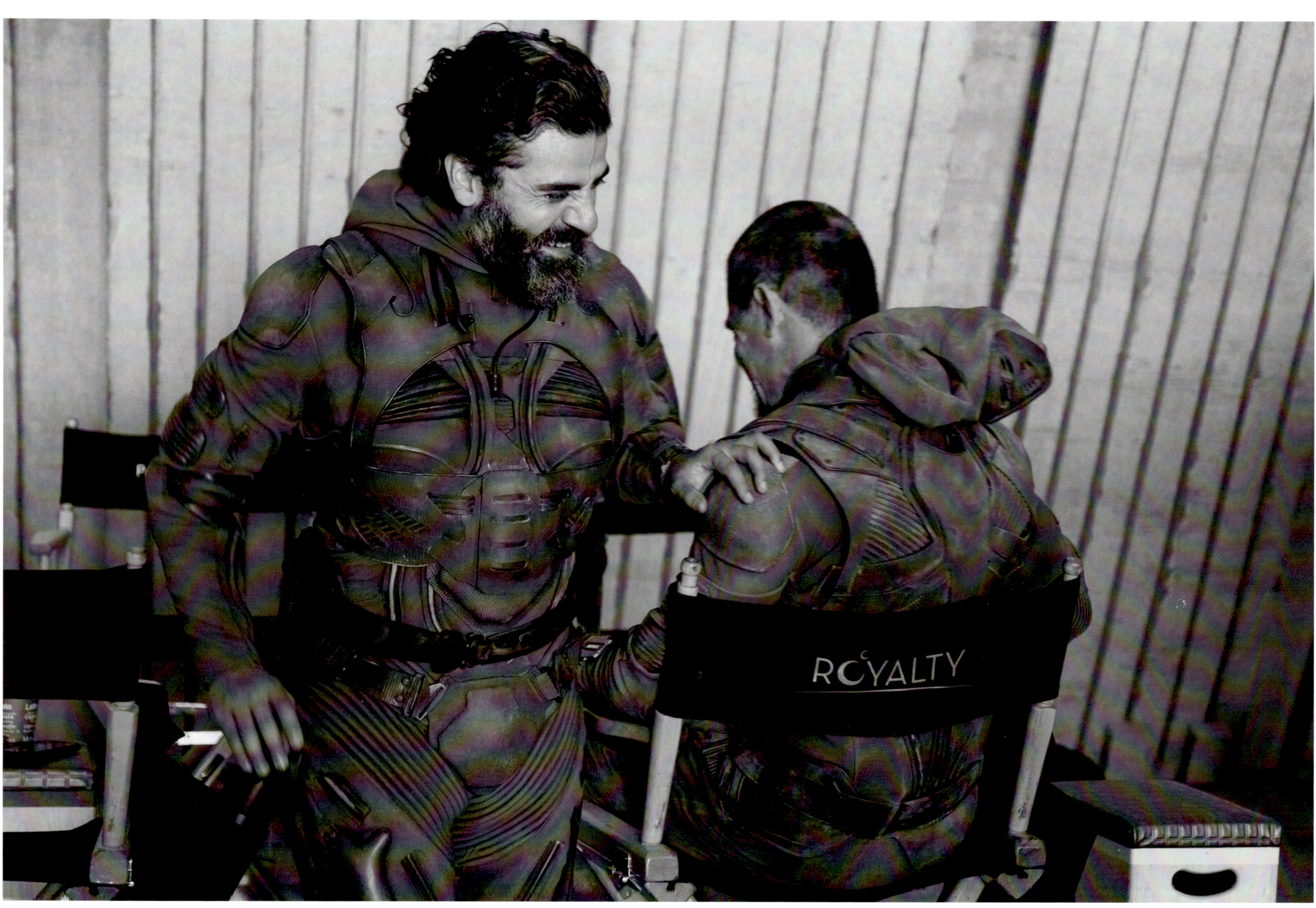

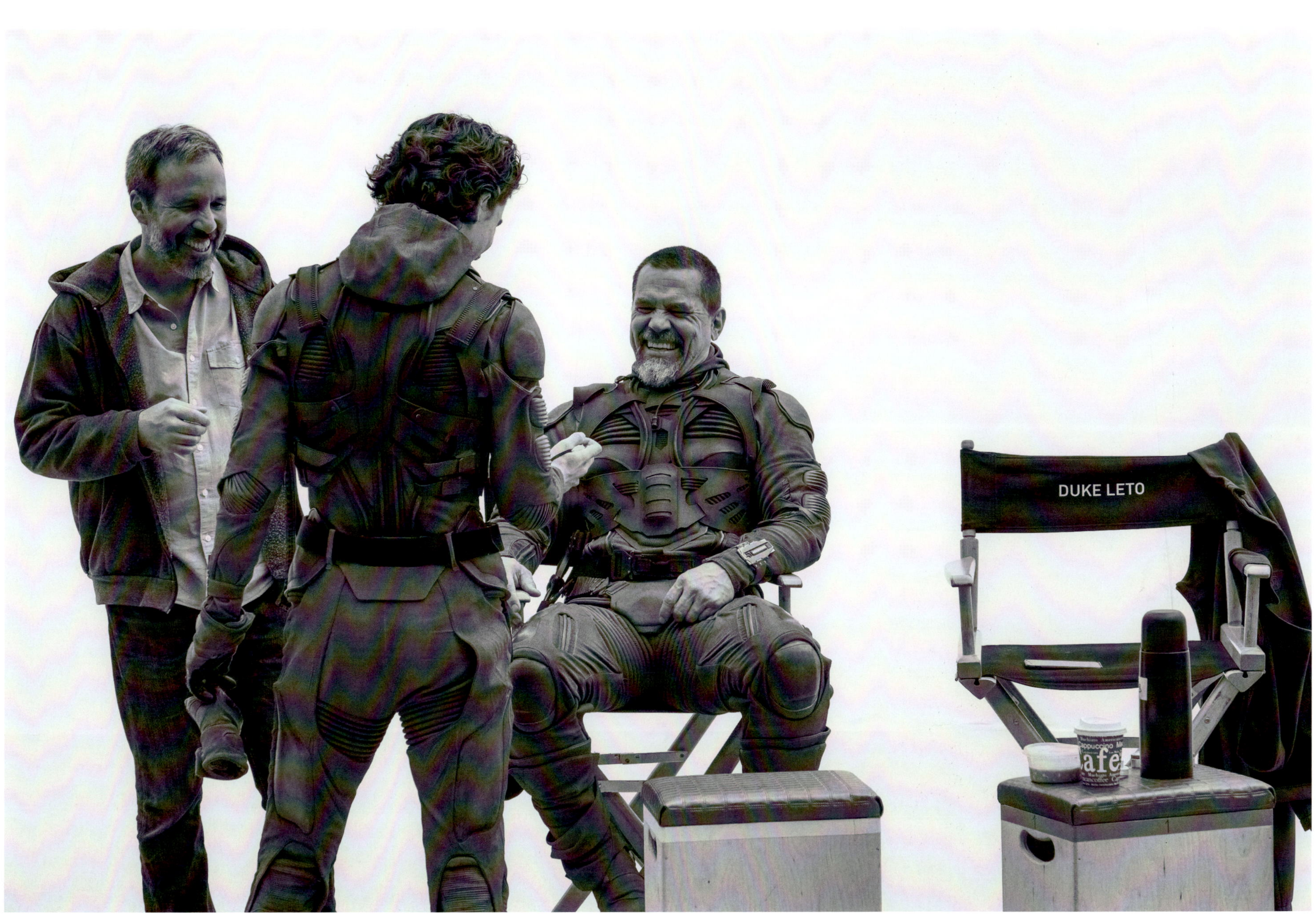
DUKE LETO

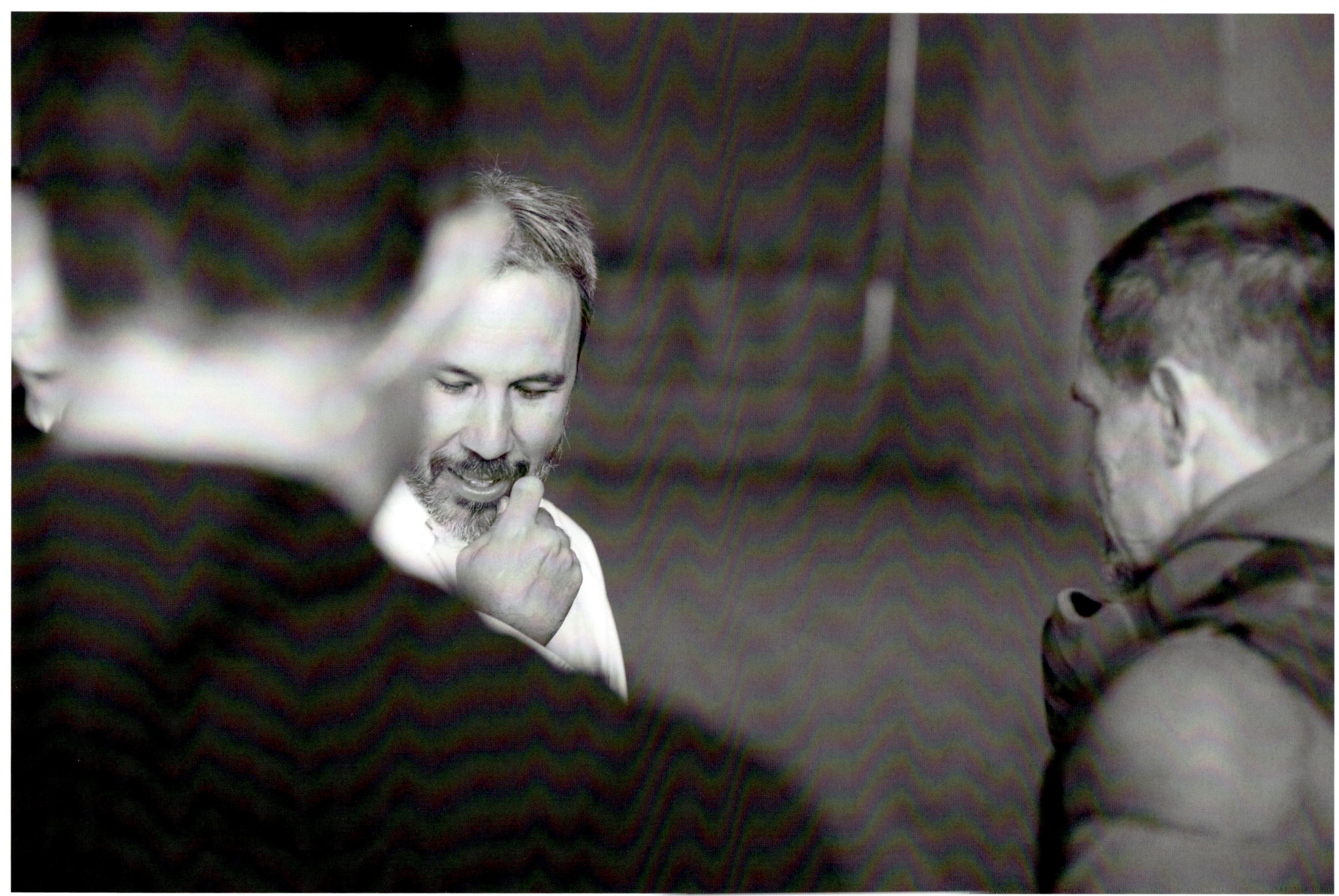

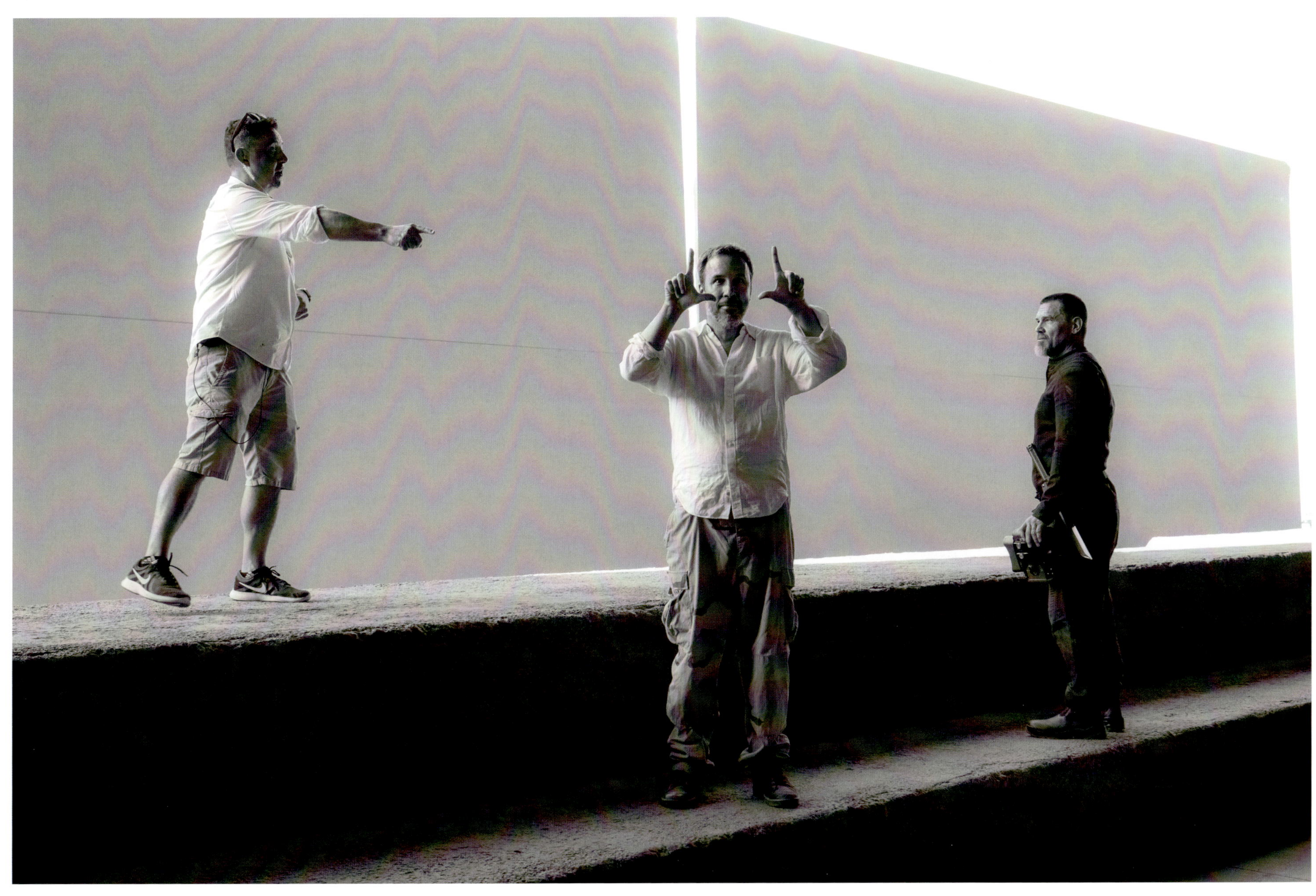

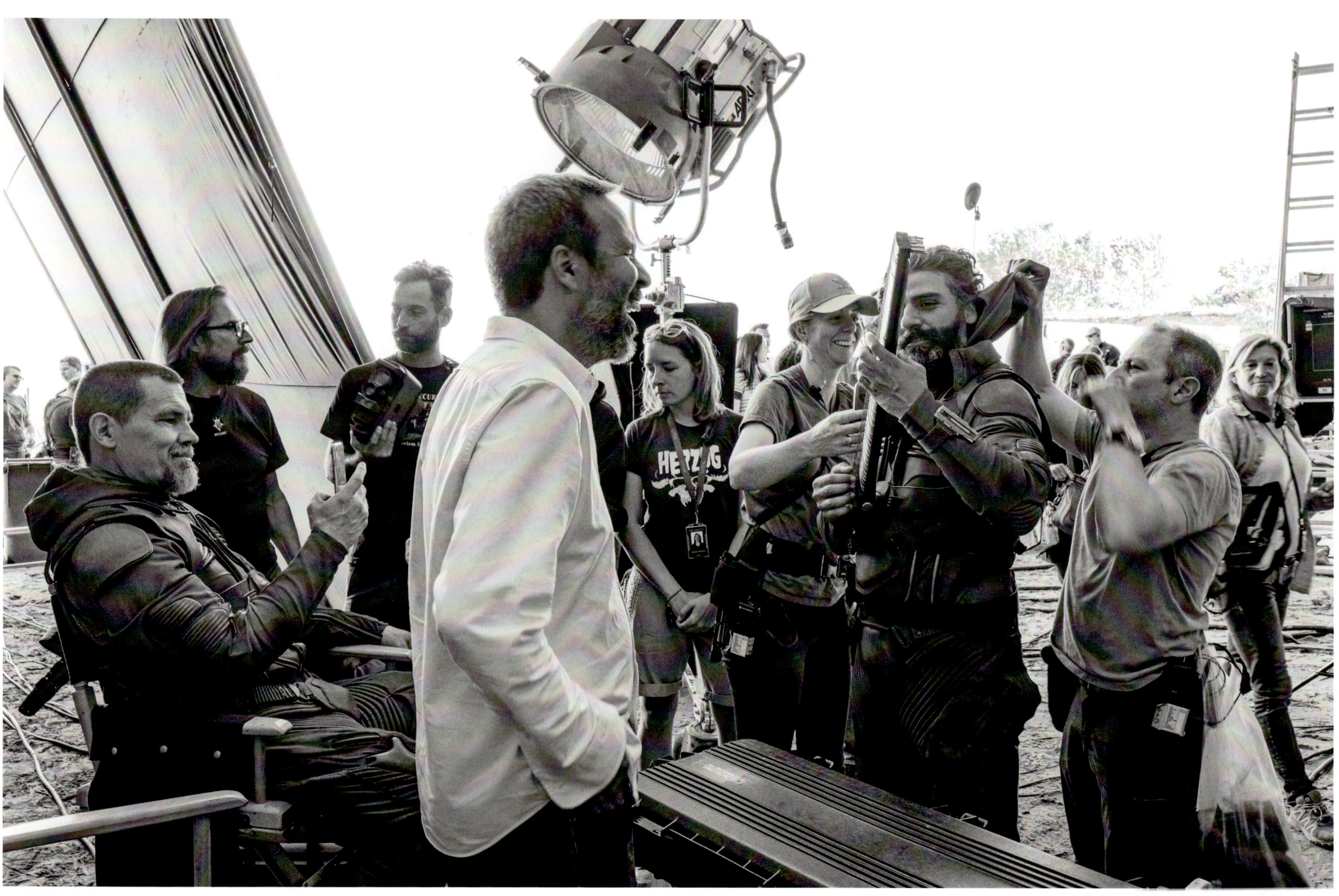

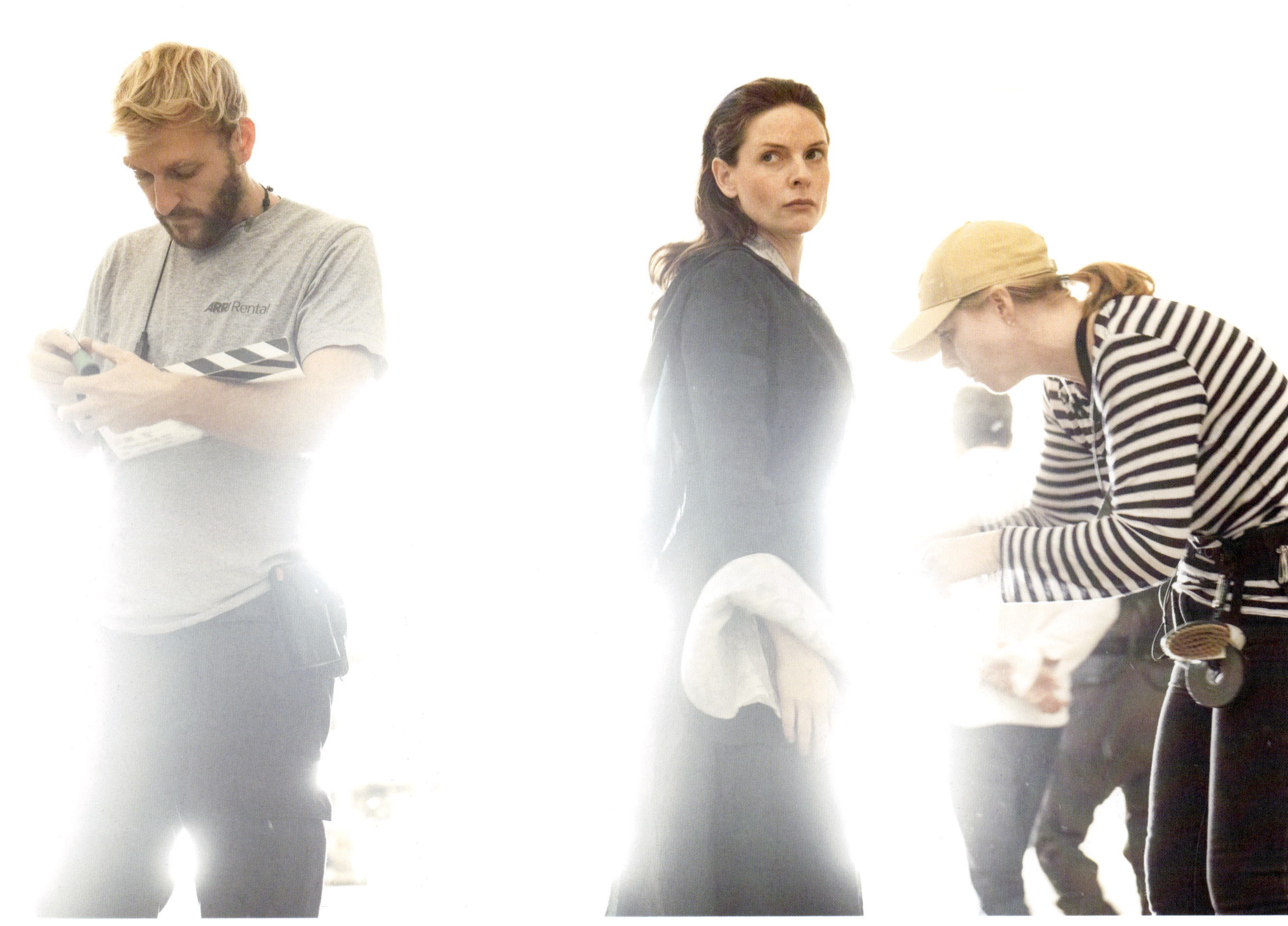

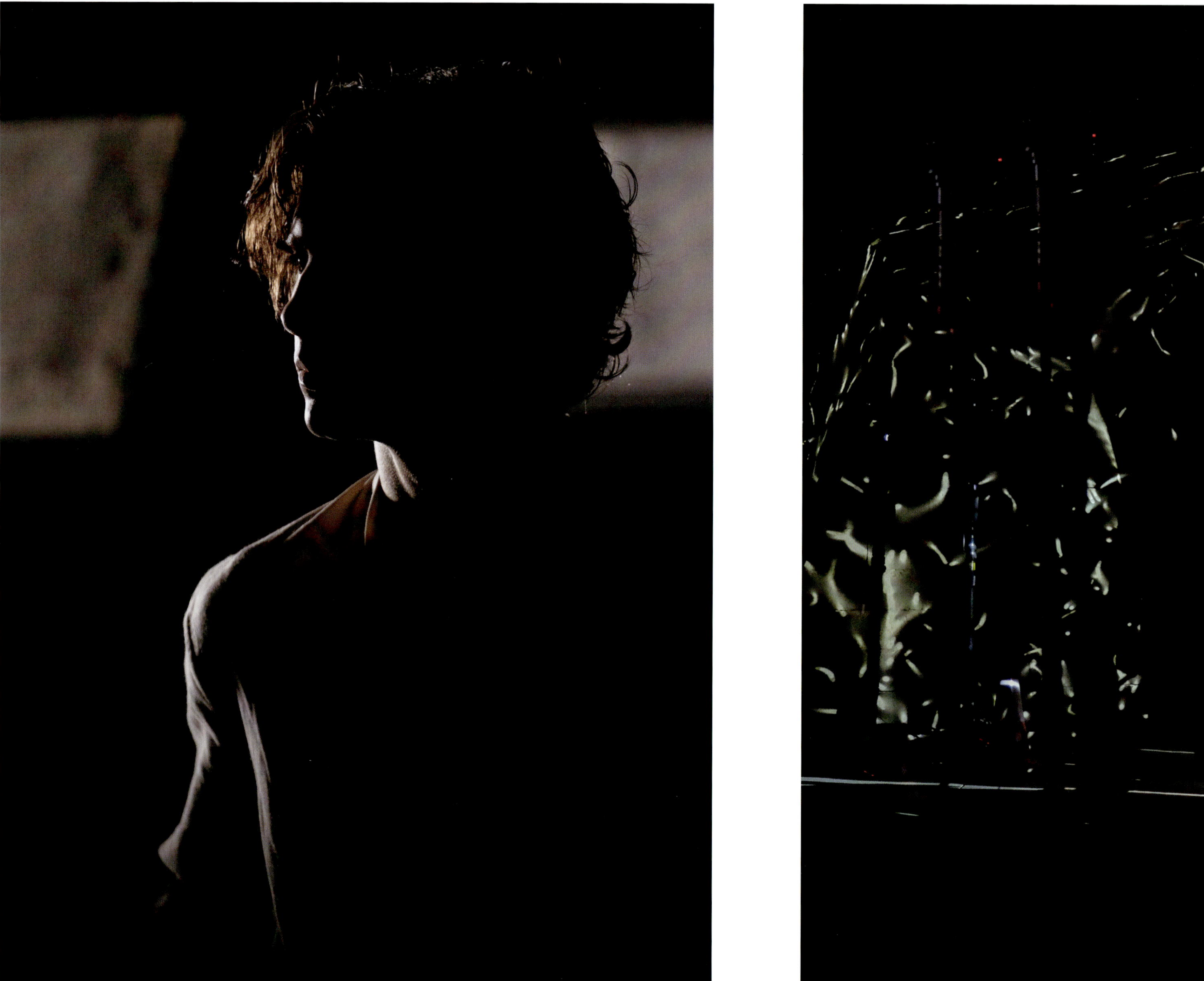

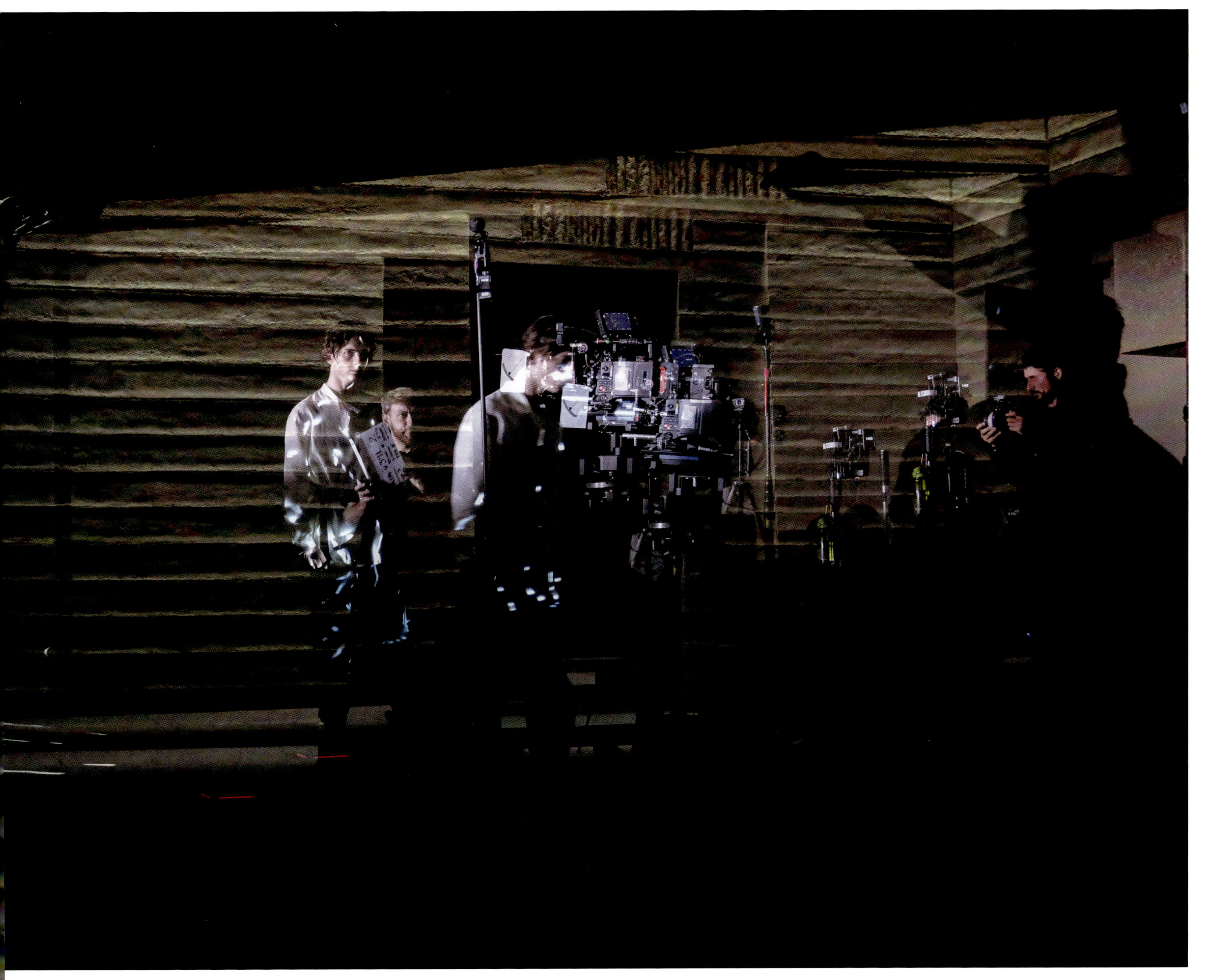

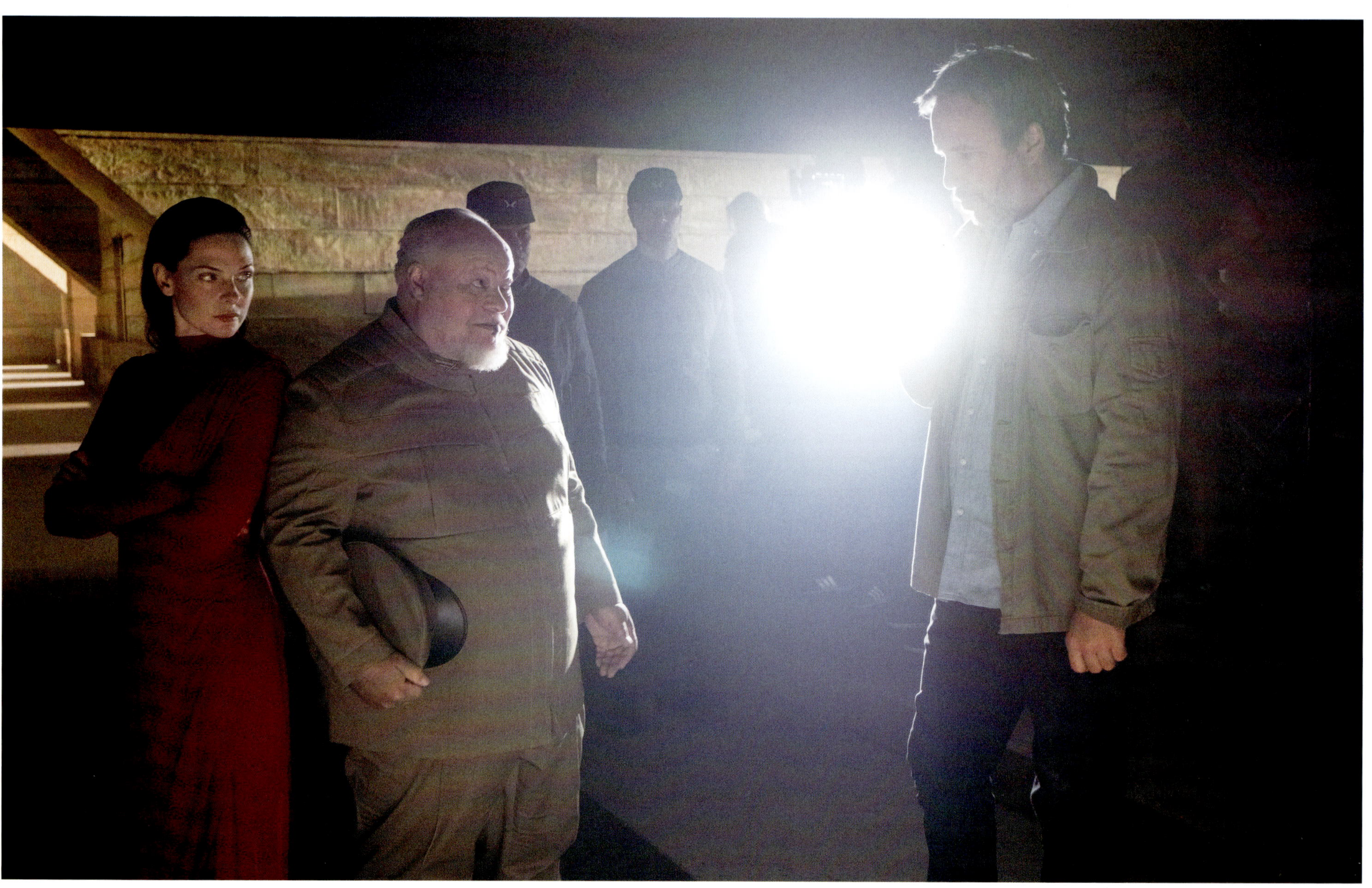

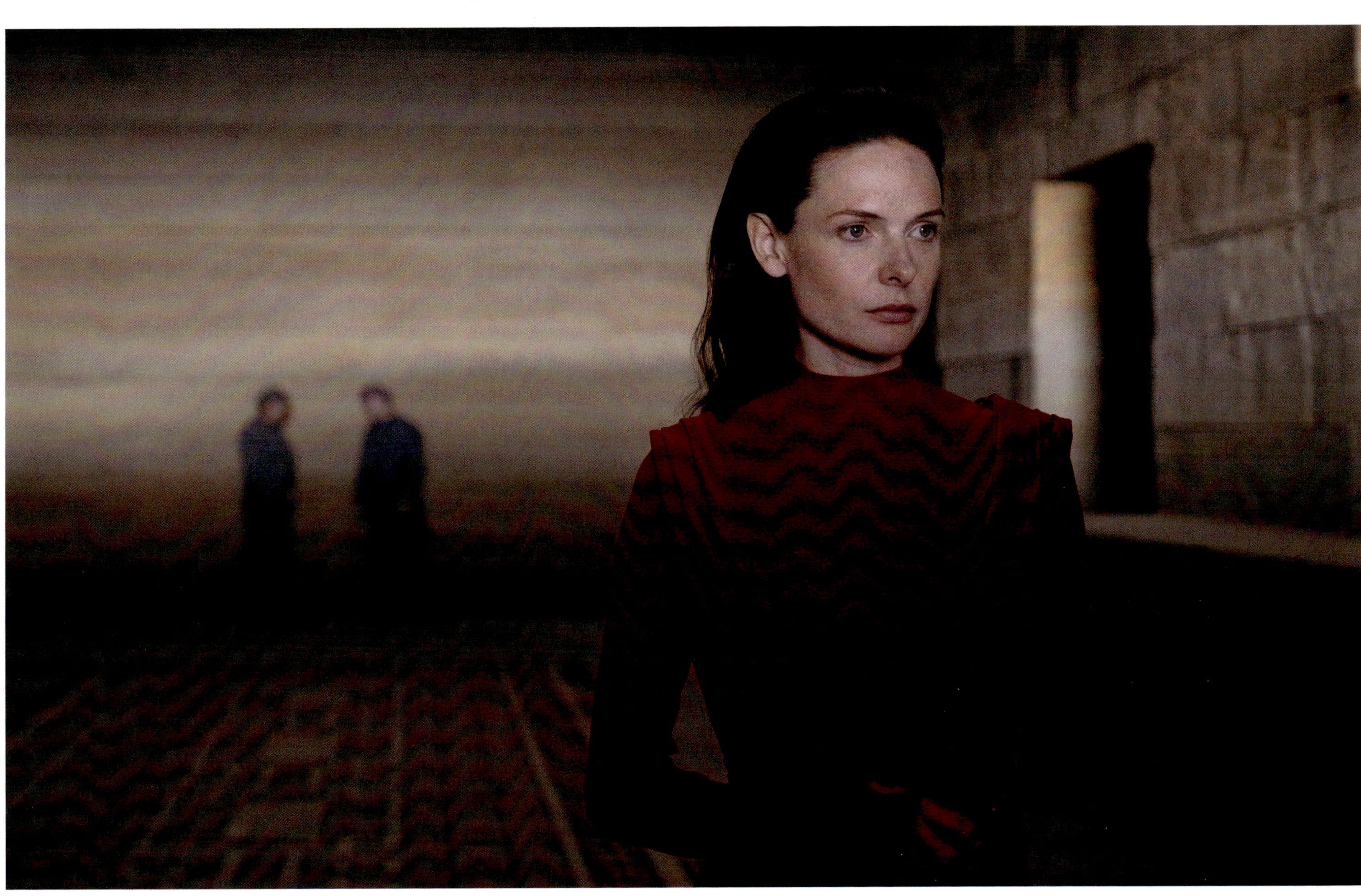

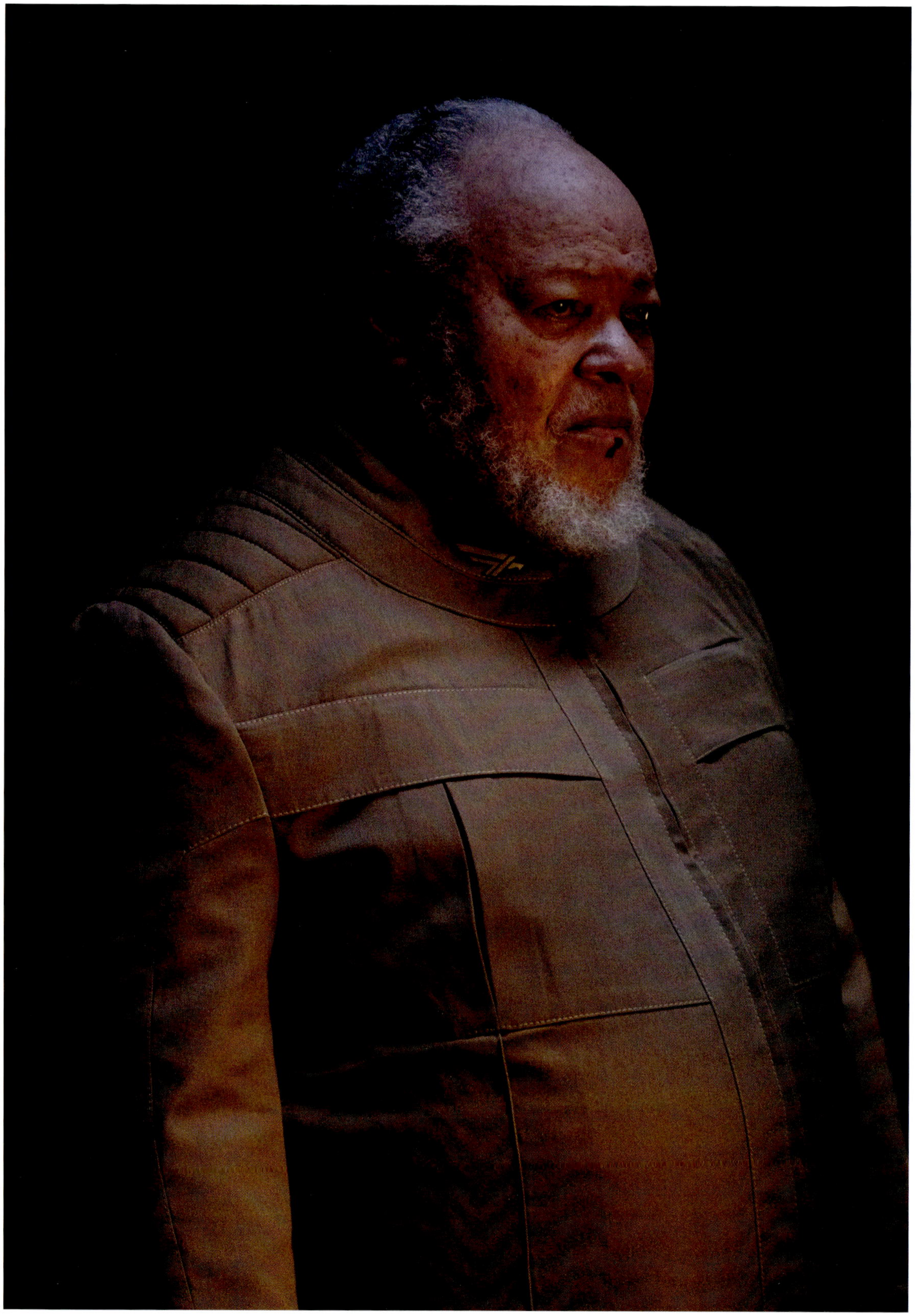

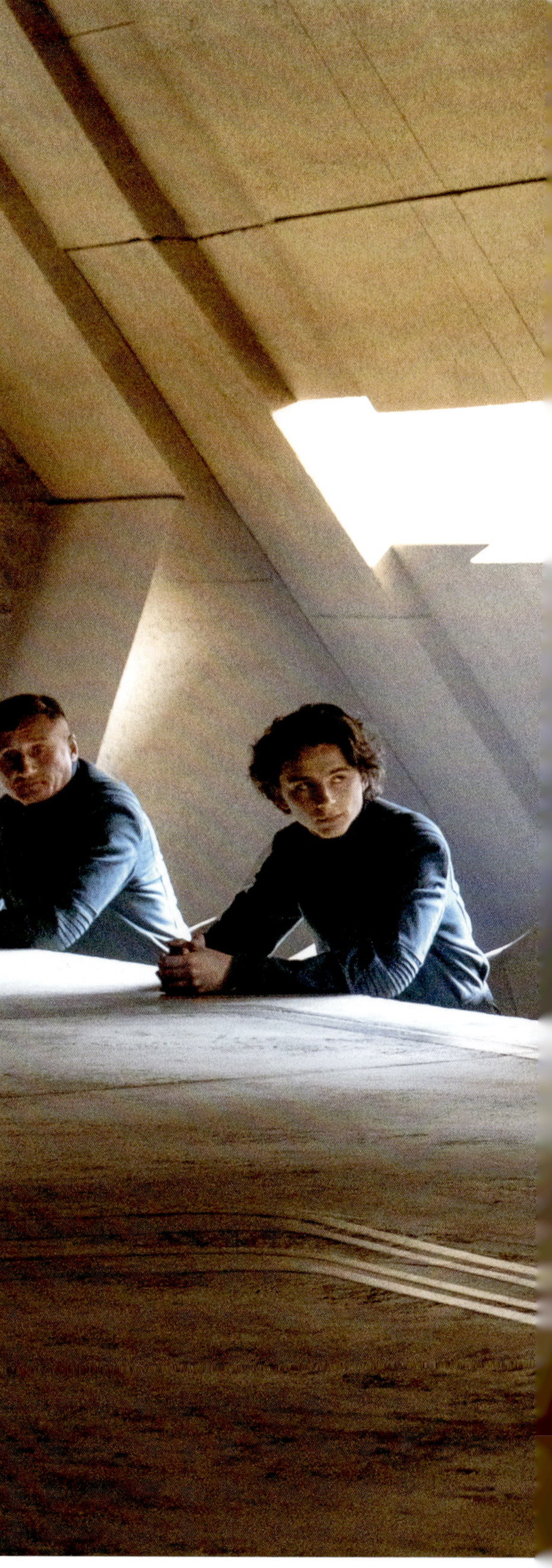

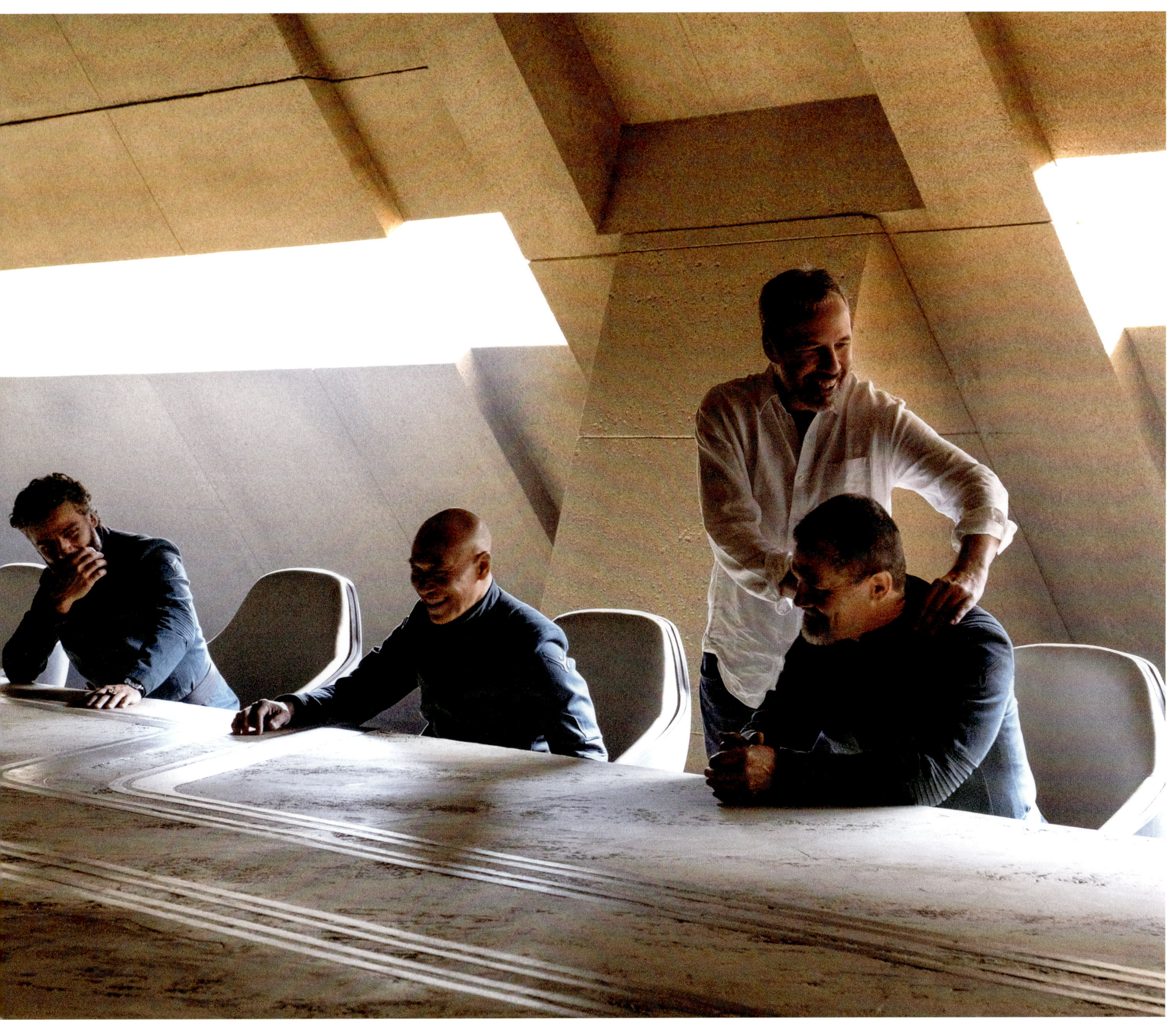

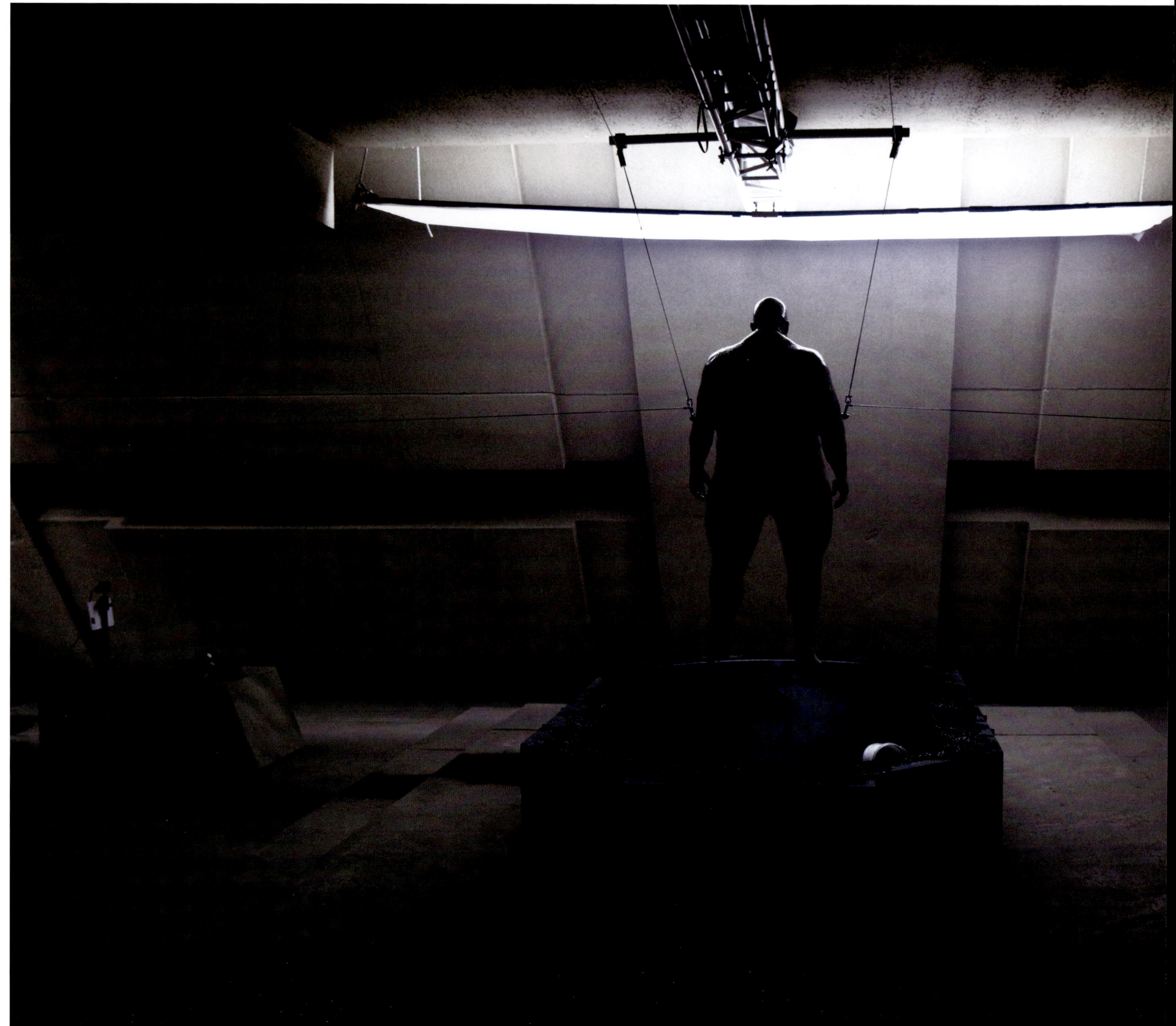

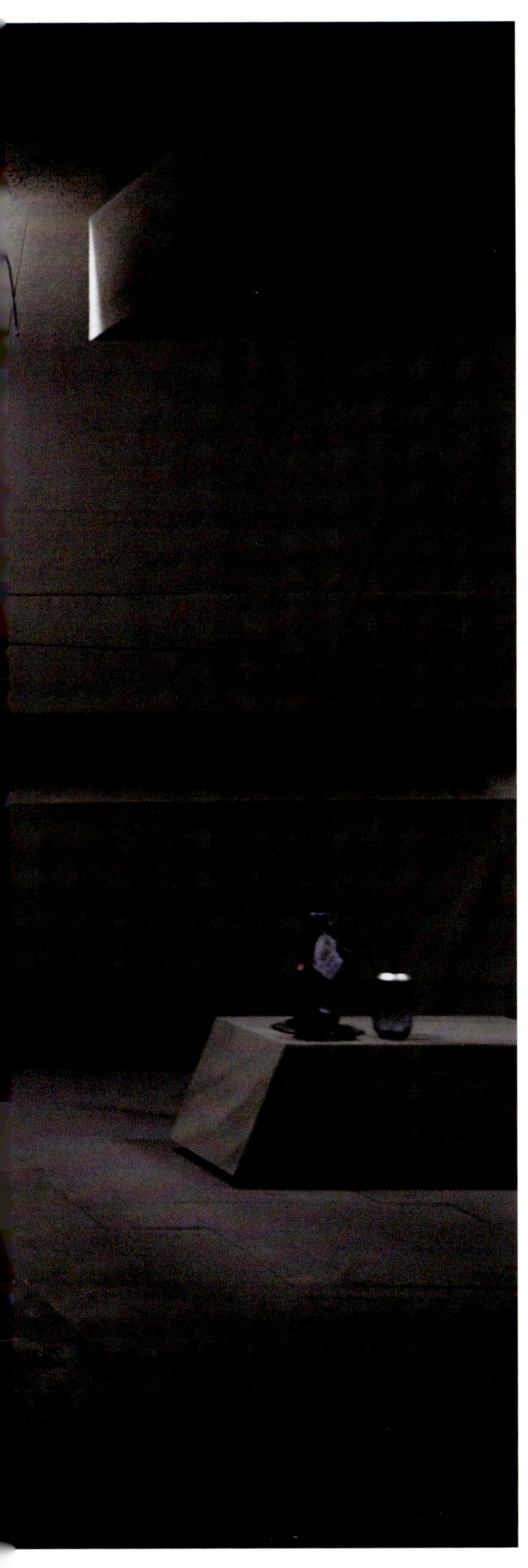

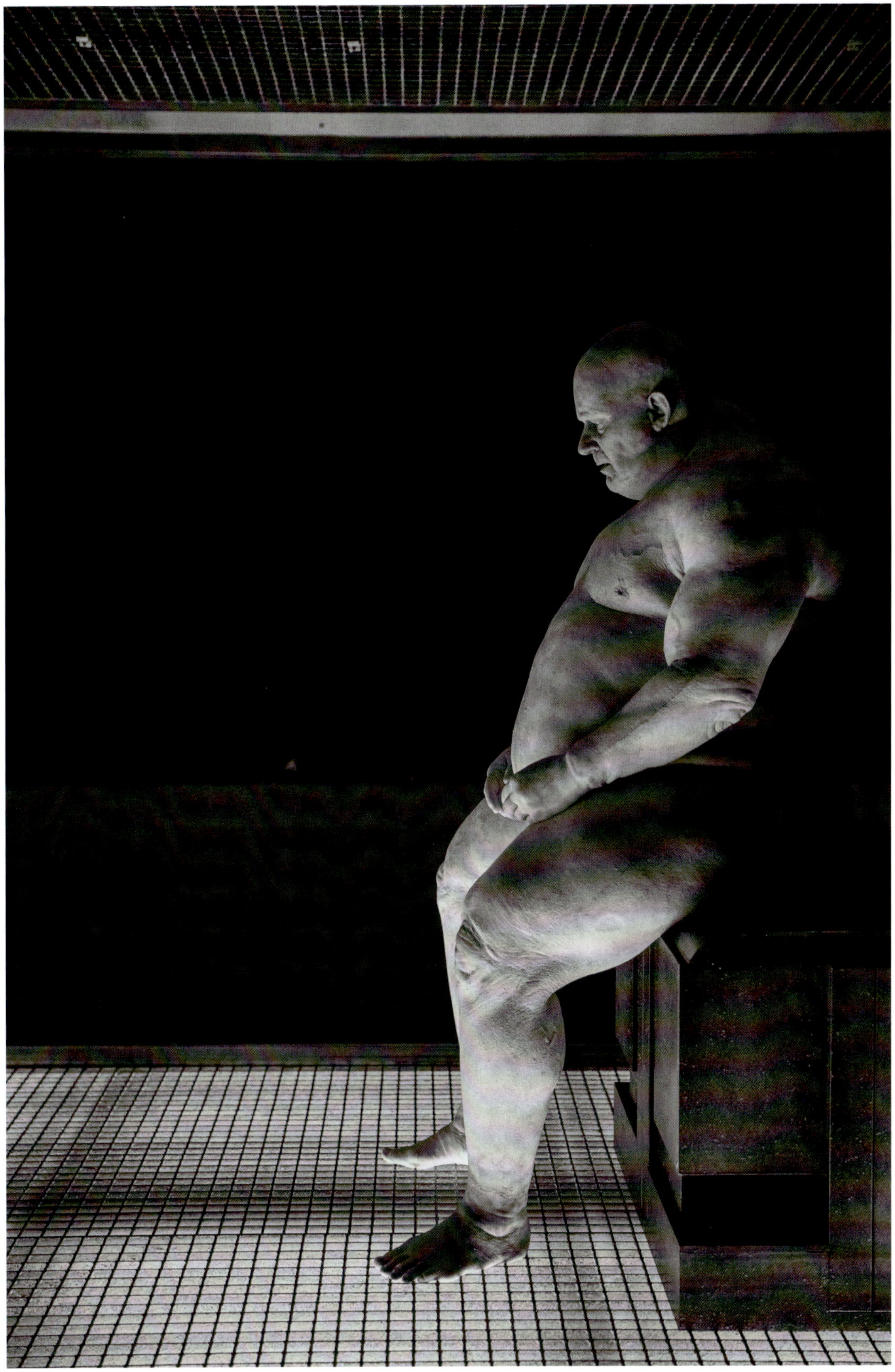

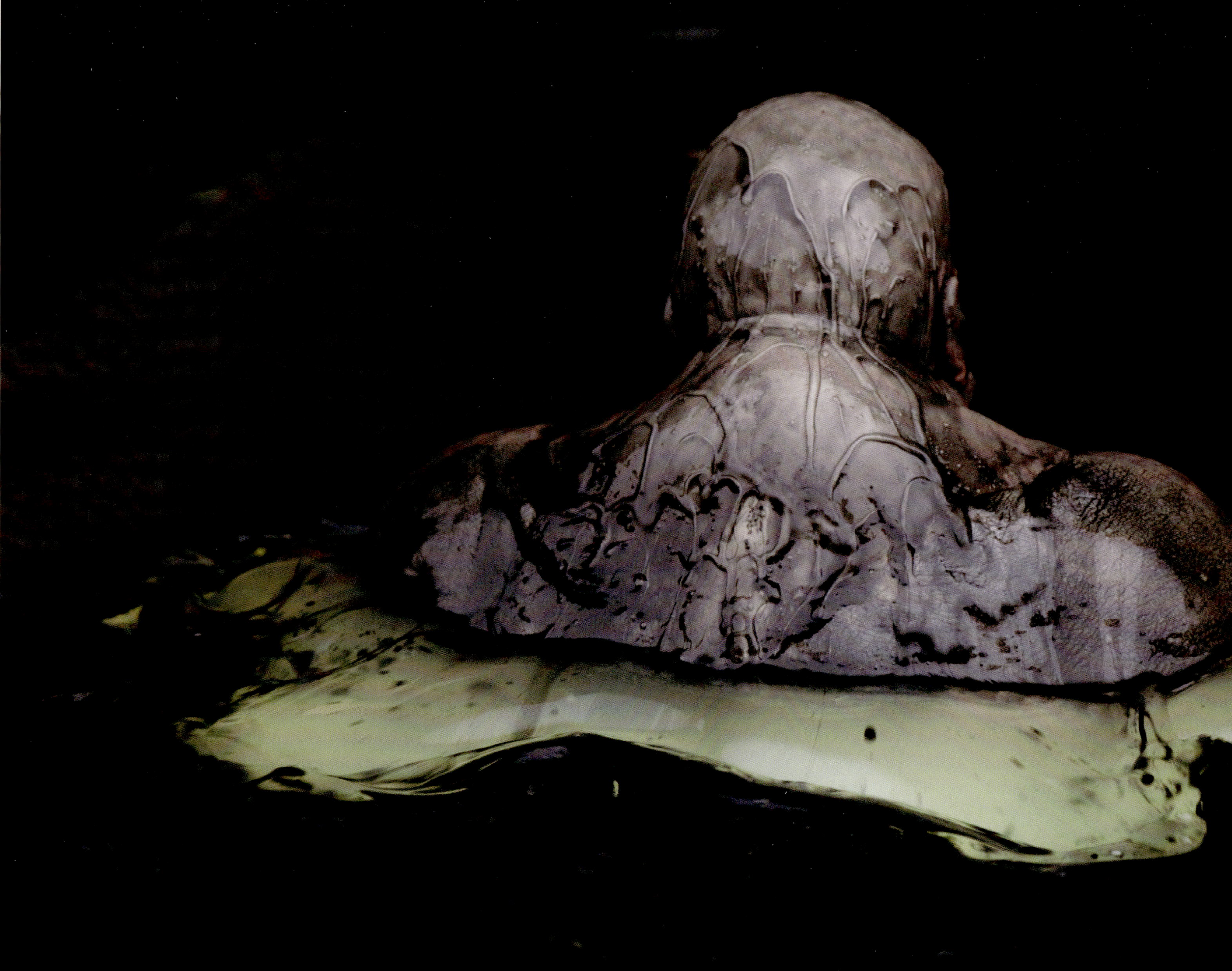

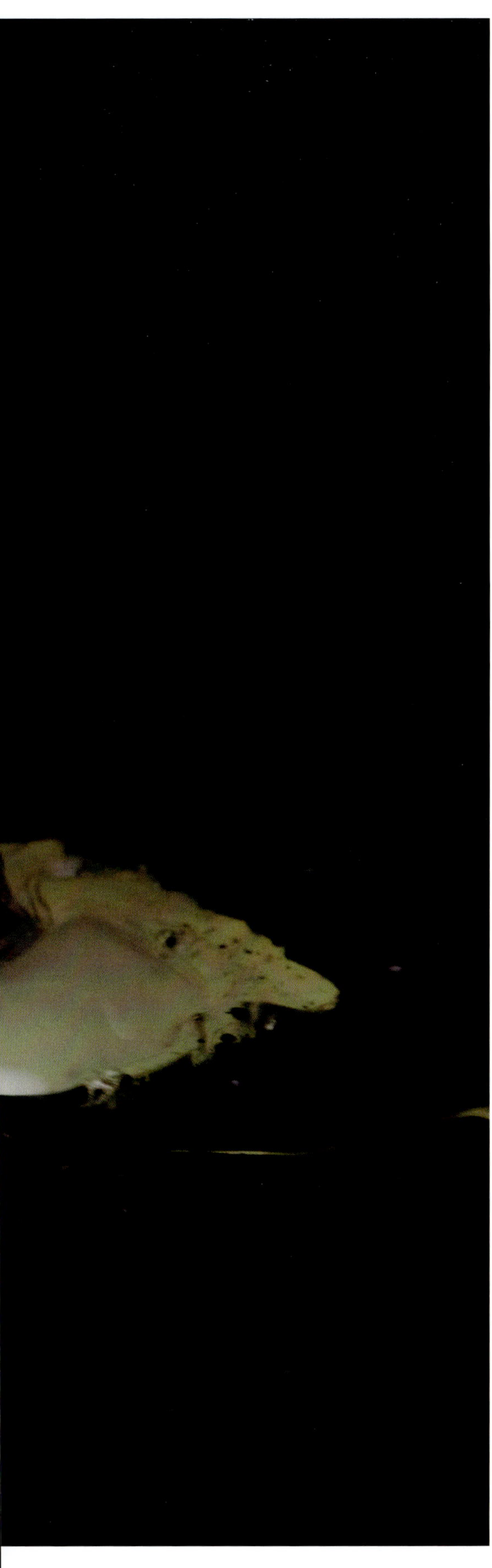

영화 제작은 매일매일 사실상 똑같이 진행된다. 해당 분량이 완성되고 감독이 만족할 때까지 준비와 조명, 세팅 그리고 촬영이 계속된다. 하지만 단 하루도 똑같은 하루는 없다. 모든 세트장과 캐릭터와 장면은 저마다 새로운 발견과 도전의 연속이라고 할 수 있다. 다음 날이면 영화의 색조와 환경이 스펙트럼의 완전히 반대편 극단으로 바뀔 수도 있다. 그래서 영화 스태프들은 보통 무엇을 만나든 마음의 준비가 되어 있지만, 하코넨 남작이 촬영장에 도착했을 때는 모두 놀라지 않을 수 없었다.

소름 끼치도록 혐오스러운 분장을 한 스텔란 스카스가드는 몸을 흔들며 촬영장에 들어섰다. 다리 사이에는 밧줄 같은 튜브가 연결되어 있었는데, 냉각기에 부착된 튜브는 복잡하고 매우 실감 나는 전신 보조기기의 내부가 과열되는 것을 막아 주는 장치였다. 그는 따뜻한 웃음을 터트리며 촬영 중간에 춤을 추거나 장난을 치며 캐릭터 뒤에 있는 자신을 상기시켜 주었다. 그가 하코넨 남작의 기름진 욕조에 들어갈 때, 우리는 특수 분장 팀이 슈트에 마지막 손질을 하고 특수 효과 기술자들이 그를 둘러싼 욕조에 더 많은 검은 기름(밀랍과 식물성 기름의 혼합물)을 쏟아붓는 것을 지켜보았다. 최종적으로 드니가 고개를 끄덕이자 카메라가 돌아가기 시작했고, 우리는 촬영하는 내내 스텔란이 사라지고 남작이 살아나는 것을 목격했다.

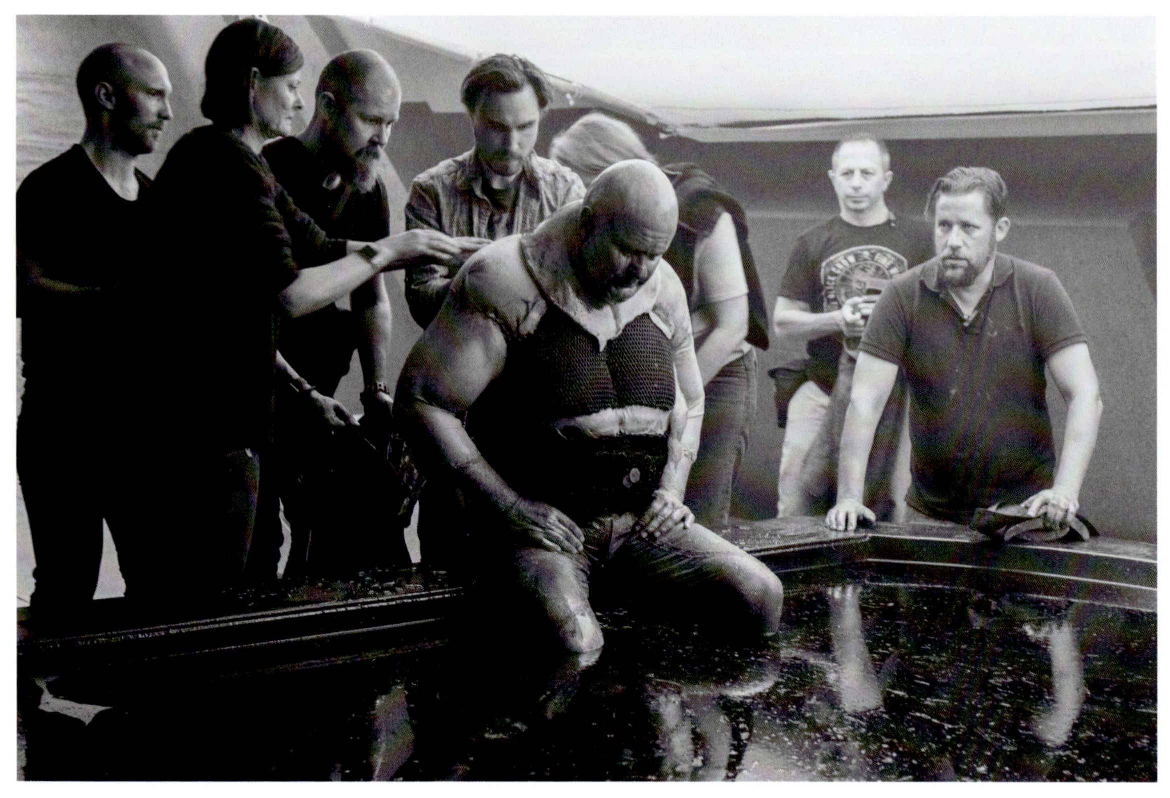

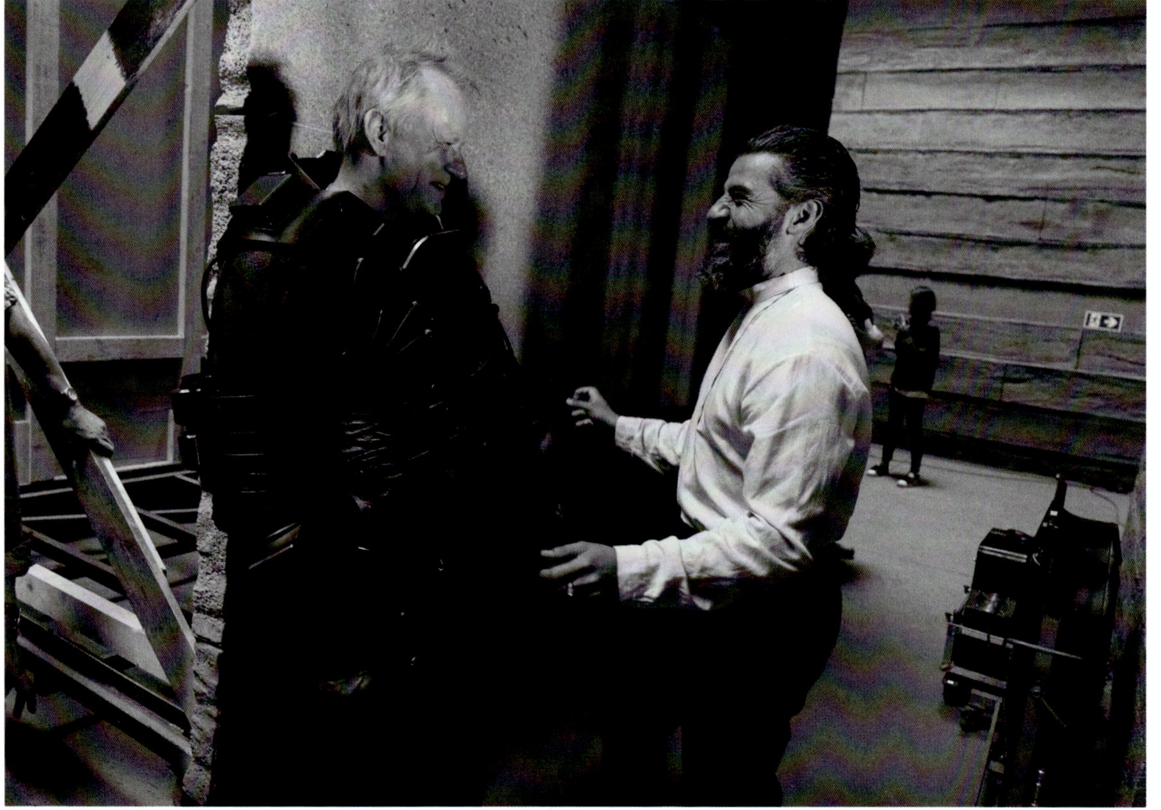

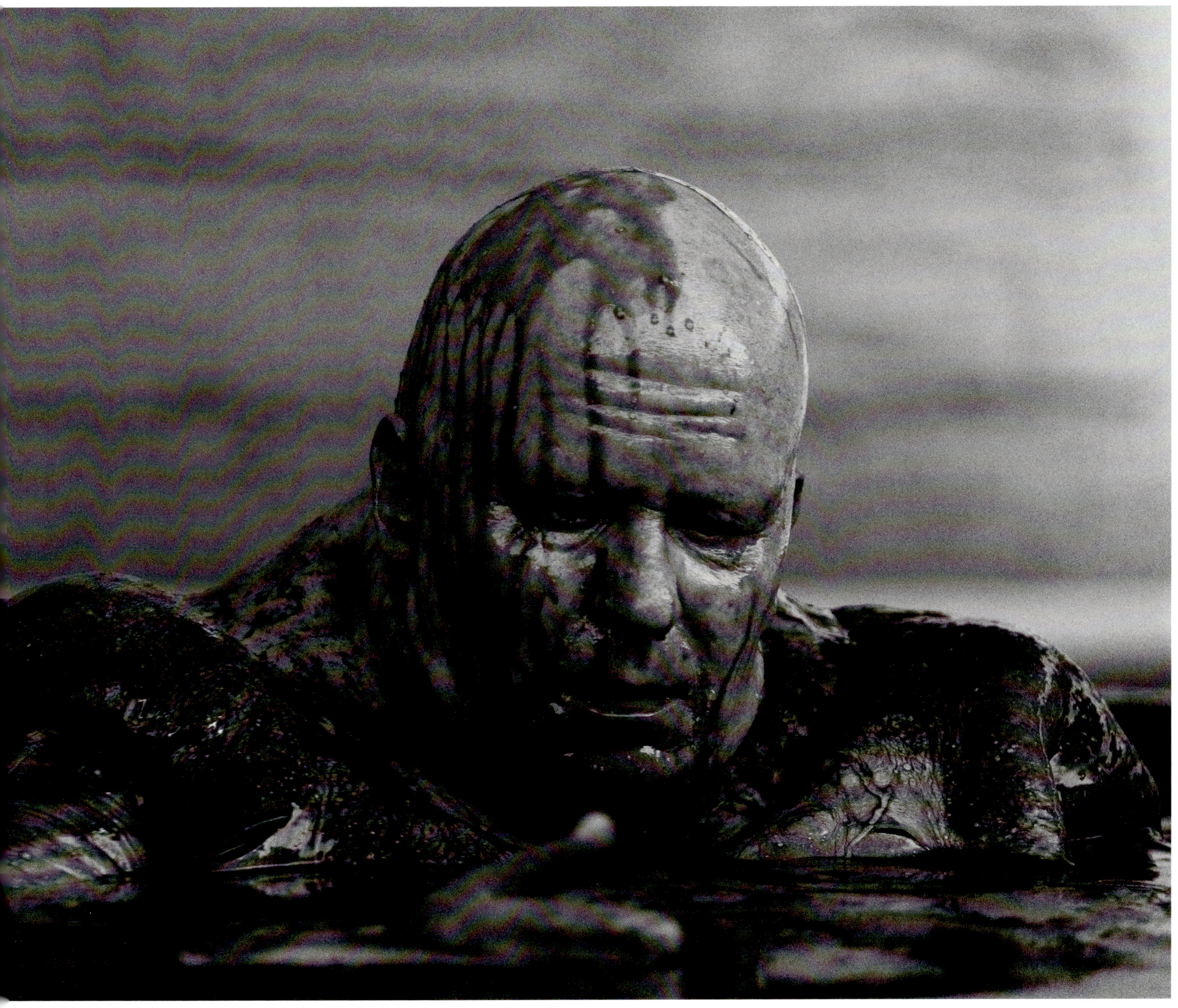

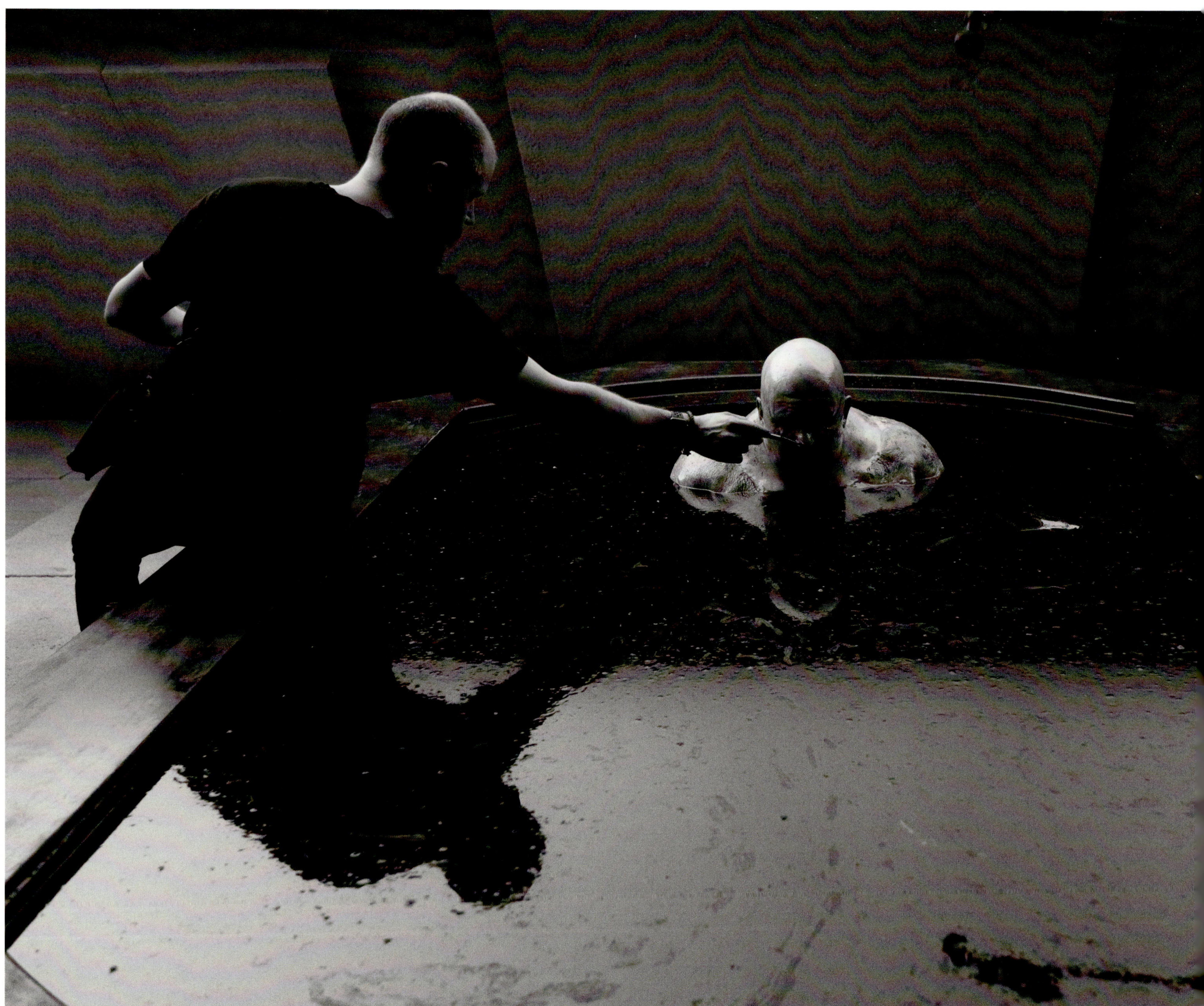

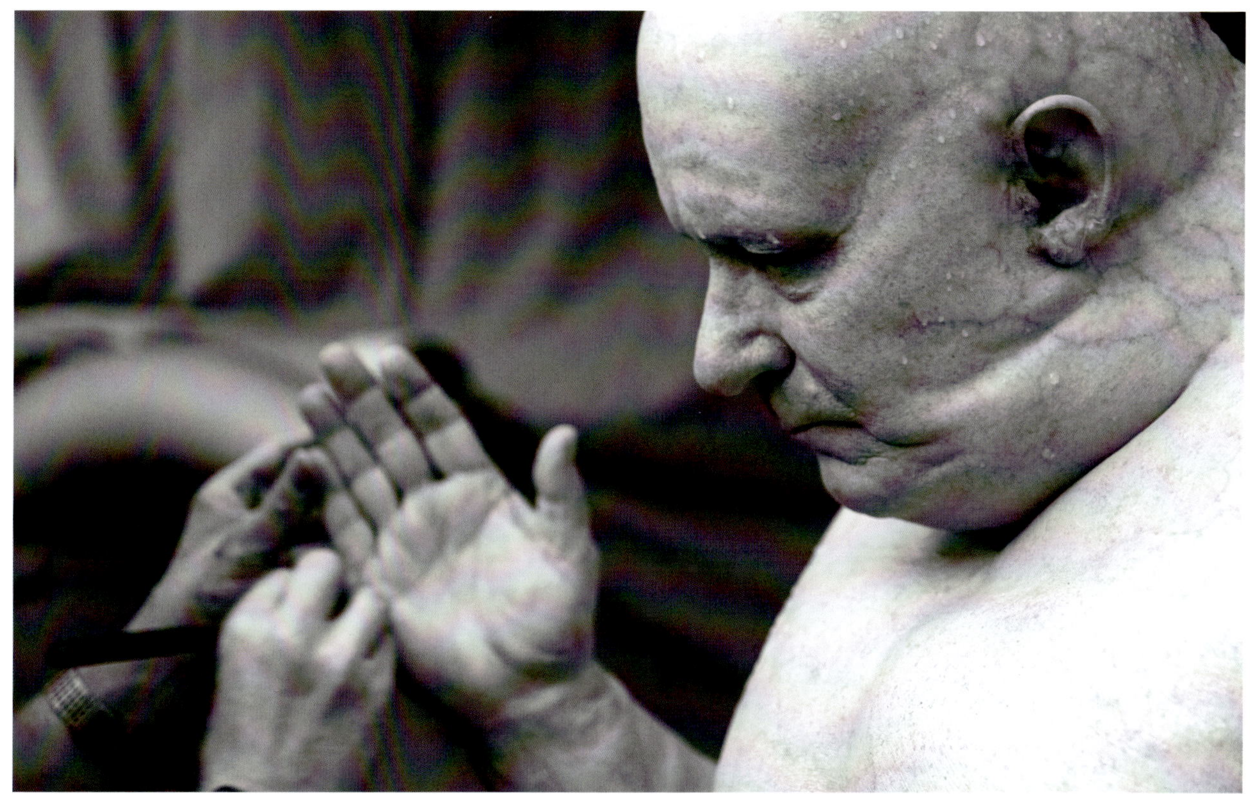
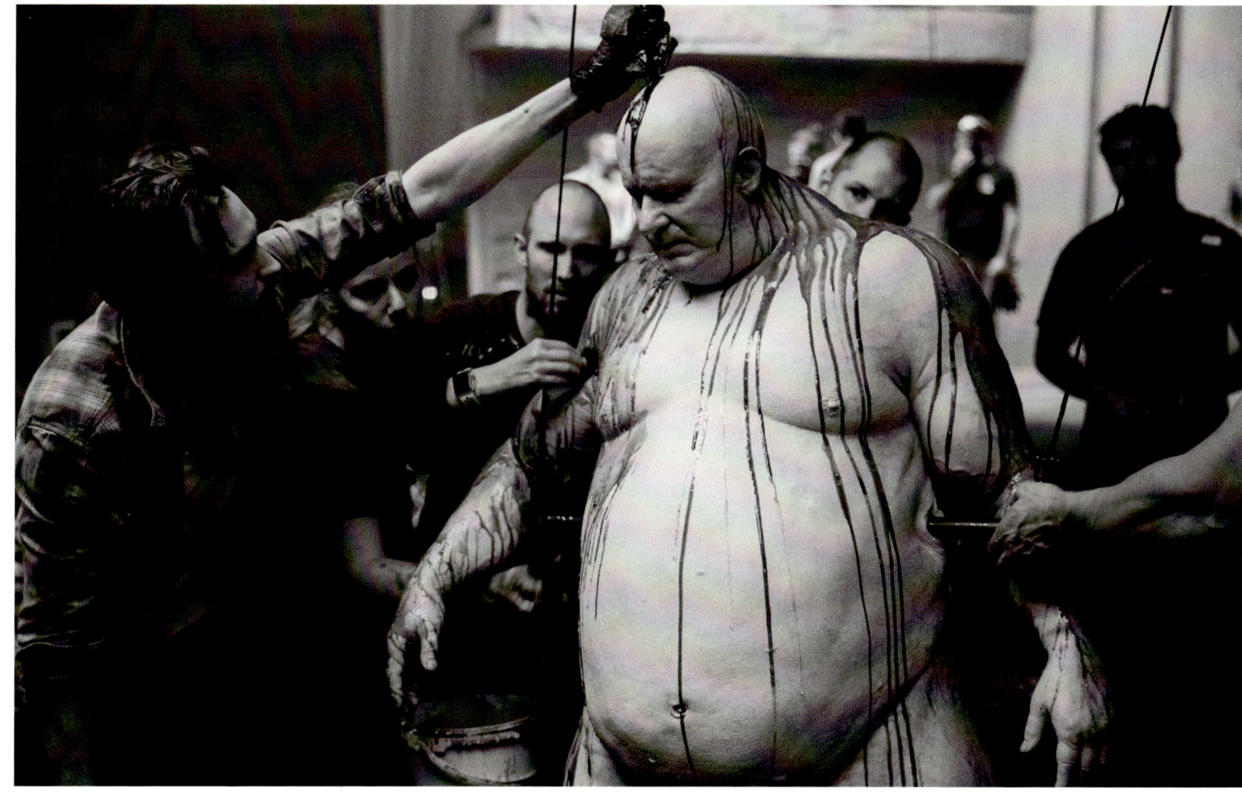

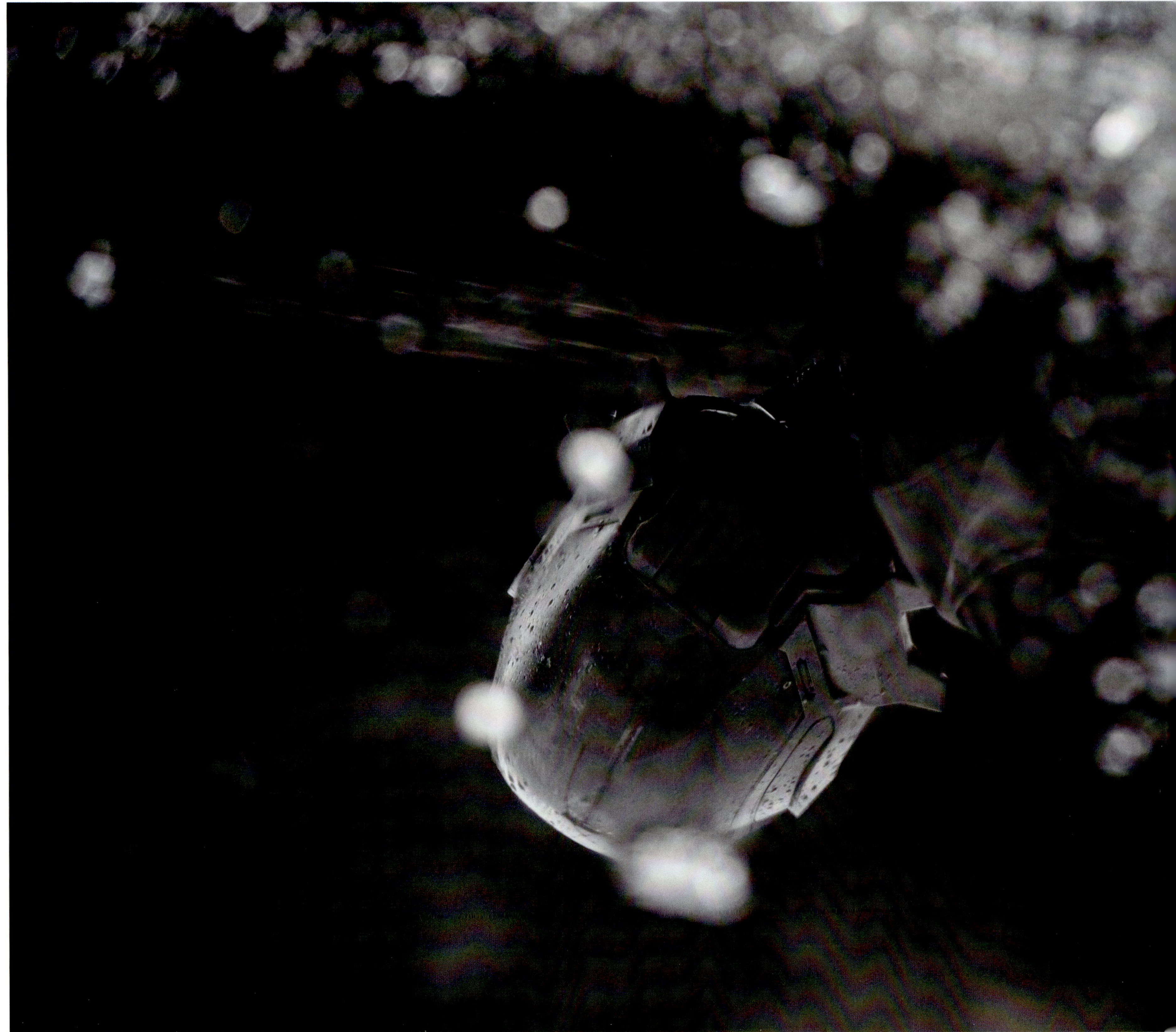

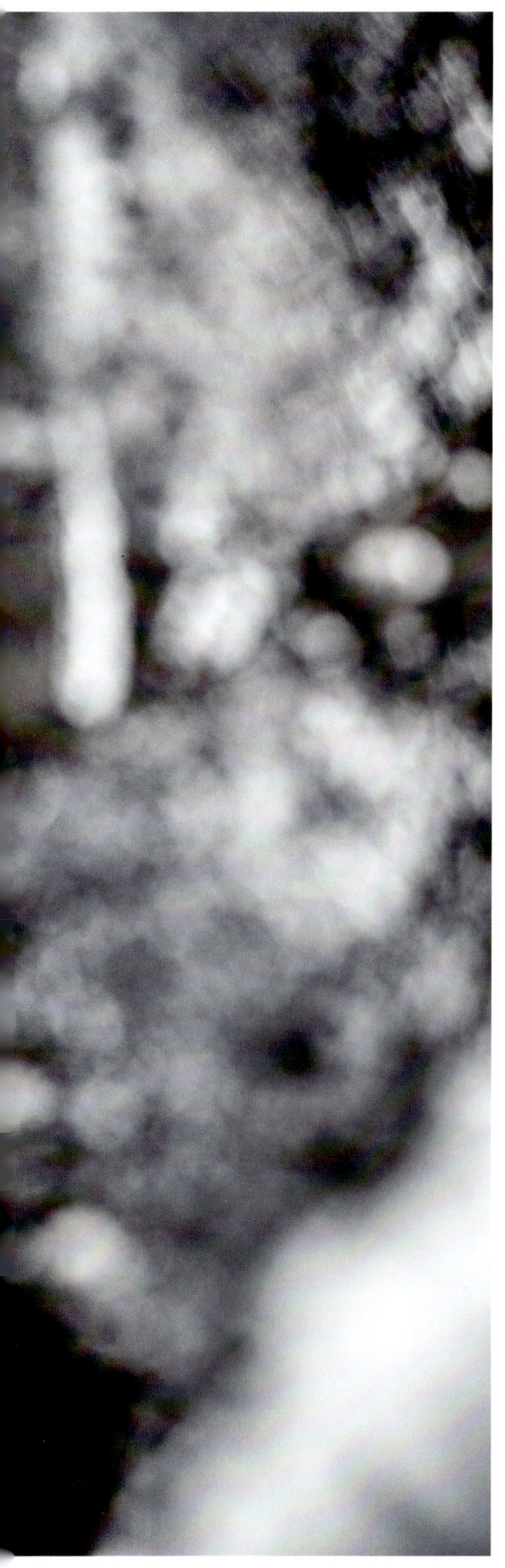

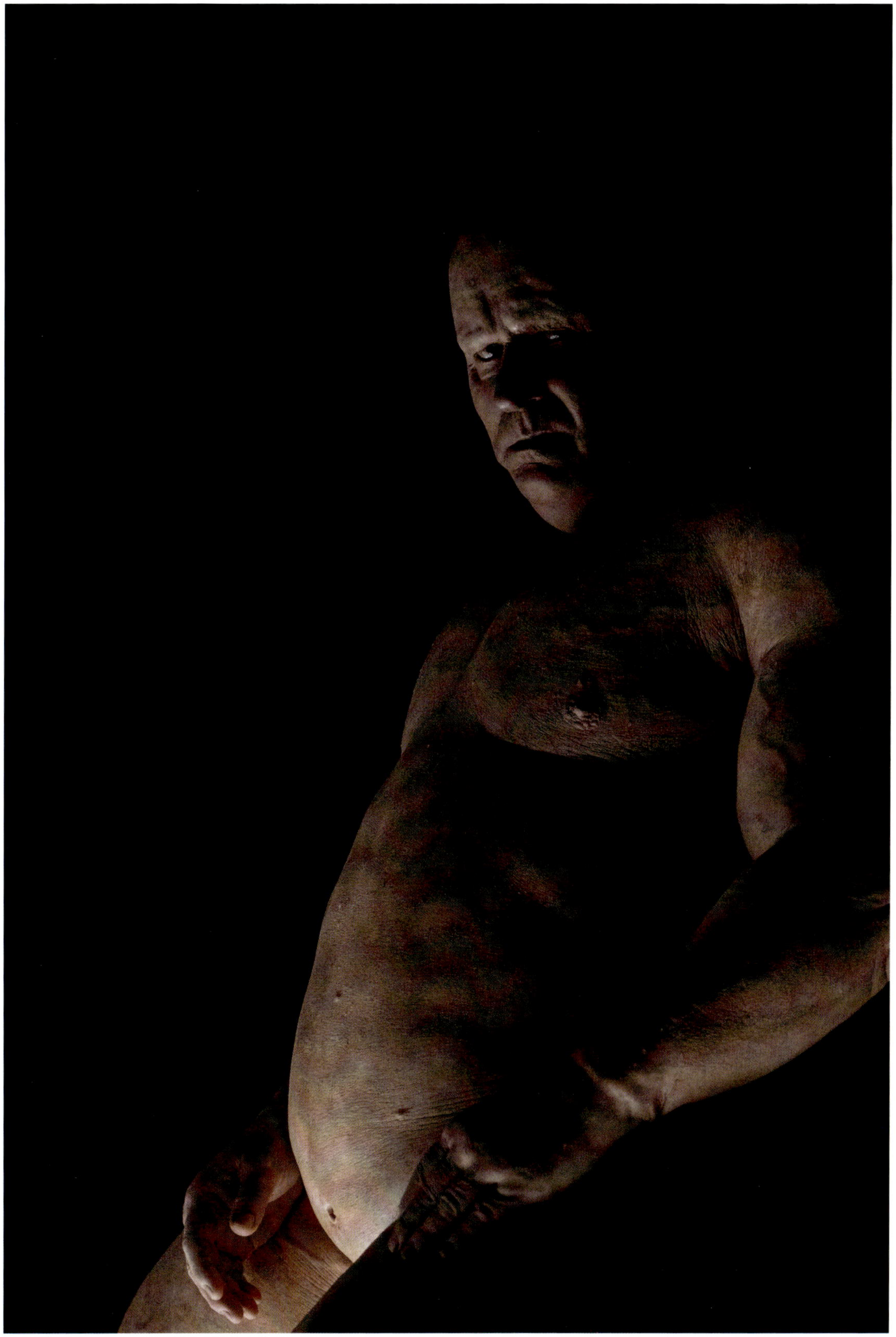

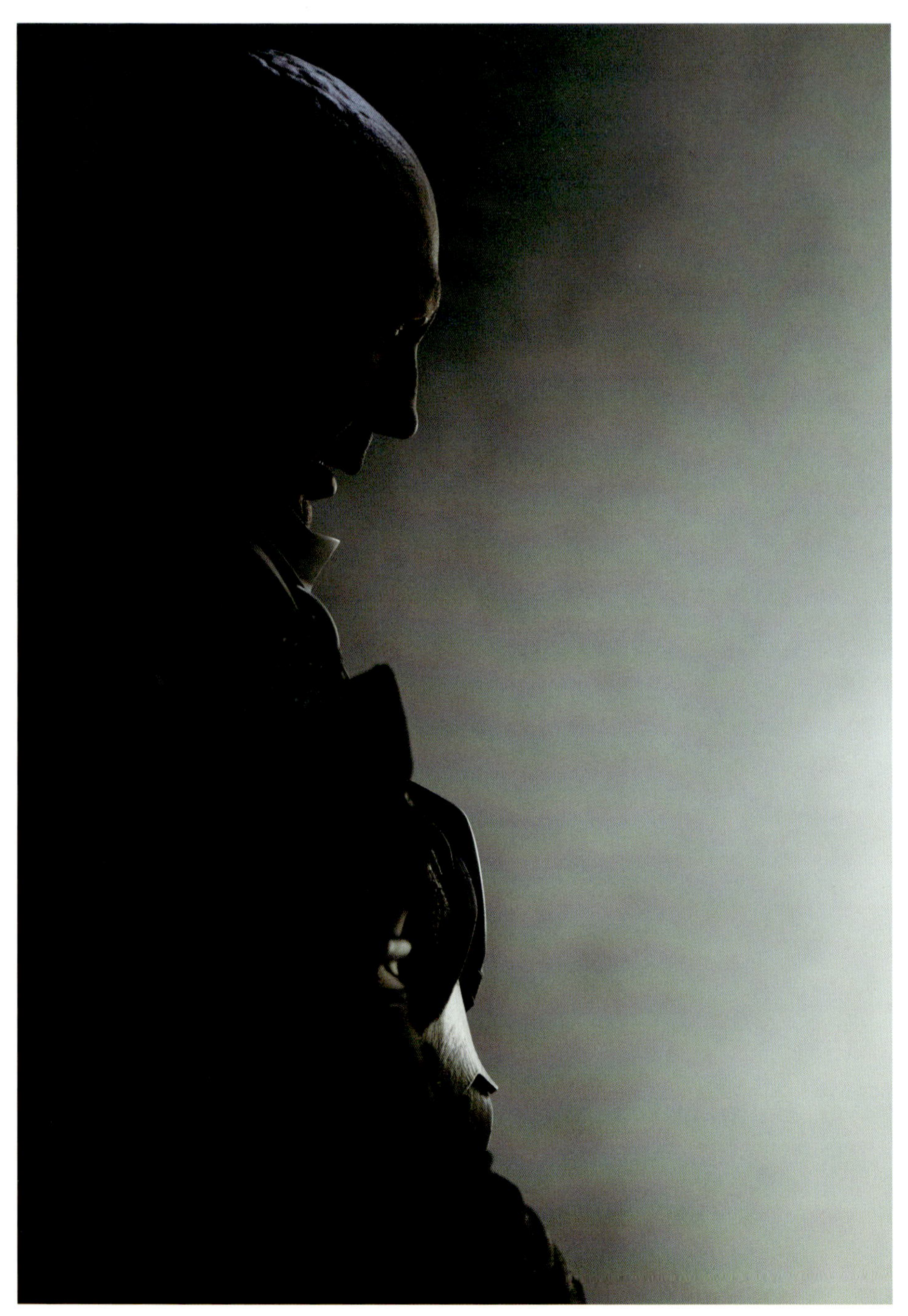
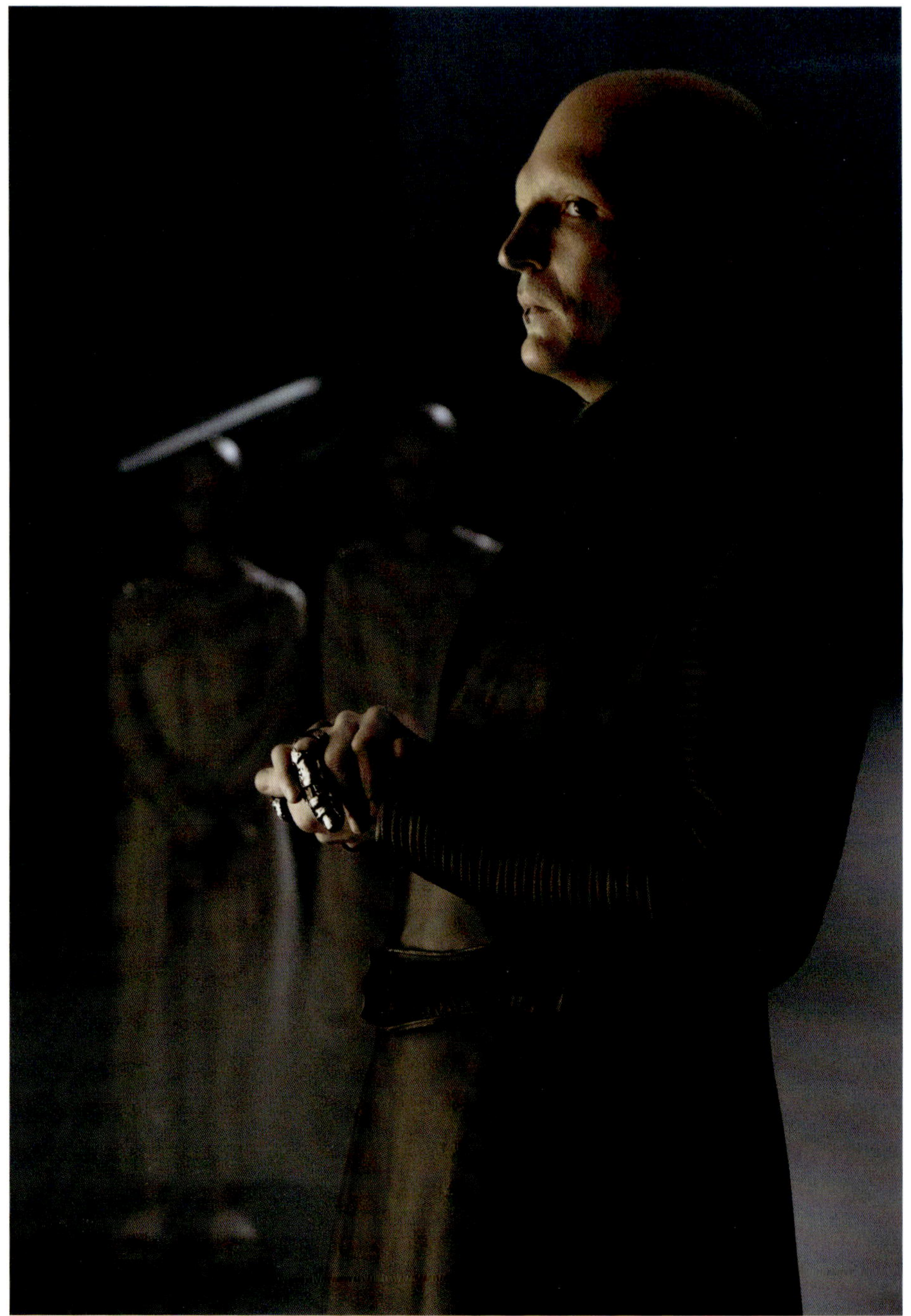

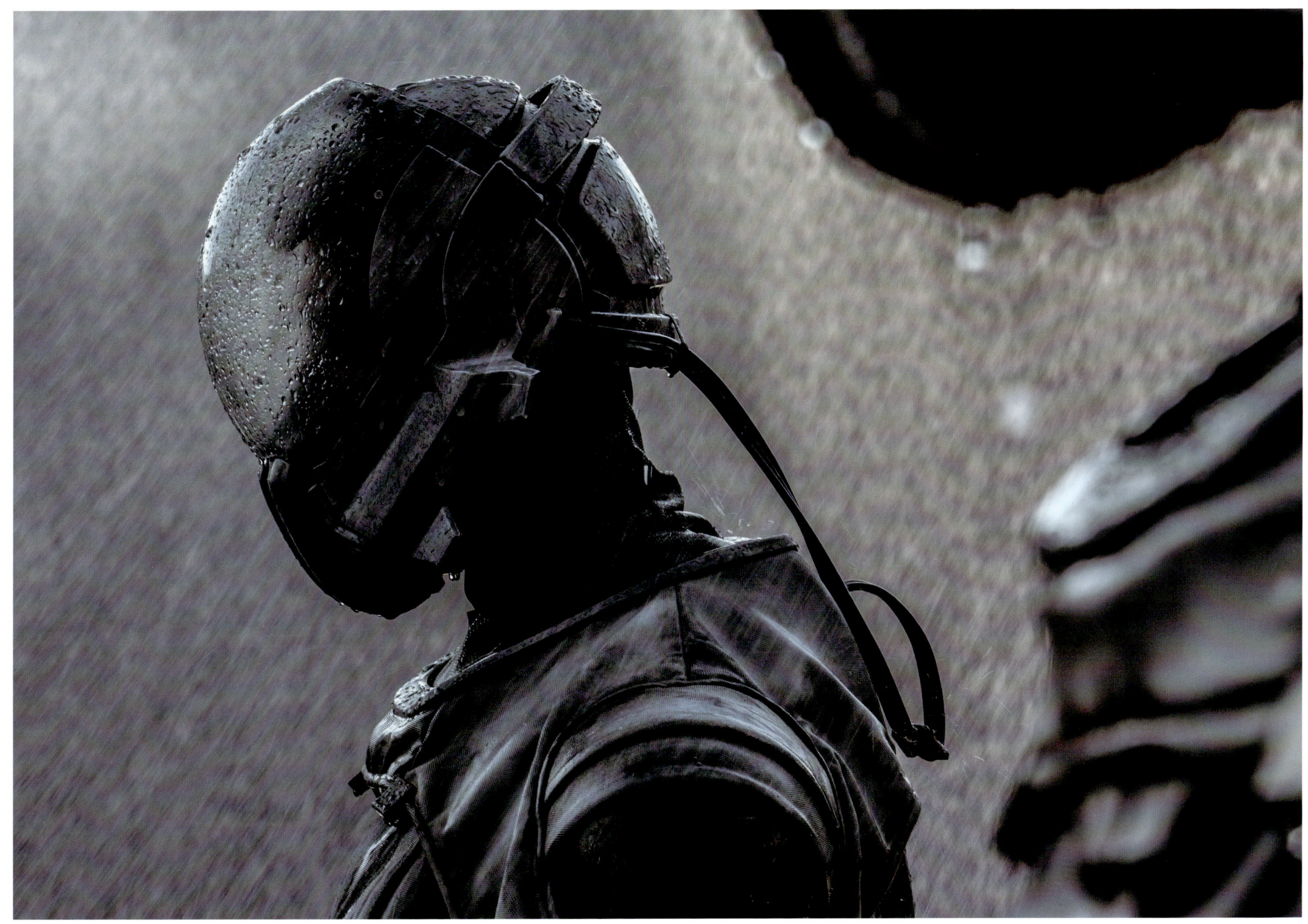

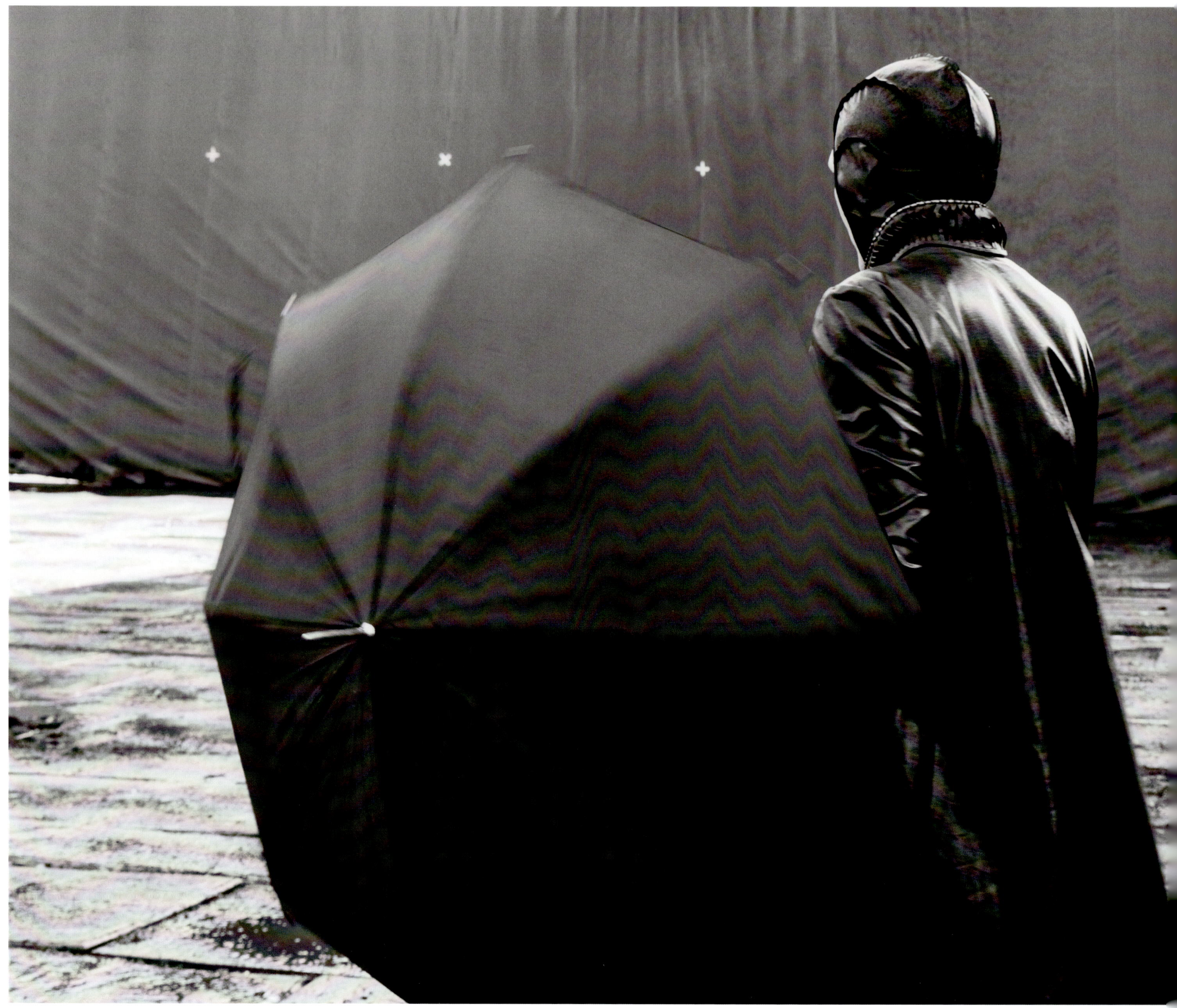

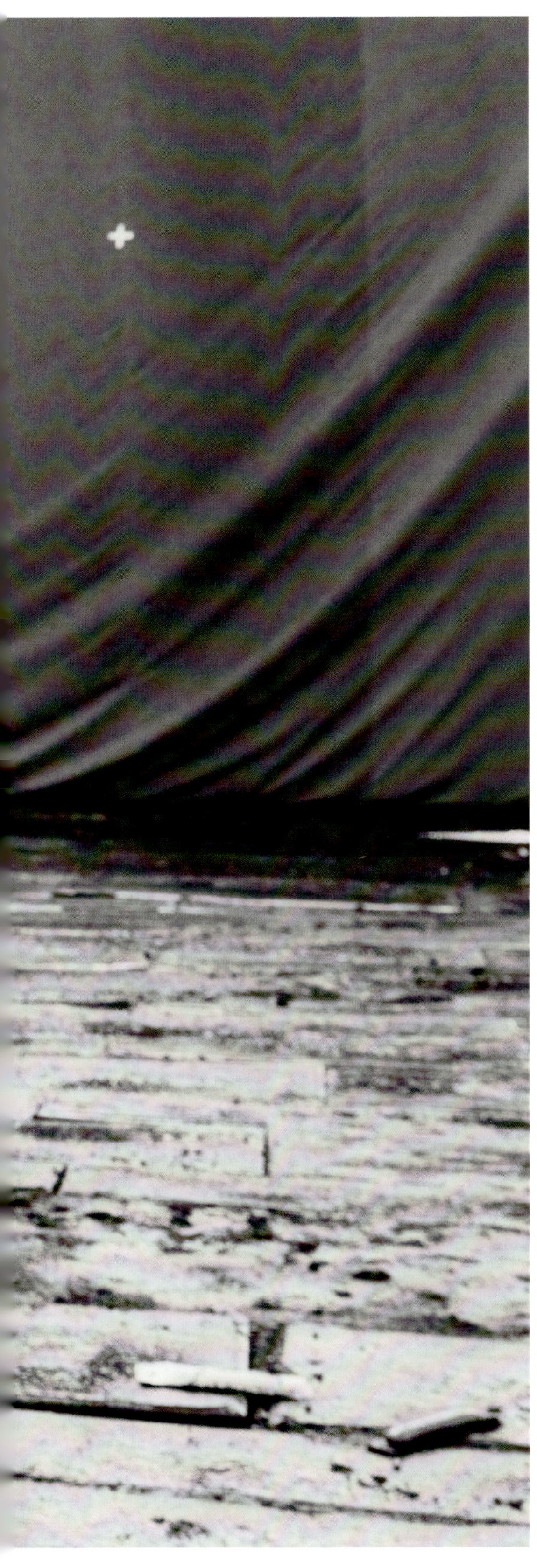
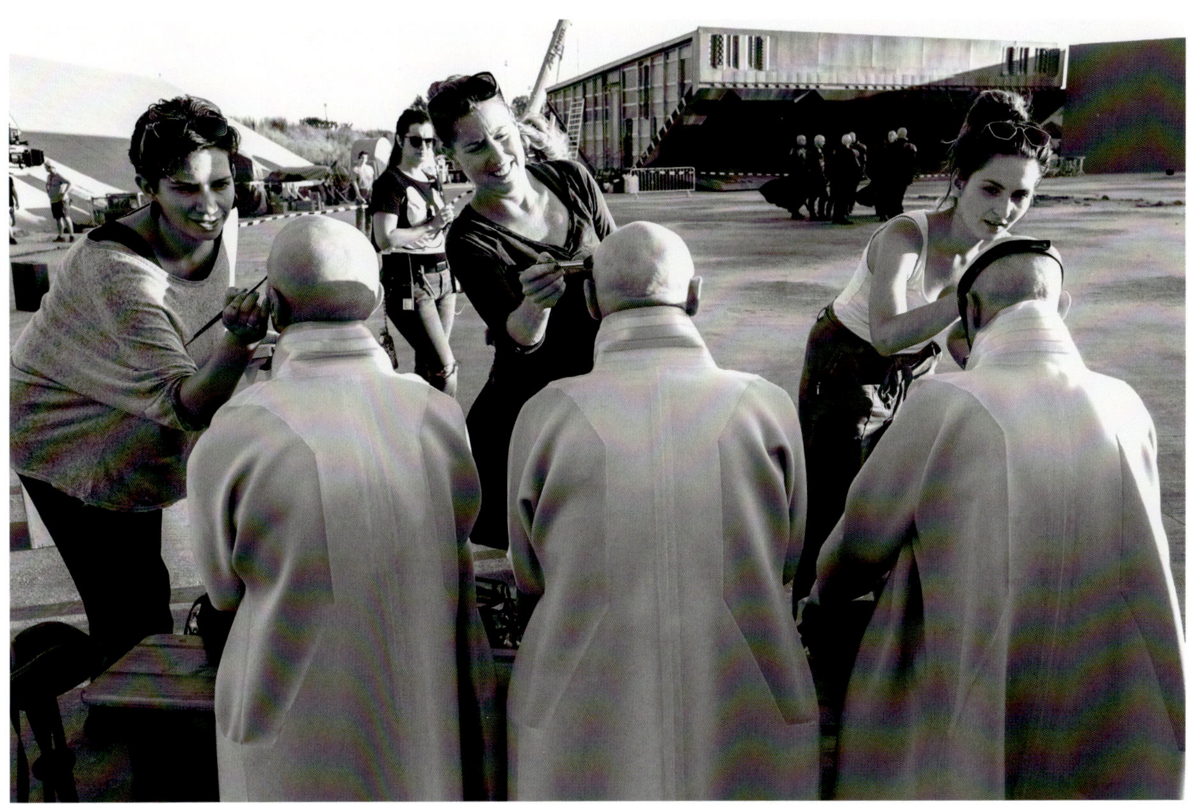
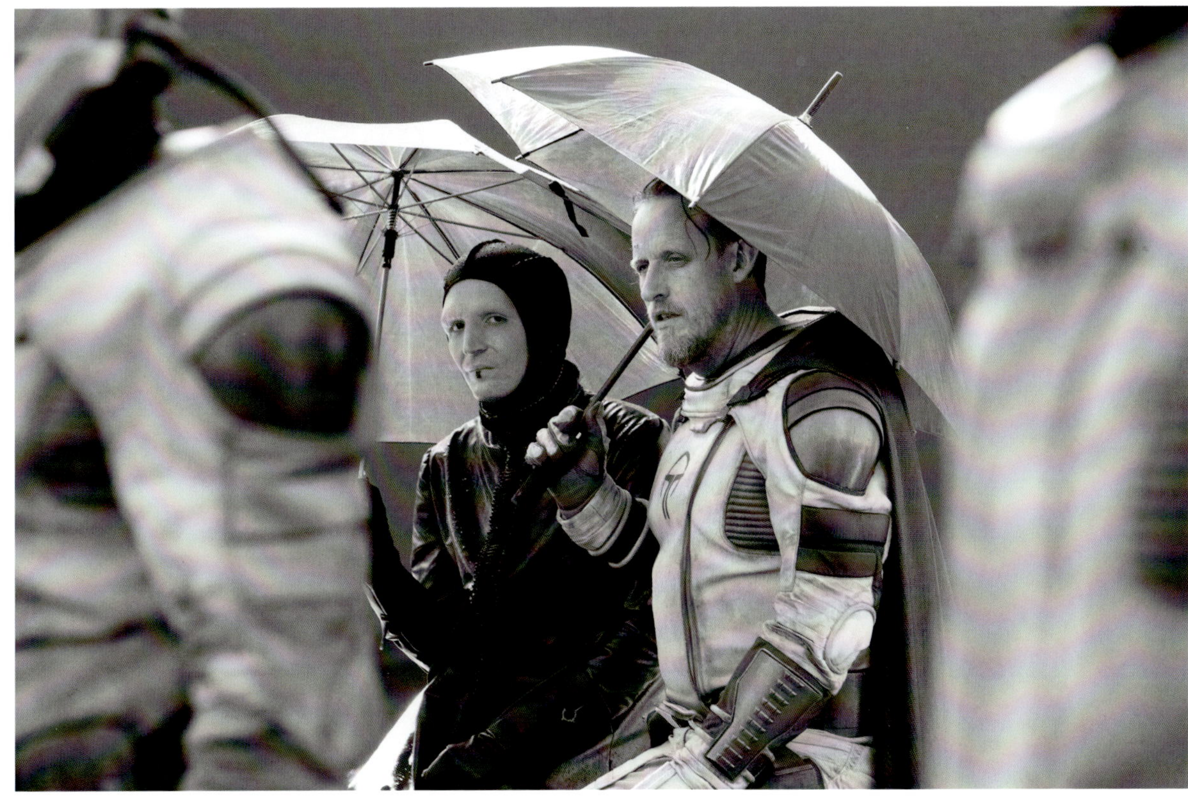

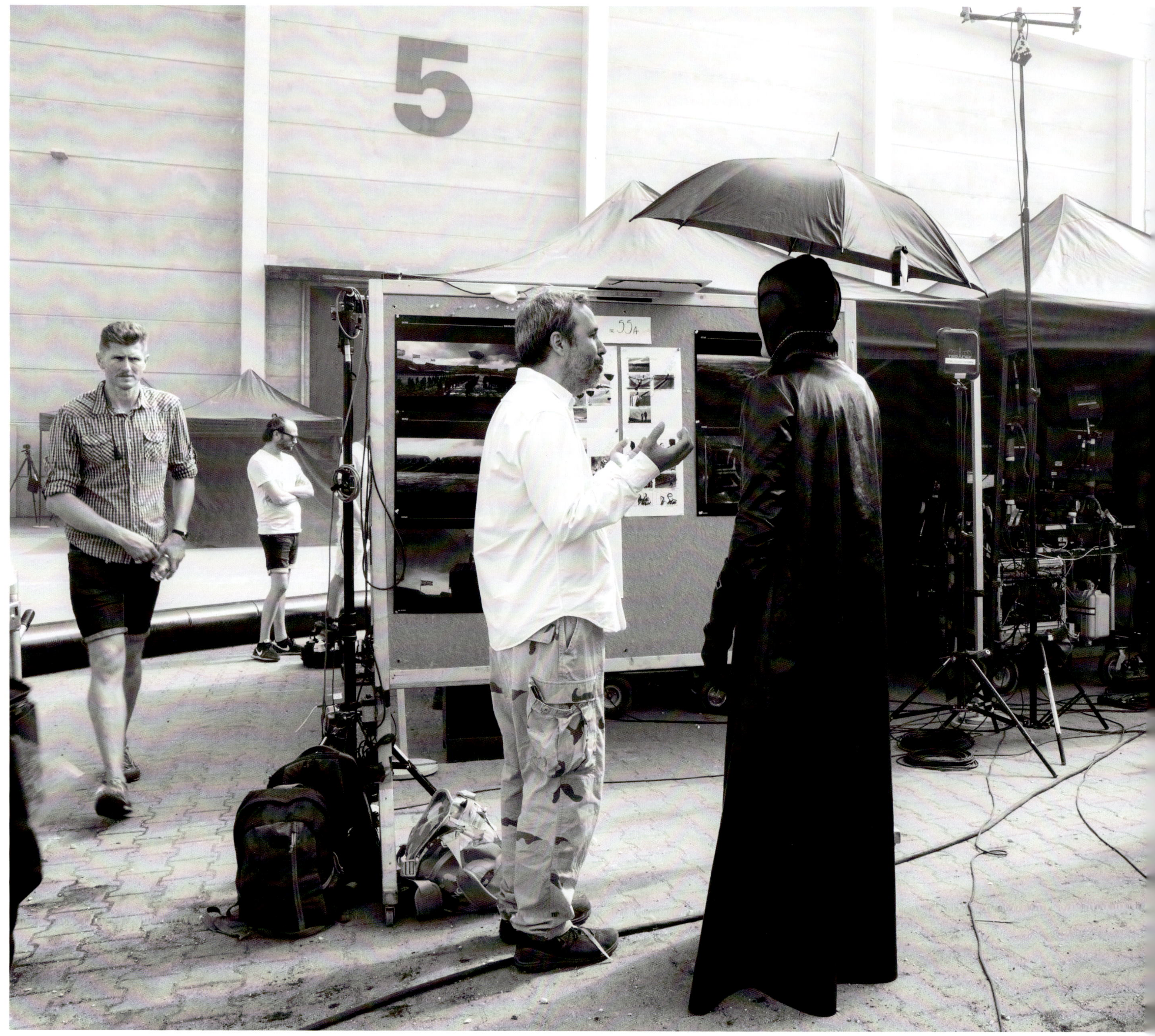

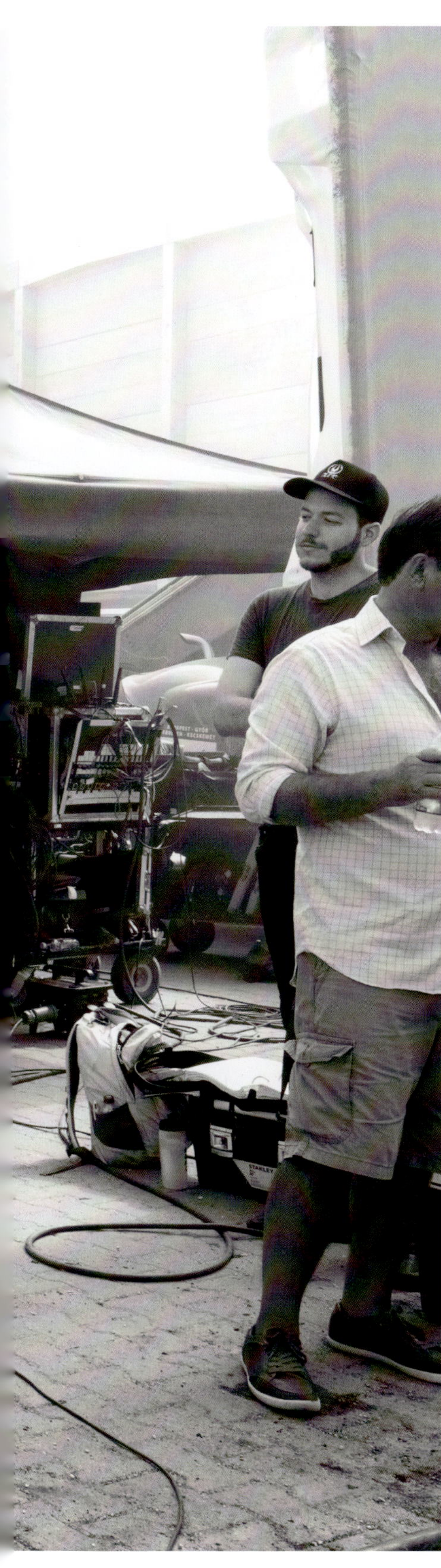

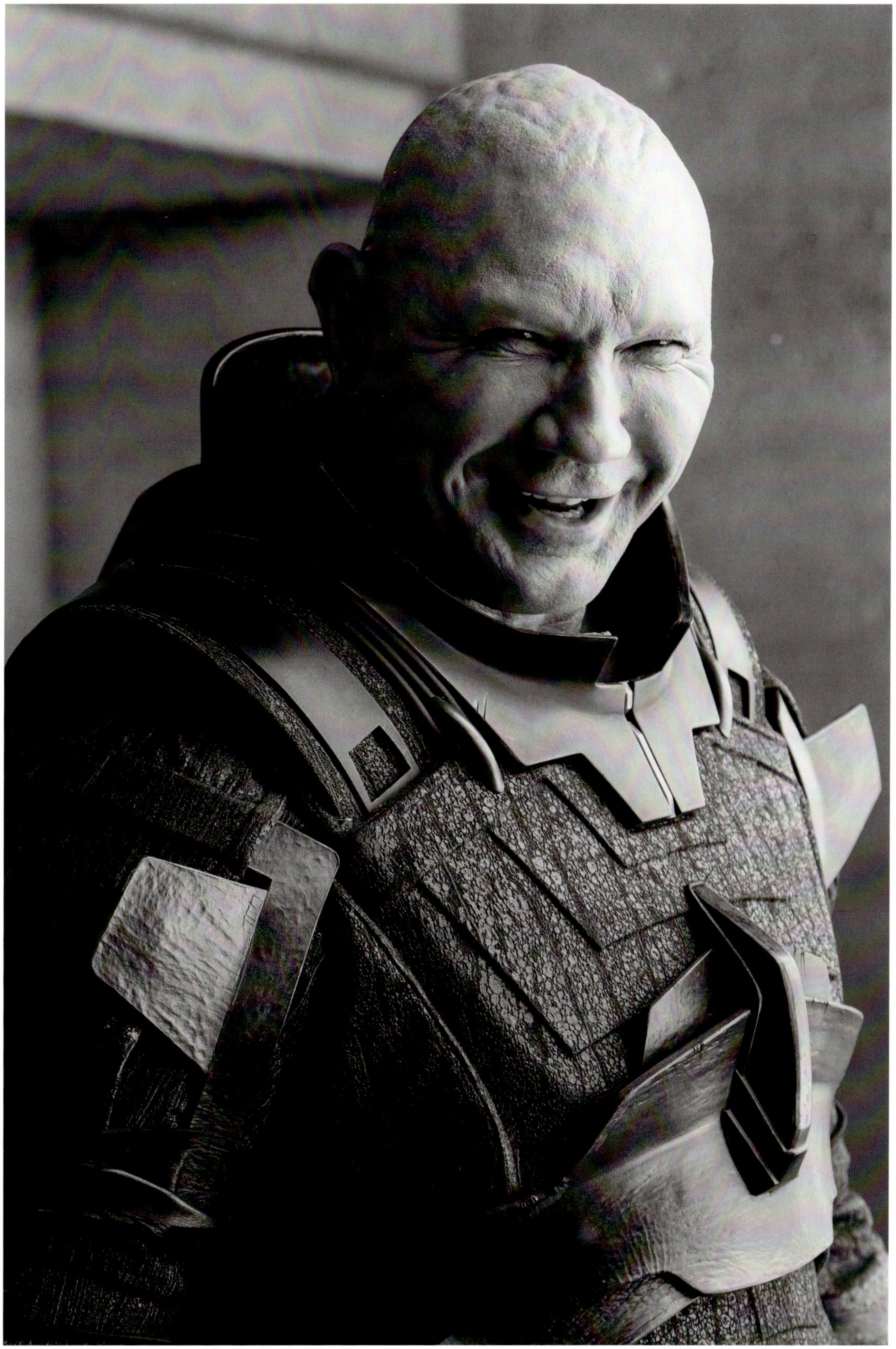

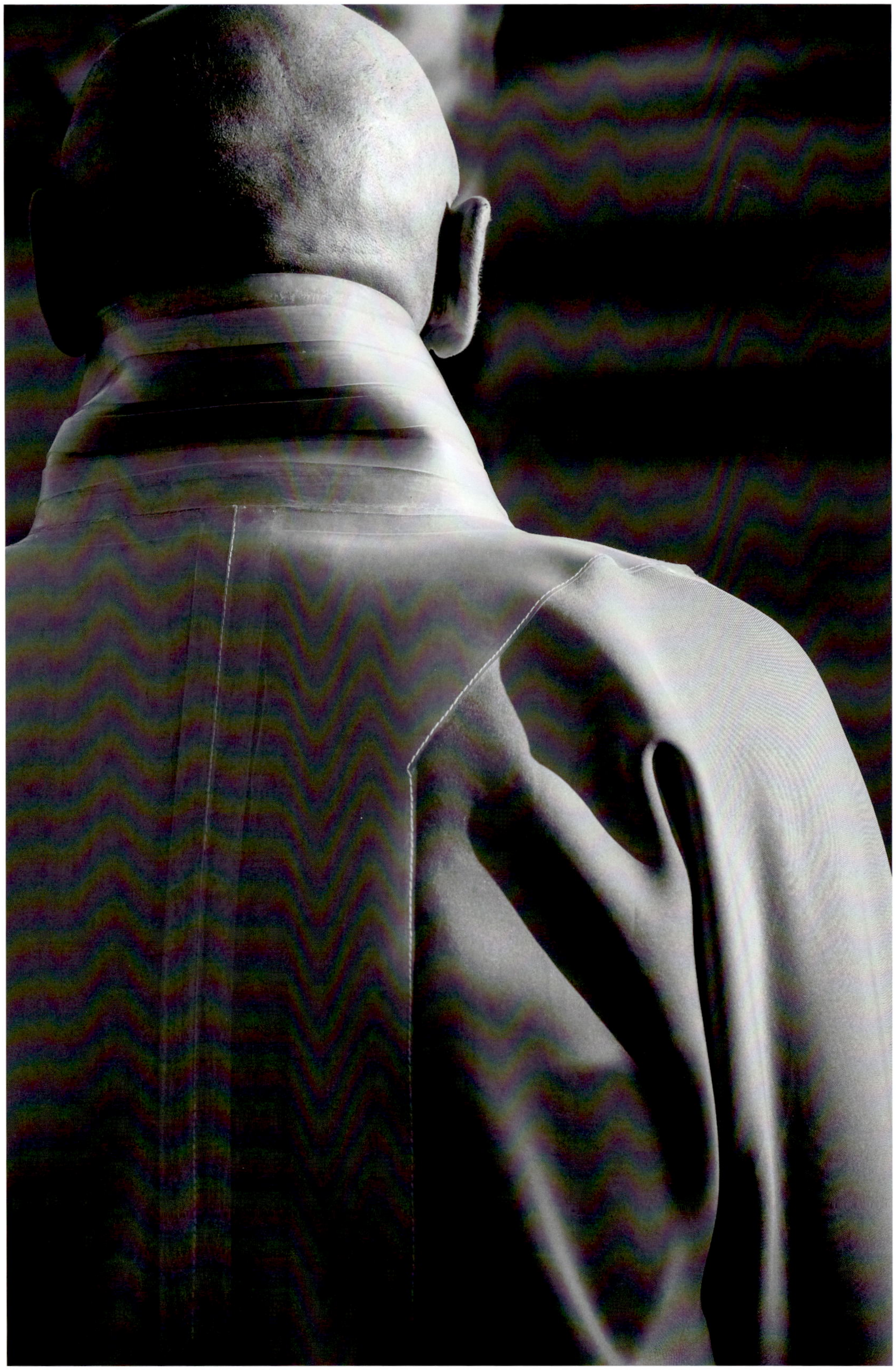

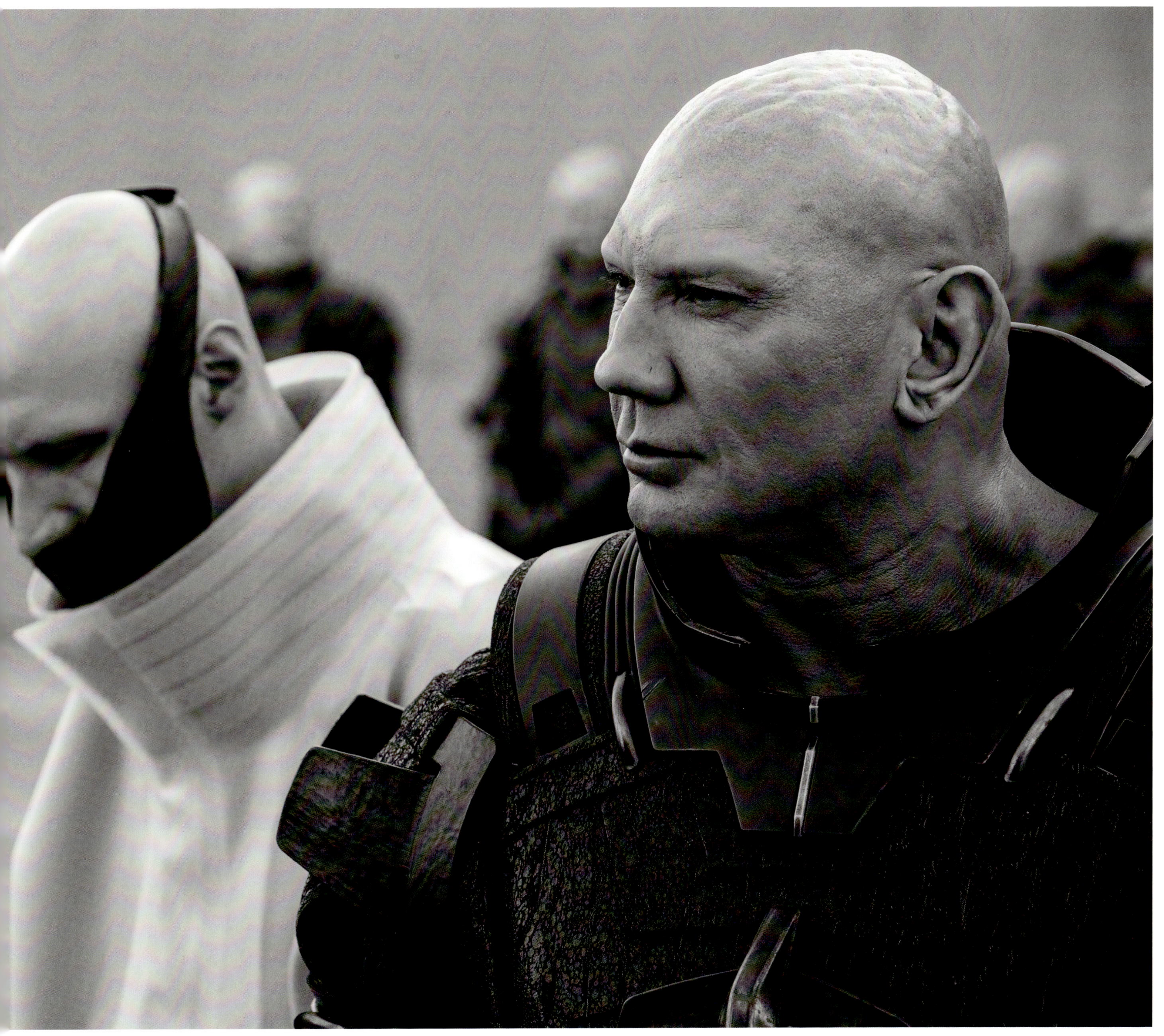

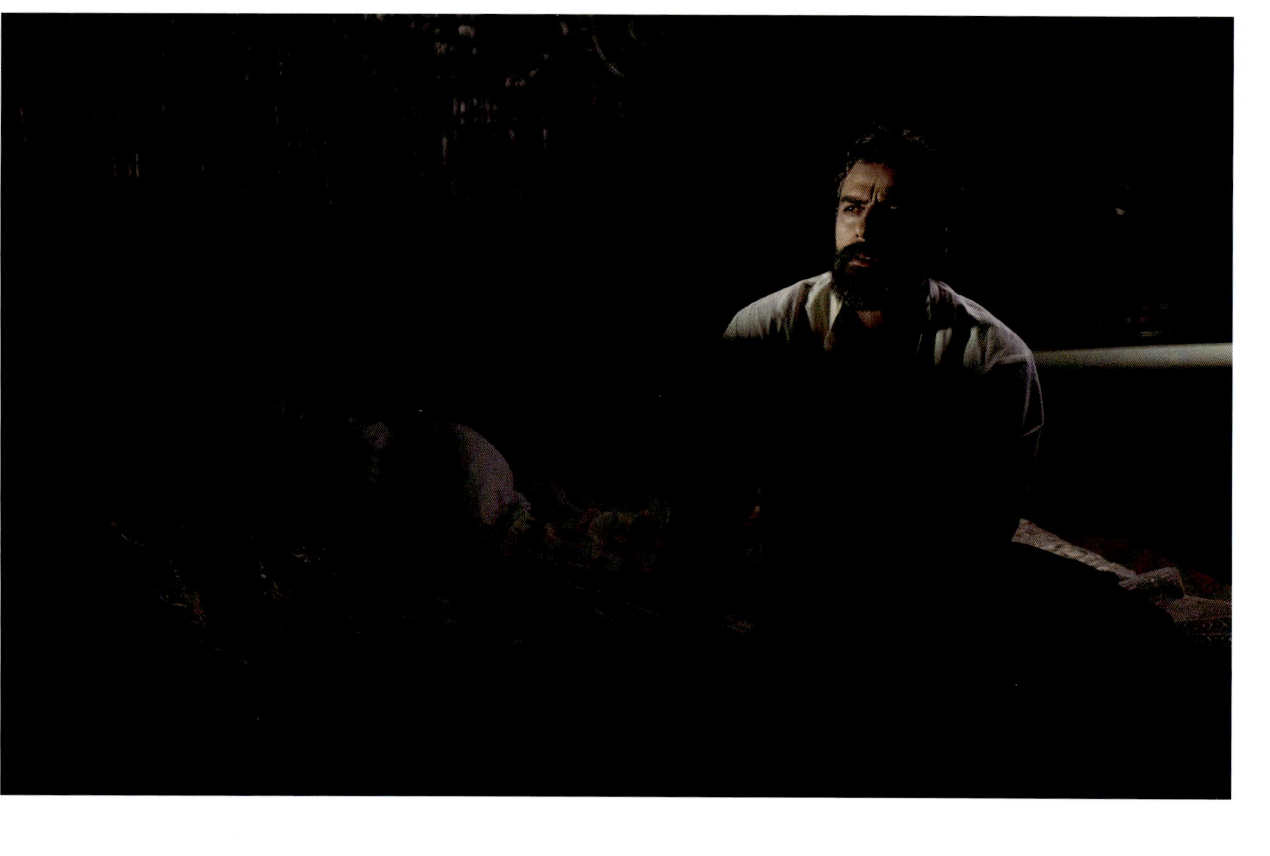
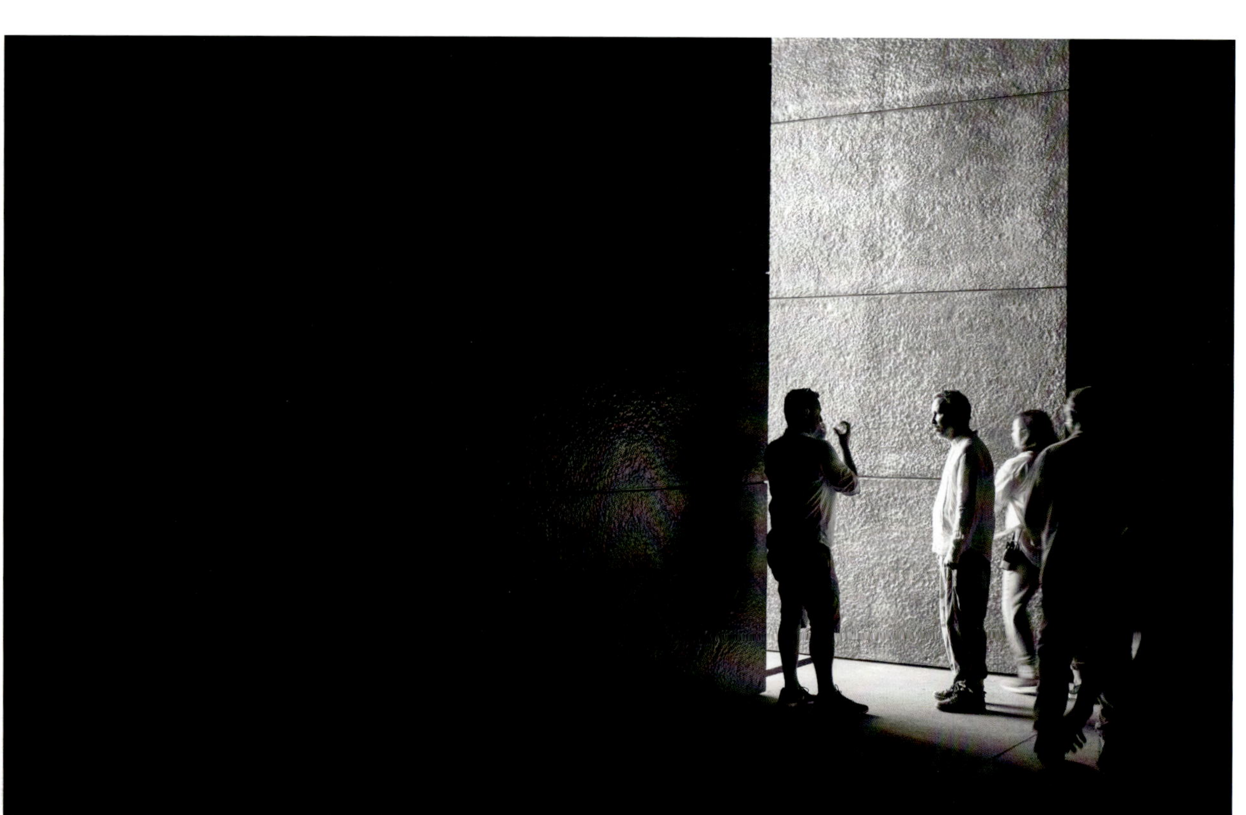

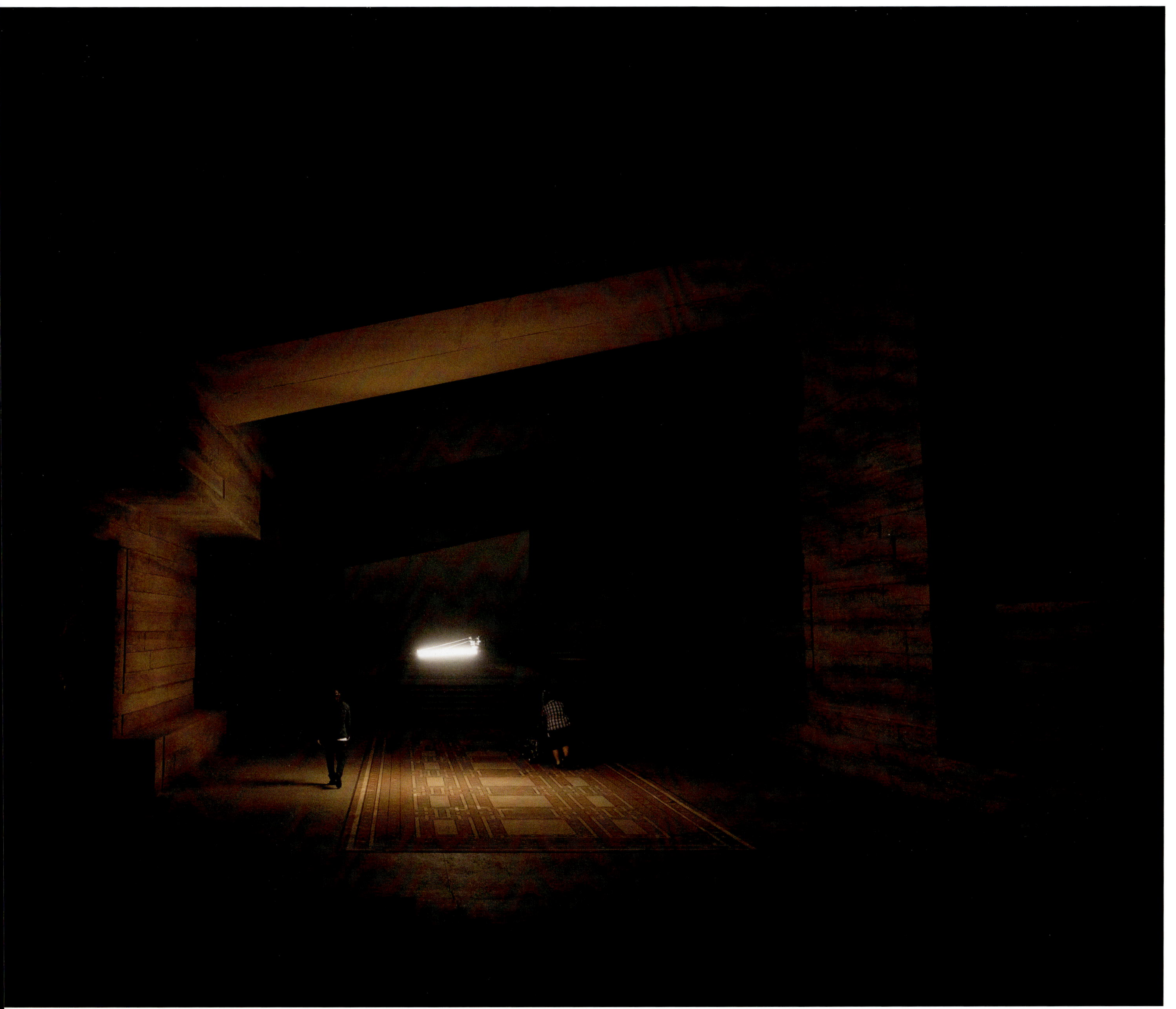

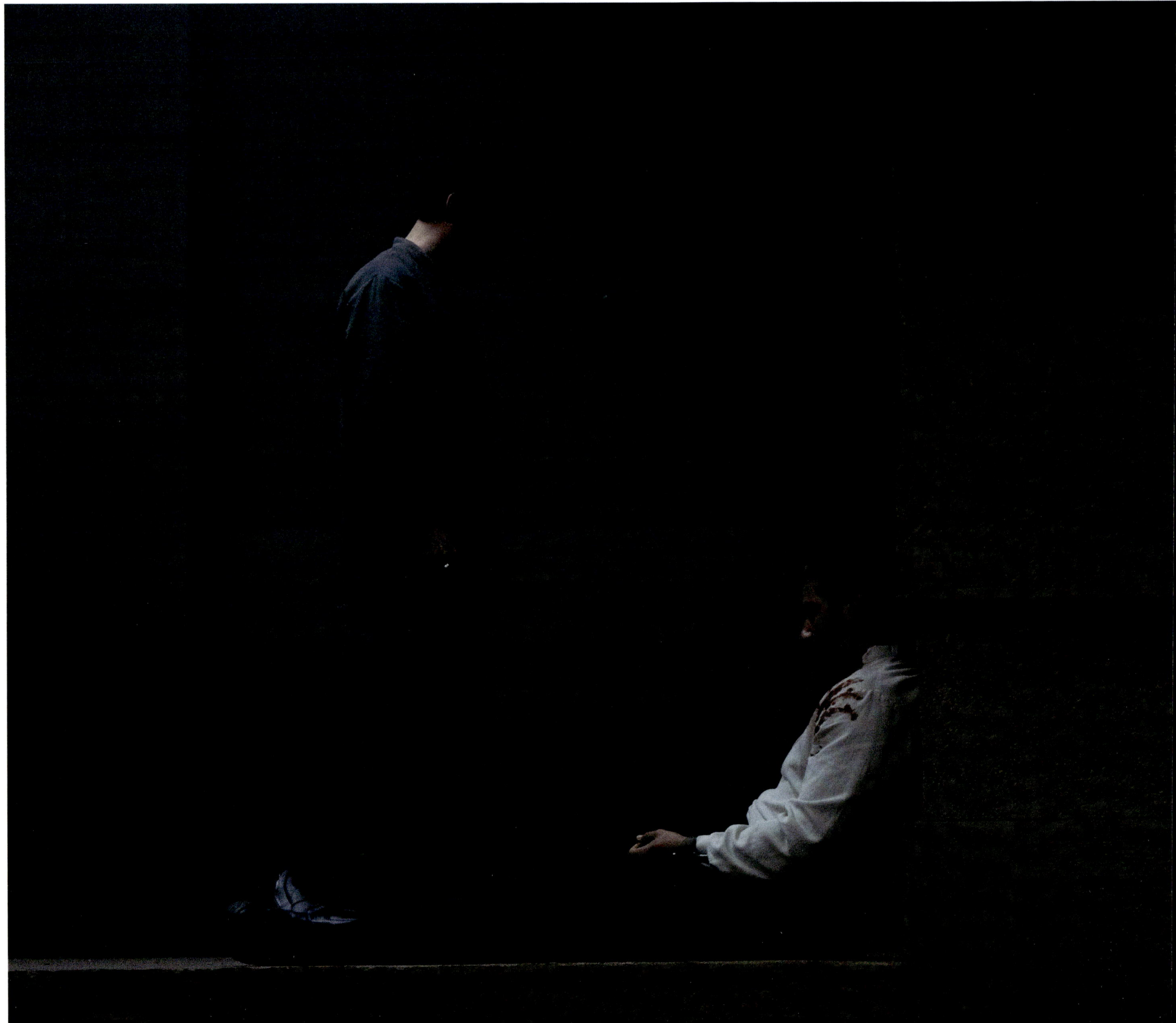

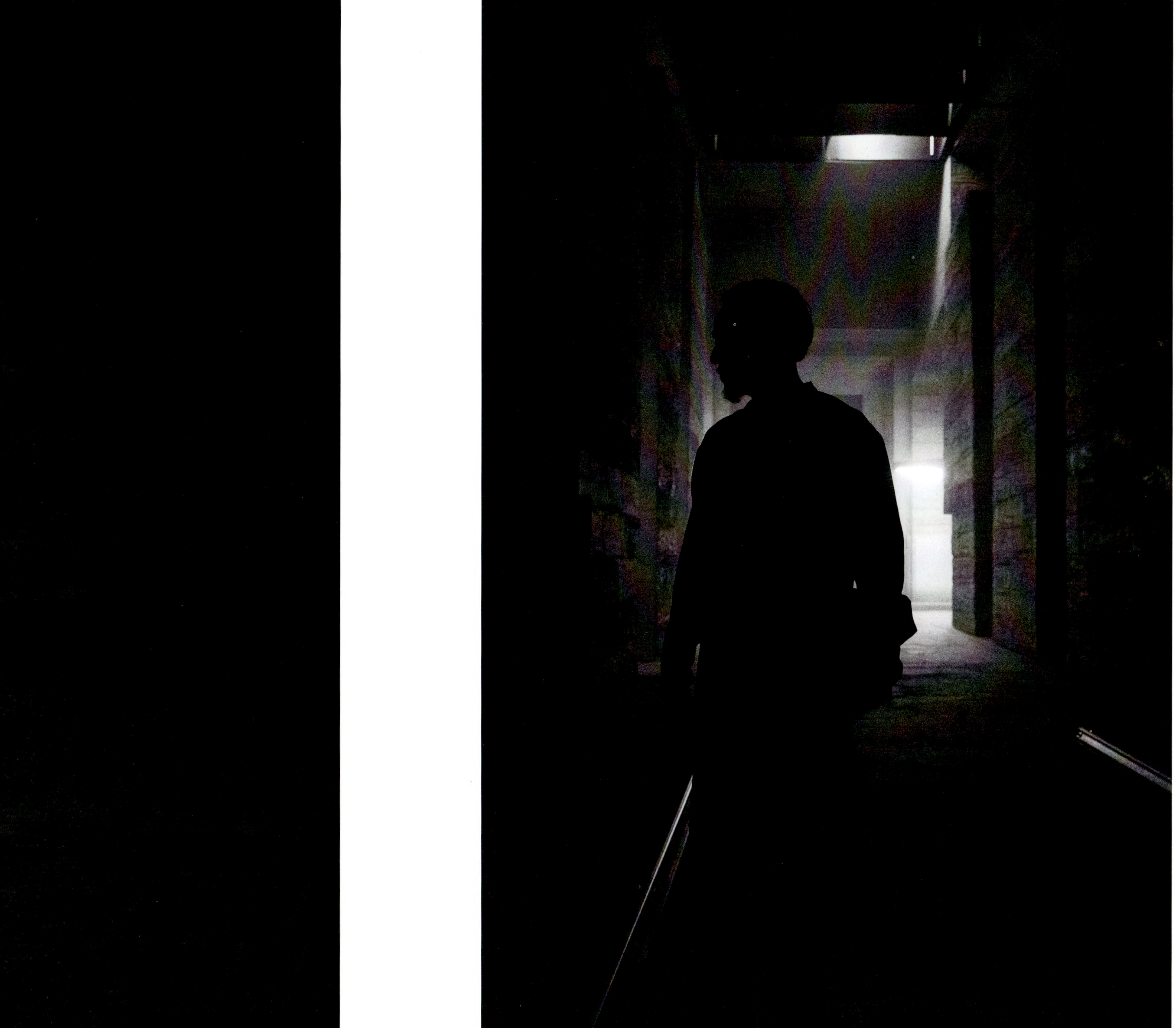

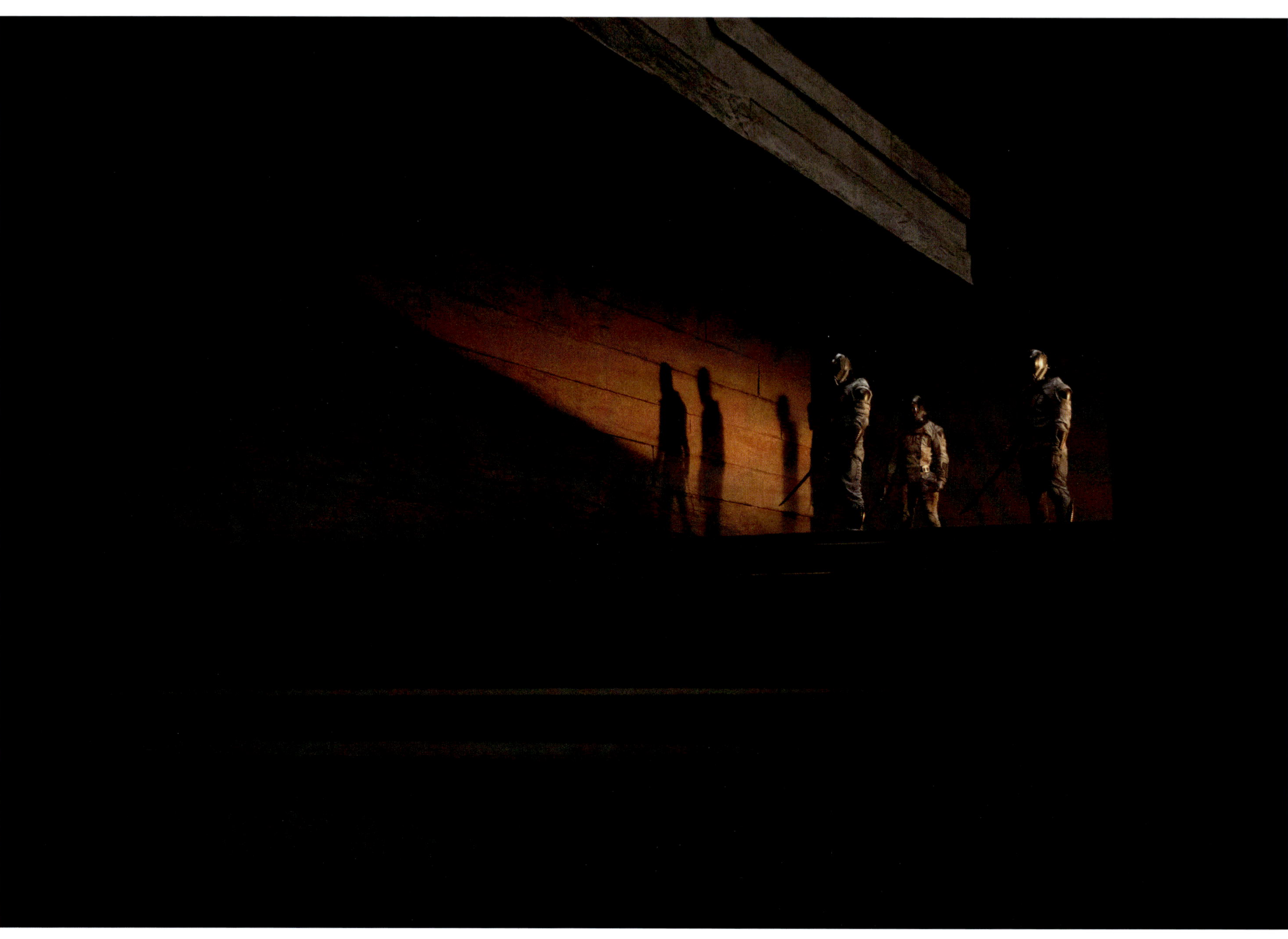

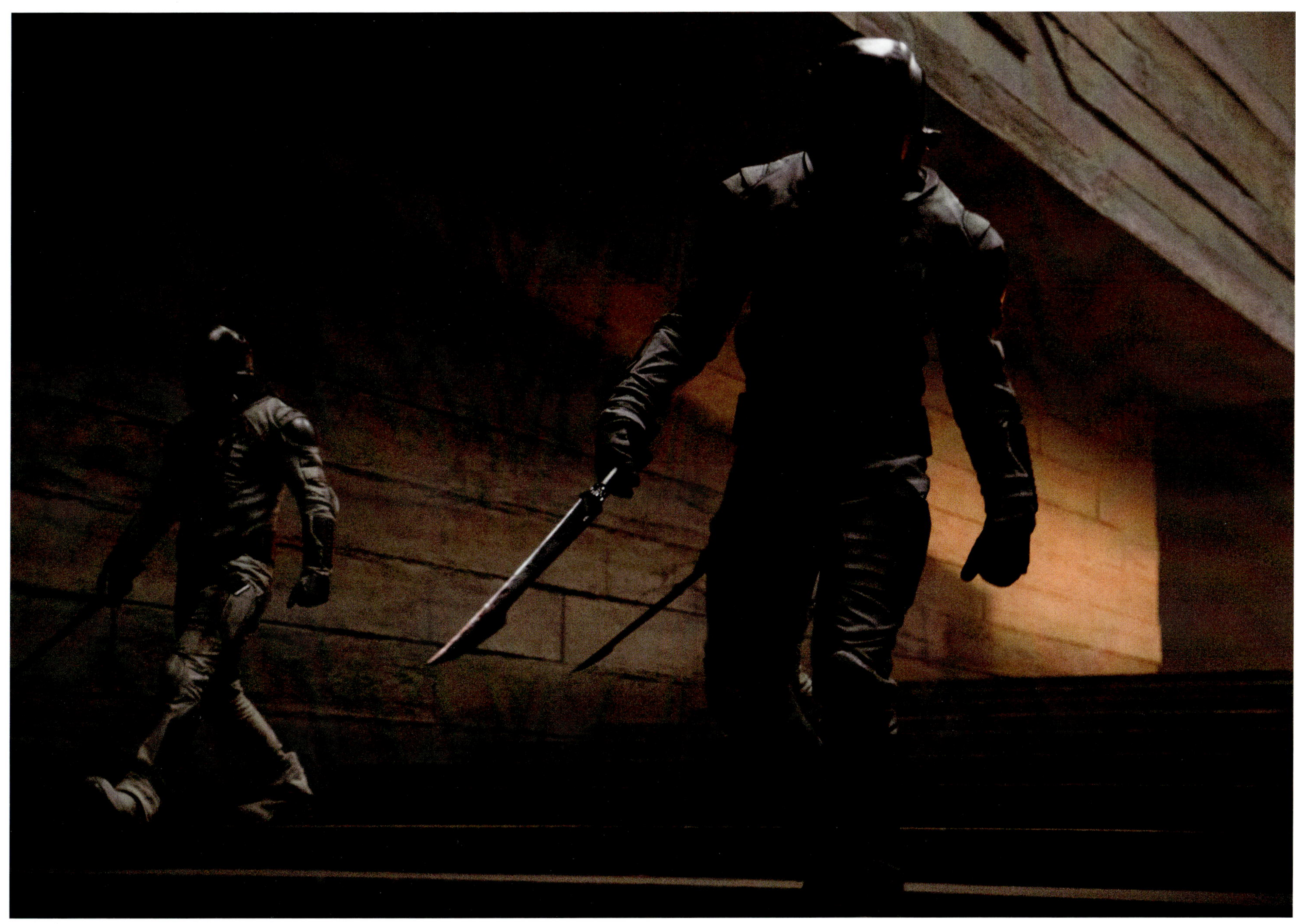

영화 제작 중에는 배우에게나 스태프에게나 개인적으로 기억에 남는 순간들이
많이 있다. 그런 순간들은 대부분 카메라에 잡히지 못하지만, 때때로 바로 그
순간이 드러나서 사진을 찍을 수 있을 때도 있다. 우리는 부다페스트의 무대에서
프랭크 허버트가 만들어 낸 사다우카 침략군과 하코넨의 엘리트 전사들이
아라킨 저택에 침투하는 장면을 촬영했다. 촬영장에서 영화 카메라는 어두운
계단 아래 좁은 구석에 있었는데, 나는 영화 카메라 아래쪽의 작은 공간에 겨우
몸을 밀어 넣고 있었다.

사다우카 병사들이 한 명씩 칼을 들고 계단을 내려와서 우리를 지나갔다.
카메라에서 가까운 곳에 벽이 있고 오른쪽으로 나가는 좁은 길이 만들어져
있었다. 연기자들은 카메라 프레임을 벗어나서 오른쪽 길로 빠져나가야
했다. 하지만 안타깝게도 세트장 조명은 어두웠고 짙은 색 헬멧을 쓰고 있는
배우들은 앞이 잘 보이지 않았다. 병사들은 벽에 다다르자 멈춰 섰는데, 밖으로
빠져나가지 못했기 때문에 벽을 향한 채 앞에서 멈춰 있는 사람들에 기대어
있어야 했다.

카메라 밖에서 우리는 사람들이 실물 크기의 태엽 장난감 병정이 되는 것을
지켜보았다. 병사들이 한 명씩 멈춰 서서 세트장 벽에 점점 더 쌓여 가고 있었다.
배우들과 음향 부서를 위해서 촬영 중에는 소리를 내지 않는 게 원칙이지만,
모두가 웃음을 참는 소리가 제작진 전체에 번지기 시작했다. 바로 이런 순간이
사진의 도움 없이는 설명하기 어려운 순간이다.

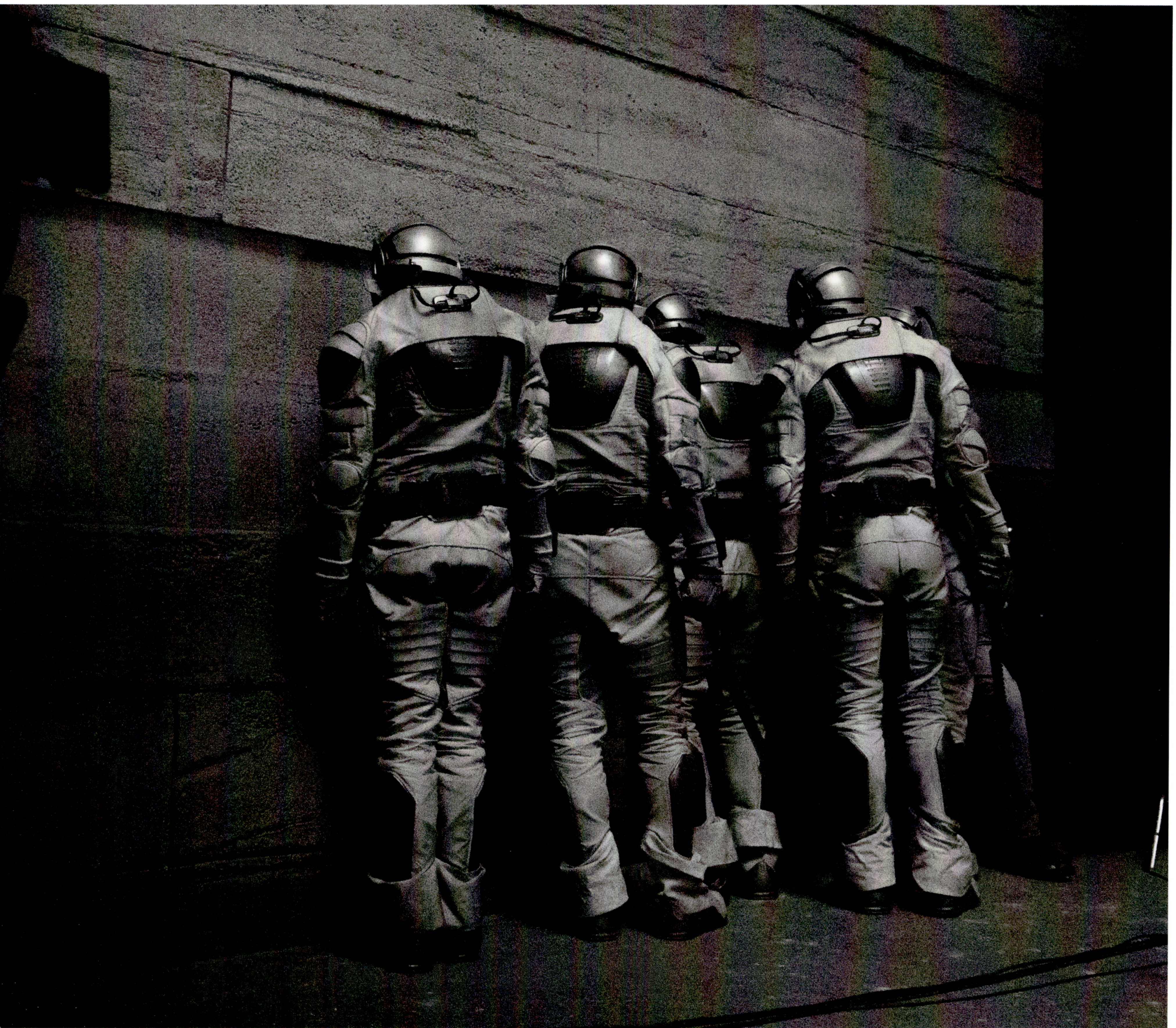

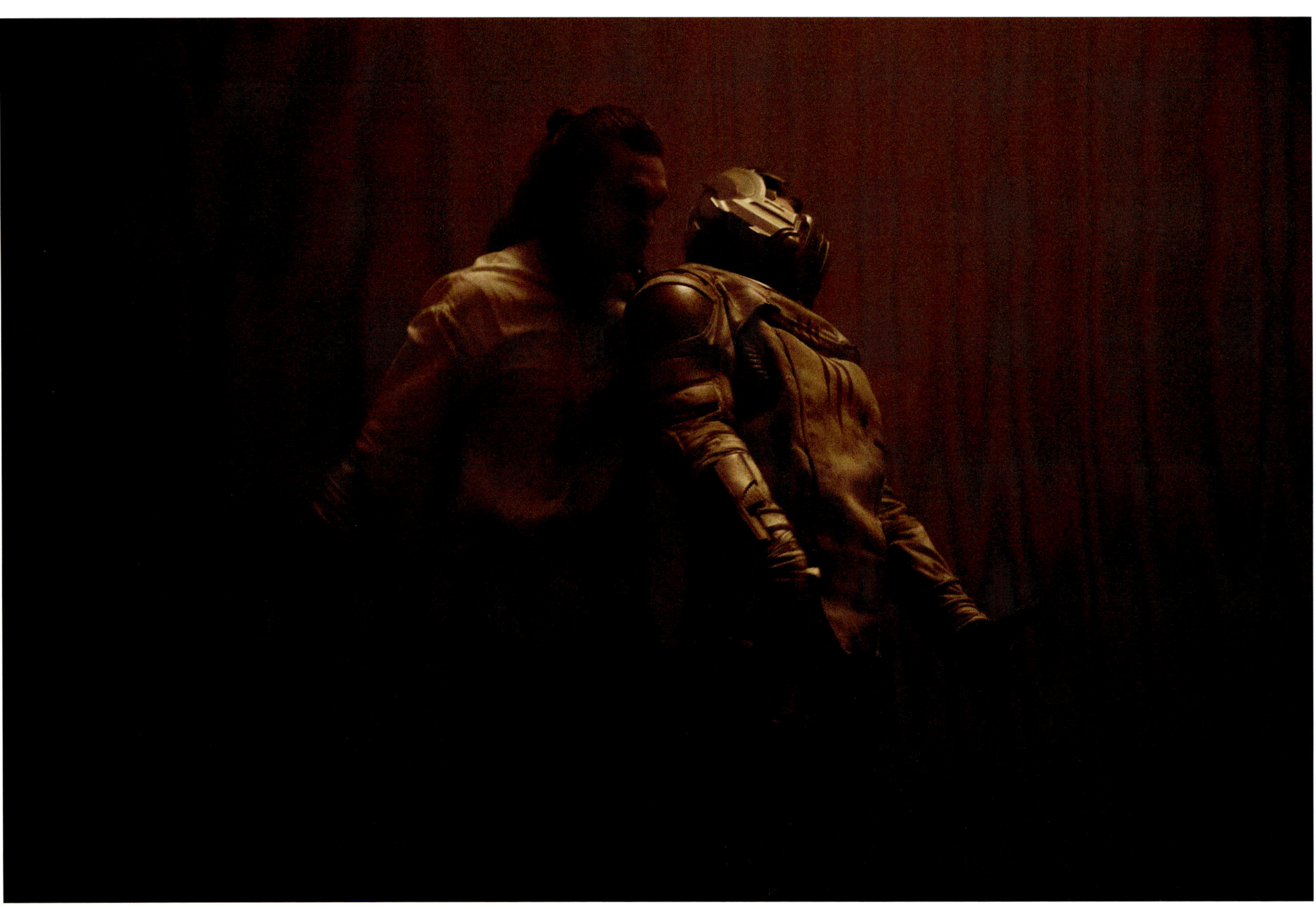

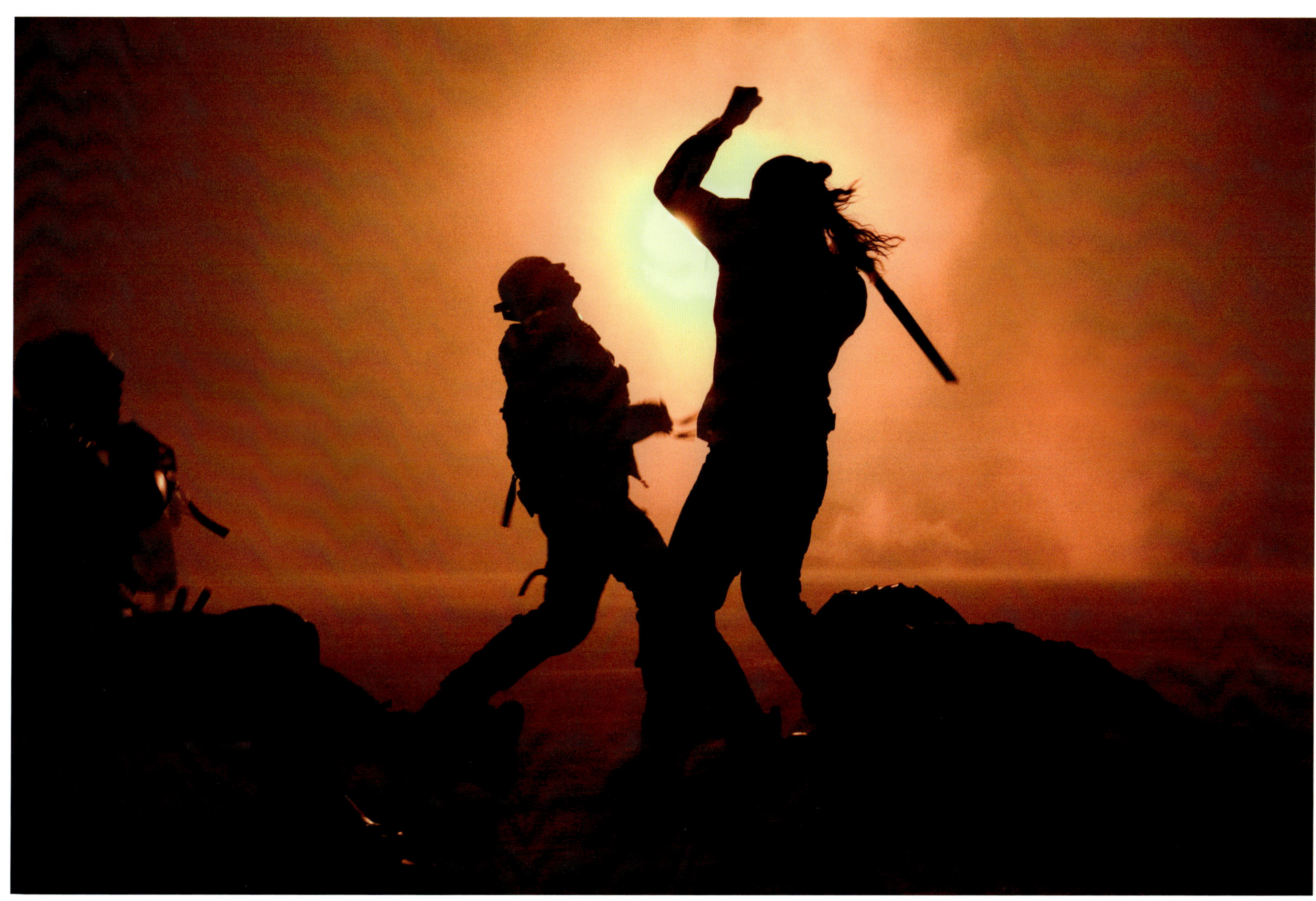

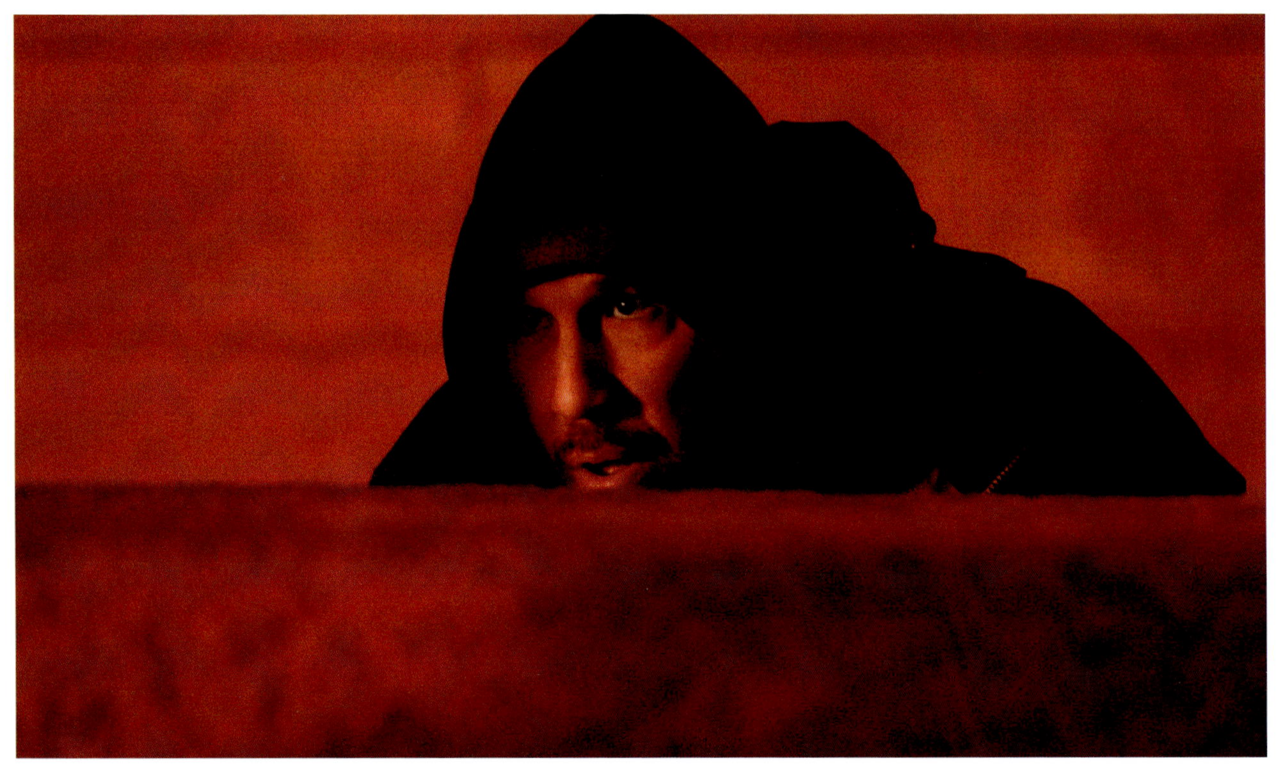

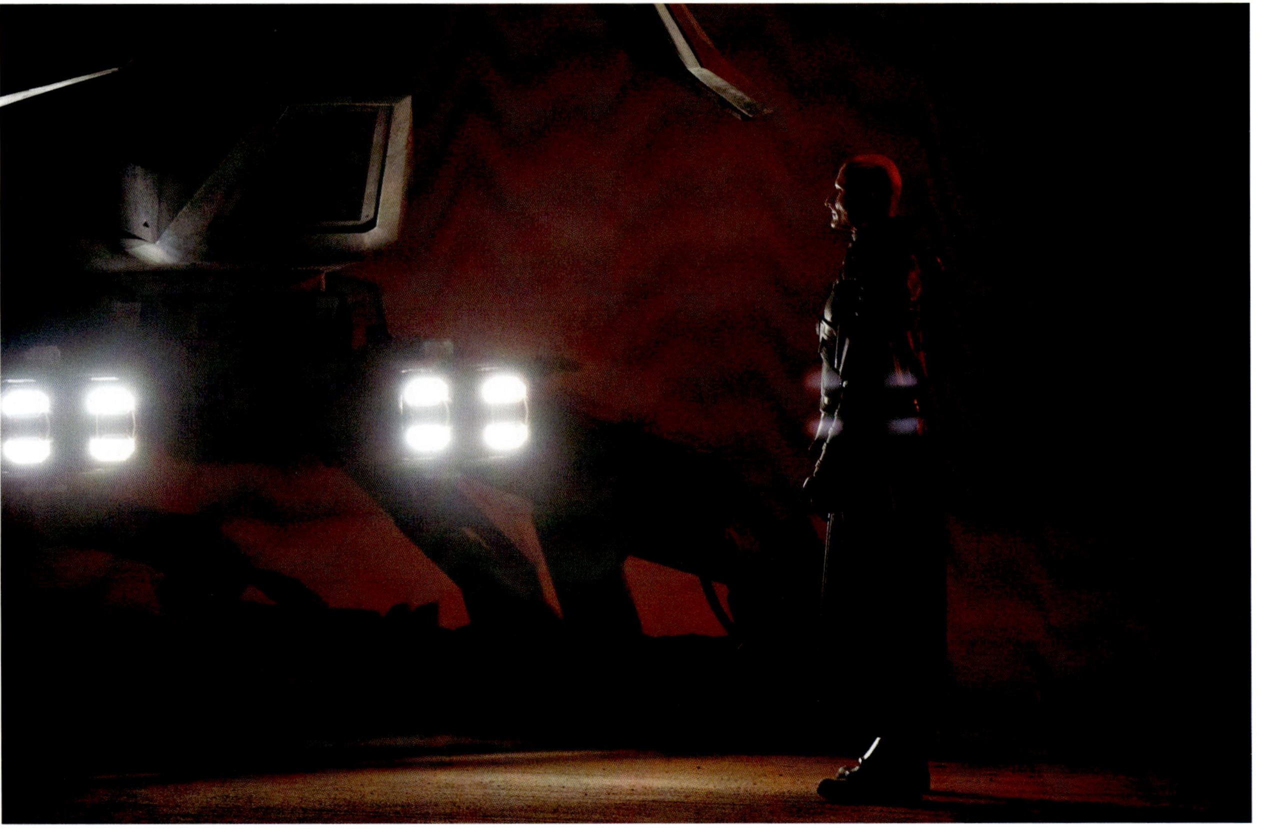

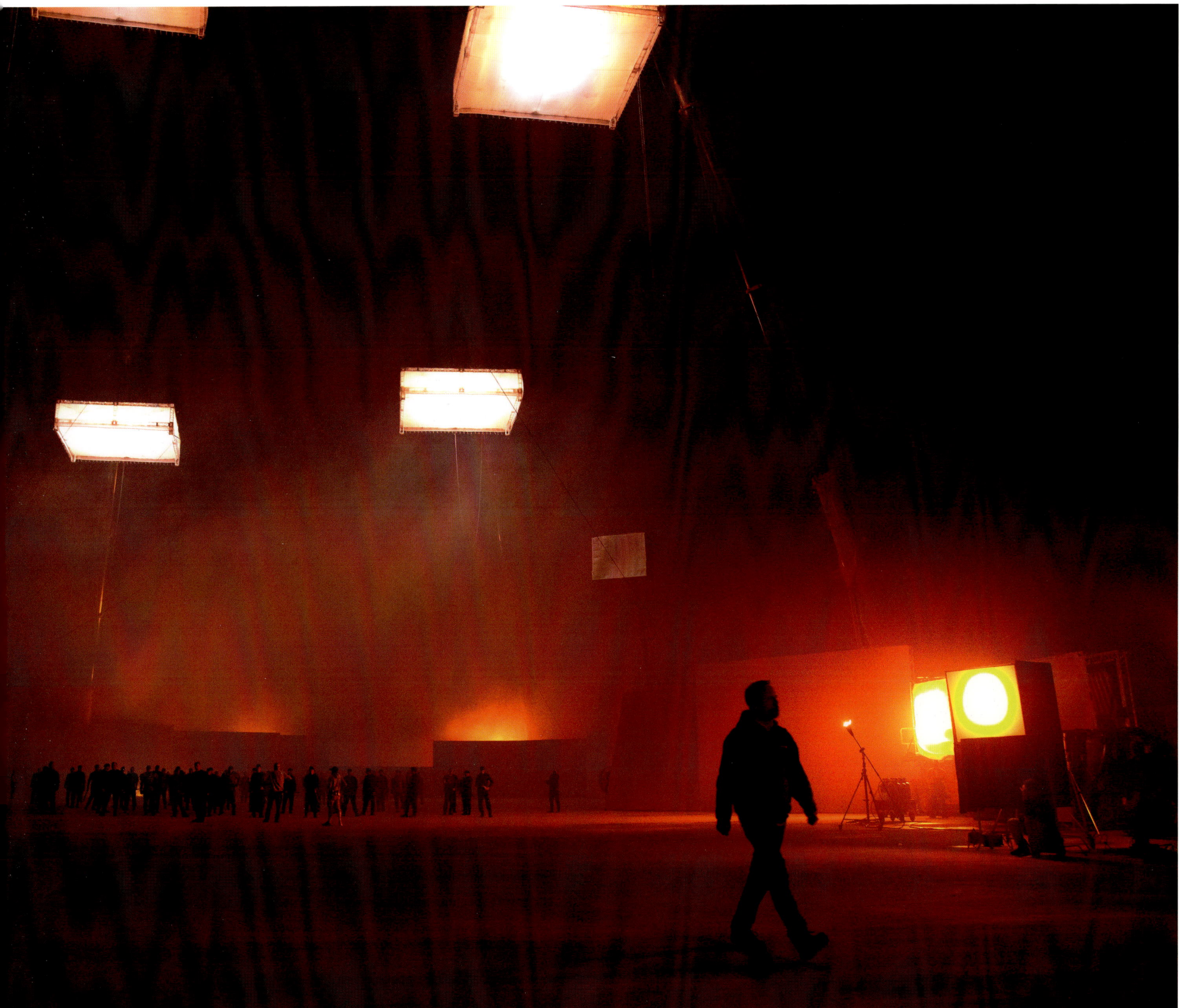

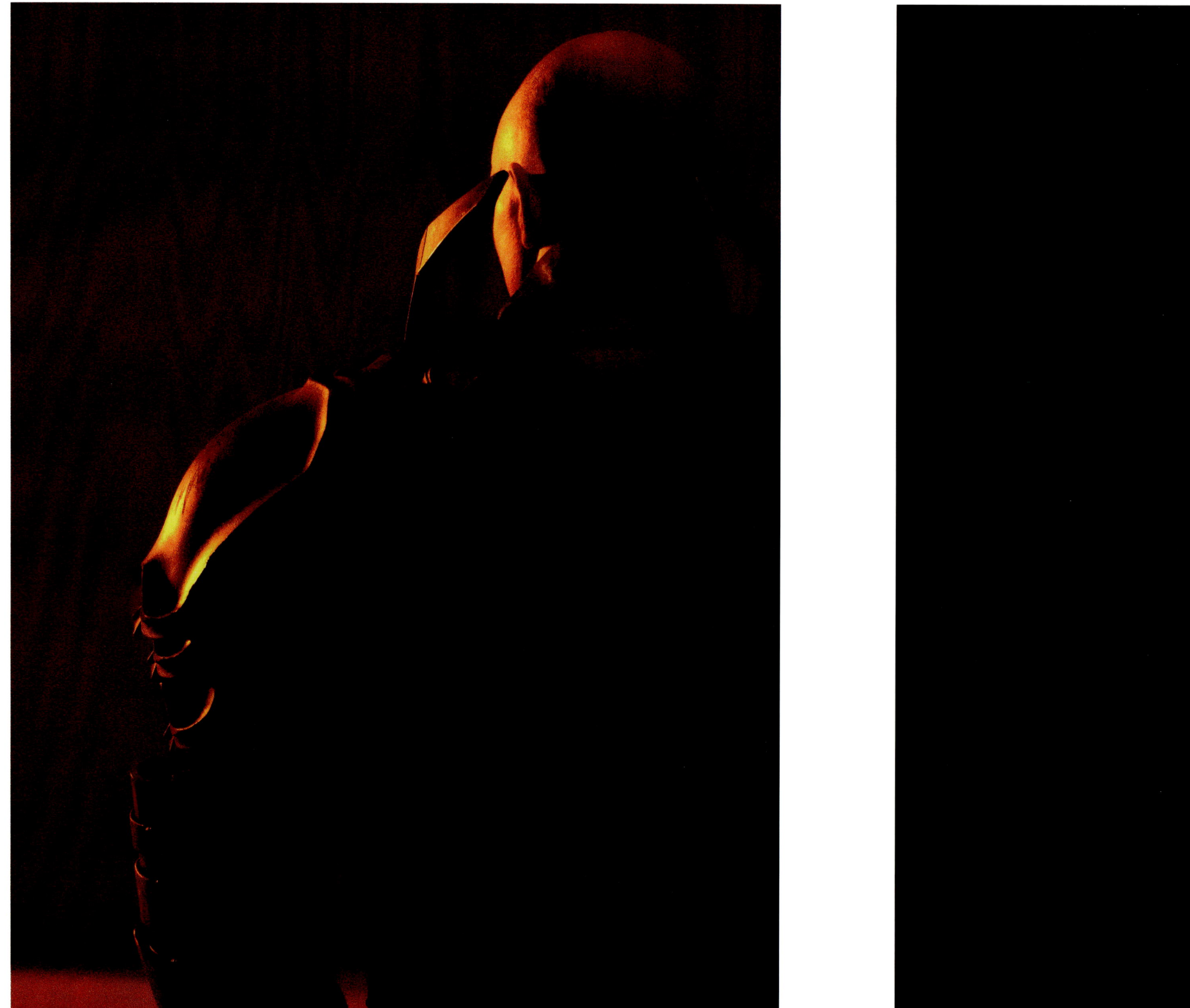

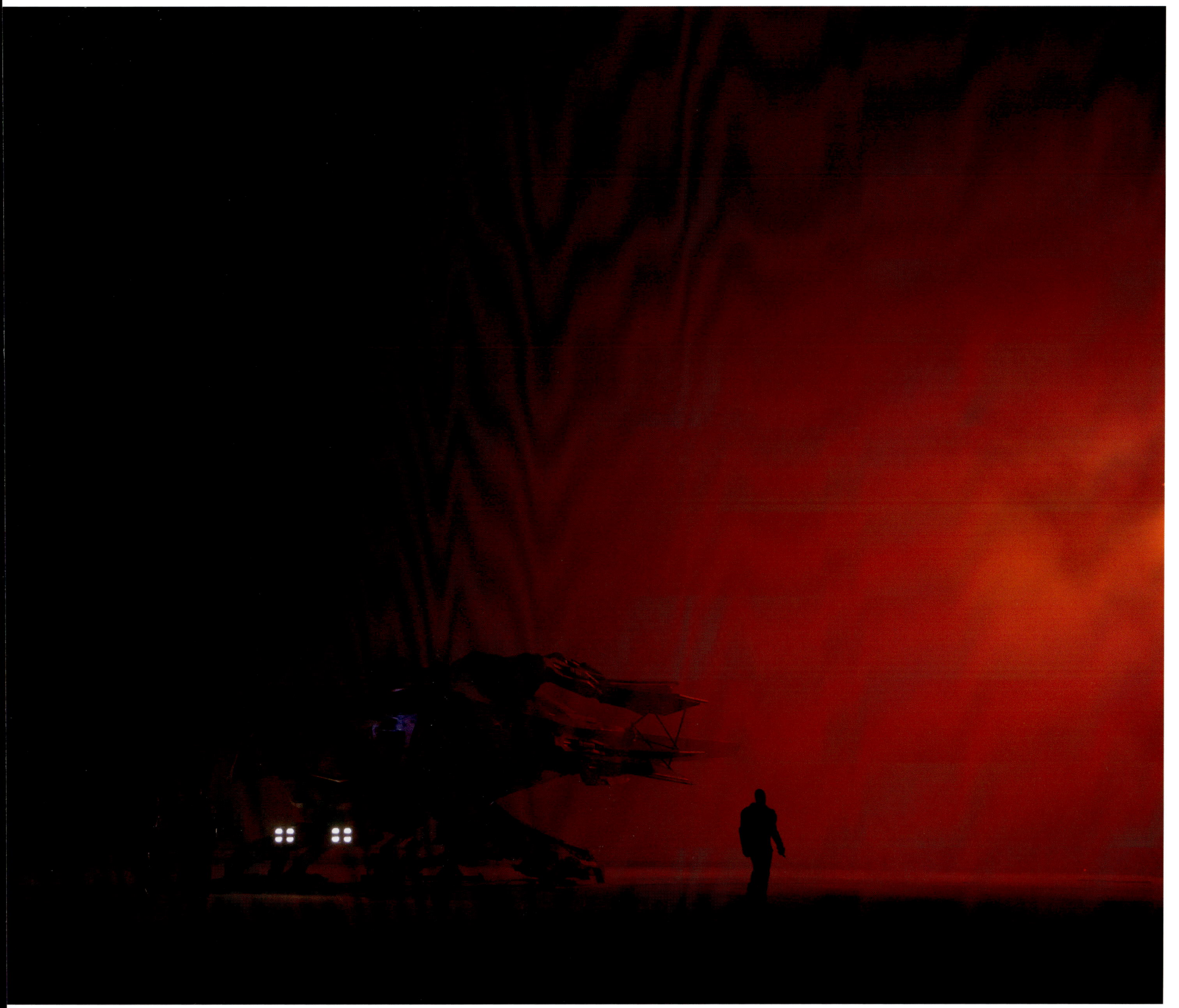

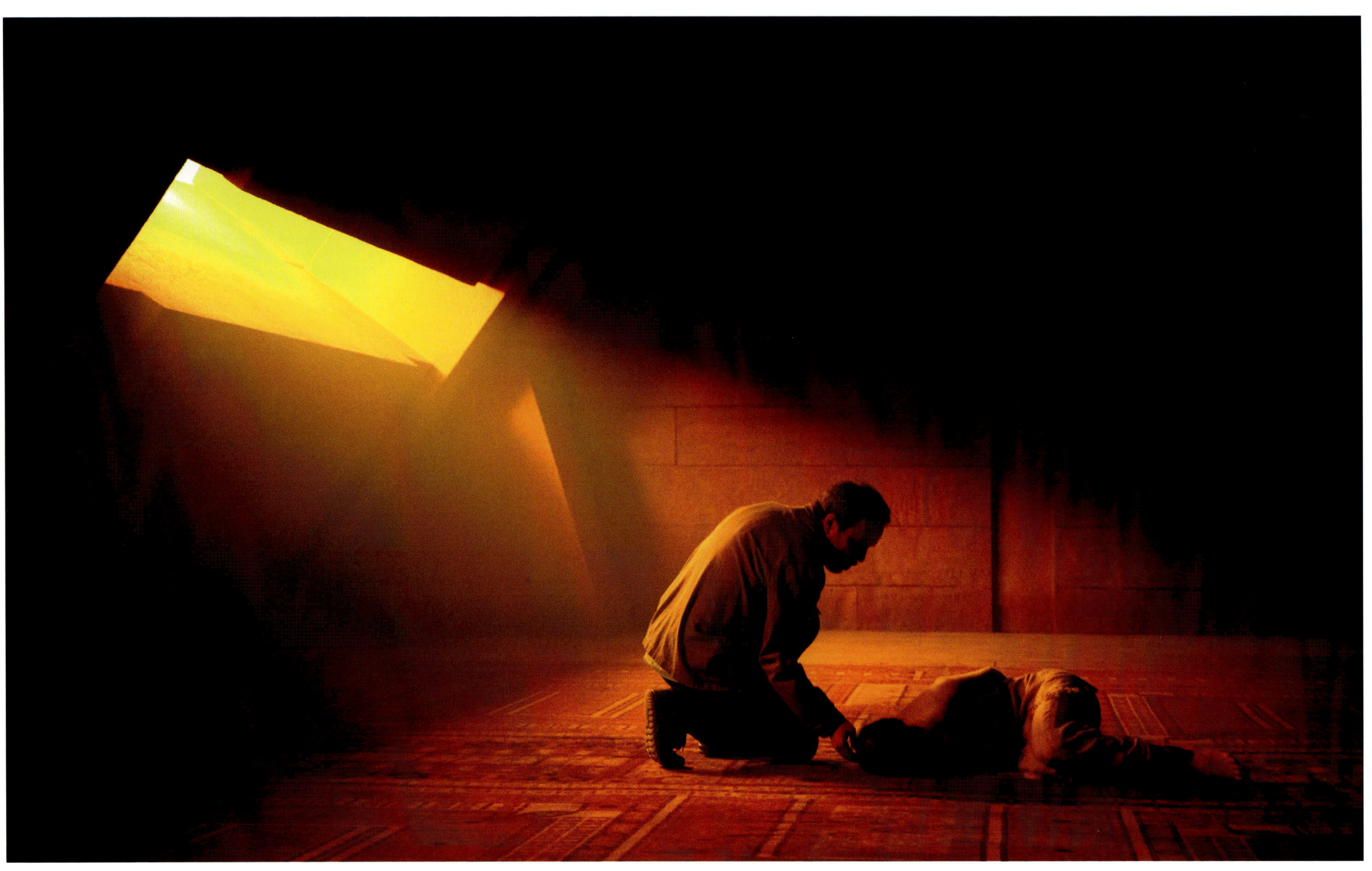

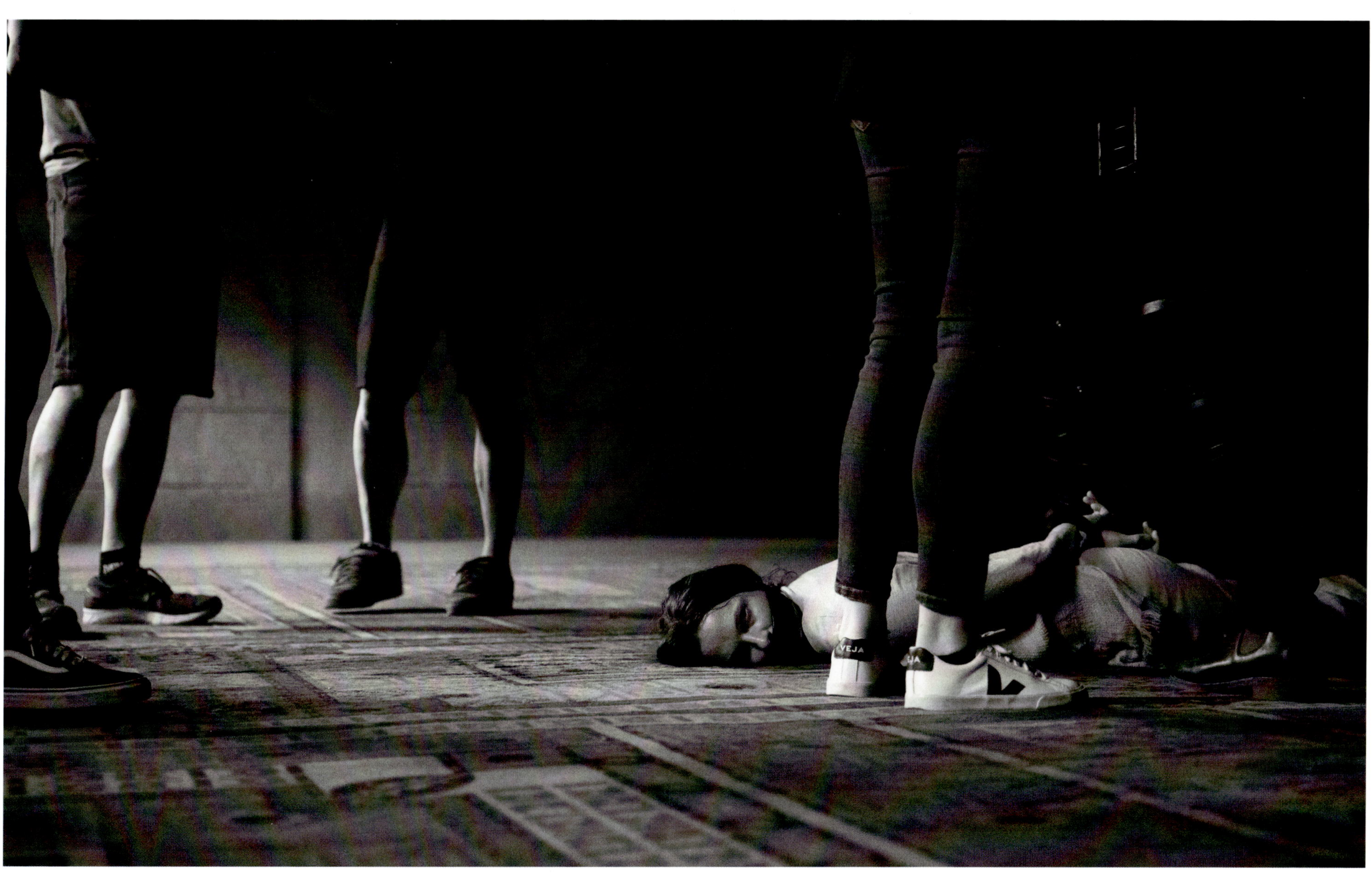

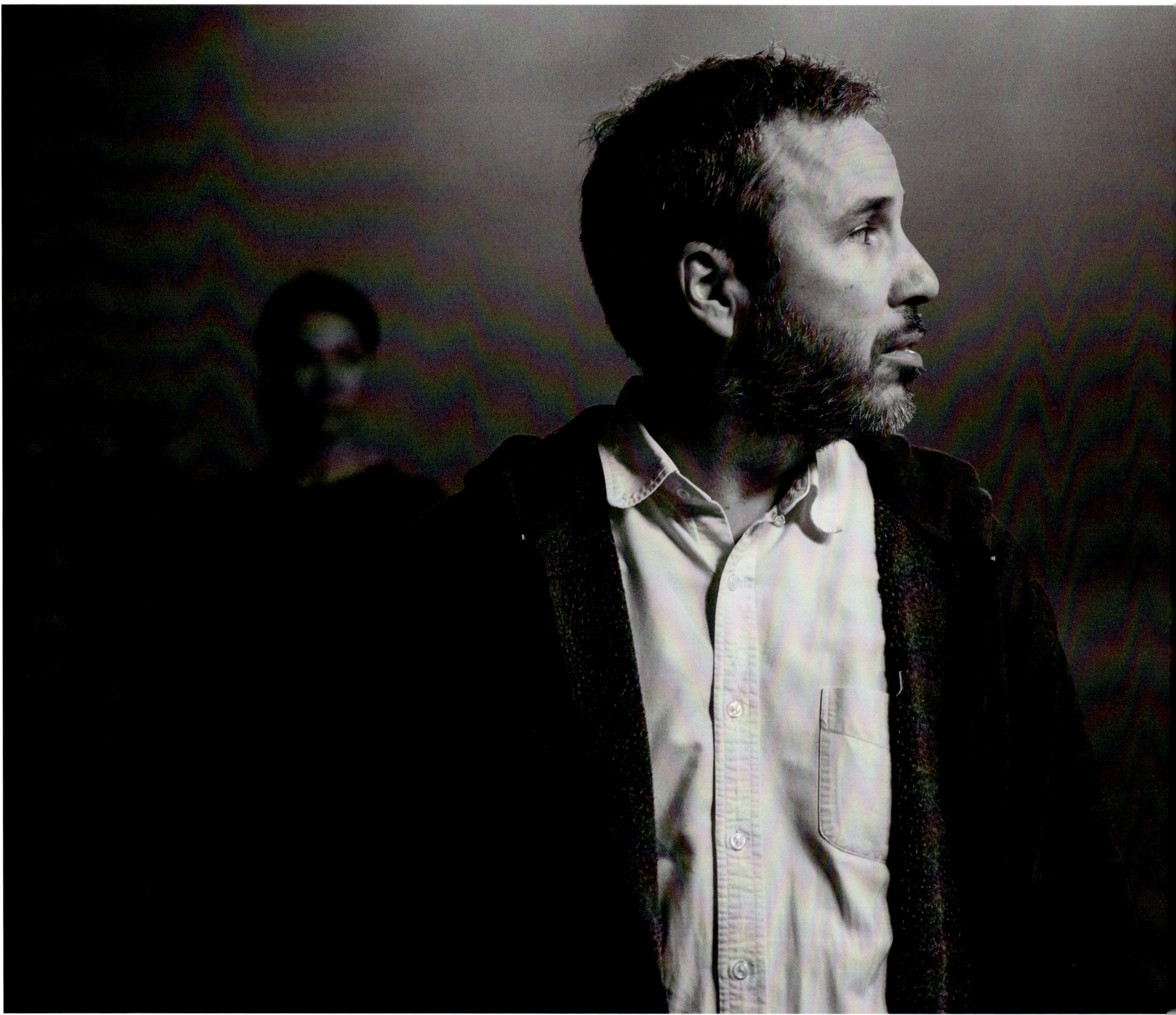

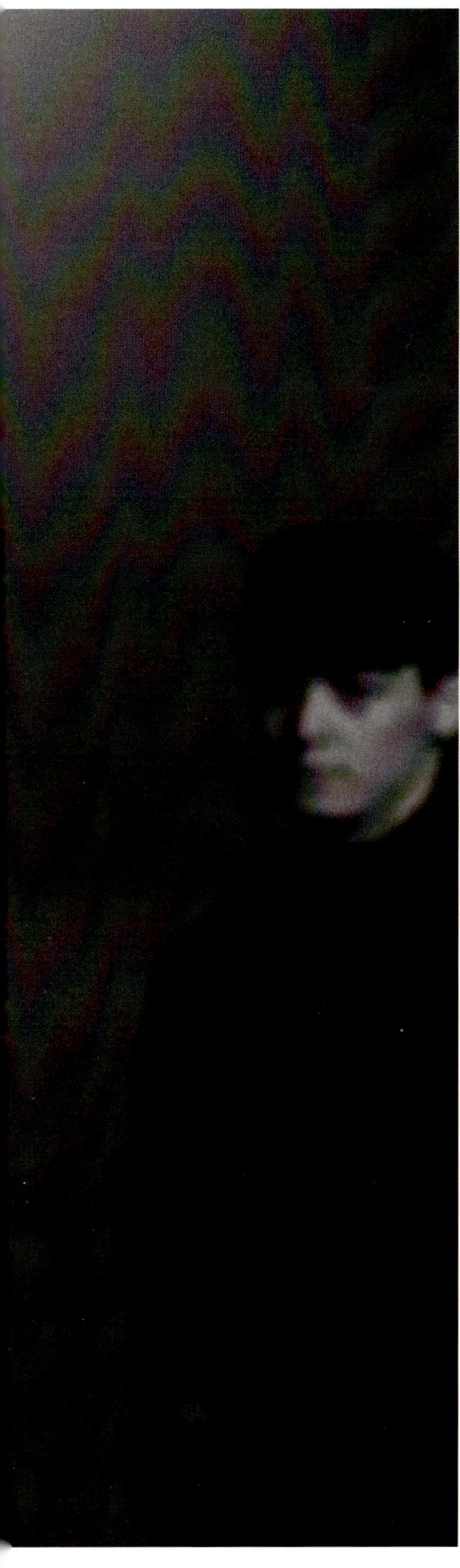
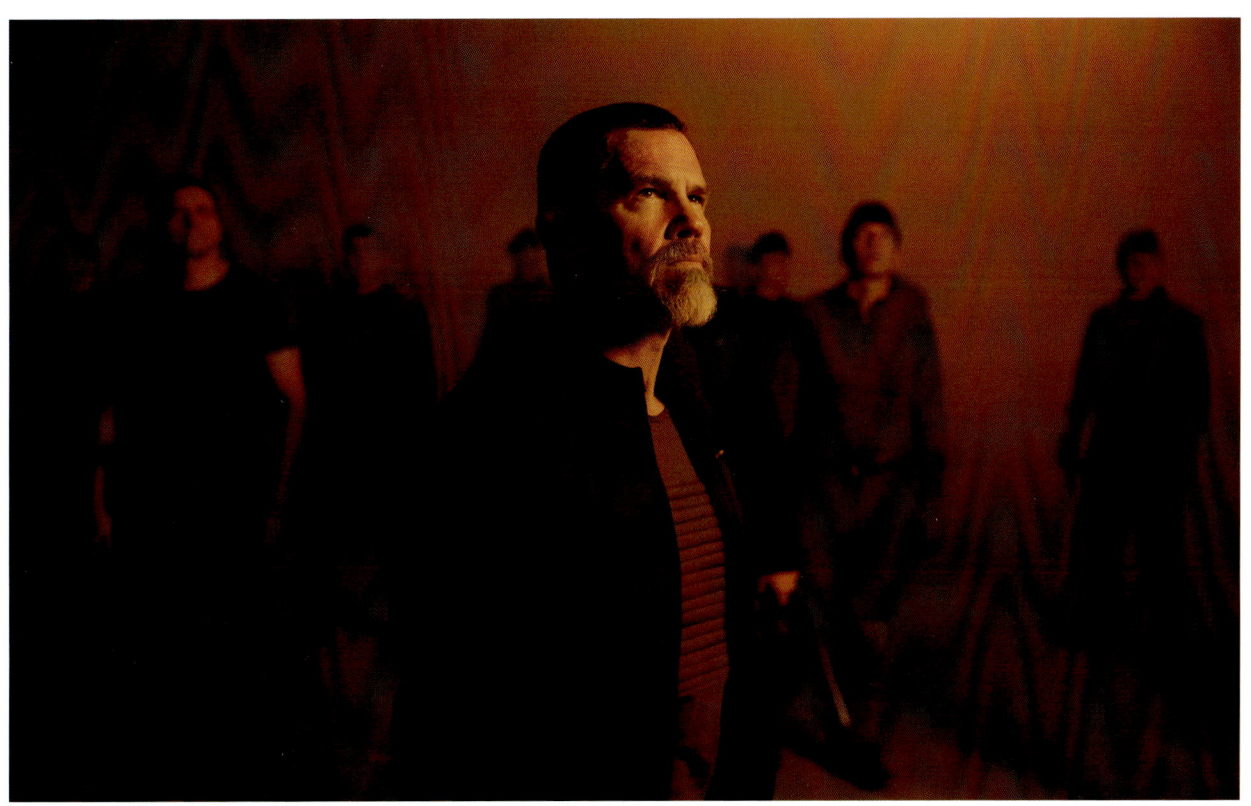
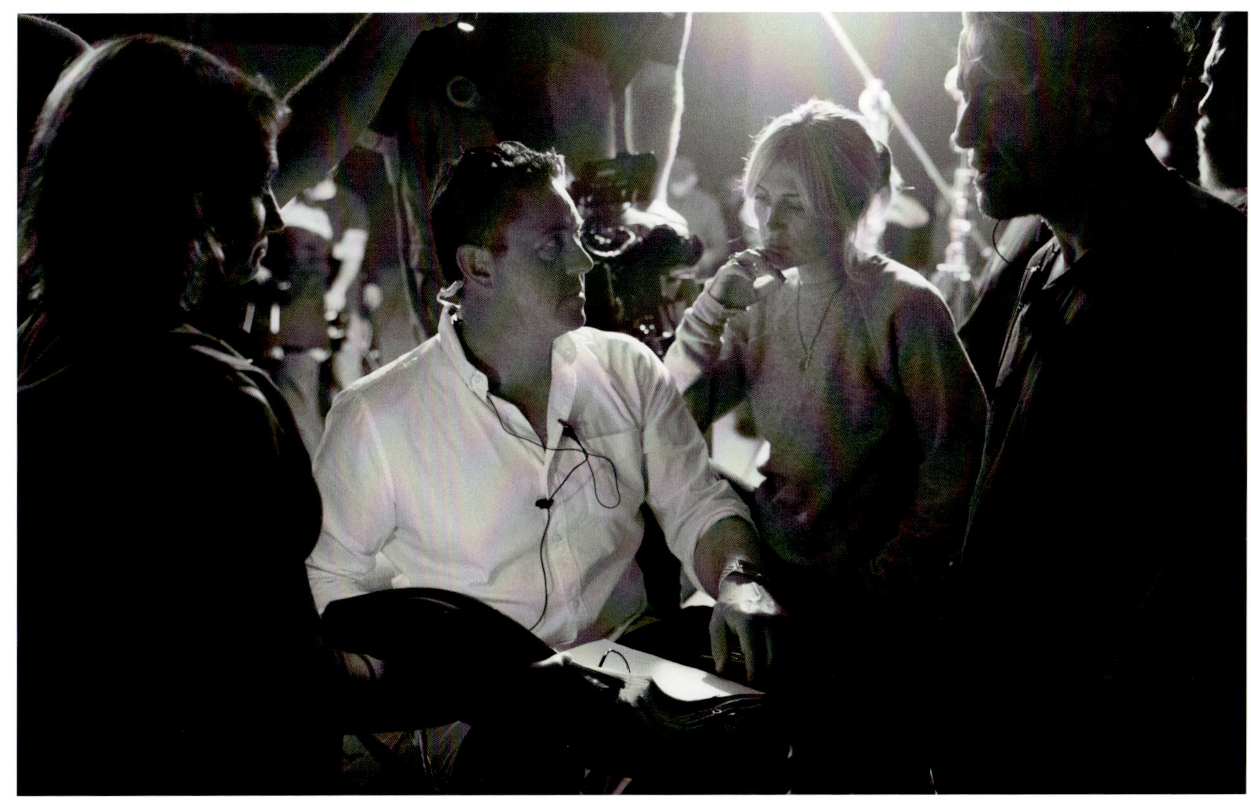

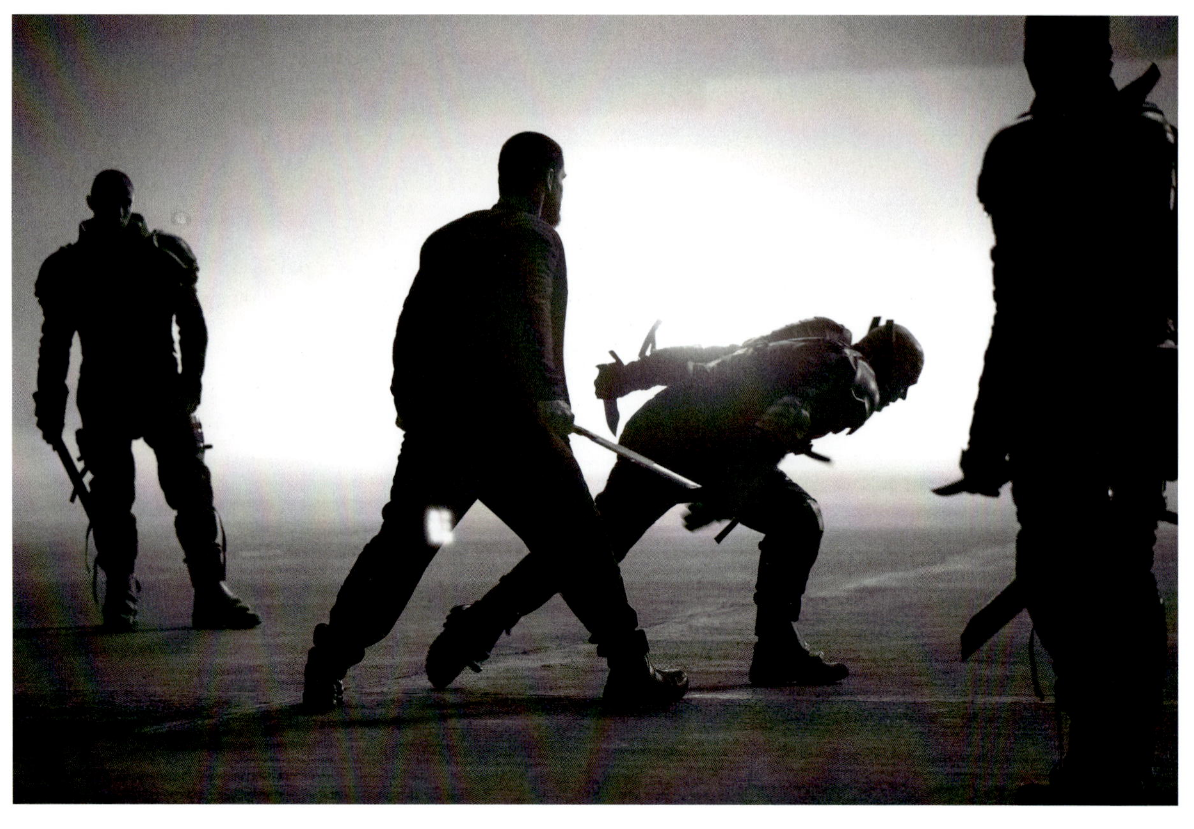

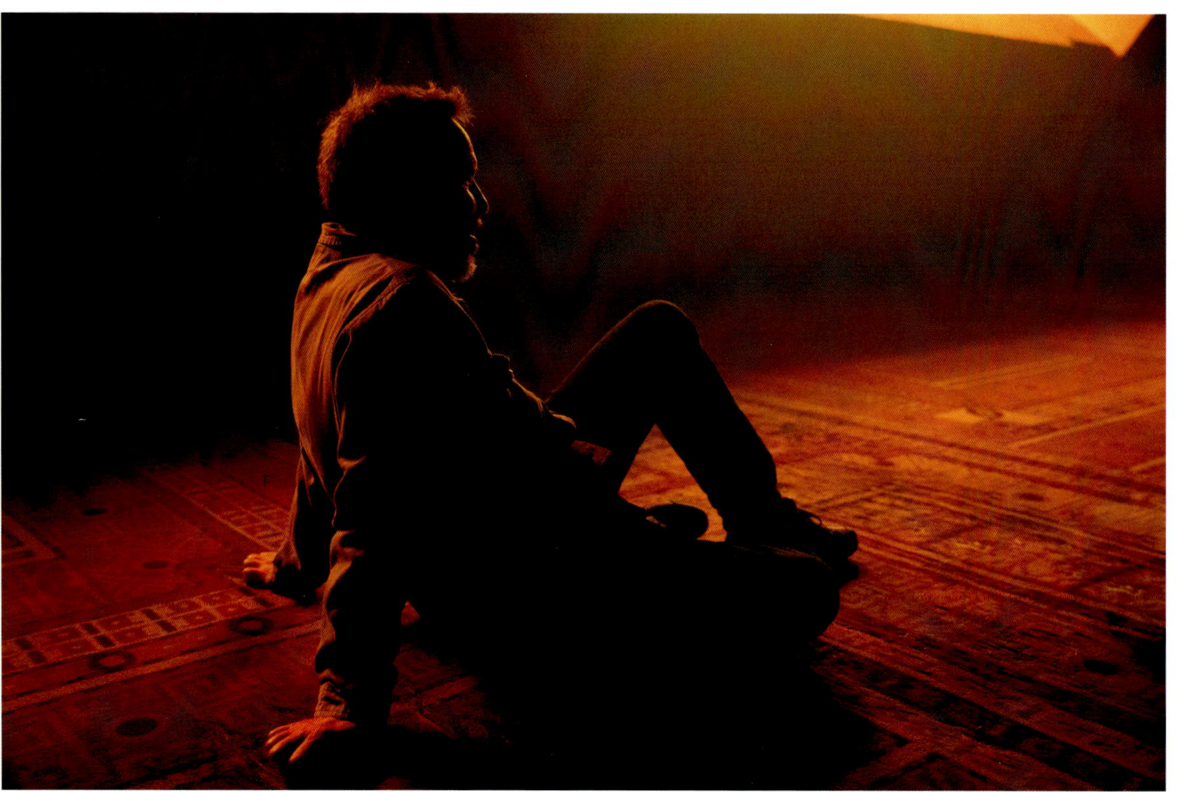

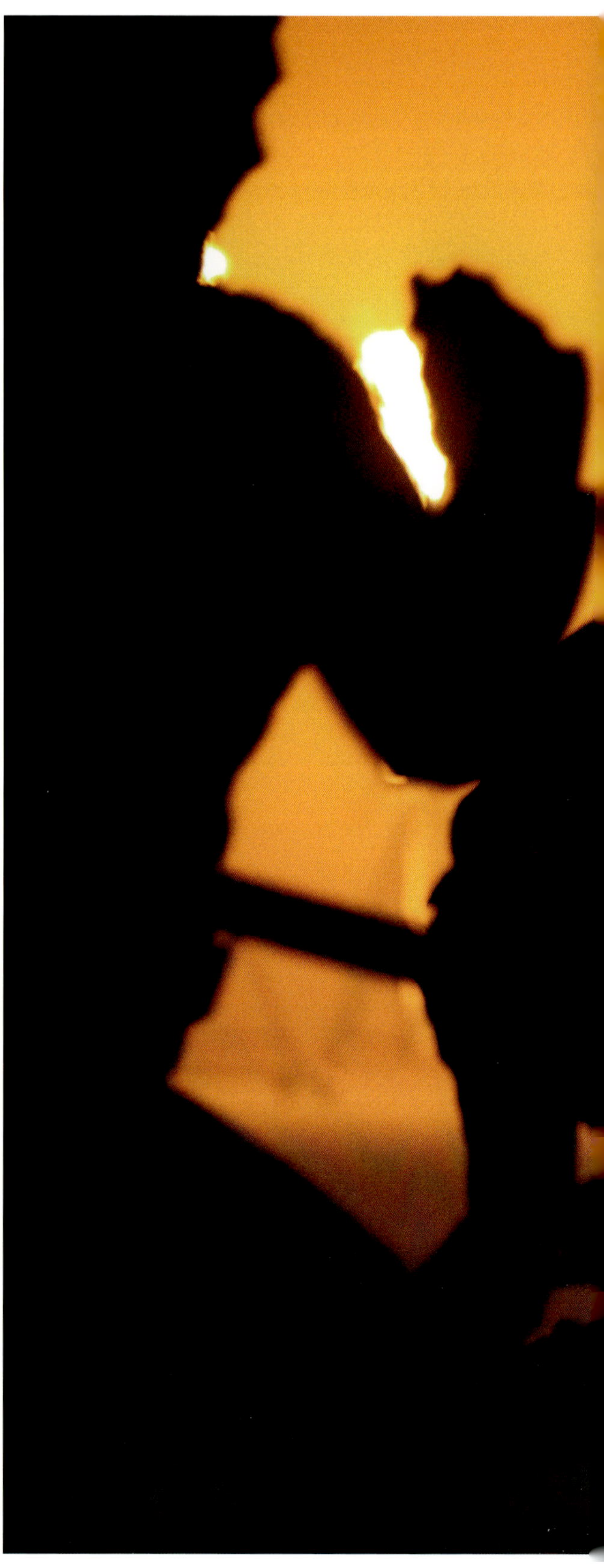

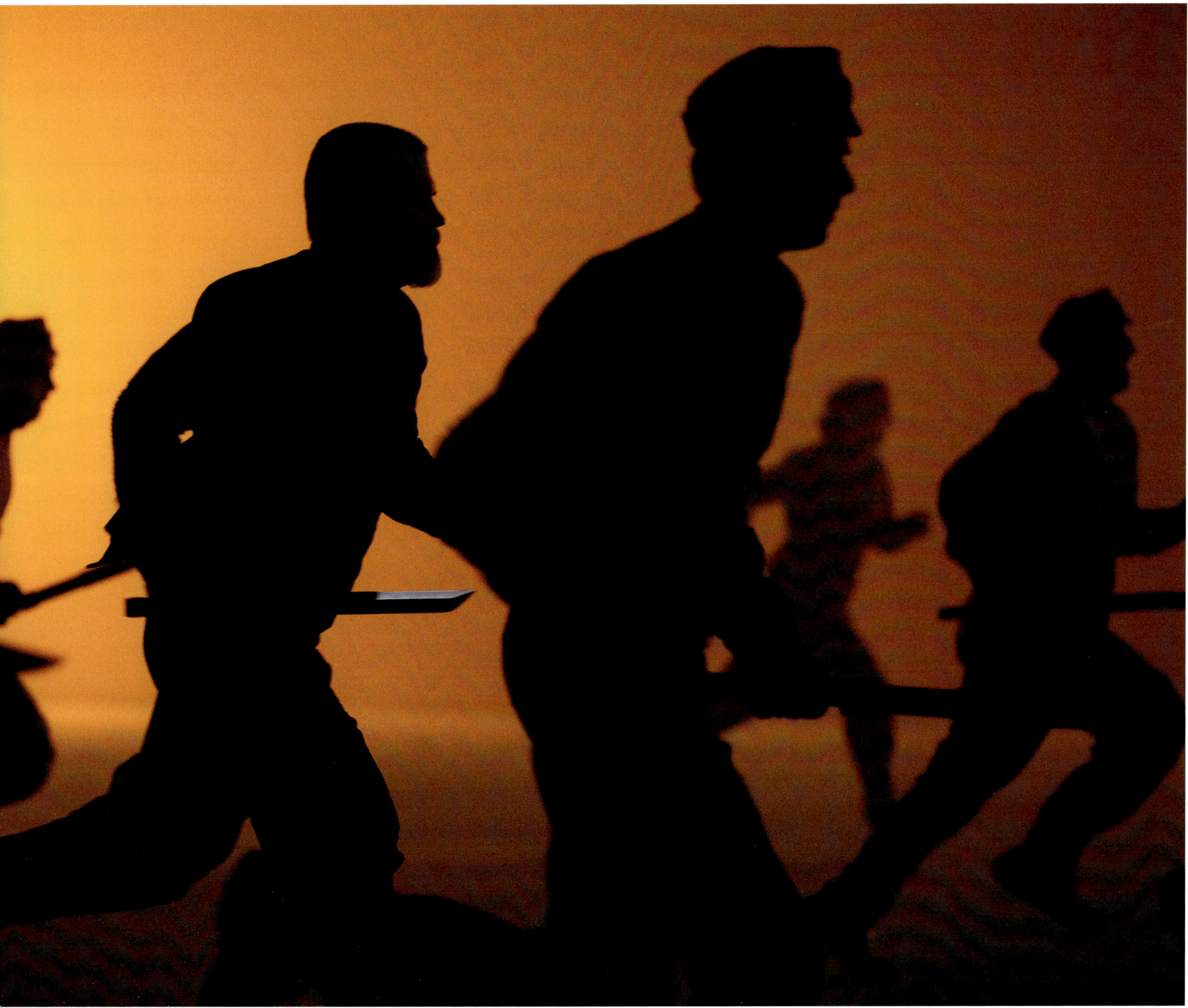

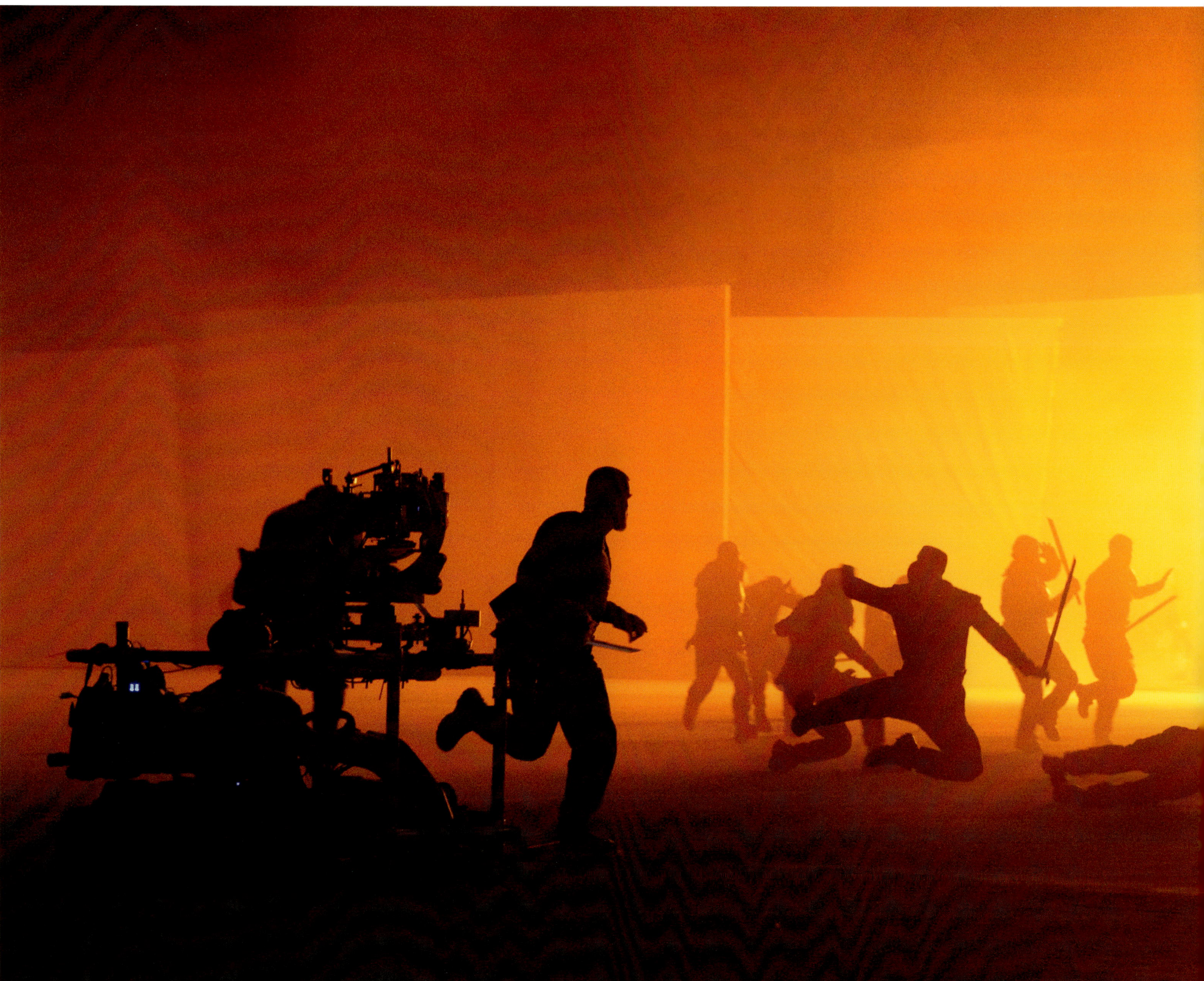

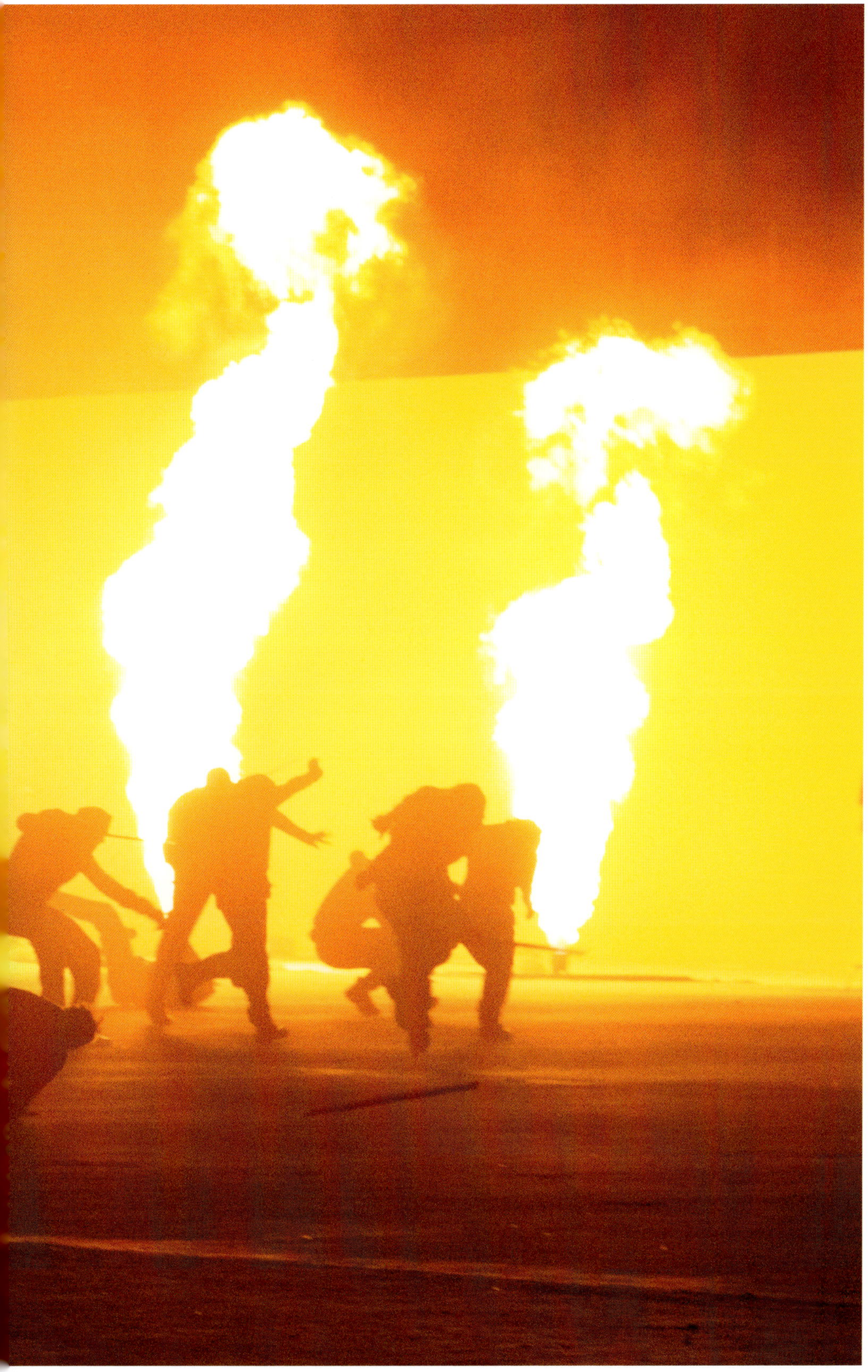

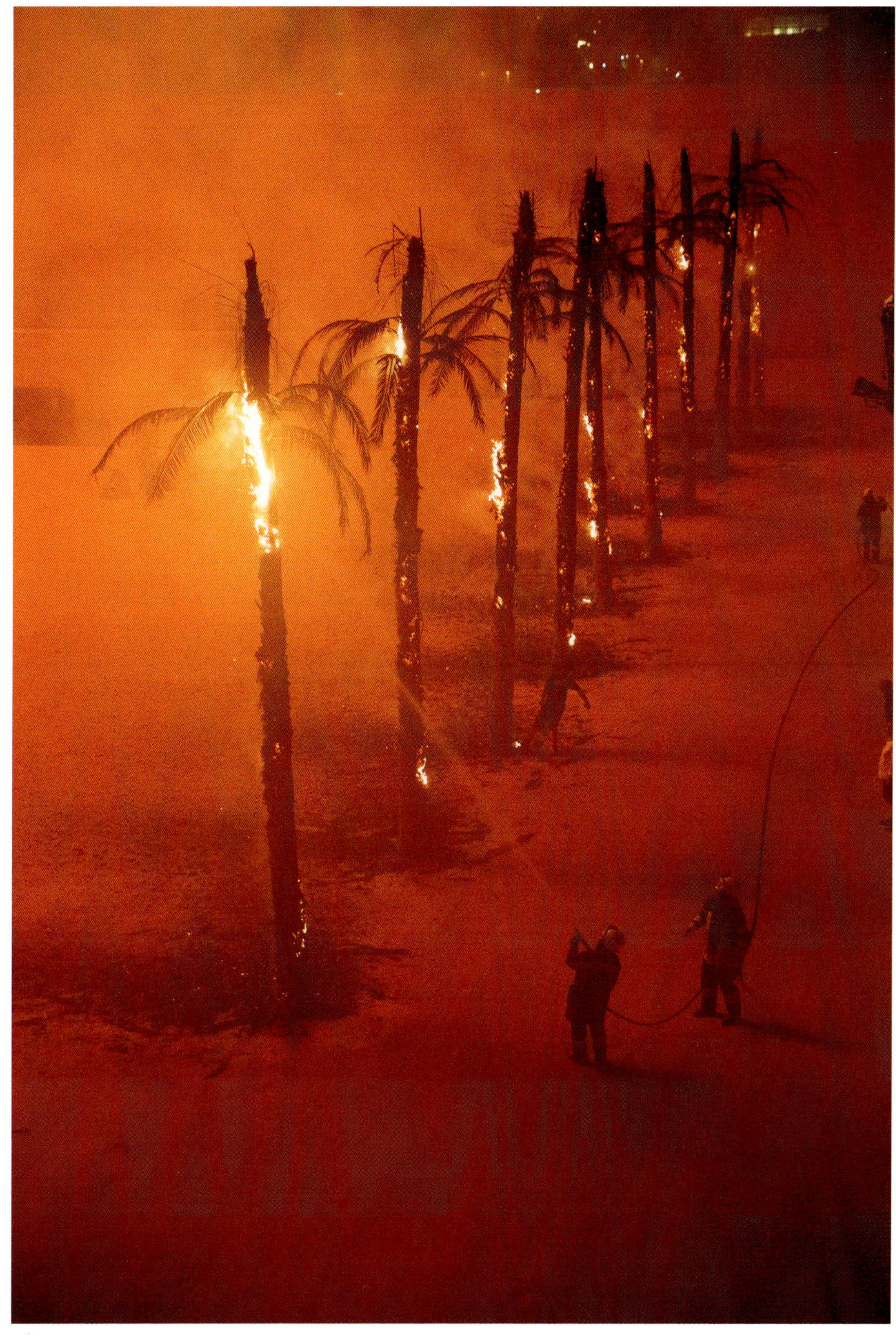

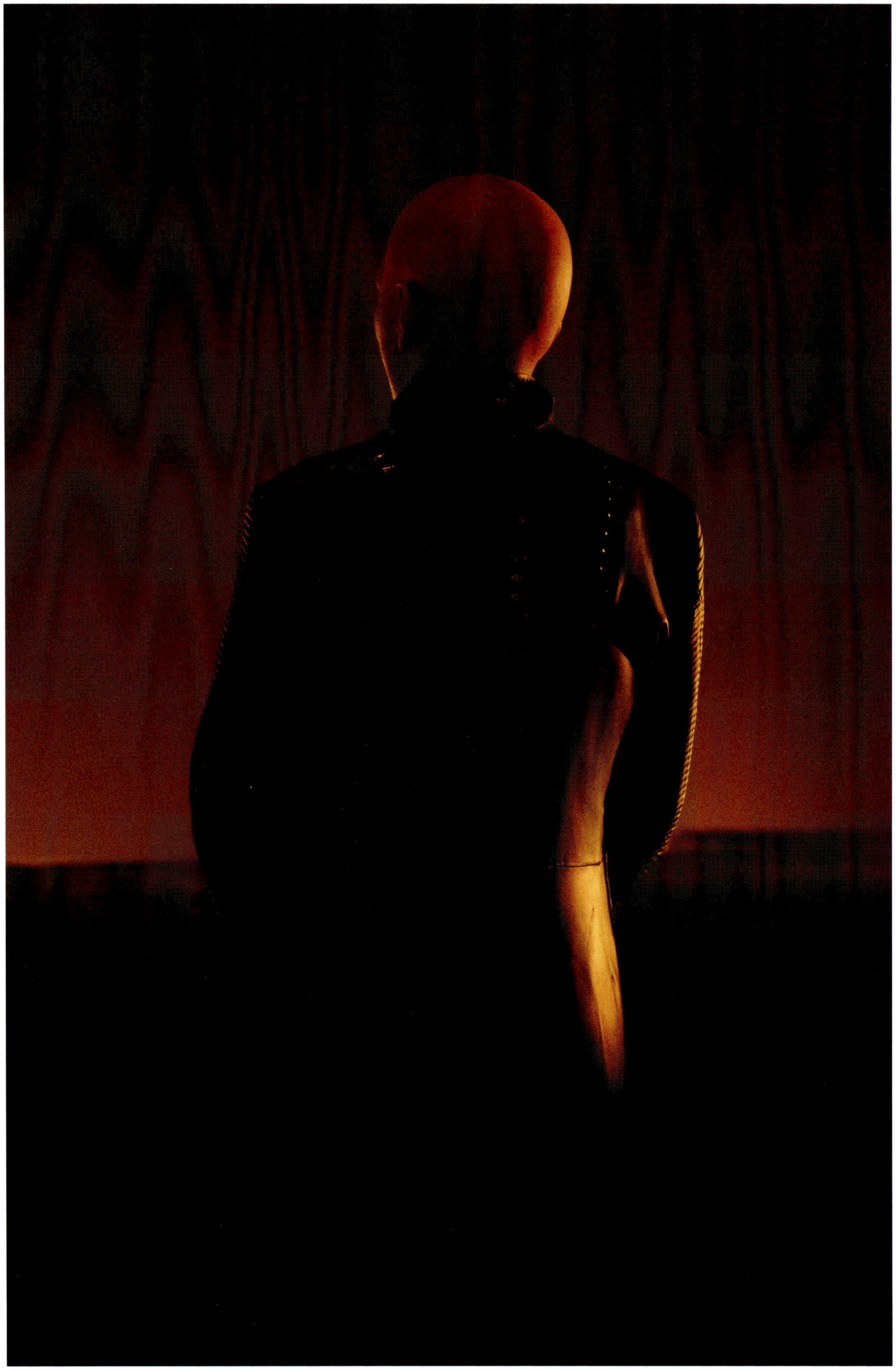

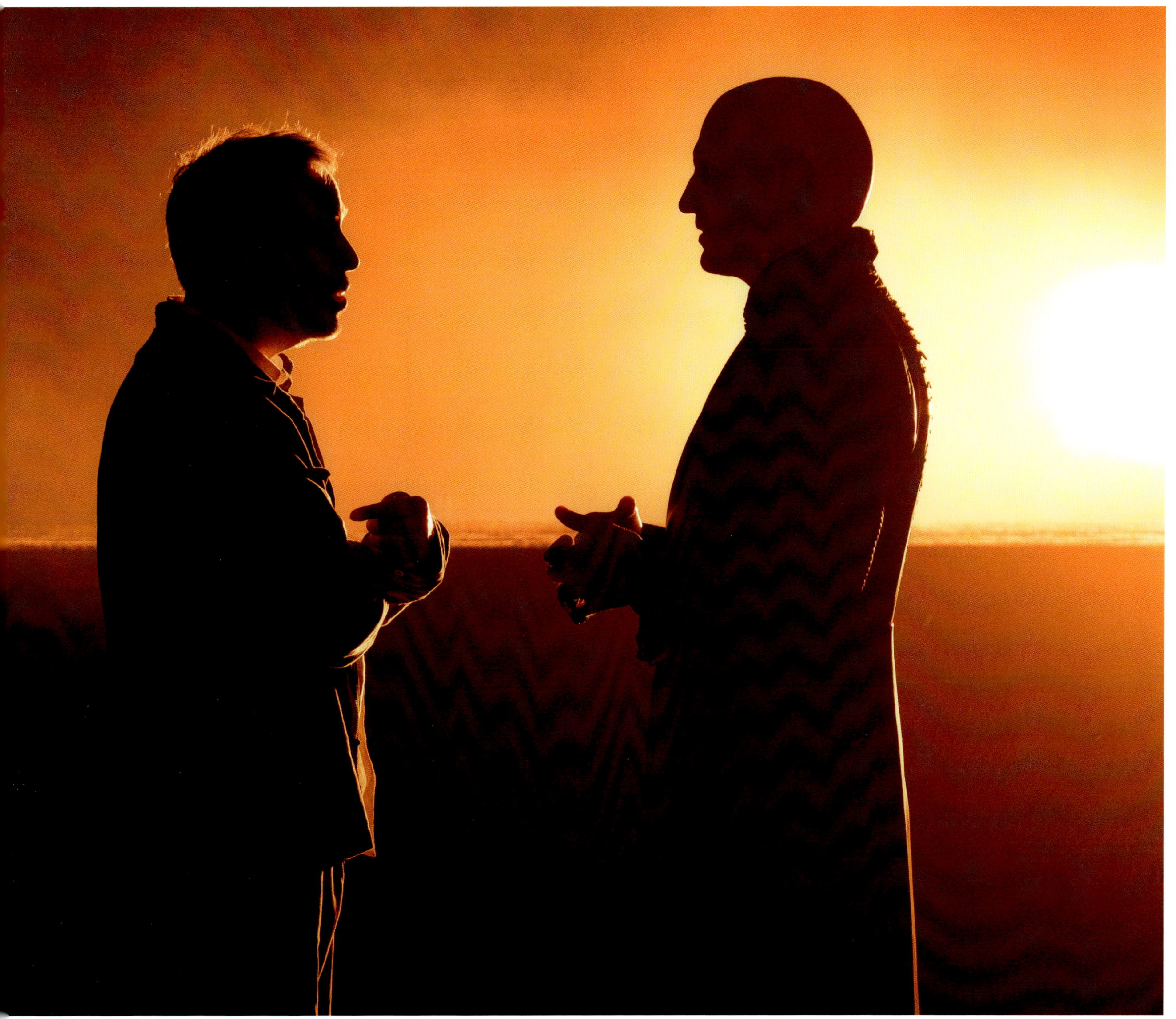

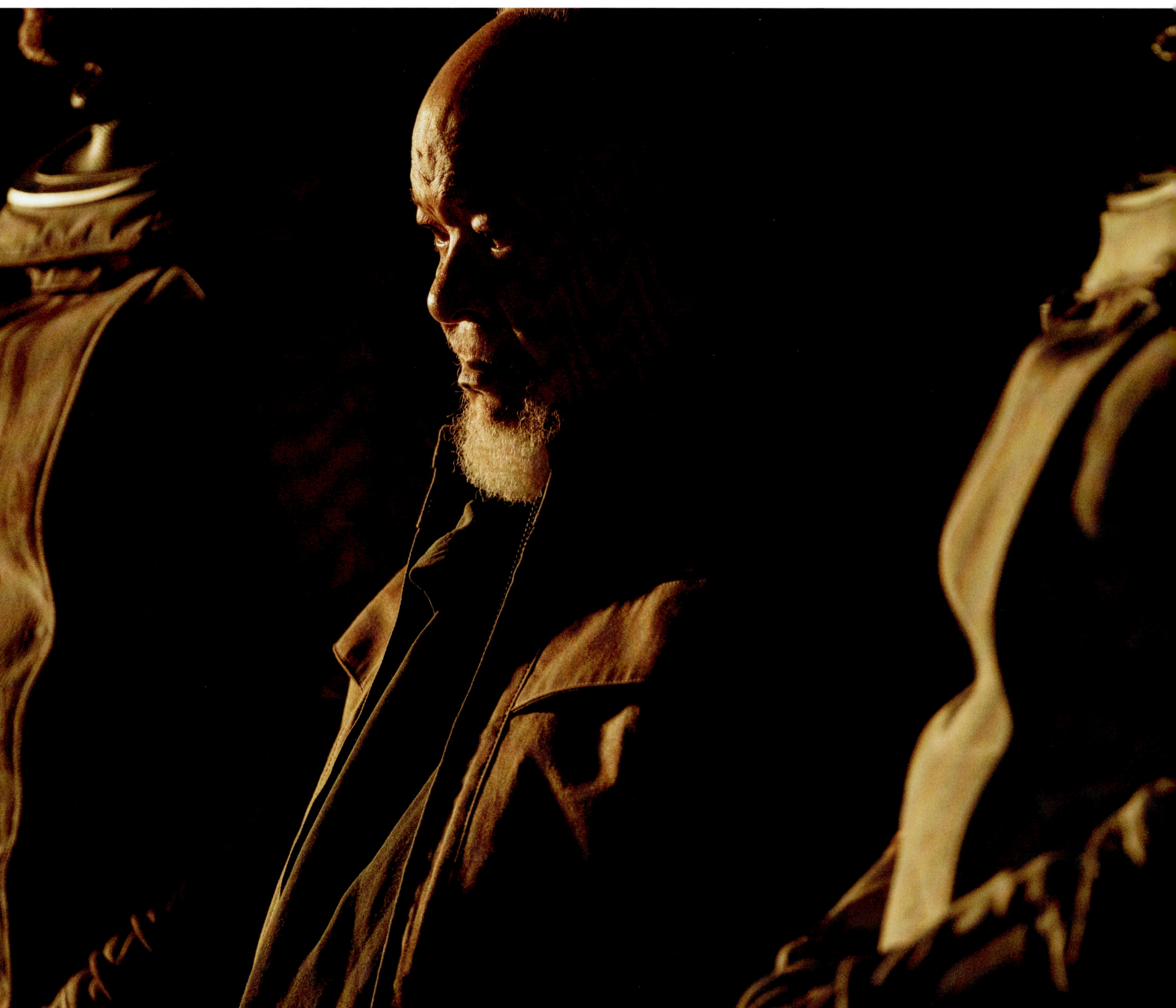

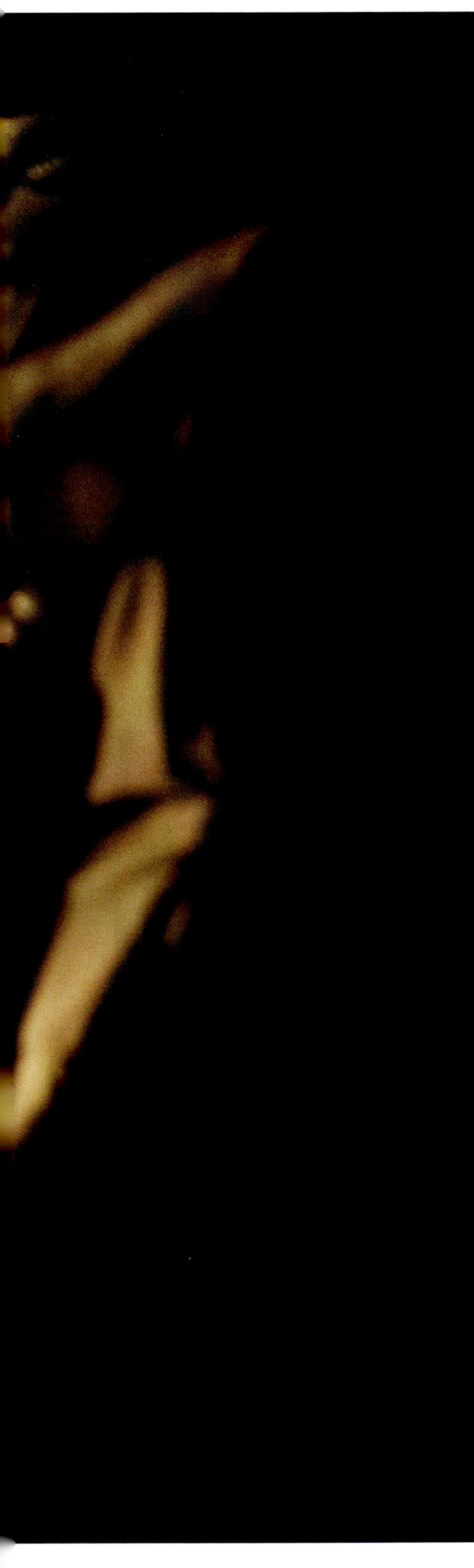

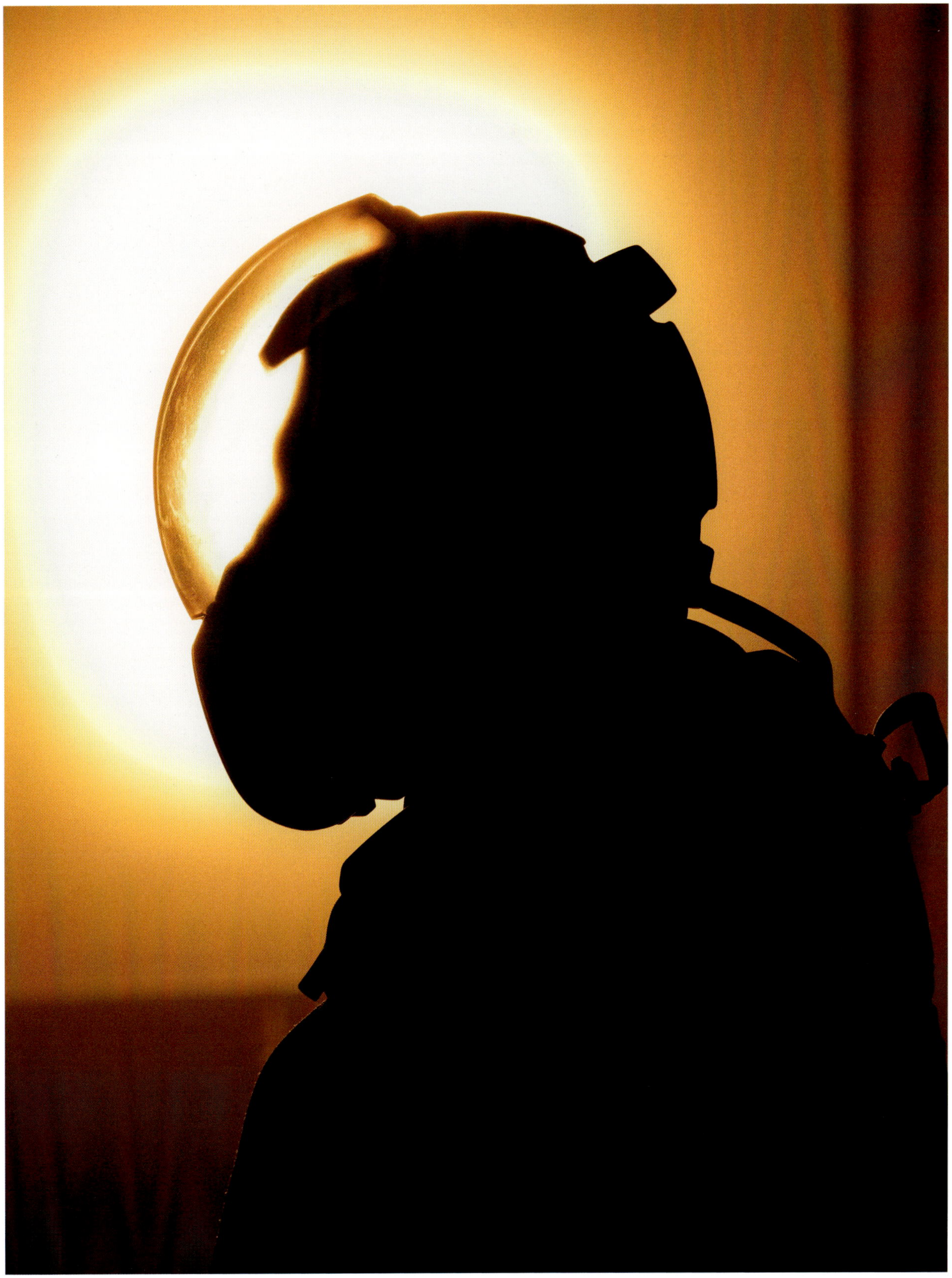

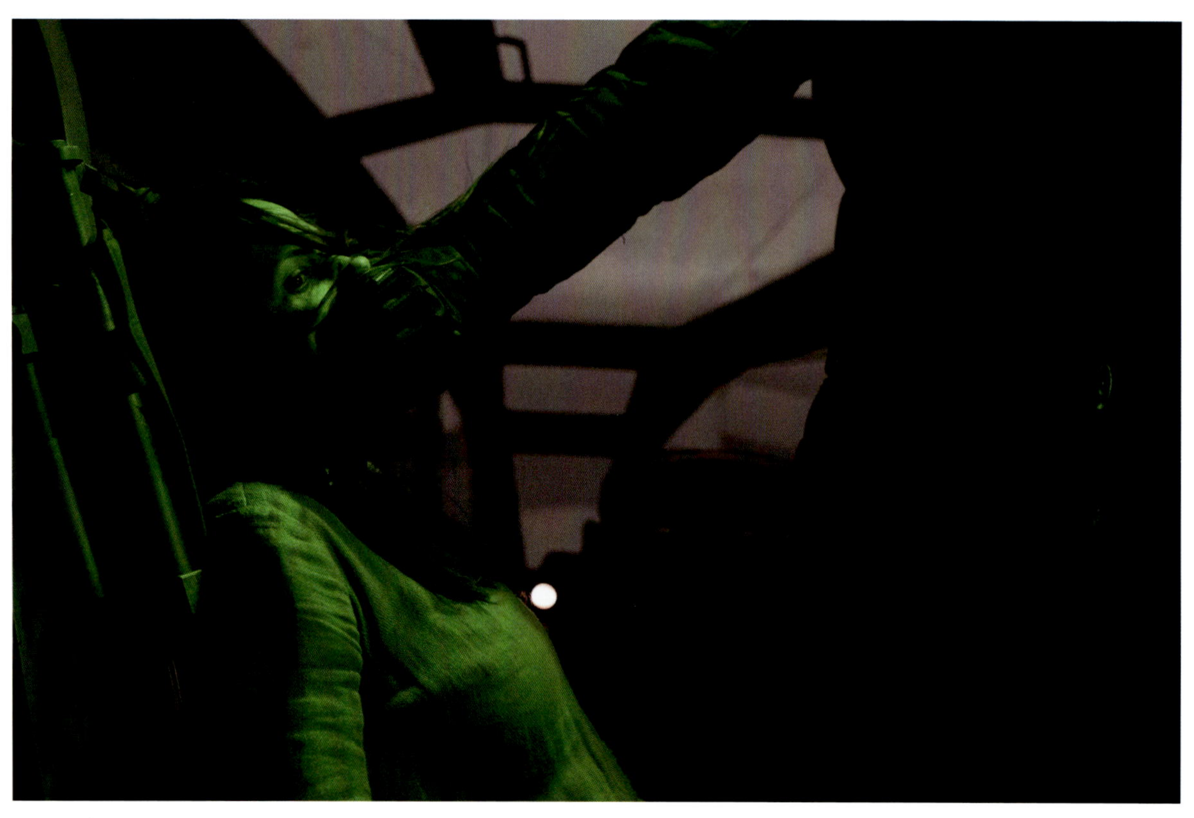
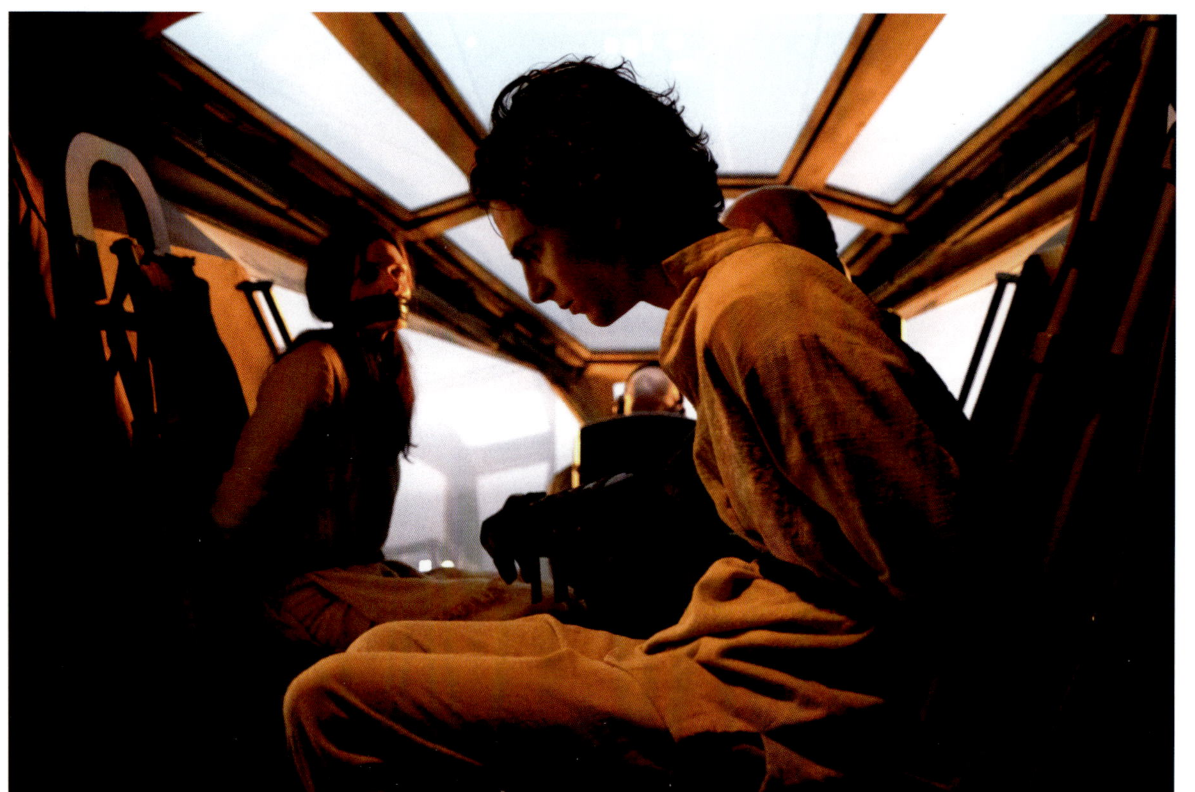
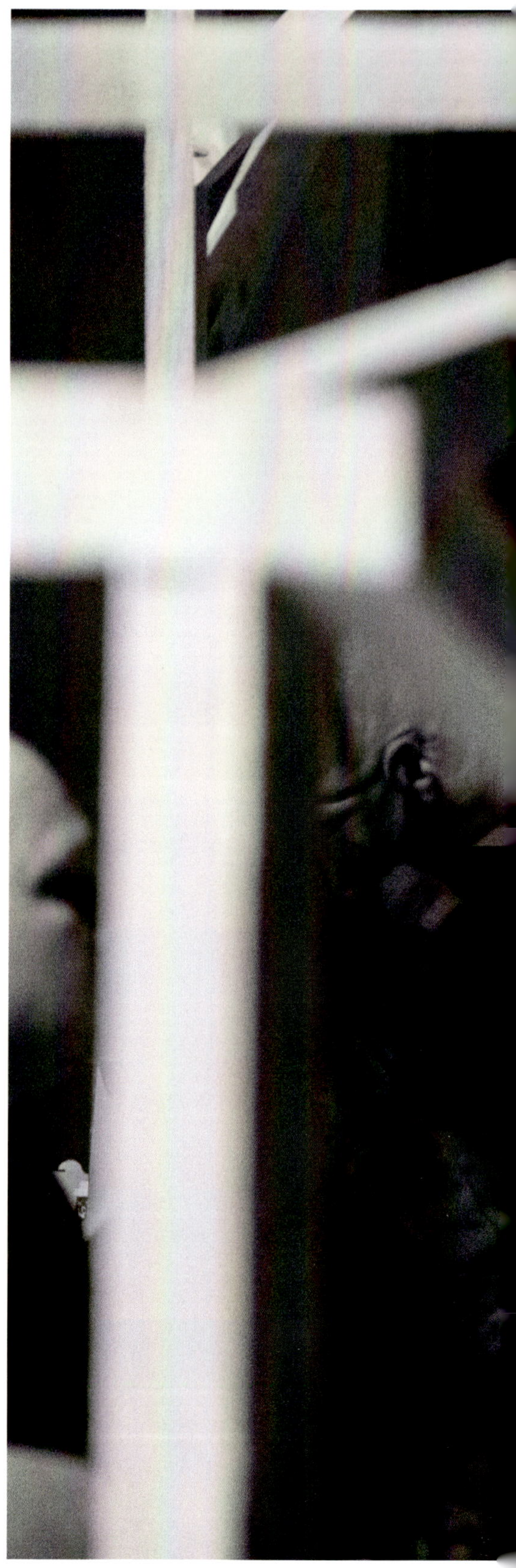

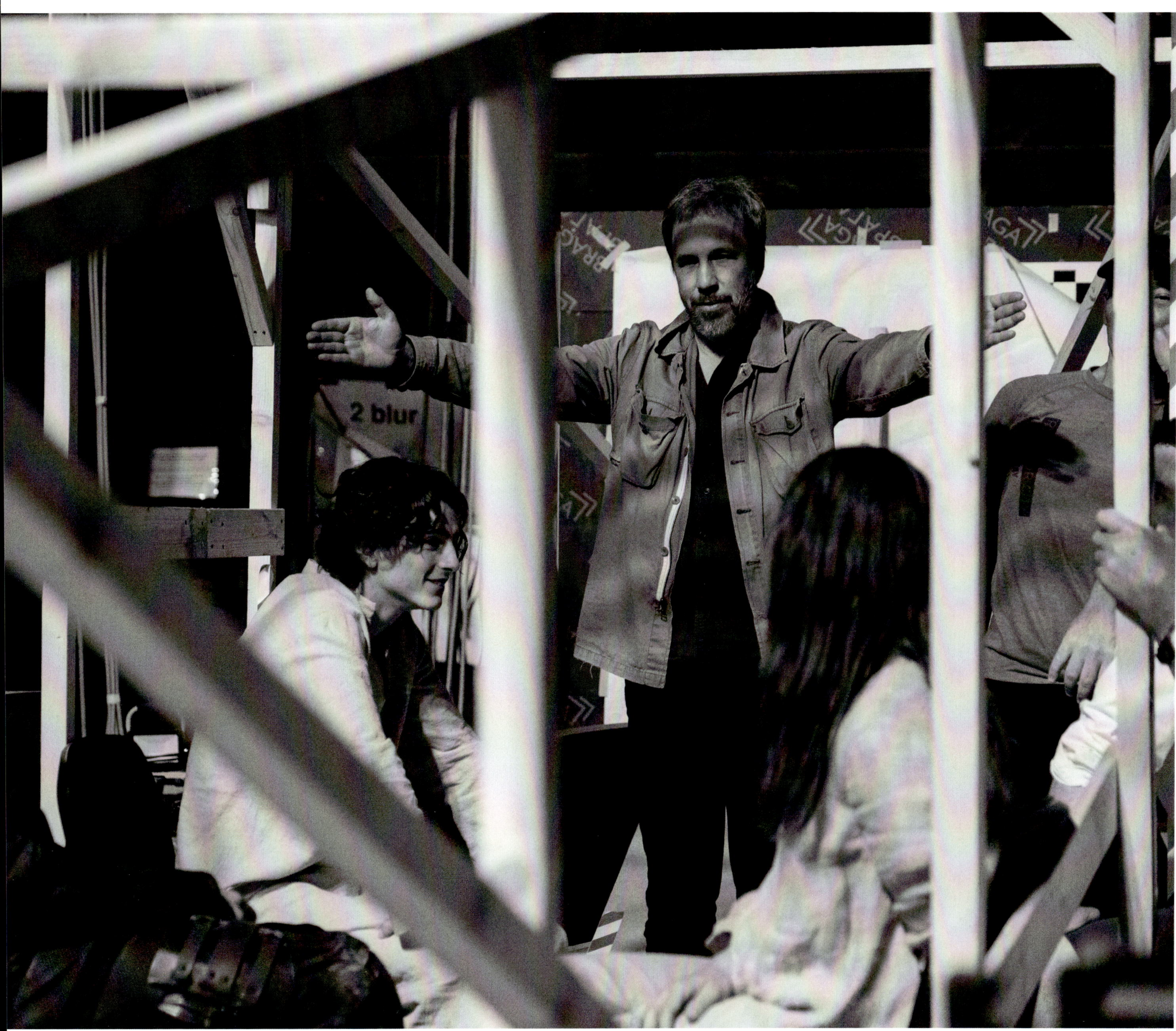

2 blur

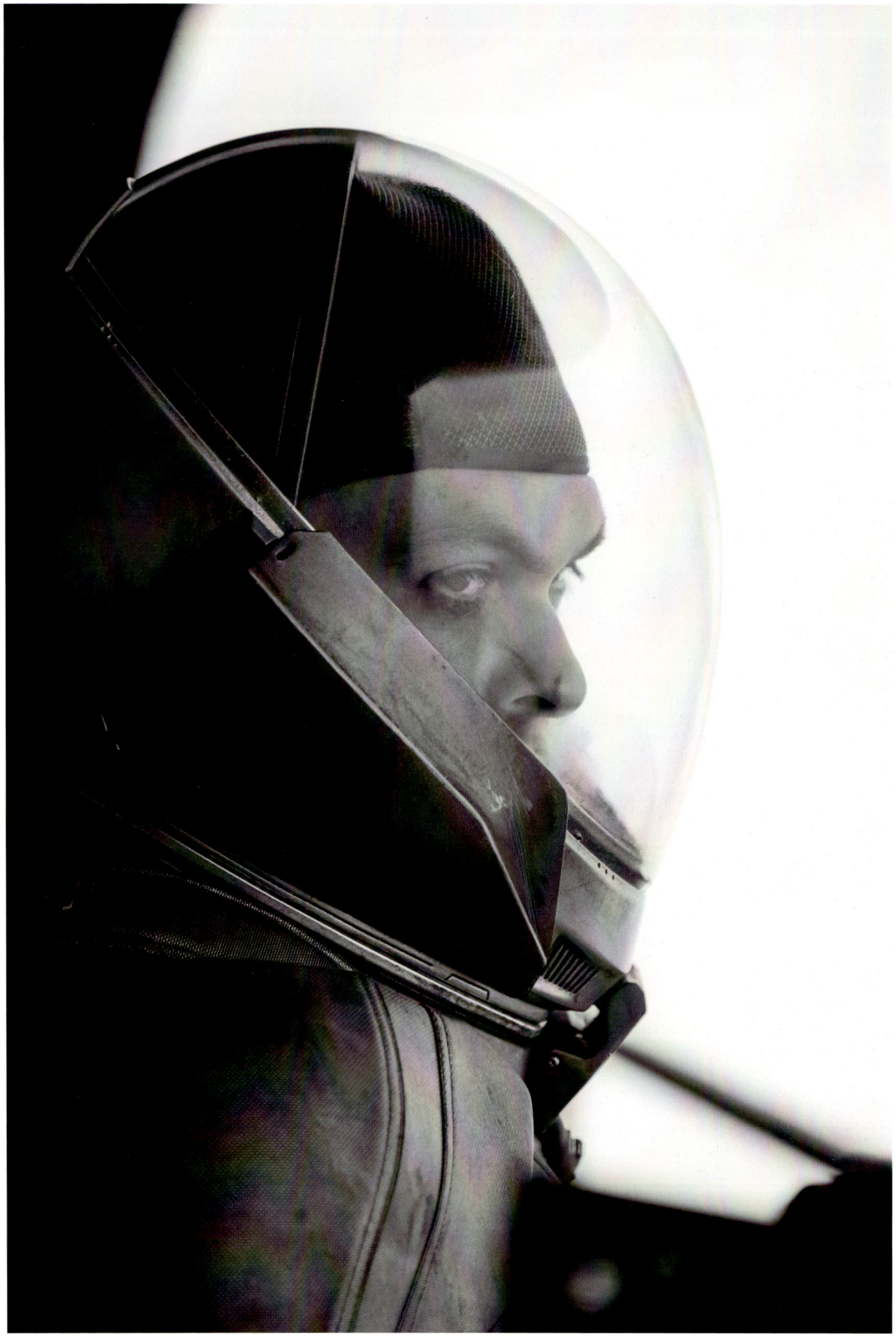

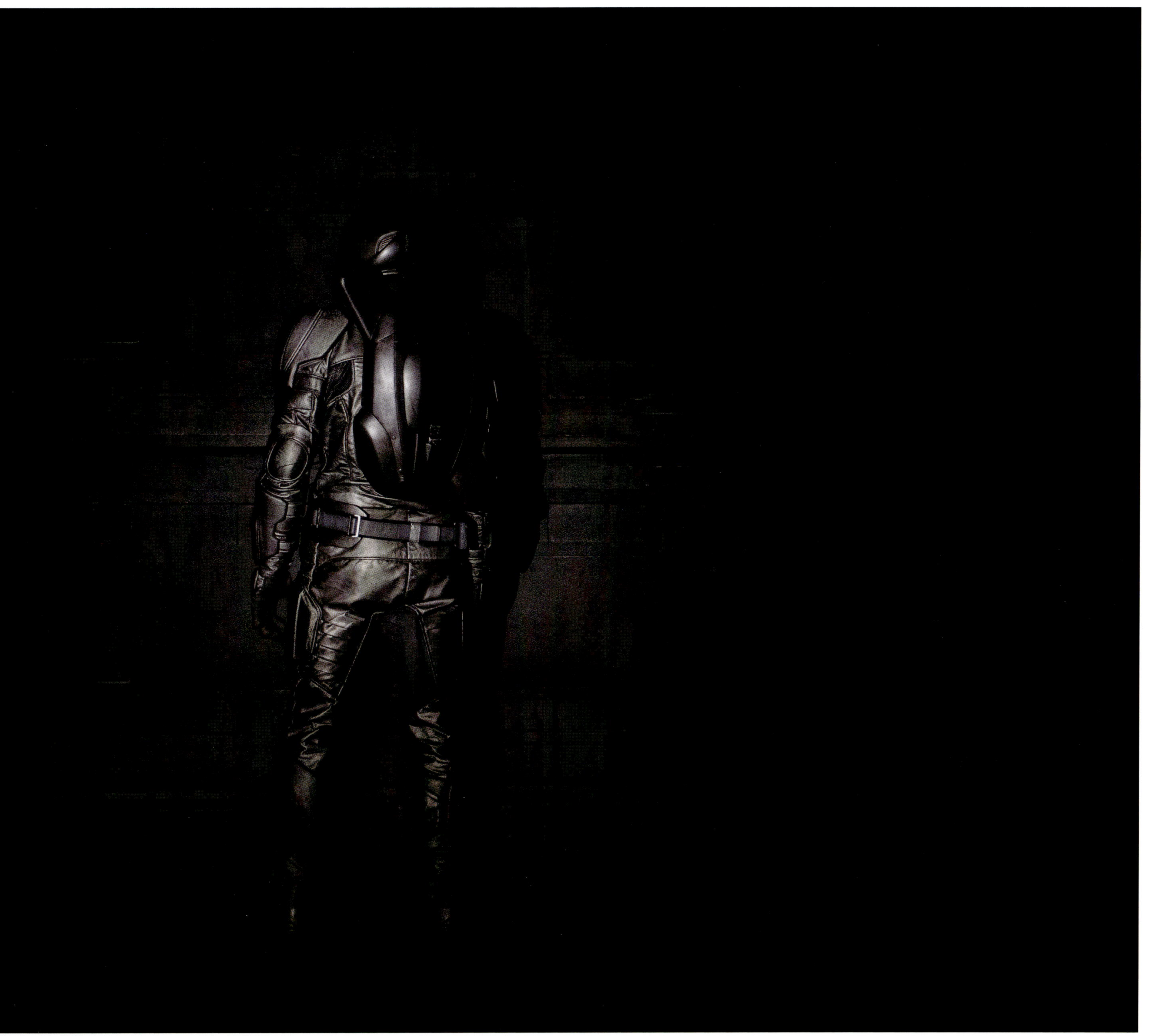

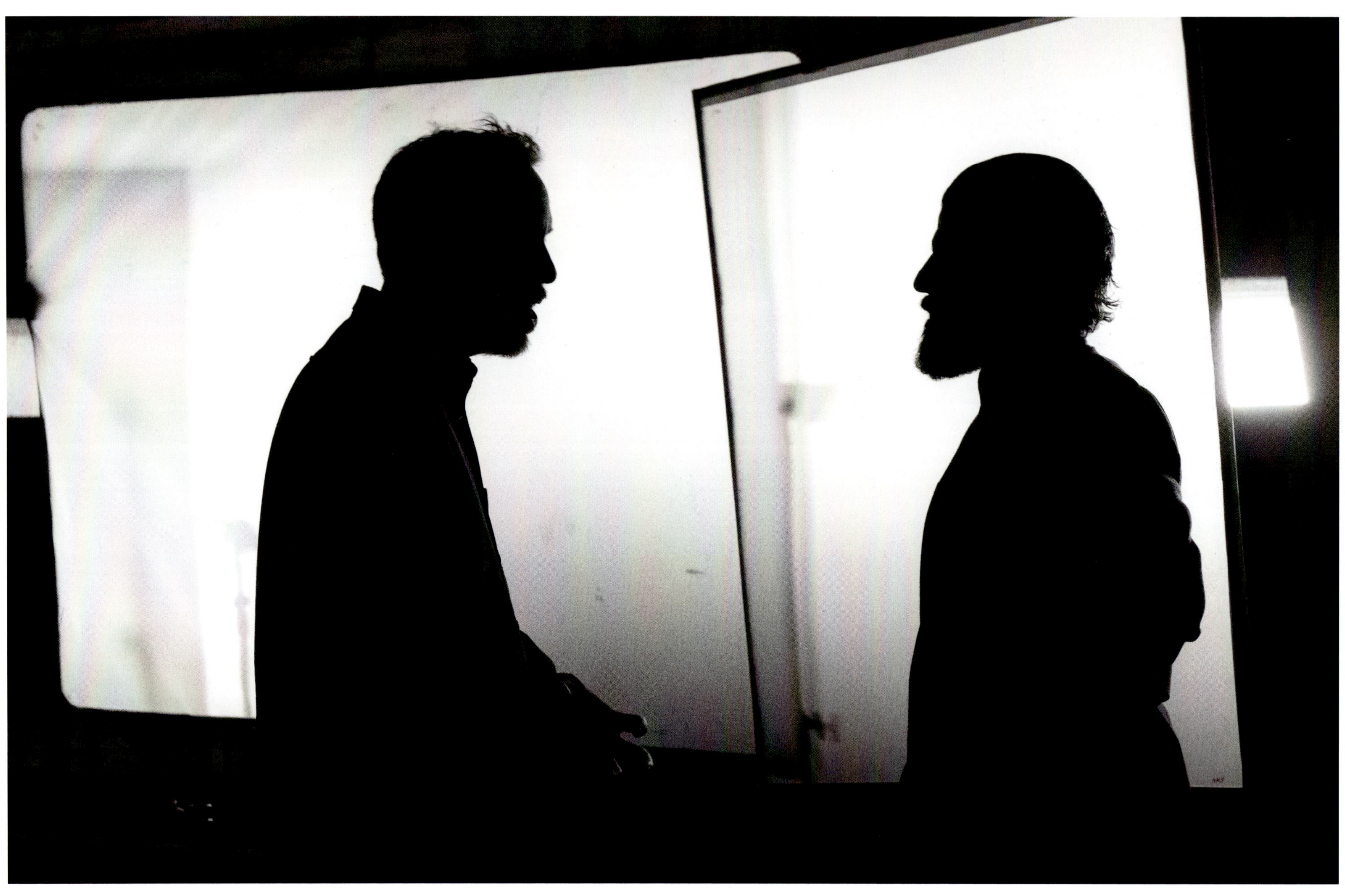

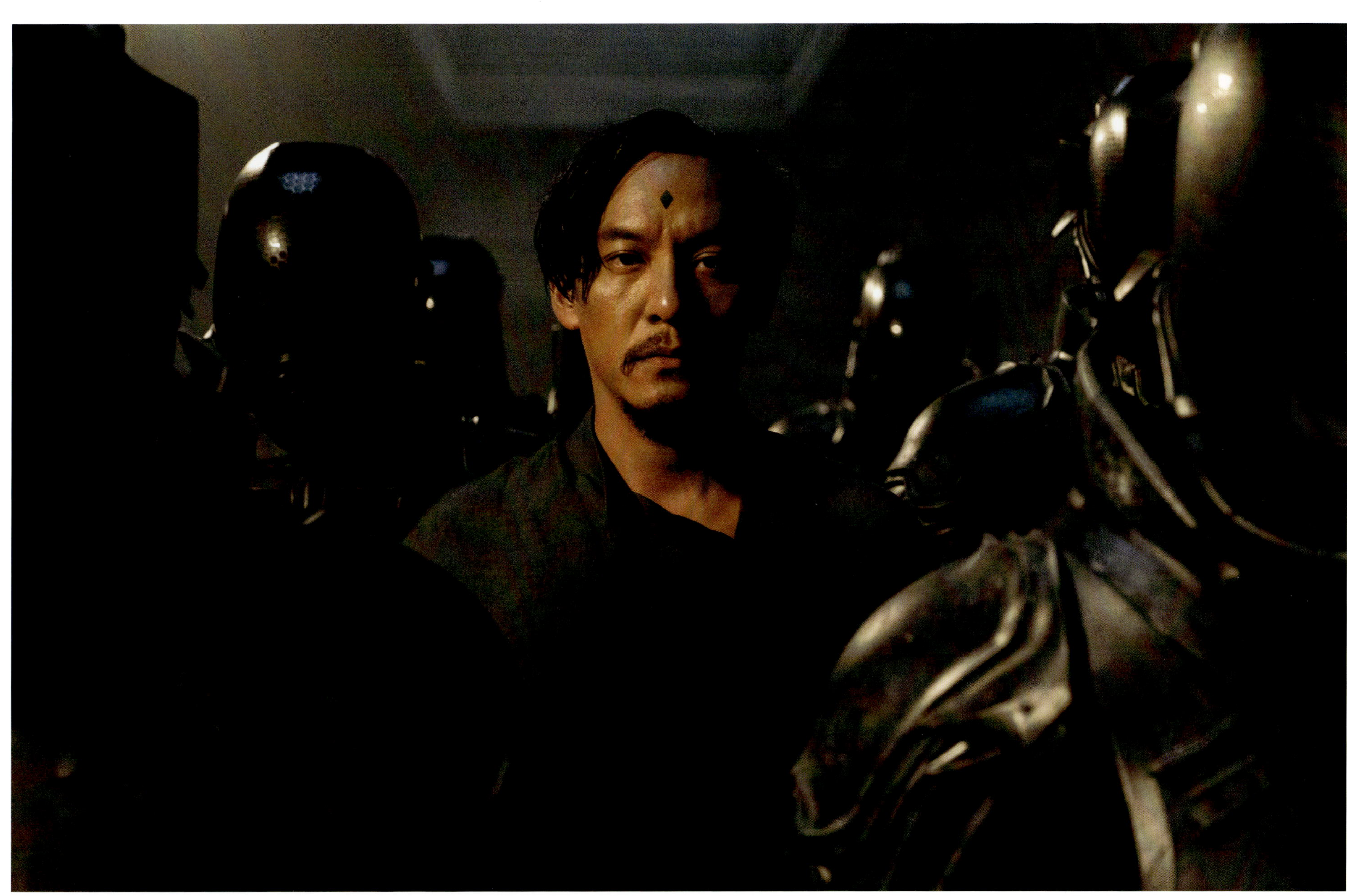

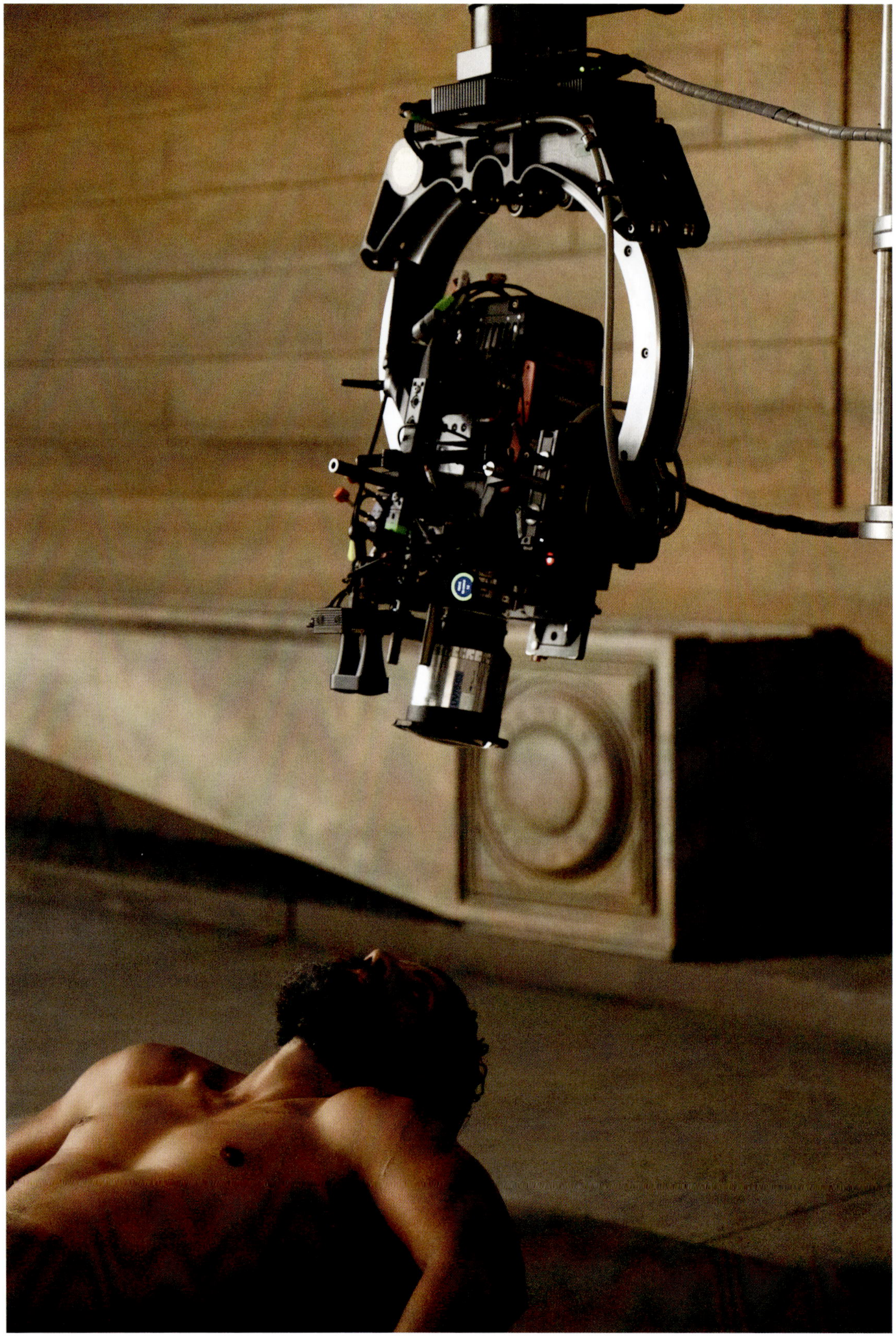

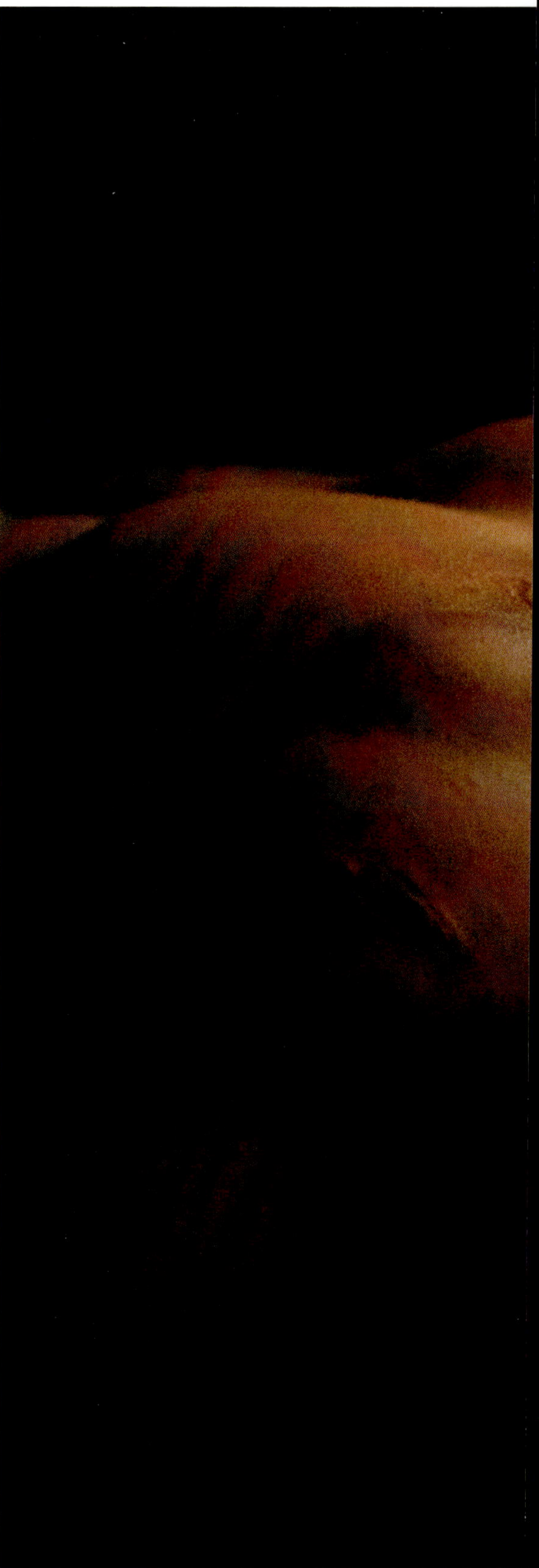

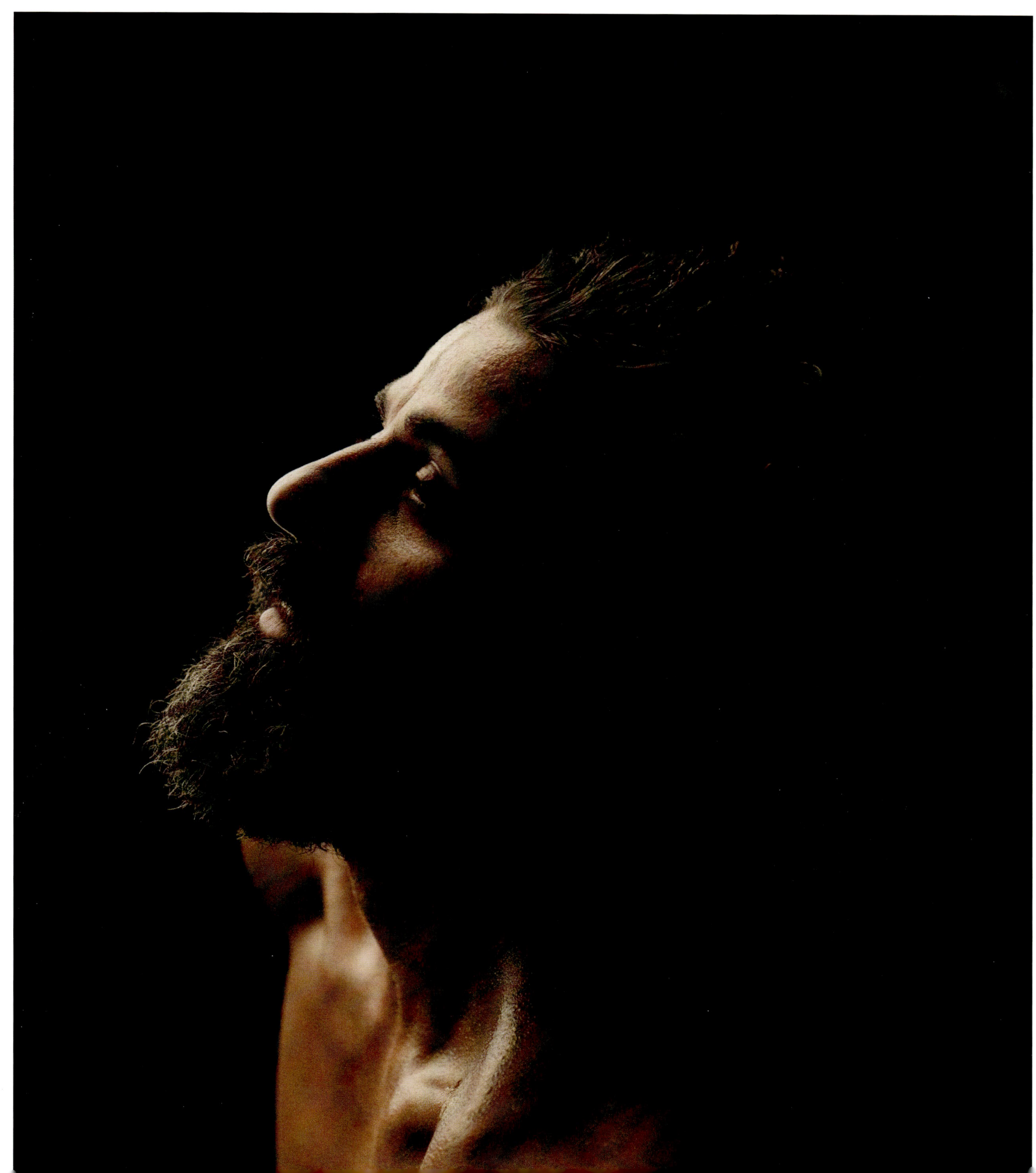

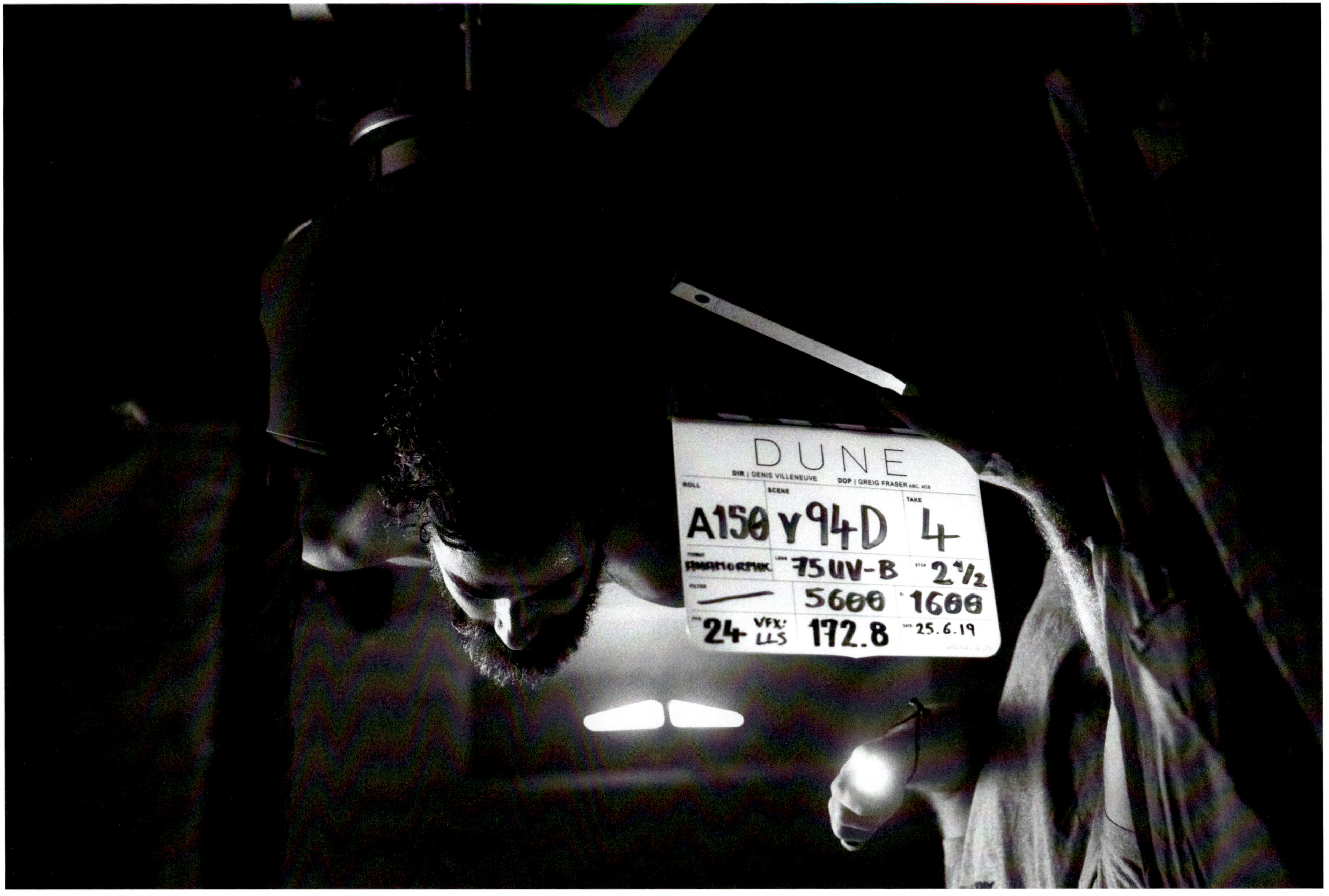
DUNE
DIR | DENIS VILLENEUVE   DOP | GREIG FRASER ASC, ACS
ROLL   SCENE   TAKE
A150   Y94D   4
FORMAT ANAMORPHIC   LENS 75 UV-B   STOP 2½
FILTER   5600   1600
24 VFX: LLS   172.8   DATE 25.6.19

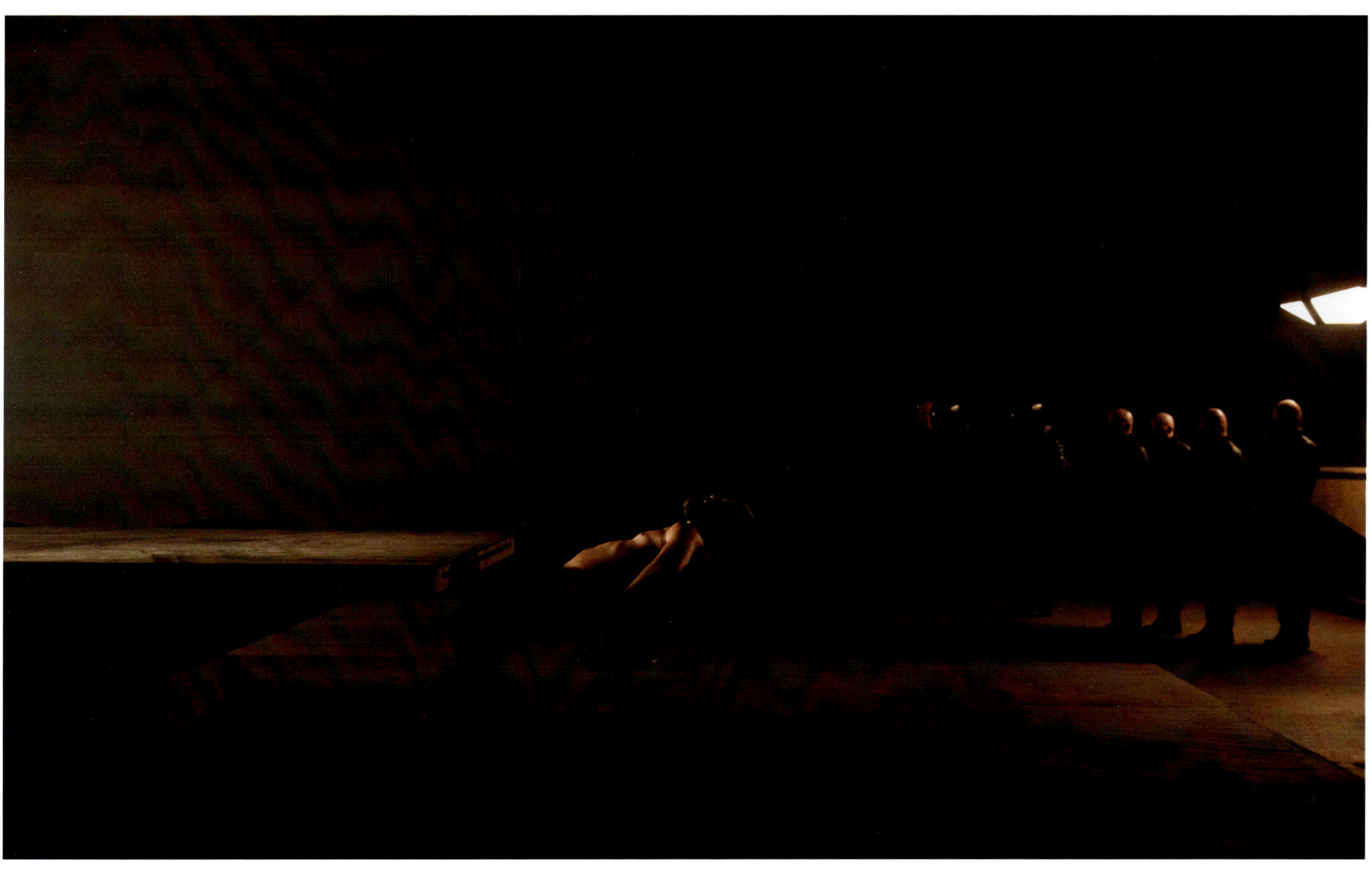

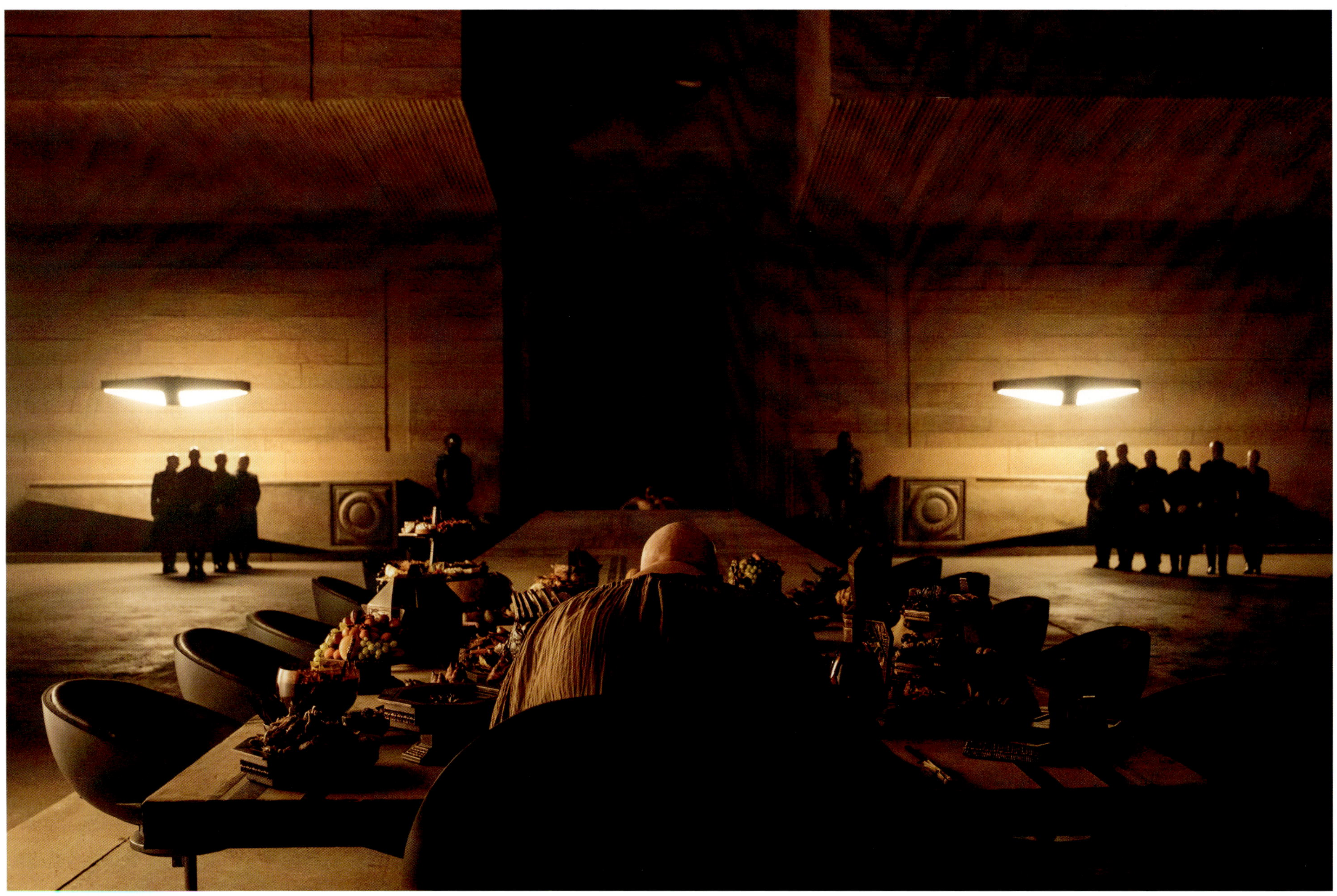

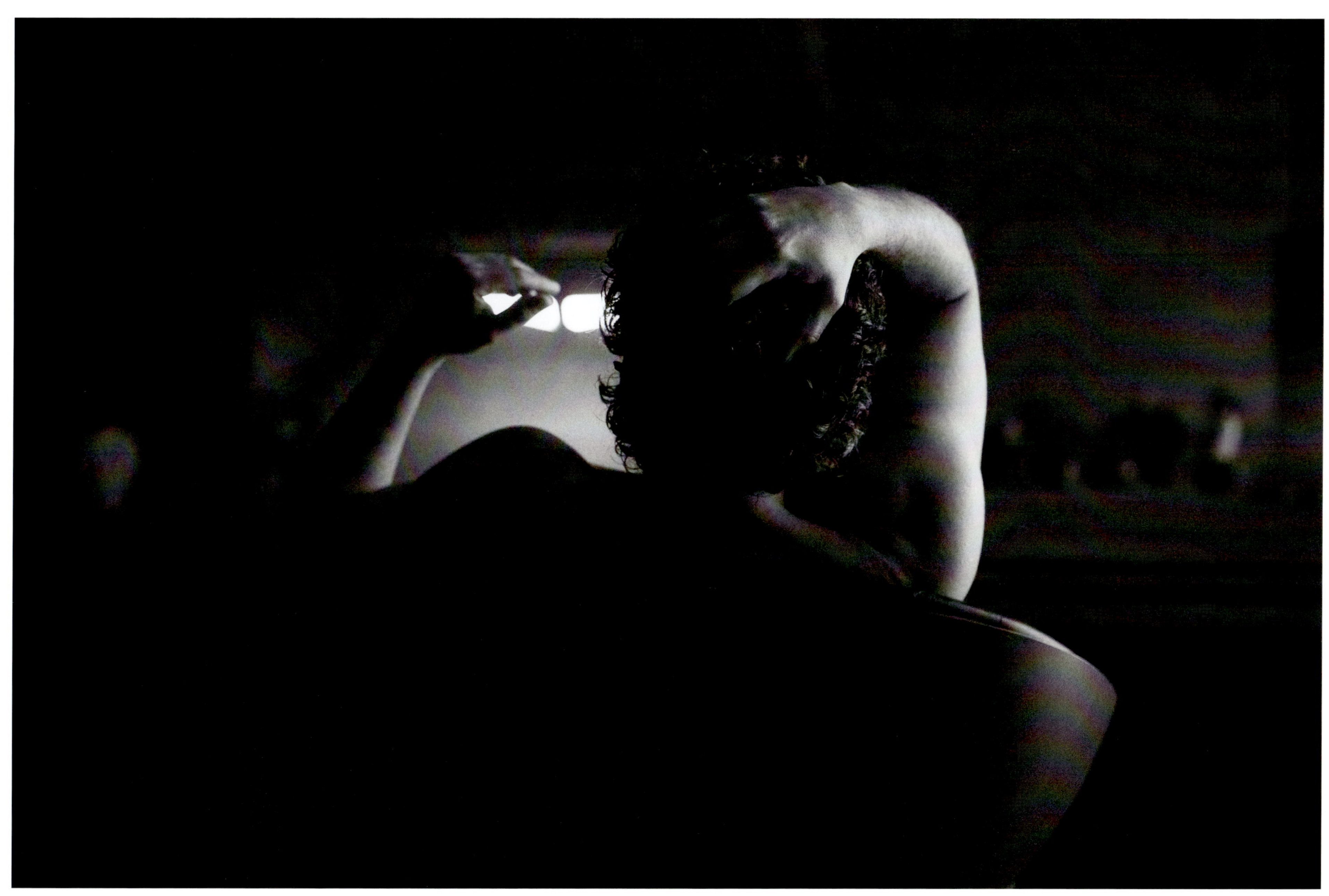

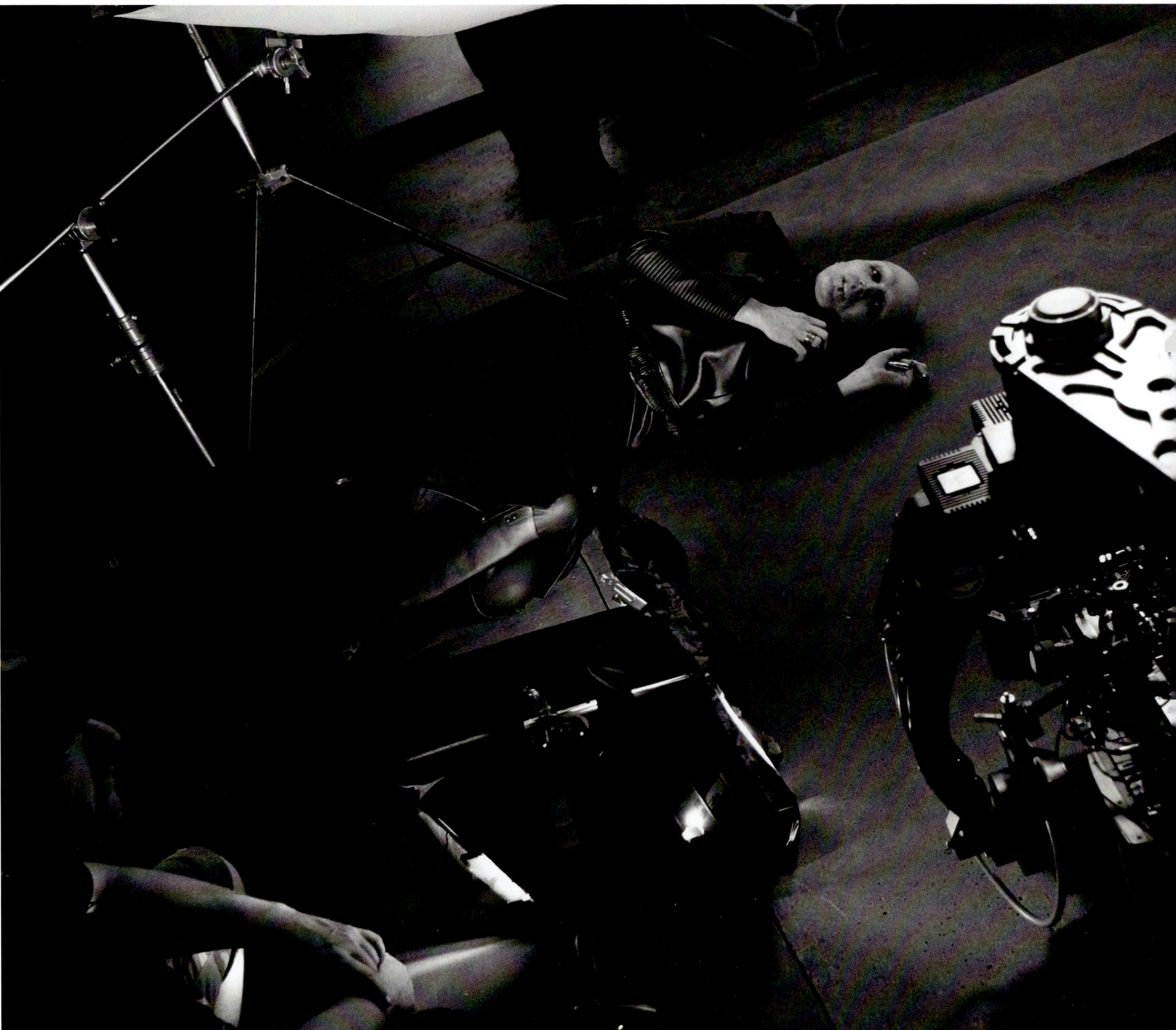

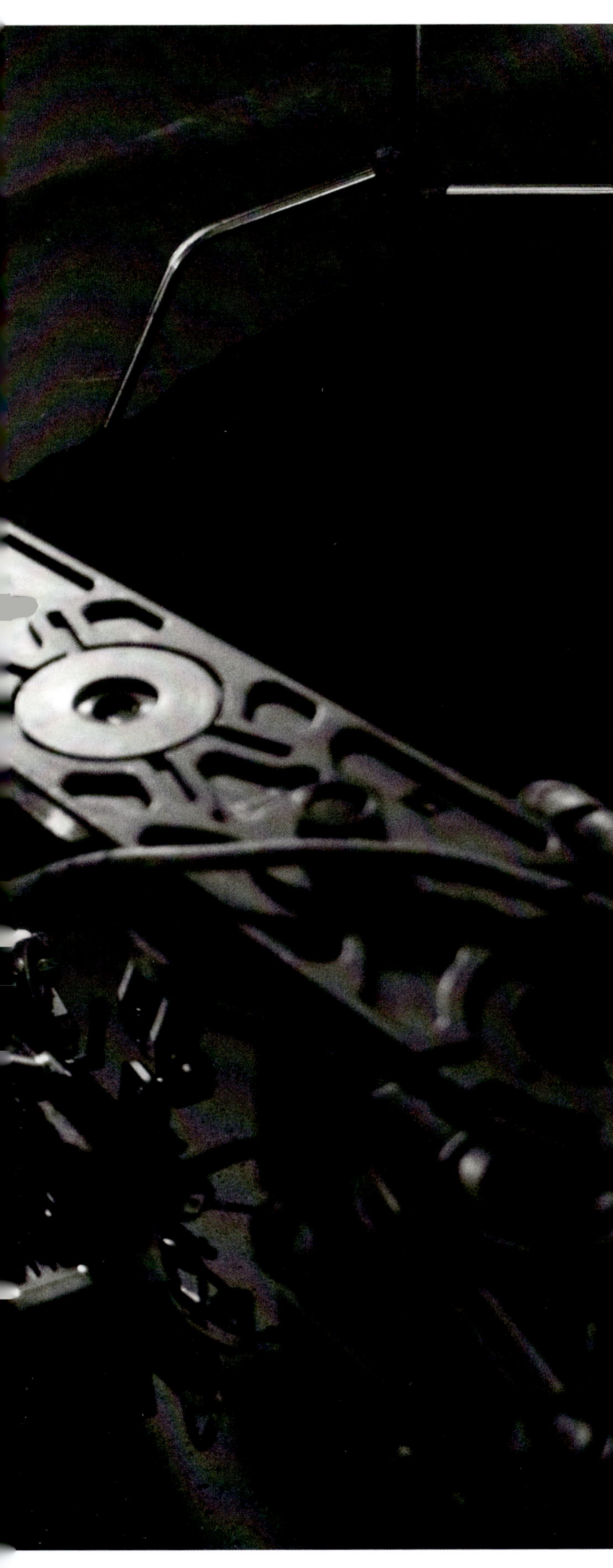

〈듄〉 같은 영화 제작 현장에서 일할 때 가장 이상한 점 중의 하나는 경험하는
것과 실제 영화가 매우 다르다는 점이다. 스크린에서는 으스스하고 어두운 공상
과학 영화로 보이지만, 제작 현장에는 즐거움이 가득했고 평온한 몰입의 분위기
속에서 촬영이 진행되었다. 화면 안에서나 밖에서나 서로 작별해야 하는 날이
되어서야 현장에서와 영화 속에서의 감정이 겹쳐지는 듯한 느낌이 들었다.

　　레토 공작과 파이터 드 브리즈PITER DE VRIES는 같은 장면에서 죽음을
맞이했는데, 이들의 죽음을 촬영하는 기간은 어두우면서도 전율이 이는 한 주가
되었다. 죽는 장면은 언제나 쉽지 않다. 하지만 오스카 아이작은 공작의 죽음에
비극적인 고요함이 깃들게 했다. 데이비드 다스트말치안은 공포를 일으키는
특별한 재능을 보여 주었는데, 그는 파이터가 독가스를 마시고 얼어붙어
숨을 거두는 자세 그대로 장시간의 촬영을 견뎌 냈다. 카메라가 꺼진 후, 다들
오스카와 데이비드를 껴안고 웃으며 약간은 슬픔을 담아 인사를 건넸다.

　　캐릭터와 작별하는 것은 힘든 일이지만, 대개 다음 장면, 또 다른 촬영장으로
이동하는 것을 의미한다. 여정을 함께한 가족 같았던 훌륭한 배우들과 작별하는
것은 훨씬 더 힘든 일이지만, 영화를 만드는 과정에서 작별은 피할 수 없는
일이다.

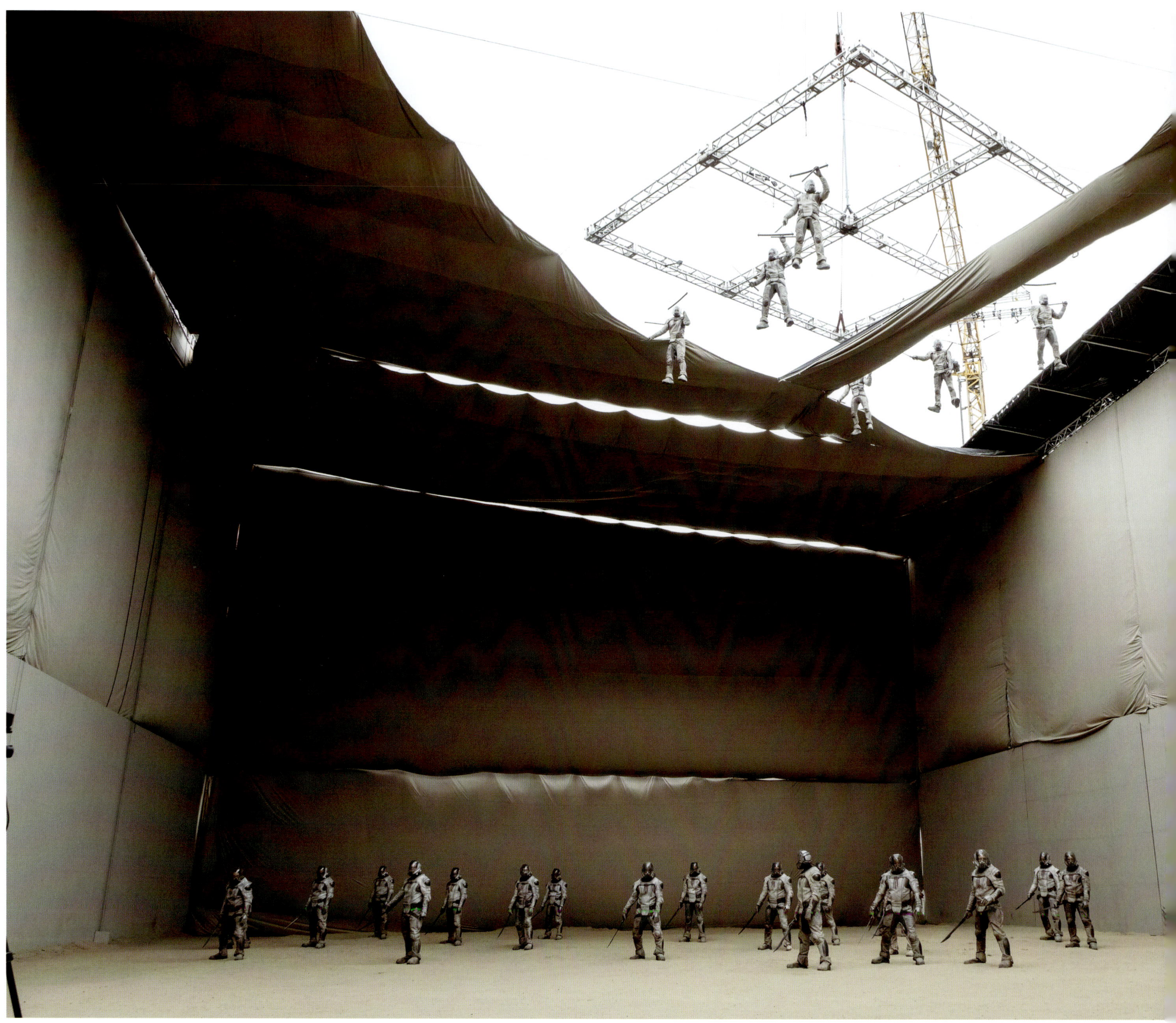

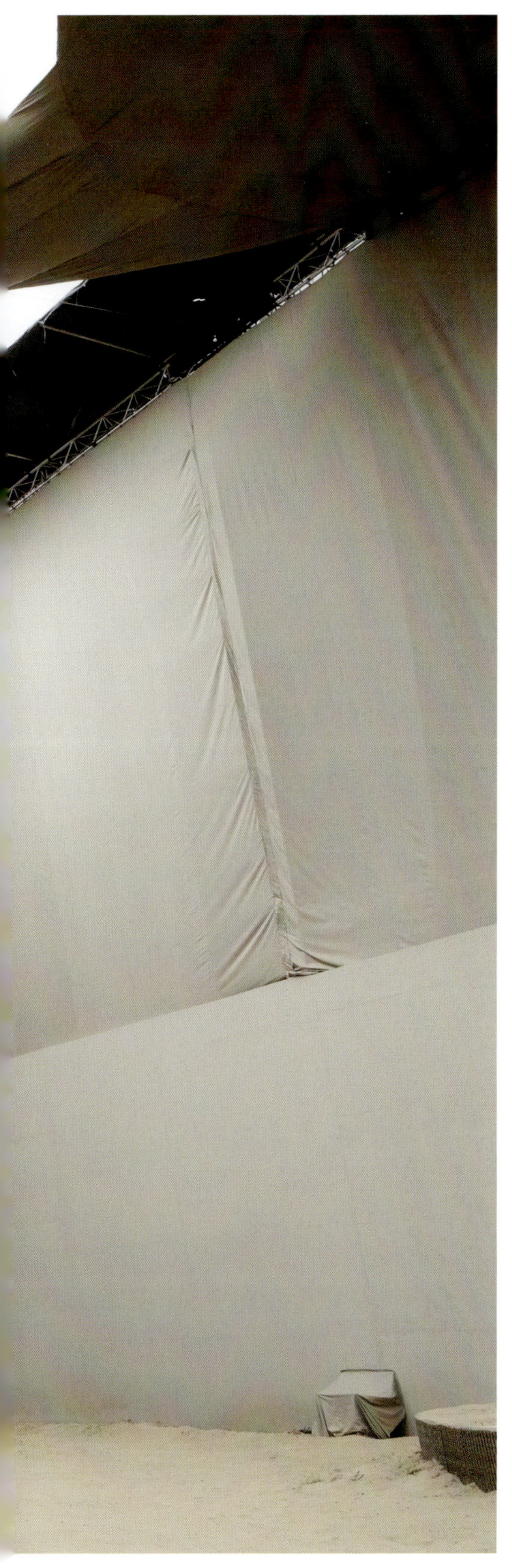

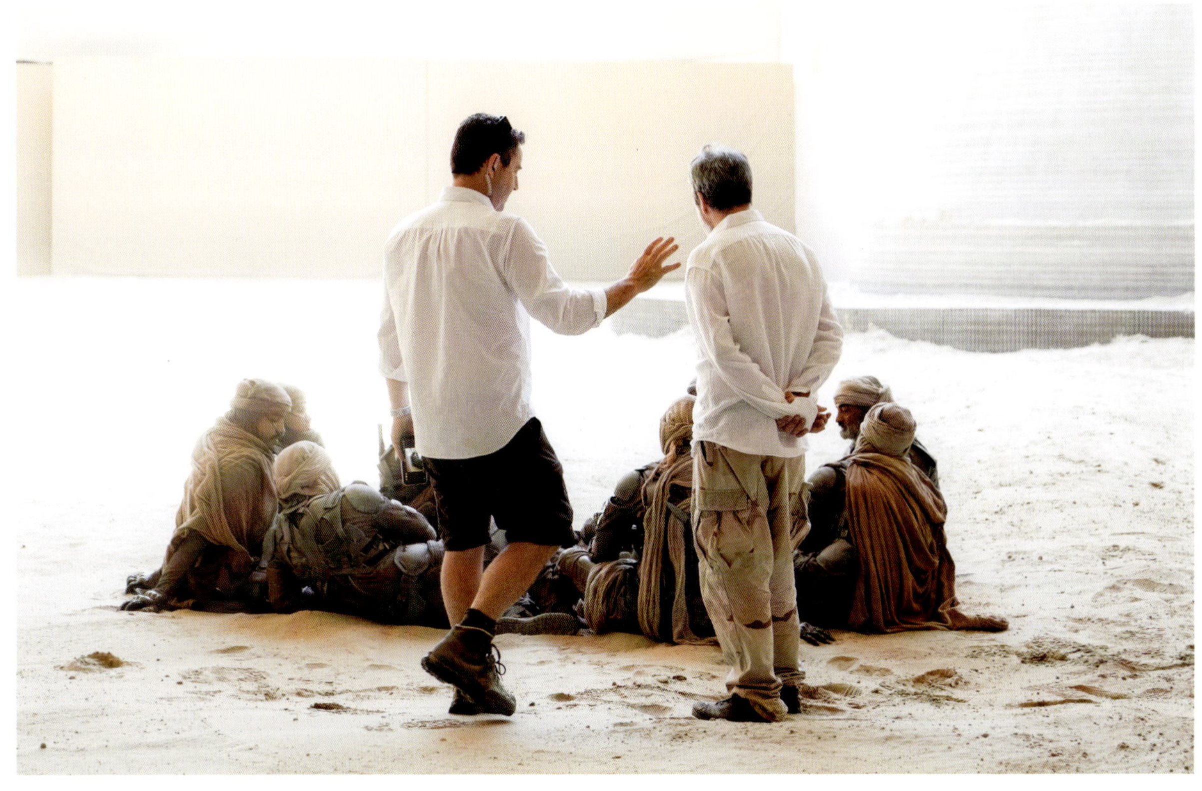

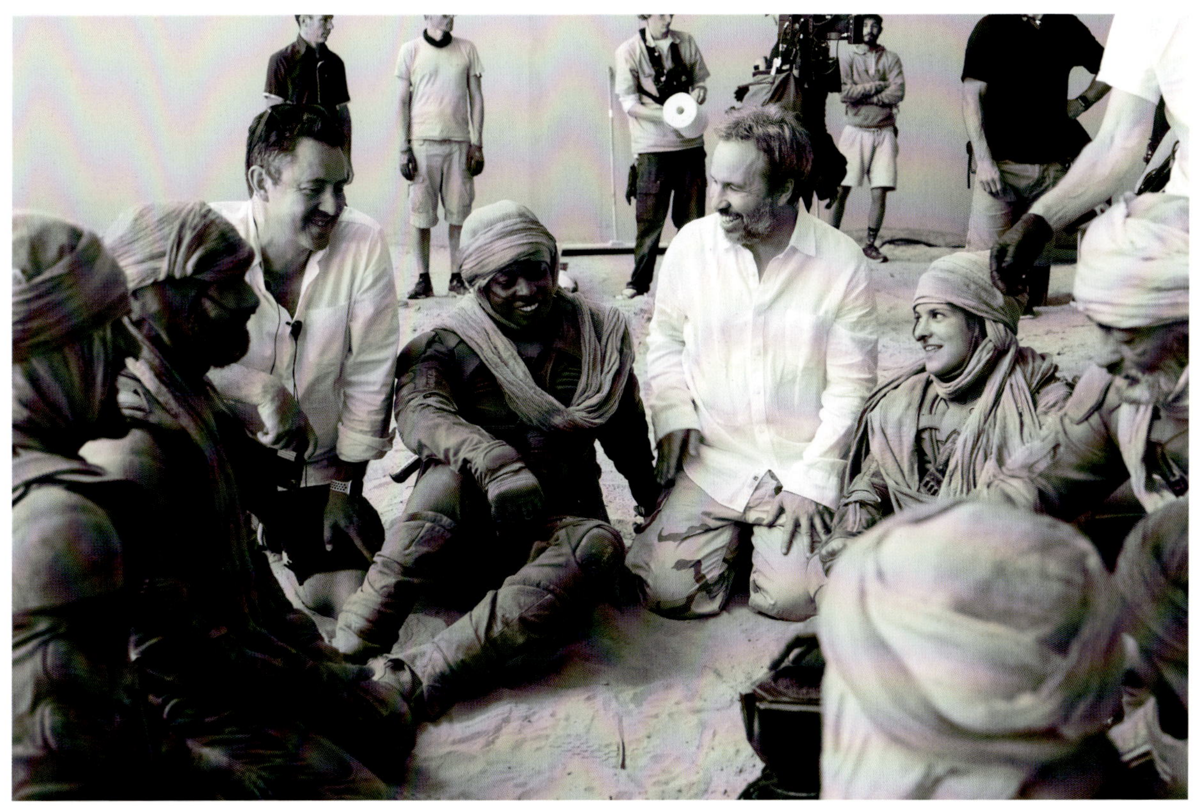

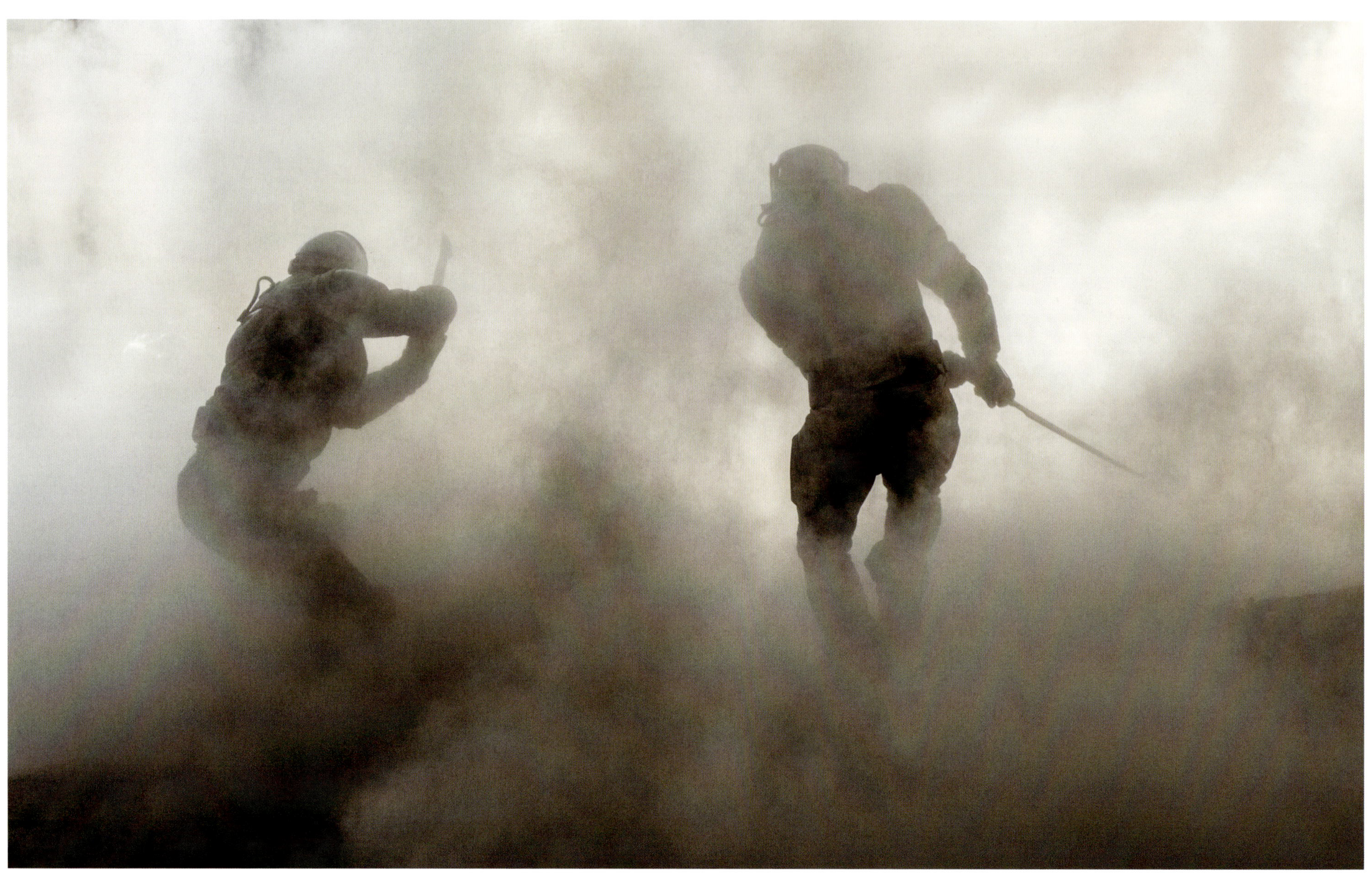

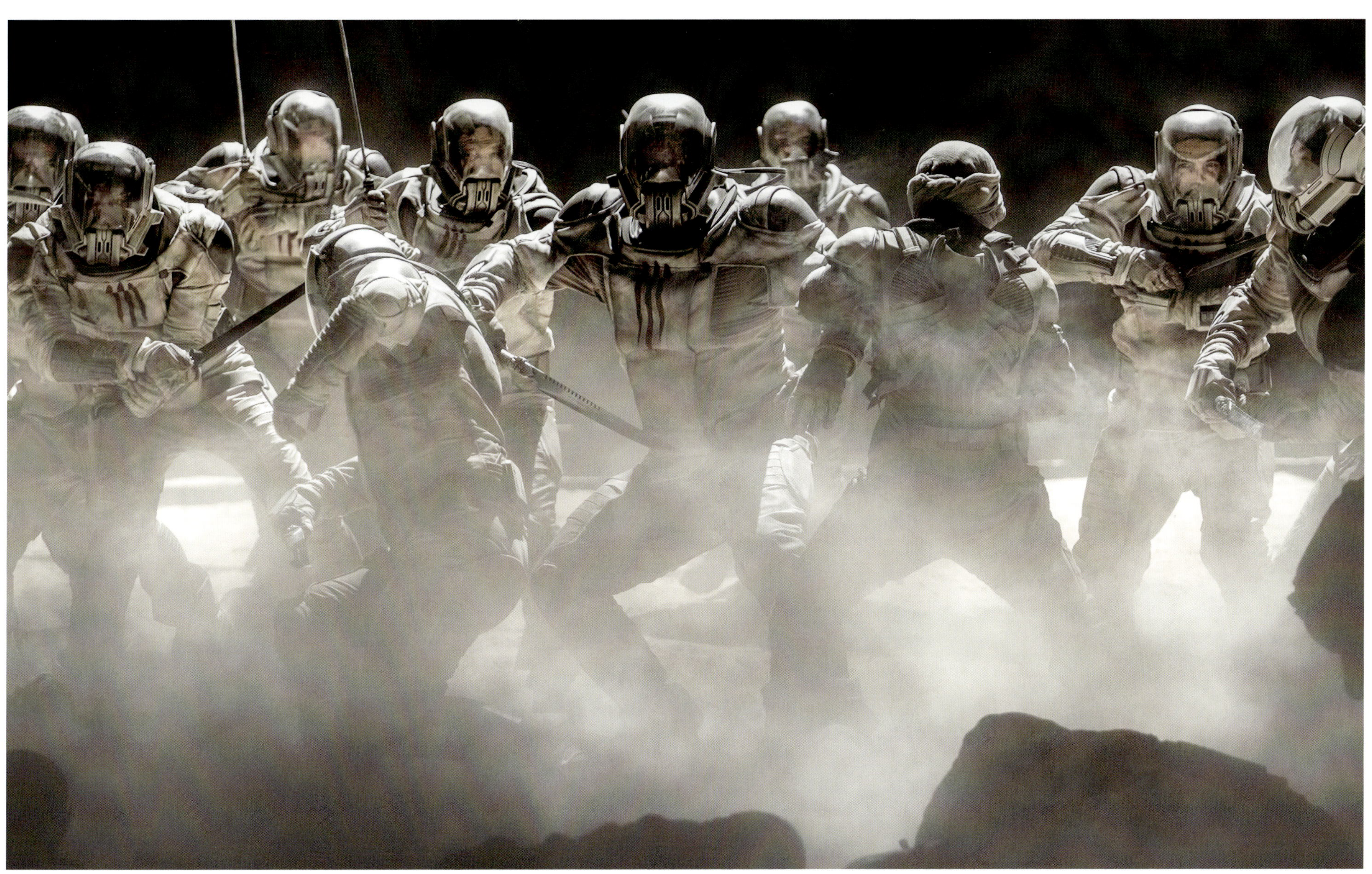

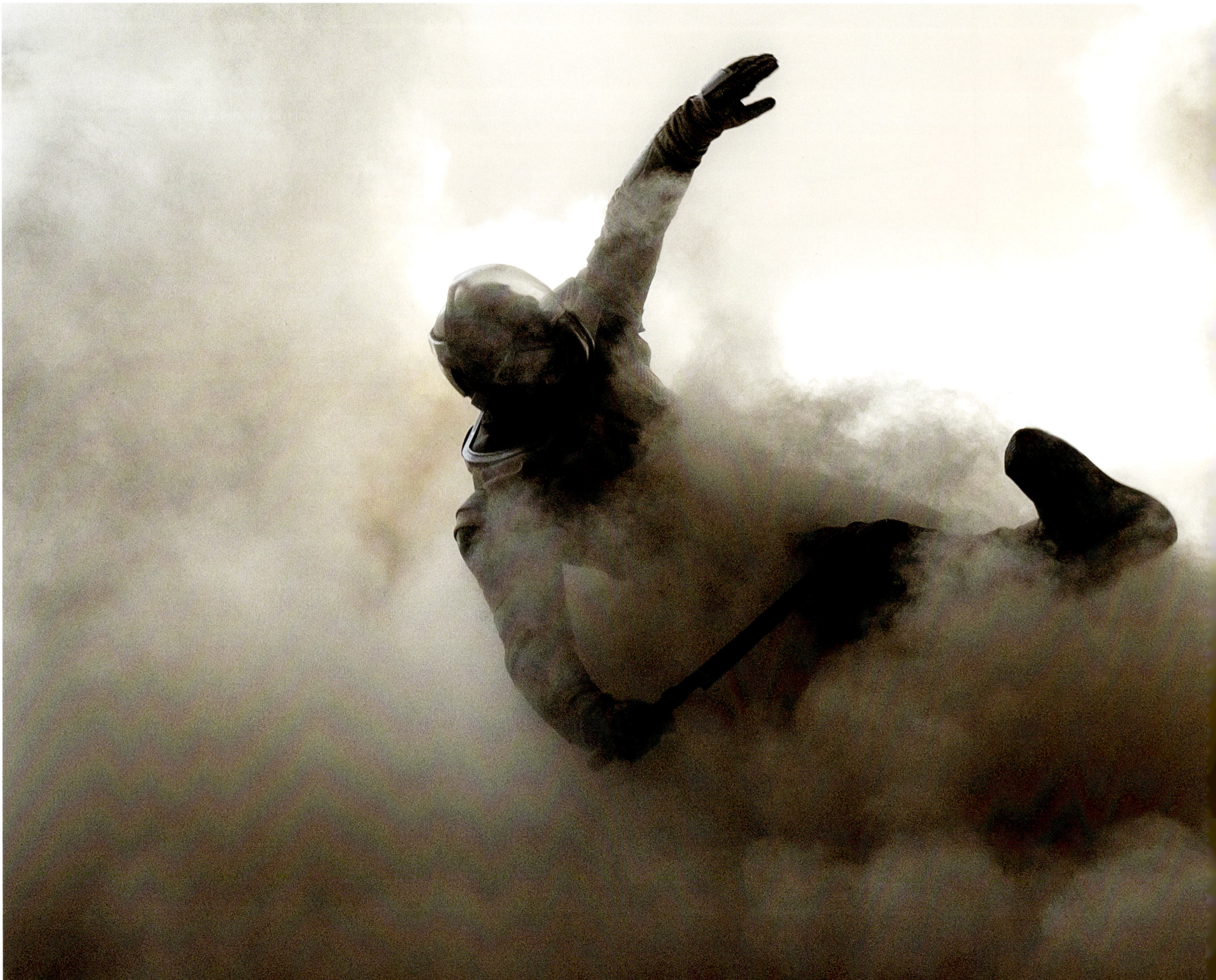

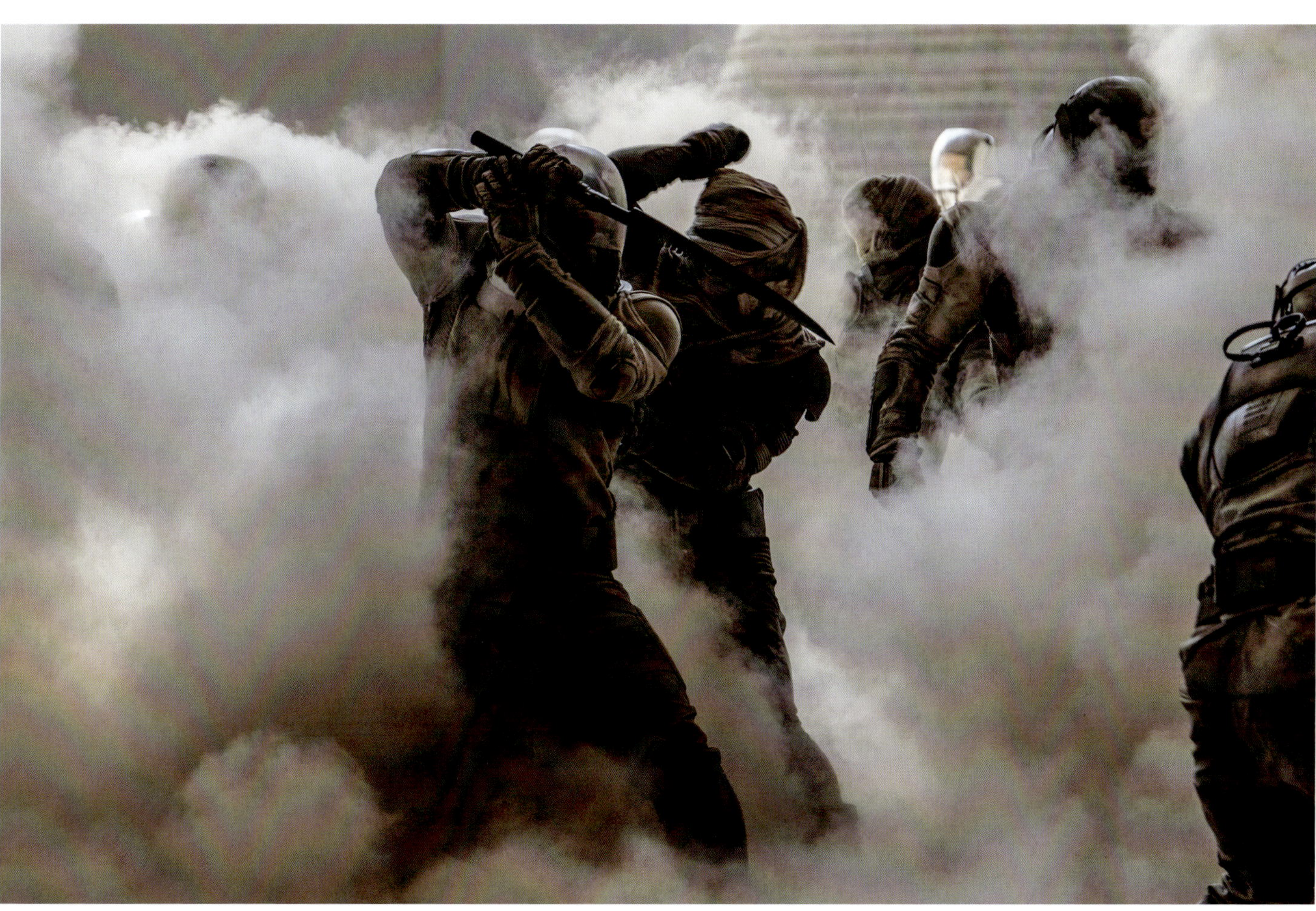

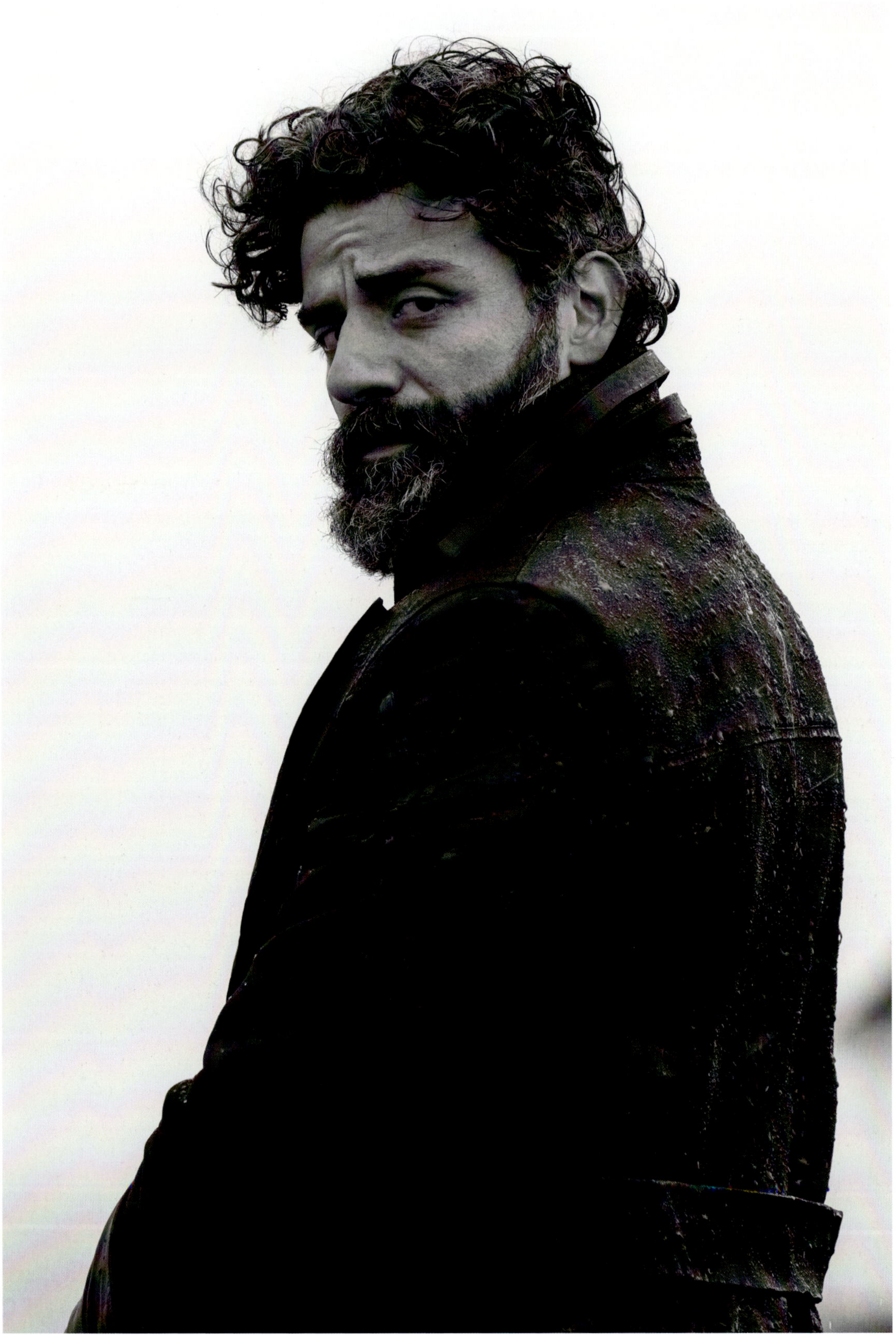

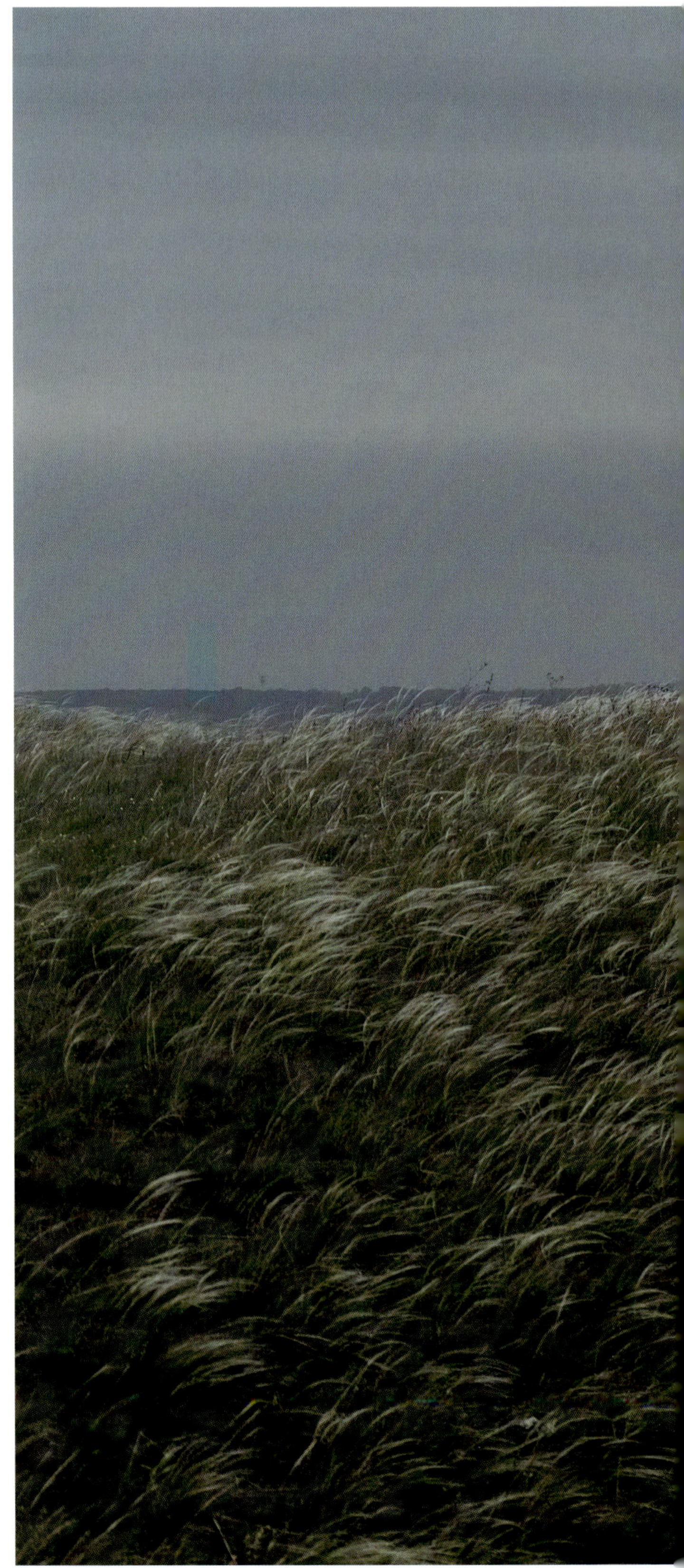

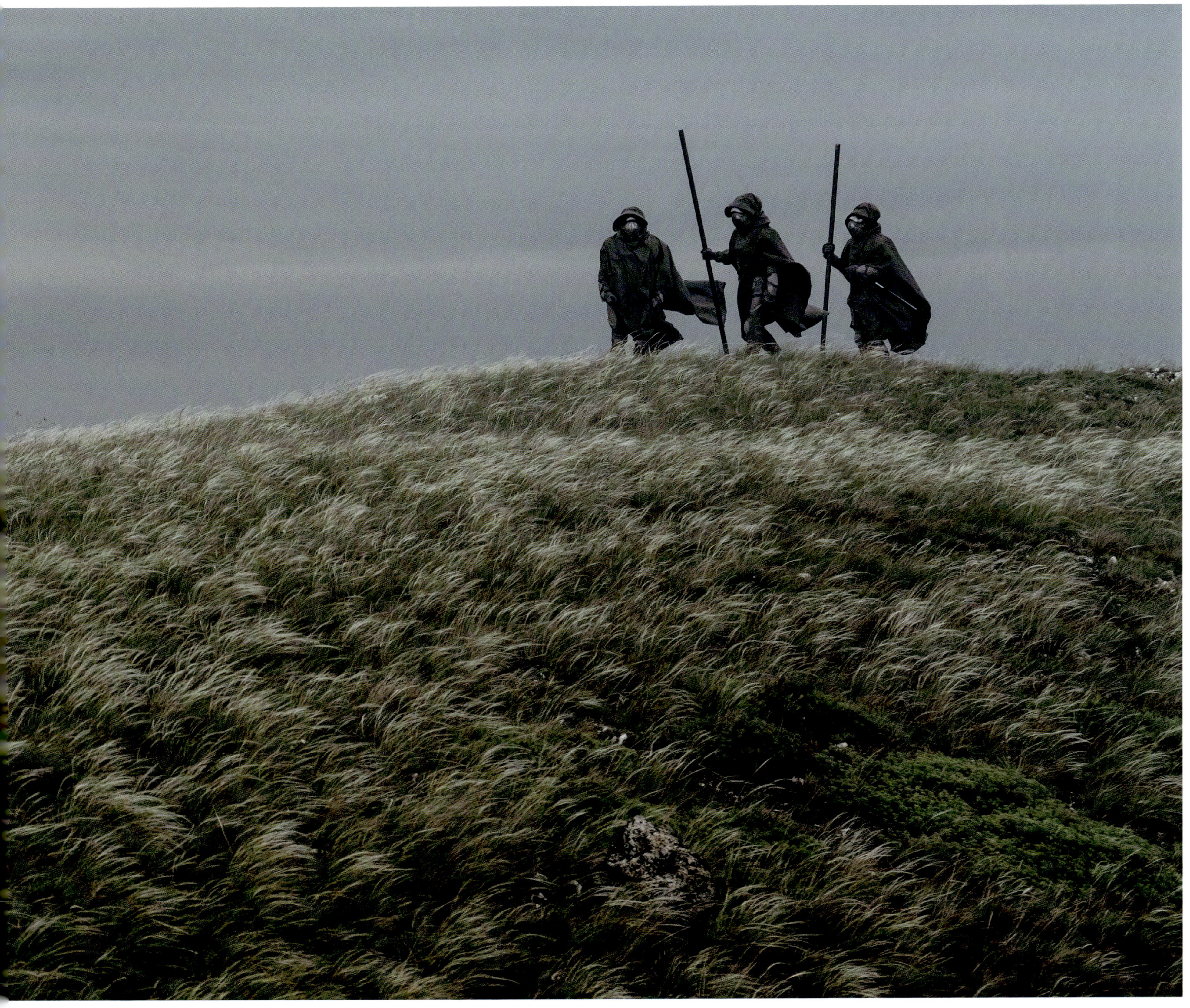

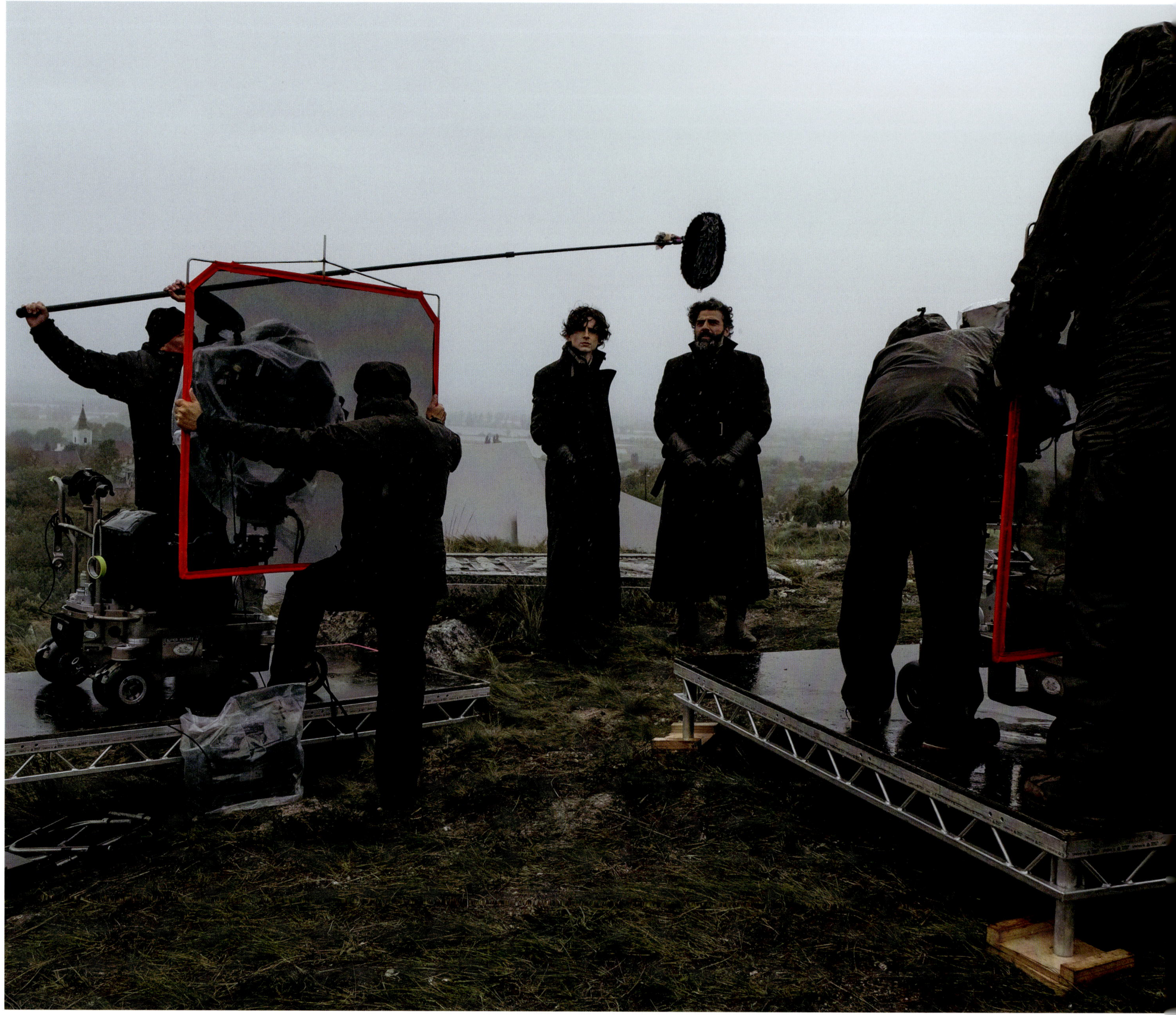

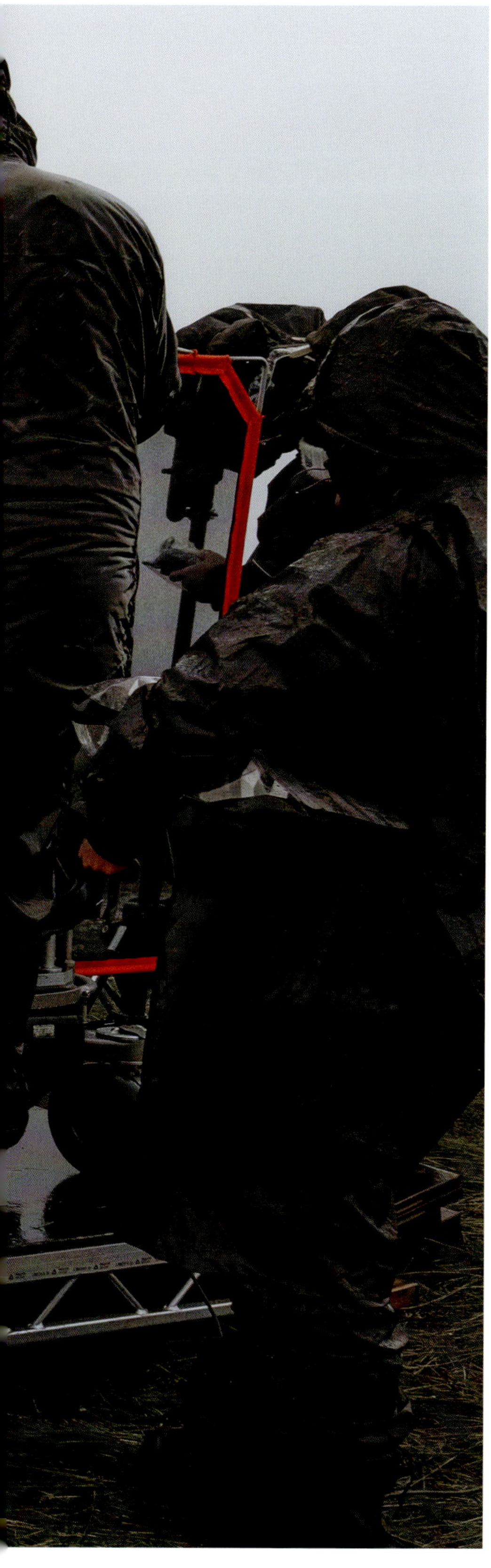

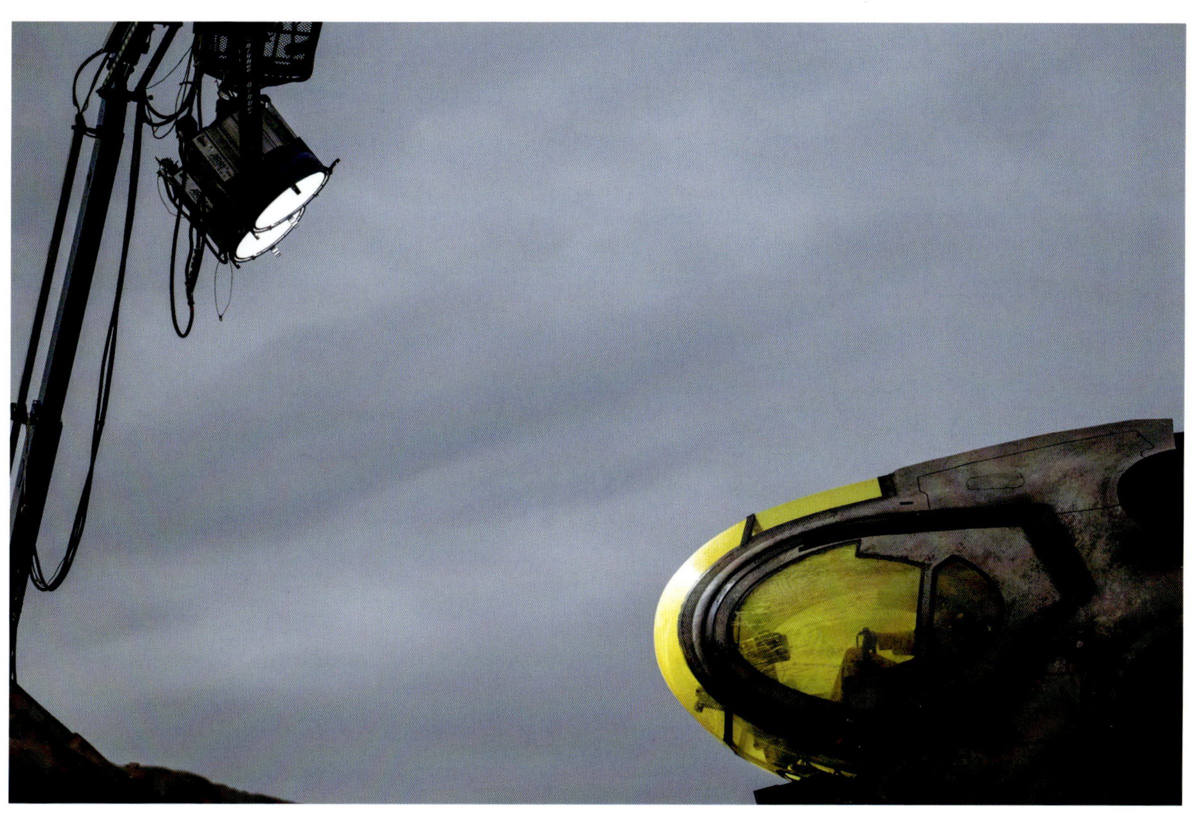

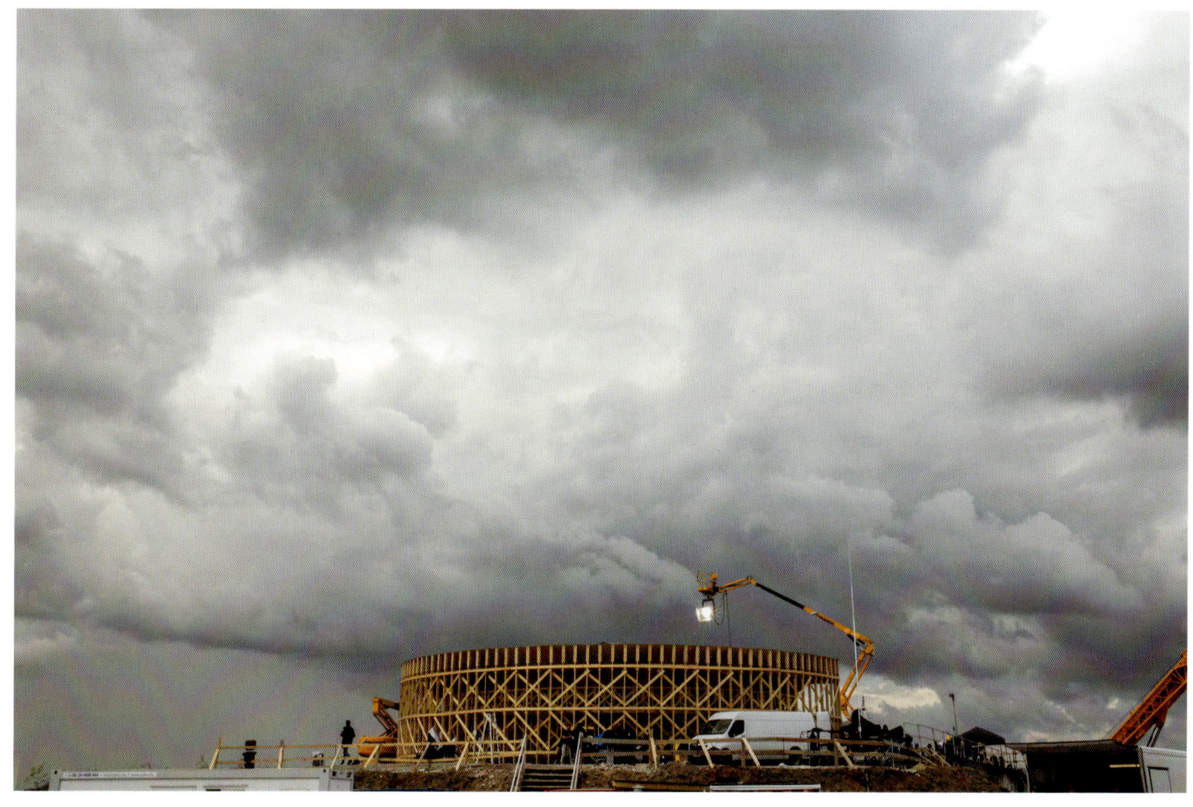

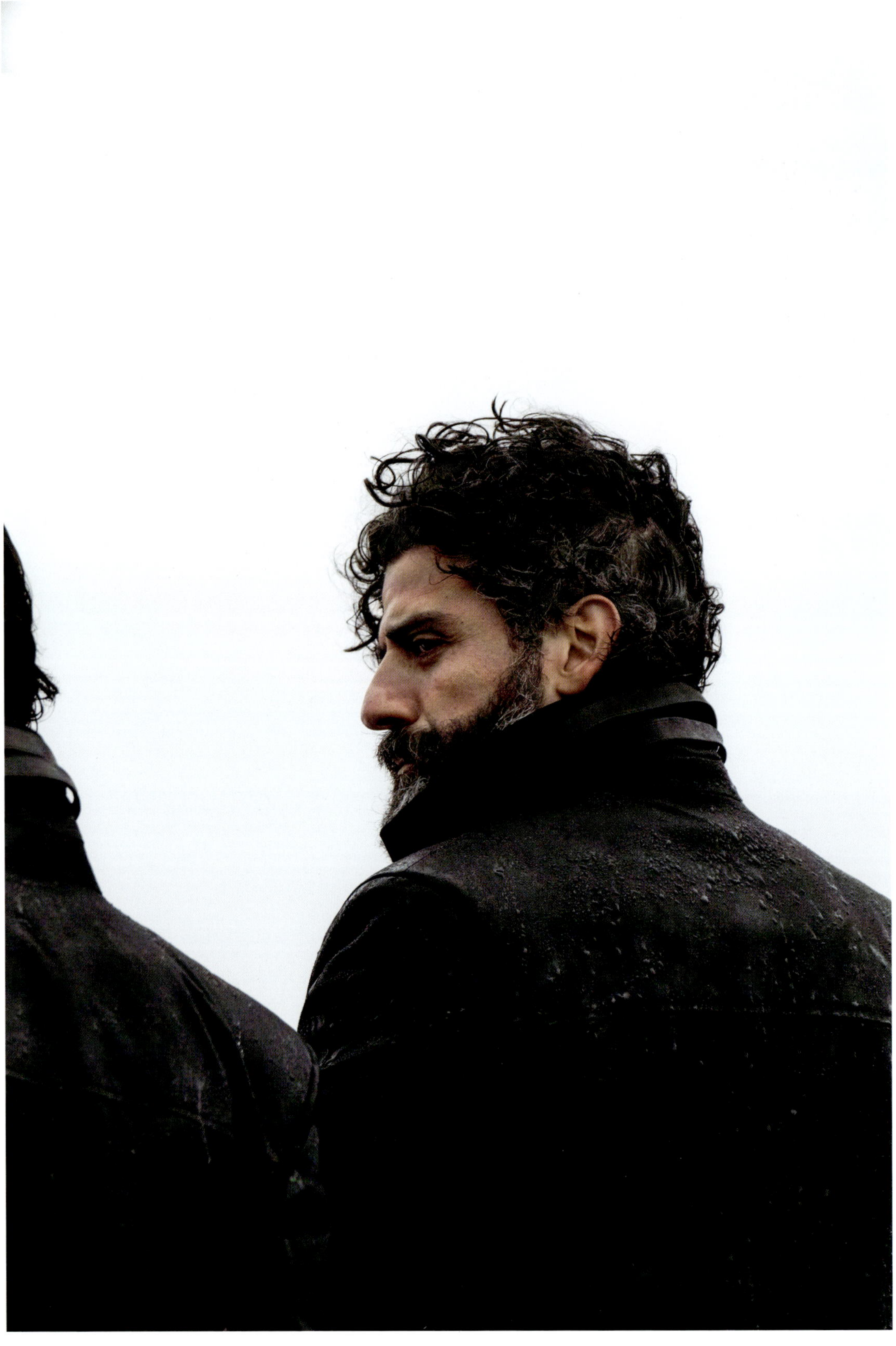

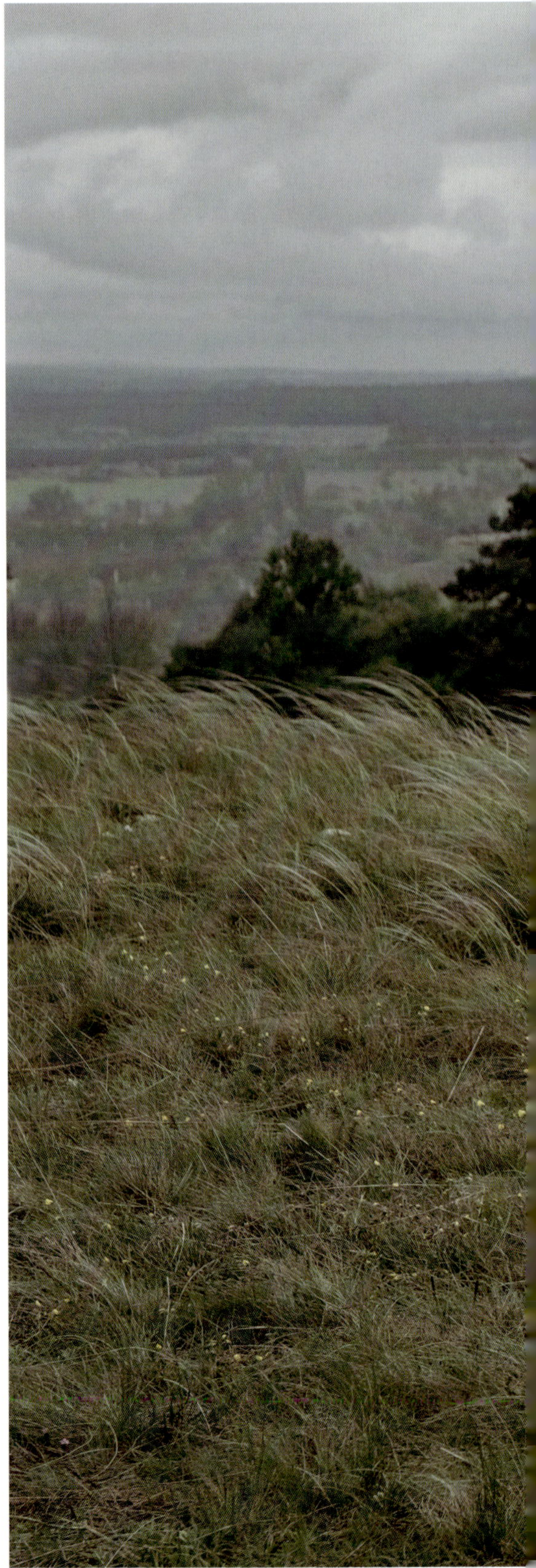

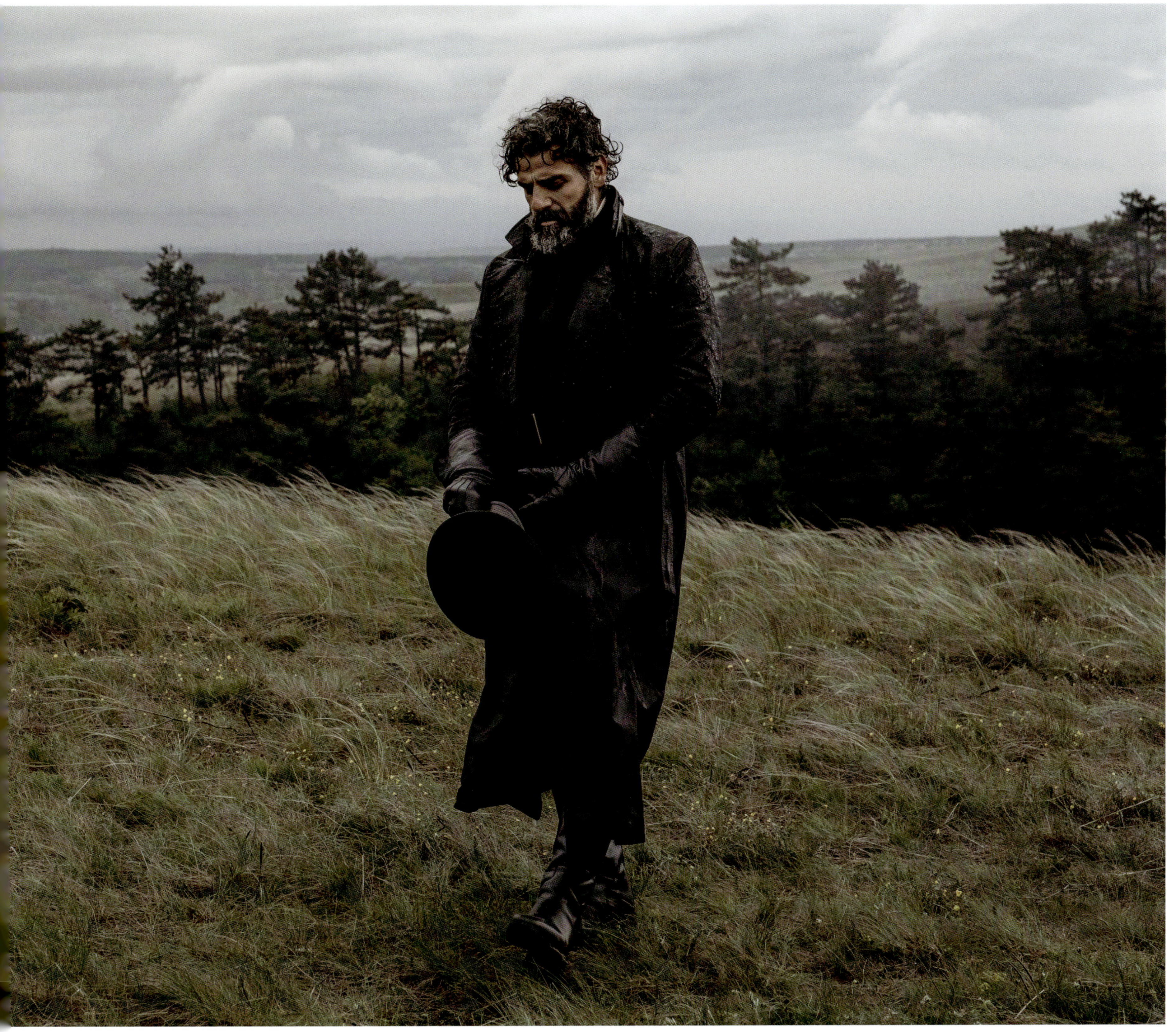

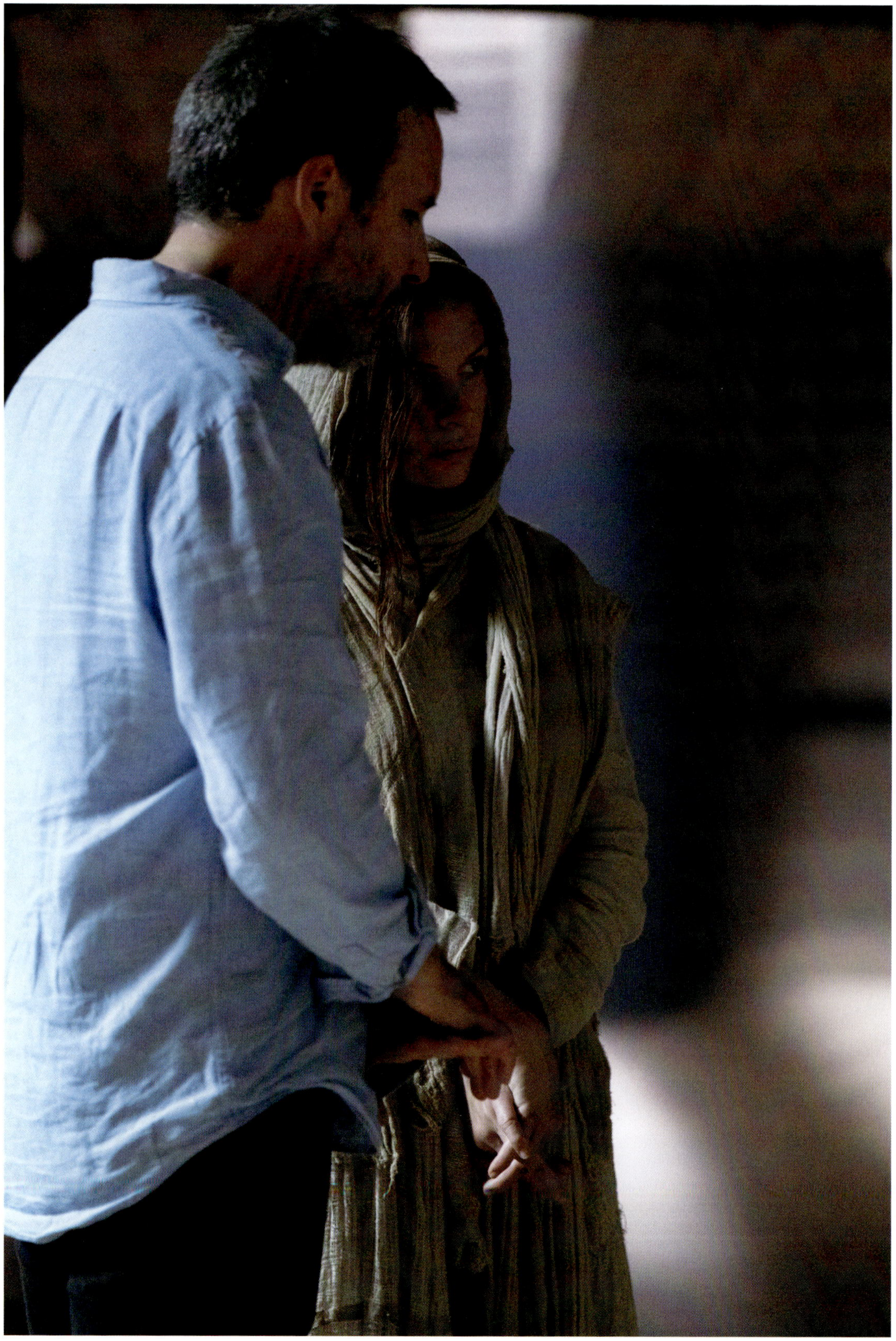

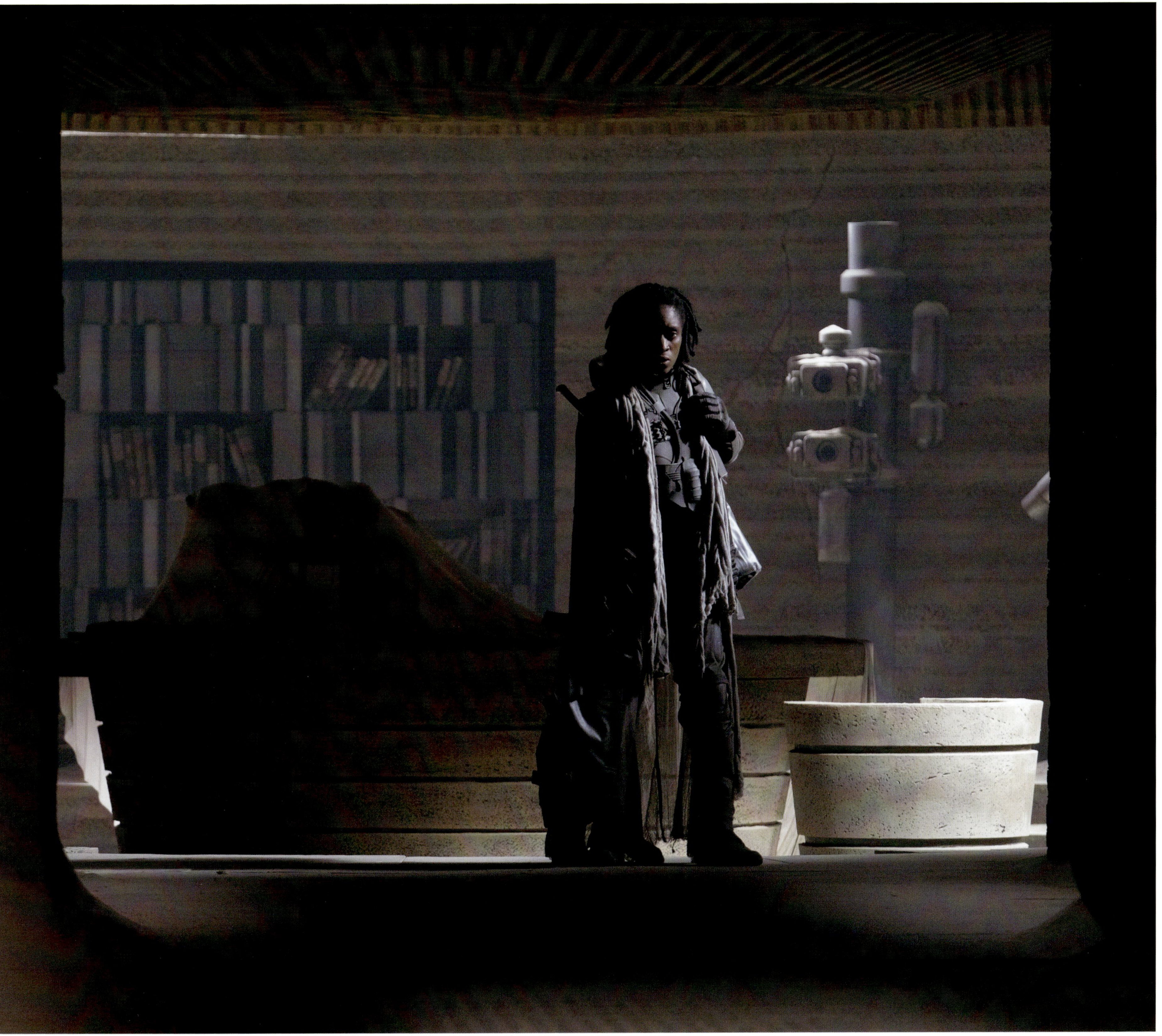

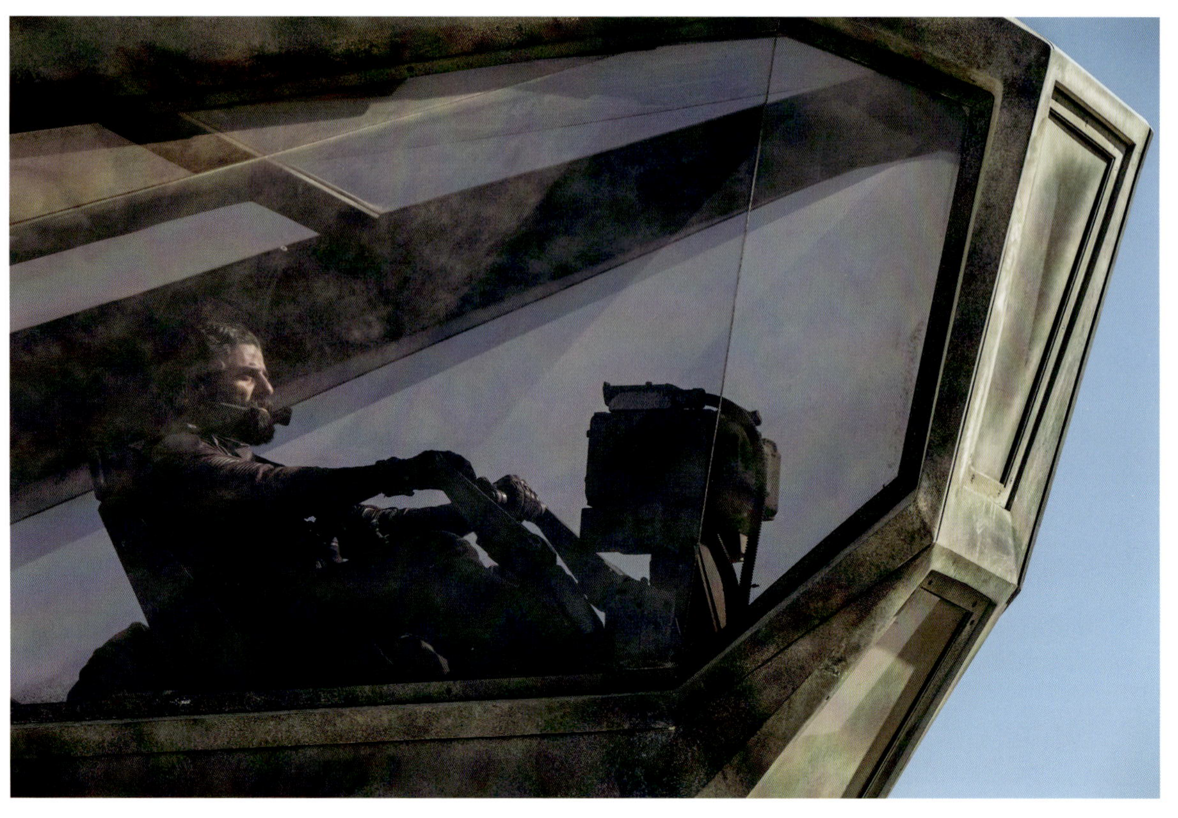

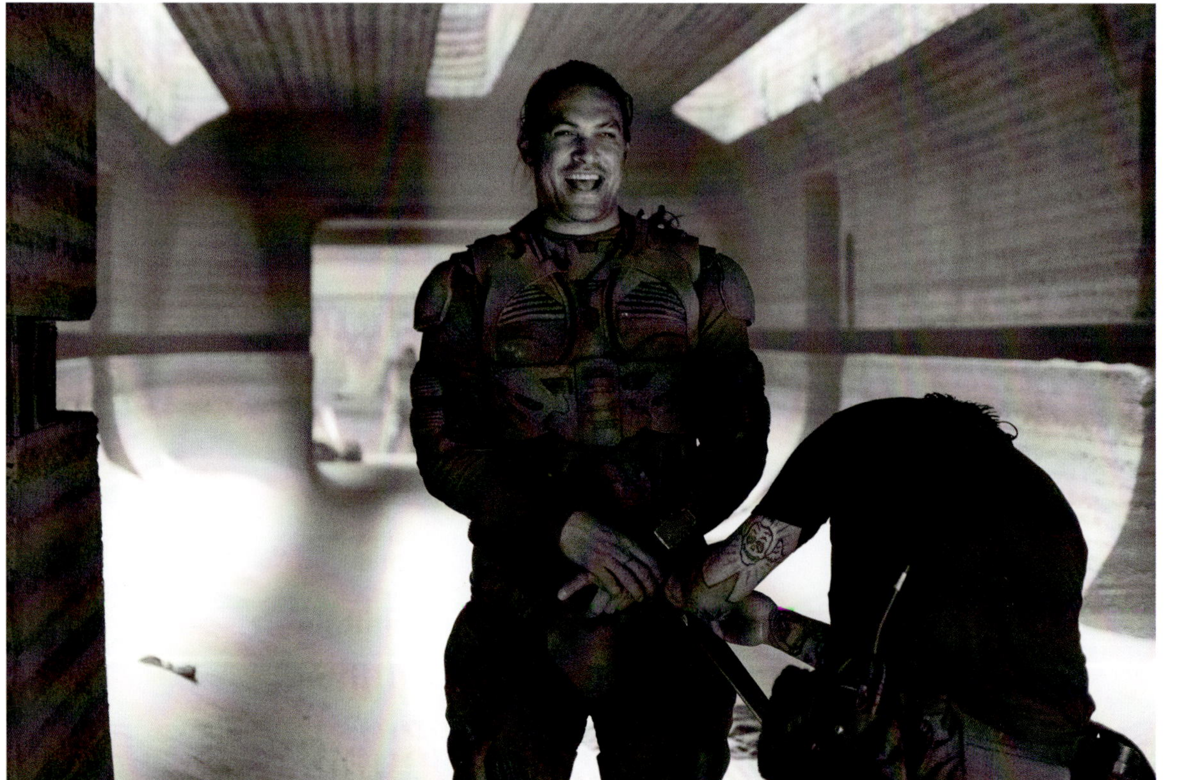

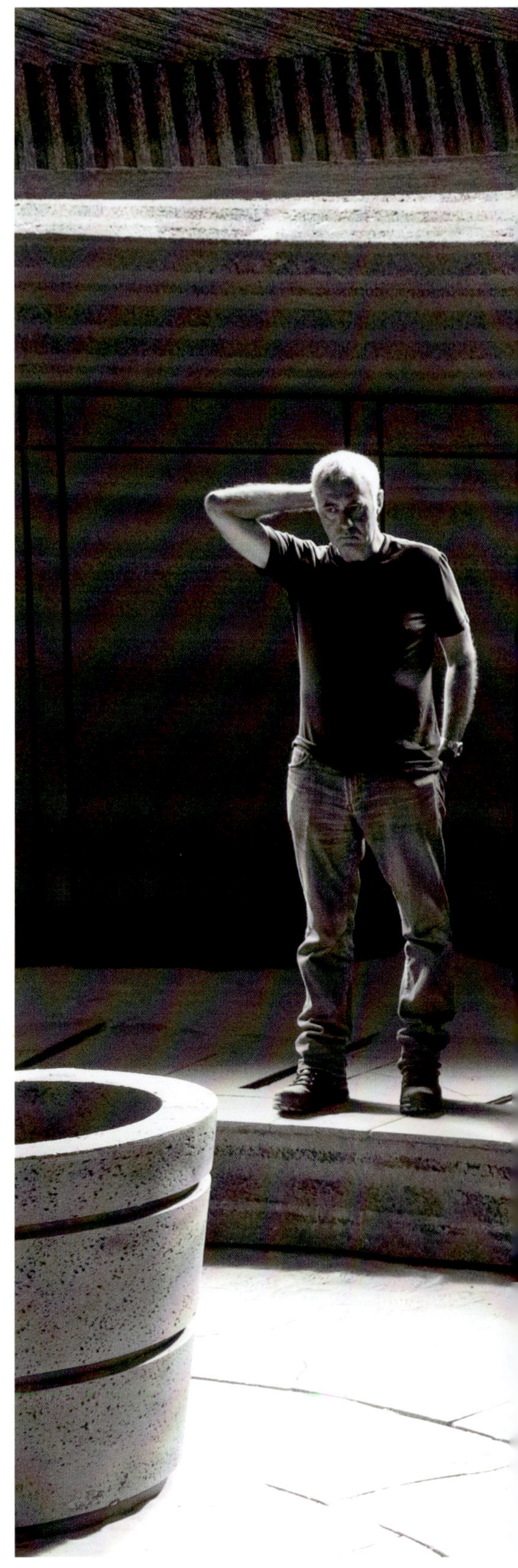

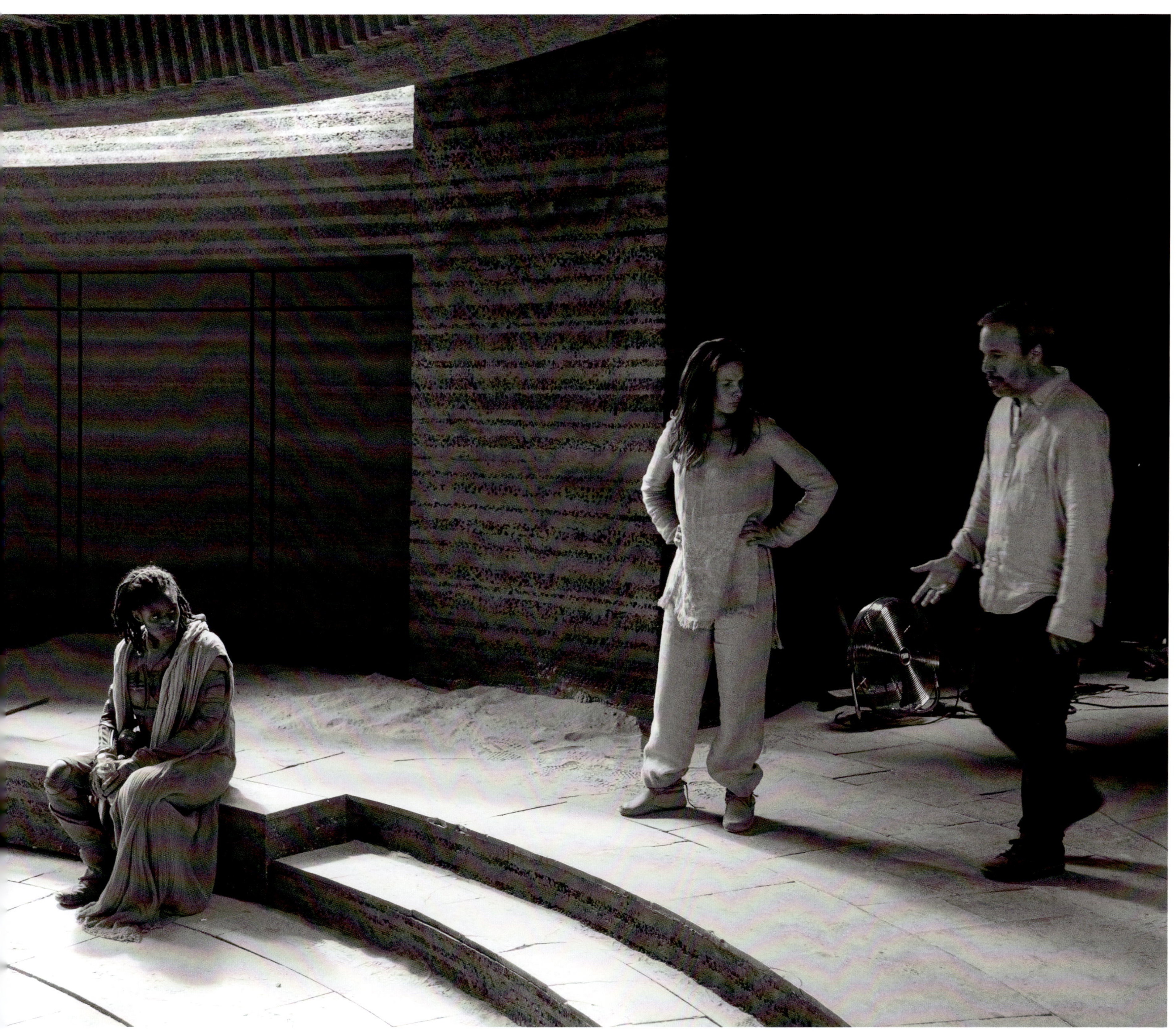

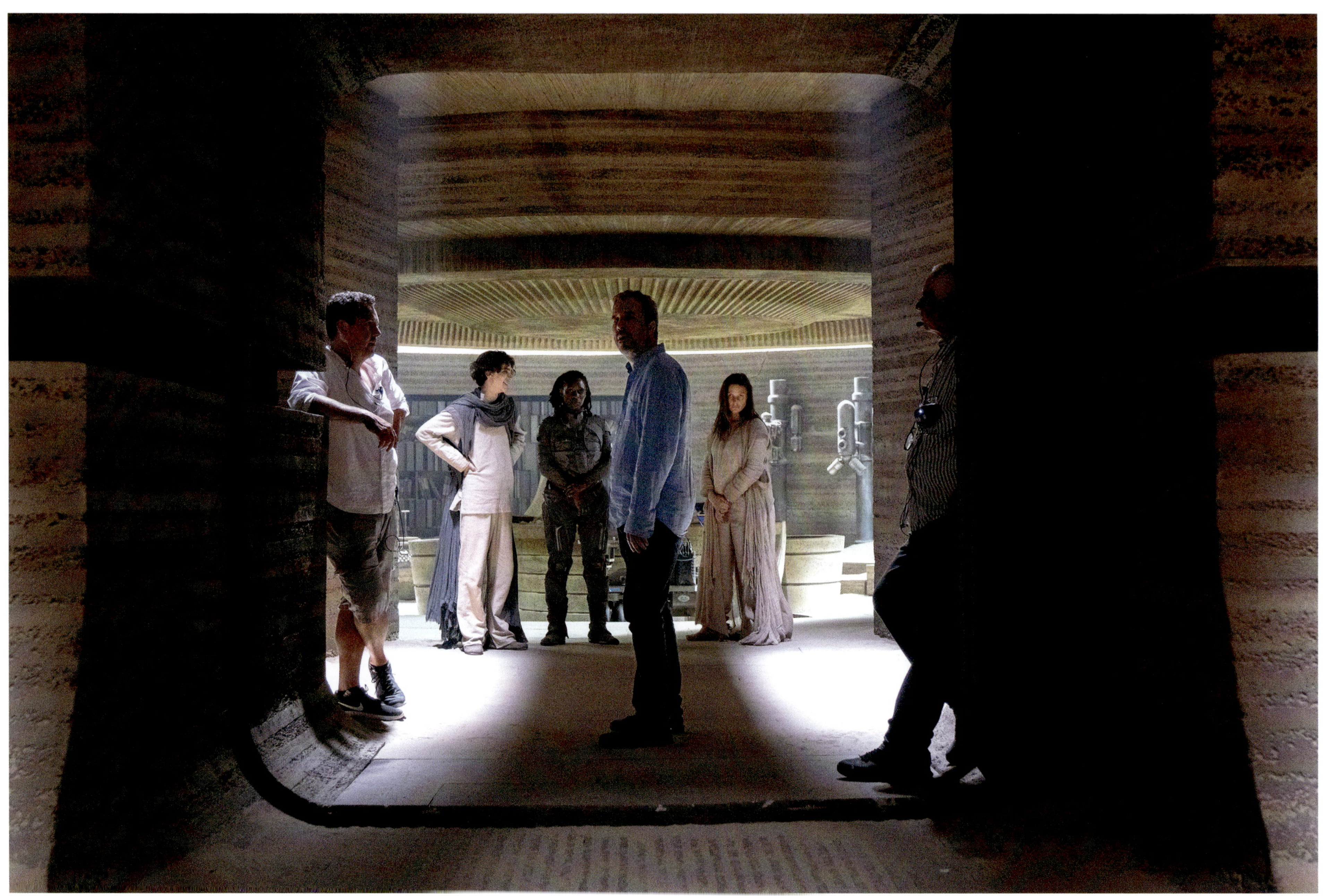

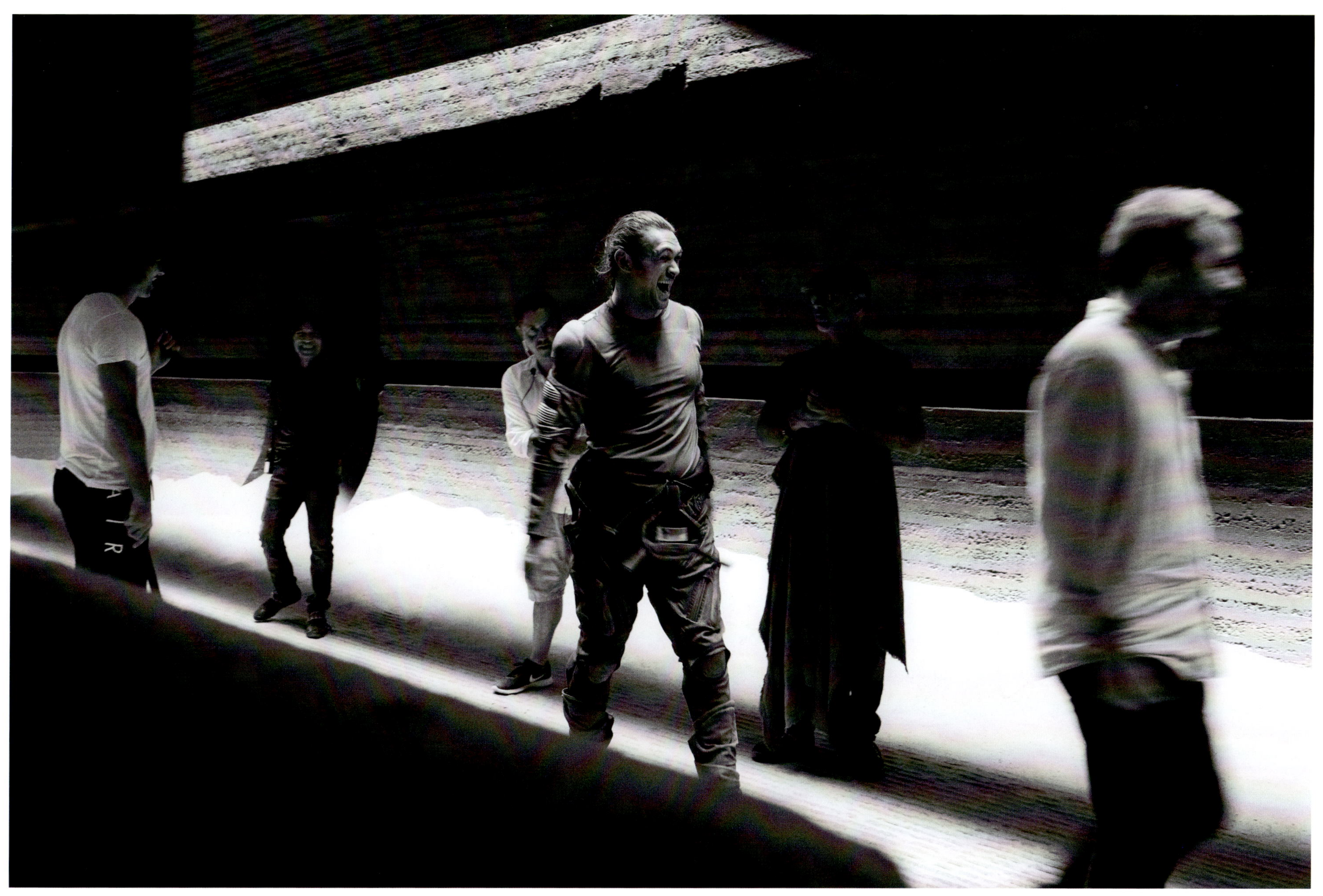

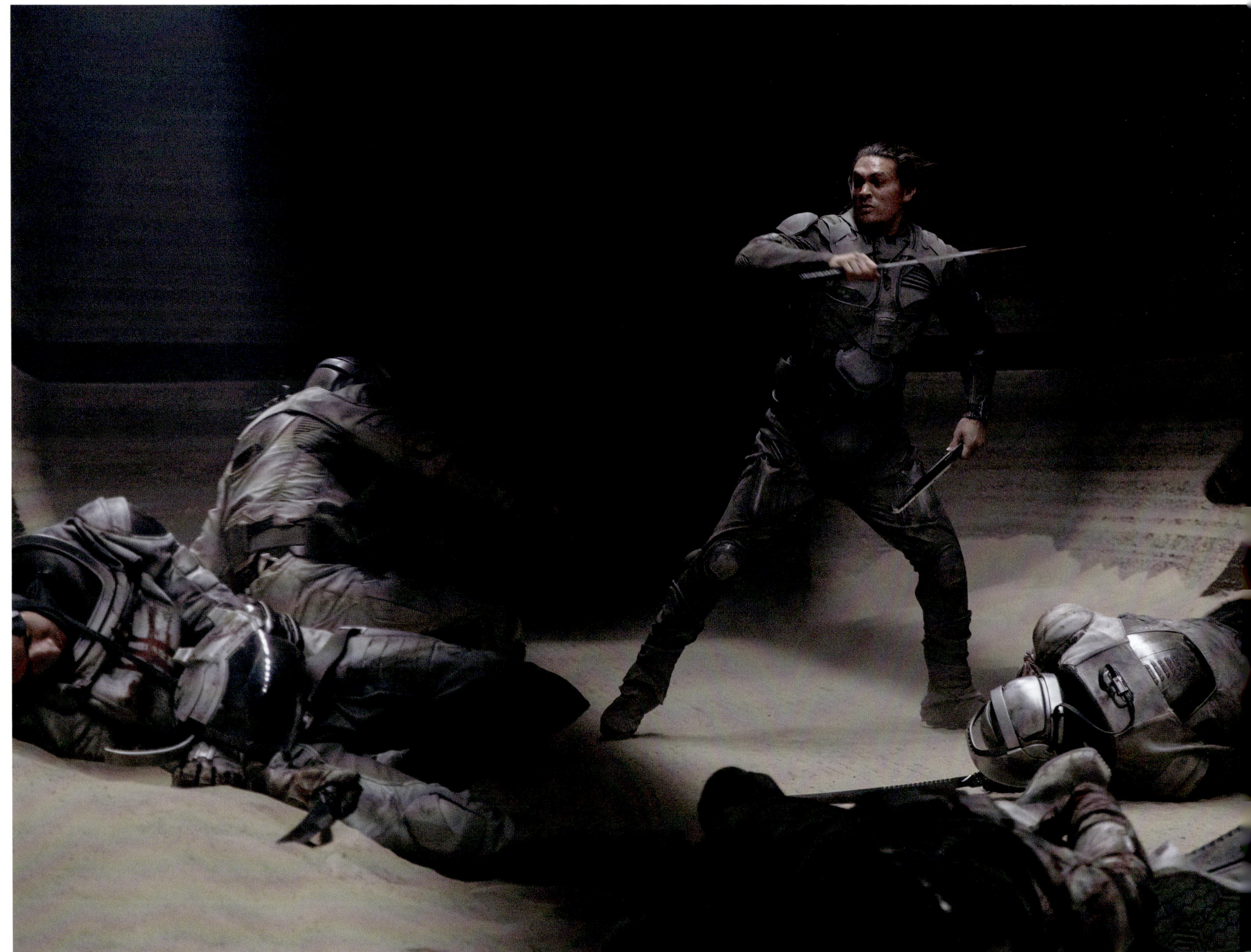

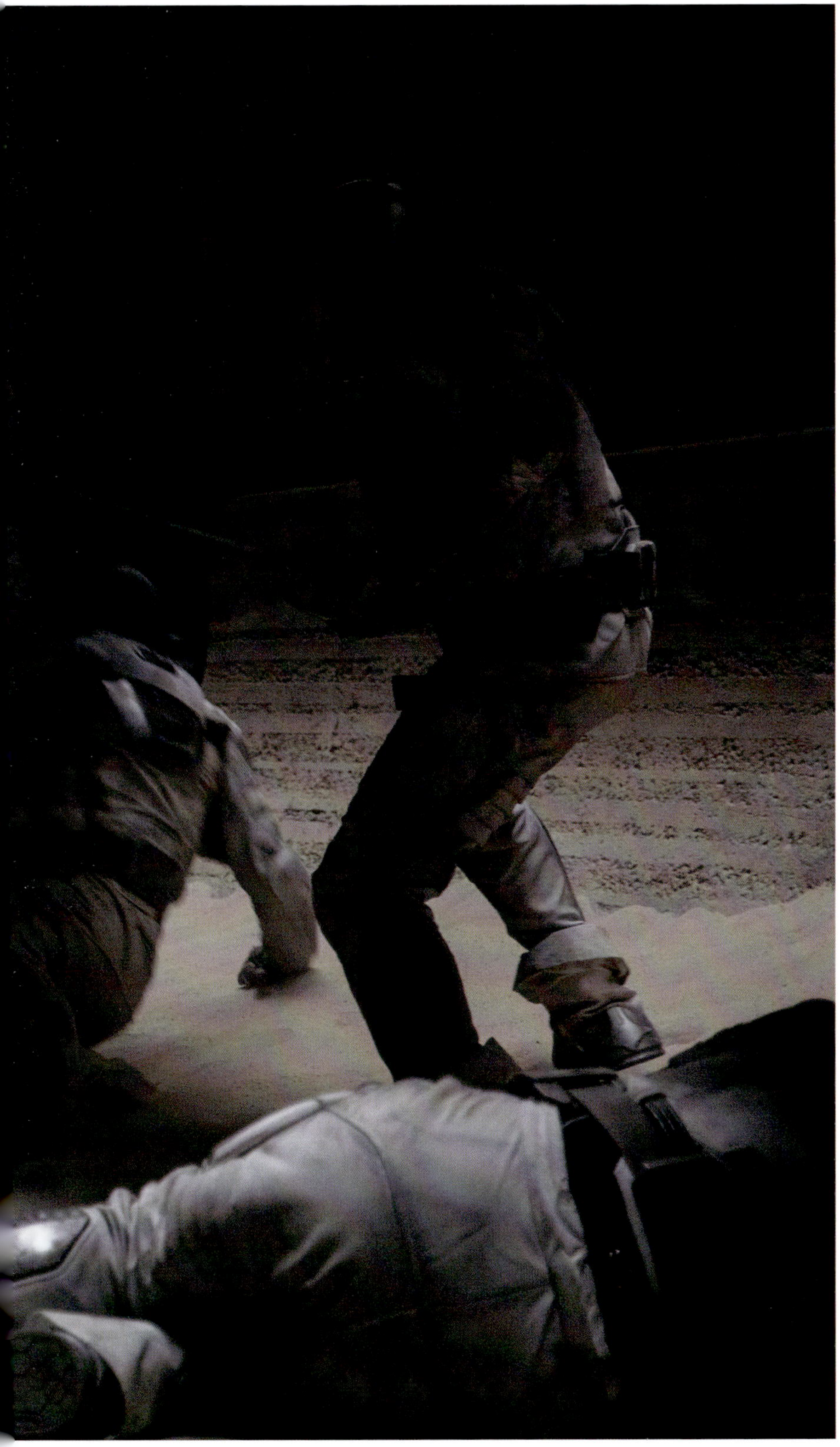

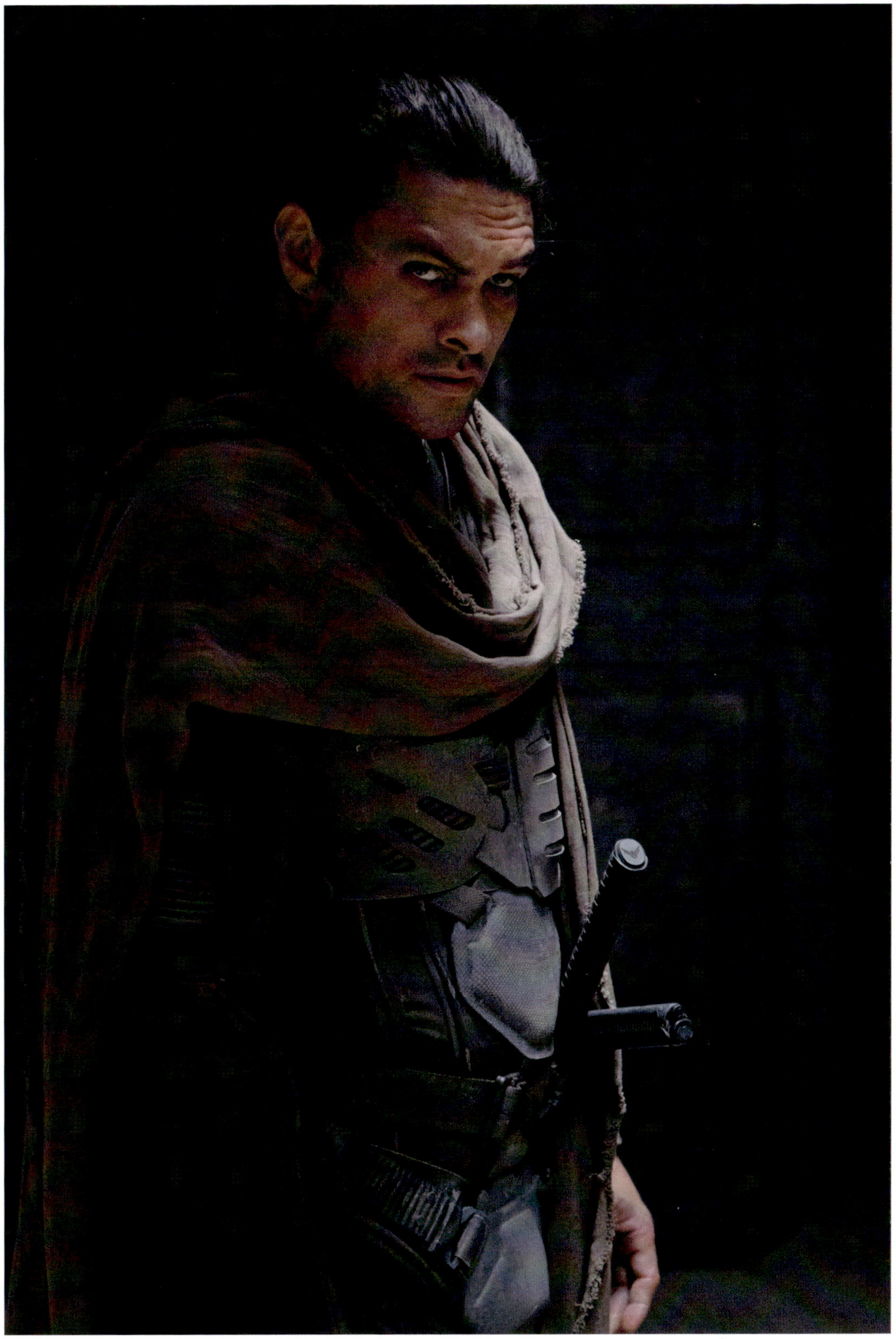

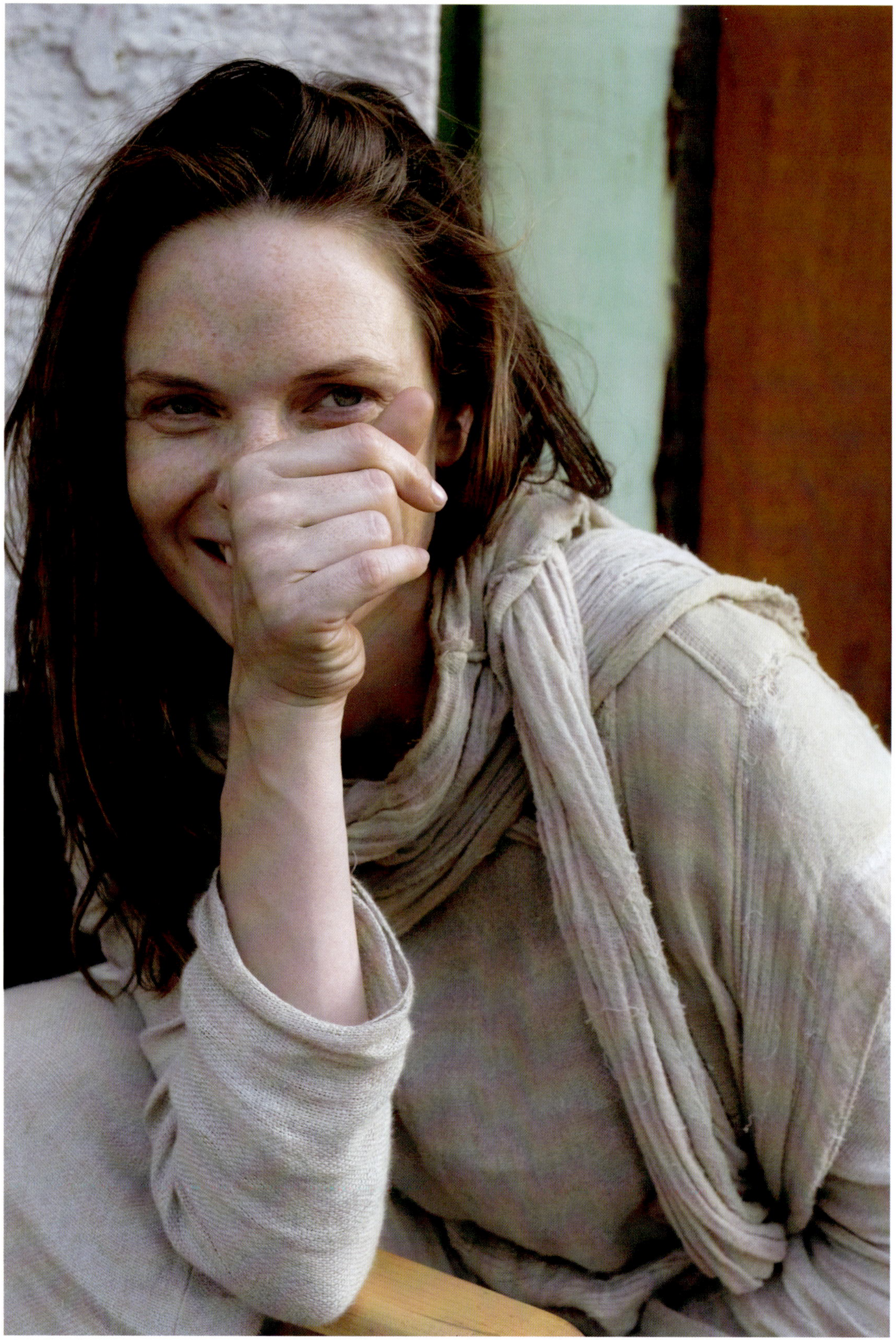

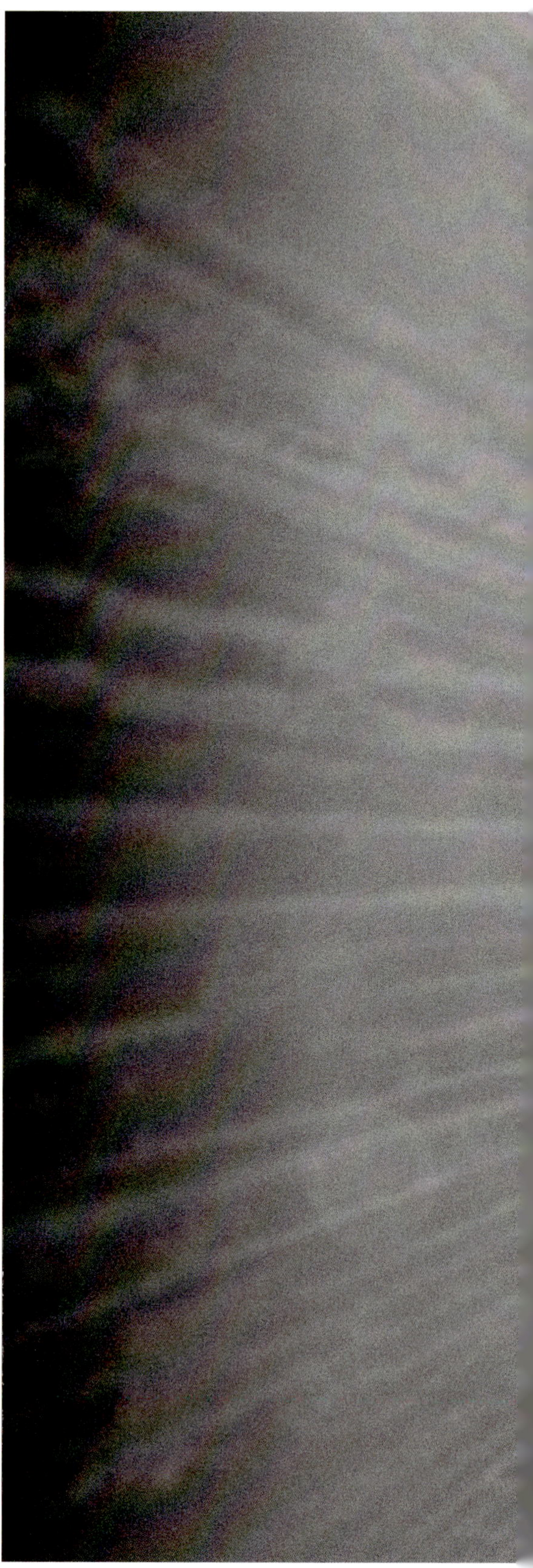

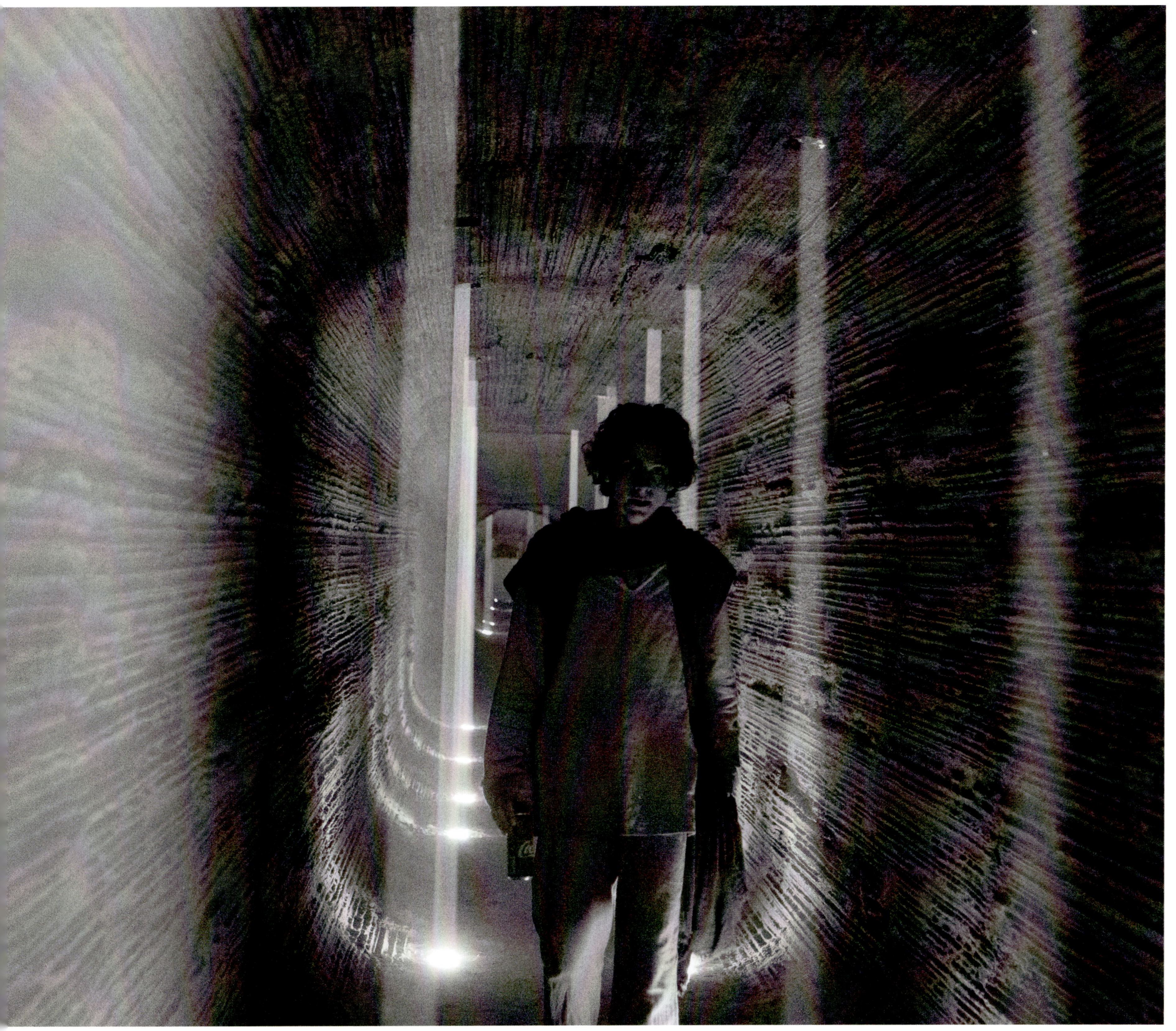

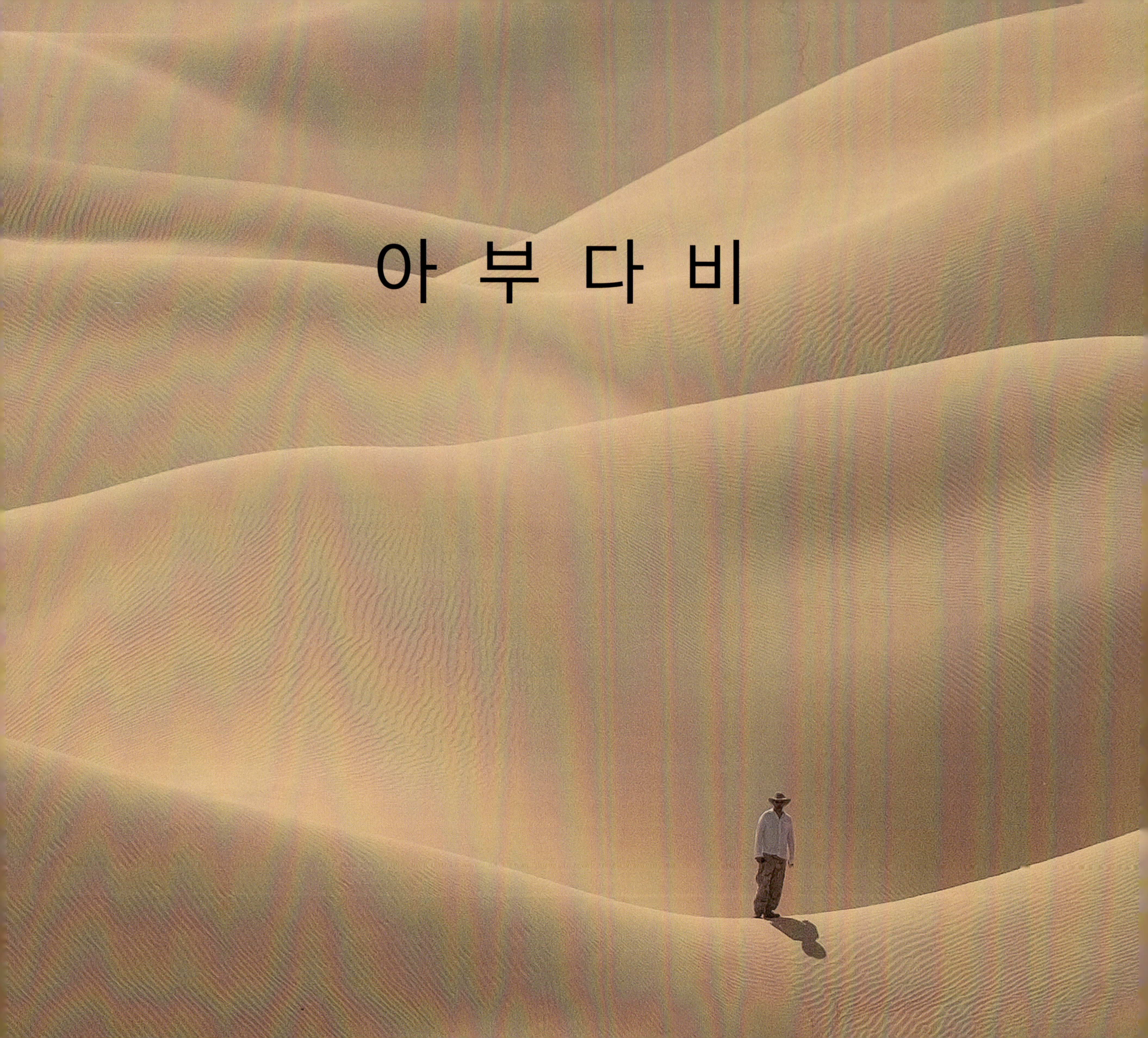
아 부 다 비

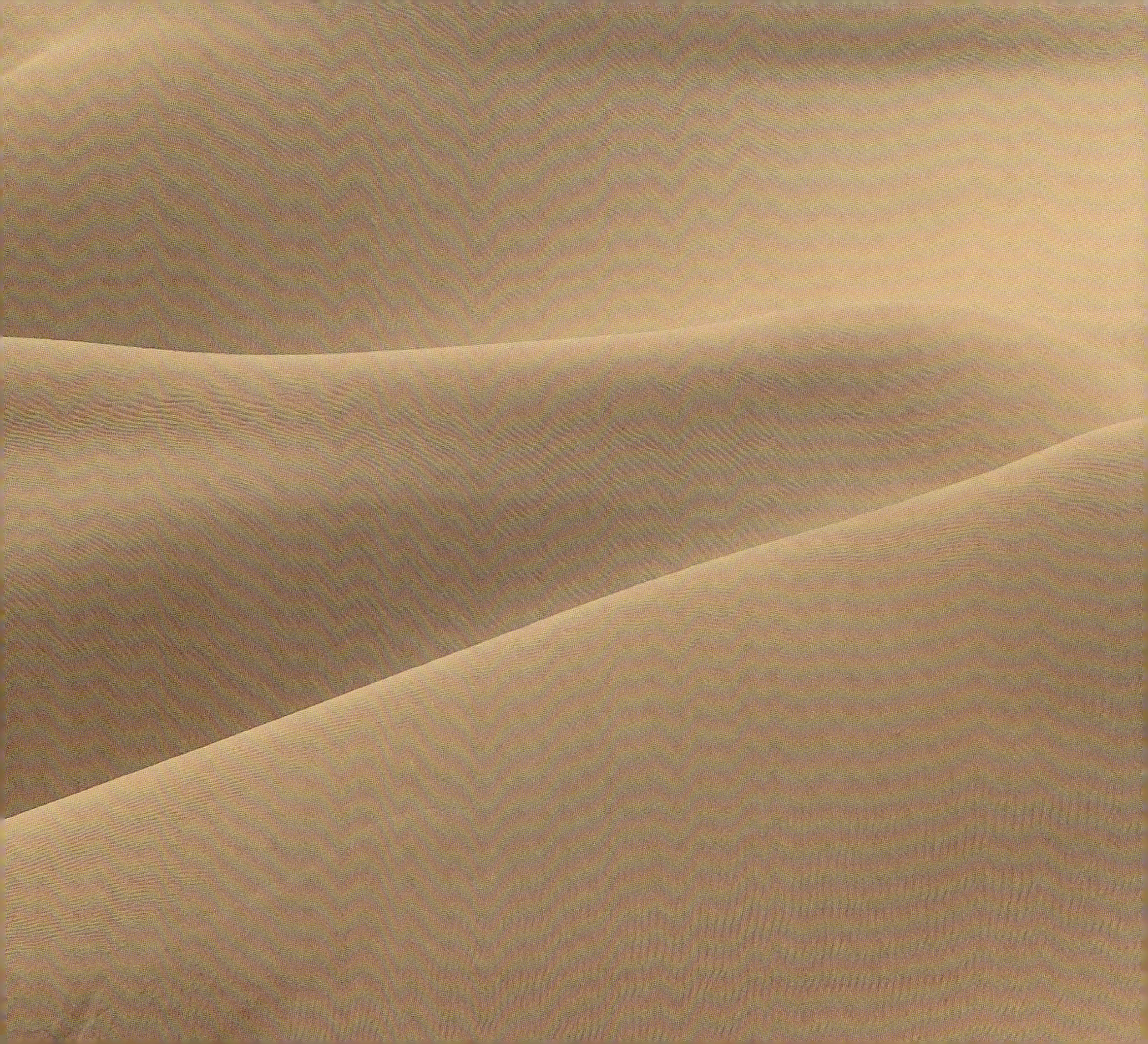

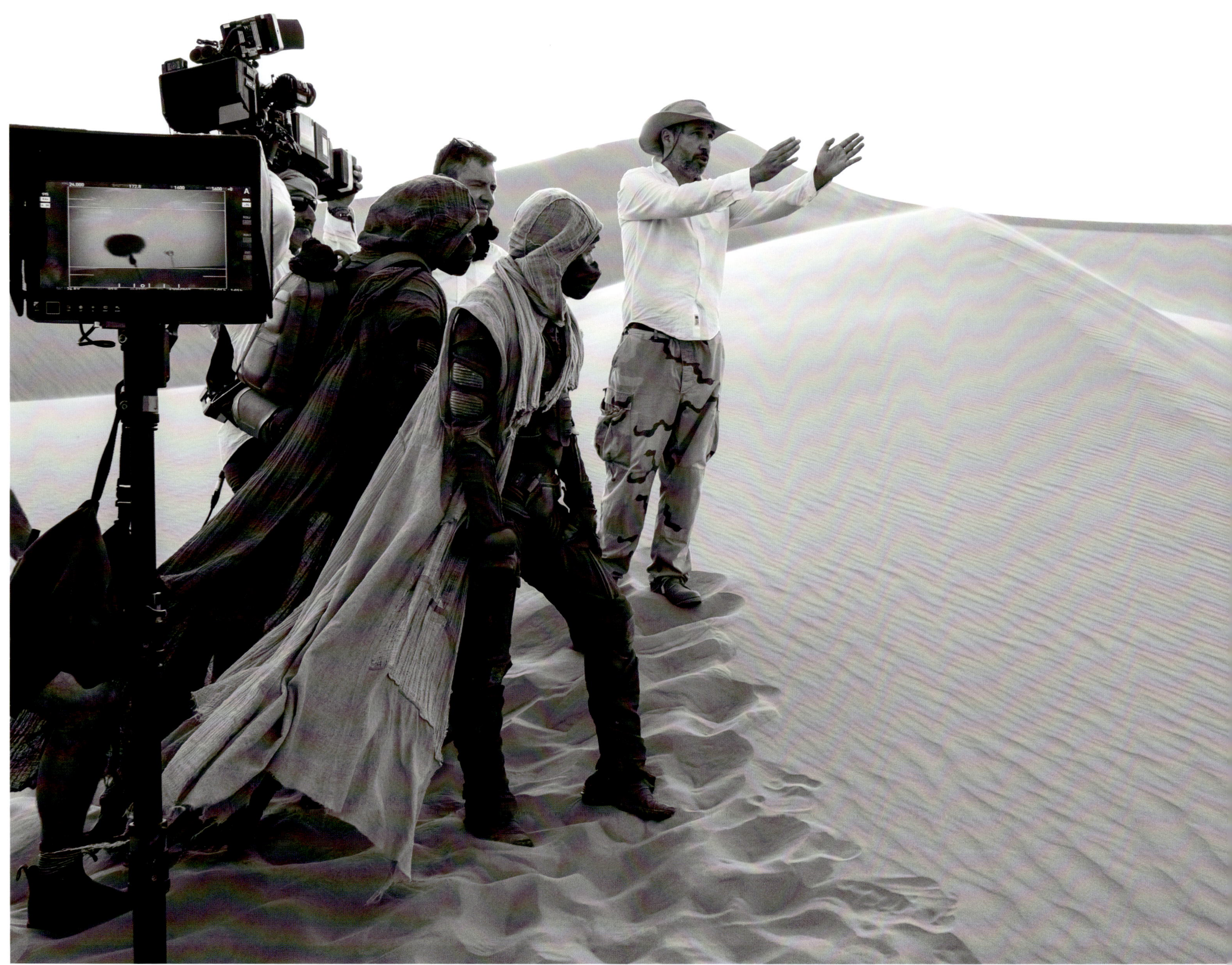

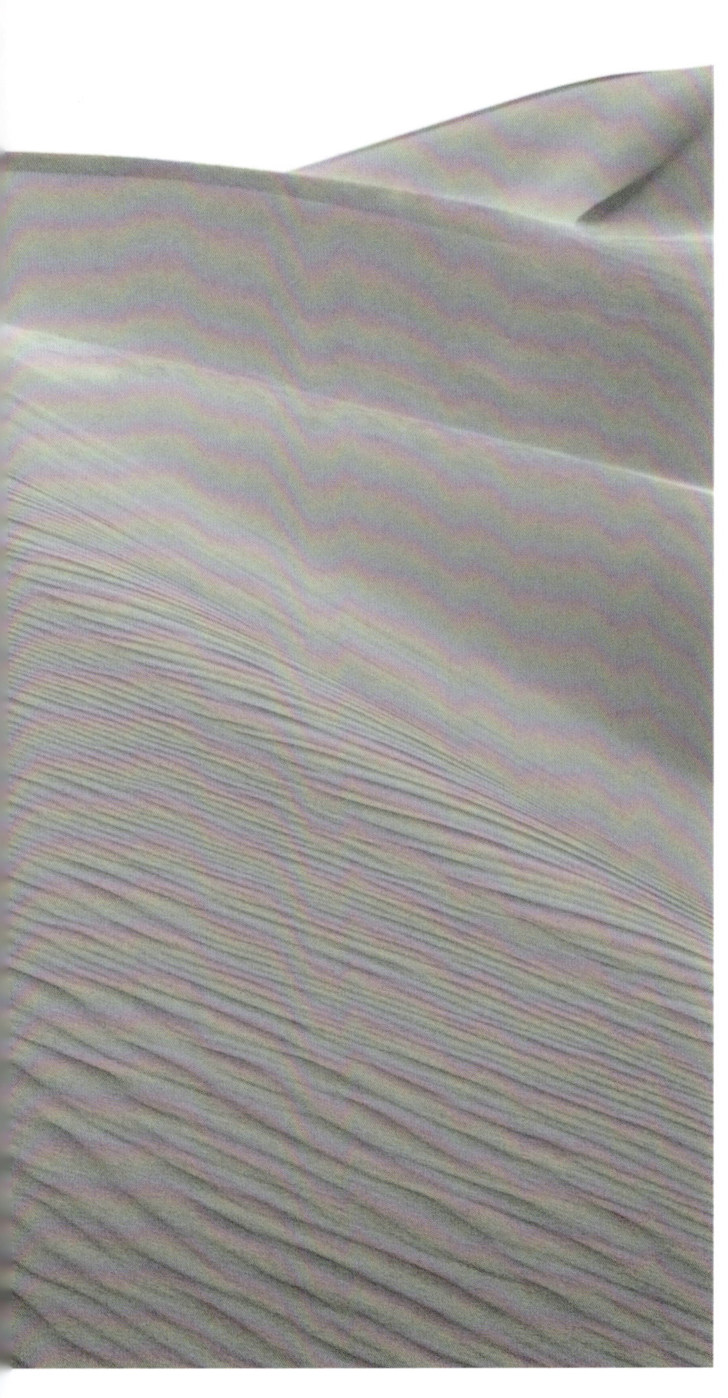

드니 빌뇌브와 함께 일하며 그가 자신의 비전을 구현해 내는 과정을 보면
마술사들로 구성된 오케스트라를 지휘하는 마법사를 보는 것만 같았다. 제작
초기에 나는 그에게 배우들과 얘기하고 있을 때 사진을 찍어도 괜찮겠냐고
물어봤다. 나에게는 카메라에 담고 싶은 중요한 순간이지만, 카메라를 의식하지
않는 사적인 순간인 경우가 많았기 때문에 조심스러웠다. 드니는 도전 과제를
제시하며 촬영을 허락했다. 감독이 무언가를 가리키거나 손으로 프레임을
만드는 등의 뻔한 영화 사진을 찍지는 말아 달라는 것이었다. 그런 사진은
식상할 만큼 많이 본 사진들이다.

나는 그가 제시한 도전이 정말 마음에 들었다. 새로운 사진을 찍으려면
경계를 넓혀서 창의적으로 생각해야 했다. 감독으로서 드니의 에너지를 공유해
달라는 뜻이기도 했다. 제작 기간 내내 나는 어디든 드니를 따라다녔다. 그가
세트장 바닥에 있든, 장면을 올려다보고 있든, 걸어 다니고 있든, 캐릭터의
관점을 찾아보고 있든, 드니와 함께 있었다. 나는 렌즈를 통해서 그와 연결될 수
있었다. 그가 내 카메라를 흘끗 보고는 장난스레 피해 달라고 한 바로 그 자세를
취할 때도 말이다.

이 책에는 그런 순간들이 많이 들어 있지만, 왼쪽의 사진이 특히 중요한
이유는 이야기를 들려주기 때문이다. 이 사진 속에는 우리의 리더와 그가 이끄는
영화 팀이 있다. 모래 위에서 카메라 라인 뒤로 조심스럽게 물러나 있는 드니는
우리를 모래 언덕과 연결시키며 영화 제작의 통제된 혼돈 속에서 길을 제시해
주고 있다. 이 영화에서 사막은 단순히 촬영 장소가 아니라 이야기 속 하나의
캐릭터라고 할 수 있다. 그래서 나는 사진에서 사막이 충분한 공간을 차지하도록
노력했다.

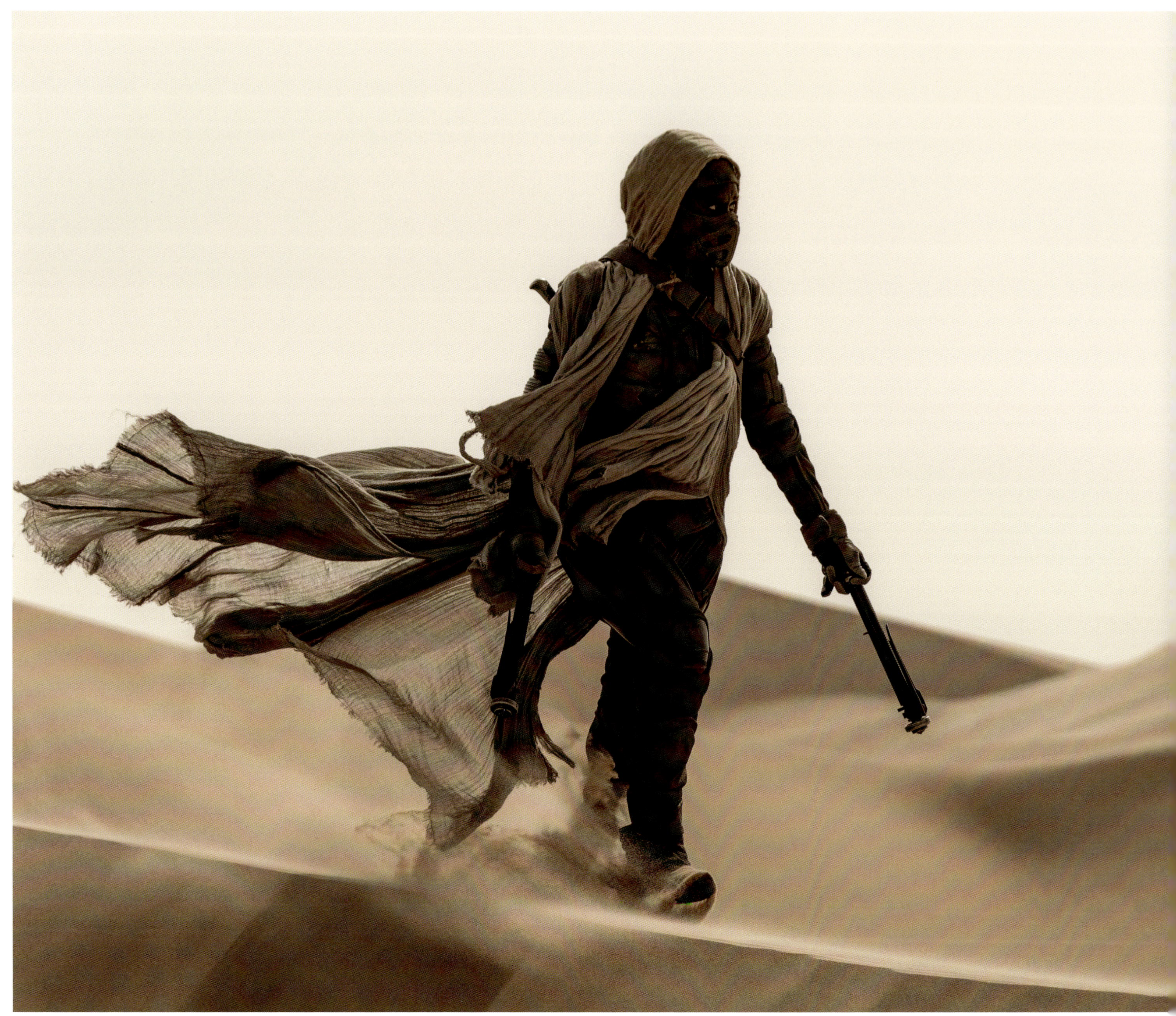

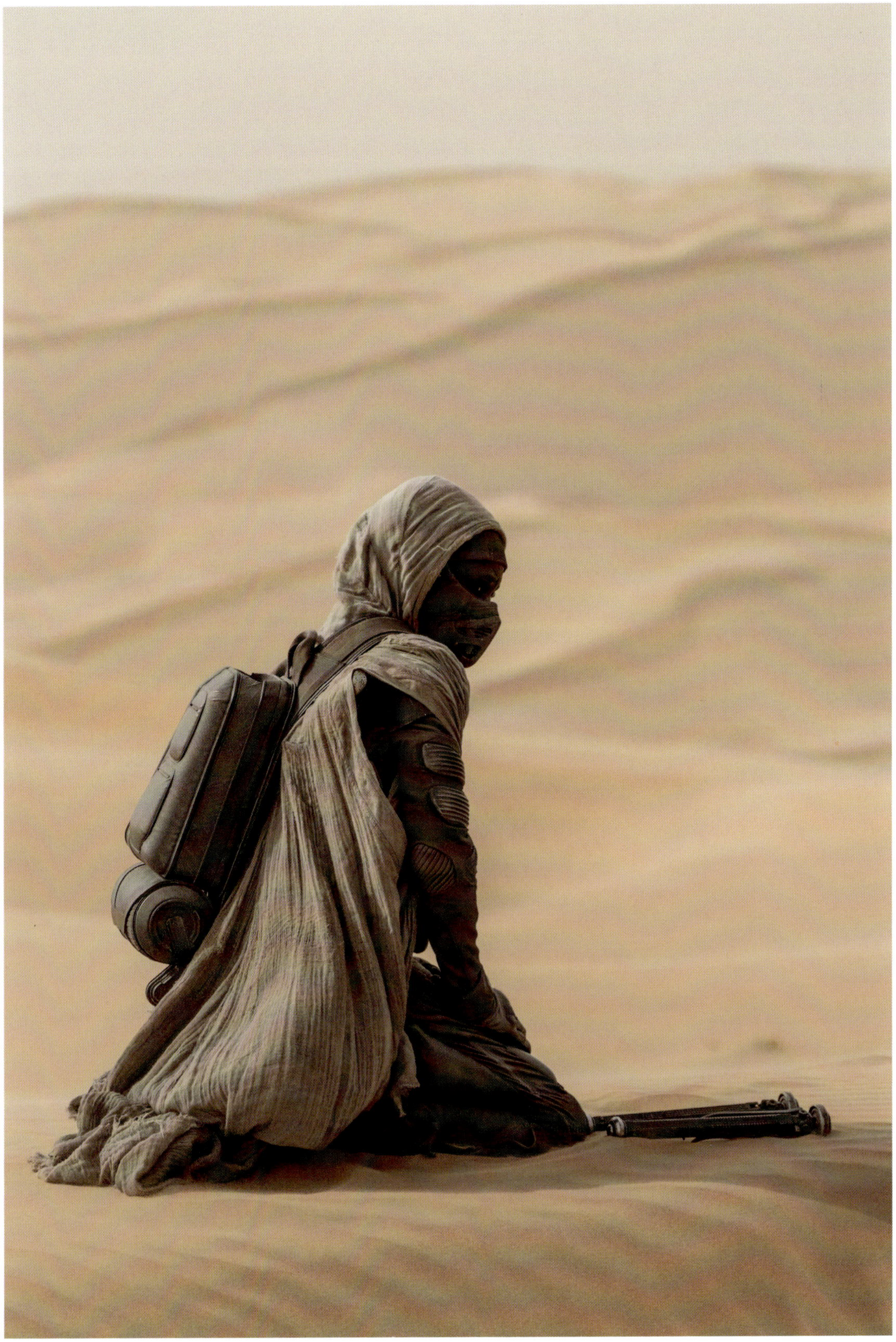

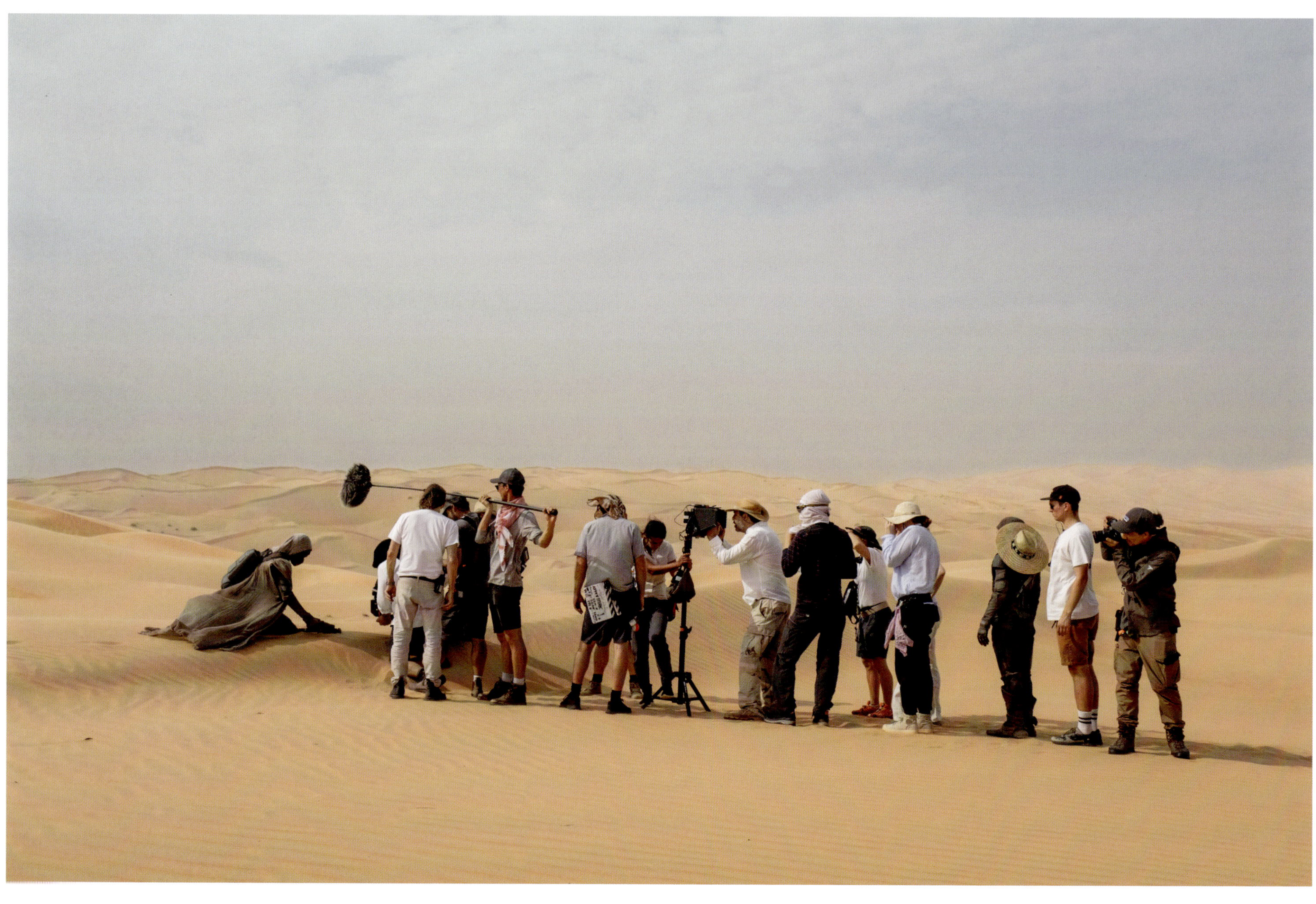

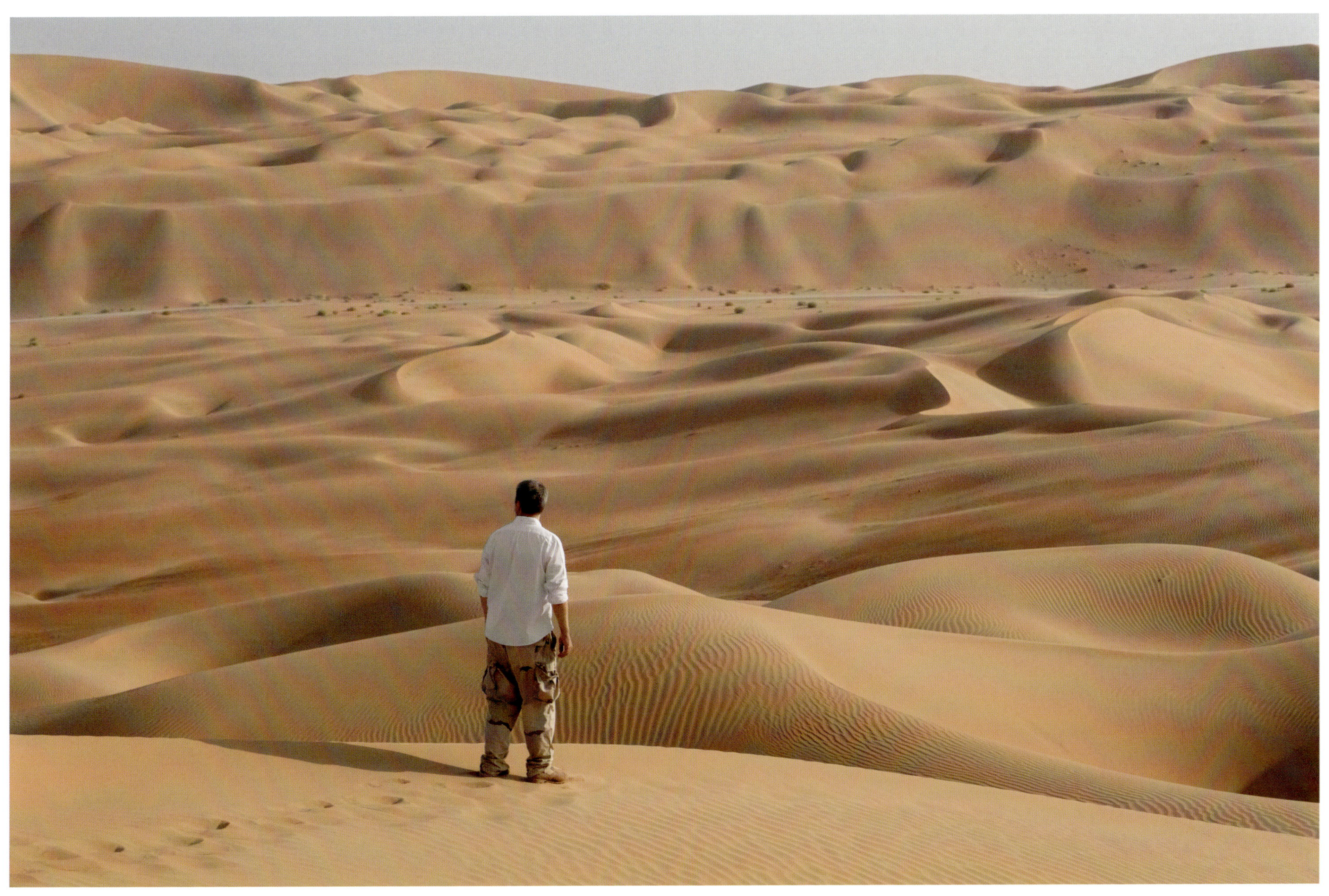

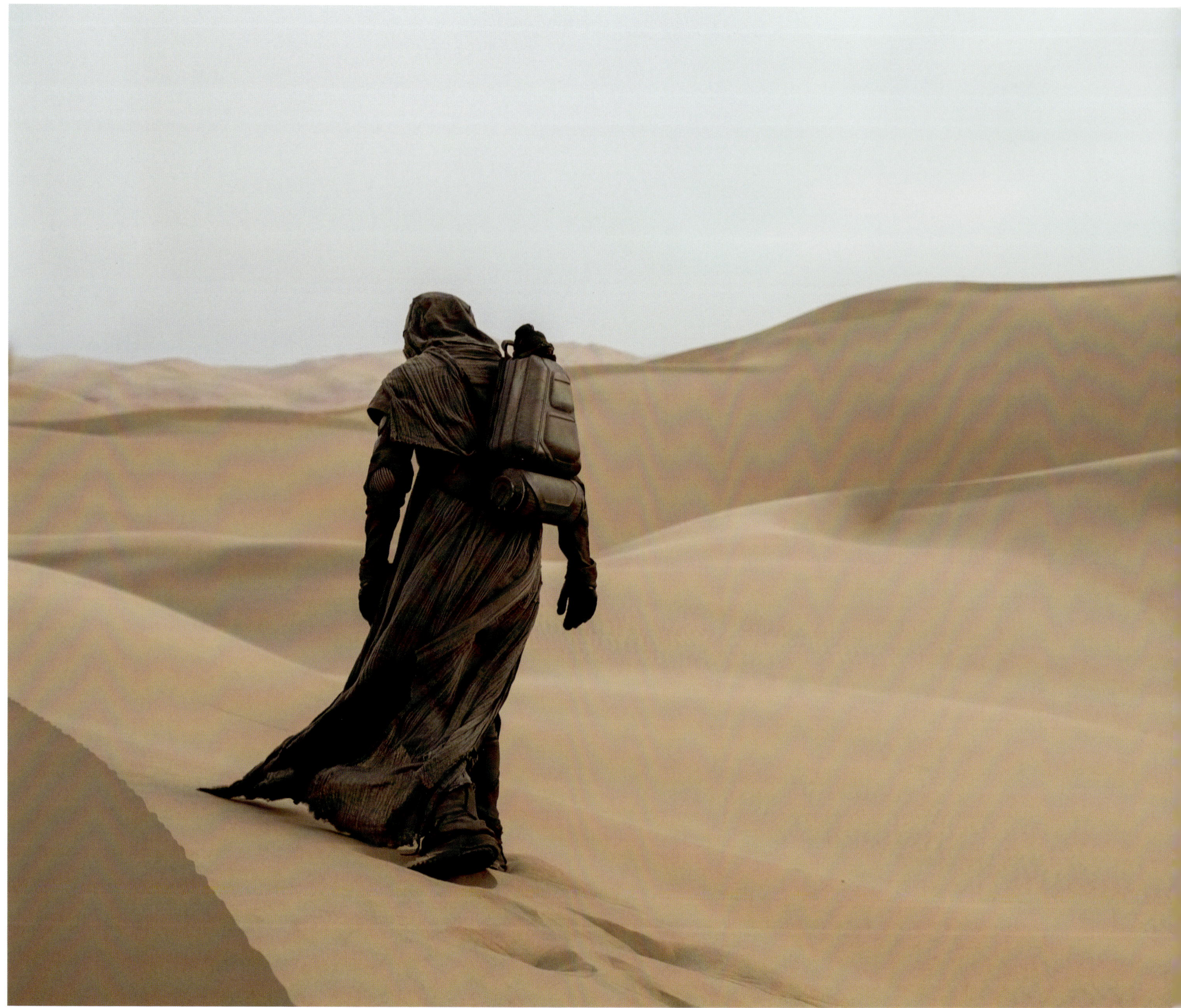

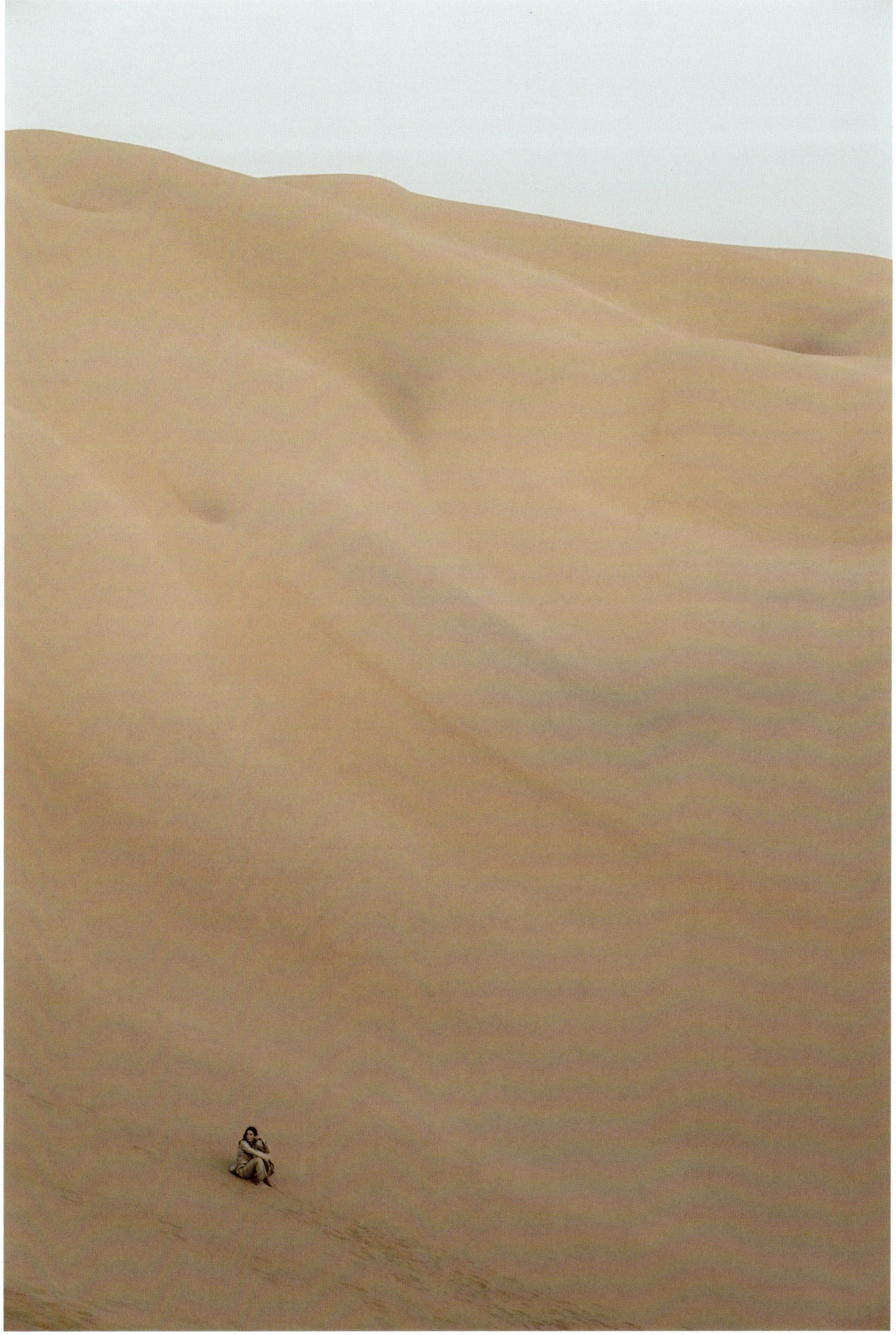

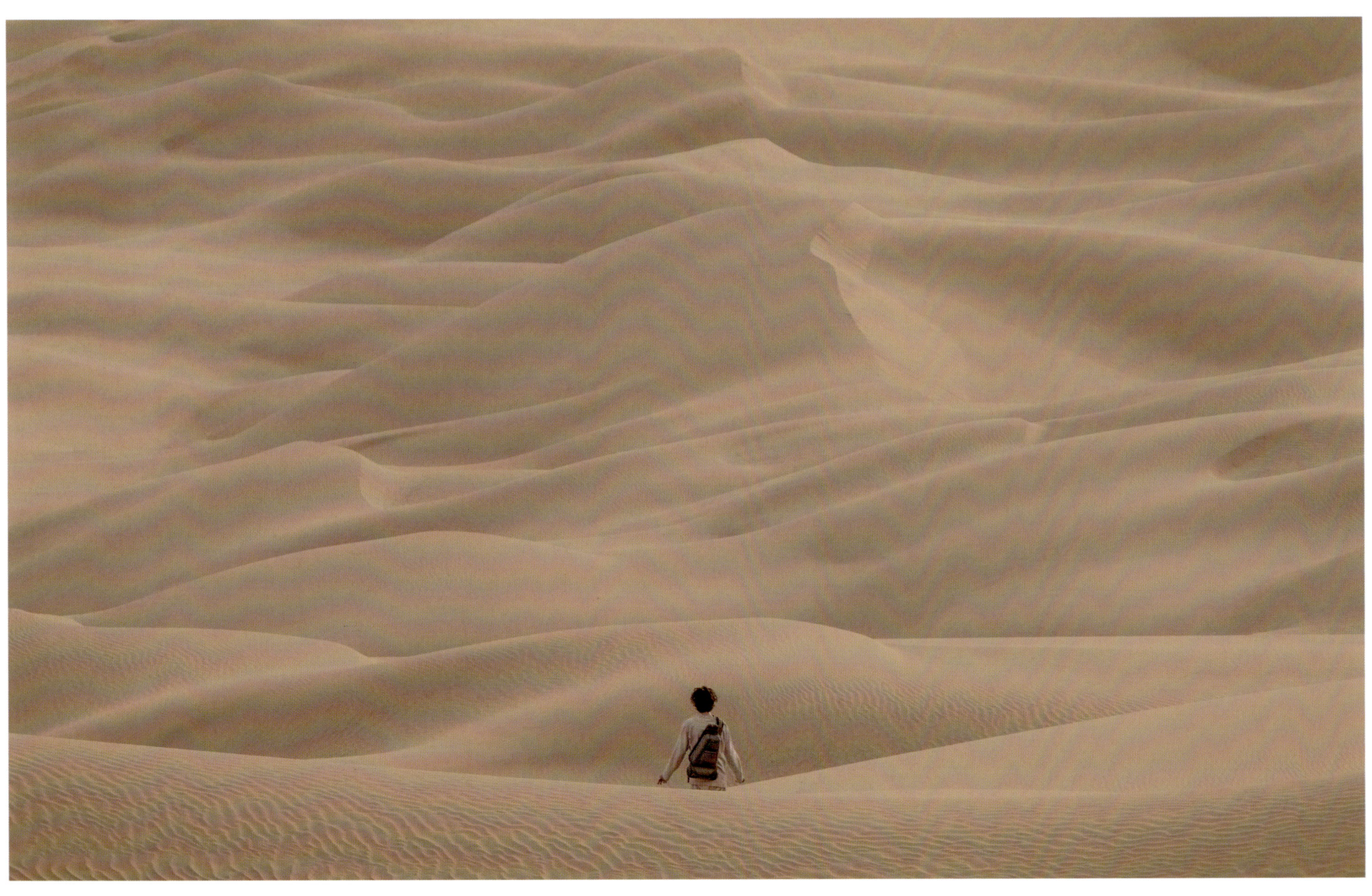

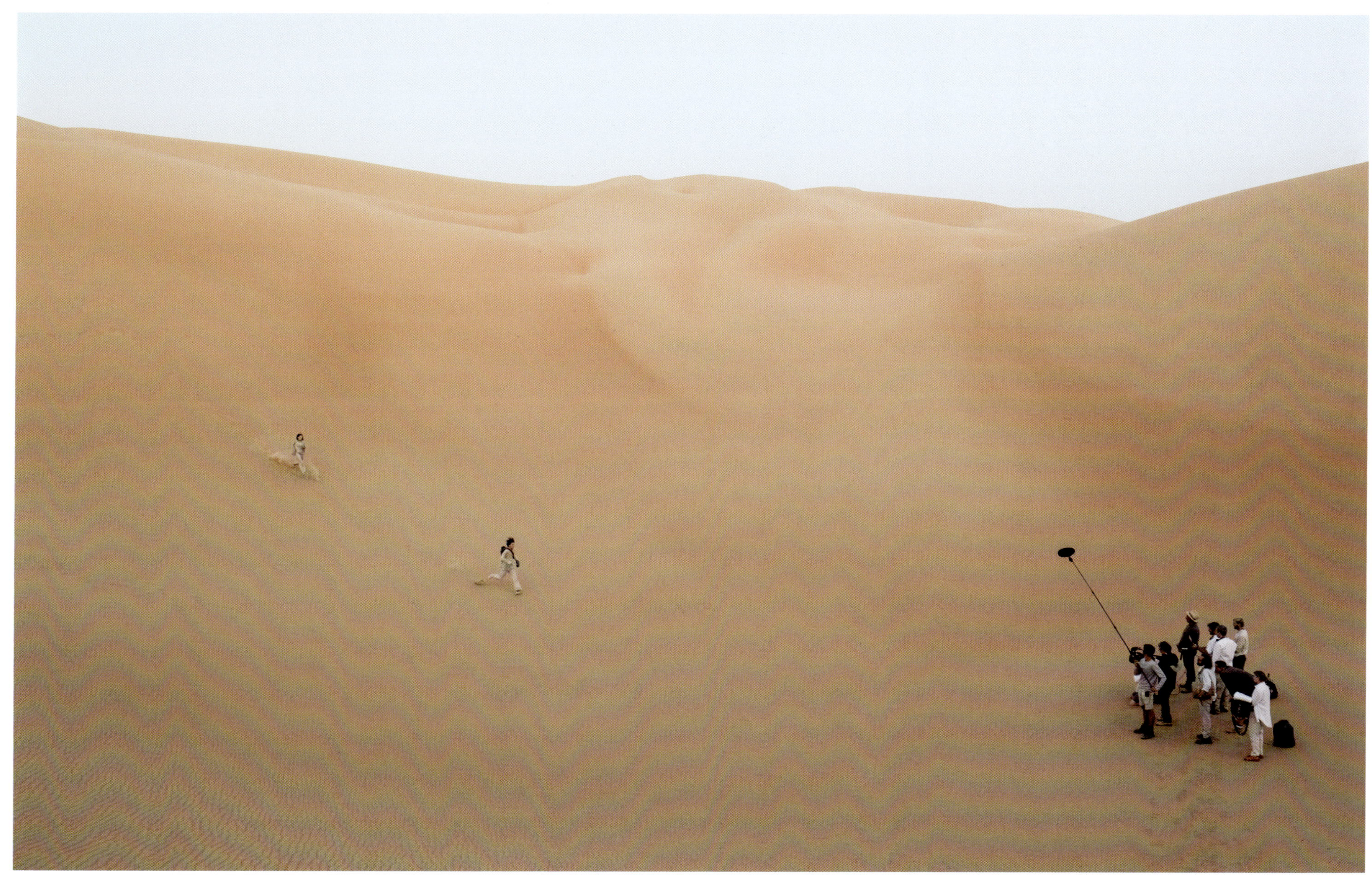

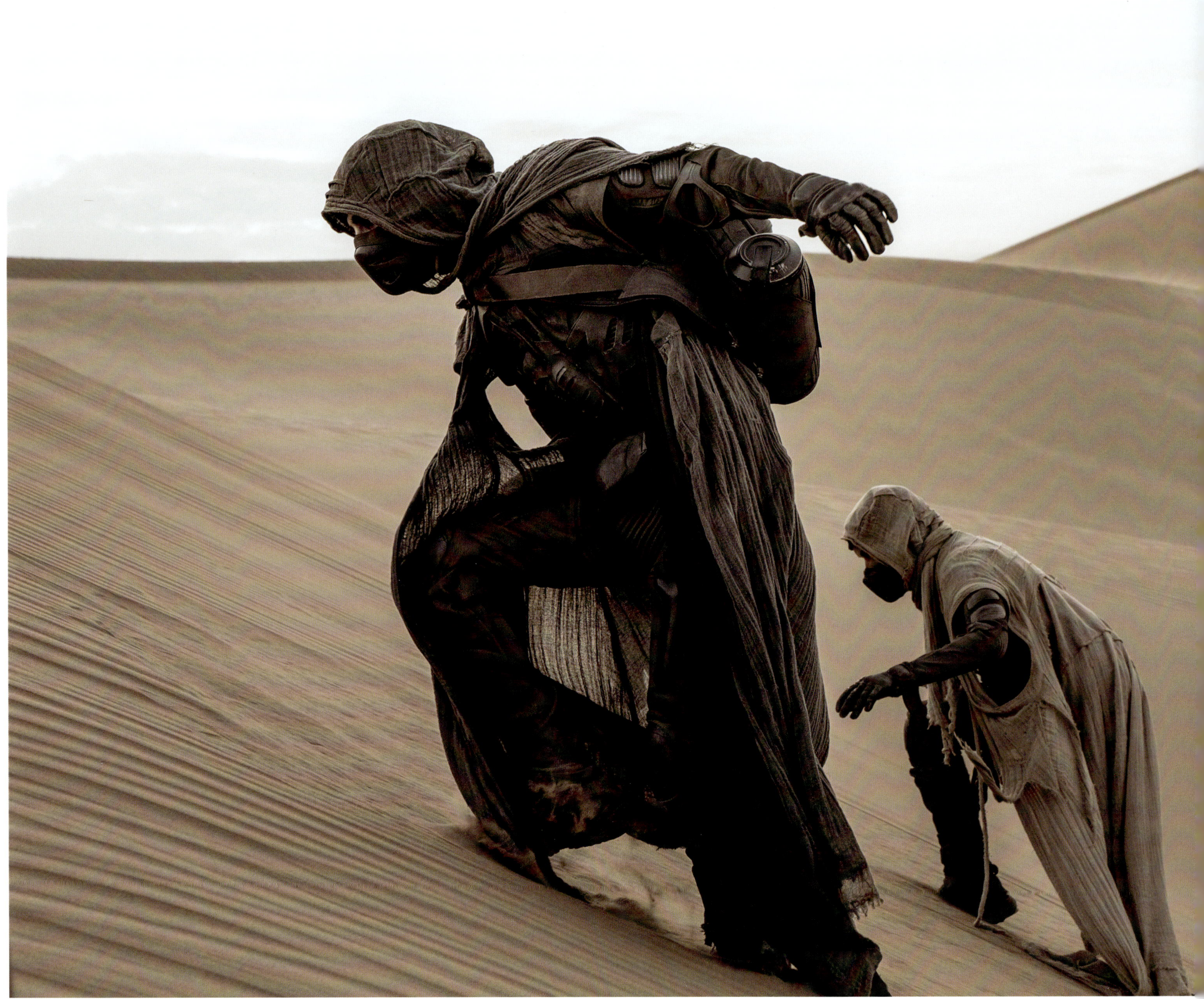

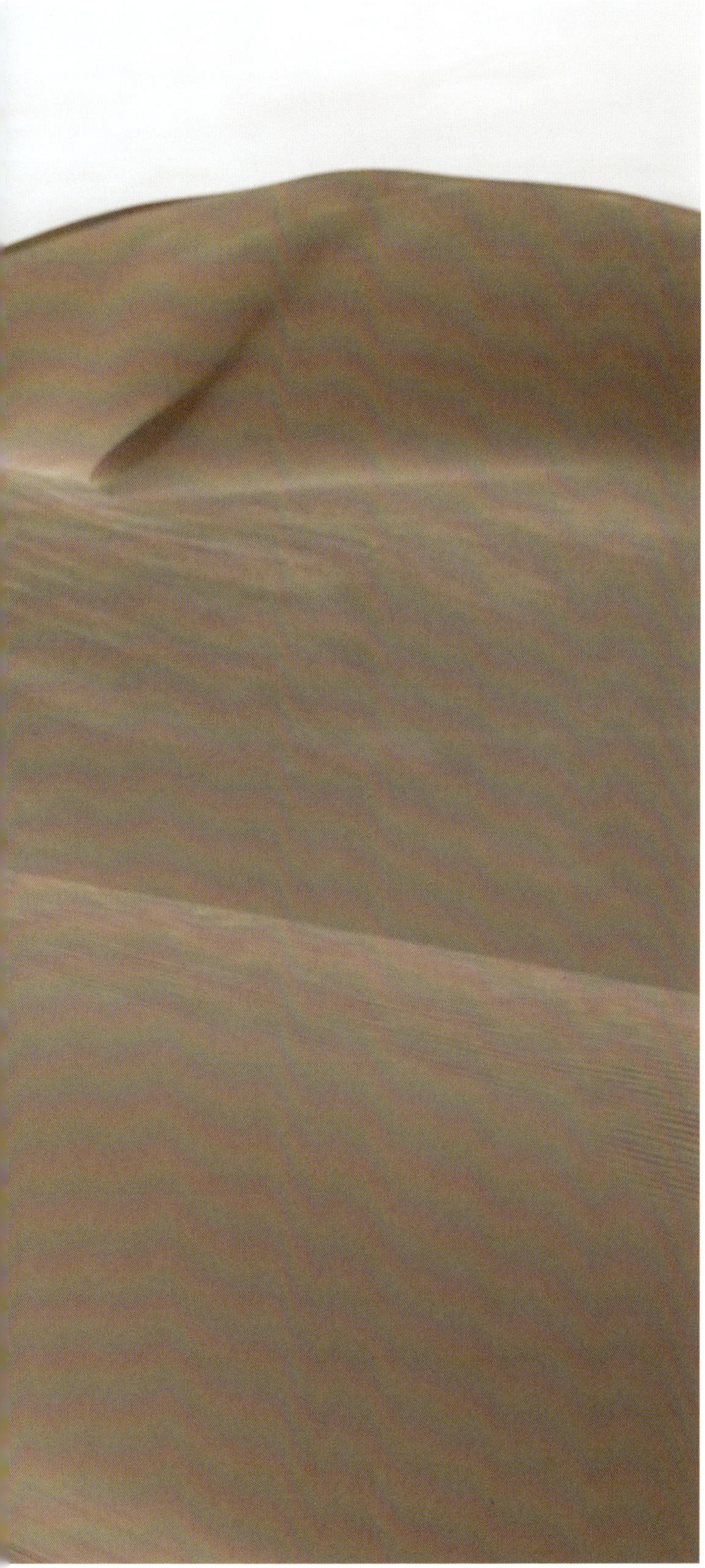

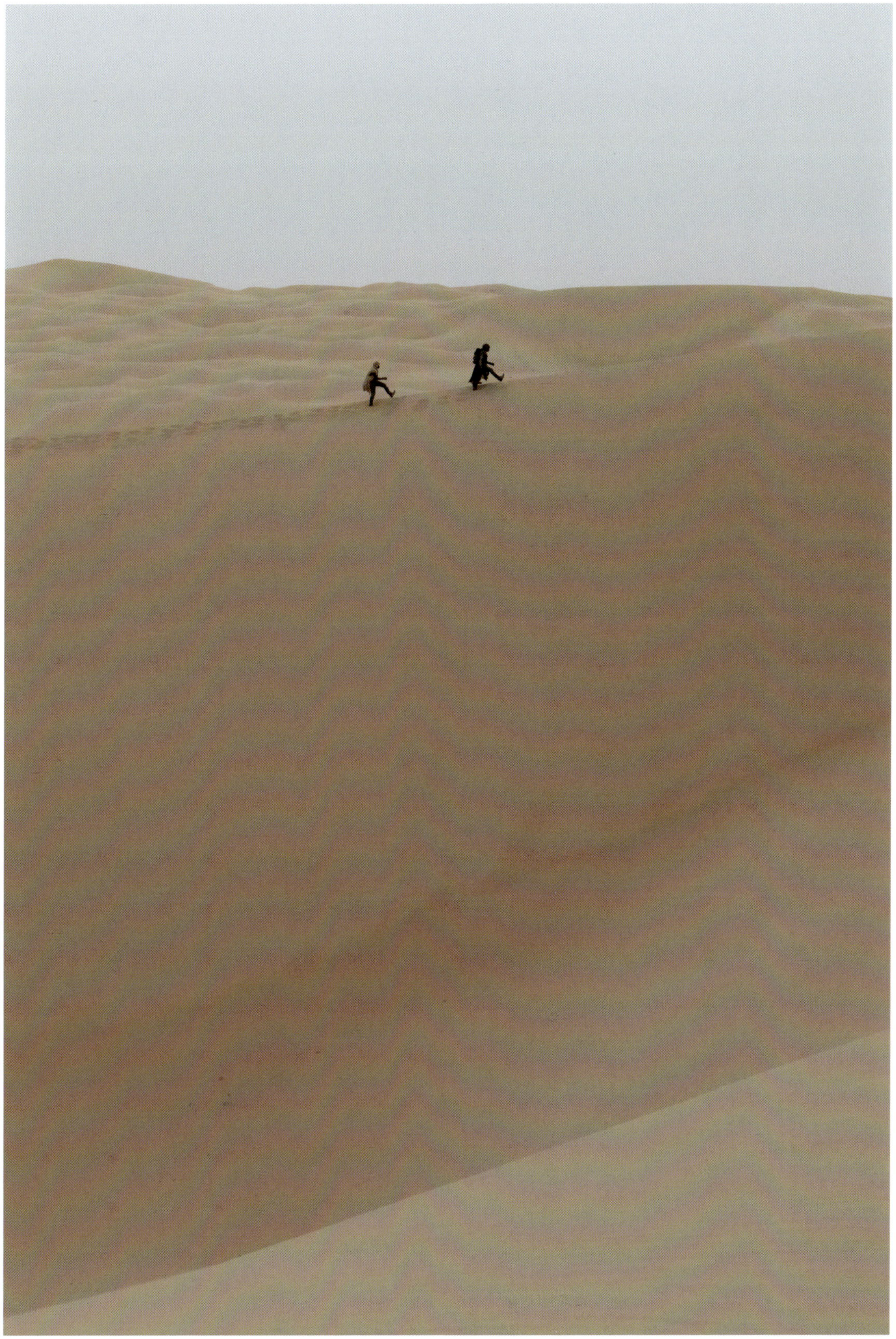

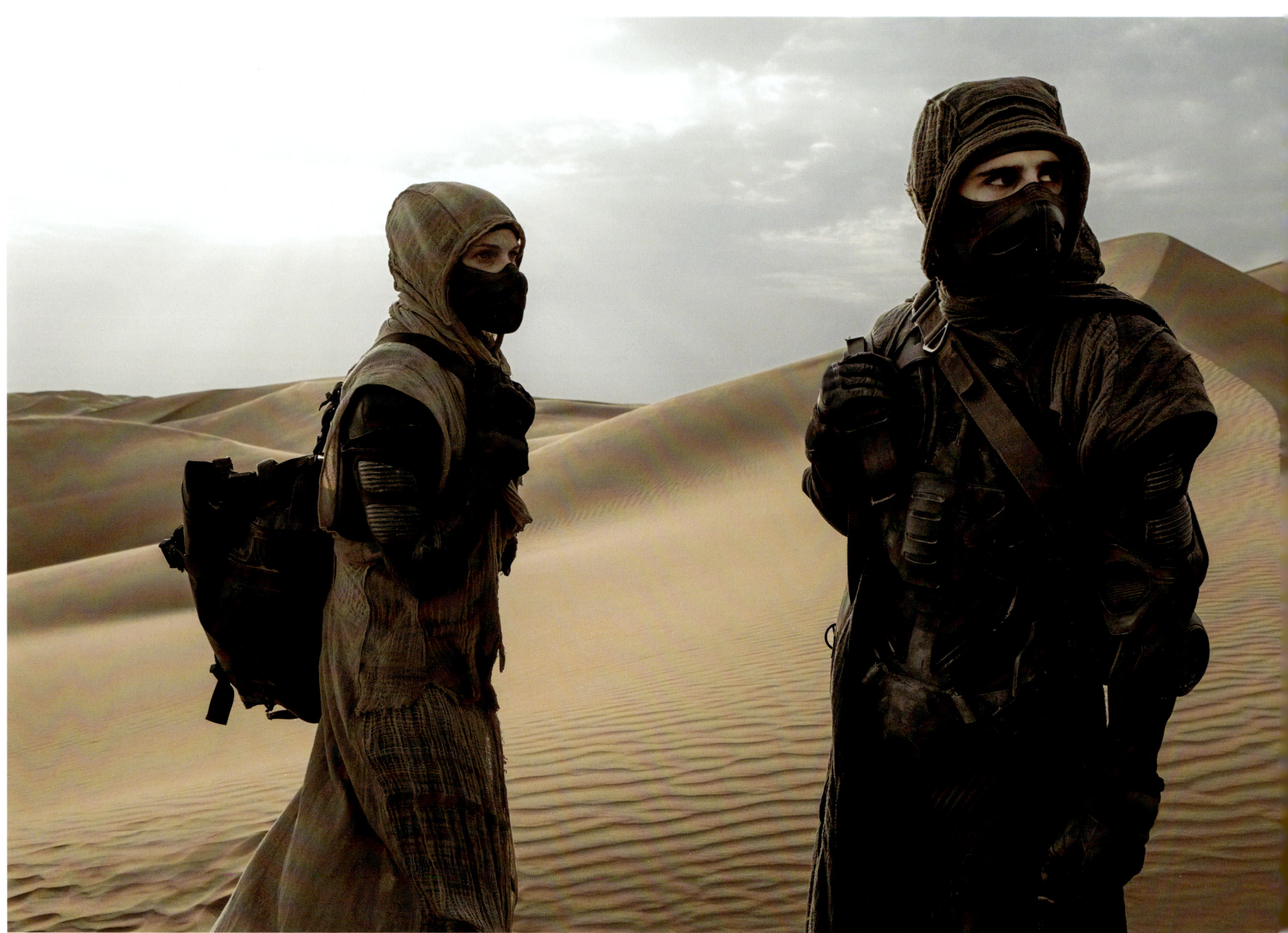

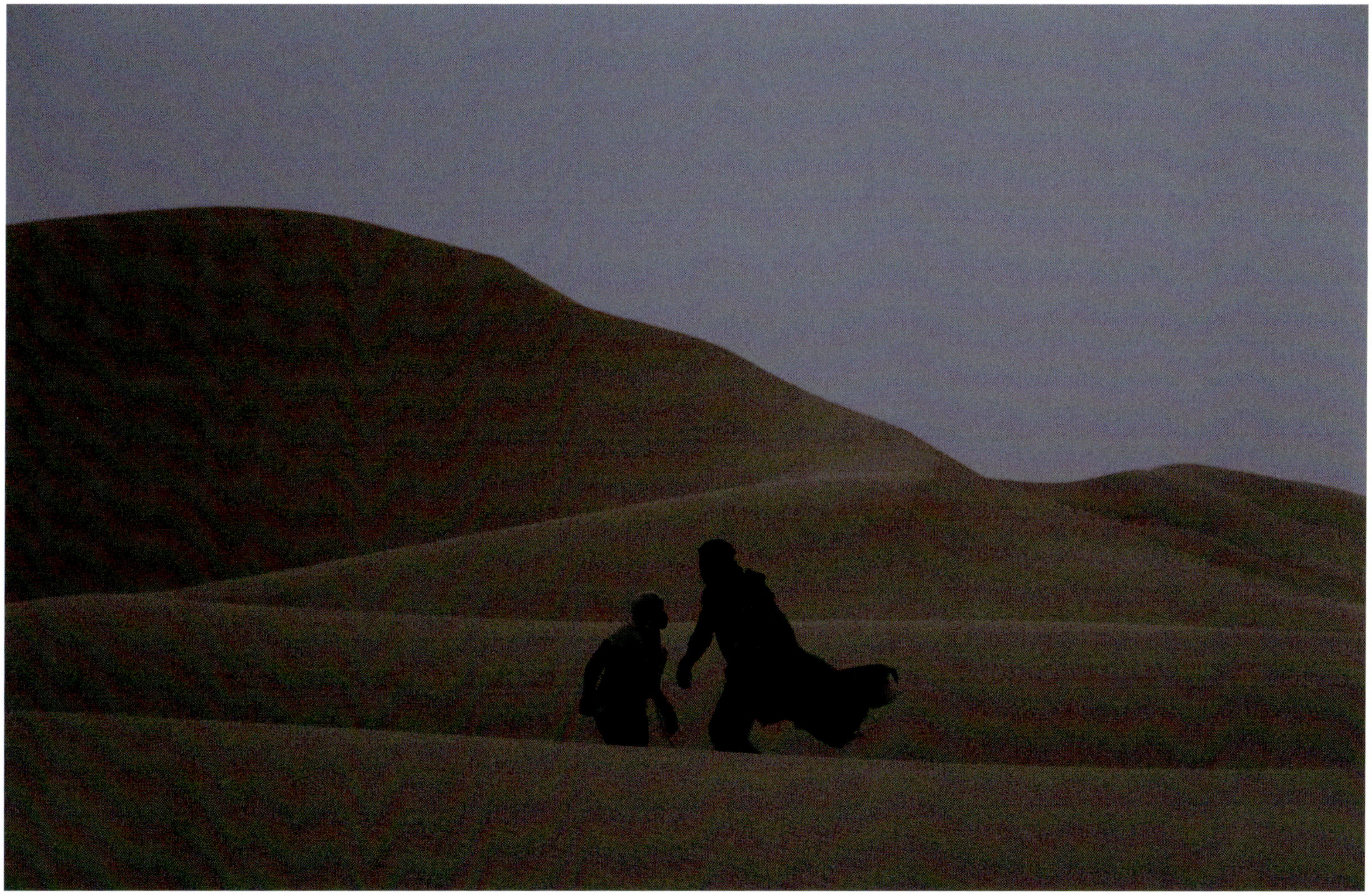

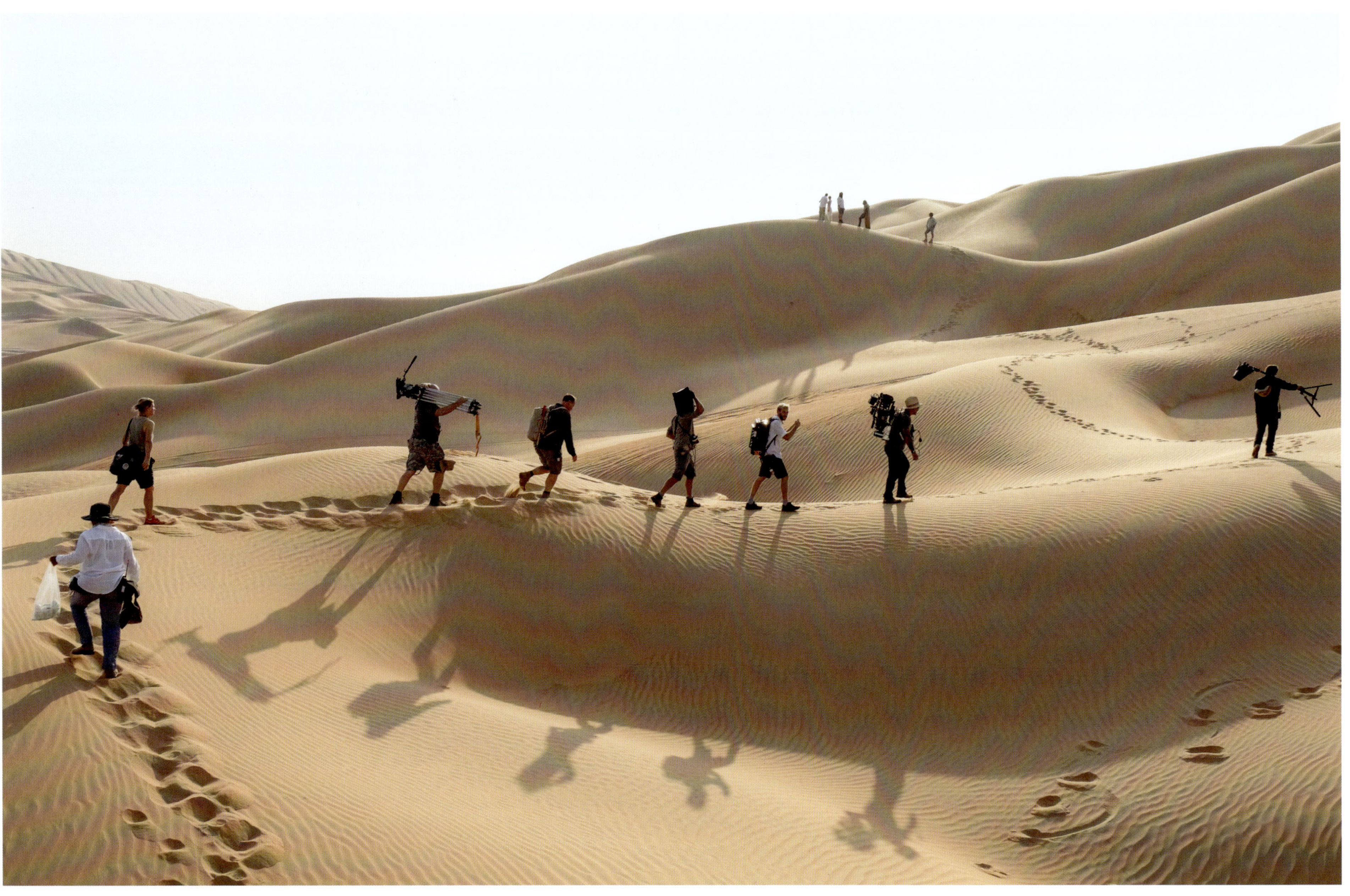

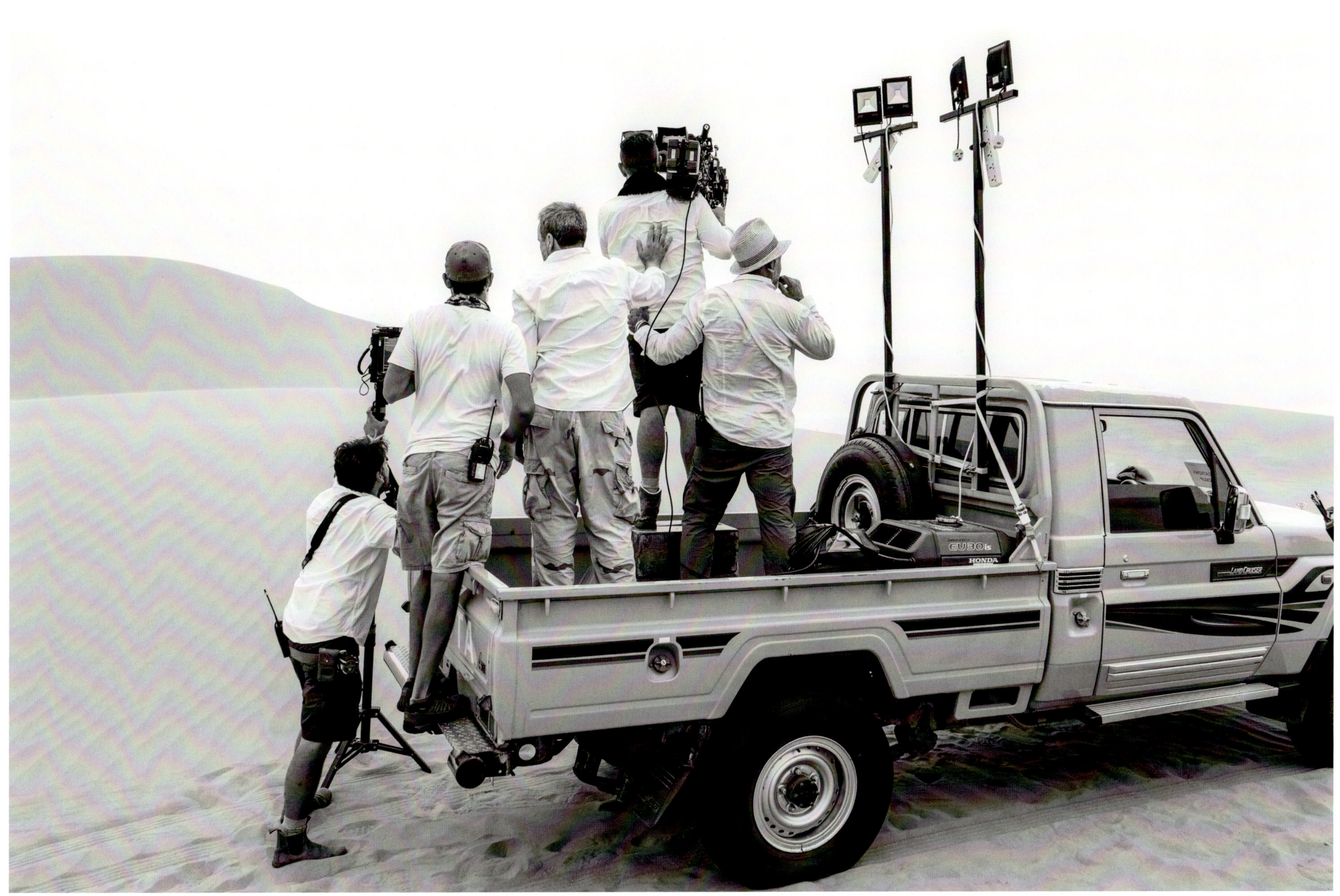

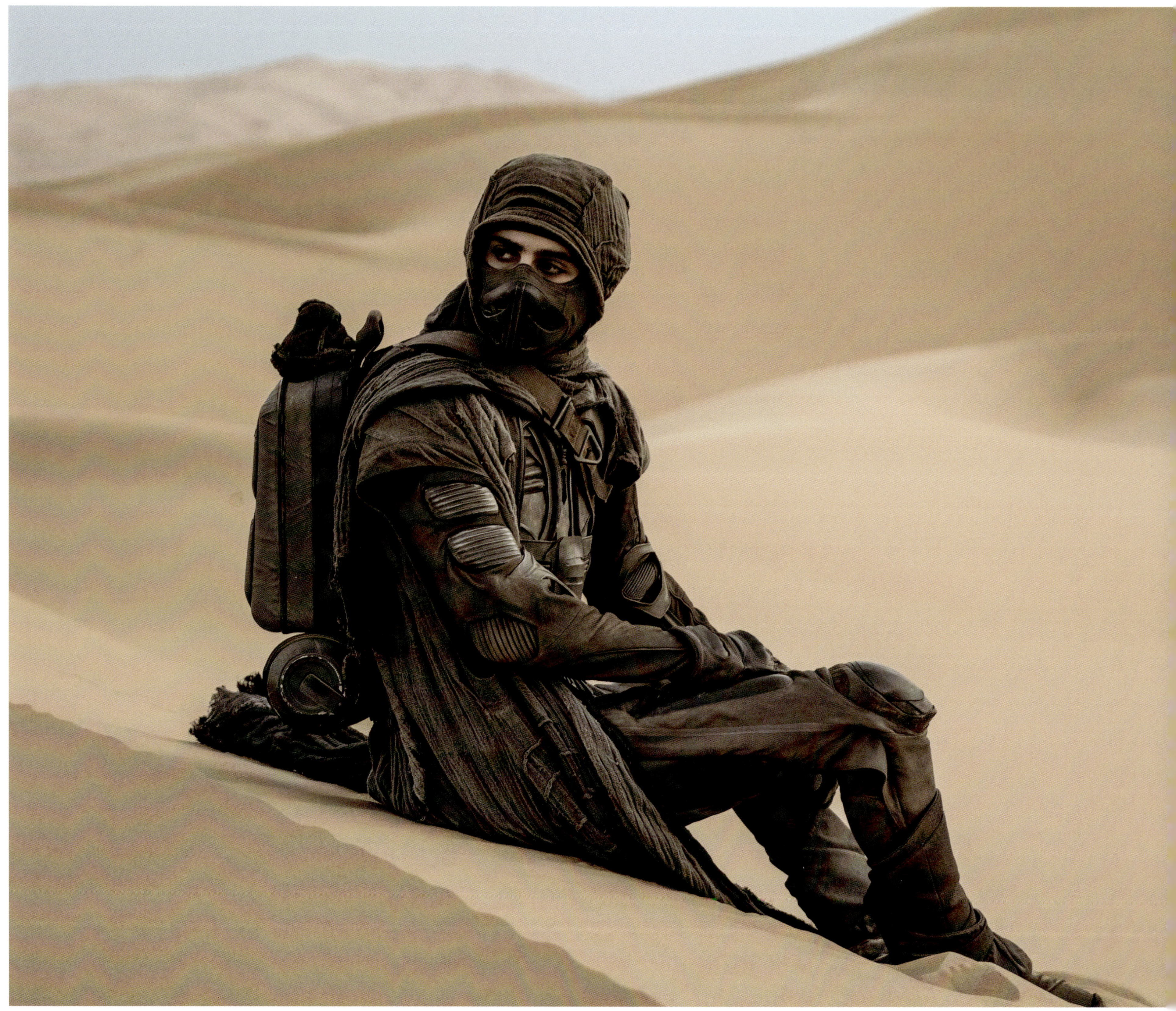

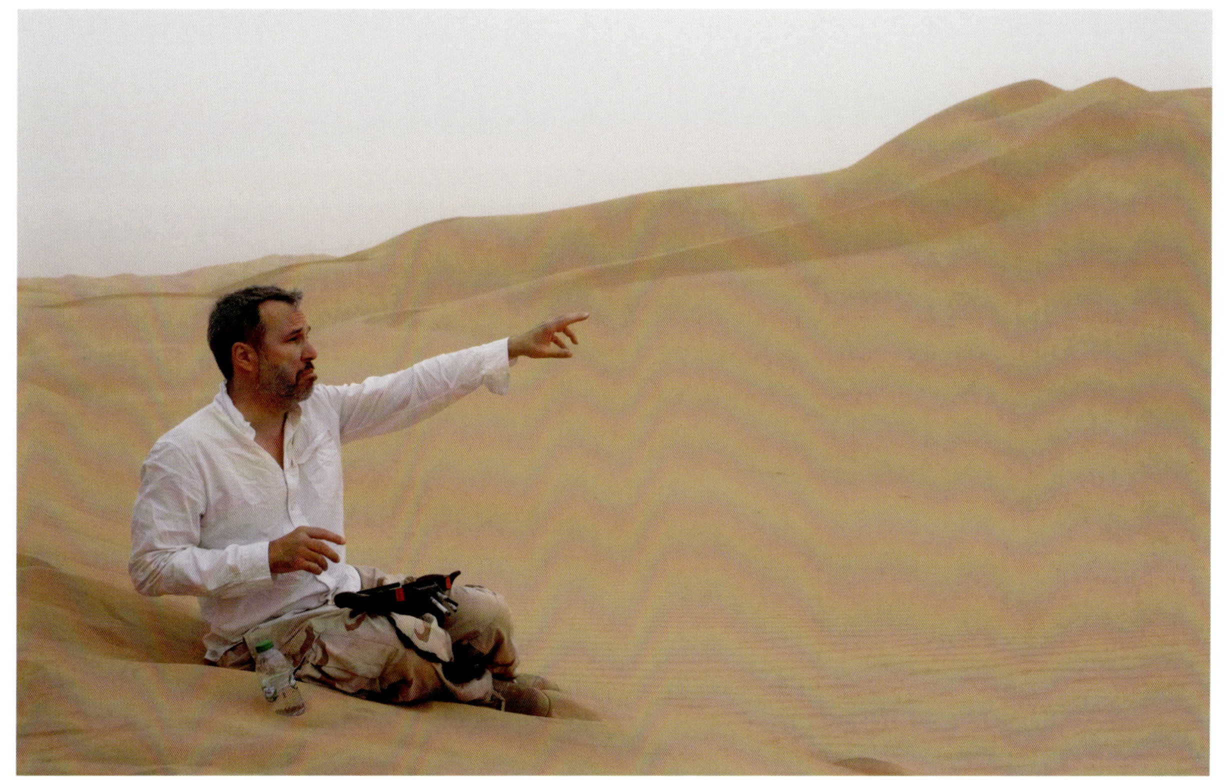

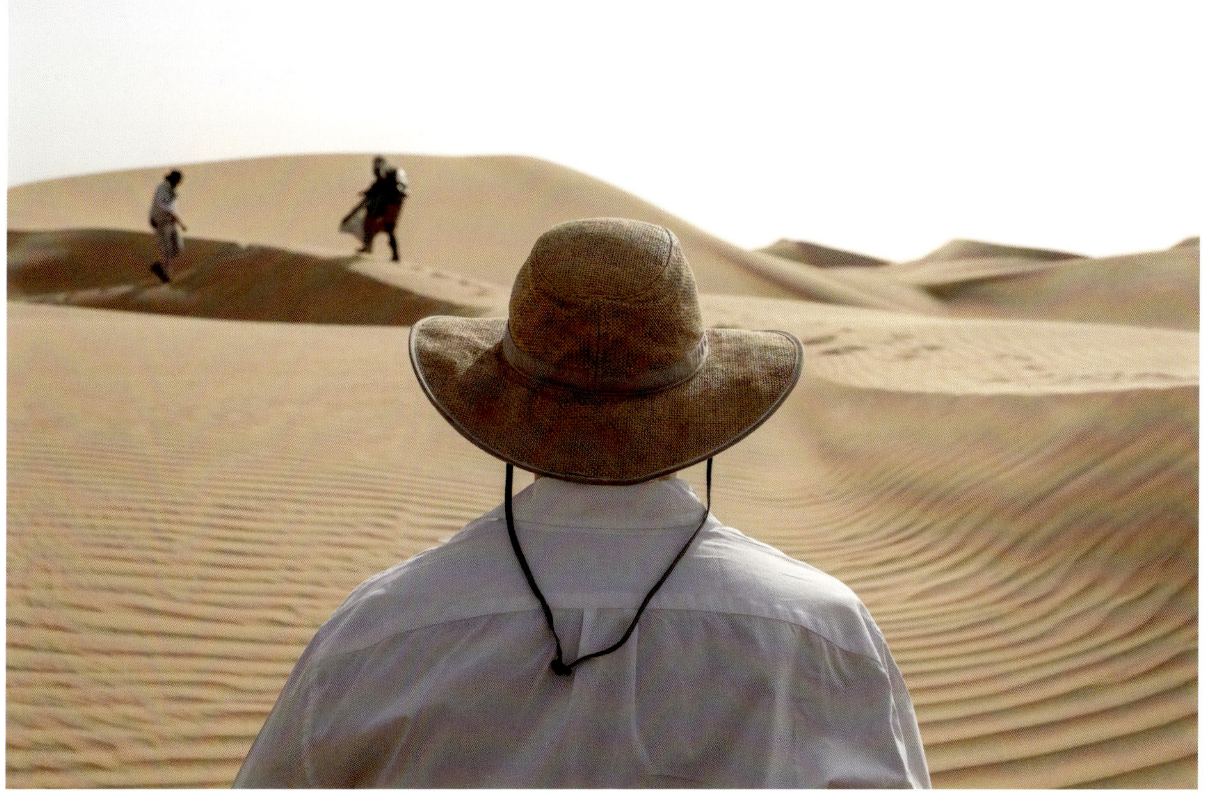

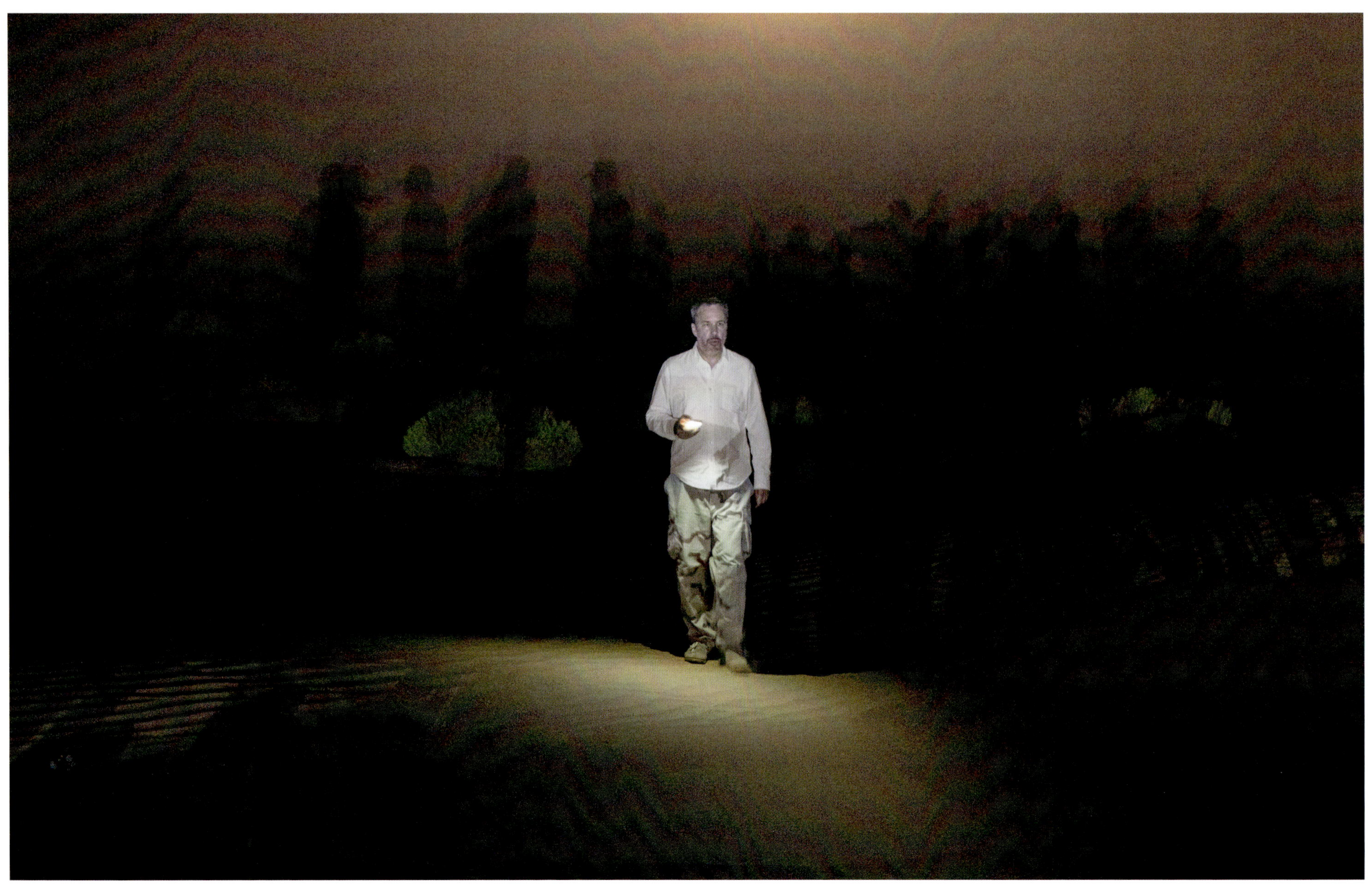

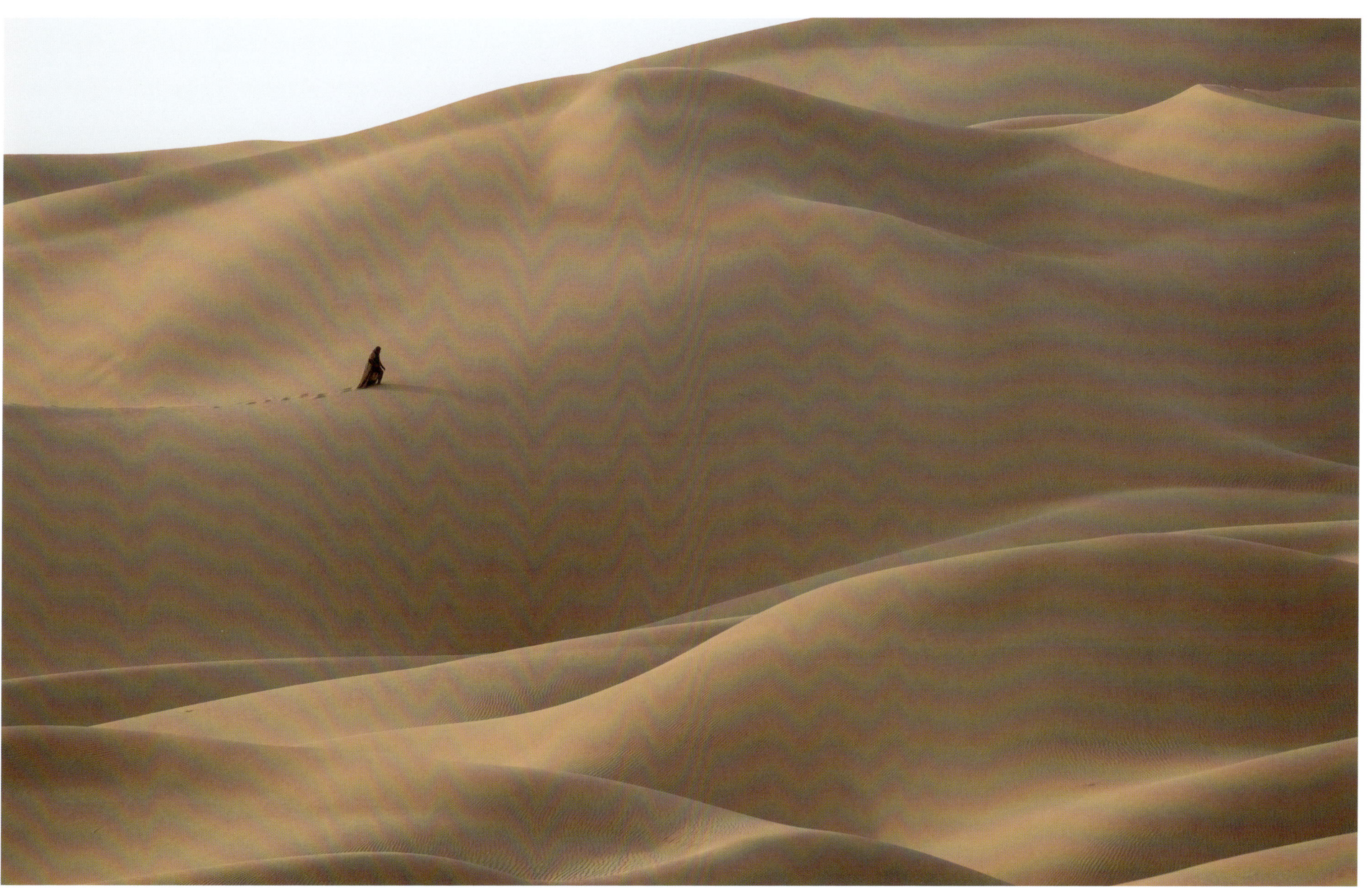

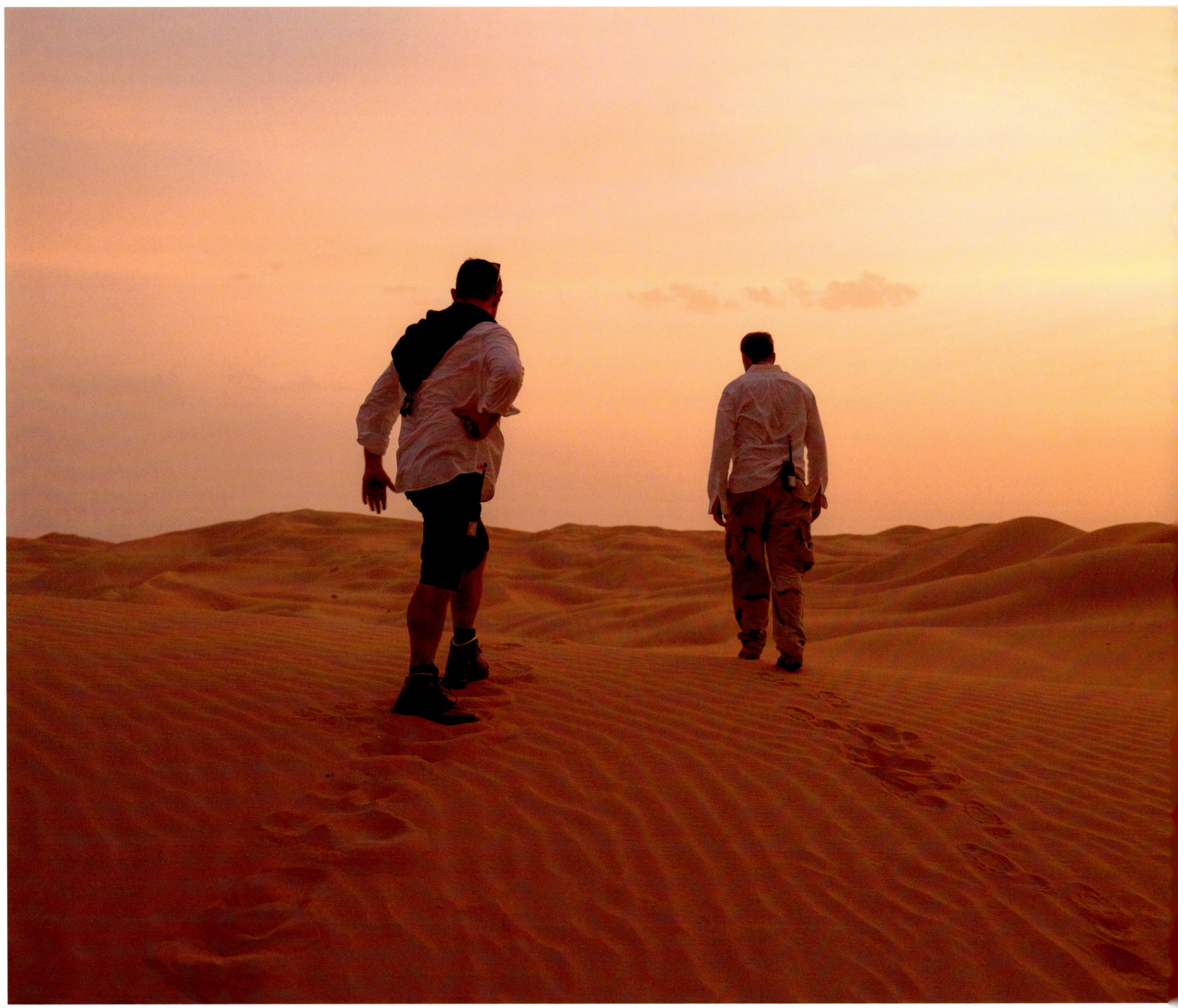

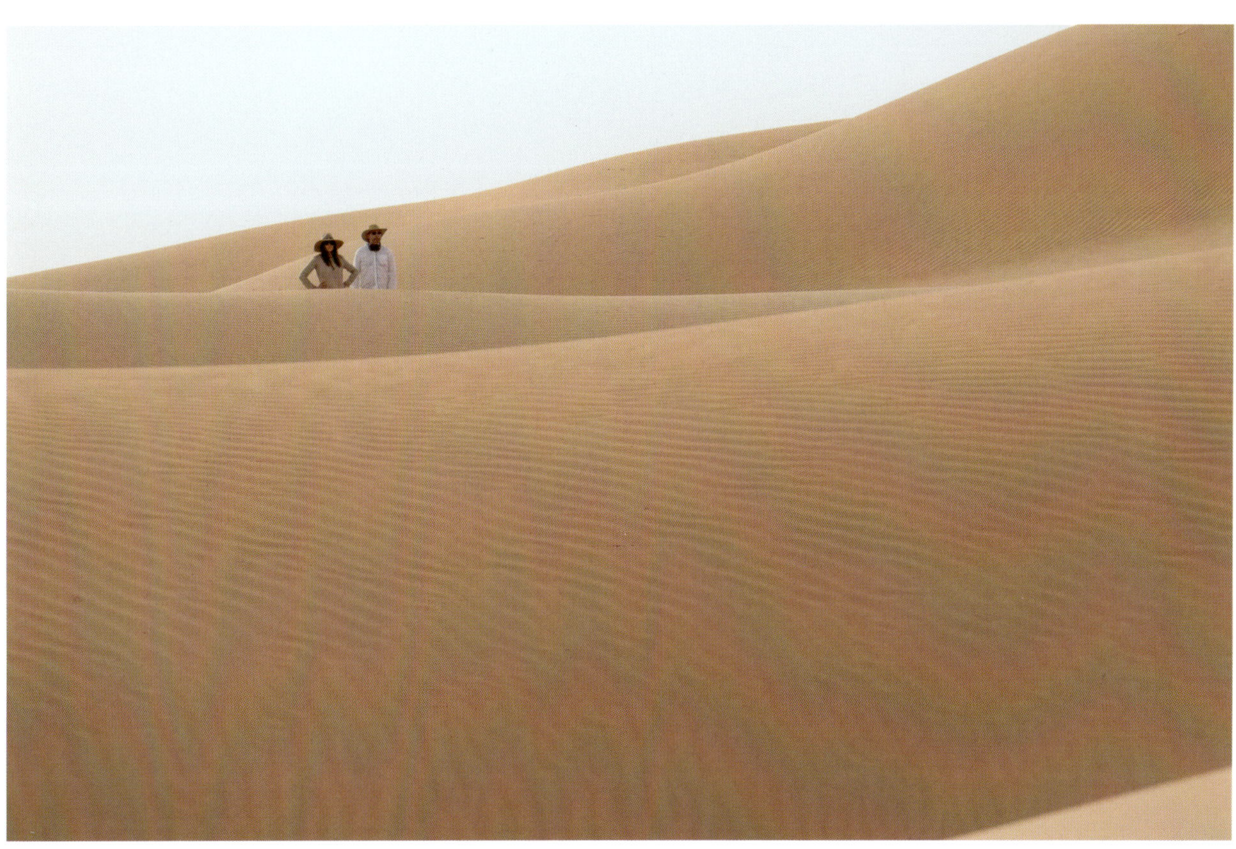

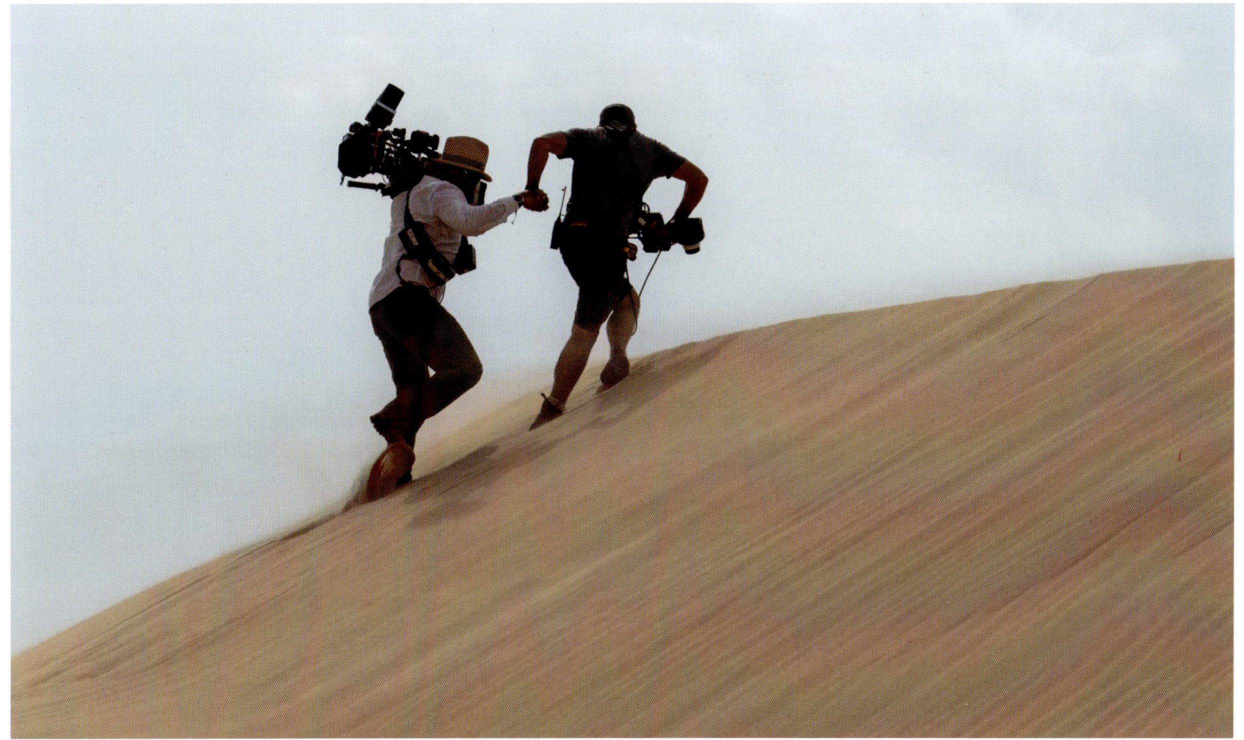

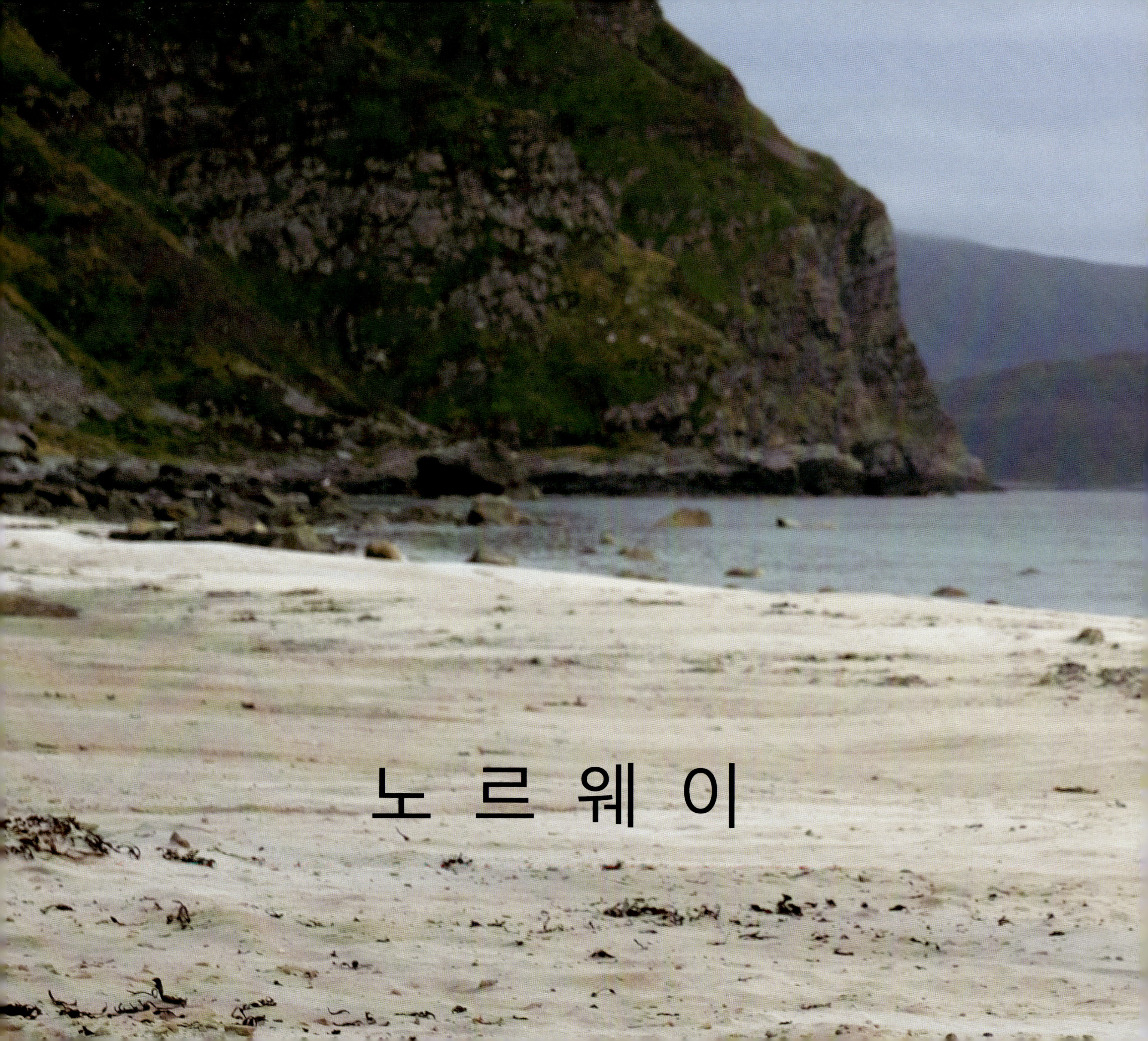
노 르 웨 이

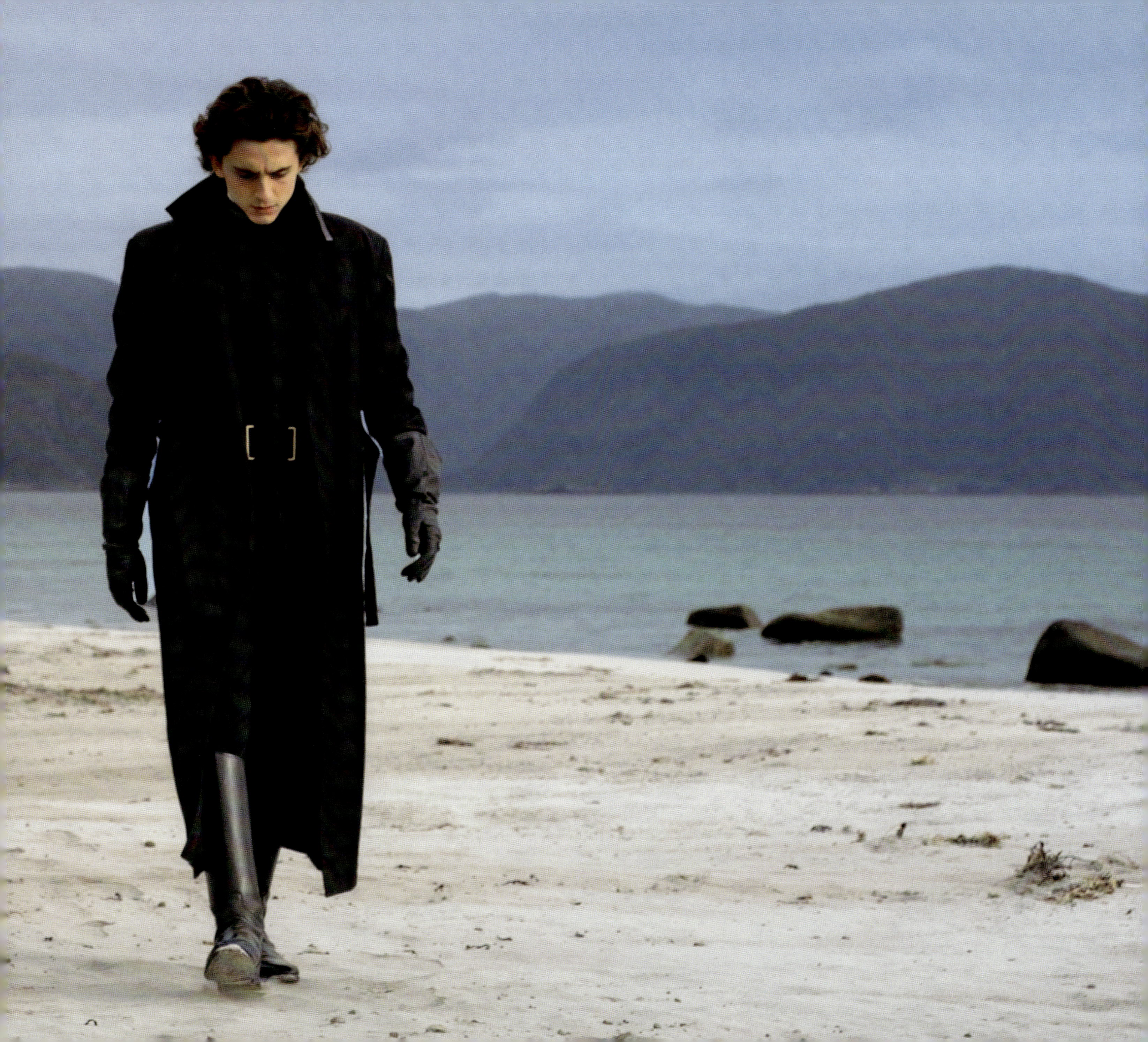

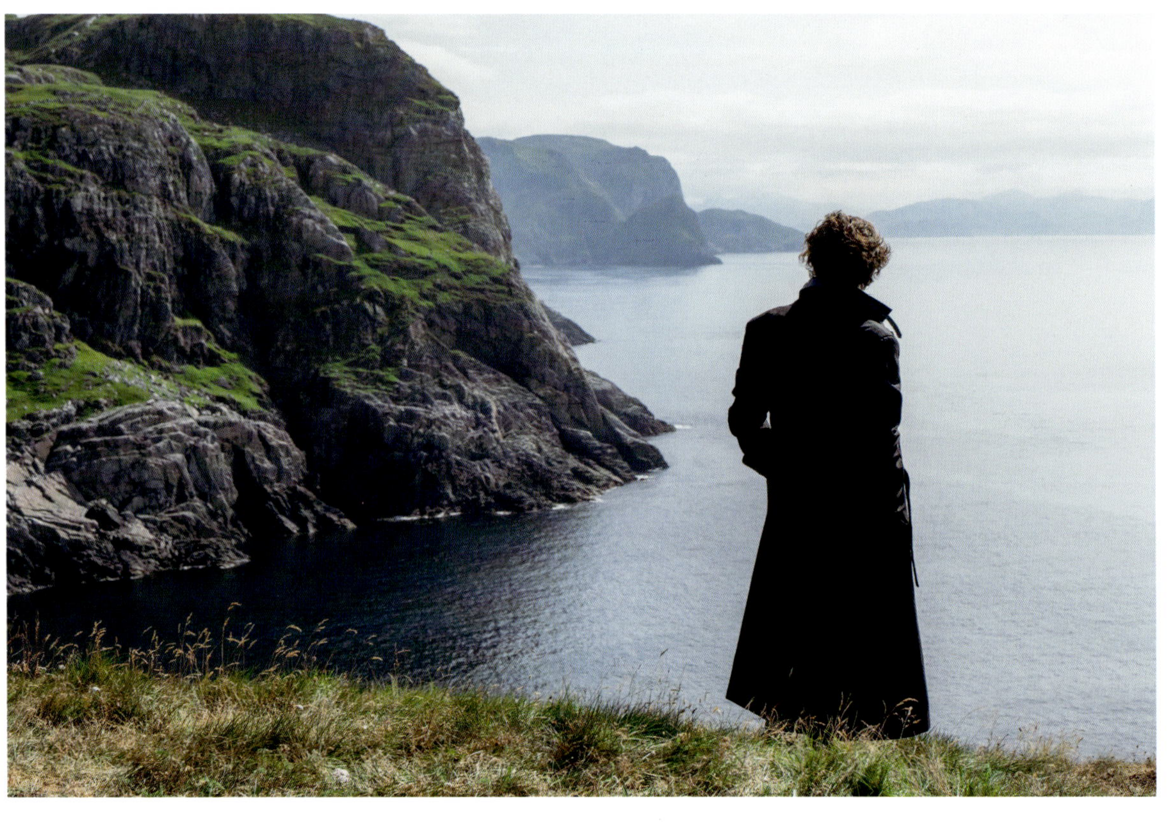
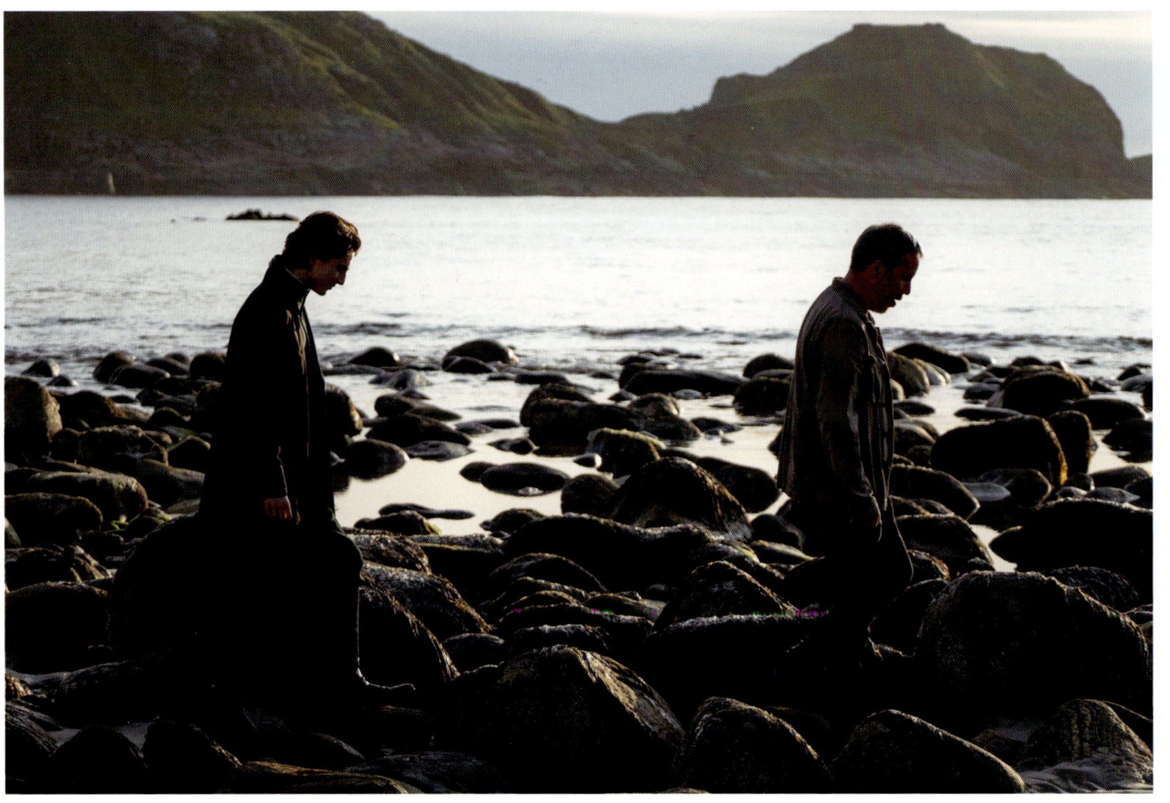
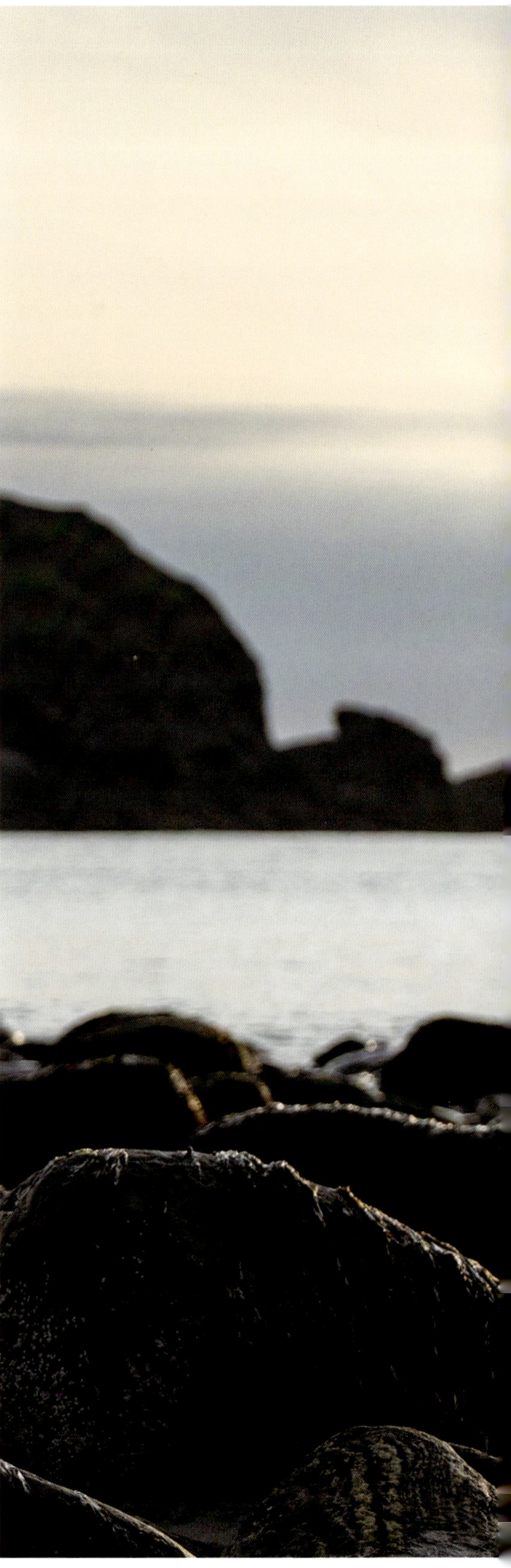

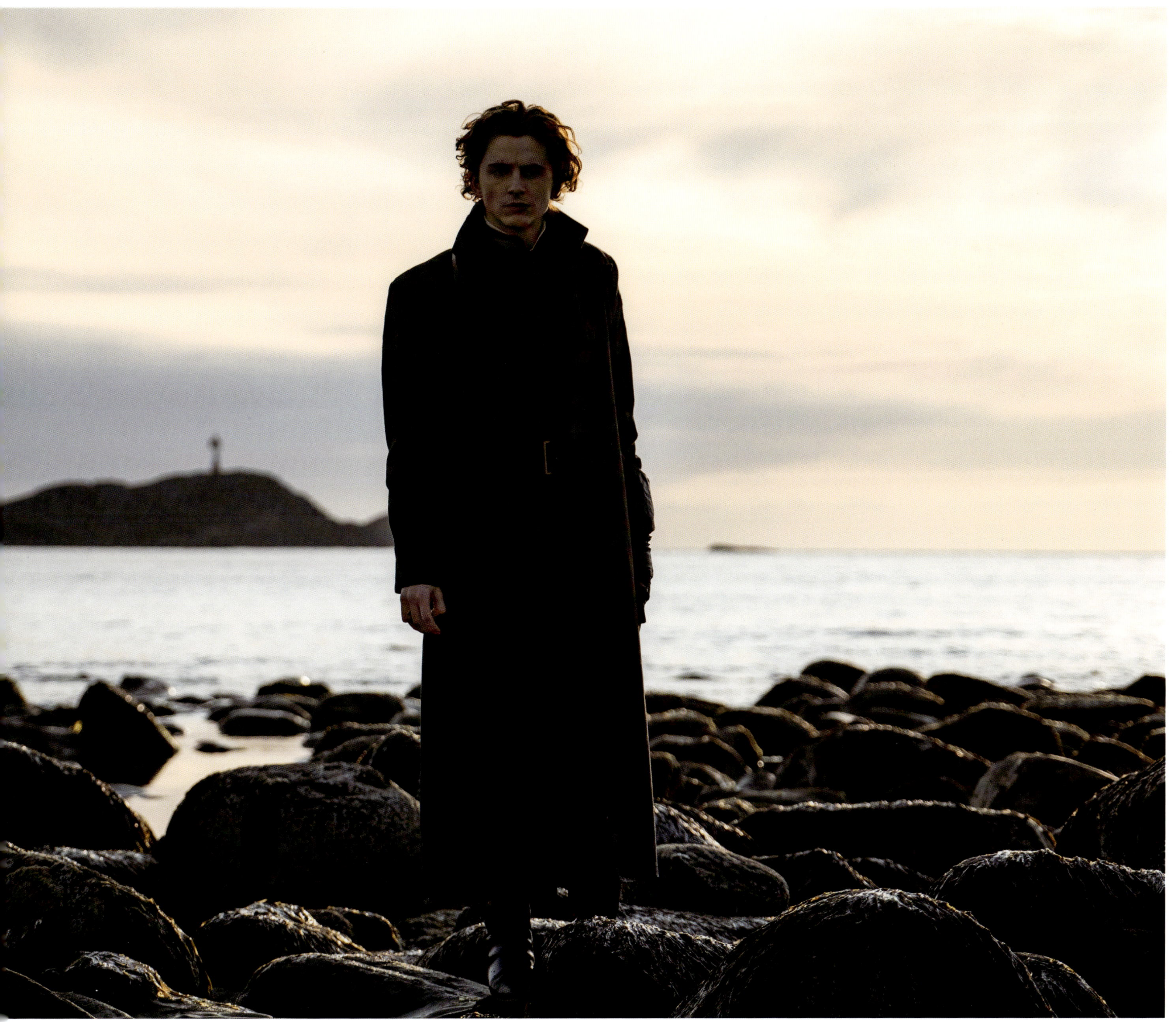

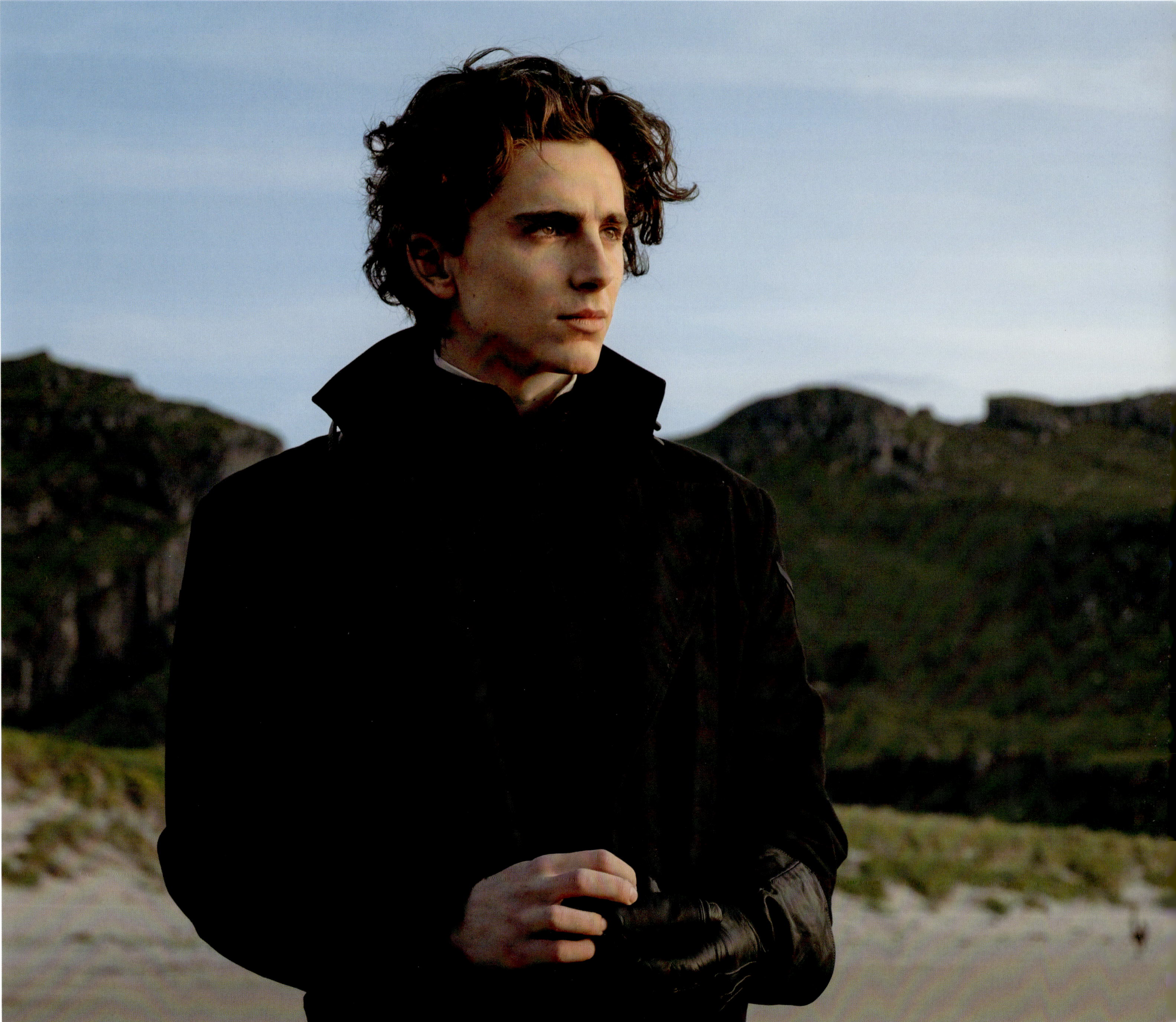

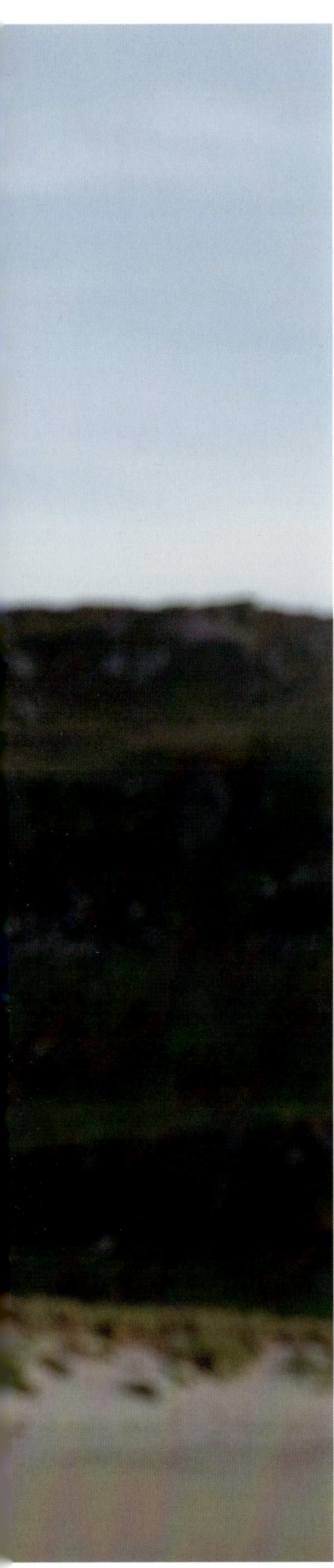

대부분의 〈듄〉 제작진은 부다페스트나 아부다비에서 영화 촬영을 마쳤다. 하지만 감독, 촬영 감독, 기술 스태프 등 소수의 제작진은 노르웨이의 해안으로 이동해서 마지막 촬영을 했다. 부다페스트의 눅눅한 여름과 아부다비의 맹렬한 더위를 거쳐 온 우리에게 노르웨이의 신선하고 차가운 공기는 반가운 변화로 느껴졌다.

우리는 풀이 무성한 절벽의 북슬북슬한 염소들 사이에서 아침나절을 보낸 후에 해변으로 내려갔다. 마지막 촬영이 있는 곳이었다. 노르웨이에서 보낸 시간은 마치 다이아몬드 반지 모양의 일식처럼 몇 달간 이어진 고된 영화 촬영 끝에 찾아온 최후의 빛나는 순간이었다. 우리는 와디 럼에서 여러 행성의 황혼을 지켜보았다. 부다페스트에서 전투를 벌였고, 아부다비의 모래 언덕에서 붉게 물드는 하늘을 바라보기도 했다. 반짝이는 노르웨이의 해변에서 모든 것이 절정에 이르고 있었다. 수천 명에 달했던 제작진은 약 서른 명으로 줄어들었다. 아름답고 감동적인 여정의 마지막이었다. 영화 속 장면에서 해가 지는 동시에 우리의 모험도 막을 내렸다. 프랭크 허버트의 말처럼 우리는 위대함을 경험했고, 제작진의 일원으로서 우리가 들어가 있는 '신화'를 느낄 수 있었다.

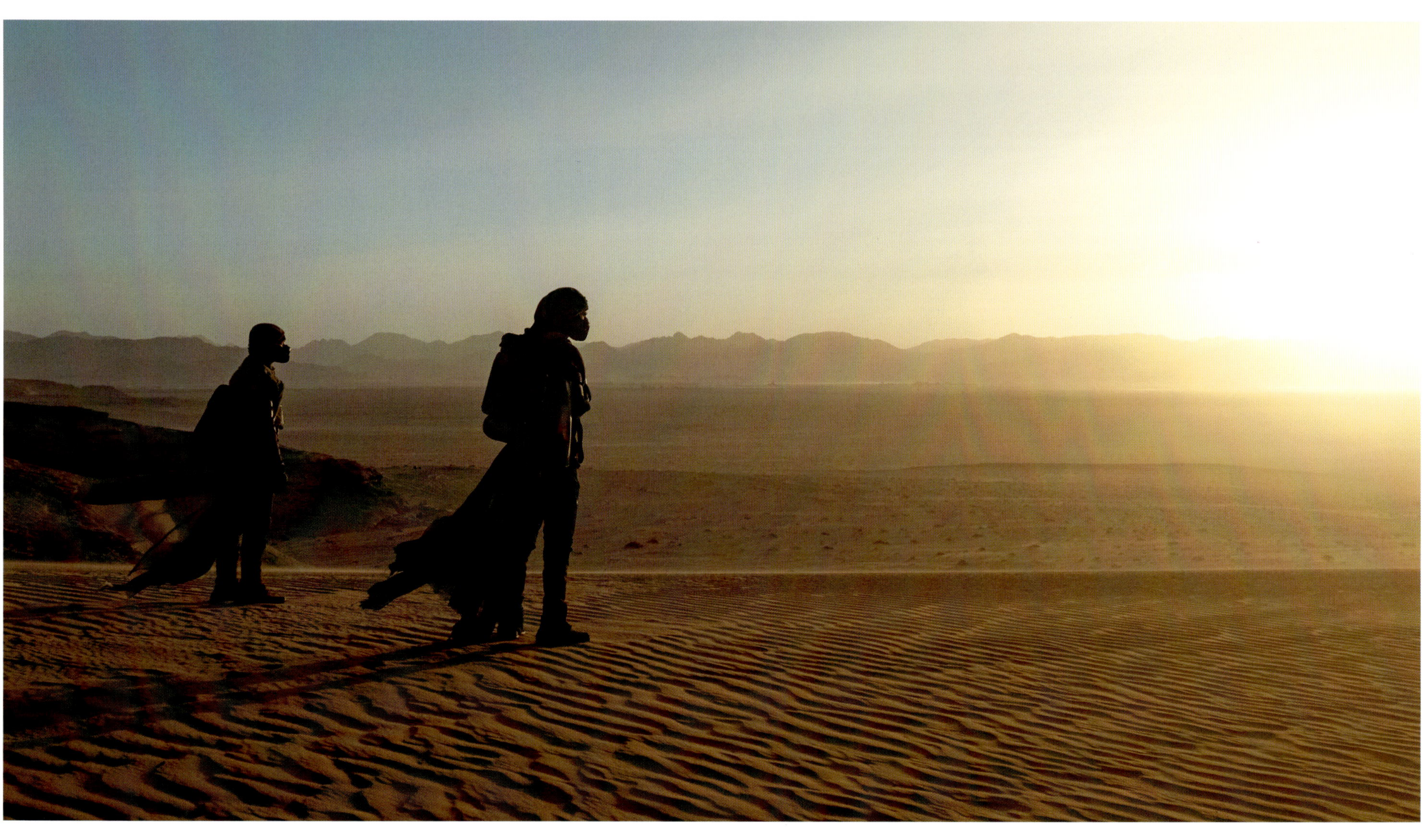

후기:
듄의 공상가

브라이언 허버트

나의 아버지 프랭크 허버트는 신비로운 아라키스의 사막 세계를 배경으로 한 소설 《듄》을 집필한 천재 작가로 잘 알려져 있지만 전문 사진작가이기도 했다. 그의 고전 소설 《듄》은 전 세계 수백만 명의 사람들이 읽었으며 45개 이상의 언어로 번역되었다.

아버지의 창작 세계에서 활동한 사람들은 정말 많았다. 나 같은 작가를 비롯해서 예술가, 영화 제작자, 게임 제작자, 상품 제조업체, 출판 에이전트, 출판사, 엔터테인먼트 변호사, 영화 및 텔레비전 스튜디오 경영진 등 많은 사람이 《듄》과 함께했다. 아버지가 만든 경이로운 《듄》의 우주는 기하급수적으로 확장되었고, 나는 동료인 킴 허버트와 바이런 메릿과 함께 아버지의 유산을 관리하는 특권을 누렸다.

아버지는 나에게 글쓰는 기술을 가르쳐 주었다. 아버지가 카메라 렌즈를 통해 보는 것처럼 장면을 묘사하는 걸 좋아한다고 말했을 때, 나는 그 말을 주의 깊게 들었다. 이 말을 하면서 아버지는 《듄》에서 하코넨 남작을 처음 묘사한 부분을 보여 주었는데, 매우 천천히 한 번에 조금씩 열리는 카메라 렌즈를 통해서 보는 것처럼 몇 장에 걸쳐서 남작을 묘사하고 있었다. 그 부분은 이렇게 시작된다.

입체적인 행성 모형은 그림자에 일부 가려진 채 회전하고 있었다. 반짝이는 반지를 여러 개 낀 통통한 손이 행성 모형을 돌리고 있었다. 이 행성 모형은 창문이 없는 방의 한쪽 벽에 있는 자유로운 형태의 스탠드 위에 놓여 있었다. 방의 다른 쪽 벽에는 다양한 색상의 두루마리와 필름 책, 테이프와 릴이 어지럽게 놓여 있었다. 이동식 반중력 장치에 매달린 금빛 공에서 빛이 나와서 방 안을 밝혀 주었다.

방 한가운데에는 옥처럼 연한 분홍색으로 석화된 엘라카 나무ELACCA WOOD를 상판으로 얹은 타원형 탁자가 놓여 있었다. 탁자 주위에 곡선형 반중력 장치 의자가 있었고 그중 2개는 누군가가 자리를 차지하고 있었다. 의자 하나에는 16살쯤 되어 보이는 어두운색 머리의 젊은이가 앉아 있었는데, 둥근 얼굴에 눈빛이 음울해 보였다. 다른 의자에는 여성스러운 얼굴의 마르고 키가 작은 남자가 앉아 있었다.

젊은이와 남자는 돌아가는 행성 모형과 반쯤 어둠에 가려진 채 행성 모형을 돌리고 있는 남자를 바라보았다.

행성 모형 옆에서 웃음소리가 들렸고 뒤이어 저음의 목소리가 울려 퍼졌다…. 하코넨 남작은 아직 모습을 드러내지 않은 채 어둠 속에서 얘기한다.

그리고 아버지는 이렇게 썼다. "두툼한 손이 행성 모형 위에 내려와 회전을
멈추었다…." 그리고 "두툼한 손이 다시 움직여 행성 모형의 표면을 더듬었다."
그다음 대화가 이어지고 서사가 나오는 동안 남작은 "행성 옆의 그림자… 어둠에
잠긴 그림자 속에서" 움직인다.

몇 페이지에 걸쳐서 남작, 페이드 로타FEYD-RAUTHA, 파이터 드 브리즈가 레토
공작을 해칠 음모를 꾸미지만 독자는 그림자 속에 잠긴 사악한 존재의 모습을
볼 수 없다. 그저 남작의 통통한 손과 깊은 저음의 목소리만 알 수 있을 뿐이다.
이 장의 마지막 부분에 이르러서야 아버지는 렌즈를 끝까지 열어서 악당의 괴물
같고 혐오스러운 모습을 자세히 보여 준다.

남작이 아라키스 모형에서 멀어지며 밖으로 나왔다. 어둠 속에서 모습을
드러내며 그의 형체는 입체가 되기 시작했다. 어마어마하게 비대하고 커다란
몸이었다. 어두운색의 옷 주름 아래쪽이 약간 튀어나와 있어서, 육중한 몸이
피부에 부착된 휴대용 반중력 장치로 어느 정도 지지되고 있음이 드러났다.
사실 그는 표준 무게로 200킬로그램쯤 되겠지만, 그의 발에 느껴지는 무게는
50킬로그램을 넘지 않을 것이다.

"배가 고프다." 남작이 낮은 소리로 말하며 반지 낀 손으로 튀어나온 입술을
문질렀다. 그리고 지방에 덮인 눈으로 페이드 로타를 내려다보았다. "음식을
가져오라고 해라. 들어가기 전에 먹어야겠다."

드니 빌뇌브 감독은 젊은 시절에 《듄》을 읽고 이 소설에 매료되었다. 그는
1984년에 유니버설 픽쳐스에서 만든 《듄》을 각색한 영화도 본 적이 있었다.

대규모 예산이 투입된 화려한 영화였다. 유명 배우들이 참여했고 여러 가지
훌륭한 요소가 있는 영화였지만, 드니가 꿈꾸던 영화, 《듄》이라는 위대한 소설에
걸맞은 영화는 아니었다.

드니 빌뇌브는 《듄》의 서사시가 어떻게 영화로 구현되어야 할지에 대해
자신만의 비전을 가지고 있었고, 젊은 시절부터 언젠가 〈듄〉 영화를 감독하고
싶다는 꿈을 꾸었다. 지금 드니 빌뇌브의 꿈은 2배로 실현되고 있다. 프랭크
허버트의 소설이 너무나 방대해서 영화가 두 편에 걸쳐 만들어져야 하기 때문이다.
〈듄〉이 완성되어 2021년에 개봉된 후, 드니와 제작진은 부다페스트와 요르단 와디
럼의 장엄한 사막을 비롯한 여러 장소에서 〈듄: 파트2〉를 촬영하고 있다.

수십 년 동안 《듄》을 읽은 팬들은 《듄》에서 보여 주는 우주의 사막 세계와
매력적인 여러 행성들에 대해서 저마다의 이미지를 만들어 왔다. 프랭크
허버트는 과학과 세계 구축에 대한 전문 지식을 바탕으로 뛰어난 문학적
재능을 발휘하여 《듄》의 세계를 종이 위에 생생하게 구현했다. 아버지는 문장을
시적으로 적어 내려감과 동시에 매우 섬세하게 표현했기 때문에 어떤 독자는
나에게 사막 장면을 읽는 것만으로도 갈증이 느껴졌다고 하기도 했다.

나는 20대에 《듄》을 읽었는데, 1984년에 〈듄〉 영화를 보았을 때 책과
영화가 다소 괴리된 듯한 느낌이 들었다. 영화의 많은 장면이 나를 흥분시켰고
배우들의 연기도 좋았지만, 영화에는 《듄》의 줄거리와 맞지 않는 부분도 있었다.
데이비드 린치 감독과 촬영 감독, 프레디 프랜시스는 모두 굉장히 훌륭한
영화인들이지만, 내가 느끼기에는 《듄》의 우주를 너무 어둡게 그리고 있는 것
같았다. 나만 그렇게 느낀 것은 아니었다. 프로듀서 디노 드 로렌티스도 원본

영상을 보았을 때 이 점을 우려했지만 그의 의견은 반영되지 못했다.

린치와 프랜시스가 참여하기 전, 1972년에 이 책의 판권을 취득한 프로듀서 아서 P. 제이콥스가 데이비드 린을 감독으로 〈듄〉 영화를 제작하려고 한 적이 있다. 그 프로젝트가 무산되지 않았다면 뛰어난 감독 데이비드 린이 내가 꿈꾸었던 〈듄〉을 만들어 냈을지도 모른다. 사막의 광대한 모래 바다의 장엄함을 보여 주며 밝고 아름다운 사막 장면들이 펼쳐지는 영화, 그의 고전 영화 〈아라비아의 로렌스〉를 떠올리게 하는 영화가 되었을 것이다. 어둡고 음울한 영화가 아니라 광활하고 빛나는 영화가 되었을지도 모른다.

1960년대 초에 데이비드 린은 요르단의 숨 막히게 아름다운 사막 지역인 와디 럼에서 〈아라비아의 로렌스〉를 촬영했다. 유명한 영국 장교 T. E. 로렌스가 아랍 부족들을 이끌고 튀르키예 군을 상대로 승리를 거둔 장소가 바로 와디 럼이었다. 의심할 여지 없이 데이비드 린은 〈듄〉 영화도 와디 럼에서 촬영했을 것이다.

드니 빌뇌브는 물론 모든 것을 알고 있었고, 첫 번째 〈듄〉 영화의 상당 부분을 현명하게 바로 그 장소, 와디 럼에서 촬영했다. 그는 와디 럼에서 유구한 역사와 사막의 광경을 카메라에 담으며 아버지의 공상 과학적 상상력을 스크린에 구현했다. 그레이그 프레이저는 〈듄〉으로 2022년 아카데미 시상식에서 오스카상을 받았다. 〈듄〉은 여러 면에서 뛰어난 영화였기 때문에, 그 해의 어떤 영화보다도 많은 부문에서 6개의 아카데미상을 수상했다.

아버지가 계셨다면, 행사가 열리는 할리우드의 돌비 극장에서 배우와 스태프들과 함께하며 즐거워하셨을 것 같다. 커다란 풍채에 멋진 수염을 기른 개성 있는 모습의 아버지가 갈라 이벤트를 즐기는 모습이 눈에 보이는 듯하다.

아버지는 대작 소설《듄》으로 전 세계 수백만 독자들을 사로잡았다. 《듄》의 우주가 어떤 모습일지 꿈꿔 왔던 독자 중의 한 명으로서, 나는 공저자 케빈 J. 앤더슨과 함께 베스트셀러《듄》시리즈의 소설을 여러 편 집필하기도 했다. 우리는 25년 이상 아버지의 거대한 창작 세계에서 유희를 즐겼고, 영화 제작자들은 50년 이상 〈듄〉 영화를 만들기 위해 노력해 왔다. (평가가 엇갈리는) 1984년 제작된 〈듄〉 영화 이후, 2000년에 공상 과학 채널에서 6시간 분량의 TV 미니시리즈, 〈프랭크 허버트의 듄〉이 방영되어 인기를 끌기도 했다. 이 미니시리즈는 1984년 영화보다《듄》의 줄거리에 충실한 작품이었지만 충분한 예산이 투입되지 않았다.

이제 〈듄〉과 〈듄: 파트2〉로 영화 〈듄〉의 결정판이 만들어지고 있는 것 같다. 세 번째 시도가 성공한다는 속담이 있듯이, 영화 제작자들은 마침내《듄》의 팬들이 보고 싶어 하는 영화를 만들어 내기 위한 비전과 예산을 갖추고 제대로 영화를 만들게 되었다. 《듄》을 영화화하는 과정은 수십 년에 걸쳐 보석을 깎아 내고 연마하는 것과 같았다. 소설의 진정한 아름다움을 드러내는 적절한 광채를 찾기 위해 그렇게 오랜 시간이 걸린 것 같다. 마침내《듄》의 아름다움이 세상에 모습을 드러내고 있다.

아버지는 평생에 걸쳐 사진을 사랑하셨다. 내가 휴고상 후보에 오른 아버지의 전기《듄의 몽상가DREAMER OF DUNE》에서 썼듯이, 아버지는 10살에 돈을 모아서 플래시가 부착된 코닥 박스 카메라를 산 적이 있다. 1930년대에 컬러 필름이 도입되자 아버지는 소형 카메라를 구입해서 필름을 현상하기 시작했다. 아버지는 부모님 집의 지하실에 암실을 만들기도 했다.

1940년에 그는 19살의 나이로 오리건주, 세일럼SALEM의 〈오리건 테이츠맨OREGON STATESMAN〉 신문사에 지원했다가 거절당했다. 인사 관리자는 일자리가 없다고 했지만 의지가 강한 청년이었던 아버지는 편집장을 찾아가서 직접 얘기했다. 사진 장비를 갖추고 있어서 신문사에서 다양한 업무를 수행할 수 있으며, 야구 팀의 만능선수처럼 필요한 역할은 무엇이든 할 수 있다고 말이다. 그렇게 아버지는 일자리를 얻었다. 〈오리건 스테이츠맨〉에서 일할 때 찍은 사진 중 하나가 세일럼 체스트SALEM CHEST라는 자선 모금 행사에 참석한 상원의원 더글러스 맥케이의 사진이었다. 맥케이는 나중에 내무 장관이 되었는데, 당시 젊은 사진기자였던 프랭크 허버트를 마음에 들어 했다. 아버지는 맥케이와의 인연으로 1950년대에 공화당 후보들의 연설문 작성자로 일하기도 했다.

아버지는 1941년에 캘리포니아의 〈글렌데일 스타GLENDALE STAR〉 신문사에서 기자이자 사진작가로 일했다. 그는 수많은 항공 사진 업무와 개인적인 비행을 하면서 5,000장 이상의 항공 사진을 찍었다. 제2차 세계 대전 중 아버지는 버지니아주 포츠머스에 있는 대규모 노퍽 해군 조선소에 배치되어 미 해군 예비군 소속 잠수함 V-6의 2급 사진사로 복무했다. 실현되지는 못했지만, 전쟁이 끝난 후 친구 하위 핸슨과 함께 카메라 용품 가게를 열어 보려고 하기도 했다.

1947년까지 아버지는 워싱턴주의 〈타코마 타임스TACOMA TIMES〉에서 특집 기사 작가로 활동했다. 아버지는 당시에 턱수염을 기르고 있었는데, 비바람이 몰아치는 북서부 날씨 속에 취재를 나갈 때면 트렌치코트에 중절모를 쓰고 커다란 코닥 메달리스트 카메라를 어깨에 메고 있었다. 그때의 사진은 아직도 나에게 남아 있다.

내가 어렸을 때 아버지는 캘리포니아 북부 산타로사에 있는 〈프레스 데모크라트PRESS DEMOCRAT〉에서 일했는데, 우리 집에 만들어 놓은 암실에 데리고 들어가서 사진을 현상하는 방법을 가르쳐 주기도 했다. 어둠 속에서 사진이 현상되는 동안, 아버지는 나에게 정확한 속도로 초를 세어 보라고 했다. 사진 용지를 정확한 시간 동안 화학 용액에 담갔다가 인화지 집게로 꺼내야 했기 때문이다. 나는 신이 나서 "원 침팬지, 투 침팬지, 쓰리 침팬지…" 하고 초를 셌다. 침팬지 하나는 1초를 의미했다. 아버지가 찍은 내 사진이 신문에 실린 적도 있었다. 그는 우리가 이사한 모든 집에 암실을 만들었고 거기서 나는 아버지를 도와주었다.

1957년까지 아버지는 프리랜서 작가이자 사진사로 일했다. 어느 날 그는 조지 웨스트보와 그의 아내 마거릿이 교외에서 키우고 있는 유명한 암사자 리틀 타이크에 대한 소식을 들었다. 리틀 타이크는 채식주의자처럼 고기를 전혀 먹지 않는 사자로 전 세계에 알려져 있었다. 이 암사자에 관한 다큐멘터리 영화가 만들어지기도 했고 《채식하는 사자 리틀 타이크》라는 책이 베스트셀러가 되기도 했다. 아버지는 노트와 카메라를 가지고 잡지에 실릴 기사를 쓰기 위해 나를 데리고 그곳에 갔다.

아버지는 1960년대 초까지 〈샌프란시스코 이그재미너SAN FRANCISCO EXAMINER〉의 야간 사진 편집자로 일했고 나중에는 와인 평론가이자 특집 기사 작가로 활동하며 종종 신문에 실리는 사진을 찍었다. 1970년대와 1980년대에는 창작에 매진하며 많은 사진을 찍었다. 특히 소설 《화이트 플래이그THE WHITE PLAGUE》의 자료를 찾기 위해 아일랜드를 여행하며 많은 사진을 찍었는데, 이 소설은 세계적인 베스트셀러가 되었다.

아버지는 서재에 있는 책상 옆에 삼각대와 카메라 장비를 두는 걸 좋아했다. 1985년에 그는 히말라야 여행을 위해 새로 구입한 카메라 장비를 자랑스럽게 보여 주기도 했다. 아버지는 유명한 세르파 가이드와 동행하여 최고령 에베레스트 등반 기록을 세우고 싶어 했는데, 그 꿈을 이루지는 못했다.

하지만 그 외 작가로서의 꿈들은 많은 부분 이루어졌다고 할 수 있을 것 같다. 20개 이상의 출판사에서 거절당한 끝에 힘들게 출판된 그의 소설은 엄청난 성공을 거두었다. 아버지는 1983년에 첫 번째 〈듄〉 영화의 촬영을 알리는 슬레이트를 쳤다. 1968년 멕시코 올림픽이 열렸던 경기장 근처에 있는 멕시코시티의 추루부스코 스튜디오CHURUBUSCO STUDIOS에서 촬영을 시작했는데, 아버지는 그때 첫 장면의 첫 번째 촬영을 알린 슬레이트를 소중히 간직했다.

아버지가 지금 이 자리에 계셨다면 드니 빌뇌브 감독 옆에서 새로운 영화의 시작을 알리고 싶어 했을 것 같다. 하지만 작가 프랭크 허버트는 그의 걸작 소설, 《듄》의 페이지 속에서 이미 영화를 찍고 있었던 게 아닐까.

2023년 3월 2일
워싱턴주, 시애틀에서
브라이언 허버트

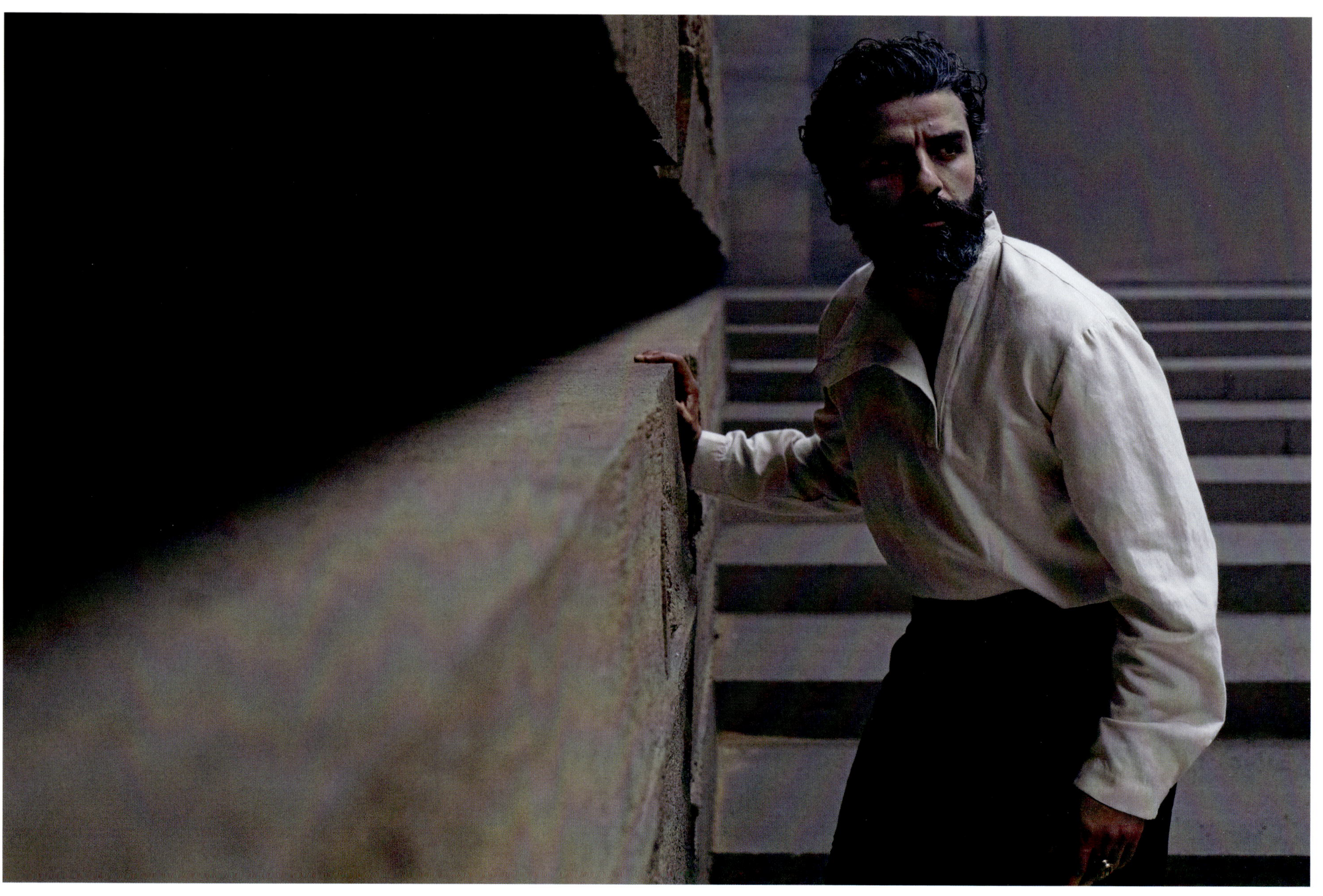

사진 설명

1페이지 요르단의 와디 럼 사막에서 촬영한 던컨 아이다호Duncan Idaho의 장면. 이 장면은 최종 영화에 포함되지 않았다.

2페이지 폴 아트레이데스 역의 티모시 샬라메, 요르단에서 실제 크기의 오니숍터에서 상륙한 모습.

4페이지 와디 럼의 바위 위에 있는 드니 빌뇌브 감독.

6페이지 아부다비의 모래 언덕 위에 있는 총괄 프로듀서 타냐 라푸앵트와 드니 빌뇌브 감독.

9페이지 요르단에서 오니숍터 탑승 경사로에 있는 조시 브롤린과 티모시 샬라메.

10페이지 와디 럼에서 리에트 카인즈 역의 샤론 던컨브루스터.

12페이지 부다페스트의 오리고 스튜디오에 있는 아라킨 저택 세트장에서 레이디 제시카 역의 레베카 페르구손.

와디 럼

14-15페이지 와디 럼에서 레베카 페르구손과 티모시 샬라메.

17페이지 와디 럼의 바위 위로 내려오는 제이슨 모모아의 스턴트 맨, 킴 파디.

18, 19페이지 요르단 사막에서 티모시 샬라메.

20페이지 요르단 촬영지에 있는 BGI 서플라이즈BGI Supplies에서 제작한 오니숍터.

21페이지 **위** 밤에 오니숍터 옆에 있는 레베카 페르구손과 티모시 샬라메. **아래** 할렉과 폴이 모래벌레를 피해 달리는 장면을 촬영 중인 조시 브롤린과 티모시 샬라메.

22페이지 아라키스 사막에서 폴이 스파이스를 발견하는 장면을 촬영 중인 티모시 샬라메.

23페이지 오니숍터 탑승 경사로에 있는 조시 브롤린.

24페이지 붐 오퍼레이터(붐 폴이라는 긴 막대에 달린 마이크를 컨트롤하여 대사를 녹음하는 스태프—역자 주) 죄르지 미하이와 스파이스 일꾼 역의 엑스트라 출연자들.

25페이지 오니숍터의 조종석 안에 있는 드니 빌뇌브.

26페이지 모래 폭풍 속에서 촬영 중인 티모시 샬라메(맨 왼쪽), 카메라를 조작하는 촬영 감독 그레이그 프레이저, 뒤에서 포커스를 맞추는 'A' 카메라 제1촬영 보조, 제이크 마커슨 그리고 그립 및 카메라 팀원들.

27페이지 **위** (왼쪽에서 오른쪽으로) 조감독 타릭 아피피, 조시 브롤린, 티모시 샬라메, 의상 담당 브래드 홀츠먼, 의상 감독 로리 해리스, 제3조감독 테레사 올랜도. **아래** 오니숍터와 드니 빌뇌브 감독.

28페이지 스파이스 일꾼 역의 요르단 현지인.

29페이지 인공 모래 폭풍 속에서 오니숍터에 탑승하는 샤론 던컨브루스터와 스파이스 일꾼 역의 엑스트라들.

30페이지 스틸슈트 의상을 입고 모래 폭풍 장면을 촬영 중인 티모시 샬라메.

31페이지 리에트 카인즈 박사 역의 샤론 던컨브루스터.

32페이지 스파이스 일꾼 엑스트라들과 드니 빌뇌브 감독.

33페이지 폴 아트레이데스가 모래벌레로부터 스파이스 일꾼들을 구출하는 장면을 촬영 중인 티모시 샬라메.

34페이지 **위** 특수 효과 기술자가 사막에서 송풍 장치로 모래를 날리고 있는 모습. **아래** 오니숍터와 촬영 중인 배우들과 제작진. 제작진은 모래에 발자국이 남지 않도록 밧줄로 표시된 라인 뒤에 있어야 했다.

35페이지 스태프와 함께 오니숍터에 올라가 있는 샤론 던컨브루스터와 조시 브롤린.

36페이지 프레멘 역의 엑스트라들과 던컨 아이다호 역의 제이슨 모모아.

37페이지 **위** 해 질 무렵의 모모아. **아래** 하비에르 바르뎀.

38페이지 리허설 중인 레베카 페르구손과 제이슨 모모아, 드니 빌뇌브 감독.

39페이지 촬영 중간에 함께 웃고 있는 샤론 던컨브루스터와 페르구손.

40페이지 해 질 무렵 요르단에서 촬영 중인 티모시 샬라메와 레베카 페르구손.

41페이지 모래 위의 발자국을 줄이기 위해 소규모로 촬영 중인 제작진.

42페이지 카메라 크레인으로 티모시 샬라메와 레베카 페르구손의 액션을 포착하는 모습.

43페이지 **위** 추락한 오니숍터가 있는 장면을 촬영 중인 제작진. **아래** 와디 럼에서 촬영에 대해 논의 중인 스크립트 감독 제시카 클로디어와 드니 빌뇌브.

44-45페이지 폴과 레이디 제시카가 아라키스 사막으로 도주하는 장면을 촬영 중인 티모시 샬라메와 레베카 페르구손.

46페이지 하코넨의 아라킨 침공에서 탈출한 던컨 아이다호(제이슨 모모아).

47페이지 **왼쪽** 와디 럼에서 리에트 카인즈 박사 역의 샤론 던컨브루스터.

48페이지 **왼쪽** 소품 담당 브래드 굿과 수석 의상 담당 리와 루이스 그리고 샤론 던컨브루스터. **오른쪽** 스틸슈트 의상을 착용 중인 던컨브루스터 (왼쪽에서 오른쪽으로) 루이스, 던컨브루스터, 수석 특수 효과 기술자 틸 헤르트리히, 로리 해리스.

49페이지 (왼쪽에서 오른쪽으로) 카메라 촬영 보조 톰 레인, (앉아 있는) 제시카 클로디어, 디지털 이미징 테크니션 보조 발라즈 페터, 카메라 보조 암브루시 오로즈, 키 그립 토마소 메레, 그레이그 프레이저, 제이크 마커슨, 제1조감독 크리스 카레라스 그리고 (앉아 있는) 드니 빌뇌브.

50페이지 와디 럼의 바위 위에 있는 레베카 페르구손.

51페이지 **왼쪽** 던컨 아이다호 역의 제이슨 모모아. **오른쪽** 리에트 카인즈 박사 역의 샤론 던컨브루스터.

52페이지 와디 럼에서. (왼쪽에서 오른쪽으로) 크리스 카레라스, 티모시 샬라메, 그레이그 프레이저, 제이크 마커슨, 드니 빌뇌브, 붐 오퍼레이터 죄르지 미하이, 제시카 클로디어.

53페이지 티모시 샬라메와 레베카 페르구손이 나오는 장면을 감독하는 드니 빌뇌브.

54페이지 폴과 레이디 제시카가 스틸슈트를 입는 장면을 촬영 중인 레베카 페르구손과 티모시 샬라메.

55페이지 와디 럼에서 바위 위에 올라가는 레베카 페르구손과 티모시 샬라메.

56페이지 레이디 제시카 역의 레베카 페르구손.

57페이지 폴 아트레이데스 역의 티모시 샬라메.

58페이지 와디 럼에서 촬영 중간에 카메라를 위해 포즈를 취해 주는 레베카 페르구손.

59페이지 모래벌레를 피해 달리는 폴 아트레이데스(티모시 샬라메).

60, 61페이지 촬영 중간에 치아벨라 제임스의 카메라 앞에서 춤을 추는 레베카 페르구손.

62페이지 사다우카와 마주친 리에트 카인즈 박사(샤론 던컨브루스터).

63페이지 사다우카 암살자 역의 윙클러 타마스, 루차 지그몬드, 벤 딜로웨이(가운데).

64페이지 **위** (맨 왼쪽) 그레이그 프레이저와 (가운데) 드니 빌뇌브 그리고 (무릎을 꿇고 있는) 하비에르 바르뎀, 레베카 페르구손, 티모시 샬라메, 자미스 역의 뱁스 올루산모쿤. **아래** (왼쪽에서 오른쪽으로) 페르구손, 차니 역의 젠데이아, 바르뎀 그리고 샬라메.

65페이지 프레멘 동료 역의 엑스트라들과 바르뎀.

66페이지 촬영 중간의 티모시 샬라메와 젠데이아.

67페이지 싸우는 장면을 준비 중인 뱁스 올루산모쿤.

68페이지 프레멘에 맞서 무장한 폴 아트레이데스(티모시 샬라메).

69페이지 크리스나이프로 스틸가(하비에르 바르뎀)를 제압하여 포획하는 레이디 제시카(레베카 페르구손).

70페이지 와디 럼에서 리허설 중에 열기를 피하고 있는 뱁스 올루산모쿤.

71페이지 폴과 자미스가 싸우는 장면을 촬영 중인 티모시 샬라메와 올루산모쿤.

72페이지 프레멘 언어인 차콥사어Chakobsa로 번역된 대사를 연습하는 하비에르 바르뎀.

73페이지 와디 럼에서 16mm 필름 카메라와 젠데이아.

74페이지 **왼쪽** 티모시 샬라메. **오른쪽** 젠데이아.

75페이지 **왼쪽** 하비에르 바르뎀. **오른쪽** 레베카 페르구손.

76페이지 **왼쪽** 하비에르 바르뎀. **오른쪽** 젠데이아.

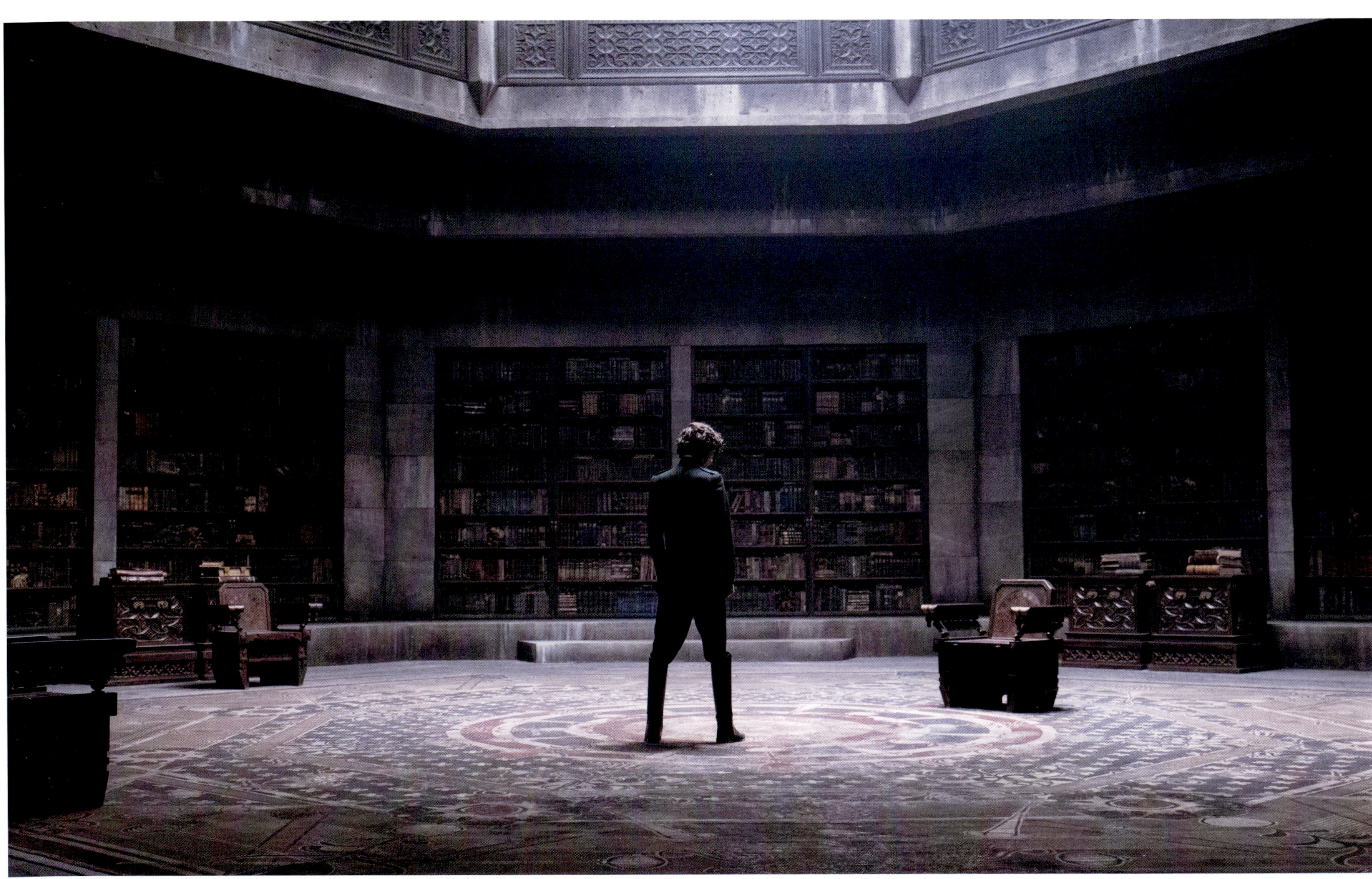

듄: 더 포토그래피

1판 1쇄 발행   2024년 11월 15일

지은이   치아벨라 제임스CHIABELLA JAMES
서문   타냐 라푸앵트TANYA LAPOINTE
옮긴이   안예나
펴낸이   하진석
펴낸곳   ART NOUVEAU
주소   서울시 마포구 독막로3길 51
전화   02-518-3919
팩스   0505-318-3919
이메일   book@charmdol.com
신고번호   제2016-000164호
신고일자   2016년 6월 7일
ISBN   979-11-91212-46-4 03680

감 사 의 말

〈듄〉의 사진을 촬영하고 사진집을 펴낼 수 있게 된 것은 내 인생과 경력에 있어서 정말이지 행운이었다. 〈듄〉의 여정을 이 책 속에 담아서 모두와 공유할 수 있게 되었음에 깊이 감사드린다.

〈듄〉을 촬영하는 모험에 나를 데려가 주고, 그 여정에서 나만의 관점을 갖고 예술을 창조할 수 있도록 자유를 준 드니 빌뇌브와 그레이그 프레이저에게 감사드리고 싶다.

타냐 라푸앵트에게도 진심으로 감사를 전하고 싶다. 타냐 라푸앵트는 이 책을 아낌없이 지원해 주었을 뿐만 아니라 책이 나오기까지 모든 과정을 이끌어 주었다.

갈 길이 멀어 보였던 프로젝트를 실제 책으로 만들어 준 인사이트 에디션의 크리스 프린스와 레전더리의 로버트 냅턴에게 감사드린다. 사진집이 나오기까지 여러 가지로 지원해 주신 것에 대해 워너 브라더스의 토니 바베라에게도 감사드리고 싶다.

이야기와 예술, 사진집의 뮤즈이자 전사가 되어 준 레베카 페르구손에게도 감사를 전한다.

또한 놀라운 상상력으로 우리 모두를 환상적인 여정으로 이끌어 준 프랭크 허버트에게 감사드린다.

마지막으로 〈듄〉 영화와 사진집의 모든 이미지에 피, 땀, 눈물을 바쳐 준 모든 제작진분께 감사드린다. 여러분의 비교할 수 없는 지원과 협력은 감동적이었다. 이 여정을 모두와 함께할 수 있었음에 자부심을 느낀다.

- 치아벨라 제임스

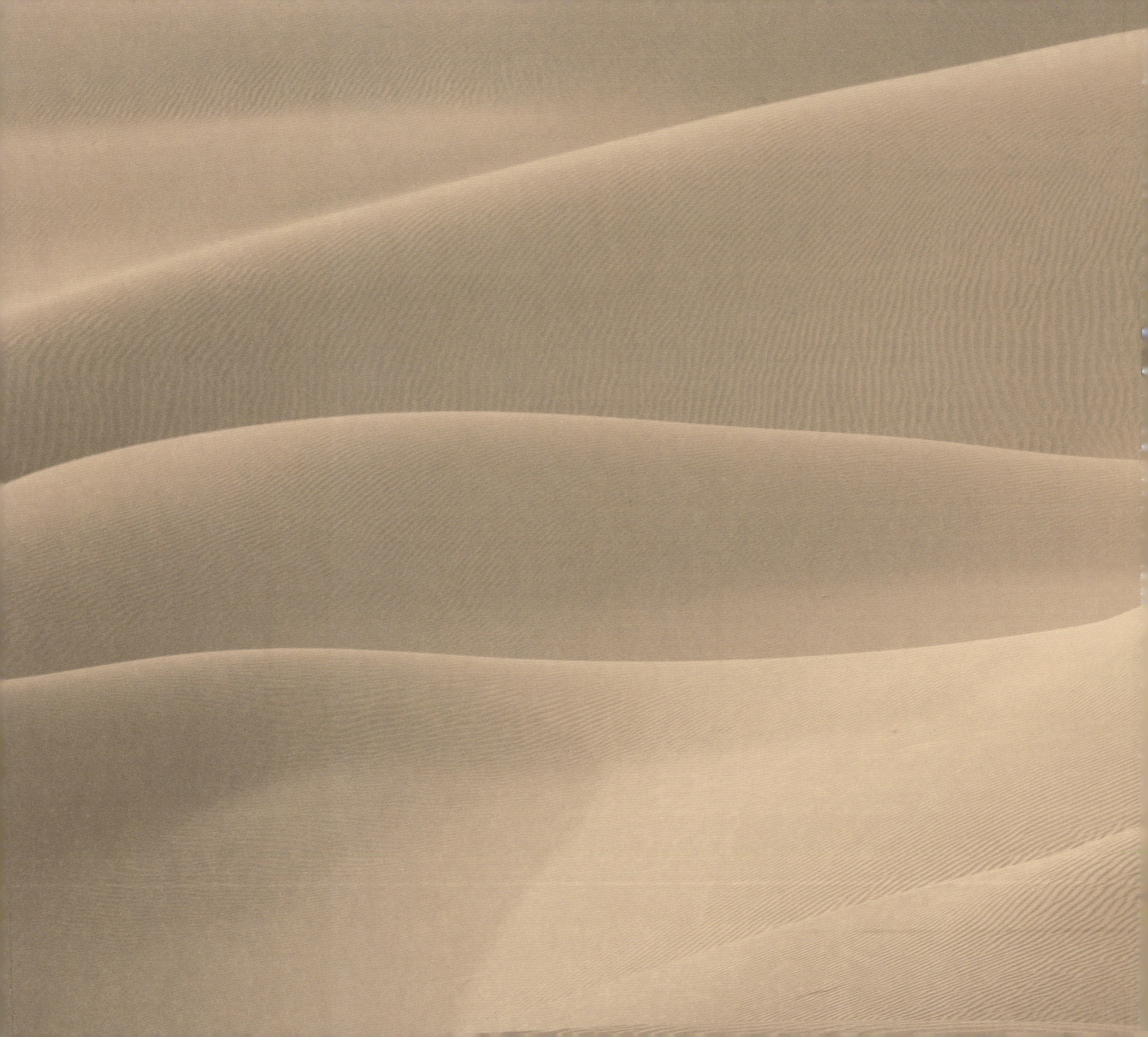